에베소서

바이블 코어 성경 주석 강해 시리즈

BIBLE CORE SERIES

EPHESIANS

Yu Dong Keun (Th.D)

Korean Edition

420-867 | 123, Buil-ro, Wonmi Gu, Bucheon City, Gyeonggi Do, Korea

에베소서

EPHESIANS

유동근

IMC

서문

학자들은 에베소서를 성경에서 최고(最高)의 책이라고 말한다. 왜 최고의 책이라고 하는지 에베소서를 잘 읽는다면 알 수 있으리라! 나는 누구든지 성실하게 에베소서를 잘 읽고 교회에 대한 높은 계시와 이상을 본다면 그의 인생은 달라지리라고 확신한다. 에베소서는 교회에 대한 하나님의 가장 높으신 뜻을 계시하는 책이다. 고린도 전서나 빌립보서와 같은 책은 당시 그 교회 안에 발생한 문제들을 처리하기 위해 쓰여진 데 반해 에베소서는 에베소 성도들의 상황과 처지를 다루는 내용이 없고 그들에게 교회에 대한 하나님의 최고의 뜻을 보여주며 하나님이 부르신 높은 부르심과 그리스도의 몸인 교회의 이상을 성도들에게 보여주는 것에 그 중점이 있다.

진리가 없으면 우리는 어둠 속에 있게 된다. 또한 교회가 어떻게 가야 할지 그 길을 알지 못하게 된다. 그러한 의미에서 에베소서는 교회의 길을 알고자 하는 하나님의 자녀들에게 큰 빛을 전해주는 책이다. 하나님은 사도 바울을 통하여 그분의 교회에 대한 놀라운 계시를 열어 보여 주셨다. 우리는 에베소서를 공부하면서 많은 새로운 빛을 얻었으며 교회에 대한 하나님의 갈망을 새롭게 볼 수 있었음을 간증할 수 있다. 나는 하나님께서 이 책을 읽는 많은 그리스도인들에게 동일한 은혜를 주시기를 소망한다.

이 강해서는 각 장마다 1, 2부로 나누어져 있는데, 1부는 성도들에게 전한 말씀을 편집한 것이고 2부는 전할 때 미흡했던 부분을 강화하고 보충하기 위해 글로 쓴 것이다. 건전한 국내외의 영적인 인물들의 서적들과 관점들을 겸손히 배우는 마음으로 참고하였다. 마지막 2013년 개정 보완까지 합하면 10여년 이상 걸려서 이 한권의 책을 완성한 것이라고 말할 수 있다. 나름대로 충실한 내용이 되도록 최선을 다했으나 혹 부족한 부분이 있더라도 너그러이 양해하는 마음으로 읽어주기 바란다. 이러한 진리의 교제를 통해 주님을 사랑하는 성도들이 하나님을 믿는 믿음과 지식 안에서 하나 될 수 있는 데 도움이 되기를 바란다. 주님께서 독자들을 축복해주시기 바라며…

2001. 6

2007. 11

2013. 2

저자 유 동 근

차 례

서 문 | 4
부 록 (2012 몽골 특별집회) | 95

에베소서 1장-1 8

에베소서 1장-2 48

에베소서 2장-1 172

에베소서 2장-2 214

에베소서 3장-1 245

에베소서 3장-2 291

에베소서 4장-1 311

에베소서 4장-2 417

에베소서 5장-1 437

에베소서 5장-2 490

에베소서 6장-1 504

에베소서 6장-2 541

에베소서 강해

1장-1

에베소서는 신약 성경의 계시에 있어서 가장 높은 책이다. 그러므로 이 에베소서를 읽어나갈 때 하나님의 영이 독자들의 마음을 감동시켜서 진실로 하나님께서 영원 전부터 뜻하신 비밀을 열어 주시기를 기도한다.

에베소서는 사도 바울이 로마 감옥에 갇혔을 때 쓴 옥중 서신이며, 쓰여진 시기는 A.D. 64년경이다. 에베소서는 에베소에 있는 교회에게 보낸 편지이면서도 에베소 교회의 상황에 해당되는 특별한 말씀은 달리 찾아 볼 수 없으며, 하나님의 이상 가운데 있는 교회를 중점적으로 계시하고 있다.

1절, 하나님의 뜻으로 말미암아 그리스도 예수의 사도 된 바울은 에베소에 있는 성도들과 그리스도 예수 안의 신실한 자들에게 편지하노니

하나님의 뜻으로 말미암아

에베소서 1장은 특별히 하나님의 뜻이라는 말이 많이 나온다. "그 기쁘신 뜻대로"(5절) "그 뜻의 비밀을"(9절) "그 마음의 원대로 역사하시는 자의 뜻을 따라"(11절) 에베소서를 읽으면서 우리는 하나님이 뜻이 있으셔서 모든 일을 행하시는 분이라는 것에 깊은 인상을 받는다. 그분은 우리를 예정하신 것도 뜻이 있으셔서 예정하셨고, 만물을 지으신 것도 뜻을 가지고 지으셨다(계 4:11). 하나님은 뜻이 있으셔서 사도 바울을 사도로 세우시고, 또 오늘도 여러분과 우리를 그분의 뜻에 따라 예정을 입게 하시고(엡 1:11), 시간 안에서 부르시고 당신을 섬기게 하신다(롬 8:28, 뜻대로 부르심을 입은 자들). 모든 일에 그분의 뜻이 작용하고 있음을 볼 때 얼마나 신기하고 감사한 일인가! 하나님은 그분의 뜻의 비밀을 우리에게 알리기를 기뻐하셨다. 그 뜻의 비밀은 하늘에 있는 것이나 땅에 있는 것이 다 그리스도를 머리로 하여 통일되고 하나되는 것이다(엡 1:9-10). 그분은 영원한 뜻이 있으시므로 때에 맞게 역사하시며 그분의 뜻을 이루어가신다(엡 1:9). 그분은 영원하신 분이지만 시간을 무시하지 않으시고 시간 안에서 역사하시며 때가 찰 때 그분의 경륜을 성취해 나아가신다. 뜻이 있으셔서 우리를 부르신 긍휼의 하나님을 찬미하자!

하나님의 뜻은 교회와 관계가 있다

사도 된 자들은 하나님의 뜻에 따라 사도로 세워져서 하나님의 뜻을 이 땅에서 성취하기 위해서 주님과 동역하는 사람들이다. 그러면 하나님의 뜻은 무엇과 관계가 있는가? 다름 아닌 교회와 관계가 있다. 이 땅에 있는 성도들, 그리스도 예수 안의 신실한 자들인 교회가 바로 하나님의 뜻과 관계가 있는 것이다. 그러므로 하나님께서 사도를 부르신 이유는 하나님의 뜻을 성취하기 위해서이다. 그러면 하나님의 뜻은 어떻게 성취되는가? 교회를 통해서이다. 따라서 사도는 교회와 관련을 맺는다. 교회를 떠나서는 하나님의 뜻이 이루어질 기관이 없다. 오늘날 이 땅에 많은 역사가 있고 많은 일이 있지만 하나님의 뜻은 이 땅에 있는 그분의 성도들과 관계가 있다. 하나님은 이와 같이 뜻이 있으시고 중심이 있으시다. 구약에서 하나님의 뜻은 이스라엘에게 있었다. 그러나 신약에서 하나님의 뜻은 교회에 있다. 바울은 신약의 사도들 중 유일하게 하나님의 영원한 경륜과 중심 뜻을 말한 사도이다. 하나님의 비밀은 그리스도요 그리스도의 비밀은 교회이다(골 2:2, 엡 3:4). 골로새서를 통해 그리스도를 계시한 것처럼 에베소서를 통해 그리스도의 몸인 교회가 분명하게 계시되었다.

에베소서를 읽고 교회가 무엇인지에 대한 계시와 감동이 없다면 바다에 가서 많은 물과 그 안의 한없는 고기들을 보지 못한 것과 같다. 이 서신을 읽고 또 읽는다면 마치 바다 안에 그 부요한 고기들이 살고 있다는 것에 대하여 놀라움을 금하지 못하는 것처럼 교회의 엄청난 계시에 놀라움을 금할 수 없을 것이다. 아! 하나님은 어떠한 분이시기에 이런 놀라운 일을 계획하셨는가!

에베소에 있는 성도들

에베소에 있는 성도들이 곧 에베소 교회이다. 초기에는 하나의 도시에 한 교회가 있었다. 다만 그 도시에 살기 때문에 그 도시에 있는 성도들이라고 불렸던 것이다. 초대 교회 성도들이 교회를 위하여 다른 어떤 이름도 갖지 않았다는 것을 보는 것은 중요하다. 그저 교회라는 단어로 충분하다! 교회는 어떤 사람에 속한 단체가 아니요, 하나님의 교회요, 그리스도 예수의 교회이다(고전3:21-23). 하나님은 이스라엘 나라를 대하시듯이 한 교회, 한 교회를 대하신다. 이는 계시록 2,3장을 통해서, 각 도시 일곱 교회들에 보낸 서신서들을 통하여 볼 수 있다. 이것은 교부시대까지도 지속되어 왔다(서머나의 감독 폴리캅, 힙포의 감독 아우구스티누스, 밀란의 감독 암브로스 등으로 불리웠다). 개혁교회 이후 교회들이 수많은 분열로 치달은 것은 매우 유감스러운 일이다.

하나님은 이 교회 시대에 한 교회를 한 국가처럼 다루시고, 한 교회를 한 금 촛대로 인정하신다. 여러 교회를 합하여 한 교회로 보시는 것이 아니다. 한 교회는 그 상태가 약하든지 강하든지 완전한 교회이다. 한 도시에 세워진 교회는 완전하게 하나님의 나라의 행정이 펼쳐지고 그리스도의 몸으로서의 간증을 짊어지는 단위로서 충분한 것이다(고전 12:27). 사도들은 이 시대에 이러한 교회들이 그리스도의 몸으로, 금 촛대로, 신부로 각 도시에 세워지고 견고케 되도록 수고하는 자들이다. 이것이 바로 하나님의 뜻에 관련된 일들이다.

이 지구상의 모든 그리스도 안의 성도들은 한 무리이다. 다만 한 종류인 것이다. 하나님의 자녀들로서 다른 어떤 것으로도 나눌 수 없고 구별할 수 없는 한 무리의 사람들이 성도들인 것이다. 우리는 주 예수 그리스도 안에서 하나가 되었기 때문이다. 그리스도는 그분 안에서 우리를 하나로 만드셨다. 사람들은 부패한 관념으로 인해서 성도들이 여러 부류인 것처럼 생각할 뿐이다. 이 성도라는 말은 언제나 복수(saints)로 쓰인다. 'saints' 란 '거룩한 자들'이라는 뜻이다. 이 땅에 한 무리의 사람들이 있는데 그들은 거룩한 자들이라고 불리운다. 많은 사람이 있지만 그들은 다 그리스도 안에서 하나인 것이다.

그리스도 예수 안에 있는 신실한 자들

에베소에 있는 교회는 거룩한 성도들이고 그리스도 예수 안의 신실한 자들이다. 믿는이들은 신실할 필요가 있다. 하나님을 따르는 데에서, 믿음을 지키는 데에서, 모든 면에서 충성스럽고 신실할 필요가 있다. 하나님은 이 땅의 믿는이들이 신실한 것을 기뻐하신다. 신실함은 믿음에 있어서 변치 않음을 가리킨다. 시대가 마지막으로 갈수록 사람들이 변하고 배반하기를 잘한다. 자기중심적이 되기 때문이다. 돈을 사랑하고 자기를 사랑하기 때문에 변하는 것이다. 이런 풍조는 말세의 풍조라고 말할 수밖에 없다.

사도행전에서 사도들은 복음을 전하여 믿는이들이 생겨나면 그들에게 믿음에 굳게 붙어 있으라고 했다. 사도들은 믿는이들이 그리스도의 믿음에서 굳은 것을 보기 원했다. 믿음에 굳게 서서 감사함을 넘치게 하라고 했다. 한 번 믿은 주님에 대해 어떤 어려움이 있어도 흔들리지 않고 그대로 믿음을 지키는 것을 신실하다고 말하는 것이다. 이 세상의 특징은 변하고 또 변하는 것이지만, 교회의 특징은 변치 않으시는 주님을 닮아 변치 않는 것이다. 신실함은 언제나 교회의 미덕이 되어야 한다. 신실하지 않은 것은 하나님의 자녀다운 특징이 아니다. 진정한 그리스도인이라면 그 신실함에 있어서 이 세상 사람들과는 구별된다는 것을 아는 것은 매우 중요하다. 그리스도인은 세상의 빛과 소금이 되어야 하는 바 그 첫째는 신실해야 한다는 것이다.

2절, 하나님 우리 아버지와 주 예수 그리스도로 좇아 은혜와 평강이 너희에게 있을지어다

2절은 문안 인사이다. 교회에게 문안하는 것이다. 사도가 교회에 대해 원하는 것, 교회가 갖기를 원하는 상태는 바로 은혜와 평강이다. 교회 안에는 마땅히 은혜가 있어야 하고 평강이 있어야 한다.

사도행전에도 사도들이 교회가 세워진 것을 가서 보았을 때 그들 가운데 하나님의 은혜가 있는 것을 보고 매우 기뻐했다는 기록이 있다(행 11:23). 하나님의 은혜는 사도들이 볼 수 있는 어떤 것이다. 은혜가 없는 성도들, 은혜가 없는 교회는 뭔가 메마르고 답답하다. 거기에 하나님의 사랑과 적셔짐이 없다. 그러나 은혜가 있는 교회에는 뭔가 달콤함이 있고 성도들 간에 사랑이 있을 것이다. 서로간에 풍성한 사랑과 누림이 있을 것이다. 이 모든 것이 은혜이다. 교회라고 해서 사건이 없는 것이 아니다. 때로는 마음 아픈 일도 생기고 답답한 일도 일어난다. 또 불시에 사고도 생기고 건강에 문제가 생기는 수도 있다. 그런가 하면 성도들 사이에 감정대립도 생겨난다. 이런 일은 이방인들에게 좋지 않은 간증을 주기도 한다. 그런데 문제는 은혜가 있는가 없는가이다. 은혜가 있으면 어떤 어려움도 지나갈 수 있고 문제가 되지 않는다. 그러나 은혜가 없으면 작은 문제도 큰 문제가 된다. 보통 사람들 같으면 큰 오해와 어려움이 될 일인데 은혜가 있는 성도들에게는 문제가 되지 않고 달콤함으로 변한다. 낙심하고 고개를 떨구어야 할 때 은혜가 있는 성도들은 소망으로 가득하고 누림이 충만하다.

따라서 교회에게 필요한 것은 은혜이다. 은혜가 있으면 하나님을 대할 때도 친근함과 달콤한 사랑으로 대할 것이다. 그리고 사람들에게도 달콤한 기쁨을 느끼게 하고 위로를 느끼게 할 것이다. 그들은 그들이 당하는 어려움에서 주위 사람들에게 놀라움을 주고 감사하게 하는 것이 있다. 그리고 사람들을 주님께로 이끌 수 있는 열매를 산출한다.

이 은혜가 있을 때 또한 평강이 있게 된다. 은혜는 우리에게 평강을 가져다준다. 그런데 이 은혜와 평강은 하나님 아버지로부터 오고 주 예수 그리스도로 좇아오는 것이다. 오늘 교회 안에 있는 은혜와 평강은 하나님 아버지로부터 아들 예수 그리스도로 말미암아 임하는 것이다. 오늘날 우리에게 은혜와 평강이 있다면 그것이 온 근원이 하나님 아버지요 그 주어진 통로가 예수 그리스도인 것이다. 교회가 은혜와 평강의 분위기 안에 있다는 것은 하나님 아버지와 주 예수 그리스도와 함께 있다는 것을 의미한다. 온 우주 가운데 교회만이 이러한 은혜와 평강을 가질 수 있다. 이것은 매우 신기하고 놀라운 것이다.

3절, 찬송하리로다 하나님 곧 우리 주 예수 그리스도의 아버지께서 그리스도 안에서 하늘에 속한 모든 신령한 복으로 우리에게 복 주시되

우선 바울은 본문을 써내려가기 전에 먼저 찬송부터 했다. 바울은 감옥에서 육신적으로는 상당히 고달프고 괴롭고 힘든 상황에 있었겠지만 그가 눈이 열려서 하나님의 축복을 보고 놀라운 하나님의 은혜를 생각할 때 먼저 찬송이 있었다. 그의 안에 찬송이 가득했다. 만일 여러분도 바울이 본 것을 다 보게 된다면 입에서 찬송이 나올 것이다.

사람들은 누구나 다 복 받기를 원한다. 그런데 우리 믿는이들은 하나님 곧 주 예수 그리스도의 아버지로부터 그리스도 안에서 하늘에 속한 모든 영적인 복을 받았다. 여기에서의 복은 하늘에 속한 복이다. 그리고 이 복은 그리스도 안에 있다. 그리스도를 떠나서는 어떠한 복도 없다. 우리가 그리스도 안에 있기 때문에 하나님께서는 그리스도 안에서 하늘에 속한 모든 영적인 복을 우리에게 주신 것이다. 거듭난 성도들은 영원한 존재가 되었다. 영생을 얻었으며 영원한 생수를 마셨기 때문이다. 따라서 시간의 한계 안에서의 복으로는 충분하지 않다. 영원한 복이라야 맞고 어울린다.

사람들은 이 땅에 있는 축복을 귀하게 여기지만 그것은 눈이 열리지 않았기 때문이다. 오늘 우리는 하늘에 속한 영원한 것을 바라며 귀히 여긴다. 참 축복은 '영적인' 것이요 영원한 것이요 썩지 않고 쇠하지 않고 더럽지 않는 것이다. 여기에서 '모든'이라는 말도 중요하다. 스펄전은 '모든'이라는 말에 현미경을 갖다 대야 한다고 말했다. 아무도 '나는 모든 축복을 받지 못했다'고 말할 수 없다. 그리스도인은 누구든지 새로워진 생각, 온유한 양심, 복종적인 의지, 믿음, 소망, 사랑, 인내, 거룩함, 구속함, 겸손함, 의로움, 모든 것을 소유하고 있다. 그리스도 안의 이 모든 것들은 영원한 속성을 가진 것들이기에 영원한 축복의 항목들이 된다. 만일 어떤 사람이 그것들을 누리지 못한다면 그것들을 찾아 누릴 만한 용기와 믿음이 결여된 것이지 주어지지 않은 것이 아니다. 여러분들은 얼마든지 집에 각양 보물과 좋은 식품이 쌓여 있어도 그것을 하나도 누리지 못하고 사는 수가 있다.

하나님께서는 하늘에 속한 어떤 부분적인 복을 주신 것이 아니라 모든 영적인 복을 우리에게 주셨다. 바울은 에베소의 성도들에게 그들이 이미 얻은 하늘에 속한 각종 영적인 축복이 얼마나 되는지 알려주고자 했다. 그리고 4절부터 그 축복이 하나하나 무엇인지를 우리에게 알려준다.

4절 곧 창세 전에 그리스도 안에서 우리를 택하사 우리로 사랑 안에서 그 앞에 거룩하고 흠이 없게 하시려고

창세전에

이 축복은 창세전부터 있었다. 하나님은 왜 세상을 지으셨는가? 그분은 세상을 창조하기 전부터 뜻이 있으셨고 계획이 있으셨다. 그 뜻은 교회와 관련이 있다. 그분은 삼위일체 하나님으로서 창세전부터 교회를 얻으시려는 갈망과 계획이 있으셨고, 그 계획을 이루시려고 천지를 지으셨다. 천지는 존재하는데 교회가 없다면 천지는 공허한 것이다. 교회는 하나님의 뜻과 경륜의 중심이다.

창조와 교회

하나님은 교회를 마음에 두고 창조하셨는가? 적어도 우리는 성경을 통해 하나님께서 창조 이전에 그분의 교회를 그리스도 안에서 택하여 놓고 창조를 시작하셨음을 알게 된다. 이는 매우 놀라운 일이다. 교회를 모른다면 우리는 이 세상이 왜 창조되었는지 왜 존재하는지 그 비밀을 모르게 된다.

교회는 하나님의 축복의 범위이다.

하나님은 왜 우리를 그리스도 안에서 택하셨는가? 축복하시기 위해서이다. 하나님은 그분의 모든 축복을 부여하실 대상을 원하셨다. 그것이 바로 교회이다. 구약에서 하나님은 왜 이스라엘을 선택하셨는가? 아브라함을 부르신 것부터 그분은 축복을 주시기 위함임을 알 수 있다. 구약의 이스라엘은 그 축복이 땅에 속한 가나안이었다. 그러나 실제의 이스라엘인 교회는 하늘에 속한 모든 축복인 것이다. 하나님은 축복의 하나님이시다. 그분은 모든 그분의 모든 부요함을 교회에 주시기 원하셨다. 나는 우리가 그분의 축복의 대상으로 부르심 받은 것에 대하여 충분한 감사와 찬양이 있기를 바란다. 그 축복의 내용은 그 아들의 생명과 분깃과 기업에 참여하는 것이다. 교회에 주시고자 하는 하나님의 축복은 하나님의 '모든' 신령한 축복이라는 점을 잊지 말기 바란다.

첫 번째 축복

신령한 축복의 그 첫 번째는 창세전에 그리스도 안에서 우리를 택하신 것이다. 하나님은 택하신 사람을 축복하시고 그들을 그분의 뜻대로 역사하신다(롬 8:28-30, 9:10-13). 사람들은 여기의 "창세전에 그리스도 안에서 우리를 택하사 우리로 사랑 안에서 그 앞에 거룩하고 흠이 없게 하시려고"라는 말씀을 보면 이것이 무슨 축복이냐고 할 것이다. 그러나 만일 정말로 영적인 눈이 열려서 이 사실을 본다면 우리가 택함받은 것이 얼마나 큰 축복인가를 알게 될 것이다. 택함받은 성도들은 언젠가 하나님 앞에 온전하고 흠없게 될 것이다(살전 5:23-24).

하나님은 언제 우리를 택하셨는가? 창세전이다. 이 천지 만물이 있기도 전에 하나님은 그리스도 안에서 우리를 택하시고 사랑 안에서 그 앞에 거룩하고 흠이 없게 하려 하셨다. 하나님은 창세전에 우리를 보시고 우리를 택하시면서 사랑 안에서 우리를 거룩하게 하기로 마음에 정하셨다. 그리스도 안에서 택하셨다는 말은 매우 중요한 말이다. 그리스도는 그분이 우리를 택하신 하나의 범위이다. 그러므로 우리는 하나님이 아들, 그리스도를 사랑하고 존중하듯이 우리를 그렇게 대하신다는 말이다. 모든 피조물 가운데 그리스도 안에서 택하심을 받은 피조물이 없다. 오직 사람만이 이렇게 놀라운 선택하심을 받은 것이다.

그리스도 안에서 택하심

그리스도는 언제부터 계셨는가? 창세전부터이다. 그분은 태초부터 계신 이요 영원전부터 존재하는 말씀이셨다. 성부는 아들 안에서 우리를 선택하셨다. 그리스도 안에서 우리를 선택하셨다는 말은 매우 깊은 사상을 전달한다. 창세전부터 아버지는 아들을 사랑하셨으며 사랑의 눈으로 아들을 보시면서 우리 하나하나를 택하신 것이다. 이는 그 사랑과 거룩과 흠없게 됨 등 택하신 사람을 대하심의 표준이다. 그리스도라는 말이다. 사랑이 그리스도를 사랑하는 사랑이요, 거룩과 흠없음이 그리스도에 미치는 거룩이요, 그 대하심이 온전히 그리스도를 대하심이다. 이것이 그리스도 안에서 우리를 택하였다는 말씀이다. 하나님은 여전히 그 아들을 "나의 택한 종 내 마음에 기뻐하는 바 나의 사랑하는 자로다"(마 12:18)라고 하신다. 하나님의 무한하신 사랑은 그분을 향하여 지금도 흘러넘치신다. 그 범위 안에서 우리를 택하셨으므로 그 동일한 사랑이 우리에게도 흐르고 있다.

하나님은 우리가 타락하고 흠이 있고 죄 있는 사람이 될 것을 아셨다. 그러나 그분이 택하신 자들이 오염되고 흠이 있게 되었다 하더라도 하나님은 그들을 다시 거룩하게 하고 흠이 없게 하리라는 마음을 가지셨는데, 그 마음이 바로 사랑인 것이다. 4절의 짧은 어구(語句) '사랑 안에서'(in love)는 매우 중요한 말이다. 그분이 우리를 거룩하고 흠이 없게 하려고 택하심에는 사랑이 있었다는 것이다. 하나님은 그분의 예지(豫知)로 사람이 타락하여 심히 오염되고 부패하여져서 죄로 충만하게 될 것을 아셨다. 그러한 상태에 떨어질 것을 아셨다. 죄악의 고통 속에서 헤매일 것도 아셨다. 그러나 하나님께서는 사람을 거룩하게 하고 흠이 없게 만드실 것을 정하신 것이다. 그런데 그 모든 회복의 과정이 '사랑'이라는 것이다. 천사가 타락하였을 때 하나님은 심판하시고 구원할 계획을 세우지 않으셨다. 그러나 사람은 하나님이 다시 찾아 회복하고자 계획하신 것이다. 그것의 동기는 사랑이다.

거룩하고 흠이 없게 하시려고

오늘날에도 하나님은 그분의 선택하심과 예정하심에 따라서, 하나님이 세우신 뜻에 따라서 우리를 거룩하게 하는 역사를 하고 계신다. 하나님께서 우리를 선택하실 때부터 사랑하는 마음으로 선택하셨기 때문에 오늘 우리는 그분의 사랑의 마음 안에서 거룩하게 되는 과정을 거치고 있다. 아들이 거룩한 것처럼, 아들이 아무 흠이 없이 아름다운 것처럼 아버지는 우리를 그렇게 만들기로 하셨다. 오늘 우리는 환경을 만나고 괴로움을 당하고 또 핍박과 곤란한 일들을 당하고 괴로워하기도 하고 외로워하기도 하는 등 많은 일들을 겪고 있다. 결국 그 모든 것은 우리를 징계하심이요, 심판하심이요, 다루심이다. 그런 과정을 거칠 때 거룩하게 된다. 우리가 가지고 있던 흠들이 하나 하나 제해지게 된다. 그 모든 하나님의 거룩하게 하시는 역사, 그것은 다 하나님의 크신 사랑으로 이루어지는 것이다. 오늘 우리가 어떻게 영원 전에 하나님의 선택하심을 입었다는 것을 아는가? 이는 우리가 구원받은 사실을 통해서 알 수 있다. 우리가 구원을 받았다는 것은 우리가 거룩하고 흠이 없게 되기 위한 시작인 것이다. 거룩의 시작이 구원인 것이다. 구원받은 우리에게는 거룩의 성분이 있게 되었다. 그런 후에 우리는 점점 더 거룩하고 흠이 없게 되어가는 것이다. 하나님의 택하심의 목적은 우리를 거룩케 하기 위한 것이다. 그러므로 성도가 거룩케 되는 것은 가장 중요하고 또 중요한 일이다.

이 거룩에 대한 말씀은 히브리서 12장에도 있다. 우리를 징계하시고 연단하셔서 우리를 거룩하게 하시는 것은 무엇으로 말미암는가? 그분의 자녀를 사랑하시는 하나님의 사랑으로 말미암는다. 우리가 사생자라면 하나님께서 우리를 징계하시지 않는다. 우리가 그분의 아들들이므로 하나님은 우리를 사랑하셔서 우리를 징계하심으로 거룩케 하는 역사를 하시는 것이다. 우리를 거룩케 하시는 하나님의 손길을 보면서 우리는 우리 자신이 하나님의 선택하심을 입었다는 것을 깨닫는다. 하나님이 아브라함을 선택하심을 어떻게 아는가? 하나님은 그를 그냥 두지 않고 계속 간섭하신 것들만 보고도 안다. 그 모든 환경은 무엇을 위한 것인가? 그의 거룩함과 흠이 없음을 위한 것이었다. 이것이 그를 선택하신 하나님의 목적이다. 로마서 11장의 '뿌리가 거룩한즉 가지도 그러하니라' 는 구절은 바로 이 아브라함 이삭 야곱을 두고 한 말이다.

하나님께서는 창세 전에 우리를 선택하실 때 이미 우리를 거룩하고 흠이 없게 만들려는 계획을 가지고 계셨다. 우리는 하나님의 선택을 인하여 감사드려야 한다.

5절, 그 기쁘신 뜻대로 우리를 예정하사 예수 그리스도로 말미암아 자기의 아들들이 되게 하셨으니

하나님은 우리를 선택하실 뿐만 아니라 예정하셨다. 예정하심은 다비역에서 '점을 찍었다'(mark out)라고 번역했다. 예정하심은 그분의 미리 아심에 근거한 것이다. 예정하셨다는 것은 장래에 관계된 말이다. 이 구절에서 아들들이 되게 하셨다는 말씀은 '아들의 명분'을 얻게 하심이다(헬,휘오데시안-υἱοθεσίαν). 선택하심은 사람인 우리를 위한 것인 반면, 예정하신 것은 영원 안에서 우리로 그 아들의 모양을 본받도록 하신 것이며 그 영광 안에 동참케 하신 것이다. 또한 아들의 명분을 얻어 하나님의 후사(상속자)가 되도록 함이다. 여기서 많은 사본들이 그리스도를 통해 그분의 아들로 입양되었다는 표현을 썼는데 입양(adoption)이라는 번역은 오해의 소지가 있는 번역이다. 물론 죄인인 우리가 그리스도의 구속을 통하여 하나님의 아들로 입적되었다는 법률적인 측면을 본다면 입양이라고 할 수 있을 것이지만 이는 마치 친아들이 아닌 양자가 된 느낌을 준다. 우리는 하나님의 양자로 입양되었는가? 아니다. 우리는 아버지로부터 낳아져서 정식으로 그분의 친아들이 된 것이지 입양된 양아들이 아니다. 특히 히브리서 2장 11절은 "거룩하게 하시는 자와 거룩함을 입은 자들이 다 하나에서 난지라 그러므로 형제라 부르시기를 부끄러워 아니하시고"라고 한다. 당신은 양자가 친아들인 형에게 형제로 불리우는 것이 부끄럽지 않다고 생각하는가? 그렇지 않다. 친부모에게서 난 정식의 아들만이 서로가 형제라고 부를 때 부끄럽지 않다.

하나님은 우리로 하여금 그분의 아들의 생명을 소유하게 할 뿐 아니라 그분의 아들의 영광을 소유케 하신다(롬 8:29-30). 하나님은 그분의 아들이 많은 아들들을 영광 안으로 이끌기로 계획하셨다. 우리 안에 계신 그리스도는 우리를 하나님의 아들들이 되게 하시고 장래 우리를 영광 안으로 인도하신다. 그러므로 그리스도는 우리 안에서 영광의 소망이 되셨다(골 1:27). 오늘 우리는 그리스도의 생명을 얻은 하나님의 아들들이요 장래는 그리스도와 함께 영광 안에 들어가게 된다(롬 8:16-17). 우리는 그리스도와 함께 영광을 받으며 후사가 된다. 다비 역은 각주에 '아들의 명분'(sonship)이라고 번역했다. 아들의 명분이란 단순한 아들이라는 단어와 차이가 있다. 아들의 명분은 분명한 아들의 권리를 포함한 말인 것이다. 이는 특히 아버지의 기업을 물려받는 아들이라는 뜻으로 표현한 것이다. 사람이 창조된 것은 특히 하나님의 모든 기업을 물려받는 후사로 예정된 것과 관계가 깊다. 하나님은 그분의 아들이 만유의 으뜸이 되시도록 많은 사람들에게 그분의 아들의 생명을 분배하여 그들이 그분의 많은 아들들이 되기를 원하신다. 하나님이 우리를 창조하시고 구속하신 것은 아들의 생명을 얻게 하고 그분의 아들로 더불어 영광 안에 들어가게 하고 그분의 아들의 마음을 만족케 하기 위한 것이다.

하나님은 우리를 창세 전에 그분의 친아들들이 되도록 미리 점을 찍어 정하신 것이다. 하나님의 계획은 창세 전에 있었다. 창세 전에 하나님은 아들을 사랑하셨고(요 17:24), 아들을 그리스도로 예정하셨으며(벧전 1:20), 여러 피조물 중에서 사람인 우리를 선택하시어 아들의 명분을 얻게 하셨다(엡 1:4-5). 영원 전에 하나님은 우리에게 은혜를 주셨고(딤후 1:9-11), 그분의 생명에 참여하도록 우리를 예정하셨다. 당신은 창세 전에 하나님이 당신을 그분의 아들이 되도록 점을 찍어두었다는 것을 생각해보았는가? 그것은 하나님의 기쁘신 뜻이다. 하나님은 뜻이 있는 하나님이시다. 뜻이 있기에 우리를 그분의 아들들이 되도록 예정하셨다. 그분이 우리를 선택하심은 사랑 안에서 이루어졌고 예정하심도 그분의 기뻐하심 안에서 이루어졌다. 하나님의 사랑하심과 기뻐하심 가운데 우리 한 사람 한 사람에 대한 선택과 예정이 이루어진 것이다. 하나님은 우리를 선택하실 때 매우 사랑하셨으며 예정하실 때 매우 기뻐하셨다. 그분은 창세 전부터 우리를 보시고 사랑하시고 기뻐하셨던 것이다. 바울은 이것을 축복이라고 말하고 있다. 아직 많은 것들이 이루어진 것을 보지 못한다 하더라도 이 귀한 존재로 정해진 사실만으로도 큰 축복이라는 말이다.

여기에서 아들들(아들의 명분을 얻은 자들)은 그분의 후사와 관계가 있다. 하나님의 모든 기업을 물려받는 사람들이다. 이것이 아들들(아들의 명분을 얻은 자들)이다. 하나님은 우리를 거룩하고 흠이 없게 되도록 그리스도 안에서 우리를 선택하실 뿐 아니라 또한 그분의 모든 기업을 물려받을 수 있는 아들들이 되도록 우리를 정하셨다. 이것은 하나님의 마음의 결심이다. 갈라디아서 4장과 히브리서 2장은 다 아들의 명분에 대하여 말한다. 예정하신 때가 이르면 하나님은 사람을 속량하여 아들의 명분 곧 기업을 얻게 하신다. 하나님은 구속의 일을 미리 계획해두신 것이 맞지만 그분의 원래의 목적은 우리로 아들의 명분을 얻고 기업을 얻도록 예정하신 것이다.

6절, 이는 그의 사랑하시는 자 안에서 우리에게 거저 주시는 바 그의 은혜의 영광을 찬미하게 하려는 것이라

우리에게 주신 이러한 축복을 여기서는 은혜의 영광이라고 하였다. 하나님께서는 이 모든 축복을 사랑하시는 자 안에서 주셨다. 여기에서는 그분의 아들을 '사랑하시는 자'라고 했다. 하나님께서는 창세 전부터 그분의 아들을 사랑하셨는데(요 17:24), 믿는이들인 우리에게 주신 모든 축복과 그분의 은혜는 다 사랑하시는 자, 아들 안에서 주신 것이다. 하나님께서는 그분의 아들 곧 사랑하시는 자 안에서 우리에게 거저 주신다. 그러므로 하나님이 우리에게 주시는 그분의 사랑은 변하지 않고 다하지 않는다. 그것은 영원 전부터 영원 후까지 그분이 그 아들을 사랑하시는 사랑이 영원하기 때문이며 가장 크기 때문이다. 이것은 마치 다윗이 그의 사랑했던 요나단으로 말미암아 그의 아들 므비보셋을 축복한 것과 같다(삼하 9:7). 우리는 하나님의 사랑하시는 아들 예수 그리스도 안에서 이 모든 은혜를 얻었다. 이것이 바로 은혜이고 또한 은혜의 영광이다. 그분은 우리로 이 영광을 찬미하게 하셨다.

또 하나님께서는 우리를 택하시고 예정하셨고 아들의 명분을 주시도록 하셨는데 이 모든 것은 그분의 사랑하시는 자 안에서 된 일이요 또한 거저 주시는 것이다. 그러므로 우리는 이것을 은혜라고 말한다. 이것은 매우 영광스러운 것이다. 하나님은 이렇게 하심으로 우리에게서 찬미를 얻기 원하신다. 이 은혜의 영광을 찬미하기 원하신다. 다윗은 하루에 일곱 번씩 찬미하였다고 고백한다. 은혜를 입은 성도들은 찬미가 부족하여서는 안된다. 하나님이 베푸신 은혜는 우리로 찬미하게 하신 것이다. 우리는 입술에 찬미의 제사가 없어서는 안된다. 이는 구속받는 성도들의 마땅한 바이다.

여기 '은혜의 영광'이라는 말이 있는데 이것은 이 은혜가 아주 놀랍고 영광스러운 것이라는 뜻이다. 우리를 택하신 은혜, 예정하신 것이 은혜이다. 그분의 아들의 명분을 얻게 하신 것도 은혜라는 것이다. 이러한 은혜는 너무나 영광스러워서 이것을 볼 때 찬미하지 않을 수 없다. 이 모든 것은 그분의 독생자, 사랑하시는 자 안에서 우리에게 거저 주시는 것이다. 사람에 대한 예정, 선택, 창조 모든 것이 다 그분의 사랑하시는 자 안에서 된 것이니 어찌 놀라운 일이 아니겠는가! 흠정역의 번역은 '그분의 은혜 안에서 그분께서 사랑하시는 자 안에서 우리를 열납하셨다'고 한다. 이 또한 원문에 충실한 번역이다. 우리는 아버지의 사랑하시는 자, 그 아들 안에서 열납된 것이다.

7절, 우리가 그리스도 안에서 그의 은혜의 풍성함을 따라 그의 피로 말미암아 구속 곧 죄 사함을 받았으니

바울은 계속적으로 우리가 얻은 신령한 복에 대하여 말하고 있으며 은혜를 말하고 있다. 그것은 우리가 구속함과 죄 사함을 얻은 사실이 신령한 복임과 동시에 은혜로 주어진 것이다. 바울은 여기서 이루어진 구속과 죄 사함이 다 그리스도 안에서 이루어졌다고 말한다. 다 '그리스도 안에서' 이루어진 것이다. 하나님이 우리에게 주신 은혜는 풍성한 은혜이다. 우리가 구속함을 받고 죄 사함을 받은 것은 그리스도의 피로 말미암은 것이다. 이 구속과 죄 사함은 그리스도의 은혜의 풍성함으로 된 것이라고 말한다. 하나님은 은혜로 우리를 부르셨다(갈 1:6). 이 '은혜'라는 말은 천번 만번 외쳐도 부족한 말이요 가장 감격적인 단어이다.

구속은 다시 사옴으로 되찾는다는 의미이다. 다시 사서 되찾았을 때 그것을 구속이라고 한다. 우리를 무엇으로 샀는가? 그리스도의 피로 샀다. 구속했다. 죄와 허물로 멸망할 수밖에 없는 죄인 된 우리, 지옥불에 떨어져서 영원히 고통당해야 할 우리를 그리스도의 피로 다시 사신 것이다. 그리고 우리의 모든 죄를 사하셨다. 죄 사함을 주셨다는 것이다. 피로 말미암은 구속과 죄 사함은 연결되어 있다. 사람의 율법의 위반을 징벌도 없이 용서해준다면 공정한 것이 아니다. 죄악은 반드시 징벌 받는 것이 공정하기 때문에 하나님 자신이 개입하시어 그 아들을 희생시키시어서라도 그 공의를 만족케 한 것이라는 말이다. 그리스도가 피를 흘리고 돌아가신 것은 우리 같은 죄인을 구속하시고 죄 사함을 주시기 위한 것이라는 말이다.

이것은 은혜의 풍성함에 따른 것이다. 그분의 은혜가 풍성하기에 우리를 구속하셨고 우리를 사하셨다는 말이다. 그분의 은혜가 얼마나 풍성하기에 하나님의 아들이신 그분이, 죄 없으신 그분이 이 땅에 오셔서 고난을 당하시고 핍박을 당하시고 골고다에 가시고 십자가에 달리시고 살과 피를 찢으시고 온 몸에 피를 흘리셔서 우리를 죄와 멸망 가운데서 구속셨는지! 그분이 우리를 구속하시고 지은 죄들을 용서하신 것은 가볍게 주신 은혜가 아니다. 그분의 풍성하신 은혜인 것이다. 다만 은혜가 아니라 풍성한 은혜이다. 그분의 은혜의 풍성함 가운데서 우리가 죄 사함을 받은 것이다. 높으신 하나님이 성육신 되셔서 이 땅에 오신 것, 가난한 집, 마른 땅에서 인생을 사신 것, 십자가에 달리사 그 고통을 당하신 것이 모두 풍성한 은혜이다. 내가 죄 사함을 받은 것 또한 풍성한 은혜이다. 우리는 그 은혜의 풍성함을 인하여 죄 사함을 받았다.

그러므로 하나님의 택하심이 축복이고 예정하심이 축복이며 그분의 아들들이 되게 하신 것이 축복일 뿐 아니라, 이제 죄인인 우리, 죄와 허물로 멸망할 수 밖에 없었던 우리를 그리스도께서 시간 안에서 이 땅에 오셔서 피를 흘리사 우리를 구속하시고 우리의 죄를 사하신 이것 또한 신령한 복이라는 것이다. 그런데 이 용서와 구속은 그분의 풍성한 은혜로 말미암은 것이라는 말이다. 하나님 아버지의 선택과 예정, 아들 예수 그리스도의 구속의 역사, 이 모두가 하늘에 속한 신령한 축복들이다.

다른 면에서 하나님은 사탄이 배역하여 만유로 하여금 그분과 화목을 잃게 할 것도 미리 알고 있었다. 사람이 범죄하고 타락할 것도 아셨다. 그러므로 창세 전에 하나님은 만유를 그분과 화목하게 하고 타락한 사람을 구원하며 배반한 사탄을 끝내기 위해 그분의 아들이 성육신하여 이 땅에 보내심을 받고 결국은 십자가에 못박히실 것도 미리 상의하셨다(딤후 1:9, 벧전 1:20). 또한 하나님의 계획은 창세로부터 성취되었다. 주님은 창세로부터 죽임을 당하셨고(계 13:8), 우리의 이름은 창세로부터 생명책에 기록이 되었다. 하나님의 영원한 나라도 창세로부터 예비된 것이다(마 25:34).

에베소서 1장의 4절부터 7절까지의 짧은 구절에서 사도바울은 영원 전에 역사하신 하나님의 역사와 시간 안에서 이루신 역사를 망라하고 있다. 하나님께서 하신 역사가 큰 두 부분이 있는 것이다. 하나는 창세전에 하신 일이고 4-6절까지의 말씀이며 다른 하나는 시간 안에서 하신 일로서 7절에 있다. 창세 전에 하신 하나님의 큰 일은 그리스도 안에서 우리를 택하시고 예정하신 일이다. 시간 안에서 하신 하나님의 가장 큰 일은 그리스도의 십자가 보혈로 우리를 구속하시고 죄를 사하신 일이다. 창세 전에 하신 그분의 선택과 예정은 그분의 크신 사랑 안에서 된 일이고 시간 안에서 하신 그분의 구속의 큰 일은 은혜의 풍성함을 따라 이루신 일이라고 말한다. 그러나 모든 축복은 그리스도 안에서 행하셨다고 말한다. 그리스도는 우리들의 축복의 범위이다.

구속 곧 죄사함

오늘 날 에베소서의 그리스도의 몸에 대한 높은 진리가 계시됨을 감사하고 찬양한다. 그러나 에베소서에는 여전히 죄사함의 은혜가 기록되어 있다. 하나님 편에서는 창세전의 예정하심과 택하심이지만 우리 편에서는 죄사함을 받는 일이다. 어떤 그리스도인 단체에서는 죄사함의 복음을 너무 기본적인 것으로 가볍게 생각해 간과한다. 그러나 바울은 높은 계시를 말하는 에베소서에서 구속 곧 죄사함의 복음을 빼놓지 않았고 가장 큰 은혜라고 말했다. 실상 교회를 말하는 에베소서에서 1장의 죄사함 문제, 2장의 구원받는 문제를 중요하게 다룬 것을 중시해야 한다.

마귀는 성도들로 하여금 가장 기본적인 것을 얻지 못하게 함으로 큰 것을 잃게 만든다. 죄사함을 가볍게 보는 사람들은 주님의 가장 큰 십자가 보혈의 은혜를 누리지 못하게 된다. 그리고 최상의 성경지식이라 여기며 이왈저왈하는 재미로만 그리스도인 생활을 하는것은 엄청난 실수이다. 사상누각이란 말이 있다. 기초가 모래이면 그 위에 아무리 호화로운 집을 지어도 소용없다. 죄사함의 은혜에 온전한 기초를 갖고 있어야 그 위에 어떤 건물을 지어도 안전하다.

지식은 사람을 교만하게 하여 온전히 얻을 은혜를 놓치게 한다. 우리의 구원은 우리 자신의 죄인됨을 깨닫고 구주께서 우리의 죄를 위해 십자가를 지시고 피를 흘리신 것을 깨닫는데서 온다. 그러나 우리는 알아야 한다. 우리가 주님의 죄사함의 은혜를 알기 위해서는 우리의 구체적인 죄인됨을 알아야 한다는 점이다. 대충 예수 그리스도께서 인류의 죄를 대속하기 위해 죽으셨다, 우리의 죄를 위해 십자가에 달리셨다는 등의 말씀을 들었고 알았다고 해서 죄사함의 은혜를 누릴 수 있나? 아니다. 나는 여러분을 괴롭히고 정죄하는 구체적인 죄를 갖고 주님을 만나야 한다고 말해주고 싶다.

사마리아 여인을 보라! 물론 주님은 그녀를 꾸짖지 않으셨지만 그녀는 주님을 만나 그녀의 가장 근본적인 문제에서 해방되었다. 그녀는 부도덕한 여인이었고 남편을 다섯이나 두었었다. 그녀는 율법을 어느 정도 알았고 성경지식이 있었다. 성경지식이 많을수록 정죄감은 더 크다. 그런데 어느 날 그녀 앞에 생수를 줄 수 있는 메시아가 계셨다. 그녀의 가장 근본적인 죄 문제가 그 자리에서 끝났다. 예수가 누구인가를 아는 순간 그녀의 모든 정죄와 수치는 사라졌다. 그녀의 마음 속에 평강과 기쁨이 찾아왔다. 이것이 그리스도의 피로 말미암은 구속이요 죄사함이다. 이것은 그리스도 안에 있는 은혜의 풍성함이다. 결코 죄사함의 은혜를 소홀히 여기지 말라! 가장 놀라운 은혜인 것이다.

8-9절, 이는 그가 모든 지혜와 총명으로 우리에게 넘치게 하사 그 뜻의 비밀을 우리에게 알리셨으니 곧 그 기쁘심을 따라 그리스도 안에서 때가 찬 경륜을 위하여 예정하신 것이니

하나님의 뜻의 비밀을 우리에게 알리셨다고 했다. 그것은 그 기쁘심을 따라 그리스도 안에서 때가 찬 경륜을 위하여 예정하신 것이다. 그것이 무엇인가? 그것은 하늘에 있는 것이나 땅에 있는 것을 다 그리스도 안에서 통일되게 하는 것이다. 8-9절은 그 뜻의 비밀을 말해준다. 즉 7절의 십자가의 구속은 죄사함만을 목표로 하지 않는다는 말이다. 그리스도의 십자가의 피흘리심과 구속의 역사는 때가 찬 경륜을 위한 목표가 있다고 말한다.

로이드 존스나 많은 신학자들은 8절의 지혜와 총명을 우리가 그분의 뜻을 이해하도록 하나님께서 주신 것으로 이해하지만 사실 8절의 지혜와 총명은 7절의 은혜의 풍성에 관계된 것이다. 그분의 은혜는 특별히 우리에게 주신 죄 사함과 구속에서 나타났다. 그 모든 하나님의 역사는 그분의 무한한 지혜와 총명으로 말미암은 것이다. 로이드 존스는 하나님은 원래부터 총명하셔서 그분이 총명하다고 말하는 것은 말이 되지 않는다고 했다. 그러나 우리에게 베푸신 그분의 구원의 역사는 그분의 모든 지혜와 총명이 우리에게 넘친 것이다. 문맥은 매우 이해하기 어렵다. 그러나 그분의 은혜의 풍성함은 우리에게 베푸신 하나님의 모든 지혜와 총명함으로 말미암은 것으로 이해해야 한다.

그분의 아들이 십자가에서 대속의 죽음을 죽으신 것과 피 흘리심, 그리고 우리를 의롭다 하심 등은 그분의 지혜와 총명이 우리를 향하여 넘친 것이다. 타락한 인간의 구원을 위한 십자가를 생각할수록 우리는 하나님의 지혜와 총명을 찬양하지 않을 수 없다.

하나님의 모든 역사에는 때가 있다. 때가 찰 때 그분은 뜻하신 바를 이루신다. 그분은 지혜와 총명이 넘치는 하나님이시며 때가 찰 때 목적한 것을 이루시는 하나님이시다. 9절의 예정하셨다는 것은 목적을 두셨다는(purposed) 것이다. 즉 '때가 찬 경륜을 위하여 목적하셨다'는 말이다. 하나님은 목적이 있는 하나님이시다. 십자가의 구속은 하나님의 원대한 목적이 있으시다.

10절, 하늘에 있는 것이나 땅에 있는 것이 다 그리스도 안에서 통일되게 하려 하심이라

어느 날 하늘에 있는 것이나 땅에 있는 것이 다 통일될 날이 온다. 그것은 그리스도를 머리 삼아서 만유가 그 머리 되심 아래 복종하게 되는 것

(head up all things, 다비 역)이다. 그것이 바로 하나님이 정하신 것이고 그것이 바로 하나님의 뜻의 비밀이다. 이러한 하나님의 역사가 결국 하나님의 온전한 때가 찰 때 이루어지는 경륜(administration, 행정, 관리)이다.

하나님은 목적이 있으실 뿐 아니라 행정과 관리와 경륜이 있으신 하나님이시다. 뭔가 그분이 원하시는 역사를 성취하시는 분이다. 그 하나님의 목적하신 바, 예정하신 바란 바로 그리스도 안에서 만유가 통일되는 것인데, 그 목적을 위해서 하나님은 이루시는 경륜이 있으시다. 때가 찬 경륜이 있다. 경륜이란 말의 의미는 무엇인가? 관리한다는 뜻도 되고 행정한다는 뜻도 되고 뭔가 분배한다는 뜻도 된다. 하나님은 목적이 있으시기 때문에 그 목적을 위해서 뭔가 우주적인 경륜을 갖고 계신다. 그분의 행정이 있는 것이다. 이것은 그분의 정하신 때가 될 때에 만유가 그분의 머리되심 아래서 통일되는 것이다.

하나님의 선택하심, 예정하심, 그분의 아들들이 되게 하심, 또 그리스도의 구속과 죄 사함 등의 이 모든 역사는 하나님의 영원한 뜻을 이루기 위한 것이다. 하나님의 선택에도 그분의 뜻이 있고 그분의 구속의 역사에도 또한 뜻이 있다. 결국 그 뜻은 때가 찰 때 하늘에 있는 것이나 땅에 있는 것이 다 그리스도 안에서 통일되는 것이다. 즉 그리스도의 머리 되심 아래 있게 되는 것이다.

그리스도께서 죽고 부활하신 후 "하나님이 그를 지극히 높여 모든 이름 위에 뛰어난 이름을 주사 하늘에 있는 자들과 땅에 있는 자들과 땅 아래 있는 자들로 모든 무릎을 예수의 이름에 꿇게 하시고 모든 입으로 예수를 주라 시인하여 하나님 아버지께 영광을 돌리게 하셨느니라"(빌 2:9-11)하게 되었다. 하나님은 그분을 주와 그리스도로 세우시고(행 2:36) 만유를 그 발아래 복종하게 하셨다(엡 1:20-22). 계시록 4장과 5장은 부활하신 후 주님이 하늘로 오르실 때 영광과 찬양을 받는 상태를 말한다. 4장은 모든 피조물이 창조에 대하여 찬양하고 5장은 어린 양의 구속에 대하여 찬양한다. 하나님은 주님의 원수를 주님의 발아래 둘 것이다(마 22:44). 오늘날 교회는 이에 대한 책임을 갖고 있으며 하나님은 교회가 이 일을 성취하기를 기다리고 계신다. 장래 주님이 오실 때 우리는 그분과 같게 된다(요일 3:2). 우리는 한 면으로는 아들들로서 하나님의 생명과 성품을 갖고 있으며 다른 한 면으로는 후사로서 하나님의 기업을 이어받아 영광을 얻게 된다. 즉 썩지 않고 더럽지 않고 쇠하지 아니하는 기업을 잇게 하시나니 곧 너희를 위하여 하늘에 간직하신 것이라고 한다(벧전 1:3-4). 우리의 몸이 구속될 때 만유는 해방을 받게 된다. 그러나 오늘 우리는 장차 올 시대의 권능을 미리 맛볼 수 있다. 교회는 장차 올 세상의 권능을 미리 맛보고 왕국은 영원 안의 권능을 미리 맛본다. 장차 우리의 몸은 구속되어 아들의 명분을 얻으며 영광의 자유에 들어가게 된다. 그러므로 우리는 영원 과거부터 영원 미래까지의 모든 역사가 그분의 아들을 만유의 으뜸이 되게 하기 위한 것임을 알 수 있다. 하나님의 목적은 그분의 아들이 만유의 주가 되시는 것이다.

하나님의 창조는 그분의 계획을 성취하기 위한 것이다. 하나님이 만유와 사람을 창조하신 목적은 만유로 하여금 그리스도를 나타나게 하고 사람으로 하여금 그리스도를 닮고 그리스도의 생명과 영광을 소유하게 하는 것이다. 그러나 사탄이 배역하였고 만유가 근본에서 떠났고 사람은 타락하게 되었다. 그러므로 하나님은 그리스도의 구속으로 말미암아 그분의 창조의 목적에 이르게 되어야 한다. 그리스도의 구속은 두 가지, 즉 배역한 사탄을 끝내고 사람의 죄를 해결해야 했다. 그리고 사람에게 그분의 생명을 해방하고 만유를 하나님과 화목하게 만들었다. 그리스도의 구속의 범위는 사람에게만 미치는 것이 아니라 만유에도 미친다. 왜냐하면 그리스도 자신이 우주적인 사람이기 때문이다. 그분은 시간과 공간의 제한을 받지 않는 분이다. 그분은 창세 전에 기름부음 받으셨으며 우주 안에 충만하신 분이다. 그러나 그분이 피조되어 사람의 몸을 지녔으므로 사람을 위해 죽고 만유를 위해 죽을 수 있으셨다. 따라서 그분의 구속은 만유를 하나님과 화목하게 한 것이다. 만유에는 죄가 없기 때문에 화목만 하면 되지만 사람은 원수가 되었을 뿐 아니라 죄가 있으니 구속이 필요한 것이다. 만유는 하나님과 화목을 잃었었다. 골로새서 1장 20절은 "그의 십자가의 피로 화평을 이루사 만물 곧 땅에 있는 것들이나 하늘에 있는 것들을 그로 말미암아 자기와 화목케 되기를 기뻐하심이라"고 한다. 그리스도의 구속의 효력은 어디까지 미치는가? 만유에 미치는 것이다. 결국 온 만유는 그리스도께 굴복되며 그분 안에서 통일될 것이다. 하나님은 만물을 그분에게 주시기로 계획하셨으며 그것이 만물을 창조하신 목적이다.

교회는 만유 안에서 처음 익은 열매이다. 우리가 먼저 그리스도에게 복종하고 후에 만유가 그리스도에게 복종한다. 십자가의 역사는 우리를 감소시키고 그리스도를 증가케 하는데 결국 먼저 우리로 그리스도의 머리되심 아래 굴복하게 하는 역사를 하신다. 십자가는 그리스도를 으뜸 되게 하였다. 하나님은 십자가로, 환경으로 우리를 더 깊이 파고 우리로 그리스도를 더 알고 그분으로 충만되게 하고 그리스도를 우리에게서 으뜸되게 한다. 결국 그리스도의 구속은 하나님의 영원한 경륜과 계획을 성취하는 것으로서 그분을 만유의 머리와 으뜸이 되게 하시는 것이 목적이었다. 교회인 우리는 먼저 그리스도를 머리로 삼아 그분을 으뜸이 되게 하여 결국은 하나님의 영원한 뜻을 성취하게 해야 한다. "뜻이 하늘에서 이룬 것같이 땅에서도 이루어지이다"(마 6:10)

오늘 날 온 땅은 사탄의 개입으로 혼란 투성이가 되었다. 그리스도를 머리삼고 그분의 머리되심 아래 굴복된 상황을 어디에서도 볼 수가 없다. 따라서 하나님은 예수 그리스도를 통하여 한 무리를 그분의 십자가의 구속을 통하여 얻으신 것이다. 이것은 지극히 크신 은혜에 따른 것이다. 그 목표는 만유에까지 이르는 것이다. 나는 이에 대하여 성도들이 큰 인상을 받을 수 있기를 바란다. 그분의 인격 자체가 만유를 포함하신 분이기에 그분의 십자가의 역사는 사람의 죄사함에만 미치는 것이 아니다. 결국은 만유가 그분의 머리되심 아래 복종케 될 것이다.

교회는 만유를 그리스도의 머리되심 아래 굴복케 하는 선봉장이다. 먼저 그리스도를 머리로 삼는 기관이다. 머리되심 아래 굴복하는 것이 객관적인 것이 아니라 매우 주관적이고 아예 그분의 머리와 연합된 몸이 된 것이다. 몸의 각 지체가 머리에 복종하는 것처럼 완전한 것이 없다. 아무리 좋은 아내의 남편에 대한 복종도, 아무리 선량한 자녀의 부모에 대한 복종도 몸의 각 지체가 머리에 복종하는 것처럼 완전하지 않다. 그러한 복종은 완벽하게 유기적인 것이며 복종한 의지도, 힘을 쓰는 노력까지도 불필요하다. 그저 머리가 뜻만 가지면 몸의 각 부분은 움직이고 머리의 지시에 따르는 것이다. 그리스도의 머리되심과 교회의 그분의 몸이 됨은 한 생명으로 이루어진 것이기에 그것이 가능한 것이다. 아들 안에 있는 생명이 결국 몸의 각 지체 속에 있는 생명인 것이다.

11절, 모든 일을 그 마음의 원대로 역사하시는 자의 뜻을 따라 우리가 예정을 입어 그 안에서 기업이 되었으니

다비역 성경으로 읽으면 "그분 자신의 뜻의 협의(혹은 계획)에 따라 모든 것을 역사하시는 분"(who works all things according to the counsel of his own will)이다. 하나님은 모든 일을 그 마음의 원대로 역사하시는 분이다. 하나님은 그분의 원함과 계획이 있으시다. 삼위일체 하나님이시니 교회를 위한 성삼위 간의 협의가 있으셨다. 삼위일체 하나님(triune God)은 성 삼위 간의 협의(counsel)대로, 그분 자신의 뜻대로, 그분의 원함대로 모든 일을 역사하신다. 유일하신 창조주 하나님은 성삼위 하나님의 협의에 의거하여 그분의 거룩한 뜻을 세우시고 그것은 그분의 원함과 목적이 되었다. 예정을 입었다는 것은 목적하신 바라고 읽을 수 있다(according to His purpose, NASB). 그분의 목적하심에 따라 우리가 예정을 입어 그 안에서 기업이 되었다.

우리가 오늘날 하나님의 기업이 되도록 예정을 입은 것, 아들들이 되도록 정해진 것, 그분의 몸인 교회가 된 것, 이 모든 것은 성삼위 하나님의 협의를 거친 것이다. 그렇게 해서 우리는 그분의 기업이 되고 그분의 역사의 중심이 되고 목표가 되었다. 교회는 실로 위대한 하나님의 기업(inheritance)이다. 우주 가운에 교회만이 하나님의 유일한 기업임을 기억하기 바란다. 위대하신 하나님의 유일한 관심이 교회에 있다는 것을 아는 것은 보통 일이 아니다. 또한 우리가 그분의 목적인 교회의 부분이 되었다는 것도 보통 일이 아니다.

이 말씀을 '우리가 하나님의 유업(기업)으로 지정되었다'고 읽는 것이 원문에 충실한 번역으로 읽는 것이다. 또한 우리가 유업을 얻었다고 번역할 수도 있다. 하나님은 하늘과 땅을 기업으로 갖기를 원치 않으시고 그분의 아들의 피로 구속한 백성들인 우리를 그분의 영원한 기업으로 지정하셨다. 나는 오랫동안 교회를 말해왔지만 교회가 하나님의 마음속에 가장 기뻐하시는 기업이라는 것에 대한 큰 계시가 적었다. 그러나 에베소서를 공부하고 또 할 때 교회에 대한 하나님의 갈망이 얼마나 큰 것인가 하고 매우 감동이 되었다. 많은 것이 다 그렇겠지만 피상적으로 교회가 무엇인지 아는 것으로 다 안다고 생각하는 것은 얼마나 큰 실수를 하는 것이라는 것이 나의 경험이다.

12절, 이는 그리스도 안에서 전부터 바라던 우리로 그의 영광의 찬송이 되게 하려 하심이라

사실 우리 이방인들은 전부터 바라던 자들이 아니다. 전부터 바라던 자들은 유대인들이다. 바울 사도와 같은 유대인들, 그들이 전부터 바라던 자들이다. 그들은 성서를 통해 하나님의 뜻을 알고 그것을 기대할 수 있었다. 그러나 이방인인 우리는 아무것도 모르기에 바라던 것도 없었던 것이다. 우리는 전부터 바라지 않았지만 긍휼을 입었다. 그렇지만 우리 또한 우리의 영 안에서, 깊은 속에서 이를 바라고 있었다. 왜냐하면 사람은 이러한 목적으로 지어졌기 때문이다. 우리의 지적인 영역에서는 이를 모르지만 영에서는 이를 알 수 있다. 여러분은 아는가? 우리의 내면에서 바라던 것은 만유가 그리스도 안에서 통일되는 것이요 우리가 그분의 기업이 되는 것이다. 유대인들은 성경이 있기에 바라고 기대하였으나 이방인인 우리는 잘 알지 못하였어도 우리의 영 안에서 기대하고 바랐던 것이 이것이다. 그러므로 우리의 깊은 속에서 바라던 것이 이루어질 때 기쁨과 감사가 넘치게 된다. 하나님께서 왜 이렇게 많이 역사하셨는가? 그것은 우리로 영광의 찬송이 되게 하려 함이라고 말한다.

13절, 그 안에서 너희도 진리의 말씀 곧 너희의 구원의 복음을 듣고 그 안에서 또한 믿어 약속의 성령으로 인치심을 받았으니

하나님이 영원 전에 선택하시고 그리스도께서 시간 안에서 구속의 역사를 성취하셨지만 이 모든 축복이 실제로 우리에게 적용이 되는 것은 진리의 말씀 곧 구원의 복음을 듣고 믿을 때이다. 이것은 놀라운 일이다. 구속의 역사는 그분이 다 이루셨고 그분의 이루신 모든 역사는 진리 안에 들어있다. 그 진리의 말씀 곧 구원의 복음을 듣고 믿음으로 받을 때 성령은 인치심을 주신다. 이 성령이 우리 안에 오실 때 그것은 하나의 인치심이다. 인친다는 것은 도장을 찍는다는 것이다(sealing). 왜 도장을 찍는가? 그것은 소유권을 나타내기 위해서이다. 하나님의 완전한 소유권을 주장하기 위해서이다. 우리가 하나님을 믿을 때 하나님은 우리에게 성령으로 도장을 찍으심으로 그분의 소유권을 주장하신다. 그럴 때 우리가 하나님께 속했다는 표시가 있게 된다. 그것이 바로 성령이다. 우리에게 성령이 계시는 그날부터 우리는 하나님의 소유이다. 우리가 믿을 때 얻은 성령, 오늘 우리가 누리는 성령은 우리가 하나님께 속했다는 표시이다.

구원하는 복음, 이것은 하나님의 진리의 말씀이다. 우리가 믿어야 할 말씀인 것이다. 그리스도께서는 구속의 역사를 성취하시고 우리에게 구원의 복음을 전하라고 하셨다. 이 구원의 복음은 진리의 말씀이 되었다. 죄인들이 말씀을 듣고 믿을 때 죄사함과 성령의 인치심을 받게 되는 것이다. '그 안에서 믿는다'는 것은 13절의 '그리스도 안에서' 믿는 것을 말한다. 우리가 듣는 것은 복음의 말씀이지만 믿는 것은 그리스도라는 것을 알아야 한다. 그리스도를 믿는 것(believe in Christ)이다. 우리는 그리스도를 믿음으로 그분과의 유기적인 연합을 갖게 된다. 이는 우리가 그리스도를 믿어 그분 안으로(into) 들어가기 때문이다.

14절, 이는 우리의 기업에 보증이 되사 그 얻으신 것을 구속하시고 그의 영광을 찬미하게 하려 하심이라

성령의 인치심이 우리의 기업의 보증이라고 했다. 하나님은 또한 우리의 기업이시다. 우리는 하나님의 기업이고(11절) 또한 하나님 자신은 우리의 기업이다. 하나님의 모든 소유, 그 모든 기업의 보증이 바로 이 성령이다.

여기서 이 보증이라는 말에는 '미리 맛본다'는 뜻이 들어 있다. 우리는 이 성령을 통해 장래 물려받을 우리의 기업을 미리 맛보는 것이다. 고대 로마에서는 땅을 사고팔 때 그 땅의 흙 한 상자를 사는 사람에게 보증으로 주었다고 한다. 장래에 그 상자에 있는 땅과 똑같은 땅을 다 줄 것이라는 의미이다. 오늘 우리가 누리고 있는 이 성령은 장래 우리의 기업이 되실 하나님 자신이시다. 성령은 하나님 자신의 그 풍성한 기업을 우리가 다 얻게 되리라는 것을 보증하는 것이다.

여기서 그 얻으신 것은 우리 자신이다. 우리 온 존재를 구속하시는데, 성령의 인침을 통해서 결국 우리를 구속하신다는 것이다. 이 성령은 한 면으로 우리 기업의 보증이 되시고 또 한 면으로는 그분이 얻으신 것을 구속하신다. 우리 온 존재가 다 하나님의 것이 되도록 성령께서는 우리 안에서 역사하고 계신다. 성령께서는 무엇을 위해 우리 안에서 역사하시는가? 결국 우리를 완전히 하나님께 되돌리려고, 온전히 하나님의 것이 되게 하려고 역사하시는 것이다. 성령께서는 매일 매일 역사하셔서 우리 온 존재를 하나님의 것이 되게 하신다. 그럴 때 우리는 그분의 영광을 찬미하게 된다. 여기에 삼일 하나님에 대한 찬미가 있다. 아버지의 선택하심과 예정하심에 대한 찬미, 그분의 구속에 대한 찬미, 그리고 성령의 인치심에 대한 찬미이다. 모든 성삼위 하나님의 역사는 우리의 찬송을 불러일으킨다. 어쨌든 에베소서 1장 전반부는 찬송으로 충만하다.

1장 전반부는 바울의 인사와 찬미, 그리고 성삼위 하나님의 축복을 말한다. 아버지의 축복, 아들 예수 그리스도의 축복, 그리고 성령의 축복이다. 또 그로 인한 찬송, 찬미가 있으며 감사가 있다.

15절, 이를 인하여 주 예수 안에서 너희 믿음과 모든 성도를 향한 사랑을 나도 듣고

첫째로 바울이 감사하고 기뻐하는 것은 에베소의 성도들에게 주 예수에 대한 믿음이 있었다는 것이고, 둘째로 성도를 향한 사랑이 있었다는 것이다. 사도들이 보고 기뻐하는 것은 성도들이 믿음을 가지고 있는 것이다.

그런데 그 믿음은 주 예수 안에 있는 것이다. 그리고 사랑은 모든 성도를 향한 것이다. 믿음과 사랑은 관련이 있다. 믿음이 있을 때 사랑이 있다. 그런데 믿음은 주 예수님에 대한 것이고 사랑은 성도들을 향한 것이다.

오늘날 우리가 믿음을 말할 때 믿음의 대상이 누구인지를 알아야 한다. 사람들이 믿음을 그리스도 외의 어떤 사람들의 말이나 어떤 외적인 역사나 다른 것에 둘 때 그 믿음은 헛된 것이다. 믿음을 주 예수께 둘 때만이 견고한 것이다. 주 예수님을 믿는다는 것은 무엇을 뜻하는가? 신앙의 대상이 주 예수가 된다는 것이다. 어떤 사람들은 입으로는 주 예수를 부르지만 실제로는 신앙의 대상이 주 예수가 아닌 경우가 있다. 그들의 마음속에 신앙의 대상은 지식이나 이념이나 단체이지 살아계신 그리스도가 아닌 것이다. 그들이 상황이 닥쳤을 때 또 위급할 때 찾는 것은 영적인 지식이나 사람이나 단체이지 살아계신 하나님이 아닌 것을 보면 알 수 있다. 또 어떤 사람들은 영적인 지도자나 소위 단체를 의뢰하지 살아계신 주 예수를 의뢰하지 않는다. 그들은 보이는 것을 보이지 않는 것보다 더욱 신뢰한다. 이는 다 엄격히 말하면 우상숭배인 것이다. 과거에 유대인들이 하나님 아닌 율법이나 지식을 신뢰한 것과 같다. 정상적으로 우리가 주 예수를 믿고 의지할 때만 주 예수님과의 연결과 연합이 이루어진다.

그러므로 믿는이들이 첫째로 가지고 있어야 할 것이 믿음이다. 다른 것을 의지하는 것이 아니라 주 예수님 자신을 의지하는 것이 주 예수에 대한 믿음이다. 세상 사람들은 외적인 권력을 의지하고 힘 있는 사람을 의지하고 돈을 의지하고 또 자기의 능력, 건강, 자신을 의지한다. 그러나 믿는이들이 의지하는 것은 그런 것이 아니다. 믿는이들이 의지하는 것은 오직 살아계신 주 예수이다. 믿음이란 모든 사람이 단독적으로 그리스도를 향한 것이어야 한다. 천국에 가면 모든 사람이 그리스도를 향하여 단독적일 거라고 표현한 학자가 있다. 이 말은 매우 경험있는 말이요 참된 말이다. 오늘 날 거짓된 믿음이 많다. 자신도 속고 남도 속이고 하는 것이다. 단체적으로, 도매금으로 믿음이 포장될 수 있는 것이다. 교회가 단체적인 것이고 모든 성도들이 함께 연합하여 주님을 추구하는 것이 맞지만, 기본적인 성도의 믿음은 어디까지나 개별적인 것에서 출발한다. 믿고 구원받는 것부터 사람은 예수를 개인의 구주로 영접하는 것이다.

믿는다는 것 자체가 내 자신을 포기하는 것이고 내 자신을 의지하지 않는 것이다. 그리고 그리스도로 하여금 우리 안에서 모든 것이 되시게 하는 것이다. 그분으로 나의 생명과 나의 인격과 나의 지혜와 나의 모든 것이 되시게 하는 것이다. 이것이 바로 믿음이다. 그리스도께서는 그런 믿음이 있는 사람 안에서 그의 믿음대로 역사하신다.

그리스도께서 역사하신 결과가 사랑이다. 그렇기 때문에 믿음은 볼 수 없는 것이지만 사랑을 통해서 볼 수 있다. 우리는 성도들의 그 삶을 통해서 그가 믿음이 있는 자인지 아닌지 알 수 있다. 그렇다 하더라도 믿음은 그와 주님과의 비밀스런 관계이다. 그렇기 때문에 사람들은 진실한 믿음을 가진 사람을 오해하기도 하는 것이다. 믿음이란 주님과의 깊은 관계 안에 있기 때문이다. 그러한 참된 믿음을 가진 사람들은 그들 안에 사랑이 있다. 그들은 믿음으로 주님과 하나 된 사람들이요 진리 안에 살기 때문이다. 이와 같이 에베소의 성도들에게는 주 예수 안의 믿음이 있었고 모든 성도들을 향한 사랑이 있었다.

16절, 너희를 인하여 감사하기를 마지아니하고 내가 기도할 때에 너희를 말하노라

에베소 성도들에게 그러한 믿음과 사랑이 있다는 소식을 듣고 바울은 그것을 인하여 감사하기를 마지아니한다고 했다. 사도는 이럴 때 하나님 아버지께 감사를 드린다. 하나님 아버지께서 에베소 성도들에게 강한 역사를 해주셨기 때문에 그것을 하나님의 긍휼로 여기고 하나님의 은혜로 여기고 사도는 아버지께 감사하고 있다. 사도는 감사하면서 또한 여전히 에베소 성도들을 위해서 기도한다. 그들에게 더 많은 축복을 주시기를 기도한다. 여기서 진실로 사도와 성도들 간의 관계를 볼 수 있다. 사도는 어떠한 사람인가? 하나님 앞에서 성도들의 믿음과 사랑을 늘 관심하는 사람이며 그들의 실제를 보고 감사하고 기뻐하는 사람이다.

오늘날 많은 성도들이 사도를 겪어보지 못했기 때문에 사도가 무엇을 하는 사람인지를 잘 모르고 또 필요도 느끼지 않는다. 그들은 바울과 같은 사람들이 교회에 필요하다는 인식조차 없다. 너무나 오랫동안 부모와 떨어져 사는 아이들은 자기들끼리만 그럭저럭 살면 된다고 생각하지만 그렇다고 해서 부모가 필요없는 것이 아니다. 물론 자식이 부모가 없어도 살긴 살겠지만 부모가 자식을 위해서 해주어야 하는 부분이 있다. 그 부분은 그 어느 누구도 대치할 수 없다. 부모만이 자식을 위해 무언가를 할 수 있는 것이 있듯이 사도들도 교회를 위해서 그들 아니면 할 수 없는 그 어떤 부분이 있는 것이다.

빌립보서 2장을 보면 빌립보 교회에 믿음이 있고 봉사가 있었다. 그러나 사도는 말하기를 너희 믿음의 제물과 봉사 위에 내가 나를 관제로 드린다고 했다. 그럼으로써 너희도 기뻐하고 나도 기뻐한다고 했다. 빌립보 교회에 믿음과 봉사가 있었지만 사도의 관제가 또 필요했던 것이다. 그것 교회의 큰 격려와 기쁨이 된 것이다. 사도는 이렇게 교회의 더욱 더 큰 기쁨과 격려를 위해 필요한 존재이다. 에베소 교회 성도들도 믿음이 있었고 사랑도 있었다. 그러나 여전히 그들을 위해서 감사하고 기뻐하는 자가 있다. 이것은 인간에게 있어서 부모와 동일하다. 내가 십 여년 전 부모님을 잃었을 때 가장 슬펐던 것이 바로 이 때문이었다. 부모님이 계시지 않아도 내가 살아나갈 수는 있겠지만 내가 무언가 잘 해도 이 땅에는 그렇게 기뻐할 사람이 더 이상 없다는 것이었다. 그렇게 기뻐해줄 사람이 있느냐 없느냐는 우리가 살아가는데 그렇게 큰 차이가 없을지도 모른다. 그러나 부모의 격려는 자녀에게 얼마나 큰 힘이 되는지 모른다. 그것이 자녀로 하여금 더욱 달려나가게 원동력이다. 하나님은 그분의 기업인 교회를 위하여 그분의 신실한 종들을 두시고 부모처럼 돌보고 위로하게 하시며 진리로 섬기게 하신다.

여기서 우리는 사도 바울이 성도들이 좋을지라도 여전히 그들을 위해서 감사하며 기도하는 것을 볼 수 있다. 뭔가 그들의 필요를 더 돌보아주고 그들이 발전하고 진보하도록 뭔가를 더 해주고 싶은 것이 사도의 마음이다. 그러므로 사도 바울은 여기서 에베소 성도들을 위해서 항상 기도했다. 그리고 그가 어떠한 기도를 드렸는가를 여기에 기록했다.

17절, 우리 주 예수 그리스도의 하나님 영광의 아버지께서 지혜와 계시의 정신(영)을 너희에게 주사 하나님을 알게 하시고

나는 에베소 성도들이 하나님을 몰랐다고 생각지 않는다. 그들 스스로는 하나님을 알 필요를 깊이 느끼지 못했을 수도 있다. 그들은 당연히 하나님을 안다고 확신했을 것이고 기도를 해야 한다면 다른 필요를 위해 기도해야 한다고 느꼈을 것이다. 그러나 바울은 맨 먼저 그들을 위해 기도하되 하나님을 알도록 기도했다. 바울은 에베소 교회의 성도들이 마땅히 가져야 할 것, 얻어야 할 축복이 바로 '지혜와 계시의 영을 얻어 하나님을 아는 것'이라고 보았다. 사도는 교회의 필요를 보고 그것을 위해 간구할 줄 아는 자였다. 교회가 바울 같은 사도를 갖는 것은 어떠한 축복인가!

에베소서 1장에서 바울은 하나님의 축복에 대해서 말했다. 하나님께서는 창세 전에 우리를 선택하시고 예정하셨으며, 아들 하나님은 우리로 죄 사함과 구속을 얻게 하시고, 성령 하나님은 우리에게 인치심을 주셨다. 이 놀라운 축복을 통해서 우리를 그분의 기업이 되게 하셨다. 바울은 이러한 놀라운 축복을 주시는 하나님을 믿는이들이 알아야 한다고 말한다. 그런데 이러한 하나님을 아는 것은 사람의 지혜에 있지 않고 하나님께서 그 사람의 눈을 열어 주셔야 한다. 지혜와 계시의 영을 주셔야 한다.

나는 과거에 내 자신이 하나님을 더욱 알기 위해 이 구절의 기도를 많이 했다. 하나님을 알 수 있게 해달라고.. 오랜 세월이 지난 후에서야 에베소서 1장의 하나님을 아는 것이 하나님 자신을 아는 것만이 아니라, 그분의 창세전부터의 역사와 시간 안에서의 십자가의 역사, 그리스도 안에서 만유를 통일하시는 역사, 결국 그분의 영원한 뜻을 이룰 교회에 대하여 아는 것을 말하는 것이라는 것을 알게 되었다. 하나님께서 영원한 뜻을 두고 행하시는 기묘한 역사를 모르고서야 어떻게 하나님을 알 수 있겠는가? 그분의 마음속의 비밀의 뜻을 모르고 어떻게 그분을 알겠는가? 그것은 에베소서에서 계시하는 그리스도의 몸과 관계가 있다. 이를 알기 위해서는 지혜와 계시의 영이 필요하다.

무엇이 지혜인가? 지혜는 영에 있는 것이다. 우리의 생각으로는 하나님을 알 수 없다. 사람의 지혜로는 하나님을 알 수 없다. 지혜는 영에 있기 때문에 하나님을 아는 지혜를 얻기 위해서는 우리가 항상 영 안에 있어야 한다. 하나님을 아는 것이 지혜이다. 지혜자는 여호와를 경외하는 것이 지혜의 근본이라고 했다(잠 9:10). 계시라고 하는 것은 뭔가 닫혀 있던 것, 감춰어 있던 것을 열어서 보여 주는 것이다. 이것을 하나님이 주셔야 한다는 것이다. 이를 위해서 우리는 기도해야 한다. 사도는 이를 위해 기도했다. 지혜와 계시의 영을 주셔서 보고 알게 해주시기를 기도했다는 것이다.

18절, 너희 마음 눈을 밝히사 그의 부르심의 소망이 무엇이며 성도 안에서 그 기업의 영광의 풍성이 무엇이며

이제 우리 마음 눈의 문제이다. 우리의 마음에도 눈이 있다는 말이다. 우리 마음이 밝아야 볼 수 있는 것이 있다. 그런데 우리의 마음 눈이 밝기 위해서는 우리 마음에 다른 것이 채워지면 안 된다. 이 문제에서 제일 방해되는 것은 바로 물질이다. 물질을 사랑하는 사람의 마음은 반드시 어두워지게 되어 있다.

눈이 어두워지면 온 몸이 어두워질 것이라고 했다. 왜 그렇게 눈이 어두워지는가? 이 땅에 있는 재물을 사랑하기 때문이다. 재물을 하늘로 보낼 때 기묘하게도 눈이 밝아진다. '왜 나는 성경을 읽어도 마음에 들어오지 않을까요? 계시가 없을까요? 빛이 없을까요?' 하는 것은 아마도 재물을 움켜쥐고 편안하게 먹고 살 것을 만들어 놓고서 '이제 저는 하나님도 알고 싶어요' 하고 성경을 펴기 때문일 것이다. 재물이 시력을 약하게 만든 것이다. 이 땅에 많은 것을 쌓아두었기 때문에 시력이 약하게 된 것이다. 그러나 땅에 있는 것들, 땅에 있는 보물을 제해 버리고 이 땅에는 아무것도 없이, 어떤 소망도 없이 되었을 때 이상하게 시력이 밝아진다. 마음 눈이 밝아진다. 그래서 '나는 왜 이렇게 보이지 않느냐? 빛이 없느냐?' 하며 한탄하지 말고 우리 마음에 다른 많은 것들이 채워져 있는 것을 한탄해야 한다.

외국에 사역하러 나가 있는 우리 형제들은 모든 재물을 다 팔고 이제 소망을 주님께만 두고 나가서 오직 복음을 위해서 산다. 그들이 나에게 하는 말이 있다. '나는 해외로 나와서 일하면서 축복을 얻은 것이 몇 가지가 있는데 그 중에 하나가 성경을 새로 얻은 것이다.' 전에 한국에서 안일하게 살면서 읽은 성경과 모든 것을 버리고 외국에 나가서 읽은 성경은 같은 글자인데 너무 다르다는 것이다. 이제는 성경 말씀이 너무 쏙쏙 들어온다는 것이다. 그러므로 여러분이 진정으로 하나님을 알고 부르심의 소망을 이해하려면 마음 눈이 밝아져야 한다.

믿는이들은 또한 부르심의 소망을 알아야 한다. 믿는이들은 하늘에 속한 부르심으로 부르심받은 자들이다. 세상에서, 죄악에서 부르셨다. 하나님께서 우리를 부르신 것이다. 여러분은 여러분이 부르심받은 자라는 것을 아는가? 하나님께서 여러분을 부르셨다. '애굽에서 내 아들을 불렀다'고 했다. 이제 목적지가 어디인가? 약속의 땅, 가나안 땅이다. 이것은 구약의 예표로서 신약의 하늘에 속한 기업을 말한다. 하나님께서는 우리를 하늘의 백성이 되도록 하늘에 속한 부르심으로 부르셨다. 그러므로 이 땅에서는 나그네 노정을 걸어가기 위해 존재하는 것뿐이다. 이 세상은 우리가 통과하여 걸어가는 길에 불과하다. 그러므로 우리의 눈은 반드시 하늘을 향해야 한다. 그러면 그 소망은 어디에 있는가? 하늘에 있다. 땅에 있지 않다. 심지어 그리스도인 사역자들도 일하다 보면 이 땅에서 사역이 잘 되는 것을 소망 삼게 된다. 그러나 그것도 소망이 아니다. 하나님께서 우리를 하늘에 속한 부르심으로 불렀는데 우리의 소망이 땅에 있겠는가? 아니다. 이 땅에서 그리스도인 생활을 잘 하는 사람은 나그네처럼 생활하는 사람이다. 나그네와 같이 길을 걸어가는 사람이다. 아브라함, 이삭, 야곱과 같이 이 땅에서는 나그네로서 우거하는 것이다. 그것이 바로 믿음의 조상들의 발걸음이다. 그들은 이 땅에서 외국인과 나그네같이 생활했다.

우리는 마음 눈이 밝아져서 그 부르심의 소망을 생각하며 달려야 한다. 그러므로 여기에 믿음이 있고 사랑이 있고 소망이 있다. 이 세 가지는 교회생활에서 중요한 세 기둥이다. 하나라도 약해지면 믿는이들의 삶이 약화된다. 믿음이 좋아야 하고 성도들과의 사랑이 좋아야 하고 그런 다음 소망에 대한 인식이 분명해야 한다.

부르심의 소망은 보이지 않는 것이고 하늘에 속한 것이지만 이제 우리가 한 가지 알아야 할 것은 그 소망을 성도들 안에서 볼 수 있다는 것이다. 그 기업의 영광의 풍성은 무엇인가? 이것 또한 성도들 안에 있는 것이지만 눈이 열려야 볼 수 있는 것이다. 나는 진실로 성도들이 그 기업의 영광의 풍성을 보기 원한다. 이는 교회의 아름다움의 풍성함과 관계된다. 사람은 다 자기가 본 것을 위해 일생을 바치게 된다. 누가 나에게 당신이 이 세상에서 본 가장 아름답고 귀한 것이 무어냐고 묻는다면 나는 두말할 것 없이 교회라고 대답할 것이다. 하나님의 기업은 사실 그리스도이다. 그러나 그 그리스도는 객관적이고 신학적인 그리스도가 아니다. 교회 안에 체험되고 조성되어가는 그리스도이다.

바로 그 그리스도를 성도들 안에 확장시키는 것이 그 기업이다. 그리스도 외에는 하나님의 다른 기업이 없다. 그런데 그것이 영광의 풍성이라는 것이다. 골로새서 1장에서는 너희 안에 계신 그리스도가 영광의 소망이라고 했다. 거기에도 영광의 풍성이 나온다(골 1:17). 그리스도를 떠나서는 하나님의 기업이 없고 영광의 풍성이 없다. 성도들 안에 거하시는 그리스도나 그 기업(교회)이나 동일한 것임을 알 수 있다. 성도들 안에 내주하시는 그리스도가 없다면 교회가 없는 것이다. 성도들 안에 사시는 그리스도, 자라나시는 그리스도, 확대되시는 그리스도, 풍성케 되시고 충만케 되시는 그리스도—이것이 하나님의 기업이다. 기업도 귀한 단어이고 영광도 귀한 단어이고 풍성도 귀한 단어이다. 이 모든 단어들이 하나님과 관련되어져서 쓰여졌다. 이런 귀한 단어들이 무엇을 위해 쓰여졌는가를 생각해보기 바란다. 이것이 바로 교회를 위한 말들이다. 교회 안에 모든 좋은 것이 다 있다(시 84:11).

이러한 계시는 눈이 열려야 볼 수 있다. 우리 마음이 물질로 채워져 있다면 성도들 안에 자라나는 그리스도를 볼 수 없다. 모든 소망이 하늘에 있는 자만이 성도들에게 있는 영광의 풍성이신 그리스도를 볼 수 있다. 이것 역시 우리의 마음을 굳게 해주고 하나님께 있게 해주고 기쁘게 해주고 강화시켜준다. 무엇을 볼 때 영광스러운가? 성도들 안에서 자라나시는 그리스도를 볼 때, 표현되시는 그리스도를 볼 때, 확대되시는 그리스도를 볼 때, 그 그리스도가 영광스럽다. 그러한 그리스도가 더 많은 사람들 안에서 나타나고 역사하실 때, 우리의 느낌은 영광스럽고 풍성하다는 것이다. 이것이 무엇인가? 이것이 바로 하나님의 기업이다. 이렇게 그 기업의 영광의 풍성을 보려면 우리의 마음 눈이 밝아져야 한다.

19절, 그의 힘의 강력으로 역사하심을 따라 믿는 우리에게 베푸신 능력의 지극히 크심이 어떤 것을 너희로 알게 하시기를 구하노라

18, 19절에서 바울이 알기 원했던 것은 세 가지이다. 첫째는 '부르심의 소망'이며 둘째는 '성도 안에 있는 그분의 기업의 풍성'이며 셋째는 '믿는 우리에게 베푸신 능력의 지극히 큰 것'이다. 셋 다 "what is the..."로 시작한다. 앞의 두 가지에 대하여는 부가 설명이 없다. 그러나 세 번째 교회에게 주신 지극히 큰 능력은 설명을 부가했다. 그것이 20-22절 말씀이다.

오늘날 오순절파 계통의 그리스도인들은 능력에 대해 말할 때 방언을 말하는 것, 병 고치는 것, 귀신 쫓아내는 것 등을 말한다. 그런 것들이 성경에 없는 것은 아니지만 에베소서는 주로 그리스도의 몸, 교회를 말하는 책이다. 그런데 교회를 말하는 책에서 그리스도의 부활의 능력을 말하고 있다. 사실은 부르심의 소망도 교회와 관계가 있다. 교회는 장래의 왕국이다. 왕국은 결국 새 예루살렘으로 완성된다. 영원한 하나님의 나라와 부르심의 소망은 관계가 있는 것이다. 그리고 그 기업의 영광의 풍성도 교회와 관계가 있다. 이제 믿는 우리에게 베푸신 능력이 지극히 크다는 것을 알아야 한다. 사도는 이 세 가지를 알게 하시기를 구한 것이다. 그런데 이 능력은 외적인 능력이 아니고 내적인 능력이요 생명의 능력이다.

"그의 힘의 강력을 따라"라는 말씀을 깊이 생각할 필요가 있다. 강력과 힘은 비슷한 단어이지만 차이가 있다. 강력(might)은 그야말로 다이너마이트 같은 폭발력과 잠재력이다. 그러나 힘(strength)은 특정한 일에 그 강력을 적용하고 쓸 수 있는 힘을 말한다. 하나님은 그리스도 안에서 역사한 강력을 교회 안에 역사하도록 하시려는 것이다. 교회 안에 역사하는 능력은 그리스도 안에 역사한 부활의 능력과 같다는 것을 말씀하시려는 것이다.

20절, 그 능력이 그리스도 안에서 역사하사 죽은 자들 가운데서 다시 살리시고 하늘에서 자기의 오른편에 앉히사

이 말씀을 볼 때 교회에게 주신 능력, 믿는이들에게 주신 능력은 그리스도 안에서 역사했던 바로 그 능력이다. 그리스도 안에서 역사하사 죽은 자들 가운데서 다시 살리신 그 능력을 믿는 우리에게 주셨다는 것이다. 그러니까 오늘 교회가 가지고 있는 능력은 바로 그리스도 안에서 역사했던 그 부활의 능력이다.

하나님께서 그리스도 안에서 어떤 제한과 묶임을 돌파하고 이기사 부활케 하셨다면 교회도 또한 그렇게 돌파하도록 역사하신다. 오늘 날 교회는 그리스도와 동일한 능력을 가지고 있다. 따라서 오늘 날 교회는 어떠한 제한과 어려움에도 묶이지 않을 수 있다. 하나님의 힘의 강력은 그리스도 안에서 역사하였을 뿐 아니라 오늘 교회 안에서 역사한다.

그러므로 교회는 죽음에 집어넣어도 다시 사는 것이다. 사실은 사도행전의 역사가 바로 이런 역사이다. 사탄은 계속 교회를 핍박하고 없애려 했지만 부활의 능력은 교회로 하여금 더욱 부흥케 하였다는 것이다. 아나니아와 삽비라의 일도 교회를 부패케 하려는 사탄의 권세였고 예루살렘 교회를 핍박한 것도 그러하며, 스데반의 순교의 일, 베드로를 죽이려한 일, 헤롯의 핍박 등 모두가 교회를 파탄에 이르게 하려는 사탄의 계속적인 역사였다. 그러나 교회는 그 안에 그리스도의 부활의 능력이 역사하는 기관이기에 다시 일어나고 새롭게 부흥되었다. 계시록을 볼 때 교회에 대한 사탄의 역사는 때로는 핍박으로 고통당하게 하고, 때로는 누룩으로 부패케 하는 것이다. 그러나 교회 안에서 역사하시는 하나님의 능력은 어떤 능력인가? 부활의 능력이다. 하나님은 그 능력을 교회에게 주셨다. 그러므로 교회는 이 땅에서 그리스도를 이은 부활의 간증이다. 하나님께서는 교회를 이 땅에 두셔서 그리스도의 십자가를 증거하게 하시고 그리스도의 부활을 증거하게 하신다. 이것이 교회의 사명이다.

오늘날 교회가 알아야 할 것은 교회에게 주신 능력이 어떠한 것이냐는 것이다. 교회에게 주신 하나님의 능력은 바로 부활의 능력이다. 그러므로 믿는이들인 우리는 낙심할 필요가 없다. 어떤 사망이 오고 시련이 오고 어려움이 닥쳐도 다시 일어난다. 왜냐하면 그리스도 안에서 역사하신 그 능력이 우리 안에서 역사하기 때문이다. 이는 죽은 자들 가운데서 다시 살리신 능력이다. 형제들이여, 자매들이여, 교회에 어려움이 오는가? 오는 때가 있다. 그러나 결국 교회는 승리하고 부활한다. 이는 그 능력이 교회 안에서 역사하기 때문이다. 교회는 그리스도의 몸이기 때문에 이 부활의 능력이 조금도 부족해서는 안된다.

이 능력은 다시 살릴 뿐 아니라 또한 하나님 우편에 앉히는 능력이다. 승천해서 보좌에 앉게 하기까지 역사하는 능력이다. 그 능력이 우리에게 주어진 것이다. 로케트에 장착된 열과 에너지는 로켓트를 달나라까지 가게 하는 능력이다. 오늘 하나님이 믿는 우리에게 주신 능력은 죽어도 사는 능력이며 살 뿐 아니라 로케트처럼 하늘 보좌로 올라갈 수 있는 능력이다. 다시 소생케 하는 것만은 부족하다. 이 능력은 우리로 하나님의 보좌 우편까지 높이시는 능력인 것이다. 교회는 오늘 이 땅에서 이 능력을 체험할 수 있는 것이다. 승천 초월해서 보좌에까지 앉게 하는 능력이라는 것이다. 2장 6절의 하늘에 앉히신 것이 객관적인 사실이라면 이 구절의 승천의 능력은 체험적인 것이 되어야 한다.

21절, 모든 정사와 권세와 능력과 주관하는 자와 이 세상뿐 아니라 오는 세상에 일컫는 모든 이름 위에 뛰어나게 하시고

정사 권세 능력 주관하는 자는 선한 천사이든 악한 천사이든 이 세상 권세든 모든 권력과 세력을 통칭한다. 특히 마귀의 이 세상에 대한 주관과 다스림을 말한다. 이것은 주님이 하나님을 대적하는 정사들, 권세들, 능력들, 또 많은 이름들 위에 초월하셔서 모든 것보다 뛰어난 이름을 얻으셨다는 것이다. 뛰어나게 하셨다는 말은 초월하셨다는 말이다. 그리스도는 부활하심으로 모든 마귀의 세력을 초월하시고 이 세상의 일 뿐 아니라 오는 세상의 일들까지도 모두 초월하셨다. 즉 그리스도는 현재의 것만이 아니라 내세의 것까지도 모두 초월하신 것이다. 오늘 우리가 이해할 수 있는 것이나 이해할 수 없는 일이나 모두 초월하셨다. 원래 하나님은 영원하셔서 모든 것을 초월하신 분이다. 그러나 그리스도는 죽음과 부활을 거치셔서 모든 것을 초월한 존재가 되셨으며 그 초월의 능력을 교회에 주신 것이다. 교회는 지금 비록 시간과 공간적인 존재로 이 땅에 있지만 머리이신 그리스도로 말미암아 모든 것을 초월할 수 있는 기관이 되었다.

오늘 성도들은 교회를 묶고 있는 여러 문제들을 당연한 것으로 받아들여서는 안된다. 그런 것들은 치워져야 하고 풀어져야 한다. 오히려 마귀의 세력이 묶여져야 하는 것이다(마 16:18-19). 부활과 승천은 초월임을 잊지 말자! 교회는 오늘 먼저 교회의 위치를 보아야 한다. 그 능력과 힘이 얼마나 큰 것이 주어졌는지! 그리고 기도하고 간구해야 한다. 교회의 위치를 알고 그 위치에서 기도하고 명령하고 간구한다면 해결되지 못한 어려움이 없다. 고린도후서 4장 7절 이하의 말씀에서 바울은 늘 사방으로 우겨쌈을 당하였으나 쌓이지 않고 답답한 일을 당하여도 낙심하지 않는다고 하였다. 거꾸러뜨림을 당하여도 망하지 않는다고 하였다. 그것은 그 자신은 비록 약한 질그릇이지만 그 안에 보배, 능력의 지극히 큰 것이 있기 때문이라고 하였다. 교회는 오늘 이러한 그리스도의 부활을 증거하기 위해 이 땅에 존재하는 것임을 잊어서는 안된다.

22절, 또 만물을 그 발아래 복종하게 하시고 그를 만물 위에 교회의 머리로 주셨느니라

이제 마지막으로 그 능력은 만물을 그리스도의 발아래 복종하게 하셨다. 그분은 죽은 자 가운데서 부활하시고 승천하여 보좌에 앉으시고 모든 이름 위에 뛰어나게 되셨을 뿐 아니라 만물을 그 발아래 복종케 하셨다. 만물이 그 발아래 복종케 되는 것도 그 능력의 역사이다. 이 모든 능력이 주어진 것이 바로 교회이다. 오늘 만유는 그리스도의 발 아래 복종되었다. 주님이 이 땅에 계실 때는 머리가 되시지 않았다. 그분이 부활하시고 모든 것을 초월하시고 만유를 정복하신 후에야 교회의 머리가 되신 것이다. 하나님은 그리스도께서 죽음과 부활을 거치신 후에 성령을 내려 보내셔서 교회가 산출되게 하신 것이다. 오늘 교회는 이렇게 승천하신 그리스도로부터 능력을 부여받기 때문에 해결 못할 어려움이 없고 이기지 못할 시험이 없는 것이다. 주님이 이 땅에 계실 때에는 아직 교회가 없었는데 이는 주님이 능력과 권세로 충만하셨어도 아직은 육신의 제한을 받으셨기 때문이다. 하나님은 이 땅에 당신의 교회가 어떤 제한도 받지 않고 사망과 음부도 이길 수 있는 기관이 되기를 원하셨다.

오늘 만물을 발아래 복종케 하지 못한다면 교회가 아니다. 오늘날 만물 아래 교회가 있어서, 교회가 돈의 지배를 받고, 정치의 지배를 받고, 세상 세력의 지배를 받고, 심지어 육체의 지배를 받고, 죄와 사단적인 것의 지배를 받고 사망 권세의 지배를 받는다면 그것은 실상 교회가 아니다. 교회란 무엇인가? 부활 능력과 승천의 능력이 역사하는 곳이다. 모든 정사와 권세, 하나님의 대적들이 얼씬도 못하고 감히 따를 수 없고 방해할 수 없는 초월한 무리가 바로 교회이다. 왜냐하면 바로 그 능력이 교회 안에 있기 때문이다. 따라서 교회는 음부의 권세가 이기지 못하는 범위이다(마 16:16-18).

그런 다음 만물이 그 발아래 복종케 되기까지 이 능력이 그리스도 안에서 역사하셨다. 이 능력이 오늘 교회 안에 주어졌으며 교회 안에서 역사하기 때문에 교회는 만물을 발로 밟을 수 있다. 그리고 그리스도를 만물 위에 교회의 머리로 주셨다. 머리와 몸은 하나이다. 우리가 이것을 볼 수 없을지라도 사실이다. 머리가 만물을 밟을 수 있다면 몸도 밟을 수 있어야 한다. 머리와 몸은 하나이다. 우리는 이러한 사상을 창세기 1장의 사람에 대한 하나님의 창조에서부터 읽을 수 있다. 하나님은 사람을 창조하실 때부터 지으심을 받은 사람이 이 땅을 다스리고 정복해야 한다고 하셨다. 땅만이 아니라 땅에 기는 것을 포함하였다(창 1:26). 이는 21절의 모든 정사와 권세와 능력과 주관하는 자들을 의미한다. 하나님은 사람을 지어 타락한 천사들을 심판하고 정복하기 원하셨다. 오늘 이 땅에서 유일하게 사탄을 발로 밟는 무리가 그리스도인이요 교회이다. 교회만이 모든 정사와 권세와 세상 주관자를 이긴다. 그야말로 교회는 하나님의 창조의 원래의 목적에 도달한 한 무리의 사람들이다.

오늘날 교회의 머리가 누구인가? 모든 것을 이기고 승리하신 그리스도이시다. 하나님께서 이렇게 승리하신 그리스도를 교회의 머리로 주셨다. 영문 성경에는 교회에게(to the church)이다. 하나님은 머리이신 그리스도를 교회에게 머리로 주신 것이다. 따라서 교회는 그분의 몸이 된 것이다. 오늘날 이 땅에 있는 교회는 머리이신 그리스도와 연결되어 있다. 따라서 교회는 그리스도의 통제와 지배를 받고 있다. 보호와 관리를 받고 있으며 돌봄과 양육을 받고 있다. 모든 교회 안의 신경은 머리이신 그리스도를 통해서 연결되어 있다. 따라서 모든 것을 이기시고 승리하신 역사가 교회에서 실제 되는 것이다. 승리하신 그리스도, 승리하는 교회, 이것이 하나님의 영원한 목적이다.

23절, 교회는 그의 몸이니 만물 안에서 만물을 충만케 하시는 자의 충만이니라

교회에 충만한 것은 오직 그리스도이시다. 머리로부터 온 몸에 충만한 것이 그리스도이다. 이것이 바로 교회이다. 그분은 이 땅에 오셨을 때 한 분 안에 계셨다. 한 분 안에 제한되셨다. 그러나 독생자이신 아들이 죽고 부활하신 후에 그분의 생명을 많은 사람들에게 분배하셨다. 그래서 이제는 많은 사람들 안에 충만하신 그리스도가 되셨다. 그분은 결국 만유를 충만케 하실 것이다. 만유는 그리스도로 충만케 될 것이다. 만유가 그리스도로 충만케 되는 날이 오고야 말 것이다. 이것이 바로 때가 찬 경륜에 이루어질 일이다. 그리스도는 만유를 그분 자신으로 충만케 하시는 일을 하시고 계시다. 그런데 그 충만하게 하시는 자인 그분의 충만한 표현을 갖는 것, 그분 자신의 충만이 바로 교회이다.

사도 바울은 에베소 성도들이 하나님을 알게 되기를 기도하고 결국 교회가 무엇인가를 알게 되기를 기도했다. 하나님은 어떠한 분이신가, 교회는 어떠한 존재인가 하는 것이다. 여기에서 우리가 볼 수 있는 것은 하나님은 목적이 있으시고, 그 목적은 그 그리스도가 많은 사람들 안에 충만되어서 그들이 그분의 영광의 풍성이 되고 충만이 되는 것이다. 이것이 하나님의 영원한 목적이요 바로 교회이다. 사실 이것이 하나님이 우리를 부르신 부르심의 소망이이다. 우리는 이 시대에 이러한 교회가 되기 위해 부르심을 받은 것을 알아야 한다. 교회 안에는 부활과 승천과 만물을 복종케 하는 그리스도의 능력이 역사한다. 우리 개인에게도 주님의 성령이 존재하시지만 그 분량에 있어서 교회와 비교할 수 없다. 교회는 그리스도의 충만임을 알아야 한다. 개인이 가진 물의 양은 마치 컵에 있는 물로서 개인이 마시기에 충분하다면 교회의 물은 저수지로서 큰 공장도 돌릴 수 있는 전력을 만들어낼 수 있다.

교회의 최소단위는 2명이다(마 18:20). 두 세 사람이라도 교회의 위치에 서서 그리스도의 부활 능력을 의지할 수 있다면 교회는 그들이 묶고자 하는 것을 묶고, 풀고자 하는 것을 푼다. 무엇이든지 할 수 있고 어디든지 갈 수 있고 어떤 어려움도 통과할 수 있다. 사탄은 교회를 묶고, 어려움에 봉착하게 하여 십년 이십년 허송세월을 하게 하신다. 그러나 오늘 교회가 무엇인지를 눈이 열려 보았다면 아무리 어려운 문제라고 순식간에 지나가게 된다. 다시 한 번 말하지만 교회 안에 역사하시는 능력은 그리스도를 다시 살리시고 부활케하여 모든 것을 초월하신 그리스도의 능력인 것이다. 오늘 우리에게는 이렇게 교회가 무엇인지 그 이상을 보는 사람이 필요하고 그 놀라운 교회의 위치에 서서 그리스도의 부활을 간증해 내는 무리가 필요한 것이다.

고린도 전서 12장 13절에 의하면 교회는 이미 성령의 침례를 받아 한 몸이 되었다. 이제 성령의 침례받은 성도들이 성령을 마시면 되는 것이다. 성령은 다른 것이 아니라 부활하신 그리스도의 능력을 교회에 적용시켜주시는 역할을 하고 계시다. 두 세 사람이라도 진정으로 교회의 위치에 서서 주님이 이미 이루어주신 모든 것을 적용하고 누린다면 오늘 날 사도행전의 역사보다 더 큰 역사를 나타낼 수 있을 것이다. 나는 여기서 우리가 인생의 목적과 특히 그리스도인의 목적을 볼 수 있기 바란다. 과연 우리는 왜 이 땅에 교회로서 존재하는가? 우리의 목적은 에베소서 1장에 있는 하나님의 기뻐하시는 뜻 안에서 발견할 수 있어야 한다.

1장 전체를 통해서 볼 때 교회는 성삼위 되신 유일하신 하나님께서 역사하신 결과로서 하나님 아버지께서는 선택하고 예정하셨으며, 아들 예수 그리스도께서는 그분의 피로 말미암아 구속하시고 죄 사함을 얻게 하셨으며, 성령 하나님께서는 복음 진리의 말씀을 들을 때 인치셨는데, 그렇게 해서 한 몸을 이룬 하나님의 백성들이 바로 교회이다. 이와 같이 에베소서 1장에서는 하나님께서 계획하신 바 이러한 하늘에 속한 영광스럽고 능력있는 부활 안에 있는 교회를 볼 수 있다.

만물을 충만케 하시는 자의 충만

에베소서에는 충만이라는 단어가 자주 나온다. 교회를 말할 때 바울의 생각 속에는 충만이 있다. 그 충만이 무엇의 충만인가? 만물을 충만케 하시는 자의 충만이다. 3장 19절은 교회가 하나님의 모든 충만하신 것으로 충만하게 되기를 원한다고 하였다. 하나님의 모든 충만이란 대단한 말이다. 그리스도의 충만, 하나님의 모든 충만, 모두가 측량할 수 없는 분량을 말한다. 하나님은 그러한 충만이 교회에 넘쳐흐르기를 원한 것이다. 교회는 다른 것이 아니라 삼위일체 하나님의 충만이 있는 곳이다. 교회 안에 있는 성도들이 체험하는 사랑의 분량은 그 길이 높이 넓이 높이에 있어서 그리스도에 미쳐야 한다. 그 사랑은 지식에 넘치는 사랑이다.

4장에는 교회가 그리스도의 장성한 분량의 충만에 이르러야 한다고 말한다. 그리스도의 신장이 얼마면 교회의 신장이 얼마가 되어야 한다. 하나님은 교회를 얻으실 때 우주보다 더 크고 충만한 분량을 가득 담을 그릇을 예상하신 것이다. 그것은 하나님의 모든 축복을 담을 곳이요 성삼위 하나님의 모든 본질과 역사를 다 담을 수 있는 곳으로 예정하신 것이다. 교회를 구속하신 역사는 바로 하나님의 본체이신 그리스도의 피로 말미암은 것이니 교회야 말로 그분 자신이 가장 사랑하시고 소유하시는 그분의 기업이다. 교회에 주신 하나님의 성령은 성삼위 하나님의 삼격의 하나님, 성령 하나님의 인치심이다. 그보다 낮거나 부족하지 않은 하나님의 충만인 것이다. 또한 그분의 능력은 그리스도 안에 역사한 바로 그 능력이다. 이러한 교회를 얻으시기 위해 하나님은 여러분과 우리를 부르셨다.

1장-2

사도의 의의(意義)

사도(apostolos)라는 말은 '보내심을 받은 자'라는 뜻으로 교회 가운데 세우심받은 첫 번째 은사이다. 바울은 고린도 전서에서 "하나님이 교회 중에 몇을 세우셨으니 첫째는 사도요 둘째는 선지자요 셋째는 교사요"라고 하였다(고전 12:28). 사도는 하나님에 의해 세워져서 하나님의 뜻을 성취하도록 위임받은 자들이다. 그들은 각기 특별한 직분을 갖고 있고 그 직분을 수행하기 위해 보내어져서 복음을 전파하고 교회를 건축하며 온전케 하는 일을 한다.

초대의 사도들은 매우 특별한 위치를 가지고 있었다. 그들은 직접적인 성령의 도우심과 특별한 계시와 은사와 능력을 갖추고 있었다. 그들의 말은 거룩한 말씀으로 간주되었다. 그 후에 이 땅의 교회는 감히 사도라는 명칭 쓰기를 두려워하였고 천주교 같은 경우에는 교황만이 사도의 권위를 이어받았다고 주장했다. 그리고 개신교들은 교회 안에 더 이상 사도가 있을 수 없고 목사나 전도자나 교사가 있을 뿐이라고 하였다.

그러나 우리가 신약 성경을 읽을 때 베드로나 바울이나 요한처럼 성경을 기록하고 특별한 위임이 있는 사람들만 사도라고 불리워진 것이 아니라 성경을 쓴 적이 없는 바나바나 디모데나 디도 등도 사도로 불리워진 것을 알 수 있다. 오늘날 어떤 사람들은 누군가 사도라면 그의 말이 성경이 되어야 한다고 주장하는데, 성경 기록은 구약 39권, 신약 27권으로 확립되었으므로 더 이상 성경을 기록할 사도들은 이 땅에 있을 수 없다. 확실히 성경을 기록하도록 위임을 받은 초대의 사도들은 특별한 하나님의 소명을 받은 사람들이었다. 또한 그들은 초대 유년기의 교회를 성립하는 데 하나님께서 사용하신 귀한 종들이다.

오늘날에도 여전히 사도의 일이 필요함

그럼에도 오늘날 사도들의 역사가 더 이상 필요가 없다고 말해서는 안 된다. 고린도 전서 12장과 에베소서 4장을 볼 때 그리스도의 몸의 건축을 위하여 수고하는 은사 중에 가장 중요한 은사가 사도의 은사이다. 바울 시대의 교회가 당시 사도들의 귀한 사역을 통하여 그렇게 건축될 수 있었던 것을 볼 때 우리는 교회를 위하여는 사도적인 은사와 수고가 오늘날에도 필수적임을 알 수 있다. 어떠한 사역은 어떠한 교회를 산출한다. 오늘날 이 땅에서 바울 시대와 같은 교회들의 상황을 볼 수 없는 것은 바울 사도와 같은 사도들의 무리가 없기 때문이라는 것이 그 한 이유일 것이다.

대부분의 사람들은 사도라는 직분이 상당히 높고 뛰어난 계급이라는 관념을 갖고 있다. 그래서 어떤 사람들을 사도라고 일컫기를 어려워한다. 오늘날에는 보내심받은 자를 말할 때 주로 선교사(missionary)라고 하는데, 이 말은 원래 라틴어에서 사도와 같이 보내심받은 자를 뜻한다. 사도행전 13장에서 바나바와 사울이 성령에 의해 보내어졌을 때 성경은 그들을 사도들이라고 불렀다. 그것은 그들이 보내어졌다는 뜻이다. 나는 오늘날에도 더 많은 주의 역사를 위하여 보내심받은 자들이 일어나기를 원하는데, 진실로 그들이 하나님에 의해 보내심을 받았다면 성경적으로 그들은 사도들이다. 사람들은 성경에 있는 사도들과 자신들을 일치시키기를 두려워하여 '우리는 선교사이지 사도는 아니다'라고 말하는 것 같다. 물론 어떤 사람들이 자신들을 성경에 있는 사도 베드로나 요한이나 바울과 같이 여기기를 두려워하지 않는다면 그것도 그렇게 좋은 태도는 아니다. 그렇다 해서 이 시대에는 사도적인 역사가 더 이상 있을 수 없다고 말한다면 그것 또한 하나님의 역사를 제한하는 것이 될 것이다.

영국의 허드슨 테일러는 하나님의 강한 위임을 받고 중국에 갔다. 윌리엄 캐리는 인도에 가서 복음을 전하였다. 누가 그들에 대해 성령의 보내심을 받아 중국이나 인도에 간 사도들이 아니라고 말할 수 있겠는가! 그들은 확실히 하나님의 보내심을 받은 자들이었고 그 시대에 사도 바울과 같이 사도적인 일을 수행한 자들이었다.

마태복음 20장에 있는 포도원의 비유

마태복음 20장 1절부터 16절까지에는 포도원에 들어가 일한 일꾼들의 비유가 있다. 이 비유는 19장에서 제자들과 베드로가 한 질문에 주 예수님이 답변하신 것이었다. 그리고 주님은 열두 제자에 대하여 그들에게 특별한 위치가 있을 것임을 말씀하셨다. "예수께서 가라사대 내가 진실로 너희에게 이르노니 세상이 새롭게 되어 인자가 자기 영광의 보좌에 앉을 때에 나를 좇는 너희도 열두 보좌에 앉아 이스라엘 열두 지파를 심판하리라"(마 19:28).

20장의 비유에서 포도원의 집주인이신 주님은 이른 아침부터 품꾼들을 쓰기 시작하셨다. 그리고 오후 한 시간만 남겨 놓고도 주님은 품꾼들을 부르셨다. 당신은 베드로나 요한이나 야고보가 이른 아침에 포도원에 들어가도록 집주인의 부름을 받은 자들이라고 생각하지 않는가? 그들은 확실히 가장 먼저 주님의 부르심을 받아 포도원에서 일을 시작했다. 그런데 여기에 참으로 놀라운 주님의 말씀이 있다. 주님이 나중 온 자들부터 삯을 주셨다는 것이다. 그럴 때 먼저 들어온 자들은 자신들이 더 받을 줄 알았는데 똑같이 한 데나리온씩 받자 주인을 원망했다. 주님은 먼저 들어와 종일 수고하고서 삯을 인해 원망하는 자들에게 "친구여, 내가 네게 잘못한 것이 없노라"고 말씀하시면서 이와 같이 나중 된 자로서 먼저 되고 먼저 된 자로서 나중 된다고 말씀하셨다.

나는 이 말씀에 근거하여 이 시대에도 원칙상 바울이나 베드로나 요한과 같이 사도적인 은사를 받아 주님의 포도원인 교회 안에서 충성을 다해 그분을 섬기는 자들이 있을 것이라고 생각한다. 생각해보라! 베드로나 요한과 같은 정도의 보상을 받을 수 있는 사도들이 마지막 시대까지 계속 존재하고 있다! 당신은 이것을 믿을 수 있는가? 그러나 이 말씀은 분명히 성경에 기록되어 있다. 당신은 20장의 이 비유가 당시의 베드로나 요한이나 야고보 등 열두 제자들을 온전케 하기 위하여 주신 주님의 말씀이라는 것을 믿을 것이다. 그렇다면 그들 이후에 주님의 포도원 안에 시간마다—제

삼 시, 제 육 시, 제 구 시, 제 십일 시—들어온 사람들이 있었다는 것은 어떻게 해석하겠는가? 그리고 그들은 먼저 들어온 자들보다 앞서 같은 분량의 보상을 받게 되었다. 주님은 공의의 하나님이시기 때문에 나중에 들어온 사람들에게도 틀림없이 그만큼 보상을 받을 만한 충성과 수고와 고난이 있었을 것이다.

시대마다 사도들의 일은 다름

시대마다 사도들의 일은 다를 것이다. 초기 사도들이 신약의 교회를 위하여 하나님의 진리의 기초를 놓고 그리스도의 부활의 증인이 되며 주님의 교회의 터를 닦는 일을 하였다면 특히 마지막 시대인 오늘날에는 혼돈되고 어지러워진 이 상황에서 주님이 다시 오실 길을 예비하기 위하여 초기에 세워진 말씀의 기초와 원래의 그리스도인의 올바른 신앙을 다시 찾아 회복하는 일을 할 것이다. 초기에는 성경을 기록하고 교회의 기초를 확립하는 사역을 수행한 사도들이 있었지만 오늘날에는 잃어버린 초기의 간증과 혼탁된 진리와 교회의 모형을 바로잡아 초기 사도들의 수고를 복원하는 일을 하는 사도들이 있을 것이다.

그러나 후에 하나님의 일으키심을 받아서 사도적인 사역에 동참하는 사람들은 응당 초대의 사도들의 위임을 존중하는 방식으로 섬겨야 할 것이다. 하나님은 오직 신약 27권의 저자들만 성경을 쓸 수 있는 권위를 가진 자들로 일으키셨다. 후에 일으켜진 사역자들은 또 다른 성경을 쓸 수 있는 자들로 여겨질 수 없다. 그들은 오직 이미 기록된 성경을 존중하고 그 계시를 기본으로 하여 사역해야 한다. 후에 일으켜진 사도들은 하나님의 교회들을 위하여 이미 기록된 말씀을 밝히며 바로잡으며 분명하게 하는 방식으로 가르치고 섬겨야 한다. 오늘날 어떤 사람들이 자신의 가르침이 성경과 동일한 지위를 가지고 있다고 주장한다면 그것은 틀림없이 많은 이단 중의 하나일 것이다. 몰몬교가 성경 외에 죠셉 스미스라는 사람이 받았다는 또 다른 계시를 추가할 때 이단이 된 것과 마찬가지이다.

이미 사도 시대에도 디모데나 디도는 성경을 쓸 수 있는 위임을 받지 않았다. 그러나 그들 역시 사도들의 일행에 포함되었고 보내심을 입어 사도적인 사역을 수행하였다. 오늘날에도 자신들이 성경을 쓸 수 있는 위임은 받지 않았다 하더라도 이미 기록된 말씀의 계시를 온전히 이해하여 하나님의 보내심을 받아 사역하는 직분 있는 사람이 있다면 원칙상 그도 디모데나 디도와 같이 사도들의 일행으로 간주될 수 있는 것이다.

성경을 기록하는 위임을 받은 사도들의 사역이 중요한 것처럼 오늘 이 시대에 그 기초가 되는 사도들의 가르침대로 사역하고 그 말씀들을 지키고 전파하는 사역을 하는 것도 매우 중요한 일이다. 나는 그것이 사도행전이 결론이 없는 책으로 매듭지어진 이유라고 본다. 즉 사도행전은 오늘 이 시대에도 계속되어야 한다는 뜻이다. 사도행전이 계속되려면 오늘날에도 성령의 보내심을 받아 복음을 전하고 교회를 세우는 사도적인 사역이 있어야 한다.

하나님의 뜻으로 말미암아

바울이 하나님의 뜻으로 말미암아 사도가 되었다는 것은 그것이 자신의 뜻이나 임의적인 사람의 뜻으로 말미암아 된 것이 아니며 오직 하나님의 뜻으로 말미암은 것임을 의미한다. 우리는 하나님이 뜻이 있는 하나님이신 것을 안다. 하나님은 뜻이 있고 목적이 있고 경륜이 있으시다. 그분이 바울을 부르신 것은 그분의 뜻으로 말미암은 것이다. 오늘날 사람들이 하나님의 종들을 함부로 판단해서는 안 되는데, 그것은 그들의 세움받은 것이 하나님의 뜻과 관련되기 때문이다.

바울은 자신이 모태로부터 택정함을 입었다고 말했다. 그는 유대인이었고 베냐민 지파였으며 가말리엘 문하에서 유대교의 모든 전통을 다 배웠다. 그리고 그는 어느 날 하나님의 부르심을 받았다. 하나님은 그를 통해서 신약 교회의 진리의 기초를 놓았다. 우리는 성경에서 그와 같이 고난을 두려워하지 않고 진리를 위하여 강하게 설 수 있었던 충성된 자를 보지 못한다. 하나님은 그러한 바울을 혼탁된 유대교의 상황에서 신약의 계시를 확립해내고 하나님의 뜻에 따른 교회들을 세워나가는 데 사용하셨다. 그러므로 우리는 바울이 세워진 것이 과연 하나님의 뜻에 따른 것임을 알 수 있다.

하나님의 뜻은 교회와 관련된다. 주 예수 그리스도께서 자신을 주신 것은 교회를 사랑하시고 위하여 주신 것이라고 말한다(엡 5:25). 그리스도의 하신 일은 다만 죄인의 죄 문제를 해결하기 위함이 아니다. 그분의 십자가의 역사와 구속은 하나님의 영원한 뜻을 성취하기 위한 것이다(엡 1:7-10). 요한복음 6장에서 주 예수님은 그분의 살과 피를 먹고 마셔야 한다고 하셨는데 이 살은 사람에게 생명을 주는 것이다. 피는 보완적인 것이요 살은 그분의 영원한 뜻을 이루는 것과 관련된다. 오늘 날 교회가 무엇인지를 모르는 그리스도인이라면 하나님의 중심 뜻을 모르는 것이다. 하나님의 중심 뜻을 모른다면 어떻게 하나님을 섬길 수 있으랴! 하나님께 감사하고 찬양한다! 에베소서를 통해 우리는 하나님의 뜻을 알 수 있다. 하나님의 뜻은 그리스도의 십자가와 부활을 통해 이 땅에 그리스도의 몸인 교회를 건축하는 것이다.

에베소에 있는 성도들과 그리스도 예수 안의 신실한 자들

우리가 다 알듯이 에베소서는 교회에 관한 책이다. 그런데 바울은 인사말에서 '에베소 교회'에게 편지를 보낸다고 하지 않고 '에베소에 있는 성도들'과 '그리스도 예수 안의 신실한 자들'이라고 수신자를 언급했다. 오늘 우리 같으면 당연히 '에베소 교회의 성도들에게'라고 써야 한다고 생각할 것이다. 에베소에 있는 성도들이라는 말과 에베소 교회라는 말은 서로 차이가 있는 말이 아니다. 에베소에 있는 성도들이 곧 에베소 교회이다(계 2:1).

교회라는 말은 어떤 특정한 단체나 조직에 붙이는 말로 사용되어서는 안 된다. 교회(ekklesia)라는 말은 '부르심을 받아 나온 무리'라는 뜻이다. 1800년대 영국의 윌리암 켈리 등의 형제들은 교회에 대해 'church'보다 'assembly'라는 말을 사용하기를 좋아했다.

여기에서 '에베소에 있는'과 '그리스도 예수 안에 있는'은 바꾸어 쓸 수 있는 말이다. 에베소에 있는 모든 성도는 에베소에 있는 그리스도 예수 안의 모든 신실한 자들이다. 나는 사도 바울이 에베소의 신실하지 않은 자들은 이 편지 읽기를 원치 않기 때문에 오직 신실한 자들에게 보낸 것으로 이해하지 않는다. 오히려 나는 모든 그리스도 안의 성도들은 당연히 신실해야 함을 의미하는 것이라고 믿고 싶다. 바울은 에베소서의 마지막 구절에서 '우리 주 예수 그리스도를 변함없이 사랑하는 모든 자에게'라는 말을 했다. 어쩌면 바울은 그의 깊은 영적인 인식에서 에베소 교회가 지금은 좋지만 신실함을 잃지 않을까 하고 우려했던 것같다. 바울이 떠난 후 계시록 시대에는 오직 나이든 요한만 남아 있었다. 그때 에베소 교회는 처음 사랑을 잃어버린 상태에 있었다. 나는 그러한 에베소 교회의 하락이 바울이 에베소서를 기록할 때 이미 그의 영 안에서 우려한 바였음을 추측할 수 있다. 그 때문에 그가 에베소 성도들에게 특별히 신실함의 문제를 제기하지 않았나 생각한다. 신실함이란 주님에 대한 믿음과 사랑이 어떤 상황에서든지 변치 않고 지속되는 것을 의미한다.

에베소 교회는 에베소에 있는 성도들과 같은 말이어야 한다. 우리가 만일 '에베소 교회'라는 말을 에베소에 있는 일부 성도들만을 가리키는 데 사용한다면 그것은 성경에서 말하고 있는 의미에서의 교회가 아니다. 바울은 '에베소에 있는 성도들'에게 편지를 쓴다고 하였다. 그것은 에베소에 있는 일부의 성도들만을 지칭하는 것이 아니라 에베소에 있는 모든 성도들을 가리키는 말일 것이다.

바울은 빌립보 교회에게 편지할 때에도 빌립보에 사는 모든 성도들에게 문안을 했다(빌 1:1). 바울이 에베소 교회에게 편지를 쓸 때 빌립보와 달리 일부 성도들에게만 편지를 썼을 리가 없다. 에베소 교회란 무엇인가? 에베소에 있는 모든 성도들이 곧 에베소에 있는 교회이다. 교회라는 말 자체가 부르심을 받아 나온 자들을 의미하기 때문에 에베소의 모든 부르심을 받은 자들은 곧 에베소 교회인 것이다.

은혜와 평강

바울은 에베소에 있는 성도들에게 하나님 우리 아버지와 주 예수 그리스도로부터 은혜와 평강이 있기를 원했다. 은혜는 주님이 오실 때 온 것이다. 요한은 율법은 모세로 말미암아 주신 것이요 은혜와 진리는 예수 그리스도로 말미암아 왔다고 말했다. 그리스도께서 이 땅에 오실 때 은혜가 임한 것이다. 이 은혜는 하나님 아버지가 근원이시고 주 예수 그리스도를 통하여 주어졌다. 하나님은 사람에 대해 무한한 사랑을 갖고 계신다. 그분은 그 사랑을 사람들에게 주실 때 그리스도를 통하여 주신다. 하나님은 은혜의 근원이시고 예수 그리스도는 은혜의 통로이시다. 주 예수 그리스도께서 이 땅에 오신 것은 영원하신 하나님의 은혜를 이 땅에 가져오기 위한 것이다. 예수 그리스도께서 계시지 않으면 우리는 은혜를 받을 통로가 없는 것이다.

요한은 은혜를 율법과 대비시켰다. 로마서에서 바울은 우리가 주님을 믿음으로 은혜 안에 들어왔다고 말했다. 그리고 죄에서 해방된 우리는 더 이상 법 아래에 있지 아니하고 은혜 아래 있다고 말했다(롬 6:14). 율법은 우리에게 요구하는 것이다. 율법의 문제는 우리에게 요구할 뿐 우리의 할 수 없음을 돌아보지 않는다는 것이다. 그러나 은혜는 우리에게 다만 요구하는 것이 아니라 우리가 하나님의 율법을 지킬 수 있는 힘을 공급해준다. 만일 우리에게 은혜가 있다면 자연적으로 하나님의 뜻을 순종하고 그분의 말씀을 살아낼 수 있는 힘이 있을 것이다. 주님이 이 땅에 오신 것은 우리에게 은혜를 공급하시기 위해서이다.

은혜를 누린 결과 평강이 있게 된다. 믿는이가 율법으로 향할 때 은혜에서 떨어질 수 있음을 알고 조심해야 한다. 하나님은 참으로 낮은 데 처하고 겸손한 데 처하며 주님께 할 수 없음을 자백하며 무릎 꿇는 자에게 은혜 베푸시기를 기뻐하신다(벧전 5:5). 교회 안에 은혜와 평강이 있다는 것은 교회가 건강한 상태에 있음을 의미한다. 교회 안의 은혜와 평강은 사람이 병원에 갔을 때 그의 건강 상태를 알아보기 위해 맨 먼저 청진기와 혈압기를 가지고 간단하게 진찰해 보는 것에 비유할 수 있는데, 은혜와 평강이 있다면 일단 교회가 영적으로 건강함을 알 수 있다.

사도는 에베소 교회에게 은혜와 평강으로 문안하면서 참으로 그들을 축복하기 원했다. 사도가 교회를 위하여 진심으로 소망한 것은 그들에게 은혜가 있고 평강이 넘치는 것이었다. 그런데 타락한 죄인인 우리에게 은혜가 도달하기 위해서는 의(義)가 전제되어야 했다. 그러므로 로마서 5장은 우리에게 은혜와 의가 함께 선물로 주어졌다고 말한다(17절). 하나님이 우리에게 구원의 은혜를 주시기 위해서는 우리의 의의 문제를 해결하셔야 했다.

특별히 평강은 의 다음에 오는 것이다. 죄와 불화가 있는 곳에는 참된 평강이 없다. 우리가 받은 은혜는 의 없이 받은 은혜가 아니다. 그러므로 우리가 은혜를 얻을 때 따라서 평강을 얻는 것이다. 그리스도께서 우리 죄를 위하여 죽으시고 부활하신 것은 우리에게 구원의 은혜를 주시기 위함이다.

그러므로 언제든지 우리가 은혜를 얻고자 한다면 주님의 십자가 앞에 나아가 그분께 엎드려 간절히 구할 필요가 있다. 우리는 때를 따라 돕는 은혜를 얻기 위해 항상 은혜의 보좌 앞에 나갈 필요가 있다. 또한 하나님께서는 참으로 겸손한 자에게 은혜를 주시니 우리는 낮은 마음을 가질 필요가 있다. 우리에게 필요한 것은 다른 것이 아니라 주님의 은혜이다. 은혜가 있으면 어떠한 어려움과 고난도 통과할 수 있다. 성도들 가운데 서로 불화하고 다투는 상황이 있다면 그것은 은혜가 없다는 표시이다. 은혜는 죄를 이기고 사망을 삼킬 수 있다. 은혜가 있을 때 참된 평강이 있다. 하나님의 나라는 의와 희락과 평강이 넘친다.

찬송하리로다

바울은 에베소서 1장의 많은 영적인 축복들을 말하기 전에 먼저 찬송했다. 그는 우리에게 모든 영적인 축복을 주신 하나님과 우리 주 예수 그리스도의 아버지를 찬송한 것이다. 뭔가 많은 말을 하기 전에 찬송할 수 있다는 것은 그가 찬송할 수 있는 인식이 속에 풍성하게 내재되어 있음을 말해준다. 즉, 뭔가 속에 하나님에 대한 감상이 가득하다는 것이다.

그가 감옥에 있었지만 그의 영은 하나님에 대한 지혜와 계시로 가득하여 에베소 교회에게 편지를 쓰려 할 때 찬송이 먼저 터져 나왔다. 그의 몸은 이 땅 가장 낮은 곳에 처해 있을지라도 그의 영은 가장 높은 하늘의 하나님의 비밀의 경륜으로 가득했다. 그는 에베소 성도들에게도 그가 가지고 있는 하나님에 대한 인식이 넘치기를 간절히 기도했다. 찬송과 영광으로 가득한 에베소서 1장을 이해하기 위해서는 바울이 본 높은 계시를 보지 않으면 안 된다.

우리의 일상생활이나 집회에서도 찬양이 부족해서는 안 된다. 하나님은 찬송받기에 합당하신 분이다. 하나님을 알수록 더욱 찬송이 넘쳐날 것이다. 우리는 바울이 그렇게 찬양할 수밖에 없었던 놀라운 축복들을 하나하나 보기 원한다.

하늘에 속한 모든 신령한 복

바울이 찬양한 이유는 하나님께서 우리에게 하늘에 속한 모든 신령한 복을 주셨기 때문이다. 이 복은 영적인 복이지 이 땅에 속한 복이 아니다. 우리 사람은 이 땅에 있는 물질적인 것을 크게 보지만 실상 물질적인 것보다 영적인 것이 더 가치 있고 실제이며 우리에게 귀한 것이다. 물질적인 것은 이 세상과 함께 잠시 있다 지나가지만 영적인 것은 영원히 우리의 것이며 우리와 함께하기 때문이다.

또 하나님께서 모든 영적인 축복을 주셨다고 말한다. '모든'이라는 말은 하나도 빼놓지 않았다는 것이다. 헬라어로는 '일체' 또는 '모든 것마다'를 뜻한다. 당신은 하나님이 우리에게 주실 수 있는 축복을 하나도 빼놓지 않고 이미 다 주셨다는 것을 믿을 수 있는가? 만일 우리 눈이 열려 우리가 이미 얻은 축복을 볼 수 있다면 우리도 바울과 같이 찬송하지 않을 수 없을 것이다. 또한 하나님은 모든 축복을 '그리스도 안에서' 우리에게 주셨다. 그리스도를 떠나서 하나님은 어떤 축복도 우리에게 주시지 않는다. 하나님이 그리스도 안에서만 우리에게 모든 축복을 주셨다는 것을 보는 것은 매우 중요하다. 우리를 선택하셨으며 구속과 죄사함을 받고 성령을 선물로 받는 것 등은 모두 1장 3절이 말하는 하늘의 영적인 축복이다. 바울은 1장에서 성도들이 이 모든 것들을 보기를 기도하였다. 보는 것은 매우 중요하다. 본 사람과 보지 않은 사람은 그 삶이 다르다.

우리를 선택하심

우리를 선택하신 것은 하나님이 우리에게 주신 모든 축복 중의 하나이다. 하나님이 우리를 선택하셨다는 것은 많은 사람 중에 우리를 골라내셨다는 뜻이다. 하나님이 우리를 선택하신 이유는 우리에게 어떤 장점이 있거나 특별한 것이 있어서가 아니라 그분의 기뻐하시는 뜻에 따른 것이다. 그분은 그분의 영원한 예지(叡智)로 오늘의 우리를 보셨고 기뻐하시는 뜻에 따라 우리를 선택하시고 예정하셨다. 우리를 선택하실 때 하나님은 기뻐하셨다. 그리고 그분께는 선택하신 뜻이 있으셨다. 이 일이 일어난 것은 창세 전이다. 하늘과 땅이 있기 전에, 당신과 내가 존재하기 전에 하나님은 그분의 예지로 당신과 나를 보시고 기뻐하시는 마음으로 우리를 택하시고 예정하신 것이다.

또한 그분이 우리를 선택하신 것은 우리를 거룩하고 흠이 없게 하기 위함이었다. 우리는 온전히 안팎으로 거룩해질 수 있도록 선택된 자들이다. 또한 아무에게도 비난이나 책망받을 것이 없는 온전히 순수하고 깨끗하고 의로운 존재가 되도록 선택된 것이다.

하나님은 이 모든 선택을 그분의 사랑 안에서 이루셨다. 여기의 작은 어구 '사랑 안에서'(in love)는 매우 중요하다. 하나님이 우리를 그리스도 안에서 선택하실 때 그분은 다른 이유에서가 아니라 우리를 보시고 우리를 사랑스러워하셨기 때문에 선택하신 것이다. 그분은 우리를 사랑하는 마음으로 가득하셨다. 당신은 하나님께서 왜 당신을 선택하셨는지 아는가? 당신을 사랑하셨기 때문이다. 그리스도께서 이 땅에 오셔서 십자가에 죽으실 때에만 하나님께서 당신을 사랑하신 것이라고 생각지 말라. 그렇지 않다. 하나님의 당신에 대한 사랑은 창세 전부터요 당신을 선택할 때부터 당신을 사랑하신 것이다. 그분은 사랑 안에서 당신을 선택하시고 매우 기뻐하셨다.

그리고 그분이 당신을 선택하신 것은 '그리스도 안'에서이다. 하나님은 창세 전에 당신과 나를 그리스도 안에서 선택하셨다. 하나님은 우리를 언제 그리스도 안에 넣으셨는가? 창세 전에 하나님은 그리스도 안에 있는 우리를 보셨다. 당신과 내가 그리스도를 믿은 자라면 우리는 창세 전부터 하나님의 눈에 귀한 존재였다. 우리를 인하여 하나님은 마음이 뜨거우셨고 그분은 우리를 매우 사랑하셨으며 우리를 볼 때 그분은 기뻐하셨다. 하나님은 마치 이렇게 말씀하신 것 같다. '나는 너를 이 많은 사람들 가운데서 선택한다. 그것은 내가 너를 볼 때 기뻐하고 너를 매우 사랑하기 때문이다.

너는 나와 같이 온전히 거룩하고 사람들에게나 천사들에게나 누구에게나 책망받을 것 없는 온전히 흠 없는 자로 나타날 것이다.'

우리를 예정하사

하나님은 우리를 선택하셨을 뿐 아니라 예정하셨다. 선택하셨다는 것은 많은 사람들 가운데 우리를 골라낸 것이요 예정하셨다는 것은 우리가 어떻게 되도록 미리 정해졌다는 것이다. 우리는 선택받은 사람들일 뿐 아니라 하나님의 아들들이 되도록 예정된 자들이다. 우리는 거룩하게 되고 흠이 없게 될 것이며 하나님의 아들의 명분을 얻어 그분의 유업을 이어받을 것이다.

우리 나라에는 대기업들이 많다. 기업주가 살아 있을 동안에도 많은 아들들 중에 한 아들을 정하여 아버지의 기업 상속권을 물려줄 수 있다. 아직 그 아들이 경영을 수업하는 중에 있을지라도 그는 장래 그 기업을 물려받을 상속자로 예정된 자이다. 우리가 하나님의 아들의 명분을 얻도록 예정되었다는 것을 아는 것은 어떠한 기쁨인지!

나는 때로 내가 부족하고 실패하기에만 알맞은 자임에도 왜 항상 하나님의 은혜를 얻으며 그분의 길 위에 여전히 서서 걸어갈 수 있는가를 생각한다. 그리고 나는 내가 하나님의 예정된 자임을 생각하며 기뻐한다. 당신은 당신 자신이 실패할까봐 염려하지 말라. 당신의 약함을 돌보실 수 있는 하나님이 당신을 예정하셨다. 하나님의 창세 전의 예정을 생각해보라. 기쁨이 있을 것이다.

사랑하시는 자 안에서 우리를 열납하셨음

6절은 우리가 하나님의 사랑하시는 자 안에서 열납되었다고 말한다.[accepted, 개역 성경에는 '거저 주시는 바'(freely bestowed)로 번역되었으며 어떤 사본에는 '열납되었다'로 되어 있다.] 우리는 선택되고 예정되었을 뿐 아니라 또한 그분의 사랑하시는 자 안에서 하나님께 열납된 것이다. 하나님은 창세 전부터 아들을 사랑하셨다. 그러므로 이는 그분이 아들을 사랑하시는 사랑으로 우리를 사랑하게 되어 있다는 뜻이다.

그분의 아들의 또 다른 이름은 '사랑하시는 자'(the Beloved)이다. 하나님은 우리를 그리스도 안에서 열납하셨기 때문에 하나님은 그분의 아들을 사랑하시는 것같이 우리를 사랑하신다. 하나님이 우리를 그리스도 안에서 열납하셨다! 이것은 어떠한 놀라운 일인지. 그러므로 우리의 이름도 '사랑을 입은 자들'이다(엡 5:1). 어떤 이들은 장래 천국에 들어갈 것을 생각하며 힘을 얻는다고 말한다. 이 구절에 의하면 우리는 이미 그리스도 안에 열납되어졌다. 그 천국에 이미 입성한 것이다. 따라서 우리는 이미 그분께 받아들여졌고 사랑을 받는 자들이다.

은혜의 영광을 찬미함

그리스도 안에서 우리를 택하시고 예정하신 것은 그분의 사랑하시는 자 안에서 우리를 열납하신 것이다. 그분이 우리를 열납하시지 않았다면 우리를 그리스도 안에서 택하시고 예정하실 수 없다. 열납하셨다는 것은 또한 거저 주셨다는 뜻인데, 이것은 죄인인 우리가 얻을 수 없는 어떤 것을 은혜로 얻은 것을 의미한다. 택하심, 예정하심, 하나님의 아들의 명분을 얻음, 거룩하고 흠이 없게 됨 등은 우리가 생각할 수도 없는 놀라운 영적인 축복이다. 하나님은 이러한 모든 것들을 우리에게 거저 주셨다.

이러한 역사를 하신 것은 우리로 그분의 은혜의 영광을 찬미하게 하려 하심이다. 누구든지 지극히 영광스러운 것을 볼 때 찬미가 나온다. 하나님께는 우리에게 베푸시는 은혜가 있다. 그 은혜는 자격 없는 우리에게 베푸신 영원 전의 선택과 예정, 열납하심 등의 감당할 수 없는 은혜이다. 그러므로 바울은 그러한 은혜가 영광스럽다고 한 것이다. 우리에게 주신 그 모든 축복들을 인하여 하나님은 찬송을 받으셔야 한다.

바울은 하나님의 사람에 대한 예정과 선택을 말하고 그 한없는 사랑과 은혜의 역사를 찬양함을 말했다. 하나님이 이와 같은 큰 역사를 행하신 것은 우리로 그 영광을 찬송케 하기 위한 것이다. 그러므로 택하심과 예정하심을 입은 우리는 마땅히 하나님을 찬송해야 한다.

구속 곧 죄 사함을 받았으니

바울은 예정과 선택을 말한 뒤에(이것은 아버지의 역사이다) 구속과 죄 사함을 말했다. 즉, 우리가 얻은 영적인 축복은 하나님 아버지의 선택과 예정하심만이 아니라 아들 하나님의 구속, 곧 죄 사함을 받은 것도 포함한다. 구속(redemption)이란 잃어버린 어떤 것을 되찾은 것을 말한다. 다시 찾아올 때 대가를 지불할 필요가 있으며 이렇게 해서 다시 찾은 것은 원주인에게 되돌려진다.

우리가 죄인이었을 때 하나님의 소유였으나 잃어버린 바 된 상태에 있었다. 하나님은 아들의 피의 대가를 통하여 잃어버린 아들을 다시 찾으신 것처럼 우리를 다시 찾으셨다. 구속은 또한 죄 사함을 통해 이루어진다. 우리는 선택되고 예정되었을 뿐 아니라 그리스도의 피로 구속받고 죄 사함을 얻은 자들이다. 구속과 죄 사함은 결코 작은 일이 아니다. 우리는 하나님 앞에서 잃어버린 바 되었으며 죄로 말미암아 심판과 멸망과 영원한 형벌을 받기로 예비된 자들이었다.

그러나 하나님께 감사한 것은 우리의 죄가 완전히 사해졌다는 것이다. 성경에는 그의 피로 말미암아 우리가 구속 곧 죄 사함을 이미 받았다고 기록되어 있다. 믿으면 죄 사함을 받을 것이라고 말한 것이 아니라 이미 완전한 죄 사함을 받았다고 말한다. 이로 인하여 우리는 양심에 완전한 평강을 가질 수 있다. 우리가 이와 같이 구속 곧 죄 사함을 받은 것은 그분의 은혜의 풍성함을 따른 것이다.

스펄전이 말한 것과 같이 그분은 죄 사함을 위해 하나님께서 온 세상을 창조하실 때 치르신 대가나 왕국을 유지하는 데 필요한 대가보다도 더 많은 대가를 치르신 것이다. 하나님께서는 우리의 구속 곧 죄 사함을 위해 그분의 독생자를 십자가에서 죽게 하시지 않으면 안 되는 너무나 큰 대가를 치르신 것이다.

그리스도께서 성육신되시고 인생을 사신 후 죽음의 고난을 받으신 것은 은혜의 풍성함을 인한 것이었다. 은혜가 없거나 부족하다면 그분은 결코 그러한 힘들고 메마르며 거친 인생을 사실 수 없었을 것이고 골고다의 그 험한 십자가를 지실 수 없었을 것이다. 그러나 하나님을 찬양하리니 그분의 우리를 구속하시기 위한 은혜는 풍성한 은혜였다! 죄 사함으로 말미암아 우리는 징벌로부터 구원되었다. 왜냐하면 죄가 용서를 받게 되면 징벌이 없어지기 때문이다.

하나님이 용서하신 후 또 징벌하신다는 것을 불가능하다. 죄악이 제거되었기에 용서받은 영혼은 하나님의 법정에서 담대히 서 있을 수 있다. 위대한 재판관께서 우리에게 '나는 너에게 무죄를 선언한다'고 하셨다. 두 번째로 용서받은 영혼은 마음 속의 고통과 슬픔이 제해진다. 셋째는 죄 사함이 사람의 마음 속에 큰 기쁨을 넣어준다. 우울한 감정과 냉담한 마음을 몰아내고 즐거움이 넘치게 할 것이다.

이러한 구속 곧 죄 사함은 그리스도 안에서 우리에게 주어진 것이다. 그러므로 바울은 모든 신령한 축복이 그리스도 안에서 주어졌다고 말한다.

선택하심과 예정하심도 그리스도 안에서이고 구속과 죄 사함도 그리스도 안에서이다. 그리스도를 떠나서는 어떠한 영적인 축복도 없음을 하나님께 감사드리자! 우리가 그리스도 한 분을 얻을 때 그분 안에 모든 축복이 다 들어 있음을 하나님께 감사한다.

모든 지혜와 총명으로 넘치게 하사

그분이 우리에게 주신 피로 인한 구속과 죄 사함의 역사는 그분의 모든 지혜와 총명이 우리에게 넘친 것이다. 사탄이 동산에서 창조된 사람을 죄로 부패시킨 뒤에 그는 하나님께 더 이상 길이 없을 것이라고 생각하고 기뻐하였을 것이다. 어느 누가 황폐한 우주와 완전히 부패하고 타락해버린 인간을 회복할 수 있겠는가! 사탄은 이제 하나님께는 사람을 구출할 어떤 방법도 없을 것이라고 확신했으리라. 황폐케 된 우주와 타락한 인간, 누가 보더라도 다 끝난 것이다.

그러나 하나님은 사람을 구원하기 위한 길을 계획하셨다. 그것은 아무도 헤아릴 수 없는 하나님의 지혜에서 나온 것이다. 그 누가 하나님의 하나밖에 없는 아들을 희생시켜 가면서까지 타락한 인류를 구원해내리라는 것을 생각이나 할 수 있겠는가!

오늘날 많은 사람들이 하나님의 사람에 대한 구속의 깊은 뜻과 지혜를 모르고 다만 죄 사함받은 것을 자랑으로 여기며 기뻐하는 것을 볼 수 있다. 죄 사함을 받은 것은 응당 좋은 것이지만 (그것은 큰 은혜를 얻은 것이다.) 거기에 하나님의 넘치는 지혜가 담겨져 있다.

하나님의 아들이 누구인가? 천사장 루시퍼가 하나님의 동산 에덴에 있을 때 그는 하나님의 성산에서 화광석 사이를 왕래하면서 지극히 높으신 하나님의 아들과 자신의 위치를 비기고 있었다. 그는 하나님의 아들의 높으심을 보고 자신의 보좌를 북극 집회의 산 위에, 하나님의 아들보다 더 높은 곳에 두려고 의도했다(사 14:13,14, 겔 28:13,14 참조). 결국 그는 하나님의 심판을 받아 사탄이 되었다. 그는 하나님의 아들과 비기려다 하나님의 산에서 쫓겨났고 멸망을 당한 것이다. 그는 결국 음부에 빠뜨려지도록 심판을 선고받았다.

그러나 하나님의 대적인 사탄은 계속적으로 하나님의 역사를 방해하는 자가 되었다. 그는 사람이 창조된 뒤에 그를 유혹하여 자신의 편에 서도록 동산에서 하와를 접촉했다. 아담과 하와가 사탄에게 속아 하나님을 거역하는 죄를 짓고 타락한 후에 사람은 사탄에게 속하게 되었다. 그리고 멸망의 아들들이 된 것이다. 이 모든 일에 사탄이 이긴 것 같고 사람은 사탄을 따라 죄를 지음으로 그와 운명을 함께하게 되었다. 그런데 어느 날 하나님의 역사가 시작되었다. 그것은 하나님의 기묘한 지혜에 따른 것이다.

어느 누가 그 존귀하시고 높으신 하나님의 아들이 비천한 목수의 아들로 태어나 하나님의 어린 양으로 타락한 인류의 죄악을 담당하시고 그 십자가에 죽으심으로 피를 흘리시어 사람들의 죄 값을 치르시고 죄인들을 구속할 것을 생각이나 할 수 있었겠는가! 사탄은 하나님의 아들이 십자가에서 못 박혀 죽는다면 모든 것이 수치와 실패로 끝날 것이라고 생각했다. 실상 그 자는 하나님의 아들과 보좌를 비기려고는 했지만 아직 그가 정말 그렇게까지 시기하고 죽이고 끝내버리려고 한 것에 대하여는 변명의 여지가 남겨져 있었다. 그러나 그 자가 완전히 드러난 일이 있으니 십자가 사건에서였다. 실상 십자가는 사탄의 역사의 최종 산물이었다. 사탄은 그의 많은 사자들을 동원하여 하나님의 아들을 끝내는 일에 몰두했다. 그는 그곳에서 최대의 도박을 벌이고 하나님의 역사를 무로 돌리려 했다. 그러나 그 자리에서 그자의 악과 속셈은 완전히 드러나게 되었다. 그는 하나님의 아들을 죽음으로 몰고 갈 뿐 아니라 십자가상에 있는 주 예수를 비웃고 조롱하며 최선을 다해 공격했다. 거기서 하나님은 그 자를 완전히 심판하실 근거를 확립하신 것이고 사탄을 공개적으로 끝내신 것이다. 진실로 어떤 사람도, 천사도 측량할 수 없는 일이요 더욱이 사탄은 최대의 수치와 부끄러움을 당할 수밖에 없는 일이다. 하나님의 아들의 죽음에 이르도록 순종하신 극진하신 순종으로 말미암은 때문이다. 또한 하나님의 아들이 보혈을 흘리시고 죽으신 십자가는 도리어 하나님의 공의와 사랑이 최대한도로 표현되는 장소가 되었다. 그러므로 그리스도의 십자가는 하나님 편에서 사탄에 대한 커다란 자랑이요 승리요 영광인 것이다.

당신은 당신이 받은 구속 곧 죄 사함이 하나님의 넘치는 지혜와 총명에서 나온 것임을 알았는가? 그분은 그분이 이루신 구속의 역사에서 이와 같이 매우 지혜로우셨고 우리에게 그 이루신 역사를 집행하시는 데 있어서 사려 깊고 통찰력 있으시며 신중하셨다. ('총명'이라는 단어가 흠정역에는 'prudence'로, 다비 역에는 'intelligence'로, 혹 다른 사본에는 'insight'로 번역되었다.) 우리는 그분의 구속에 감추인 지혜와 총명, 그 통찰력을 다 헤아릴 수 없다.

그 뜻의 비밀을 우리에게 알리셨으니

여기의 비밀은 간단하게 말해서 복음의 비밀을 말한다. 사도들이 이와 같이 복음의 비밀을 우리에게 계시하기 전에는 아무도 그것을 알 수 없었다. 하나님은 우리를 긍휼히 여기사 그 뜻의 비밀을 우리에게 알게 하셨다. 비밀이란 하나님 마음속에 감취어있던 것이므로 그분이 열어 보여주지 않으시면 알 수 없는 것이다. 우리는 그분이 그 뜻의 비밀을 열어 알게 하신 것을 인해 감사드려야 한다. 복음은 다만 죄 사함받고 멸망치 않으며 영생을 얻는 것만이 아니라 거기에는 하나님의 감추인 뜻의 비밀이 있다. 복음 안에는 하나님의 기뻐하시는 뜻이 있으며 그것은 감춰어져 있던 하나님의 마음의 갈망과 관계가 있다.

하나님께서는 그리스도 안에서 목적하신 바 그분의 기뻐하시는 의도에 따라 그분의 뜻의 비밀을 우리에게 알게 하셨다. 그 뜻의 비밀은 우리를 구속하시고 죄 사함을 주신 하나님의 목적과 관계된다. 그분은 구속과 죄 사함을 주시는 역사에서 그분의 지혜와 총명을 우리에게 넘치게 하셨고 복음으로 그 뜻의 비밀을 우리에게 알게 하셨다. 그분이 우리를 구속하신 것에는 목적하신 바가 있으며 그분의 기뻐하시는 뜻이 있기 때문이다. 그것은 때가 찰 때 하늘에 있는 것이나 땅에 있는 것이 다 그리스도 안에서 통일되게 하려는 것이다.

나는 우주와 그 가운데 있는 사람이 타락한 바 있음을 말했다. 타락으로 말미암아 우주와 만물과 사람은 파멸과 혼란 가운데 있게 되었다. 하나님은 파멸과 혼란의 무더기 가운데에서 그분의 선택하신 사람들을 그리스도의 피로 구속해내셨다. 하나님께서는 때가 찰 때 만유를 그리스도 안에서 통일되게 하려 하신다. 구속받은 우리는 우주 가운데서 첫 번째로 하나님의 질서 안으로 통일된 무리이다. 때가 찰 때 하늘에 있는 것이나 땅에 있는 모든 만물이 그리스도의 머리 되심 아래 굴복될 것이다. 현재 우리가 보는 것은 부패와 혼란과 무질서뿐이다. 그러나 하나님께서는 타락 가운데서 그리스도의 피로 우리를 구속하여 그분의 소유로 삼으셨다.

우리는 구속의 의미가 이렇게 큰 것을 볼 필요가 있다. 구속은 다만 죄 사함을 위한 것만이 아니라 그분의 기뻐하시는 뜻을 이루기 위한 것이요 때가 찬 경륜을 이루기 위한 것이며 하나님께서 목적하신 것, 즉 때가 찰 때 만유가 그리스도의 머리 되심 아래로 통일 되는 것을 위해서 역사하신 것이다. 하나님께서는 먼저 사람을 구속하시고 때가 찰 때 만유를 구속하여 그리스도 안에 통일되게 하려 하신다. 7절은 피의 구속을 말하며 9절은 그 뜻의 비밀을 말하며 10절은 그 뜻의 비밀은 만유가 그리스도의 머리 되심 아래 복종하는 것이라고 말한다. 22절은 이미 그리스도는 머리로서 만유를 그분의 발 아래 복종케 하셨다고 하는데 23절의 교회는 그분의 몸으로서 그리스도께서 복종케 한 만유를 발로 밟게 하시는 것이다. 하나님은 교회를 통해서 그분의 뜻을 이루고자 하신다.

때가 찬 경륜

하나님은 그분의 역사를 여러 시대를 통하여 이루신다. 구약 시대도 있고 신약 시대도 있다. 인류의 역사가 시작된 이래 사람은 무죄 시대, 양심 시대, 인간 통치 시대, 열조 시대 등 많은 시대를 통과해왔다. 이 모든 시대들을 통하여 하나님은 그분의 영원한 목적을 이루신다. 그분의 영원한 목적은 그리스도 안에서 만유가 통일되는 것이다. 하나님께서 오늘날 역사하시는 것은 그리스도의 머리 되심을 회복하는 것인데, 언젠가 만유는 그리스도의 머리 되심 아래 매우 조화롭게 통일 될 것이다. 교회는 오늘 먼저 그리스도의 머리 되심 아래로 통일 됨을 순종하는데 앞장서는 무리이다(고후 10:6). 다음 시대는 왕국 시대이며 그리스도의 직접적인 통치가 이루어질 것이다. 그 때 만유는 회복에 이를 것이다. 그리스도인의 삶은 그리스도의 머리 되심을 인정하는 삶으로 일관되어야 한다. 모든 성도들이 다 지체들과 연합하여 한 분 그리스도를 머리 삼는 삶은 어떠한 기쁨인가!

그리스도 안에서 통일됨

통일 된다는 말은 머리 아래로 모은다는 뜻이 있다(head up all things in the Christ, 다비역). 통일 된다는 것을 다만 모든 것이 조화를 이루어 하나 되는 것이라고만 이해해서는 안 된다. 여기서 통일의 가장 중요한 의미는 그리스도의 머리 되심이다. 결국 구속의 목표는 그리스도의 온전한 머리 되심이다. 하나님은 그리스도를 만유의 머리와 으뜸으로 삼으셨다. 이것은 하나님의 결정하심이요 안배이다. 결국 만유는 그리스도의 머리되심 아래도 통일되며 복종되게 된다. 교회는 그리스도의 머리 되심 아래 맨 먼저 복종하는 만유의 첫 열매와 같다. 즉, 만유에 앞서서 통일 되는 무리인 것이다. 교회가 그리스도의 머리 되심 아래 먼저 순복할 때 온 만유가 따르게 된다. 인류의 타락은 우주 가운데 죄와 저주를 들어오게 하여 만유를 파멸과 혼란 가운데 집어넣었다. 그리스도의 구속은 파멸의 무더기로부터 만유를 그리스도의 머리 되심 아래로 통일되게 하는 역사의 시작이다.

교회가 이것이 가능한 이유가 있다. 교회가 얻은 생명이 아들 안에 있는 그 생명이기 때문이다. 머리와 몸의 생명은 바로 같은 생명인 것이다. 완벽한 통일과 조화는 생명이 같은 경우에 일어난다. 이것이 바로 머리와 몸의 관계이다. 아무리 가까운 부부와 자녀와 부모의 경우도 그 순종과 조화에는 한계가 있다. 그러나 머리에 대한 지체들의 복종은 완전하다. 머리에서 생각만 가져도 몸의 지체는 움직이기 시작한다. 이러한 완전한 머리와 몸의 복종과 통일이 온 만유를 충만케 하는 역사를 위해 시작되었다.

그 안에서 기업이 되었으니

11절의 말씀은 '우리가 하나의 기업으로 지정되었다'(We were chosen or designated as an inheritance)로 번역하는 것이 헬라어 원문에 맞다. 또는 '우리가 하나의 기업을 얻었다'(We have obtained an inheritance)로 번역한 사본들도 많이 있다. 이 말씀은 우리가 그리스도 안에서 하나님의 기업으로 지정되었다, 또는 선택되었다고 해석할 수 있다. 하나님의 선택되고 구속된 사람들은 하나님의 기업이다. 그들은 하나님의 유업으로 지정되었다. 우리가 구속된 것은 그리스도 안에서 만유를 통일되게 하려는 것이 그 하나의 목적이요 우리가 하나님의 기업이 되는 것이 또 하나의 목적이다.

우리가 하나님의 기업이 된 것은 모든 일을 그분의 뜻의 협의에 따라 역사하시는 그분의 목적에 따른 것이다. '그분의 협의'(counsel)라는 말은 하나님의 거룩하신 섭리 또는 결정(그것은 성삼위 하나님의 협의를 거친 것이다.)을 말한다. 우리는 거룩하신 하나님의 예정을 입어 그리스도 안에서 하나님의 기업이 된 것이다. 간단히 말해서 하나님의 선택된 백성은 그분의 가장 귀한 기업으로 지정되었다는 것이다.

영광의 찬송

12절에서 바울은 그리스도 안에서 전부터 바라던 우리로 영광의 찬송이 되게 하려 한다고 말한다. 여기에서 바울 사도는 우리가 '전부터 바라던 자들'이라고 말한다. 그들은 과연 무엇을 전부터 바랐는가? 그들이 바란 것은 이스라엘의 구속이었을 것이다. 하나님을 떠난 이스라엘은 혼란과 무질서에 떨어졌고 극도로 타락한 가운데 있었다. 그리고 그들의 나라도 바벨론에, 로마에 빼앗긴 지 오래였다. 그들은 진실로 이스라엘의 구속을 기다렸다(눅 1:68, 2:32,38 참조). 그들이 그리스도의 피로 구속 곧 죄 사함을 받은 것은 사실상 이스라엘 백성들이 오래 전부터 바라던 것이었다.

아마 유대주의적인 이스라엘 사람들은 바울에게 항변하면서 '우리는 그것을 기다리지 않았다. 우리가 기다린 것은 메시야의 왕국으로서 이스라엘이 완전히 회복되는 것이다'고 말할 것이다. 그러나 여기에서 바울은 그리스도의 구속과 왕국의 회복을 나누어 말하지 않았다. 온 만유가 회복되고 통일되는 것은 그리스도의 구속으로 말미암은 것이다. 바울은 영적인 눈으로 그리스도의 피의 구속을 바라보았다. 그것은 온 만유가 때가 찰 때 그리스도 안에서 통일되기 위한 시작이었다. 그러므로 바울은 자신들이 전부터 바라던 것을 얻었다고 말한 것이다. 회복되기를 기다리던 이스라엘이 구속될 때, 전부터 간절히 바라던 그들은 하나님의 영광을 찬송할 것이다. 바울이 볼 때 하나님의 모든 영적인 축복은 이미 주어졌다. 이스라엘의 구속도, 회복도 온전히 주어졌다. 그러므로 어찌 찬송하지 않을 수 있겠는가! 하나님이 그분의 선택한 백성들을 구속하신 것도 그들로 하나님의 영광의 찬송이 되게 하려 하심이다.

진리의 말씀 곧 구원의 복음

여기에서 진리(ἀλήθεια)라는 말은 '참'을 말한다. 헬라에 원문의 뜻으로 진리는 '절대적 진실'을 의미한다. 율법은 모세로부터 주어진 것이며 은혜와 진리는 그리스도로부터 왔다(요 1:17). 그리스도 자신이 진리이다(요 14:6). 또한 그분 자신이 복음이다(롬 1:1-3). 따라서 이 땅에 그리스도께서 오시기 전에는 복음이 없었고 진리가 없었다. 이것은 대단한 말이다. 오직 복음만이 진리라는 말이다. 주 예수께서 오실 때 비로소 복음이신 참 진리가 온 것이다. 구약은 모두 예수 그리스도에 대한 것을 말하였지만 이제 그분 자신이 참으로서 오신 것이며 그 모든 예표와 예언, 그림자로 설명된 것의 참을 이루신 것이다.

우리가 오늘 듣고 믿은 구원의 복음은 참된 진리의 말씀이다. 우주와 그 가운데 사람을 창조하신 하나님이 참되시고, 타락한 죄인을 구속하기 위하여 십자가에서 보혈을 흘리신 그리스도의 고난이 참된 것이며, 믿는 우리에게 행하신 성령의 인치심이 참된 것이다. 하나님의 영원한 뜻이 참된 것이고 우리를 구원하시는 그분의 역사가 모두 참된 것이기 때문에 우리는 그것을 진리라고 한다. 이 진리의 말씀 곧 구원의 복음을 들을 때 우리는 약속의 성령으로 인치심을 받는다.

약속의 성령으로 인치심을 받았으니

약속의 성령이란 우리가 인침받은 성령이 약속된 것이라는 뜻이다. 이 약속은 두 방면을 포함하는데, 하나는 구약에서 수차 예언하고 약속하신 바로 그 성령이라는 것이고, 또 하나는 이 성령을 통하여 완전한 구원을 이루신다는 것이다. 하나님께서는 구약에서 타락하여 더 이상 고칠 수 없는 상태에 떨어진 이스라엘 백성에게 새 영을 주시겠다고 약속하셨으며 또 그 날에는 남종과 여종들에게, 모든 육체에게 성령을 부어주리라고 거듭 약속하셨다.

사도 바울이 전파한 복음은 공허한 복음이 아니었다. 사도들이 복음을 전파할 때 하나님께서는 구약에서 거듭 약속하셨던 그 성령을 부어주셨다. 아마도 이스라엘 사람들은 이 모든 일이 이스라엘 왕국의 회복시에 일어날 것이라고 믿고 있었을 것이다. 그러나 비밀스럽게도 이스라엘 사람들이 전혀 믿지 않고 받아들이지 않고 있을 때 예수께서 오셨고 그분은 십자가에서 구속을 이루셨으며 사흘 만에 부활하시고 승천하셔서 믿는 자들에게 성령을 부어주셨다. 이스라엘 많은 사람들은 그것이 곧 약속의 성령일 것이라고 믿지 않았을 것이다.

이 약속의 성령은 사실상 아브라함 때부터 약속된 것이라고 보아야 한다. 그 후 이사야, 예레미야 등을 거쳐 요엘과 스가랴 등의 선지자를 통하여 하나님은 계속해서 마지막 시대에 부어질 성령을 말씀하셨다. 바울은 그 시대에 믿는이들이 받은 성령이 바로 그 약속의 성령임을 말했다. 그것은 얼마나 기묘하고 놀라운 것인가! 더욱이 그 약속의 성령이 이방인인 에베소의 믿는이들에게 인쳐진 것이다.

바울은 우리가 진리의 말씀을 듣고 구원의 복음을 믿은 것도 그리스도 안에서라고 말한다. 우리가 하나님의 모든 축복이 그리스도 안에 있음을 보는 것은 매우 중요하다. 선택하심과 예정하심도 그리스도 안에서이고 구속과 죄 사함도 그리스도 안에서이며 심지어 우리가 진리의 말씀 곧 구원의 복음을 듣고 믿는 것도 그리스도 안에서이다. 그리스도를 떠나서 우리는 심지어 복음을 들을 수도 없고 믿을 수도 없다. 하나님은 그분의 모든 영적인 축복을 그분의 아들 그리스도 안에서만 우리에게 주실 수 있다. 그리스도는 하나님께서 그분의 모든 축복을 주시는 범위요 한계요 통로이다.

여기서 우리는 약속의 성령으로 인침받는 것이 진리의 말씀을 듣고 믿는 것에 달려 있음을 볼 수 있다. 12절까지에서 하나님의 모든 계획과 구원의 역사가 이루어졌다 하더라도 그 구원의 복음 곧 진리의 말씀을 듣지 않는다면 그 진리는 우리와 무관하게 된다. 이상의 모든 역사가 우리에게 실제가 되려면 그 말씀을 듣고 믿어야 한다. 하나님은 듣고 믿는 방식을 통하여 우리에게 그분의 구원을 전달하신다. 우리가 복음의 진리를 믿을 때 하나님은 그리스도 안에서 약속하신 성령으로 우리를 인치신다. 성령의 인치심 또한 그리스도 안에서이다. 하나님은 우리에게 인치실 때 그리스도 안에서 인치셨다.

인치심은 하나님께서 그분의 소유라는 것을 나타내시는 행위이다. 당신이 책을 사서 도장을 찍는다면 그것은 그 책이 당신에게 속했음을 나타내는 것이다. 하나님이 성령으로 우리를 인치신 것은 우리가 하나님께 속했음을 도장을 찍어 나타내시는 행위이다. 우리는 하나님의 것이다. 그 표시는 우리가 믿을 때 약속의 성령으로 인치심을 받은 것이다. 당신은 무엇을 행함으로 성령을 받을 것이라고 기대하지 말라. 어떤 사람들은 많이 기도해야, 혹은 좋은 행위를 갖고 열심을 내야 성령을 받는다고 생각하지만 성령의 인치심을 받는 것은 진리의 말씀 곧 구원의 복음을 단순하게 듣고 믿음으로써이다. 우리 편에서는 듣고 믿어 약속의 성령을 얻는 것이고 하나님 편에서는 듣고 믿는 자에게 성령으로 인치심으로 그분의 소유로 확정하시는 것이다.

우리의 기업에 보증이 되사

여기에서 바울은 하나님이 우리의 기업이심을 말한다. 하나님은 우리를 상속자들로 예정하셨고 아들의 명분을 얻게 하셨는데, 우리에게 상속해주시는 것은 결국 하나님 자신이다. 하나님 자신이 바로 우리의 기업이시다. 하나님은 그분의 모든 것을 우리에게 기업으로 주시고자 하신다. 이 모든 기업을 우리에게 상속해주시겠다는 그 보증이 바로 약속의 성령의 인치심이다.

여기서 '보증'이라는 말은 헬라어로 'arrabon'인데, 이 말은 고대에 땅을 매매할 때 지불되는 계약금을 가리킨다. 당신이 뭔가 거래할 때 계약금을 받았다면 얼마 되지 않아 나머지 잔금을 모두 받게 될 것임을 확신할 수 있다. 하나님과 그분의 모든 유업은 우리의 것이다. 하나님은 그분의 모든 기업을 우리에게 상속해주실 것이다. 그것은 틀림없이 놀라운 축복과 누림을 포함하리라! 그 모든 기업을 다 우리에게 주시기 위해 하나님은 계약금을 주셨는데, 그것이 곧 성령의 인치심이다.

오늘 우리가 성령을 체험하고 맛볼 때 우리의 즐거움과 누림은 말로 다 할 수 없다. 성령은 우리에게 하나님을 알게 해주며 하나님의 깊이 안으로 우리를 인도하신다. 우리는 성령을 통해 예수를 알고 그리스도를 알며 예수의 고난과 십자가에 죽으심과 부활과 능력을 알며 그분의 왕국과 권위를 체험하기도 한다. 그러나 이 모든 것이 어떻게 놀라울지라도 그것은 다만 계약금에 불과하다. 언젠가 우리가 잔금을 다 받을 날이 온다. 그때가 곧 그분의 기업을 모두 물려받을 때이다. 그때 우리는 이 기업의 풍성을 많이 누린 적이 있다고 간증할 것인데, 이는 바로 이 땅에서 교회생활을 누렸기 때문이다. 그러므로 오늘 우리가 누리는 성령은 장래 온전히 누릴 성령의 미리 맛봄인 것이다.

얻으신 것을 구속하시고

하나님이 우리에게 성령을 기업의 보증으로 주신 것은 하나님의 기업을 구속하기 위한 목적이 있다. 이 말은 매우 깊은 뜻이 있다. 사실상 성령의 역사는 처음 인치심을 시작으로 하여 그분의 소유를 온전히 얻으실 때까지 계속된다. 14절의 보다 정확한 해석은 '하나님 자신의 소유를 구속할 목적으로 우리의 기업의 보증으로서 약속의 성령이 주어졌다'이다(until the redemption of the purchased possession 개정 흠정역, with a view to the redemption of God's own possession NASB).

구속을 목표로 한다는 것은 우리에게 주어진 성령으로 말미암아 그날 우리가 구속된다는 뜻도 있지만 성령이 구속을 목적으로 하여 주어졌으니 오늘도 계속해서 구속되어지지 않은 우리 전 존재를 구속의 날까지 구속하기 위하여 역사하신다는 뜻도 있다. 성령은 오늘도 우리에게 빛 비추시며 말씀하시며 가르치시며 역사하신다. 어쩌면 어떤 특정한 부분에서 우리는 아직 구속되지 않았을 것이다. 오늘 성령의 역사는 그 부분을 만지심으로 그것이 아직 나에게 속하지 않았다고 말씀하실 것이다. 우리는 회개하고 돌이켜 그분께 돌려지지 않은 그 특정한 부분을 하나님께 되돌려 드릴 것이다. 이러한 역사는 구속의 날까지 계속되는데, 이것이 성령의 인치심의 하나의 목적이다.

영광의 찬송

아버지의 선택과 예정, 아들의 구속과 죄 사함, 성령의 인치심 모두 사람의 찬송을 불러 일으킨다. 성삼위 하나님은 찬송받으시기에 합당하다. 우리는 우리를 선택하신 아버지를 찬송해야 하고 우리를 구속하신 아들을 찬양해야 하며 성령으로 인치시며 우리를 계속 구속하고 계시는 성령을 찬송해야 한다. 선택하시고 예정하신 것이 영광스러운 것이고 구속과 죄 사함 또한 영광스러운 것이며 인치시며 구속하시는 성령의 역사 또한 영광스러운 것이다.

교회가 무엇인가? 성삼위 하나님의 역사에 대한 영광의 찬송이 곧 교회이다. 교회의 찬송은 아버지 하나님의 선택과 예정하심으로 말미암은 것이요 아들 예수 그리스도의 구속과 죄 사함으로 말미암은 것이며 성령 하나님의 인치심으로 말미암은 것이어야 한다. 이 모든 것은 하나님의 기뻐하시는 뜻과 경륜과 사랑의 역사인데, 그분의 이 모든 일의 결과가 교회이다. 교회는 그분의 놀라운 역사에 대한 반향으로서 영광의 찬송이 되는 기관이다.

교회는 하나님의 창세 전의 선택과 예정에서 영광의 찬송이 되며 그분의 사랑과 거룩하신 뜻에서 영광의 찬송이 되며 그리스도의 구속과 죄 사함에서, 그분의 은혜의 풍성하심과 그분의 보혈을 흘리심과 그 모든 계획하시며 이루신 일의 지혜와 총명에 대해서 영광의 찬송이 되며 약속의 성령의 인치심과 그분이 우리의 기업의 보증이 되는 것에 대해서 영광의 찬송이 된다. 성삼위 하나님의 모든 역사는 교회로 영광의 찬송이 되게 하려는 것이다.

이를 인하여

여기에서 '이를 인하여'는 '에베소 성도들이 진리의 말씀 곧 구원의 복음을 듣고 약속의 성령으로 인치심을 받았음을 인하여'이다.

너희 믿음과 모든 성도들을 향한 사랑

바울은 감옥에서 에베소 성도들의 믿음과 사랑에 대하여 들었다. 믿음은 진리의 말씀을 받아들이는 것이요 사랑은 받은 말씀을 살아내는 것과 관계가 있다. 그러므로 믿음이 없으면 사랑은 나올 수 없다. 믿음은 하나님의 아들 예수 그리스도와의 관계이고 그분 자신을 받아들이는 것이며 거기에서 사랑이 나온다. 오늘날 많은 사람들은 믿음이 없이 사랑해보려 하지만 통하지 않는다. 우리는 믿음을 통하여 그리스도와 연결되며 그럴 때 우리를 통하여 사랑이신 그리스도께서 흘러나온다.

여기의 믿음 또한 주 예수 안에 있는 것이다. 주 예수를 떠나서는 어떠한 믿음도 없다는 뜻이다. 주 예수가 있을 때 믿음이 있고 주 예수가 없을 때 믿음이 없다. 사도 바울은 에베소 성도들의 다른 것을 관심한 것이 아니라 바로 믿음과 사랑을 관심했다. 믿음은 교회와 그리스도와의 관계에서 보이지 않는 것이지만 가장 중요한 요소이다. 믿음이 없으면 사랑이 있을 수 없다. 믿음과 사랑이 있는 교회가 건강한 교회이다. 여기에서 바울은 모든 성도를 향한 사랑을 말했다. 교회의 사랑은 몇몇 사람만을 편애하는 식의 사랑이 아니다. 정당한 그리스도인의 사랑은 모든 그리스도인들을 구분하지 않고 사랑하는 사랑인 것이다.

나도 듣고

바울은 에베소 성도들의 믿음과 사랑에 대하여 들었다. 당신은 바울이 영적인 사람이기 때문에 교회의 상태를 들을 필요도 없이 다 알 것이라고 생각지 말아야 한다. 그는 에베소 교회의 믿음과 사랑을 들을 때에 비로소 감사하고 기도할 수 있었다.

감사와 기도

바울은 에베소 성도들의 믿음과 사랑을 듣고 하나님께 감사를 드렸다. 바울이 건강한 교회의 상황을 듣고 기뻐하며 감사한 것은 그의 마음속에 오직 교회밖에 없었음을 나타낸다. 그는 단지 한 번만 감사하고 기도한 것이 아니라 계속적으로 하나님께 감사하는 기도를 드렸다.

그는 에베소 성도들의 상황을 들었을 때 감사하는 마음이 있었을 뿐 아니라 더욱 기도할 마음이 있었다. 여기서 우리는 사도를 통하여 주님의 마음을 알 수 있는데, 주님은 성도들이 좋은 상태에 있을 때 기뻐하시며 더 진보하기를 원하신다는 것이다. 사도는 그들이 좋은 믿음과 모든 성도에 대한 사랑을 가지고 있었지만 더욱더 은혜를 얻어 하나님을 더 알고 부르심의 소망을 알게 되기를 원했다.

지혜와 계시의 영을 너희에게 주사 하나님을 알게 하시고

바울은 그들의 상태가 매우 좋았을지라도 하나님께 기도하여 그들이 지혜와 계시의 영을 얻어 하나님을 더 알게 되기를 구했다. 물론 에베소 성도들이 하나님을 전혀 몰랐다고 말할 수는 없다. 그러나 그들은 더욱 하나님을 알아야 했다.

오늘날 많은 그리스도인들의 문제는 객관적인 지식으로 하나님을 알 뿐 지혜와 계시로 하나님을 알지 못한다는 데 있다. 하나님을 알려면 지혜와 계시가 필요하다. 계시가 없이는 하나님을 알 수 없다. 나는 하나님을 체험적으로 알지 못하는 사람들을 많이 대해 보았다. 그들은 입술로는 하나님을 말하고 성경을 말하고 사역을 말했지만 나는 그들에게서 하나님을 안다는 어떤 느낌도 받을 수 없었다. 하나님을 아는 것이 얼마나 중요한 일인지 말로 다 할 수 없다. 바울조차 이것은 자신이 알려줄 수 없는 것으로 여겼다.

왜냐하면 하나님을 아는 것은 혈육으로 말미암지 않고 하나님 아버지의 계시로 말미암기 때문이다. 그러므로 바울은 이것을 위해 영광의 아버지께 간절히 기도했다. 우리가 하나님을 알기 위해 얼마나 많은 기도가 필요한지! 하나님께서 우리의 눈을 열어 주사 참으로 하나님을 알 수 있도록 도와주시기 바란다.

바울은 우리가 하나님을 알기 위해 지혜와 계시의 영이 필요함을 말했다. 그리고 그것은 주 예수 그리스도의 하나님 영광의 아버지께서 주시는 것임을 말했다. 이것은 우리가 머리로 하나님을 알 수 없고 오직 하나님께서 우리에게 지혜와 계시의 영을 주실 때 그분을 알 수 있음을 보여준다. 하나님을 알기 위해서는 기도와 간구 외에 달리 길이 없다. 에베소서에서 하나님을 아는 것이 교회와 관련이 있다는 것은 매우 심오한 사상이다. 하나님은 그분의 창세전부터 역사하심부터 그리스도의 죽음과 부활, 승천을 통해서 이 땅에 두신 교회를 통해 그분의 목적을 이루시는 분이다. 우리가 그분에 대하여 알려면 그분의 하시는 역사와 일을 통해 알 수 있는 것이다. 이 모든 것은 다 교회와 관계가 있다.

부르심의 소망

지혜와 계시의 영으로 하나님을 알고 마음 눈이 밝아져서 알게 되는 것은 결국 교회와 관련된다. 그 부르심의 소망이나 그 기업의 영광의 풍성이나 모두 교회와 관련이 된다. 교회가 무엇인지 알기 위해서는 마음 눈이 밝아져야 할 필요가 있다. 사도는 성도들이 하나님을 알기를 원했고 부르심의 소망이 무엇인지를 알기 원했다. 부르심의 소망과 그 기업의 영광의 풍성과 믿는 우리에게 베푸신 능력의 지극히 크심이 어떠한 것인지를 알기 위해서는 마음 눈이 밝아져야 한다고 말한다. 바울은 이것을 위해서 하나님께 간절히 기도하였다. 이러한 것들은 사도가 가르쳐서 보여줄 수 있는 게 아니고 다만 기도하여 구함으로 하나님께서 보여주셔야 한다.

하나님이 우리를 부르신 것은 그분의 뜻과 목적이 있기 때문이고 그분의 뜻은 우리의 소망이 된다. 그분은 우리를 영광 안으로 부르셨고 우리가 그분의 영광에 참여하기를 원하셨다. 바울은 에베소 성도들이 믿음과 사랑을 가지고 있는 것으로 감사드렸으며 소망에 대하여는 어떤 언급을 하지 않았었다. 교회를 향한 사도의 관점에는 항상 이 세 가지가 자리잡고 있다. 즉 건강한 교회는 반드시 이 세 가지를 잘 갖추어야 한다는 것이다. 믿음이 있고 사랑이 있지만 소망이 부족해서는 안 되고 믿음이 있고 소망이 있어도 사랑이 부족해서는 안 된다. 바울은 에베소 믿는이들이 더욱더 부르심의 소망을 알 수 있기를 원했다.

믿는이들이 소망을 가지면 어려움 중에서도 낙심하지 않고 견딜 수 있는 힘을 얻는다. 또한 부르심의 소망이 있어야 소망을 향하여 꾸준히 전진할 수 있다. 그런데 여기의 소망은 부르심의 소망이다. 하나님이 아브라함을 갈대아 우르에서 불러내셨을 때 그분은 그저 목적 없이 아브라함을 부르신 것이 아니다. 그분은 그에게 약속의 땅 가나안을 유업으로 주기 원하셨다. 사실상 가나안 땅은 하나님 자신을 예표한다. 하나님은 그분의 선택한 백성들에게 그분 자신을 유업으로 주기 원하셨다. 그리고 그분은 가나안 땅의 예표를 통하여 그분 자신이 얼마나 풍성하고 광대한 분인가를 알려주기 원하셨다.

갈대아 우르는 우상이 득실거리는 곳이었고 하나님은 그 우상의 땅에서 그분의 택하신 자를 좋은 땅으로 불러내셨다. 하나님이 아브라함을 가나안으로 인도하신 것은 아브라함과 그 자손이 우상에서 하나님 자신께로 돌이키도록 이끄신 것이지 다만 물질적인 축복을 주시기 위함이 아니다.

즉, 하나님께서는 아브라함이 가나안 땅에 들어가서 젖과 꿀이 흐르는 높고 광대한 땅을 누리면서 하나님이 과연 어떻게 풍성하고 광대한 분이신가를 알게 되기를 원하셨다.

하나님은 이스라엘 백성들이 광야 사람이 되기를 원하신 것이 아니고 그렇다고 해서 가나안 사람이 되기를 원하신 것도 아니다. 하나님은 그들이 진정으로 하늘에 속한 하나님의 사람들이 되기를 원하셨다. 그들의 법은 하늘의 법이요 그들의 음식도 하나님의 공급하심이요 그들의 모임도 하나님을 위한 것이요 그들의 의복도 하나님을 나타내야만 했다. 그들은 분명 이 땅에 있지만 하늘의 사람들이어야 했다.

우리가 하나님 앞에서 거룩하고 흠이 없게 되고 그분의 아들들이 되는 것이 사실상 우리의 부르심의 소망이다. 우리에 대한 하나님의 뜻은 매우 높으시다. 그러므로 바울은 우리를 부르신 하나님의 부르심을 높은 부르심(calling on high, 빌 3:14)이라고 표현했다. 하나님이 얼마큼 높으시면 그분의 부르심 또한 그렇게 높은 것이다. 하나님이 얼마큼 풍성하시면 그분의 부르심 또한 그렇게 풍성한 것이다.

오늘날 그리스도인들이 낮은 차원에서 만족하며 머무르려 하는 것은 그분의 부르심의 소망이 어떠한 것인지를 보지 못한 데 원인이 있다. 구약의 아브라함은 하나님의 약속이 그의 소망이 되었기 때문에 가나안에 들어갈 때까지 머무르지 않고 끊임없이 전진했다. 하나님의 표준에 이르지 못하는 것은 그분의 부르심에 미치지 못하는 것이다. 높으신 하나님이 소망으로 우리를 부르셨다. 그분의 부르심이 우리의 소망인 것이다. 우리는 소망으로 우리 앞에 있는 경주를 경주해야 한다.

그 기업의 영광의 풍성

믿는이들이 보아야 할 또 하나의 비밀은 성도 안에 있는 그 기업의 영광의 풍성이다. 여기에 있는 하나님의 기업은 성도 안에 있는 것이다. 우주 가운데 하나님의 유일한 기업이 있는데, 그 기업의 이름은 바로 교회요 성도들이다. 하나님은 영광스럽고 풍성한 분이신데, 그분은 그분 자신의 영광의 풍성을 그분의 기업인 성도들에게 나누어주고 공유하기를 원하신다. 하나님이 영광스러우실 뿐 아니라 그분의 영광은 교회에 미친다. 하나님은 그분의 영광을 교회를 통하여 나타내기 원하신다. 교회는 그분의 영광을 나타내는 그릇이다. 우리로 그분의 영광을 누리게 하시는 것은 어떠한 축복인지!

주님은 그분이 얻으신 영광을 믿는이들에게 주셨다고 말했다(요 17:22). 우리가 얻은 생명은 그리스도의 영광의 생명이다. 우리 안에 그리스도의 영광의 씨가 심겨졌다. 그 씨가 우리 안에서 자라고 있다. 언젠가 이 영광의 씨는 자라고 결실하여 꽃이 필 것이다. 하나님은 그분의 신부인 교회가 그분과 같이 영광스럽게 되기를 원하신다(엡 5:27). 또한 우리는 그리스도께서 나타나실 때 그분과 함께 영광 중에 나타나게 될 것이다(골 3:4). 결국 우리는 새 예루살렘이 될 것인데, 새 예루살렘은 그 자체가 하나님의 영광을 보유하고 있다(계 21:11).

당신은 성도들을 볼 때 외모만 보고 판단해서는 안 된다. 또한 밖의 많은 활동을 보거나 사람들의 말만 들어서도 안 된다. 당신이 성도들을 볼 때 이러한 외적인 것들만 본다면 당신의 교회생활은 가련할 것이다. 당신은 반드시 마음 눈이 밝아져서 성도들 안에 있는 영광을 볼 수 있어야 한다. 하나님은 교회를 통하여 그분의 영광이 풍성하게 되기를 원하신다. 언젠가 우주 만물은 하나님의 영광만이 아니라 교회를 통하여 풍성하게 된 영광을 보게 될 것이다.

하나님은 오늘날 교회 안에서 그분의 영광을 경작하고 계시다. 그분의 영광은 매일매일 풍성케 되고 있다. 우리는 하나님의 영광이 더욱 풍성케 되는 방식의 교회생활을 가져야 한다. 당신의 마음 눈이 밝아지지 않는다면 결코 성도들 안에 있는 기업의 영광의 풍성을 볼 수 없을 것이다. 하나님을 알기 위해서는 지혜와 계시의 영이 필요하고 성도들을 알기 위해서는 마음 눈이 밝아져야 한다. 하나님의 자녀로서 우리는 하나님을 알아야 하고 그분의 기업인 교회를 알아야 한다. 우리는 17절에서 아버지의 영광을 볼 수 있고 18절에서 그 자녀들의 영광을 볼 수 있다. 성경에 에베소서 1장보다 영광을 많이 말한 장이 없다. 하나님께 속한 모든 것이 다 영광스럽다.

능력의 지극히 크심

19절에서 바울은 하나님께서 믿는 우리에게 주신 능력이 어떤 능력인가를 마땅히 알아야 한다고 말했다. 한 면에서 우리는 성도들 안에 있는 영광의 풍성을 알아야 하고 또 한 면에서 우리는 성도들 가운데 역사하는 능력의 지극히 큰 것을 알아야 한다. 하나님이 교회에게 주신 모든 것은 풍성하고 큰 것이다. 교회 안에 있는 그분의 영광은 풍성하고 교회에게 주신 그분의 능력은 지극히 큰 것이다. 바울은 이것이 이미 교회에게 주어진 것이니 다만 이것을 알아야 한다고 말한다. 이 큰 능력을 얻기 위해 기도해야 한다고 말한 것이 아니라, 이미 교회에게 주어진 것을 알기 원한 것이다. 이를 알기 위해서 마음 눈이 밝아져야 한다고 말한다.

교회를 알기 위해서는 많은 방면을 볼 수 있어야 한다. 교회의 영광을 알아야 하고 그것이 얼마나 풍성한 것인가를 알아야 하며 교회에게 주신 하나님의 능력이 어떠한 것인가도 알아야 한다. 이렇게 아는 것이 교회를 온전히 아는 것이다. 그렇지 않으면 사람들은 교회는 다만 이런저런 사람들이 모여 있는 초라한 무리라고 말할 것이다. 또 교회는 아무 힘이 없는, 미약한 환경에서도 넘어질 것 같은 약한 존재라고 느낄 것이다. 그러나 사도가 에베소 성도를 위하여 기도한 것은 무엇인가? 그들의 마음 눈이 밝아져 성도들 안에 있는 영광의 풍성을 보고 믿는이들에게 베푸신 능력의 지극히 큰 것을 알게 되는 것이었다.

19절에서는 능력의 큰 것을 표현하기 위해 많은 단어가 사용되었다. 다만 큰 것(greatness)이 아니고 지극히 큰 것(surpassing greatness)이다. 또 이 능력은 하나님의 강력(strength of might)의 역사하심을 따른 것이라고 말했다. 어떤 능력이 이 능력과 비교될 수 있겠는가! 하나님이 교회에게 주신 능력은 그분의 약한 능력이 아니다. 하나님의 약한 것도 사람보다 강하다고 하셨다(고전 1:25). 사람의 아무리 강한 것이라도 하나님의 약한 것을 상대할 수 없다. 그런데 하나님이 성도들에게 주신 능력은 그보다 훨씬 큰 그분의 강한 능력이다. 교회에게 역사하시는 하나님의 능력은 그분의 강한 능력이다.

그리스도 안에서 역사하신 능력

20절에서 바울은 교회에게 주신 그 능력이 그리스도를 죽은 자 가운데서 살리시고 하나님의 오른편에 앉도록 승천하게 하신 그 능력이라고 말한다. 우리는 여기에서 하나님이 사용하시는 능력에도 종류가 있는 것 같음을 보게 된다. 우리는 구약에서 하나님이 나타내신 크고 작은 능력들을 볼 수 있다. 주님께서도 십자가에 달리시기 전에 제자들에게 '내가 지금이라도 아버지께 구하여 열두 영(營) 더 되는 천사를 보내시게 할 수 있다'고 말씀하셨다. 천사들 한 영(營)만으로도 온 나라를 치고도 남음이 있을 것이다.

하나님께서 교회에게 베푸신 능력은 어떠한 것인가? 그 능력은 그리스도를 죽은 자 가운데서 다시 살리시고 하늘에서 자기 오른편에 앉히시고 모든 정사와 권세와 능력과 주관하는 자와 이 세상뿐 아니라 오는 세상에 일컫는 모든 이름 위에 뛰어나게 하신 능력이며 또 만물을 그 발아래 복종케 하신 능력이다. 하나님이 교회에게 주신 능력은 한 마디로 그리스도의 부활의 능력이고 승천의 능력이며 그분으로 만물 위에 뛰어나게 하신 능력이며 만물을 그 발아래 복종케 하신 능력이다.

이 말씀을 통해서 우리는 하나님이 사용하시는 능력 중에서 가장 큰 능력이 그리스도 안에서 역사하신 능력임을 볼 수 있다. 이 능력은 하나님 자신의 능력이요 그분의 생명 능력이요 부활 능력인 것이다. 하나님은 교회에게 이러한 가장 큰 능력을 허락하셨다. 이 능력은 모든 정사와 권세와 능력과 주관하는 자 위에 뛰어난 능력이다. 모든 천사들과 마귀와 악령들의 능력도 하나님이 교회에게 주신 능력을 이길 수 없다.

모든 이름 위에 뛰어나게 하시고

뛰어나게 하셨다는 말은 모든 것을 뛰어넘어 초월하심을 말한다(far above all). 그리스도는 부활하심으로 모든 제한을 초월하셨고 정사와 권세와 능력과 주관하는 자, 이 세상 뿐 아니라 오는 세상에 일컫는 모든 이름 위에 뛰어나게 하셨다고 말한다. 하나님은 부활하신 그리스도를 자신의 우편에 앉히사 마귀의 모든 세력을 초월하게 하셨으며 현재의 것만이 아니라 내세의 모든 것도 다 초월하게 하셨다. 에베소서 1장 21절은 부활하신 그리스도가 높여지셔서 모든 능력과 권세를 초월하셨으며 세상에서 부를 수 있는 모든 이름 위에 뛰어나게 하셨다고 말한다. 그분은 그렇게 되신 후에 교회의 머리가 되신 것이다.

교회의 머리

교회가 이 큰 능력을 받았으므로 교회는 만물을 발아래 둘 수 있다. 여러분은 22절에 있는 발이 주님 자신의 발이라고 생각하는가 아니면 몸인 교회의 발이라고 생각하는가? 22절에는 머리가 있고 발이 있고 만물이 있다. 그리고 교회가 있다. 머리는 분명 그리스도이시다. 그러면 발은 누구의 발이란 말인가? 과연 누구의 발 밑에 만물이 복종케 되었는가? 나는 주님의 발과 교회의 발을 나눌 수 없다고 생각한다. 왜냐하면 교회는 그분의 몸이기 때문이다. 몸에 손과 발과 모든 것이 다 달려 있다. 에베소서 1장에 있는 교회는 승천하여 머리 되신 그리스도와 하나인 교회이다.

그리스도는 하나님의 그 크신 능력으로 죽음 가운데서 부활하시고 승천하시고 하나님의 오른편에 앉으셨으며 모든 정사와 권세와 능력과 주관하는 자와 이 세상뿐 아니라 오는 세상에 일컫는 모든 이름 위에 뛰어나게 되셨다. 또한 그분은 크신 능력으로 만물을 그 발아래 복종하게 하시고 교회의 머리가 되셨다. 우주 가운데 있는 만물은 그리스도의 발아래 복종되었고 교회는 그분과 하나 되었다. 승천하신 그리스도는 교회와 연합되셨다. 그리고 교회의 머리가 되셨다. 그러므로 그리스도께서 얻으신 능력은 교회의 발 끝까지 미칠 수 있게 되었다.

어떠한 그리스도가 교회의 머리가 되셨는가? 부활하시고 승천하시고 만물을 복종케 하신 능력을 가지신 분이 교회의 머리가 되셨다. 오늘 그 능력이 믿는이들에게 주어진 능력이며 하나님은 그 능력이 교회 안에서 자동적으로 역사될 수 있도록 그리스도를 몸인 교회와 결합시키셨다.

그러므로 오늘날 교회에게 필요한 것은 하나님께서 교회에게 베푸신 큰 능력을 보여달라고 기도하는 일이지 더 큰 능력을 달라고 애걸하는 일이 아니다. 만일 당신이 하나님께 오늘날 교회에게 능력이 부족하니 더 큰 능력을 달라고 기도한다면 아마도 하나님은 '내가 이미 다 주었는데 너는 또 무엇을 달라고 하느냐?'라고 하실 것이다. 그리고 '나는 그 능력이 자동적으로 발 끝까지 흐르도록 승천한 그리스도를 너희에게 머리로 주었다'고 말씀하실 것이다.

그리 적절하지는 않지만 이해를 돕기 위해 한 가지 비유를 사용해보겠다. 많은 트레일러가 달린 열차를 생각해보자. 강력한 모터를 가진 기관차는 스스로 빨리 달릴 수 있는 굉장한 힘을 갖고 있다. 그러나 뒤에 있는 트레일러에는 다만 바퀴만 달려 있다. 누군가가 앞에 있는 기관차와 트레일러를 연결하여 기관차를 운행하면 수많은 트레일러도 경적과 함께 막강한 힘을 내면서 철로를 질주할 수 있다. 그러나 트레일러의 모든 힘은 맨 끝 부분까지도 앞에 있는 기관차에 달려 있다.

물론 그리스도의 몸은 생명 없는 트레일러와 비교할 수 없다. 그러나 머리이신 그리스도와 몸이 연결된 것은 완전히 유기적인 것이며 머리의 능력이 몸에 전달되기 위한 것이다. 머리와 몸이 완전히 연합되었기 때문에 오늘 교회 안에 역사하는 능력은 하나님께서 그리스도를 살리시고 승천케 하시고 만물을 복종케 하시는 바로 그 능력인 것이다. 교회가 그리스도께서 가지신 능력과 똑같은 능력을 가지고 있다는 것을 보는 것은 어떠한 격려가 되는지!

과연 부활이란 무엇인가?

하나님은 주 예수께서 베들레헴에 출생하셨을 때 그분이 기뻐하시는 아들을 얻으셨다. 그 이전 구약 시대를 통틀어 하나님은 그분이 기뻐하시는 사람을 얻지 못하셨다. 그러나 주 예수님이 이 땅에 사실 때 도덕적으로는 완전하였지만 능력에서는 제한적이셨다. 그분은 육신을 입으신 분이었고 시공의 제한을 받으시는 분이었다. 물론 어떤 백부장의 믿음은 그분이 하나님의 아들로서 시공의 제한을 받지 않으시는 분임을 알았지만 그것은 어디까지나 그의 믿음으로 본 것이다. 실제로는 주 예수께서는 육신적인 제한을 갖고 계셨다. 사람들이 환자를 그분께 보내기 위해 지붕을 뜯어야 했고 군중들을 헤쳐서 옷자락을 만질 수 있었고 뽕 나무 위에 올라가야 볼 수 있었다. 그분은 사마리아 수가의 우물에서 행로에 곤하여 물을 청하였던 분이었다(요 4장).

그러나 그분의 부활은 이러한 시공의 제한을 떨쳐버렸다. 부활이란 하나님이 대표적인 사람을 얻는 것이다. 히브리서 1장 5절에는 "너는 내 아들이라 오늘 날 내가 너를 낳았다" 하였다. 사도행전 13장 33절에 의하면 이 말씀이 그리스도의 부활을 의미하는 것으로 해석했다. 원래의 창조시부터 사람에 대한 하나님의 뜻은 생명과 부활의 사람을 원하셨던 것이다. 그러나 아담은 실패했다. 심지어 그리스도의 육신적인 몸도 부활 안에 주 예수의 부활은 사망에의 묶임에서 해방된 것이요 시공의 제한을 벗어난 것이다. 그리스도께서 부활하시기 전에는 몸의 머리가 되지 않으셨다.

부활과 그리스도의 머리되심은 매우 관련이 있다. 우리는 주 예수께서 교회를 사랑하시고 위하여 자신을 주셨다는 말씀을 평이하게 이해해서는 안된다. 그분은 십자가의 죽음과 부활 모든 것을 그분의 교회를 얻기 위해 하신 것이다. 만일 우리가 그리스도의 부활을 온전히 교회를 통해 체험할 수 있다면 우리는 어떤 사망 세력에게도 굴복하지 않을 것이며 어떤 제한에게도 묶이지 않을 것이다. 그러나 오늘 날 유감스럽게도 성도들은 부활한 그리스도께서 교회의 머리가 되신 것을 잘 알지 못한다.

부활은 죽은 그리스도를 다시 살리사 사망을 영원히 물리친 것이며 그리스도를 하나님 우편에 앉게 하신 것이다. 그리고 성령을 몸에 부으시고 이 땅에 교회가 있게 하신 것이다(행 2:33, 고전 12:13). 따라서 교회에 부어진 성령은 부활의 능력인 것이다. 그리스도께서 영광을 받으신 후에야 성령이 부어진 것을 기억해야 한다(요 7:39). 하나님은 부활이라는 자체를 성령 안에 넣으셔서 교회에 부으신 것이다. 따라서 오늘 성도들이 성령을 만지고 성령을 체험하게 되면 부활을 만지고 부활을 체험하는 것이 된다. 성령은 다른 것이 아니라 예수의 부활을 증거하며 그분 자신을 나타내시는 것이다(요 16:13-14). 성령은 복음서 안의 그리스도를 몸에 전달해주시는 것이 아니라 부활하신 그리스도를 전달해주신다. 오늘 성령의 사역은 부활하신 그리스도와 성령의 능력을 우리에게 계시하시는 것이다.

부활의 체험

교회는 성도들이 함께 그리스도의 부활을 체험하기 위해 있는 존재이다(엡3:18). 실제로 우리가 구원받는 것도 그리스도의 부활을 체험한 것이다. 그분이 부활하시지 않으면 우리가 거듭날 수 없다. 우리의 거듭남은 그분의 부활로 말미암은 것이며 그분의 부활을 인한 것이다(벧전 1:3). 거듭남은 그분의 부활 안으로 들어간 것이며 부활 생명을 얻은 것이며 부활 능력으로 죄와 허물로 죽었던 사람이 살아난 것이다(엡 2:1-6). 성도들이 충성되게 길을 가며 고난을 받으며 순교할 수 있음은 다 부활의 능력으로 인한 것이다(고전 15:10). 고린도 전서 15장은 부활을 말하는 장인데 끝에 가서 주의 일에 힘쓰라고 말한다(58절). 이는 우리 수고가 헛되지 않기 때문이다. 믿는 이가 고난을 통해 새롭게 되고 거룩케 되며 영적인 온전케 함을 얻는 것은 모두 부활을 인한 것이다. 우리는 많은 것이 잃어버려지고 우리에게서 떨어져 나가지만 새롭게 이전에 없던 요소가 주입되게 되는데 이는 모두 부활로 말미암은 것이다. 그리스도의 죽음과 부활은 오늘 우리에게도 똑같이 죽음과 부활을 통하여 새롭게 되는 것이다.

부활의 능력은 모든 것을 깨뜨릴 수 있고 모든 것을 초월할 수 있다. 교회는 오늘 그리스도의 부활의 능력을 담은 기관이다. 모든 어려움은 다 지나갔다. 예수 그리스도께서는 교회가 세워질 때 음부의 문이 이기지 못할 것이라고 하셨다. 음부는 사망을 대표하지만 교회는 부활을 대표한다. 그리스도는 머리로서 모든 것을 이기시고 높이 오르셨다. 이제 그분의 몸이 그분과 연합하여 그분의 몸인 교회의 위치에 서서 이 모든 능력을 체험하고 실제화하기를 원하시는 것이다. 부활하신 그리스도께서 모든 것을 이기고 초월하셨기에 어떤 제한도 받지 않고 모든 권세를 이길 수 있으시며 사망도 뚫고 나갈 수 있는 분이 되셨기에 교회 또한 그렇게 될 수 있다. 오늘 우리에게 이러한 계시가 없다면 교회로서 나아갈 길은 없다. 주님이 우리의 눈을 더욱 열어주시기 원한다.

교회는 그의 몸이니

바울은 교회가 그리스도와 하나인 것을 보았다. 교회는 창세 전에 하나님의 선택하심과 예정하심을 입었으며 그분의 많은 아들들이 되도록 부르심을 받았다. 그리고 갈보리의 피로써 구속과 죄 사함을 받았고 성령의 인침을 받았다. 하나님께서는 성삼위 하나님의 역사, 즉 아버지의 창세 전의 선택하심, 아들의 십자가의 고난, 성령의 인치시는 역사를 통하여 교회를 얻으셨다. 이렇게 얻으신 교회는 그분의 아들들로서 그분의 기업이다. 또한 그분의 영광의 찬송이다. 이러한 교회는 그리스도와 연합되어 그분의 몸이 되었다. 여기서 우리는 교회의 비밀을 볼 수 있다. 교회는 그리스도의 비밀이다(엡 3:4). 그리스도를 깊이 알지 못하면 교회를 알지 못한다. 그리스도는 교회를 얻기 위하여 무슨 일을 하셨는가? 십자가는 과연 어떤 일을 하신 곳인가?(엡 2:14-22). 이 모든 것을 알지 못하면 우리는 교회로서 그 합당한 위치를 알지 못하고 전진할 길을 얻지 못하게 된다. 교회는 이 땅에 있는 성도들로 구성되어 있지만 하늘에 있는 머리이신 그리스도와 하나로 연합되었다. 교회 안에는 승천하여 만물을 다스리시는 머리 되신 그리스도의 능력이 역사하고 있다.

우리는 이것을 볼 필요가 있다. 우리의 마음 눈이 밝아진다면 주님은 우리에게 이것을 보이실 것이다. 머리와 몸은 나눌 수 없는 것이듯이 오늘 그리스도와 교회는 나눌 수 없게 하나로 연결되었다. 에베소서 1장에 있는 교회는 이와 같이 그 머리를 하늘에 두고 있는 우주적인 교회이다. 바울은 감옥에 있었지만 그의 이상은 너무나 투명했다. 그는 에베소 교회의 많은 문제를 보지 않았고 이상 가운데서의 교회를 보았다. 교회는 하늘에 속한 실체이다.

머리와 몸

교회의 머리는 그리스도이다. 이는 교회의 권위를 말한다. 성경에서 머리를 말할 때 언제나 권위의 문제를 말한다. 고린도전서 11장 3절은 각 남자의 머리는 그리스도라고 하였으며, 여자의 머리는 남자라고 하였다. 우리는 에베소서 1장 22절에서 교회의 머리는 그리스도임을 알 수 있다. 하나님은 교회의 머리로 그리스도를 주신 것이다. 그러므로 교회는 놀라운 존재이다. 머리가 어떠하면 몸 또한 어떠한 것이다. 몸 전체는 머리의 지배와 통제와 본성을 그대로 갖기 때문이다. 머리의 특성이 온 몸에 흐르는 것이다. 그러기에 고린도 전서 12장 12절은 머리만이 그리스도가 아니라 몸까지 포함하여 그리스도라고 한 것이다(one body, so also is Christ).

바울은 사도행전에서 그의 다메섹에서 주님을 만난 간증을 했다. 그 때 그는 머리와 몸이 하나임을 인상 깊게 보았다. 그는 다메섹에서 쓰러져 보지 못하고 먹지 못하며 3일을 지냈다(행 9:9). 그는 하늘로부터 "너는 왜 나를 핍박하느냐?"라는 음성을 들었다. 그 때 바울은 하늘의 그리스도와

이 땅의 교회가 하나라는 것을 알았다. 그 때 바울은 주님께 물었다. "주여 무엇을 하리이까?" 주님은 매우 인상적인 말씀을 하셨다. "일어나 다메섹으로 들어가라 정한 바 너의 모든 행할 것을 거기서 누가 이르리라" 주님은 그가 큰 사도가 될 사람이었지만 그분이 직접 그의 장래 행할 바를 말씀해주지 않으셨다. 사흘이 지난 후에 작은 형제 아나니아를 보내서 그의 눈을 뜨게 하고 그의 할 일을 말해주었다. 아나니아는 말했다. "형제 사울아 다시 보라!" 그 때 사울은 "즉시 그를 쳐다보았노라"고 간증하였다.

오늘 날 많은 그리스도인들이 머리이신 주님을 알지만 몸인 교회를 보지 못한다. 그러므로 함께 하는 지체들이 얼마나 중요한 존재들임을 인식하지 못하고 있다. 주님은 많은 것들을 직접 말씀해주지 않고 지체들을 통해 말씀해주시는 것이다. 따라서 바울은 "피차 권면하고 가르치라"고 말하고 있는 것이다. 많은 경우 지체들의 느낌과 권면 속에 주님의 음성이 들어 있다.

오늘 교회의 권위가 오직 그리스도임을 인식하는 그리스도인은 얼마나 되는지 의심스럽다. 또한 그 권위가 교회의 각 지체들을 통해 흐른다는 것을 아는 사람은 더욱 드물 것이다. 교회 가운데는 성령만이 권위가 있으시다. 금권이나 인권이 교회를 다스려서는 안 된다. 오직 성령만이 교회를 다스리실 수 있는 권위가 있으시다. 사람 자체에게 권위가 있는 것이 아니라 머리되신 주님이 맡긴 자에게 권위가 주어지는 것이다. 그러나 교회의 최종 권위는 그리스도이시다. 모든 성도들은 주님께 물으며 그분의 음성을 들어야 한다. 또한 지체들에게도 주의해서 듣는 자들이 되어야 한다.

그러므로 계시록의 일곱 교회는 계속해서 "귀 있는 자는 성령이 교회들에게 하시는 말씀을 들을지어다"라는 말을 듣고 있다. 교회가 성령의 하시는 말씀하시는 음성을 귀 기울이지 않고 순종치 않을 때 교회의 타락이 있다. 라오디게아 교회는 많은 의견이 교회를 다스리려 했다. 그러나 교회는 민주적인 것도 이상적이 아님을 알아야 한다. 많은 사람의 의견을 수렴한다고 해서 그것이 곧 성령의 인도를 대치할 수 있는 것이 아니다. 교회는 獨裁(autocracy)도 아니고 民主(democracy)도 아니고 神治(theocracy)임을 알아야 한다. 하나님이 다스리는 것이 교회이다. 그 법은 그분의 말씀이요, 그 집행자는 성령님인 것이다. 성령께서는 각 성도들 속에도 살아계시기에 성도들의 느낌과 교통 속에도 성령의 말씀하심이 있을 수 있다.

실제로 교회의 권위는 어떻게 집행되어야 하는가? 첫째로는 교회가 항상 영 안에 깨어 있으며 기도로 가득한 분위기를 유지해야 한다. 이는 주님으로 언제나 말씀하시게 하기 위함이다. 모든 성도들은 주님의 말씀과 인도에 대하여 순종할 자세를 언제나 취하고 있어야 하며, 말씀하실 때 즐거이 따라야 한다. 교회에는 책임을 많이 짊어진 자들이 있다. 우리는 그들이 교회의 권위자들임을 인정해야 한다. 성령이 권위이시고 교회의 직분자들이 권위라는 말은 모순적인 것같이 들린다. 그러나 보이지 않는 교회의 권위는 보이는 사람을 통해 흐르게 되어있다. 우리는 그 직분자 자신이 권위라는 것이 아니라, 하나님은 교회에 그분의 말씀과 뜻을 말해낼 수 있는, 권위자들을 세우셔서 그분의 권위를 대표하게 하신다. 비교적 교회 안에서 영적으로 성장하고, 교회를 위해 더 많은 시간 수고하고, 기도하는 자들에게 주님은 그분의 교회의 길을 더 많이 말씀하실 기회를 가지시는 것이다. 온 교회는 그러한 자들을 알아주고 그들의 말을 순종하기를 배워야 한다(고전 16:16,18).

그러면서도 교회의 권위자들은 어린 성도들의 영적인 느낌을 듣기를 배워야 한다. 때때로 주님은 어린 아이와 젖먹이의 입으로 그분의 뜻을 말해내기 때문이다. 권위자들은 더욱 교회의 권위가 주님인 것을 알아야 한다. 그러기에 더욱 성도들 안에 흐르는 성령의 느낌을 감지하고 주님의 인도하시는 손길을 느낄 줄 알아야 한다. 물론 많은 경우 교회 안에서 더욱 성장하고, 영적으로 노련하고 연장한 자들, 직분 있는 사역자들이나 장로들을 통하여 주님이 말씀을 많이 하시고, 비교적 그들을 통하여 성령의 권위와 인도를 많이 나타내실지라도 주님은 여전히 작은 지체들을 통하여서도 말씀하실 수 있음을 명심해야 한다. 이것이 주님을 경외하는 것이다. 그럴 때 교회 안에는 고정적이고, 계급적인 권위가 존재하는 것이 아니라 언제나 성령께서 유일한 권위자로서 존중받으실 수 있게 된다.

그리하여 머리에서 발해진 그리스도의 명령과 인도는 모든 지체에까지 이르러야 한다. 그렇지 않으면 그 몸을 몸이라고 말할 수 없다. 그리스도의 생명으로 충만하고 머리의 생명이 온 몸에 흘러야 몸이 되는 것이다. 한 지체가 눈이라면 몸의 다른 지체들은 보기 위해 눈을 의지하게 된다. 우리는 생명과 그 세움이 하나일 때 그 지체를 순종해야 하는 것이다. 누구든지 사람을 눈으로 세울 수 없다. 그가 눈이기에 눈으로 세우는 것이다. 이처럼 그 은사와 직분과 세움이 하나될 때 모든 지체들은 그 세운 직분자에게 순종하게 되는 것이다.

그리스도의 충만

그리스도는 만물을 충만케 하시는 분이다. 그리스도는 만물을 통하여 그분 자신을 나타내실 것이다. 교회는 만물을 충만케 하시는 그분 자신의 충만이다. 우리는 그리스도께서 어떻게 만물을 충만케 하실지는 알지 못한다. 그러나 어쨌든 어느 날 만물은 그리스도로 충만될 것이다. 온 우주 가운데 무엇을 보아도 그리스도를 나타낼 것이다. 만물은 그리스도를 위하여 그리스도 안에서 지어졌기 때문이다.

만물의 질서가 회복될 때 만물은 지으신 분의 어떠함을 나타낼 것이다. 그때 우리는 만물이 충만된 것이 어떠한 것인가를 볼 수 있을 것이다. 그러나 만물의 충만은 그분 자신의 충만은 아니다. 나무나 산이나 새에게는 그리스도의 생명이 없다. 그분 자신을 가지고 있지 않다. 그럼에도 만물은 그리스도 안에서 지어져서 그분을 나타낼 것이다. 지금은 만물이 타락으로 인하여 혼돈과 부패 가운데 있다. 그러나 어느 날 만물은 영광의 자유에 이르게 될 것이다(롬 8:21). 이것은 만유의 회복, 붕괴된 만물의 질서의 회복과 관계가 있을 것이다. 하나님은 그리스도의 발 밑에 만물을 복종케 하셨지만 지금 우리는 아직 만물이 그분께 완전히 복종된 것을 보지 못하고 있다(히 2:8). 그러나 언젠가 만물을 완전히 복종케 하실 때 그리스도의 충만을 나타내는 만유의 질서가 회복될 것이다(고전 15:28).

바울은 교회가 그리스도의 몸으로서 만물을 충만케 하시는 자의 충만이라고 말했다. 만물을 충만케 하시는 그리스도를 생각해보라. 우리는 그로써 교회의 충만이 어떠한 것인가를 상상할 수 있다. 시편 8편은 만물이 충만된 상황을 어느 정도 볼 수 있는 시(詩)이다. 다윗은 그 아름다운 만유를 영감으로 대하면서 "여호와 우리 주여 주의 이름이 온 땅에 어찌 그리 아름다운지요 주의 영광을 하늘 위에 두셨나이다"라고 했다. 그는 그러한 그리스도로 충만된 만유를 보면서 어린 아이와 젖먹이도 찬양할 것이라고 말했다. 그는 주의 손가락으로 만드신 주의 하늘을 보고 주의 베풀어 두신 달과 별들을 보았다고 말했다. 주님은 그 만드신 것을 다스리시며 만물을 그 발아래 두셨는데 곧 모든 우양과 들짐승과 공중의 새와 바다의 어족과 해로에 다니는 것들이었다. 그때 다윗은 만물을 바라보면서 온 땅에 주의 이름이 어찌 그리 아름다우냐고 찬미했다.

당신은 교회가 이렇게 만물을 충만케 하시는 그리스도의 충만인 것을 보아야 한다. 만물이 어떻게 아름다우면 교회는 바로 그렇게 아름다운 것이다. 만물이 어떻게 광대하면 교회는 그렇게 광대한 것이다. 만물은 다만 외적으로 그분 자신으로 충만하지만 그 충만케 하시는 분 자신의 충만은 오직 교회이다. 당신은 해와 달과 별들과 만물(회복된 만물)의 아름다움을 보면서 그러한 만물을 충만케 하시는 자의 충만이 교회이니 교회의 충만이 어떠한 것이겠는가를 짐작할 수 있어야 한다. 여기에 미치지 못하는 이상은 교회의 이상이 아니다. 바울이 본 그리스도의 몸은 어떠한 것인가? 그가 본 그리스도는 어떠한 그리스도인가? 그의 말대로 그리스도와 교회는 너무나 크고 놀라운 비밀이라서 인간의 어떠한 말로도 형언할 수 없다.

우리는 여기에서 충만(fullness)이라는 단어를 주의할 필요가 있다. 교회는 그리스도의 충만이다. 충만이란 조금도 부족함이 없이 가득하다는 의미이다. 교회는 그리스도의 모든 것이 조금도 부족함이 없이 가득하게 들어 있는 실체라는 뜻이다. 우리는 말씀을 읽을 때 그리스도의 미덕이 다양하고 풍성한 것을 볼 수 있다. 겸손이 있으며 인내가 있고 사랑이 있으며 또한 순종이 있고 지혜도 있으며 강함도 있으시고 위엄도 있으시며 거룩함과 의로움이 있으시다. 헤아릴 수 없는 항목의 풍성이 그리스도께 있다. 교회는 어떤 한 방면의 그리스도만 갖고 있지 않고 그리스도의 모든 방면을 소유하고 있다. 창세기의 내용이 교회에 있어야 하고 출애굽기가 그러해야 하며 시편과 욥기나 이사야나 복음서와 사도행전, 로마서, 고린도전서 ... 계시록 모든 신구약의 말씀이 교회 안에 그 내용으로 충만하게 존재해야 한다. 그 모든 것에 하나도 빠져서는 안된다. 모든 성경의 적극적인 계시와 생명과 내용이 교회를 위한 것이요 교회에 충만되어야 할 것들이다. 그것이 곧 그리스도의 충만인 교회이다. 따라서 교회는 그리스도의 표현이요 그분의 연장인 것이다.

교회의 특징은 충만에 있다. 교회가 성결한 것은 좋지만 성결만이 교회의 특징이 된다면 그것은 그리스도의 충만은 아니다. 성결도 있어야 하지만 사랑도 있어야 하며 긍휼도 있어야 하며 온유와 관용도 있어야 하고 공의도 있어야 한다. 또 성령 충만도 있어야 하며 복음 전파도 있어야 한다. 어떤 곳은 하나님의 거룩한 간증을 주의하지만 복음 전파가 없다. 어떤 곳은 복음 전파가 있지만 몸의 인식이 없다. 그리고 생명의 느낌이 매우 약하다. 어떤 곳은 사랑이 있지만 거룩이 부족하다. 이러한 모든 상태는 그리스도의 충만에서 멀리 있는 것이다.

교회는 무엇인가? 만물을 충만케 하시는 자의 충만이다. 그러므로 어떤 형제는 교회가 백화점과 같다고 말했다. 백화점에는 모든 물건이 다 있다. 종파란 무엇인가? 종파는 마치 전문점처럼 한두 가지 종류만을 취급하는 것이다. 양복만을 판다든지 와이셔츠만을 판다든지 구두만을 판다든지 안경만을 판다든지 하는 것이다. 이렇게 한두 가지만을 전문적으로 취급하면 그것은 그리스도의 충만이 아니고 한두 가지 특징을 지닌 종파가 되어 버린다. 교회는 거기에 양복, 와이셔츠, 구두, 안경 등등의 모든 품목이 다 있는 백화점과 같아야 한다. 성경에는 그리스도의 풍성이 들어 있다. 그리스도는 교회를 통하여 그분의 어떠하심을 표현하려 하신다. 이를 위해 그리스도께서는 그분 전체를 교회 안에 두시고 교회로 하여금 그분의 어떠하심을 온전히 나타내게 하신다. 그러므로 교회는 그리스도의 온전하심을 보일 수 있어야 한다.

또한 만물 안에서 만물을 충만케 하시는 자의 충만이란 간단히 표현하면, 그리스도의 충만인 것이다. 교회는 다른 것이 아니라 오직 그리스도의 충만(fullness of Christ)이다. 그 안에는 그리스도 아닌 것이 하나도 없다. 만일 교회라는 곳에 그리스도 외에 다른 많은 것들이 자리 잡고 있다면 그것은 그리스도의 충만이라고 말할 수 없다. 오늘 많은 그리스도인들은 교회에 대한 이러한 비젼을 갖고 있지 못하다. 그러므로 그들이 생각하는 교회는 바울의 마음속에 있는 교회와 너무 다르다. 바울의 교회에 대한 비젼은 투명하다. 그 안에 오직 그리스도로 가득한 것이다. 사람들의 의견과 견해, 인간적인 도리와 규정 등은 교회의 요소들이 되지 못한다. 오직 그리스도만이 교회의 성분인 것이다. 우리의 마음 속의 의도와 말하는 속에는 그리스도가 있는가? 우리의 태도와 행동은 그리스도로 말미암은 것인가? 우리의 교회를 위한 많은 구상과 결정들은 그리스도에 의한 것인가? 진리에 따른 것이며, 그 안에 주님의 생명이 있는가? 이 모든 것이 교회로 하여금 교회가 되게 하기 위한 요건들이다. 다른 것이 있어야 교회가 되는 것이 아니라 그리스도가 충만되어야 교회인 것이다.

그러기에 성도들은 교회가 되기 위해 그리스도가 아닌 것들을 버리기를 실행할 필요가 있다. 우리가 처음 교회에 들어왔을때 우리는 너무나 그리스도 아닌 많은 것들을 가지고 들어왔다. 그러나 교회에 들어와서 하나 하나 버려가는 생활을 하고 있는 것이다. 교회생활이란 다른 것이 아니라 그리스도 아닌 것들을 포기하고 버리는 생활임을 주님께 감사하고 찬미하자! 어떤 사람들은 무엇 무엇이 있어야 교회라고 생각한다. 그 무엇 무엇 속에 그리스도가 없는데도 말이다. 사람들은 예배당이 있고, 목사가 있으며, 교인들이 있으면 교회라고 믿는다. 외적으로는 그렇다. 그러나 그러한 것들은 다 외적인 것들이다. 밖으로 볼 때 모든 것이 다 구비되어 있다 해도 내용적으로 그리스도가 그 안에 충만되어 있지 않다면 그것은 교회라고 말할 수 없는 것이다.

바울 사도는 사도들 가운데 하나님의 말씀을 완성하도록 세우심을 받은 자이다(골 1:28). 베드로는 사람을 낚는 어부로 세워졌고 천국 열쇠를 부여받아 천국을 여는 사역을 한 사도이다. 그를 통해 오순절 날 유대인에게, 고넬료 집에서 이방인에게 천국을 여는 일을 했다. 거기까지이다. 사역자마다 주님이 맡기신 일이 있다. 바울에게는 완전하고 중심적이며 하나님의 완전한 뜻이 이루어지는 계시를 맡기셨다. 로마서 12장의 그리스도의 몸은 5장부터 8장까지의 구속의 십자가와 성령의 인도로 생활하는 생활을 가르친다. 즉 로마서 12장의 몸은 5-8장까지의 십자가의 역사 이후에 있는 것이다. 십자가의 역사가 궁극적으로 적용되고 체험되는 곳이 교회 곧 그리스도의 몸인 것이다. 육체가 십자가에서 끝난 자들이 아니면 부활 안에서 한 몸을 건축하지 못하는 것이다. 또 그 몸의 생활을 할 수 없는 것이다. 그리스도의 모든 것은 그리스도의 몸 안에서 체험될 수 있는 것이다.

하나님의 뜻과 목적

에베소서 1장에는 하나님의 뜻이란 단어가 많이 나온다. 그만큼 에베소서는 하나님의 뜻에 대하여 많이 말하는 책이다. 물론 하나님의 뜻은 교회와 관련된다. 하나님의 뜻과 목적은 우리가 그리스도의 몸인 교회가 되는 것이다. 그분의 교회는 그분의 왕국이 되어 그리스도의 권위를 통행시키는 하나님의 나라의 범위가 되게 하려는 것이다. 하나님은 구약에서 모세나 사무엘이나 다윗 등에게서처럼 몇몇 사람에게서만 지위를 얻으려하시지 않고 온 교회 안에서 조금도 거역함이 없는 완전한 순복 가운데 절대적인 권위를 얻고자 하신다. 하나님이 원하시는 순복의 정도는 어느 정도의 순복이 아니라 완전한 순복이다. 이것이 바로 그리스도의 몸인 교회가 세워짐의 의의(意義)이다. 하나님은 성도들이 그분 자신의 직접적인 권위에 순복하는 것을 원하실 뿐 아니라 그분이 세우신 모든 대표적 권위에도 순복하게 되기 원하셨다. 이것이 몸의 모든 지체들이 해야할 바이다. 손이 머리에 순복하기 위해서는 어깨와 팔의 권위 하에서 움직이게 되는 것이다. 온 몸은 각 마디의 공급함을 얻어 모든 지체들에게 까기 머리에서부터 흐르는 공급을 부여받게 되는 것이다. 권위를 모르는 사람은 몸을 보지 못한 사람이다. 지체의 권위를 무시하고 그 권면과 공급을 받아들이지 않는 사람은 결국 몸의 공급과 보호를 거절하는 사람이다.

바울같이 위대한 사도도 주님은 작은 형제 아나니아를 통해 눈을 뜨도록 돕게 하셨다. 한 사람이 권위를 만날 때 순종하지 않는다면 그의 속에는 거역을 느끼게 된다. 몸을 보지 못하고 권위를 모르는 사람은 거스르면서도 자신의 거스름을 모르는 것이다. 바울이 빛을 얻기 전(바울은 주님을 만날 뿐 아니라 몸을 보았다), 가시채를 뒷발질 했어도 자신은 그것을 몰랐다. 비췸을 얻은 사람만이 눈이 떠져서 권위를 알고 두려움을 안다. 누구든지 권위를 알게되면 순복하게 된다. 이것은 생명의 문제요 머리이신 그리스도께서 당신의 몸에 두신 각 지체의 권위에 관련된다. 머리에 대한 온 몸의 순복이 하나님의 왕국의 질서를 세우는 첫 걸음이요 하나님의 목적을 이루는 전진기지이다. 하나님의 뜻은 만유가 그리스도의 머리되심 아래 통일되는 것인데 교회는 먼저 그분을 머리삼아 온전히 복종하는 기관인 것이다. 교회는 그분 자신의 충만이요 결국 그리스도 자신이다(고전 12:12). 성도들은 모든 지체가 그리스도의 지체요, 부분적이지만 여전히 그리스도 자신이라는데 까지 볼 수 있는 은혜를 얻어야 한다.

에베소서 1장에 있는 교회

에베소서 1장에 있는 교회는 하늘에 있는 교회이며 우주적인 그리스도의 몸이다. 바울은 교회를 말할 때 하늘에 속한 이상 안에 있는 교회를 말했다. 교회는 언제부터 존재했는가? 에베소서 1장에 의하면 교회는 창세 전부터 존재했다. 창세 전에 하나님의 마음속에 교회가 있었다. 창세 전에 하나님은 교회의 각각의 지체들을 선택하시고 예정하셨다. 그리고 그들을 사랑하셨으며 거룩케 하고 흠이 없게 하려 하셨다.

또한 교회는 시간 안에서 갈보리에서 산출되었다. 성도들은 그리스도께서 십자가에서 흘리신 피로 구속함과 죄 사함을 받아 그리스도의 몸으로 이루어졌다. 교회는 창세 전에 그리스도 안에 있었고 그리스도의 십자가에서 또한 그리스도 안에 있었다. 구속을 이루신 주님은 만유를 그리스도의 머리 되심 아래 통일되게 하려는 목적을 갖고 계신다. 십자가의 구속의 역사는 만유에까지 미친다.

또한 교회는 성령의 역사를 통해 나타났다. 우리가 진리의 말씀 곧 구원의 복음을 듣고 믿을 때 약속의 성령으로 인치심을 받게 된다. 우리가 진리의 말씀을 들을 때에도 우리는 그리스도 안에 있었다. 교회는 창세 전부터 오늘까지 한 번도 그리스도를 떠난 적이 없다. 선택도 그리스도 안에서, 구속도 그리스도 안에서, 복음을 영접함도 그리스도 안에서 이루어진 것이다. 하나님은 그분의 소유인 우리를 완전히 구속하시기 위하여 성령의 인치심을 주신 것이다.

또한 교회는 삼위일체 되신 하나님(triune God)을 찬미하기 위해 존재한다. 하나님의 선택하시고 예정하신 큰 사랑과 은혜는 찬송받기에 합당하다. 죄인을 구속하시고 사함을 주신 십자가의 역사도 찬송받으셔야 한다. 죄인인 사람을 소유하시기 위해 성령의 인침을 주신 것도 찬양받으셔야 마땅하다. 이 모든 삼위일체 하나님의 역사는 그분의 사랑과 영광을 나타내셨다. 교회는 그분의 영광스러운 역사를 찬송하기 위하여 존재한다. 그 누가 이렇게 놀랍고 귀한 역사를 감상하며 찬미할 수 있겠는가!

영원 전에 그분의 무한한 예지로 우리 같은 죄인들을 보시고 선택하시며 아들들이 되도록 예정하신 그 사랑, 그분 자신이 사람으로 오셔서 우리의 죄를 씻기 위해 십자가에서 돌아가신 그 은혜의 풍성함, 우리 같은 죄인 안에 들어오셔서 성령의 인치심을 주시고 때로는 안에서 근심하시고 탄식하시며 우리와 연합하며 함께하시는 성령의 역사를 누가 마땅히 알고 찬양하겠는가! 전능하신 하나님의 그 깊은 사랑과 지혜는 반드시 찬양할 피조물을 필요로 한다. 그 하나님의 영광의 찬송이 되기 위해 세워진 것이 바로 교회이다.

에베소서 1장 부록

• 2012 몽골 특별집회 •

메시지 1 | 교회의 존재의 의의

에베소서 5:32, "이 비밀이 크도다 내가 그리스도와 교회에 대하여 말하노라". 이 구절에서 두 가지 비밀이 있다고 했는데, 바로 '그리스도'와 '교회'이다. 복음서를 읽어보면 종종 사람들이 묻는 것이 한 가지 있다. 곧 '예수가 누구냐' 하는 것이다. 주님도 제자들에게 "사람들이 나(인자)를 누구라 하느냐?"고 물으신 적이 있다. 이것이 하나의 큰 질문이다. 그리고 교회가 또 하나의 비밀이다. 오늘날 사람들은 예수를 안다고 생각하고 교회도 안다고 생각하지만, 이 둘은 비밀이기 때문에 지혜와 계시의 영이 없으면 결코 알 수 없다. 하나님께서 지혜와 계시의 영을 열어 주셔야 알게 된다(엡 1:17).

요한복음 1:1, "태초에 말씀이 계시니라 이 말씀이 하나님과 함께 계셨으니 이 말씀은 곧 하나님이시니라". 이 말씀은 천지가 창조되기 전에, 시간이 있기 전에, 아직 아무 것도 존재하지 않을 때 말씀이 계셨다고 말한다. 그리고 그 말씀이 곧 하나님이라고 했으며 그 말씀 안에는 생명이 있다고 했다. 그로부터 모든 만물이 생겨났다. 오늘날 우리가 보는 모든 만물들은 그 말씀이신 하나님이 창조하신 것이다. 그 하나님께서 어느 날 이 땅에 오셨는데, 그 이름이 예수이다. 우리가 예수를 믿는 것은 어떤 훌륭한 인간을 믿는 것이 아니다. 우리가 믿는 예수는 바로 그 하나님이시다. 영원 전부터 계신 그 하나님, 그로 말미암아 만물이 있었고 만물보다 먼저 계신 그 하나님께서 그분이 지으신 이 땅에 오신 것이다. 우리가 그분을 알게 될 때 비로소 우리 인생이 시작된다.

거짓말하고 도둑질하고 간음하는 것만 죄가 아니다. 하나님을 모르는 것, 예수 그리스도가 누구신지 모르는 것이 가장 큰 죄이다. 어느 날 눈이 열려서 그분이 누구신지 알았을 때 '참으로 내가 무지했구나' 하고 회개의 눈물을 흘리게 된다. '아! 내가 마땅히 알아야 할 분을 몰랐구나!' 하면서 참된 회개를 하게 되는 것이다. 우리가 분노와 성질을 내는 것도 잘못한 것이지만, 가장 큰 죄, 가장 자신을 애통하게 하는 죄는 예수가 누구신지 모르는 것이다.

예수는 바로 하나님이시다. 성경에서 말하고 있는 것은 예수 그리스도와 사람의 관계이다. 하나님께서는 너무도 사람을 좋아하신다. 성경은 하나님과 사람의 이야기를 기록하고 있는데, 천사들이나 다른 만물에 대한 기록도 있지만 하나님께서는 다른 어떤 것들보다 사람을 중요한 존재로 여기신다. 그분이 얼마나 사람을 좋아하시는지 사람이 하나님을 떠났을 때 그분은 너무도 마음 아파하시며 잃어버린 사람을 찾기 시작하셨다. 하나님께서는 마치 집을 나간 아들이나 사랑하는 아내를 찾듯이 사람을 찾으신다. 우리는 하나님께 너무 귀중한 존재이다.

그런데 다른 한편으로, 성경에서는 하나님께서 육신을 입고 오신 이 예수가 우리의 대표시라고 말한다. 성경에는 우리가 이해하기 어려운 구절들이 많은데, 이를테면 요한복음 16장 33절이 그러하다. "세상에서는 너희가 환난을 당하나 담대하라 내가 세상을 이기었노라". 나는 젊은 시절에 이 말씀을 읽고서 '예수님이 세상을 이기셨는데 왜 우리더러 담대하라고 하시나? 우리는 여전히 연약한 인간인데…'라고 생각했다. 예수님과 우리는 무슨 관계가 있기에 예수님이 세상을 이기시고서 우리더러 담대하라고 하시는가?

성경에서는 예수님이 우리 모든 인류의 대표라고 말한다. 우리는 모든 일을 성경적으로 알아야 한다. 하나님께서는 사람을 창조하실 때 한 번에 여럿을 창조하시지 않았다. 한 사람 아담을 창조하시고서 그로부터 많은 사람이 나오게 하셨다. 마치 밭에서 고구마를 캘 때 줄기 하나를 잡아당기면 많은 고구마들이 함께 딸려 나오는 것과 같다.

로마서 5:12, "이러므로 한 사람으로 말미암아 죄가 세상에 들어오고 죄로 말미암아 사망이 왔나니 이와 같이 모든 사람이 죄를 지었으므로 사망이 모든 사람에게 이르렀느니라". 19절, "한 사람의 순종치 아니함으로 많은 사람이 죄인 된 것같이 한 사람의 순종하심으로 많은 사람이 의인이 되리라". 고린도 전서 15:22, "아담 안에서 모든 사람이 죽은 것같이 그리스도 안에서 모든 사람이 삶을 얻으리라". 45절, "기록된바 첫 사람 아담은 산 영이 되었다 함과 같이 마지막 아담은 살려 주는 영이 되었나니". 47절, "첫 사람은 땅에서 났으니 흙에 속한 자이거니와 둘째 사람은 하늘에서 나셨느니라". 이와같이 성경에서는 오직 두 사람을 말한다. 아담 안에 있는 사람과 그리스도 안에 있는 사람이다. 우리 모두는 에덴 동산에 가본 적도 없고 선악과를 먹은 적도 없지만 아담이 선악과를 먹음으로 우리 모두가 아담과 함께 죄인이 되었다. 우리가 아담 안에 있기 때문이며 아담이 온 인류의 대표이기 때문이다.

하나님께서는 남자와 여자를 지으실 때도 남자와 여자를 각각 만드시지 않았다. 하나님께서는 아담 한 사람을 지으시고 그의 옆구리를 열어 한 부분을 취해서 여자를 만드셨다. 그러므로 여자는 아담에게서 나온 것이다. 하와가 먼저 선악과를 먹지 않았는가? 그런데 성경에서는 아담이 선악과를 먹었다고 말한다. 한 사람 아담이 타락했다고 하고 한 사람 아담이 죄를 지었다고 말한다. 하와가 먹었는데 성경에서는 그렇게 계산하지 않는다. 아담 안에 하와가 들어 있는 것이다. 하나님은 모든 인류를 한 사람으로 계산하신다. 고구마처럼 아담 하나를 잡아당기면 중국 사람, 몽골 사람, 한국 사람, 미국 사람 다 딸려 오는 것이다.

하나님께서는 예수를 이 땅에 보내실 때 또 하나의 대표로 보내셨다. 그래서 그분을 둘째 사람이라고 하고 또 마지막 아담이라고도 하는 것이다. 아담 한 사람이 죄를 지은 것을 모든 사람이 죄를 지은 것이라고 하지 않았는가? 마찬가지로 예수님 한 분의 의의 한 행동으로 말미암아 많은 사람이 의롭다 하심을 받아 생명에 이르렀다고 말한다. 그러므로 예수를 믿는 것은 아담에게서 예수님께로 이사하는 것이다. 어제까지 아담 안에 있었는데 오늘 예수님을 믿음으로 우리는 그리스도 안에 있게 되는 것이다. 지옥에 가면 큰 아담 한 사람이 있고 또 천국에 가면 큰 한 분의 그리스도가 계신다.

그리스도인이란 그리스도 안에 있는 사람을 말한다. 예수를 믿는다는 말이 영어로는 'believe into Jesus Christ'이다. 여기서 쓰인 전치사(into)는 헬라어로 '에이스(eis)'인데 '안으로 들어가다'라는 뜻이다. 이것은 예수를 믿는다는 것이 객관적인 어떤 대상을 믿는 것이 아니라 하나의 연합을 가리키는 것임을 알 수 있다. 아담 안에 있다가 그리스도 안으로 들어가는 것이다. 그래서 성경에는 '그리스도 안에(in Christ)'라는 어구가 많이 있다. 예수를 믿는 순간 아담에게서 그리스도 안으로, 사망에서 생명으로 옮겨가게 되는 것이다(요 5:24). 그리스도 안에는 모든 것이 다 있다. 의(義)가 있고 죄 사함이 있고 구속(救贖)이 있고 생명이 있고 생명의 성령의 법도 있다. 그리스도 예수 안에 있기만 하면 더 이상 정죄함이 없고 죄와 사망의 법에서 해방된다. 그래서 예수께서 '내 안에 있기만 하면 된다'고 하신 것이다(요 15장 참조).

예수 그리스도는 우리 그리스도인 모두의 대표이시다. 그분이 세상을 이겼으면 우리 모두도 이긴 것이다. 왜 그런가? 그분이 우리의 대표이기 때문이다. 그분과 우리는 관계가 있다. 전에는 여러분은 아마 '예수가 우리를 대신해서 돌아가셨다. 예수는 우리 구주시다.'라고 그분을 객관적으로만 알았을 것이다. 그뿐 아니다. 그분은 여러분과 우리의 대표이시다. 올림픽에 출전한 선수가 다른 나라 선수를 이기고 메달 하나를 획득하게 되면 그 나라 전체가 함성을 지른다. 왜 그런가? 그 사람이 그 나라의 대표이기 때문이다.

예수 그리스도는 우리의 대표로서 십자가에서 죽고 부활하셨다. 부활하신 것이 성경에서 복음의 중심이다. 고린도 전서 15장을 보면 복음은 다른 것이 아니라 예수께서 우리 죄를 위해 죽으셨다가 사흘 만에 부활하셨다는 것이다. 성경에서는 그분이 우리의 대표이고 우리와 연합된 분이시기 때문에 그분이 죽으실 때 우리도 죽었고 그분이 장사되실 때 우리도 장사됐고 그분이 부활하실 때 우리도 부활했고 그분이 하늘에 올라가실 때 우리도 하늘에 올라간 것이다. 이것이 성경에서 말하고 있는 바이다. 이것을 모르면 우리는 교회가 무엇인지 알 수가 없다. 복음의 내용을 참되게 모르면 교회를 알 수 없다. 구약의 이스라엘은 율법으로 이루어졌지만 신약의 교회는 복음으로 이루어진다.

여러분들이 로마서나 에베소서를 자세히 읽어 보면 한 가지 사실을 발견하게 되는데, 그것은 곧 그리스도께서 우리의 대표시라는 것이다. 우리 모두가 그리스도와 연합되었으므로 예수의 죽음은 단순한 죽음이 아니라 만유의 죽음이다. 그분이 죽으셨을 때 만유가 죽은 것이고 우리도 그분과 함께 죽은 것이다. 그리고 그분이 부활하실 때 우리도 부활했고 그분이 하늘에 올라가서 하늘에 앉으셨을 때 우리도 하늘에 앉은 것이다. 그렇게 해서 생긴 것이 교회이다.

에베소서 1장 4절에서는 하나님께서 우리를 창세 전에 택하셨다고 말하고, 5절에서는 그 기쁘신 뜻대로 우리를 예정하셨다고 말한다. 이것은 창세 전에 하나님이 하신 일이다. 그런데 7절에서는 놀랍게도 그의 은혜의 풍성함을 따라 그의 피로 말미암아 구속 곧 죄 사함을 받았다고 말한다. 이것은 시간 안에서 되어진 일이다. 영원 전에 하나님이 하신 일은 우리를 택하신 일이다. 시간이 시작된 후로 수많은 세월이 흘러갔겠지만 성경은 다른 말을 하지 않고 예수 그리스도께서 십자가에서 피 흘리고 돌아가셔서 우리를 구속하시고 우리의 죄를 사하신 일을 말하고 있다. 인류 역사에서 이보다 큰 일은 없다. 창세 전의 이야기를 한 마디 하시고, 시간 안에서 되어진 이야기를 한 마디 하신 것이다. 우리가 죄 사함을 받은 이것은 지극히 크고 풍성한 은혜라고 했다.

그 다음 10절에서는 "하늘에 있는 것이나 땅에 있는 것이 다 그리스도 안에서 통일되게 하려 하심이라"고 했다. 그 앞 구절인 9절에서는 "그 뜻의 비밀을 우리에게 알리셨으니"라고 하는데, 이는 예수님이 십자가에 돌아가신 것은 다만 우리 죄를 용서하기 위함만이 아니라 거기에 그분의 뜻의 비밀이 있으니 그것은 곧 만유가 그리스도 안에서 통일되게 하려 함이라는 것이다. 아! 이것은 참으로 높고 비밀한 것이다. 그리스도는 교회의 머리이시다. 에베소서 1:22-23, "또 만물을 그 발 아래 복종하게 하시고 그를 만물 위에 교회의 머리로 주셨느니라 교회는 그의 몸이니 만물 안에서 만물을 충만케 하시는 자의 충만이니라".

여러분에게 묻겠다. 여러분이 정말 하나님의 뜻과 갈망을 보았고 하나님이 원하시고 기뻐하시는 것을 알았다면 그 길을 가겠는가? 에베소서 1장에서는 하나님의 기뻐하시는 뜻을 많이 말씀하고 있다. 하나님께는 그분의 마음의 갈망과 그분의 뜻이 있다. 따라서 영원 전부터 하신 일과 시간 안에서 십자가에서 이루신 일, 이 모든 것이 교회와 관계있는 것이다. 다시 한 번 묻겠다. 여러분이 성경에서 말하는 하나님의 뜻, 하나님의 갈망, 그 마음에 있는 비밀의 경륜을 알았다면 그 길을 가겠는가? 정말 하나님께서 여러분에게 보여주셨다면 그 길을 가겠는가? 과연 그 뜻을 위해서 일생을 헌신하겠는가?

성경을 읽어보면 그리스도가 대표이시다. 그분의 죽음과 부활과 승천, 보좌에 앉으심, 만물을 정복하는 능력과 만물을 다스리는 능력을 얻으셔서 그것들을 교회에 주기 원하신다. 그래서 그분이 교회의 머리가 되시고 교회를 그분의 몸이 되게 하신 것이다. 머리이신 그리스도께서 얻으신 것이 얼마나 많고 풍성할 것인지 생각해보라. 그 안에서 역사하신 능력 또한 엄청날 것이다. 죽음 가운데서 부활하고 승천하여 모든 것을 초월하시며 만물을 정복하신 능력이다. 하나님께서는 그리스도의 그 능력을 다른 곳이 아닌 바로 그분의 몸인 교회에 부어주시되 충만하게 부어주셨다. 그래서 에베소서 1장 23절에서 "교회는 그의 몸이니 만물 안에서 만물을 충만케 하시는 자의 충만이니라"고 한 것이다.

우리는 오늘 그리스도와 교회, 이 두 가지를 알아야 이 길을 갈 수 있다. 창세기, 출애굽기, 레위기, 민수기, 신명기 등의 구약 성경이 다 누구를 위해 있는가? 마태복음, 마가복음, 누가복음, 요한복음, 사도행전, 로마서, 고린도 전후서 등의 신약 성경이 다 누구를 위해 있는가? 다 교회를 위해 있다. 모든 만물은 누구를 위해 있는가? 바울, 베드로, 요한 등 주님의 종들은 다 누구를 위해 있는가? 교회를 위해 있다. 이것이 비밀이다. 교회라면 성경의 모든 진리와 충만한 실제가 있어야 한다. 그것이 없으면 교회라 할 수 없다. 로마서의 모든 진리가 교회를 위해 있고, 고린도 전서의 모든 경고가 교회를 위해 있다. 이 모든 귀한 진리가 교회를 위해 있는 것이다.

이러한 진리들이 교회에 있도록 수고하는 사람들이 누구인가? 에베소서 4:11-12, "그가 혹은 사도로, 혹은 선지자로, 혹은 복음 전하는 자로, 혹은 목사와 교사로 주셨으니 이는 성도를 온전케 하며 봉사의 일을 하게 하며 그리스도의 몸을 세우려 하심이라". 하나님의 뜻의 결국은 만유를 그리스도 안에서 통일되게 하는 것이다. "하늘에 있는 것이나 땅에 있는 것이 다 그리스도 안에서 통일되게 하려 하심이라"(엡 1:10). 지금은 통일되지 않고 혼돈의 상태이다. 지금은 무더기처럼 쌓여만 있을 뿐 질서가 없고 건축이 되지 않았다. 왜 그런가? 마귀 때문이다. 마귀 때문에 온 만유가 혼란되어 있고 뿔뿔이 흩어져 있다. 이 질서를 잡는 데에 예수 그리스도의 피로 구속받은 사람들이 필요하다. 이것이 에베소서 1장의 말씀이다. 왜 주님은 우리를 구속하셨는가? 만물을 그리스도 안에서 통일되게 하기 위해서이다.

하나님은 질서가 있도록 창조하셨다. 그런데 이것이 다 혼란되고 뒤집힌 것이다. 가정에서는 누가 머리인가? 가장인 남편이 머리이다. 회사에서는 사장이 머리이다. 남편과 아내, 자녀와 부모 관계에서도 거기에 권위가 있다. 자녀들 중에 잘 순종하는 자녀도 있지만 일 년에 한 번 쯤 부모를 거역할 때가 있다. 이러한 것은 바람직하지 않다. 왜 그렇게 하는가? 마귀가 인류 속에 죄를 집어넣었기 때문이다. 인간이 육체가 되었기 때문이다. 이런 것들을 어떻게 다 통일시킬 수 있는가? 과연 하나님은 우주의 혼란된 질서를 어떻게 바로잡으시겠는가?

그래서 여러분을 부르신 것이다. 십자가의 피로 여러분을 구속하셔서 여러분의 죄를 용서하시고 그분의 생명을 주신 것이다. 이 생명은 하나님의 생명이고 그리스도의 자신의 생명이다. 이것은 엄청난 비밀이다. 하나님께서 천사들도 창조하셨는데, 천사들은 영으로서 선한 천사들도 있고 악한 천사들도 있다. 악한 천사들은 하나님을 거역함으로써 악하게 된 존재들이다. 그리고 하나님께서 사람을 창조하셨는데, 하나님이 창조하신 사람을 성경에서는 '산 혼'이라고 했다. 그런데 이 사람은 하나님과 하나 될 수도 있고 하나님을 거역할 수도 있었다. 이것이 에덴동산에 있었던 상황이다. 생명나무를 먹으면 하나님과 연합되고 선악과를 먹으면 하나님에게서 분리되는 것이다. 예수를 믿을 때 사람이 하나님의 생명을 얻게 되는데 그것이 누구의 생명인가? 예수 그리스도, 하나님의 아들 안에 있는 바로 그 생명이다.

고고학자들은 고비 사막에서 화석을 찾아내고 그것이 날아다니는 공룡의 화석이라고 흥분했었다. 그런데 오늘 우리가 이런 놀라운 이야기를 해도 사람들은 흥분하지 않는다. 예수 그리스도를 믿었을 때 우리는 죄 사함을 받을 뿐 아니라 그 생명도 얻은 것이다. 그 생명은 예수 그리스도의 생명으로서 우리로 그분과 하나 될 수 있게 한다. 여기에 한 사람이 있는데, 그의 머리가 있고 몸이 있다. 머리와 몸이 다른 생명인가, 같은 생명인가? 머리와 몸은 같은 한 사람의 생명이다. 그리스도가 머리이시고 우리(교회)가 몸이 된다고 하는 것은 그 생명이 하나라는 것이다. 그래서 피차 통하는 것이다. 머리하고 손과 발 등 모든 지체가 서로 통하는 것이다. 이와 같이 그리스도와 완전히 연합된 것이 교회이다.

하나님께서 이 땅에 교회를 두신 것은 그분과 완전히 통하는 하나의 실체를 두신 것이다. 아무리 말 잘 듣는 자식이라도 부모가 무엇을 시키려면 쉽지 않다. 아내도 마찬가지이다. 만유가 그리스도 안에서 통일되려면 선두 주자가 필요하다. 그것이 교회이다. 한 학급에서 몇 명이라도 선생님 말씀 듣고 조용히 하면 떠들던 다른 학생들이 결국 따르게 되는 것과 같다. 그래서 교회를 세상의 빛이라고 하는 것이다. 예수의 피로 씻음 받고 그 생명을 받아서 완전히 그리스도와 연합되다 보니 그렇게 된 것이다. 아무리 말 잘 듣는 자식도 아무리 말 잘 듣는 아내도 그리스도와 교회, 머리와 몸 같지는 않다.

내가 어떤 사물을 보려고 할 때, '내 눈을 사용해서 보아야지.' 해서 보는 것이 아니라 자동적으로 보게 된다. 왜냐하면 머리와 몸은 완전히 한 생명이고 한 신경이고 한 핏줄이기 때문이다. 뭐라고 명령하거나 시킬 것도 없이 생각만 하면 그냥 따르는 것이다. 마음만 먹으면 그대로 움직인다. 그리스도와 교회의 관계는 남편과 아내의 관계보다, 부모와 자식의 관계보다 더 깊은 관계이다. 더 긴밀하게 하나 된 그러한 실체가 이 땅에 존재하는데 그것이 바로 교회이다.

교회가 무엇인가? 교회는 하늘의 질서가 먼저 세워진 곳이다. 교회는 그리스도 안에서 질서가 먼저 세워지고 그리스도를 먼저 머리 삼아 만유를 그리스도 안에서 통일되도록 하기 위해서 앞장선 무리이다. 그러므로 오늘 교회가 예수 그리스도를 머리 삼지 못하면 아무런 소용이 없다. 에베소서 5장에서는 아내들에게 자기 남편에게 복종하라고 하면서 교회가 그리스도께 복종하듯 하라고 했다. 교회가 그리스도에게 복종하는 것은 매우 당연하다는 뜻이다. 교회는 그리스도께 복종하는데 아내는 남편에게 왜 복종하지 않느냐는 것이다. 그리스도께 복종하지 않은 교회는 사실상 교회가 아니다. 머리에 복종하지 않는 몸이 무슨 몸이란 말인가?

결론적으로 말해서, 모든 지체는 머리에게 순복해야 한다. 그리스도가 교회의 머리이시기 때문에 모든 지체는 머리에게 순복해야 하는 것이다. 우리는 믿는 사람일 뿐 아니라 머리이신 그리스도께 순복하는 사람이어야 한다. 우리가 그리스도의 권위를 세우지 않으면 이 땅에 교회로서의 가치도, 존재 의미도 없다. 에베소서 1장의 바울의 기도는 머리이신 그리스도를 알게 해달라는 것이다. 머리이신 그리스도를 보아야 교회 생활이 나오고 신앙생활이 나오게 된다. '우리는 무엇을 위해 존재하는 사람들인가?'를 알아야 존재의 의미가 있게 되는 것이다. 몽골 울란바토르, 에르튼 네트, 다르항, 중국 하얼빈, 한국에서 우리는 무엇을 하는 사람들인가? 무엇이 우리에게 가장 큰 일인가? 그것은 이 땅에서 무너진 그리스도의 권위를 세우는 것이다. 에베소서 4장 15절에서는 "오직 사랑 안에서 참된 것을 하여 범사에 그에게까지 자랄지라 그는 머리니 곧 그리스도라"고 했다. 영문 성경에서는 "사랑 안에서 참된 것(진리)을 말하여(But speaking the truth in love)"이다.

우리가 머리이신 그리스도에게까지 자라려면 지체들 간에 사랑 안에서 참된 것을 말해야 한다. 오늘 우리는 서로 마음에 있는 참된 것을 말할 수 있는가? 어쩌면 상대방이 마음에 상처를 받을까, 혹 교회를 떠날까, 시험에 들까 하여 참된 말을 하지 못할 것이다. 그저 어깨를 두드리면서 '괜찮아, 괜찮아.' 할 뿐이다. 거기에 감추인 죄와 거역이 들어있다. 우리는 유감스럽게도 서로 상처가 될까 하여, 또 교회를 떠날까 염려하여 권면해주어야 할 참된 말들이 있지만 대충 좋게 지낼 것이다. 주님이 우리를 불쌍히 여기시기 바란다. 그렇기 때문에 우리 가운데 교회의 건축과 성장이 없는 것이다.

우리는 오늘 왜 신앙생활, 교회생활을 하는가? 목적이 없다. 교회가 이 땅에 왜 존재하는지 모르는 것이다. 이 땅에서 무너진 그리스도의 권위를 바로 세우지 않으면 우리는 이 땅에 교회로서 존재할 가치가 없다. 우리 모든 지체는 머리이신 그리스도께 복종해야 한다. 우리는 권위를 아는 사람으로서 무엇이든지 함부로 말하면 안 된다. 남편이 있는 아내는 함부로 쉽게 말하면 안 되고 남편에게 물어야 한다. 이것이 권위를 아는 사람이다. 모든 지체는 함부로 행하거나 함부로 말해서는 안 된다. 나는 이 말을 할 때 한 면으로 괴롭고 마음이 아프다. 이 세대는 거스르고 패역한 세대이다. 질서가 무너졌고 어떤 권위도, 두려움도 모른다.

첫째, 우리 모두는 다시 성경으로 돌아가서 하나님의 원래의 뜻을 알아야 하고 하나님께서 왜 우리를 부르셨나? 왜 우리를 교회가 되게 했나? 그리스도는 우리와 과연 어떠한 관계인가? 그분은 우리에게 무엇이 되시는가? 우리는 서로 지체가 되었는데 어떻게 행해야 하나? 이 모든 것을 처음부터 다시 생각해야 한다. 교회인 우리가 이렇게 질서가 잡힐 때 만물이 그리스도께 복종되며 통일될 때가 오는 것이다. 때가 차면 만물이 그리스도 안에서 통일되며 모든 만물은 다 그리스도께 돌아갈 것이다. 그것이 바로 그리스도의 왕국이다. 십자가와 재림하시는 그리스도의 왕국 사이에 교회가 있다. 이스라엘의 수고는 결국 교회를 가져왔다. 모든 선지자들의 이야기(심지어 율법까지도)는 다 이 시대의 교회를 위한 것이다. 이전 시대는 다음 시대를 위하게 마련이다. 지금 교회는 주님의 재림을 준비하기 위해 있다. 그분은 결국 왕권을 갖고 오시는데, 왕국이 오기 전 이 땅에 먼저 그분의 왕권을 인정하는 무리가 필요하다.

우리 대한민국은 36년 간 일본의 식민지로 있었다. 그때 독립운동을 하던 사람들이 중국 상해에 임시정부를 세웠다. 그 임시정부에서 대통령도 세우고 총리도 세우고 하여 해방될 한국을 준비하는 작은 정부를 세운 것이다. 때가 되었을 때 원자탄이 일본 땅에 떨어지고 우리나라가 해방되었으며, 상해의 임시정부가 그대로 들어와 대한민국 정부를 세우게 된 것이다.

다시 한 번 묻겠다. 여러분은 교회가 왜 이 땅에 있는지 아는가? 주님의 왕국이 임하기 위해, 주님의 재림이 있기 위해서는 먼저 그분을 왕으로 삼는 무리, 완전히 그분의 머리 되심에 순복하는 무리가 있어야 한다. 어느 정도까지 순복해야 하는가? 여러분의 손과 발, 눈, 코, 입 등의 지체들이 머리에게 복종하듯 해야 한다. 어떻게 이렇게 할 수 있는가? 그리스도의 생명을 가짐으로써이다. 한 성령, 한 몸일 때 머리와 몸이 온전히 통하게 된다. 그럴 때 주 예수께서는 하늘 보좌를 떠나 '내가 이제 이 땅의 열국을 다스리겠다.'고 하시면서 오실 것이다.

우리는 오늘 이 시대에 이 땅에 왜 존재하는가? 우리는 그 날을 준비하기 위해 있다고 말해야 한다. 나는 여러분이 진정 오늘 무엇인가를 보았기 바란다. 듣는 것만으로는 부족하고 뭔가를 보아야 한다. 일단 이상을 보면 일생 지워지지 않는다. 나는 앞에서 여러분에게 "여러분이 하나님의 뜻을 보았으면 그 길을 가겠는가?"라고 질문한 바 있다. 이제 결론을 맺으면서 다시 질문하겠다. 여러분은 그리스도의 몸이 무엇인지 보았는가? 그러면 여러분은 이 길을 가겠는가?

메시지 2 | 머리를 세움과 그리스도의 몸의 하나

우리는 이번 기간에 '복음과 교회'에 대해서 말하고 있다. 오늘날 많은 사람들이 '그저 예수를 믿으면 됐지 왜 예수님을 그렇게 알려고 하는가?'라고 한다. 예수님이 누구신지를 깊이 알려고 하는 사람이 많지 않은 것이다. 그러나 예수를 아는 것은 중요하다. 대부분의 사람들은 자신들이 예수를 믿었다고 여기고 그런 다음 뭔가를 하는 것에 중점을 둔다. 교회에 대해서도 마찬가지이다. 교회가 무엇인지 아는 것을 중요하게 생각하지 않고 '교회는 교회지.'라고 하면서 뭔가를 하는 것을 중요하게 생각하는 것이다.

기독교는 계시의 종교이다. 계시가 없으면 기독교는 아무것도 아니다. 물론 예수가 누구신지를 알았겠지만 더 알수록 믿음이 더해진다. 더 알수록 주님을 본받게 된다. 믿었다고 다 된 것이 아니라 주님의 마음을 더 알아가고 어떻게 할 바도 알아가는 것이 필요하다.

마태복음 7장에서는 주 예수님이 다시 오실 때 사람들에게 '너희들이 도대체 어디서 왔느냐?'라고 물으시면 많은 사람들이 '아, 우리는 주님을 위해서 여러 가지 좋은 일들을 했는데요.'라고 대답할 것이라고 했다. 그러나 예수님은 '나는 너희가 어디서 왔는지 도무지 알지 못하겠다.'라고 하시면서 "불법을 행하는 자들아 내게서 떠나가라" 하실 것이라고 하셨다. 그날에 많은 사람들에게 이런 일이 발생하게 될 것이라는 말씀이다. 그렇기 때문에 우리가 예수를 모르고 하나님의 뜻을 모른다면 그날 거절당하는 손실을 입게 된다.

사람들은 교회가 무엇인지 안다고 생각한다. 그러나 교회 문제는 그렇게 간단한 것이 아니다. 성경에서 교회는 비밀이라고 했다. "이 비밀이 크도다 내가 그리스도와 교회에 대하여 말하노라"(엡 5:32)고 했다. 그렇게 알기 쉬운 것이라면 비밀이라고 하지 않는다. 이 비밀은 비밀 중에서도 지극히 큰 비밀이라고 했다. 구약 성경에는 그리스도와 교회에 대한 많은 예표가 있다. 아담은 그리스도의 예표이고 하와는 교회의 예표이다. 이삭은 그리스도의 예표이고 리브가는 교회의 예표이다. 믿는이 개인도 성전이지만 고린도 전서 3장 16절에서는 '교회(너희)가 하나님의 성전'이라고 했다. 내가 교회를 위해서 무엇을 하느냐 안 하느냐가 중요한 것이 아니라 교회가 무엇인지를 아는 것이 중요하다. 교회가 무엇인지 알게 되면 무엇을 해야 할지도 알게 된다. 교회가 무엇인지를 알 때 교회의 중요성을 알고 교회의 위치를 알고 내가 어떻게 해야 할지를 알게 되는 것이다. 알지 못하고 행하는 많은 것들은 주님의 눈으로 볼 때 다 불필요한 것들이요 오히려 주님을 방해하는 것들이다.

여러분이 참으로 교회가 무엇인지 알 때 일생을 교회를 위해 불사르게 될 것이다. 교회는 하나님의 갈망이요 하나님의 마음의 뜻이다. 하나님은 교회를 자신의 걸작품이라 생각하시고 교회를 통해 모든 것을 하신다. 그 아들이 십자가에서 돌아가신 것도 교회를 위해서다. 부활하신 것도 교회를 위해서다. 승천하신 것, 보좌에 앉으신 것도 다 교회의 머리가 되시기 위해서다. 오순절 성령의 강림도 교회를 위한 것이다. 여러분이 교회가 무엇인지 알게 된다면 '내가 이렇게 살면 안 되는구나.' 할 것이다. 하나님은 그분의 백성이 계시가 없기 때문에 방자히 행한다고 하셨다. "묵시가 없으면 백성이 방자히 행하거니와 율법을 지키는 자는 복이 있느니라"(잠언 29:18). 계시가 없는 백성은 방자할 뿐이다. 제멋대로, 임의대로 하나님 뜻과는 관계없이 행하는 것이다. 그러므로 하나님의 마음을 시원하게 해드리지 못하는 것이다.

예를 들어, 내가 하인을 두었는데 그 하인이 내가 원하는 대로 하지 않고 자기 생각대로 자꾸만 엉뚱하게 행한다 하자. 그러면 내가 그 하인을 어떻게 하겠는가? 해고할 수밖에 없다. 어떤 사람들은 하나님이 어떤 것이든 해드리면 좋아하시는 줄 알지만 그렇지 않다. 하나님은 뜻이 있는 분이시다. 그러므로 하나님의 뜻을 알지 못하고 행하는 자는 그 집을 모래 위에 지은 사람 같다고 하셨다. 그러므로 우리는 먼저 하나님의 뜻을 알고 그 뜻을 행해야 한다. 그럴 때 주초를 반석 위에 둔 집을 짓게 된다. 알지도 못하고 무엇이든지 열심히만 하면 하나님이 좋아하시는 줄로 생각하는 사람은 결국 주님께 거절된다. 그런 행함은 모래 위에 지은 집 같아서 바람이 불고 창수가 나면 다 무너지게 된다.

교회에 대해서 특히 신약의 에베소서에서 전적으로 말하고 있다. 학자들은 신약의 에베소서가 구약의 여호수아서와 짝을 이룬다고 말한다. 구약의 여호수아서는 모세의 후계자인 여호수아의 가나안 정복기이다. 요단을 건너서 가나안 땅에 들어가 그 땅을 기업으로 얻는 이야기이다. 거기서 전쟁이 일어난다. 이스라엘 백성들의 목표지는 광야가 아닌 가나안이다. 그런데 그 가나안 땅에 들어가기 위해서는 광야를 통과해야 한다. 이스라엘 백성들이 광야에서 한 일이 무엇이었는가? 그들의 육체를 처리한 것이다. 원망하는 육체, 거역하는 육체, 하나님을 시험하는 육체, 간음하는 육체 등 모든 육체를 처리하는 곳이 광야였다.

교회가 그리스도를 머리 삼고 그리스도께 순종하는 것은 육체로는 되지 않는다. 우리가 아직도 육체의 조종을 받고 있는 그리스도인이라면 그것은 아직 어린아이이다. 육체 안에 있는 그리스도인은 하나님을 기쁘시게 할 수 없다. 육신의 소욕은 성령의 소욕을 거스르게 되어 있다. 육신의 생각은 하나님과 원수이다. 그것이 설령 하나님을 위한 적극적인 생각일지라도 그것이 육신에서 곧 자아에서 나온 것이라면 하나님의 대적인 것이다. 오직 성령 안에서, 영을 좇아 행하는 사람만이 하나님을 기쁘시게 할 수 있고 하나님의 뜻과 일치될 수 있다. 성령의 소욕과 육체의 소욕은 서로 원수이다. 육신으로는 절대 하나님의 뜻을 따를 수 없다. 성도들은 시간이 지나면 성장하여 육체를 벗어야 한다. 그리스도 예수의 사람들은 육체와 함께 그 정과 욕심을 십자가에 못 박았기 때문이다. 이것이 처리되지 않으면 성령으로만 조성된 그리스도의 몸을 얻을 수 없고 구약의 예표에 의하면 결코 가나안에 들어갈 수 없다. 그리고 가나안 땅에 들어가지 못하면 전쟁을 할 수 없다. 왜 그런가? 모든 것이 육체이기 때문이다. 육체를 처리하지 않고서는 전쟁을 할 수 없다. 육체를 처리하려면 십자가가 필요하고 순종이 필요하며 이것이 곧 광야의 40년 체험이다. 이것이 오늘 우리의 교회 생활 안에서 이루어져야 하는 것이다.

어떻게 우리는 그리스도를 머리로 세울 수 있는가? 주 예수를 믿음으로 우리는 완전하게 되었고 교회 생활 안으로 들어왔다. 그런데 진리상으로, 객관적으로 그리스도 안에서 우리는 완전하게 되었지만 체험적으로는 아직 완전하지 않다. 그러므로 자라는 것이 필요하다. 자랄 때 그리스도를 머리로 세울 수 있게 된다. 그러려면 믿음과 순종이 필요하다. 믿고 순종할 때 우리 육체가 하나씩 떨어져 나가는 것이다. 그러면서 점점 영에 속한 사람이 되는 것이다. 적어도 교회를 인도하는 사람들은 육에 속한 사람이 되어서는 안 된다. 주의 음성을 들을 수 있어야 하고 자기 육체를 십자가에 못 박을 줄 알아야 하고 자신을 부인할 줄 알아야 하고 언제나 주님이 지시하실 때 순종할 줄 알아야 한다. 적어도 교회 인도자들이 이런 사람이 되지 않으면 교회는 머리이신 그리스도께 순종하는 단체가 될 수 없다.

교회는 무엇을 하는 것이 먼저가 아니라 머리이신 그리스도께 굴복해야 한다. 사울이 다메섹 도상에서 쓰러졌을 때 첫 번째로 입에서 나온 말이 "주여, 당신이 누구십니까?"였다. 그런 다음 "주여, 내가 무엇을 해야 합니까?"라고 물었다. 우리는 자기 마음대로 이것저것을 할 것이 아니라 '주님, 이제 제가 무엇을 어떻게 해야 합니까?'라고 물어야 한다. 왜냐하면 그리스도는 우리의 주시요 머리이시기 때문이다.

나와 함께하는 형제들이 여기에 왔는데, 내가 중요하게 생각하는 것이 무엇인지 아는가? 나는 무엇을 하든지 중하게 여기는 것이 이것이다. '이것이 과연 주님의 뜻인가? 주님의 인도인가? 주님이 하라고 하신 것인가?' 5년 전 쯤에 불가리아에 갔었는데, 4-5년 만에 간 것이었다. 그때 나는 그들에게 말했다. "나는 이번에 주님이 여러분에게 보내서 여기에 왔습니다." 내가 여러분에게 왔다고 말하기는 쉬워도 주님이 나를 보내서 왔다고 말하기는 어렵다. 이 말은 결코 쉬운 말이 아니다. 범사에 주님께 순종하면서 주의 뜻을 따르기로 한 자가 아니면 이런 말을 하기 어렵다. 나는 주님을 섬기는데 있어서 이보다 더 중요한 것이 없다고 생각한다.

이 땅의 많은 곳에 필요가 있지만 상황이 급하다고 해서 가는 것이 아니라 주님이 가라고 하시는가가 더 중요하다. 교회는 무엇을 가장 중요하게 여겨야 하는가? 그리스도께 순종하는 것이다. 왜냐하면 우리가 그 분의 몸이기 때문이다. 그리스도는 머리이시며 머리는 권위이다. 교회 안에서 성령께서 권위를 갖지 못하시면 그것은 교회로서 자격이 없다. 주님은 그들 가운데서 아무 것도 하실 수 없다. 이 땅에 그분의 교회를 두신 것은 오직 그분의 손과 발과 눈과 귀와 같은 지체들로서 주님과 하나 되기를 바라시기 때문이다. 그것이 이루어지지 않는다면 무슨 의미가 있겠는가? 이 일 하고 저 일 하는 것이 무슨 의미가 있겠는가? 사도행전에서 모든 사도들의 움직임을 보면 다 승천하신 그리스도 곧 성령께서 지시하신 것을 따른 것이다. 오늘날 몽골에 있는 교회가 정말 교회답고 주님이 기뻐하시는 교회가 되려면 무릎 꿇고 기도해야 한다. "하나님, 우리를 인도하십시오. 우리는 예수 그리스도를 머리로 삼습니다. 모든 육체는 다 입을 닫고 모든 육체는 힘을 잃고 고개를 숙입니다. 예수 그리스도 당신만이 권위자이십니다. 교회에게 말씀하십시오. 명령하십시오. 우리가 순종하겠습니다."라고 해야 한다. 이러한 교회가 일어나지 않으면 오늘 우리에게 길이 없고 하늘의 그리스도께는 기쁨이 없다. "성령이 교회들에게 하시는 말씀을 들을지어다"(계 2, 3장 참조) 이런 교회가 이 땅에 하나 둘 생겨날 때 주님은 하늘에서 기뻐하신다. 그것을 우리가 어떻게 알 수 있는가? 성경에 그렇게 씌어 있기 때문이다. 성경을 주의 깊게 읽어 보라! 이것이 교회의 존재 의미이다.

그러나 그저 주님의 음성을 듣고 순종하는 것이 무엇인지 알지 못하고 무조건 주의 일을 하기를 좋아하는 사람들은 이런 말을 듣지 않는다. '우리가 주님을 위해 좋은 일을 하는데 왜 방해하느냐?'고 한다. 진정 주님을 사랑하는 사람들만이 이 말을 듣고 순종한다. 지금은 잘 모른다. '저 사람 굉장히 충성스럽게 일을 잘 했는데.'라고 하지만 정말 중요한 것은 주님이 다시 오실 때이다. 나는 때로 어떤 이들의 일을 볼 때 하나님과 아무 관계가 없다고 느껴진다. 그렇기 때문에 광야에서 이스라엘 백성들은 모든 거역적인 육체들을 처리해야 했던 것이다.

요단을 건넌다는 것은 무엇을 의미하는가? 그들은 이미 홍해를 건넜다. 그것은 구원을 받고 세례를 받은 것이다. 그러나 요단을 건넌다는 것은 완전히 죽는 것을 의미한다. 사십 년 동안 광야에서 육체를 처리하고 또 처리한 다음 요단강으로 들어간다는 것은 완전히 죽는 것을 의미한다. 요단을 건너면 가나안이다. 이것은 하늘로 가는 것을 뜻한다. 에베소서 2장에서 무엇을 말하는가? "또 함께 일으키사 그리스도 예수 안에서 함께 하늘에 앉히시니"(2절). 하늘에 있는 그리스도인이 아니면 전쟁을 할 수 없다. 십자가에서 죽음에 연합하고 부활에 연합하고 승천에 연합하고 하늘에 함께 앉아 있는 이런 그리스도인들이 아니면 전쟁을 할 수가 없다.

전쟁할 때는 더 높은 위치에 있는 군인들이 유리하다. 우리가 땅에서 기어다니면 공중에 권세 잡은 자가 다 바라보고 있기 때문에 뱀의 먹이가 될 뿐이다. 뱀의 먹이는 흙이다. 육체는 흙이기 때문에 사단의 밥이 되는 것이다. 그리스도의 죽음에 연합하여 육체를 따라 살지 않고 그리스도의 부활에 연합하여 부활 생명으로 살고 성령으로 사는 이러한 삶이 부활 안에 사는 사람들의 삶이다. 이런 사람들은 더 이상 육체가 그를 주장하지 못하고 더 이상 죄가 그들을 주장하지 못한다. 로마서 6장 14절은 "죄가 더 이상 너희를 주관치 못하리니"라고 한다.

공중보다 높은 곳이 하늘이다. 아가서에 "표범산(레바논)에서 내려다보아라"는 표현이 있다. 내려다보니까 저기에 사자 굴이 보이고 여기에 뱀의 굴이 보이는 것이다. 마귀의 공작과 궤계를 다 보는 것이다. 바울은 이렇게 해서 영적 전쟁을 승리로 이끌었다. 이런 말씀들이 고린도 후서 등 그의 서신서에 기록되어 있다(2장, 10장 참조).

여호수아서는 요단을 건너 가나안에 들어가서 마귀와 싸우는 이야기이다. 가나안의 일곱 부족과 싸우고 땅을 정복하는 것이다. 이것은 신약의 에베소서와 맥을 같이 한다. 에베소서 2장은 우리의 위치가 하늘이라고 했다. 에베소서 6장에서는 영적 전쟁을 말하고 있다. 바울은 성도들에게 하나님의 전신갑주를 입으라고 했다. 의의 흉배를 붙이고 진리의 허리띠를 띠고 구원의 투구를 쓰라고 했다.

전신갑주를 입으려면 우리의 삶에 의가 있어야 한다. 그리스도인은 하나님의 의이다. 예수 그리스도께서 우리를 위해서 죄가 되시고 하나님은 우리를 그리스도 안에서 하나님의 의가 되게 하셨다. "하나님이 죄를 알지도 못하신 자로 우리를 대신하여 죄를 삼으신 것은 우리로 하여금 저의 안에서 하나님의 의가 되게 하려 하심이니라"(고후 5:21). 우리의 사역은 의의 사역이다(고후 3장 참조).

의와 불의가 어떻게 함께하겠는가? 예수 믿기 전에는 남의 것을 가만히 가져오고 남의 돈을 훔치는 등 불의를 행했다. 그러나 그리스도인은 그럴 수 없다. 사도 바울은 사역할 때 '내가 언제 여러분의 금전을 탐하더냐? 내가 언제 여러분을 해롭게 하더냐? 내가 언제 여러분의 옷을 달라고 하더냐? 나는 여러분과 함께 있을 때 옳고 흠이 없게 행했다.'고 했다. 고린도 교회나 갈라디아 교회들에 문제가 생겼을 때 바울은 교회 안에 몰래 들어온 마귀를 쫓아내고자 했다. 마귀의 권세인 육체를 처리하고 그리스도께 굴복시키는 일을 한 것이다. 그런 일을 하려면 하늘의 전신갑주를 입어야 한다.

여러분이 행하는 의가 갑옷이다. 여러분이 그것을 입지 않으면 싸울 수 없다. 사람들을 가르치는 것은 말씀의 검이다. 여러분이 교회 안에서 배우는 의와 진리, 말씀이 다 전신갑주를 입는 것이다. 하나님은 그렇게 해서 여러분을 다 그분의 전사로 만드신다.

구약 민수기는 이스라엘 백성들이 가나안에 들어가서 전쟁을 하기 위해 그들을 군대로 편성하는 이야기를 기록했다. 각자 자신들의 위치가 있다. 그렇게 편성이 되고 군대가 되어서 가나안에 들어가서 싸우는 것이다.

하나님께서 사람을 창조하신 목적은 그로 하여금 이 땅을 다스리고 정복하여 이 땅에서 그리스도의 권세를 이루고 그의 나라가 이 땅에 임하게 하려는 것이다. 그러기 위해서는 먼저 교회가 머리이신 그리스도께 굴복해야 한다. 그럴 때 만유가 그리스도 안에서 통일될 것이다. "하늘에 있는 것이나 땅에 있는 것이 다 그리스도 안에서 통일되게 하려 하심이라"(엡 1:10). '통일되다'는 영어 성경에서 '머리 되심(headship) 아래 하나가 되다'이다.

결국은 그리스도 머리 되심 아래 만유가 통일될 것이다. 이 경륜을 위해 교회가 그분의 몸이 된 것이다. 만유를 충만케 하시는 자의 충만인 교회에서 먼저 완전한 순종이 이루어질 때 만유가 통일되는 것이다. 이것이 바로 에베소서 1장이다. 교회가 무엇인지를 알려면 에베소서를 보아야 하고 전 성경을 보아야 한다. 그럴 때 우리는 교회의 위치가 얼마나 중요한가를 알 수 있다. 주님은 교회에게 모든 것을 다 주셨다. 그분의 크신 능력을 주셨다. 교회는 사실 이미 모든 것을 다 소유하고 있다. 바울은 이것을 알기 원한다고 했다. 에베소서 1장 19절을 읽어보라! 하나님께서 믿는 우리에게 베푸신 지극히 크신 능력을 알기 원한다고 했다. "그의 힘의 강력으로 역사하심을 따라 믿는 우리에게 베푸신 능력의 지극히 크심이 어떤 것을 너희로 알게 하시기를 구하노라". 알면 그 능력을 사용할 수 있게 된다. 교회가 하나님의 전사로서, 하나님의 군대로서 마귀의 졸개들을 쳐부수는 일을 못하면 아무 존재 의미가 없다. 그냥 광야에 쓰러져서 다 죽은 이스라엘 백성들과 같은 것이다. 하나님의 구원의 목적에 이르지 못하는 것이다.

에베소서 2~6장을 간단하게 정리할 때, 또 한 가지 중요한 것은 교회가 하나라는 것이다. 에베소서 2장에서는 우리가 서로 멀리 있었는데 예수 그리스도의 피로 가깝게 되었다고 했다. "이제는 전에 멀리 있던 너희가 그리스도 예수 안에서 그리스도의 피로 가까워졌느니라"(엡 2:13). 또 서로 간에 중간에 막힌 담이 있었는데 예수 그리스도께서 십자가로 그 막힌 담을 헐으셨다고 했다. 서로 원수 되었던 것이 이제는 없어졌다는 것이다. 그리고 그리스도 안에서 한 새 사람을 지어 화평하게 하시고 한 몸이 되게 하셨다고 했다. "그는 우리의 화평이신지라 둘로 하나를 만드사 중간에 막힌 담을 허시고 원수 된 것 곧 의문에 속한 계명의 율법을 자기 육체로 폐하셨으니 이는 이 둘로 자기의 안에서 한 새 사람을 지어 화평하게 하시고" (엡 2:14-15).

많은 사람들은 열심히 전도해서 사람들을 모아서 교회가 형성되었다고 생각한다. 그런데 성경에서는 예수 그리스도께서 십자가에서 이미 그리스도의 몸의 하나를 지으셨다고 말한다. 이것이 교회요 한 몸이다. 우리가 죄 용서 받은 것은 그리스도께서 십자가에서 이미 이루신 것이다. 이미 이천 년 전에 이루신 것을 우리는 성경을 보고 깨닫는 것이다. 지금 예수님이 십자가에 못 박히신 것이 아니라 이미 못 박히셨다. 따라서 우리가 그리스도 안에서 화목하게 되고 하나가 된 것은 예수 그리스도께서 이미 십자가에서 하신 일이다. 그때 모든 유대인들과 이방인들 간에 중간에 막힌 담을 허시고 우리의 하나 되지 못한 것들을 다 해결하시고 모든 육체들을 십자가에 못 박고 부활하셔서 한 몸 안에서 서로 사랑하도록 성령을 주신 것이다.

주님은 승천하셔서 오순절 때 성령을 보내주심으로 교회로 하여금 성령의 침례를 받게 하셨다. 고린도 전서 12장 13절에서는 "우리가 유대인이나 헬라인이나 종이나 자유자나 다 한 성령으로 세례를 받아 한 몸이 되었고 또 다 한 성령을 마시게 하셨느니라"고 말한다. 언제 성령의 세례(침례)를 받았다는 말인가? 오순절 날이다. 그로써 우리를 한 몸이 되게 하신 것이다.

오늘날 어떤 사람들은 예수를 믿는다고 하면서도 자신의 억울한 감정을 결코 풀지 않는다. 디모데 후서 3장에서도 말세에 원통함을 풀지 않는 자가 있다고 했다. “무정하며 원통함을 풀지 아니하며”(딤후 3:3). 속상한 것도 십자가에서 이미 끝났는데, 주님이 없이 하셨는데 그것들을 풀지 않는다면 아직 주님을 모르는 것이고 십자가가 무엇인지를 모르는 것이다. 에베소서에서 강조하는 것은 몸의 하나이다(엡 4:4). 예수 그리스도는 십자가에서 이미 우리를 하나 되게 하셨다. 에베소서 4장 4절에서는 “성령의 하나 되게 하신 것을 힘써 지키라”고 했다. 하나 되라고 한 것이 아니라 성령의 하나 되게 하신 것을 지키라고 한 것이다.

몸이라는 말과 대립되는 말이 있다. 사탄의 반대는 그리스도이다. 낮의 반대는 밤이다. 몸과 반대되는 말은 개인이다. 고린도 전서 12장 12절은 “몸은 하나인데 많은 지체가 있고 몸의 지체가 많으나 한 몸임과 같이 그리스도도 그러하니라”고 했다. 몸이란 개인주의의 반대이다. 세상 사람들도 서로 하나 되었을 때 우리가 한 몸이 되었다고 하지 않는가? 전에는 떨어져 있었다가 이제는 한 몸이 되었다고 하는 것이다. 이것을 몸이라고 하는 것이다. 이 몸이 교회이다. 교회의 특징은 하나라는 것이다. 오늘 성도들은 이것을 알지 못하면 안된다.

많은 사람들은 우리가 사람을 모아서 하나가 되었다고 생각 한다. 이것은 성경의 개념과 다른 것이다. 우리가 서로서로 화해하고 교통해서 하나가 되었다고 생각하는데 이것도 성경과 다르다. 성경에서는 그리스도께서 십자가에서 모든 원수된 것을 없애고 믿는 사람들을 그리스도 안에서 모두 옷 입게 하고 그리스도 안에서 남자 여자 종이나 자유자 없이 다 하나 되게 하셨다는 것이다.

무엇이 맞는 말인가? 사람들이 모아서 하나가 된 것인가? 아니면 주님이 하나 되게 한 것인가? 부부가 서로 하나가 되었다고 하자. 얼마나 서로 애를 많이 썼겠는가? 그래서 성경에서는 그렇게 말하지 않고 하나님이 짝지어주신 것을 사람이 나눌 수 없다고 했다. 그래서 이제는 둘이 아니요 하나라고 했다. 여러분이 서로서로 사랑해서 한 몸이 되었는가? 아니면 하나님이 하나 되게 하셨는가? 둘 다 맞는가? 교회에 대해서도 성경적인 관점을 가져야 한다. 우리를 하나되게 한 것은 하나님이다. 그리스도의 십자가이다. 그리스도의 피로 가까워진 것이다. 예수의 십자가는 모든 것, 나누는 것, 증오심, 적개심, 미움을 다 없이 하셨다. 십자가에서 다 끝났기 때문에 성령을 부어주시고 한 생명을 주셔서 서로 사랑하고 화목하게 하신 것이다. 이렇게 믿는 자들 가운데 하나의 성령은 운행하며 역사하신다. 그리스도의 몸의 하나를 위하여도 이렇게 믿음이 중요한 것이다.

그러면 한번 결혼 했으면 이혼하면 되는가? 안 되는가? 한 몸을 나눌 수 있는가? 교회도 마찬가지이다. 성령이 하나 되게 한 것을 힘써 지키라고 하셨다. 교회는 나눌 수 없는 것이다. 갈라디아서 5장 19절 이하의 말씀을 읽어 보면 "육체의 일은 현저하니"라고 하면서 많은 육체의 일을 열거하고 있다. 당 짓는 것, 원수 맺는 것, 서로 나누는 것, 분쟁, 이런 것들이 다 죄라고 말한다. 많은 사람들이 간음은 죄라는 것을 안다. 호색, 간음 많은 죄가 있다. 그러나 함께 한 몸이 되었다가 어느 날 서로 맘에 맞는 사람끼리 따로 예배드리면 된다고 생각한다. 우리도 말씀 전하는 사람이 있는데 맘에 맞지 않는 사람끼리 할 필요가 뭐있겠는가? 맞는 사람끼리 '할렐루야' 하면서 예배드리면 된다고 생각한다. 많은 사람들은 분열은 죄라고 생각하지 않는다. 영적인 세계에는 간음과 음란, 살인 등의 죄가 있을 뿐 아니라 분열의 죄도 있다. 성경에는 하나님도 하나, 주님도 한분이시고 성령도 하나이고 몸도 하나라고 했다. 하나님이 하나 되게 하신 것을 누가 나누느냐고 했다(엡 4:3).

에베소서에는 몸이 하나라고 한다. 여러분이 정말 하나님을 사랑하고 말씀을 지키고 싶다면 이 하나를 중요하게 생각해야 한다. 하나님이 만들어 주신 것, 그리스도의 십자가로 이루신 것, 성령을 부어 주신 것, 성령이 하나 되게 하신 것을 힘써 지키라고 하셨다. 이것이 간음하는 것 보다 도둑질하는 것 보다 더 작은 일이 아니라는 것을 알아야 한다. 성도들과 원수 맺고 함께하던 성도들을 미워하고 분쟁하고 뒤로 돌아가서 욕하고... 이것 보다 더 큰 죄가 없다.

부부도 한 몸이라고 말씀하지 않았는가? 부부가 서로 다투고 화를 낼 수도 있다. 또 속상 하다고 말을 안 할 수도 있지만 절대 나누어질 수 없다. 속상하면 '헤어지자'고 하고, '이렇게 사느니 따로 떨어져 사는 것이 낫다'고 하면서 '이혼하는 것이 좋다'고 한다. 그렇게 해서 나누어지는 것은 서로 다투는 것 보다 더 큰 죄인 것이다. 그 어떤 죄 보다 심각한 죄가 분열이다. 사람들은 자기의 감정과 기분을 중요시 하고 하나님의 말씀은 중요시 하지 않는다.

성경에서는 교회가 나눠졌다는 말은 한 마디도 없다. 고린도전서 1장 10절에서 "형제들아 내가 우리 주 예수 그리스도의 이름으로 너희를 권하노니 다 같은 말을 하고 너희 가운데 분쟁이 없이 같은 마음과 같은 뜻으로 온전히 합하라"고 했다. 빌립보서 2장 2절에도 "마음을 같이 하여 같은 사랑을 가지고 뜻을 합하며 한 마음을 품어"라고 했다. 빌립보 교회의 두 자매, 유오디아와 순두게가 서로 의견이 좀 맞지 않았다. 둘 다 복음에 열심히 있었던 사람이고 바울에게 동역했던 사람들인데 서로 의견이 맞지 않았다. 그래서 바울이 빌립보서를 쓰게 된 것이다. 교회 안에 작은 분쟁이 있는 것이 작은 일이 아니다.

우리의 하나는 완전한 하나이다. 이 땅에 교회는 그 어떤 단체보다도 참된 하나가 있는 것이다. 같은 생명이기 때문이다. 지체들이 소유한 생명이 하나님의 아들의 생명이고 머리이신 그리스도이시다. 우리는 한 생명을 받은 것이다. 참되게 거듭난 사람들은 같은 생명을 갖고 있기 때문에 서로 사랑하게 되어 있다. 형제를 사랑하지 않는 사람은 구원받지 않은 사람이다. 요한 1서 3장에도 우리가 형제를 사랑함으로 사망에서 생명으로 옮겨진 것을 안다. 미워하는 자는 어둠 가운데 있는 자이다. 우리는 이미 하나되었고 한 생명을 갖고 있고 다시는 서로 헤어질 가능성이 없다. 부부보다도 더 나눌 수 없는 것이 몸이다. 부부가 된 것이 한 생명을 가진 것은 아니지 않는가? 그러나 교회의 하나는 그리스도의 생명 때문에 하나가 된 것이 아닌가? 한 성령으로 한 몸이 된 것이다. 여러분 속에 있는 성령이나 내

속에 있는 성령이나 다 같은 성령이 아닌가?

이번에 한국에서 몇몇 성도들이 함께 왔다. 첫날 여러분들의 모임에 와서 여러분들의 찬송하는 것을 보고 눈물이 났다고 했다. 왜 눈물이 났는가? 같은 성령이 있기 때문이다. '어쩌면 이렇게 주님을 사랑하는 사람들이 이 나라에 있는 것인지... 내 속에 있는 성령과 너무나 하나로구나'. 그래서 감동이 되고 눈물을 흘렸을 것이다. 그런데 성령만 있겠는가? 육체도 있다. 성령보다 육체가 우세한 사람도 있다. 그런 사람들은 '기분이 나쁘다. 마음이 상했다. 섭섭하다. 더 이상 함께 하지 못하겠다'고 하면서 '이제는 슬슬 떠날 준비를 해야겠다'고 생각한다. 나는 한국에서 이런 일들을 많이 보았다.

아무리 기분 나빠도 할 수 없는 것이 있다. 죽어도 할 수 없는 것이 있다. 그것이 바로 형제와 형제를 나누는 것이다. 이것은 우리가 할 수 있는 것이 아니다. 하나님이 하나 되게 하신 것을 우리가 어떻게 기분이 나쁘다고 해서 나눌 수가 있겠는가? 어떻게 주님의 얼굴을 어떻게 뵈려고 그렇게 하는가? 예수님이 십자가에서 피 흘리신 것은 우리를 구원하신 역사만이 아니라 그의 피는 멀리 있던 우리를 서로 가깝게 했다. 십자가에서 우리를 죄에서 해방하신 것만이 아니라 거기서 모든 우리의 육체를 못 박고 모든 원수된 것을 다 소멸하시고 서로서로 막혔던 것도 다 헐어 버리시고 하나 되게 하신 것이다. 또 성령이 오셔서 우리를 하나로 묶은 것이다.

오순절 성령이 임했을 때 다 방언을 말했다. 그 방언이 무엇인가? 더 이상 언어로서도 사람들을 나눌 수 없다는 것이다. 여기 중국사람, 한국사람, 몽골사람들이 있는데 서로 말이 통하지 않아서 어렵지 않는가? 어느 날 오순절 성령이 부어질 때 몽골 사람이 한국말을 하고, 한국 사람이 몽골말을 하게 되어 다 통해 버린 것이다. 이것이 오순절의 역사이다. 성령이 임하면 다 하나 되게 하는 것이다. 민족 간의 차별이 없어지는 것이다. 유대인이나 헬라인이나 종이나 자유자나 심지어 남자나 여자의 차별도 없어지는 것이다. 다 그리스도 안에서 하나요 한 몸인 것이다. 이것이 주님이 역사하신 것이다. 이렇게 역사하신 것을 우리가 오늘 보아야 하는 것이다.

"예수 믿는 것은 맞는데 구원 받는 것도 맞는데 한 몸을 이루는 것, 교회를 하나 만드는 것은 우리가 하는 것이야"라고 생각하는가? 그렇지 않다. 모두 주님이 다 하신 것이다. 우리는 다만 그분이 이루신 몸의 하나를 믿는 것이다. 우리가 어떻게 각각 다른 사람들을 하나로 만들 수 있는가? 부부도 하나 되게 하기 어렵다. 서로 맘이 떠난 자식도 하나 만들기 어려운데 우리가 어떻게 교회를 하나로 만들 수 있는가? 불가능하다. 모든 것은 그리스도께서 하신 것이다. 교회는 그리스도의 걸작품이다! 우리는 그 하나를 믿고 순종하는 것이 필요하다.

메시지 3 | **교회 안에 세워진 성령의 권위**

오늘날 많은 사람들은 예수를 믿는다. 믿지 않는 사람들은 반드시 믿어야 영원 멸망을 면한다. 그러나 예수 그리스도를 믿었어도 거기서 그치지 않고 하나님의 표준에 이르러야 한다. 표준에 이르지 못한 그리스도인이 이 시대에 너무나 많다. 오늘날 예수 그리스도가 누구냐고 물으면 우리의 구주이시다. 십자가에서 우리를 위해 죽으셨다. 우리의 죄를 용서해 주시고 부활 승천 하시고 하늘에서 하나님 우편에 앉아 계신다. 그 분이 우리에게 복을 주시며 우리를 인도하시기 때문에 우리는 하나님을 위해 살아야 한다. 하나님 말씀대로 살아야 된다라고 알고 있다.

그런데 하나님의 최종적인 목적은 무엇이며 그분의 마음의 갈망은 무엇인가? 여러분은 하나님의 목적을 이루는 그리스도인이 되어 그분의 마음을 만족시킬 수 있느냐? 라고 하면 대답을 하지 못한다. 오늘날 우리가 말씀을 전하고자 하는 목적이 여기에 있다. 예수 그리스도가 우리의 구주이신 것은 맞고 그 분이 우리를 위해 죽으셨고 우리는 그분의 피로 구속을 받았다. 죄 용서를 받았고 그분의 돌아가심으로 우리는 새로운 생명을 받았다. 그리고 그 분은 부활 승천하셔서 하나님 우편에 계시고 지금도 우리를 위해서 기도 하고 계시고 돌보고 계신다. 다 맞는 말이지만 사도 바울은 하나님의 창조와 구속의 중심목적을 말했으며 에베소서 3장에서 그리스도의 몸에 대한 계시를 보았다고 했다.

에베소서 3장 5절과 골로새서 1장 26절에 이 내주하는 그리스도와 그리스도의 몸에 관한 최종 목적의 계시는 만세전부터 감추어졌던 것이며 이전 세대에서는 알지 못했다고 했다. 바울시대에서야 알려진 말씀인 것이다.

물론 구약시대엔 알려지지 않았고 신약에서 사도 베드로, 요한, 야고보가 주님을 따라 다녔을 때도 몰랐고 주님이 돌아가시고 부활하셨을 때까지도 아직 그들은 교회가 그리스도의 몸인 것을 몰랐던 것이다. 실상 모든 말씀은 구약에 다 있다. 신약의 말씀이 구약에 다 있다. 구약에서 예표되고 예언된 것이 신약에서 실제로 이루어진 것이다. 구약과 신약을 실제로는 나눌 수 있는 것은 아니다. 그래서 어떤 사람들은 신약에 새로운 계시는 없다고 한다. 신약은 다 구약 안에서 나타났다고 말한다. 그런데 적어도 한 가지 만큼은 알려지지 않은 것이 있다. 그것이 바로 에베소서 3장에서 말한 이방인들이 유대인들과 더불어서 복음으로 한 몸이 이루어진 것이다. 이것은 그 이전에는 알려지지 않은 말씀이다. 바울 사도 시대에서야 비로소 알려진 계시이다. 성경에서 말하고 있는 몸의 가장 높은 계시의 말씀이 그리스도의 몸에 대한 말씀이다. 그래서 에베소서는 성경 중에 가장 높은 계시의 책이라고 말한다.

에베소서는 바울이 감옥에서 쓴 책인데 그리스도가 우리의 구주가 되시고 하늘에서 우리의 중보가 되실 뿐 아니라 교회의 머리가 되셨다는 것을 말하고 있다. 그리고 우리는 그 분의 몸이 되었다는 것이다. 머리와 몸은 연결 된 것이다. 이것이 굉장한 이야기이다. 여러분! 머리와 몸을 한번 생각해보시라! 모든 지체는 다 머리에 신경이 통하여 이루어진 것이다. 이것이 바울이 본 계시이다.

여러분들은 어쩌면 교회는 단순히 예수 믿는 사람들이 모이고 예배당과 목사님이 계시면 된다고 생각한다. 그저 함께 모여서 예배보고 기도하고 찬송 부르면 된다고 생각하지만 그것은 부족한 생각이다. 우리는 성경에서 바울이 말하는 교회가 무엇인지를 보기로 하자! 예수님이 십자가에 돌아가시고 부활 하셨을 때 아직 교회가 없었다. 부활하셔서 40일간 이 땅에 계실 때도 교회는 없었다. 비로소 그리스도께서 승천하셔서 주와 그리스도가 되시고 몸의 머리가 되신 것이다. 그리고 그분의 성령을 부어 주실 때 이 땅에 머리와 연결된 몸이 생겨났다. 그때부터 이 지구상에 교회라는 것이 있게 된 것이다. 즉 오순절이 교회의 탄생일이다.

많은 사람들이 나름대로 그리스도인의 생활은 하지만 몸의 생활은 모른다. 몸의 생활이란 머리와 연결된 것이고 지체들과 연결된 것이다. 머리와 몸의 모든 지체가 다 하나가 된 것인데 많은 사람들은 몸이 무엇인지 모른다. 그렇기 때문에 반쪽 그리스도인인 것이다. 그러므로 하나님의 사람을 구원하신 그 목적과 표준에 이르지 못하는 것이다. 하나님의 뜻은 만물이 그리스도를 머리 삼고 만물 안에서 그리스도가 충만 될 때 모든 만물이 그리스도를 표현하는데 그것이 하나님의 뜻이다. 그래서 교회가 먼저 그리스도를 머리로 삼는 것이다. 교회가 결국 온 세상을 다스리고 모든 만물은 그리스도의 머리 아래로 복종되는 것이다. 그 분의 발아래 복종하는 것이다. 하나님은 그리스도를 만물의 으뜸으로 세우셨다. 그분이 만물의 으뜸이시다. 이것이 하나님의 영원한 뜻이다. 오늘 교회가 먼저 그리스도를 머리 삼지 않으면 하나님의 경륜과 뜻은 저지를 받게 된다. 따라서 성령의 권위가 세워지지 않으면, 즉 그리스도의 머리되심이 행사되지 않으면 교회의 간증은 없게 된다. 우리가 그리스도의 몸을 세우는(건축하는) 사역자들로 부르심을 받았을진대 성령의 권위를 세우는 일에 실패하면 모든 사역은 실패이다.

바울의 말한 그리스도의 몸의 사역이 지금 어디에서 이루어지고 있는가? 그리스도의 몸을 세우고자 하는 사역은 과연 어디에서 수행되고 있는가? 오늘 우리가 전하는 말씀은 하나님의 뜻과 영원한 경륜과 관계가 있는 것이다. 이러한 경륜과 목적을 보고서 일어난 무리가 없으면 하나님의 뜻은 제한을 받게 된다.

지금부터는 구체적으로 말하겠다. 그리스도가 머리가 되시고 그분의 몸이 머리의 다스림이 아래 있을 것이 아닌가? 머리의 다스림은 개개인에게는 어떻게 임하는가? 머리의 다스림은 각 성도에게 어떻게 나타나는가?

어떤 사람들은 "나는 사람을 따르지 않고 성령을 따른다"라고 말한다. 여러분들은 성령을 따르는가? 성령을 따른다고 할 것이다. 그러나 이것은 그렇게 간단한 말로 대답할 수 있는 것이 아니다. 성령을 따른다고 하는 것은 그리스도의 머리되심 즉 성령의 권위에 굴복하는 것을 의미한다. 권위를 모르는데, 거기에 순복이 무엇인지를 모르는데 어떻게 성령을 따르는가? 두려워함도 떠는 것도 없고 그리스도를 경외함도 없는데 어떻게 성령을 따르나? 이것은 가능한 것이 아니다.

성도마다 성령을 따른다고 하는데 당신도 성령을 따르고 나도 성령을 따르면 서로 하나 되어야 하는데 서로 나누어진다. 그것은 성령을 따름, 곧 그리스도 안의 자유를 육체의 자유로 삼는 것 외에 아무 것도 아니다. 사람들은 거역의 영으로 성령을 따른다고 말한다. 따라서 이 땅에서 그리스도인들이 서로 이렇게 주장하며 나누어지고 분열하며 당짓는 일을 한다면 영원히 그리스도의 몸은 일치될 길이 없다. 성령은 성도들을 하나되게 하며 서로를 평화롭게 하는 것이지 나누며 쟁투하게 하는 영이 아니다. 진정 성령을 따르는 자라면 지체들 안에 운행하며 권면하는 성령의 권면과 교통에도 순복하는 것이다.

따라서 진정 성령을 순종하는 자가 되려면 내적으로 주님의 인도를 따르는 것을 배워야 하고 그 다음에는 지체를 통해서도 주님이 인도하신다는 것을 배워야 한다. 즉 몸의 인도가 있는 것이다. 사도행전 9장에서 바울이라는 사울이 주님을 만났을 때 하늘부터 음성이 있었고 주님을 만났다. 그 다음 그는 눈은 떴으나 앞을 보지 못하고 사람의 손에 이끌려 다메섹으로 들어갔다. 앞을 보지 못한 채 사흘간 식음을 전폐하고 기도를 하게 되었다. 그때 그의 눈을 뜨게 한 자는 아나니아라는 형제이다. 성경에 단 한번 나오는 작은 성도이다. 주님이 사울에게 보냈다. 네가 가서 사울을 안수하라고 하셨다. 사울은 그의 안수를 받고 눈을 뜨고 성령이 충만하게 되고 음식을 먹게 되었다. 바울은 이렇게 구원 받을 때부터 주님의 음성을 들었을 뿐 아니라 지체의 소중함을 알게 된 것이다.

요한복음 11장에서 예수님은 죽은 나사로를 살리셨다. 나사로야 일어나라는 주님의 음성을 듣고 처음에 나사로는 죽은 시체에서 일어날 때 묶여서 나왔다. 그 다음에 주님이 직접 풀어 주신 것이 아니라 주님이 일으키긴 했는데 풀어 준 것은 다른 사람들에 의해서이다. 지체들이 풀어준 것이다. 이것이 비밀이다. 이 시대는 몸의 시대이다. 개인주의는 길이 없다. 몸을 보아야 이 시대에는 좋은 그리스도인이 된다. 몸을 알고 몸 안에서 생활해야 하나님의 표준에 이르는 그리스도인이 된다. 사도행전 13장에도 다섯 명이 안디옥 교회에서 기도하고 있었다. 그들은 선지자와 교사였는데 거기에는 바나바와 사울이 있었다. 성령께서 그들에게 바나바와 사울을 따로 세우라고 했다. 그때 그들을 이방에 사역을 위해 보낸 것은 안디옥 교회이다. 안디옥 교회의 다섯명의 선지자와 교사들이 그 두 사람을 보낸 것이다. 바나바와 사울, 그 두 사람이 직접 성령의 계시를 받고 떠난 것이 아니고 여럿이 함께 주님을 섬길 때 주님의 음성을 들었으며 성령의 인도를 받고 나아간 것이다.

나 개인이 인도가 있고 또 교회가 인도가 있다 할 때 그것이 일치가 될 때는 좋지만 일치가 되지 않을 때는 어떻게 하는가? 개인에게도 성령의 인도가 있을 때가 있지만 틀릴 때가 있다. 교회를 대표하는 많은 성도들이 함께 기도하고 인도를 받을 때도 행여 그것이 틀릴 때도 있다. 또 맞을 수도 있다. 그러나 개인과 단체의 인도 중에 어디가 더 정확한가 할 때 단체인 것이다. 단체가 개인보다 더 안전한 것이다. 여러 형제들이 교통할 때 개인이 주님의 인도를 받았다고 하는 것 보다 여러 형제들의 이야기가 더 옳을 가능성이 크다. 왜냐하면 주님은 두 세 사람이 모인 그들 중에 함께 하신다고 하셨다. "두 세 사람이 내 이름으로 모인 곳에는 나도 그들 중에 있느니라"(마 18:20). 주님은 많은 형제들 가운데, 교회 가운데 그분 자신을 두시기를 기뻐하신다. 그렇기 때문에 몸에 대한 반대는 무엇이라고 했는가? 개인이다. 그래서 오늘 날 우리가 그리스도의 몸의 길을 걸어가려면 개인주의가 없어져야 한다. 그래야 몸이 생활이 나온다. 우리의 체험 가운데도 많은 문제들을 몸 가운데, 형제들과 교통 가운데 해결할 때 개인의 생각보다 훨씬 뛰어난 결론을 얻을 때가 얼마나 많은지 말로 다 헤아릴 수 없다.

바울이 디모데 전후서에서 디모데에게 권한 것이 있다. 디모데전서 1장 3절에서 "내가 마게도냐로 갈 때에 너를 권하여 에베소에 머물라 한 것은...". 디모데후서 4장 9절에는 "너는 어서 속히 내게로 오라"고 했고 12절에는 "두기고는 에베소로 보내었노라"고 했고 21절에는 "겨울 전에 너는 어서 오라"고 했다. 디도서 1장 5절에는 바울이 디도를 인도한 것이 있다. "내가 너를 그레데에 떨어뜨려 둔 이유는....". 바울은 디모데나 디도에게 이렇게 했는가? "너도 성령을 따르는 사람이고 나도 성령을 따르는 사람이기 때문에 나는 네가 에베소에 있는 것이 좋다고 생각하는데 기도해보라, 겨울 전에 내게로 왔으면 좋은데 너 기도해 보고 금식해 보라 아마 틀림없이 주님이 내게로 오라고 할것이다. 디도에게 너는 그레데에 있는 것이 좋다고 생각하는데 너 기도하고 성령의 인도를 간구해 보라 아마 틀림없이 주님이 그렇게 말씀하실 것이다." 과연 바울은 이렇게 했는가? 여러분들은 바울이 행한 사역을 이해하는가? 이 비밀을 아는가?

오늘날 어떤 사람들은 "우리는 성령을 따라야 합니다. 성령을 따르십시오. 사람의 말을 듣지 마세요"라고 한다. 그런데 바울은 너는 내게로 오라! 겨울 전에 내게로 오라고 했다. 기도해 보고 오라고 하지 않았다. 성령을 따라서 내게로 오라고 하지도 않았다. 어떻게 생각하는가? 이 시대에 머리의 다스림은 각 사람에게 어떻게 나타나는가? 이것을 아는 것은 간단한 것이 아니다. 무조건 각자가 성령을 따르는 것이 주님의 인도를 따르는 것인가? 아니다. 어떤 사람들은 무조건 사람을 따르면 안 된다고 한다. 그 말이 맞는가? 그것도 일부는 맞고 일부는 맞지 않는 말이다.

물론 우리는 사람의 말을 무조건 따르라는 말이 아니다. 그러나 당시 동역자들은 바울의 말을 따랐다. 우리는 어떻게 해야 하는가? 성경에서는 디도가 바울의 말을 따랐다고 하고 디모데는 바울의 말에 무조건 순종했다고 하고, 기도 할 것 없이 바울의 말에 따라 그냥 갔고, 또 각 개인에게 성령을 따르라고 하고 그러면 우리는 어떻게 해야 하는가? 그렇기 때문에 육체적인 사람은 영적인 것을 알 수가 없는 것이다. 신령한 것은 신령한 것으로 분별한다고 했다. 사도행전 9장에서 주님은 바울에게 직접 말씀하신 것이 있다. 그리고 그는 혈육과 의논하지 않고 다음 행보를 걸었다. 분명 사람을 따르지 않았고 먼저 사도된 자들을 찾지도 않았다. 그러나 그는 작은 형제 아나니아를 통해서 도움을 받는 것이 있었다. 디도는 바울이 그레데에 있으라고 해서 있었다. 이런 모든 것이 다 머리를 통한 것이라면 맞는 것이다. 그것을 우리는 어떻게 이해 할 수 있는가? 그것을 어떻게 알 수 있는가? 다 몸의 이상에 있고 그 몸에 연결 되어 있다면 알 수 있다. 그리스도의 몸이라는 것은 하나의 실제이기 때문에 알 수 있는 것이다. 그래서 여러분과 우리는 몸의 생활을 하고 개인주의적인 일을 버려야 하는 것이다. 함께 몸 안에 있음을 인식해야 하고 범사에 교회에 묻는 것을 배워야 하고 자기의 주장을 내세우지 말고 순종하기를 배워야 하는 것이다. 그러기에 몸은 십자가로 우리의 육체와 자아 생명을 십자가에 못박은 연후에 나오는 것이다. 아직 육체 안에 사는 자들은 몸의 실제를 살아낼 수 없다. 나도 당신도 성령 안에서 자신이나 육체의 소욕을 못박고 살때에서야 피차 몸 안에서 주시는 성령의 인도를 자연스럽게 받아들일 수 있다.

여러분 스스로에게 물어 보아야 한다. 나는 주장이 강한 사람인가? 순종을 잘하는 사람인가? 나는 양같이 잘 따르는 사람인지 염소 같이 잘 치받는 사람인지 생각해 보라. 어떤 사람은 나는 말이 없는 사람이기 때문에 나는 어린 양 같다고 한다. 그런데 말이 없어도 속에 말이 있고 속에 주장이 강하고 그런 사람은 말을 하는 사람 보다 더 어려운 사람이다. 순종은 속에서부터 해야 하는 것이다. 순복하는 사람이 좋은 사람이다. 예수를 잘 믿는 사람이 좋은 사람이고 예수님을 잘 순종하는 사람이 좋은 사람이다. 여러 지체들과 잘 조화하는 사람이 좋은 사람이고 성도들과 함께 잘 지내는 사람이 좋은 사람이다. 혼자 다니는 것을 좋아 하는 사람이 있다. 교회에서 봉사하라고 하면 자기 혼자 해야 하고 함께 하라고 하면 취미가 없는 사람이 있다. 그런 사람은 좋은 사람이 아니다. 유다가 그러했다. 그는 복음서에서 뭐든지 살살 혼자 음흉한 방식으로 일했다. 그러다 주님을 파는 끔찍한 일을 저질렀다. 그러기에 자살도 감행한 것이다. 그는 다른 제자들과 어울리며 함께 하며 피차 순종하는 삶을 살지 않았다. 이 시대는 몸의 시대이기 때문에 함께 하는 것을 배워야 한다. 어떤 일을 하든지 순복하는 마음으로, 동역하는 마음으로, 따르는 마음으로 함께 하는 사람이 좋은 성도이다. 여러분은 주님이 기뻐하시는 성도, 주님이 칭찬하시는 성도가 되고 싶은가? 머리이신 주님에게 방해가 되고 문제가 되는 성도가 되고 싶은가?

여러분들이 머리이신 주님과 머리와 연결된 성도들에게 복종하고 순종하는 성도가 되어야 주님께서 머리의 다스림을 교회에서 수행하실 수가 있는 것이다. 교회 안에서 강한 주장을 갖고 있는 사람이 많으면 사람이 머리가 되고 그리스도가 머리가 되지 못한다. 라오디게아 교회가 그랬다. 거기에는 사람의 의견이 많았고 지식이 많아서 사람들이 다 안다고 하면서 주님께 굴복하지 않았다. 그래서 그 안에는 주님이 계시지 않았다. 주님은 그들의 문밖에서 두드리시며 나를 좀 영접해 달라고 하셨다. 그들이 스스로 교회라고 이름은 붙였는데 그 안에 주님이 계시지 않았다. 그들 가운데는 주님의 말씀과 가르침보다 사람의 의견과 교만한 자랑과 강한 주장이 지배하고 있었다. 모든 지체가 겸손하게 머리이신 주님께 엎드리는 자세를 갖지 않는다면 주님은 그들 가운데 그분의 머리되심을 수행하실 수 없다.

오늘날 교회는 주님을 머리로 세우는 일을 해야 한다. 교회 안에 그리스도의 권위가 있어야, 주님의 머리되심이 있어야, 성령의 권위가 세워져야 모든 육체가 처리되는 것이다. 그럴 때 그리스도의 다스림이 모든 지체에게 임하게 된다. 모든 지체가 그리스도를 따르게 된다. 바울이 디도를 명령하고 디모데를 명령한 것은 그리스도께서 머리의 지시로 인정하신 것이다. 그것들은 다 몸의 활동으로 인정이 된 것이다. 이것을 어떻게 알 수 있는가? 그것은 몸의 생활을 해본 사람들이 알 수 있다. 순종하는 가운데 몸의 생활을 영위해온 사람들은 그 실제를 알 수 있다.

교회 안에 권위가 세워져야 하는 것이다. 당시 고린도 교회에 문제가 아주 많았다. 갈라디아 교회도 문제가 많았다. 그러나 당시에 주님의 긍휼로 성령의 권위가 세워져 있었던 것이다. 우리는 당시 주님이 세운 종 바울이 권위라고 말할 수 있는지 모르겠다. 그러나 어쨌든지 여러 가지로 문제가 있고 잘못되어 있는 고린도교회를 꾸짖을 사람이 있었던 것이다. 교회에 간음이 있고 엉뚱한 가르침이 들어오고 했는데 그것을 바울이란 사도가 없었다면 다룰 길이 없었을 것이다. 그런 사도를 가지지 못했다면 당시의 교회는 미래가 없었을 것이다. 교회는 그냥 혼란 속에 휩싸여 끝날 판이다. 그럴 때 당시에 마귀는 극도로 역사를 했지만 교회의 어려움을 해결할 수가 있었다. 당시 하나님 앞에 서 있는 신실한 한 무리의 사역자들이 있었던 것이다. 바울 사도는 고린도 성도들에게 "내가 너희에게 매를 가지고 나아가랴, 사랑과 온유한 마음으로 나아가랴! 너희가 이런 사람을 내 쫓지 않았느냐" 하고 강하게 책망을 한 것이다. 그들이 바울의 서신을 읽고 회개했을 때 사도는 그들을 보듬어주고 위로해 주었다. 당시에는 이렇게 하나님의 권위를 통행시킬 수 있는 권위가 있었던 것이다. 여러분 이런 것을 생각해 보신 적이 있는가? 마귀는 오늘도 교회를 혼란시키려고 한다. 어떻게 하든지 교회를 분열시키고 무너뜨리며 끌어내리려고 한다. 어떻게 하면 사람들을 내게로 끌어들일까? 어떻게 하면 성도를 나눌까? 이것이 마귀가 하는 일이다. 어찌하든지 교회 안에 죄와 육체를 집어넣으려고 하는 것이다. 권위가 없다면 이러한 육체를 처리할 길이 없다.

교회는 모든 한 달란트 가진 지체들이 다 일어나서 기능을 발휘해야 한다. 그렇지 않으면 교회는 몇몇 지체들이 봉사와 일을 독차지하여 몸의 역할이 없게 된다. 몸이 나타나려면 모든 지체의 기능이 나와야 한다. 그러나 한 달란트 가진 지체들이 다 나오면 거기에 자연히 육체가 따라온다. 교회 안에서 육체가 처리되지 않으면 성령 안에서의 몸의 활동이 나오지 않고 머리이신 그리스도께 복종됨이 없다. 육체가 처리되려면 합당한 권위가 세워져야 한다. 오늘 날 교회가 이 땅에 존재할 수 있는가 없는가의 관건은 복음을 전하는가 전하지 않는가에 있지 않고 육체를 처리할 수 있는 합당한 권위가 세워졌는가 아닌가에 있다. 교회 안에 그리스도의 권위가 세워져 있으며 성령께서 권위로 세워져서 육체를 처리할 수 있는 길이 있다면 소망이 있고 그렇지 않으면 교회가 나타날 수 있는 길은 요원하다. 골로새서 3장의 한 새사람(그리스도의 몸)안에는 오직 그리스도만이 만유라고 했다. 그리스도가 만유가 되는 교회가 되려면 모든 육체는 처리되고 제거되어야 한다. "형제여, 그렇게 하면 안됩니다. 자매여, 자매는 반드시 그 강한 고집을 내려놔야 합니다. 자매는 남편과 가정의 제반사에 충실해야 합니다. 그렇게 자녀들을 방치하면 안됩니다." 이런 권면과 교정의 말을 들어야 한다. 물론 그렇게 말할 수 있는 권위자들은 그리스도의 생명 안의 합당한 삶 속에서 좋은 인도자들로 인정된 자들이어야 한다. 그러한 합당한 인도자들이 교회 안에 세워져 있다면 모든 지체들은 그들 속에 육체가 처리될 길이 있다. 육체가 처리되지 않으면 성령은 그분의 교회 안에서 출구를 얻지 못하신다.

우리가 생활하는 오늘 날의 교회 안에 성령의 권위가 세워진 것이 없다면 교회는 길이 없는 것이다. 여러분! 나는 구변이 없는 것 같다. 어떻게 말을 해야 할 줄을 모르겠다. 온 땅을 바라 볼 때 마음이 슬프다. 교회에 왜 장로들이 있는가? 사역자들은 왜 있는가? 그들 자신이 권위가 되지 않으면 그리스도의 교회에 통행시키기가 어려운 것이다. 당시에 바울이 없으면 그리스도의 권위가 고린도교회에 통행시킬 수단이 없었던 것이다. 바울이 싸운 것은 마귀 사탄이다. 바울은 자기 자신이 인도자가 되고 싶고 높임을 받고 싶어서 그렇게 한 것이 아니다. 그는 자신이 버림받아도 좋다고 말했다. 그렇다 하더라도 나는 여러분들이 진리에 서기를 바란다고 했다. 그렇게 자아를 버리고 자신을 십자가에 못 박고 교회 안에 진리만이 세워지기를 바라는 사역자들이 있었던 것이다. 오늘 날도 그런 사람들이 없다면 교회를 공격하고 무너뜨리려는 사탄을 대적해서 싸울 수가 없고 그리스도의 몸은 세워질 수 없다.

장로들은 왜 있고 사역자들은 왜 있는가? 교회 안에 그리스도의 권위가 세워지기를 원하는 것이다. 에덴동산에는 벽이 없었지만, 새 예루살렘엔 벽이 있다. 뱀이 기어들어오지 못하는 것이다. 교회는 구약의 성전처럼 경계선이 있고 벽이 있는 것이다. 새 예루살렘에는 성곽(wall)이 있다고 했다. 아무나 못 들어오는 것이다. 마귀나 귀신이나 죄가 들어오지 못하는 것이다. 장로들이 없고 사역자가 없고 권위가 없으면 마귀는 자유로이 들어오는 것이다. 귀신이나 마귀가 들어와도 처리할 길이 없는 것이다. 국가로 말하면 경찰도 없고 행정부도 없고 아무것도 없으니 강도가 날뛰게 되고 어떤 길도 없는 것이다. 그래서 하나님께서 교회에 장로들을 세우고 감독을 세우는 것이다. 디도서 1장을 읽어 보면 어떤 사람들이 잘못된 가르침을 가르치고 마땅치 않은 말을 하고 마땅치 않은 행동을 하고 게으름 피는 사람을 각 성에 장로들을 세워 그들을 책망하라고 했다. 디도에게도 말했다. 디도도 사역자이지 않는가? 너는 모든 권위로 그들을 책망하라고 했다. 디도서 1장 2장을 여러분들이 읽어 보시기 바란다.

오늘날 이렇게 하나님 앞에 엄중하고 거룩하며 선한 책망이 너무 없는 것이다. 따라서 사람들은 교회에서 함부로 행한다. 그래서 교회 안에 죄와 세상을 가지고 들어오고 자기의 애호를 가지고 오고 하나님의 성전에 있지 말아야 할 것을 가지고 들어오는 것이다. 하나님이 세우신 종들이나 사역자, 인도자들을 함부로 비방하고 훼방하며 순진한 성도들을 독 있는 말로 감염시켜 무너뜨리기도 한다. 그래도 그것을 처리할 길이 없다. 차마 말을 못하는 것이다. 뭐라고 하면 서운하다고 돌아가 버린다. 속에 있는 참된 말을 할 수가 없다. 그저 기다리다 어깨를 두드리며 몇 마디 좋은 말로 위로하고 만다. 그의 범죄와 거역과 훼방, 교회를 무너뜨리는 일도 처리하지 못하고 용인하게 된다. 이것이 교회인가? 이것이 하나님이 만족하시는 교회인가? 여러분들도 주님을 사랑하고 나도 주님을 사랑하는데 우리 한 번 말해보자! 이야기를 해 보시라! 우리는 이 시대에 어떻게 가야 하는가? 그리고도 우리가 하나님의 성전이라고 말할 수 있는 것인가? 왜 그런가? 교회에 하나님의 성령과 진리의 권위가 세워지지 않아서이다. 교회 안에 하나님의 권위가 세워지려면 우리 모두의 육체가 십자가에 못 박혀져서 모든 주장과 의견이 꺾어져야 하는 것이다.

우리는 다 야곱과 같아야 한다. 다 한 번씩 환도뼈가 부서져야 한다. 우리는 다 야곱 같아서 생명의 어린 과정을 거치지 않을 수 없다. 그 때 너나 할 것 없이 다 육체가 다스리고 자아가 중심이 되어 있다. 그러기에 교회 안에는 영적인 사람들이 중심이 된 인도직분, 즉 권위가 세워져야 하는 것이다. 그렇지 않으면 육체가 처리될 길이 없다. 그러지 않으면 다 자기 꾀가 나오고 다 자기 기질이 나오고 자기 궁리가 나오는 교회에서 주님이 머리가 되실 수 없다. 그런 교회에서는 주님이 왕 노릇 할 수가 없다. 모든 육체의 사람들은 다 환도뼈가 끊어져야 하는 것이다. 그래야 다 같이 아멘! 아멘! 하며 다른 형제에게 순종할 수 있고 여러 지체들과 교통하는 것을 배우고 함께 동역하는 것을 배울 때 그때 그리스도의 권위가 쉽게 통과 될 수가 있는 것이다. 교회의 장로들과 사역을 하는 사람들은 생명이 자라야 한다. 아론의 싹난 지팡이에는 왜 싹이 났는가? 모세와 아론을 거역하는 일이 있었다. 다 자기들도 모세와 아론 같이 사역자요 인도자라고 주장했다. 그 때 고라당의 거역의 사건이 일어난 것이다. 그때에 진정한 인도자가 누구인가? 진정으로 하나님이 세운 사역자가 누구인지 보자! 하는 것이다. 그래서 열두 지파의 족장들의 지팡이를 다 밤새 성소 안에 두었던 것이다. 밤새 성전에다 두었던 것이다. 그런데 다른 지팡이에는 싹이 나지 않았는데 아론의 지팡이에만 싹이 난 것이다. 싹이 났다는 것은 바로 부활과 생명을 말하는 것이다. 교회 안에는 함부로 거역해서는 안될 하나님의 권위가 있다. 그들은 부활로 권위가 있음을 나타내고 있다. 사람의 눈으로 볼 때는 그의 사역과 교회가 다 끝났다. 그런데 기묘하게 다시 부활로 살아나고 꽃이 피고 열매가 맺는다. 이것이 바로 참된 주님의 종의 역사이다. 그에게 권위가 있음을 성도들이 알아야 한다는 것이 민수기 17장의 교훈이다.

그리스도의 생명이 풍성하고 성숙할수록 거기에 권위가 있는 것이다. 교회의 인도자들은 생명이 자라야 한다. 생명이 없이 사람을 다스리려고 하면 거기에 인간적인 권위 밖에는 나오지 않는 것이다. 교회의 사역자나 장로들은 마땅히 생명 안에서 성숙해야 되는 것이다. 오늘 우리 가운데 교회 안에 합당하게 권위가 세워지지 않으면 우리의 교회는 미래가 없다. 교회에 합당한 성령의 권위가 세워지지 않은 것이다. 그렇게 되면 육체는 영원히 처리될 길이 없다. 그럴 때 우리는 사역을 아무리 힘들여 할지라도 실패인 것이다. 따라서 그리스도의 권위가 세워지는 것이 얼마나 중요한지 모른다. 일을 잘하고 열심이 있고 없고의 문제가 아니라 하나님의 교회에 권위가 세워지지 않으면 우리의 길은 없는 것이다. 통곡하고 무릎을 꿇고 애통할 수밖에 없는 것이다. 권위가 되는 사람은 권위를 아는 사람이어야 한다. 자신은 권위를 모르고 복종을 모르는데 다른 사람의 권위가 되려하는 것은 잘못된 생각이다. 사울은 하나님을 권위삼지 않으며 자기의 왕권만 지키기 원했다. 다윗은 하나님이 세운 권위를 아는 자였기에 합당한 권위자가 될 수 있었다. 진정 하나님의 백성 가운데 권위자가 되려면 권위를 알고 복종하는 자가 되어야 한다.

온 교회 안에 합당하게 권위가 세워지려면 온 교회가 온 지체가 다 야곱처럼 환도 뼈 힘줄이 끊어져서 주님께 무릎을 꿇고 순종하는 것을 배우고 지체들의 말을 들을 줄 알아야 하는 것이다. 자기주장을 버릴 줄 알아야 한다. 주장도 버리고 의견도 버리고 서로 순종하고 서로 배워야 하는 것이다. 백 여명이 되는 교회 안에 한 두 사람이라도 거역하는 사람이 일어나면 교회의 질서는 상당한 방해를 받는다. 교회를 무너뜨리는 자는 하나님이 그를 무너뜨린다고 하셨다(고전 3:17).

교회 안에 권위자가 세워지려면 각 교회의 인도자들은 생명이 자라야 한다. 인도자들이 권위를 집행할 때 영적이어야 하기 때문이다. 혈기로 하면 안되는 것이다. 디모데 후서 2장 24절에 "마땅히 주의 종은 다투지 않고 모든 사람에게 온유하며 가르치기를 잘하며 참으며 거역하는 자를 온유함으로 징계할지니...." 온유해야 되고 참아야 한다. 거역하는 자를 어떻게 다스려야 하는가? 온유해야 한다고 했다. 그렇기 때문에 인도자들은 함께 기도해야 하는 것이다. 혼자 나서지 말고 혼자 장로 직분을 수행하지 말아야 한다. 성경에서 장로들은 '장로회'라고 했다. 장로들의 모임 가운데 같이 기도 하고 같이 교통하고 그리고 어떤 일을 처리 하는 것을 주님께 구해야 하는 것이다.

지체와 머리와의 관계는 순종이고 지체들과 피차의 관계는 교통인 것이다. 이 두 가지는 몸의 생활에서 필수인 것이다. 머리에게는 순종이고 지체들과는 교통인 것이다. 내가 만일 입의 지체라면 나는 귀의 지체와 교통이 필요한 것이다. 우리는 들으며 말하는 것이다. 어떤 사람은 듣지도 않고 계속 말만 한다. 그런 사람은 개인주의자인 것이다. 지체는 입이면 입이고 귀면 귀지 입도 되고 귀도 되고 코도 되고 한 사람이 이것저것 다 되는 그런 사람은 없다. 신약의 지체는 하나의 지체인 것이다. 고린도전서 12장을 읽어보면 하나님이 모든 지체를 몸에 두고 어떤 사람은 입이고 눈이고 귀고 손이고 발이고 다 동역이 필요한 것이다. 내가 입이라면 다른 지체의 귀를 통해 들어가면서 또 다른 지체의 눈을 통해 봐가면서 얼굴도 살펴 가면서 말을 하는 것이지 들을 것도 없이 볼 것도 없이 자기가 입이라고 해서 혼자 말만 하면 안되는 것이다. 이 시대는 몸의 시대이다. 지체들과의 동역을 모르면 당신의 신앙 생활은 주님 앞에서 그렇게 좋지 않은 것이다. 그렇다면 당신의 영성을 자랑하지 말라!

나와 함께 하는 형제들이 있다. 어떤 일이 듣지 나 혼자 생각해서 하는 것은 거의 없다. 항상 형제들을 데리고 항상 형제들과 교통하고 최소한 서너 명의 형제들과 교제를 한다. 당신이 만일 지체라면 다른 사람의 특성을 받아들여야 한다. 반드시 다른 지체의 특성을 내 것으로 받아 드리는 것을 배워야 하는 것이다. 그것이 몸의 풍성인 것이다. 예를 들어서 생비릭 자매가 코라고 하고 강호익 형제가 입이라고 하자 코는 냄새를 맡는 것이다. 생비릭 자매가 '아 이것은 냄새가 좋지 않아서 먹으면 안 되겠는데' 하면 입인 강호익 형제는 '무슨 소리야 먹기 좋은 것 같은데' 라고 한다면 함께 동역을 해야 할 필요가 있다. 나는 냄새를 맡지 못하지만 생비릭은 냄새를 맡지 않는가? 그 지체가 냄새 맡은 것을 내가 맡은 것으로 안다면 나는 썩은 것을 먹지 않게 되는 것이다. 썩은 것을 먹고 배탈도 나지 않게 되고 고생도 하지 않게 되는 것이다. 주님이 우리를 이렇게 각각 다른 특성을 지닌 지체가 되게 하여 몸에 두신 것이다. 나는 울란바트르 형제들이 어떻게 하는지 잘 모른다. 여러분! 서로의 특성을 잘 받아들이는가? 하얼빈 성도들은 어떠한가? 무시하는가 존중하는가? 우리 서로 한번 생각해 보자! 여러분들이 서로 몸의 지체라면 다 기능이 있고 특성이 있다. 주님이 주신 것이 각각 다르다. 이것이 몸의 풍성이 되고 충만이 된다. 이것을 위해 십자가가 필수적인 것이다. 십자가를 모르고 십자가에 육체와 자아를 못박지 않으면 어떻게 다른 사람에게 자신을 내어줄 수 있으며 다른 사람의 것을 내 것으로 받을 수 있겠나!

오늘 우리가 몸을 알지 못하면 교통을 알지 못한다. 혼자 발도 되고 손도 되고 입과 귀와 눈이 되는, 그런 사람들은 길이 없다. 모든 지체가 다 교통할 수 있지만 몸 전체를 위해 최종 결정을 내리는 지체가 있다. 사도행전 15장에 예루살렘 교회에 회의가 있었다. 모든 사도와 장로와 교회가 다 모였다. 성경에서 유일한 회의가 있었다. 어떻게 회의를 했는가? 그들은 하고 싶은 말을 다 했다. 그런 후에 야고보가 오늘 날로 말하면 의장같이 결론을 내렸다. 그랬을 때 모든 사도와 장로와 모든 교회가 '아멘!' 하면서 기뻐했다.

결론

하나님은 한 개인에게 모든 계시를 다 주시지 않는다. 성경을 기록한 것을 보아도 그러하다. 성경은 바울의 서신만 있으면 다 되는 것이 아니다. 복음서만 하더라도 네 개가 있어야 완전하다. 하늘의 보좌는 하나이지만 피조물은 네 얼굴(네 생물)이 있다. 바울이 뛰어난 계시를 얻었지만 야고보나 요한이 있어야 완전하게 된다. 야고보서나 요한서신, 계시록의 보충이 없으면 바울의 뛰어난 계시조차 완전하지 않게 된다. 바울은 믿음을 강조하여 율법을 한쪽으로 밀쳐냈지만, 야고보는 사람들이 믿는다 하며 말로만 믿고 헛되이 믿는 죽은 믿음의 위험성을 보충해주어야 했다. 요한은 성경을 전체적으로 보충하기 위해 세워진 사도이다. 바울만 있으면 된다고 말하지 말라! 그렇다고 요한만 있어서 되는 것도 아니다.

교회인 우리에게는 한 개의 기초석이 아닌 열 두 기초석이 있음을 기억해야 한다(계 21:14). 열둘은 완전 숫자이다. 어떤 성도들은 마치 베드로나 바울 한 사람의 기초석 위에 교회가 세워져 있는 것처럼 착각한다. 그것이 바로 분열을 가져온다(고전 1:11-13). 주님은 이 땅에서 성도들이 반드시 함께 해야 길이 있게 하셨다. 마치 직소퍼즐(Jigsaw puzzle)처럼 주님의 말씀은 여러 사도들이 함께 해야 짜맞추어 완전케 되게 하신 것이다. 이것이 모세오경부터 요한의 계시록까지 66권 성경이다.

오늘 날 성도들도 그분의 몸인고로 그분은 여러 지체가 함께 맞추어보아야 그분의 뜻을 온전히 알 수 있게 하신 것처럼 그분은 여러 사람에게 당신의 그림을 조금씩 알려주시는 것과 같이 하신다. 따라서 우리는 개인의 주장과 교만을 내려놓고, 서로에게 있는 성령의 느낌과 생각을 내어놓고 맞춰보는 작업을 해야 하는 것이다. 이것을 우리는 교통이라고 한다. 성도들과 합당한 교통이 없이는 하나님의 뜻을 온전히 이해하고 이행하기 어렵다. 우리는 한 사람으로는 완전하지 않고 부족하니 반드시 다른 지체가 필요하다고 고백해야 한다. 이것이 이 시대의 성도들이 나아갈 길이다.

오늘 어떤 사람들은 한 사람에게 주신 계시가 마치 완전한 것처럼 외치고 선포한다. 성경의 퍼즐이 자신에 의해 완성되어 더 이상 다른 사람의 책이나 말씀이 필요 없다고도 말한다. 그러나 아무리 뛰어난 사도일지라도 그가 그리스도가 아닐진대 그가 홀로 받은 계시는 완전하지 않다고 말해야 안전하다. 다시 말하지만 하나님은 한 사람에게 모든 것을 주신 적이 없다. 바울이라 하더라도 그러했다. 오늘 날도 마찬가지이다. 다른 사람의 사역과 말씀이 더해지고 합해질 때 가장 뛰어난 사역자의 계시와 가르침도 온전케 되고 살아날 것이다. 교회사적으로 첨예하게 대립된 견해들이 있다. 우리가 오늘 날에 와서 분석해보면 칼빈주의든지 알미니안 교리든지 일부의 일리가 없는 것이 아니다. 환난 전 휴거의 교리와 환난 후 휴거의 교리도 그러하다. 모두가 다 훌륭한 성경교사들이었다. 그들의 모든 가르침에는 다 조금씩 일리가 있어 여러 학자들의 견해를 종합해야 완전하게 된다는 것이 역사의 교훈이다. 우리는 다른 지체들이 필요한 시대에 살고 있다. 그래서 오늘 날의 시대를 우리는 몸의 시대라고 한다. 더 많은 지체가 함께 할수록 축복이 더한다. 분열과 나뉨은 몸의 축복을 감소시키며, 고립과 개인주의는 영원히 길이 없음을 알기 바란다.

메시지 4 | 그리스도의 몸의 질서

신약성경에서 사도 바울은 교회가 그리스도의 몸이라고 했다. 신약의 절반 이상을 사도바울과 그 일행이 쓴 것이다. 그 만큼 바울의 사역이 성경에서 중요한 위치를 지위를 차지하고 있다. 하나님께서 바울의 충성됨을 보시고 많은 것을 맡기신 것이다. 그리스도의 몸에 대한 계시는 바울 자신이 말하기를 그 이전에 어떤 사람에게도 알리지 않았다고 했다. 그리고 이 비밀은 너무나 크다고 했다. 이것을 깨닫지 못하면 우리는 하나님의 영원한 뜻을 이룰 길을 영원히 알지 못하게 된다. 에베소서 1장을 보면 하나님의 뜻이라는 말이 많이 나오고 하나님의 경륜 이라는 말도 나온다. 하나님의 그 영원한 뜻을 어떻게 이루는가? 바울은 그리스도의 몸을 통해서 이루신다고 했다. 그러므로 오늘날 몸이 무엇인줄을 알지 못하면 개인적인 그리스도의 생활은 할 수 있겠지만 하나님의 영원한 뜻을 이루는 것과는 관계가 없게 된다.

그리스도의 몸이 무엇인가? 그 몸은 어떻게 건축되는가? 그 본질은 무엇인가? 바울의 계시에 따르면 예수 그리스도의 죽음과 부활 승천의 모든 역사가 그의 몸을 만들어 냈다고 했다. 하나인 몸, 모든 성도가 다 그리스도 안에서 하나가 되었다. 그런데 에베소서에서만 몸을 말한 것이 아니라 바울이 쓴 모든 성경이 다 이 몸의 계시의 통제를 받은 것이다. 여러분이 로마서를 보아도 죄인이 의롭다 하심을 받고 성화를 말하는 책이지만 12장부터 보면 그리스도의 몸을 말하고 있다. 결국 그리스도의 모든 역사가 몸으로 귀결된다는 것이다. 우리 많은 사람이 각기 다른 직분을 갖고 있지만 모두가 그리스도의 한 몸이라고 했다. 그리고 여러 가지 각각 다른 직분을 열거했다. 예언은 믿음의 분수대로 하고 다스리는 자는 부지런해야 하고 여러 가지 은사를 말하면서 이렇게 우리가 받은 은사가 다르지만 그리스도 예수 안에서 한 몸이라고 한 것이다. 이것이 로마서, 고린도 전서, 고린도 후서, 빌립보서, 골로새서 등 다 마찬가지이다.

바울 사도는 그의 모든 서신에서 그리스도의 몸이라는 이상의 통제를 받고 있다. 고린도전서 11장 12장을 보면 "몸은 하나인데 많은 지체가 있다. 만일 발이 이르되 나는 손이 아니니 몸에 붙지 아니하였다 할지라도 이로 인하여 몸에 붙지 아니한 것이 아니요.." 몸 가운데는 분쟁이 없다고 말한다. 13장에 사랑의 말씀이 있고 14장에서는 교회에서 어떻게 집회를 하는가? 예언은 어떤 은사이고 방언은 또 어떤 은사인 것을 말하고 있는데 이것이 다 그리스도의 몸에 관한 것이다. 13장도 별도로 사랑만을 말하는 떨어진 장이 아닌 것이다. 오래 참으라, 많이 견디고 모든 것을 바라라고 하는 모든 것이 사실은 몸의 생활을 말하고 있다. 12장이 몸에 대한 것이고 14장이 교회의 집회에 관한 것이다. 그 중간에 있는 은사를 발휘하는 것에 관하여 13장은 사랑으로 하라는 것이다. 그렇기 때문에 그리스도의 몸을 모르면 바울의 서신을 깊이 있게 이해할 수 없다. 심지어 디모데전서 후서도 그리스도의 몸에 대한 것이다. "이 집은 살아계신 하나님의 교회요 진리의 기둥과 터이니라" (딤전 4:15 下). 거기에 장로들이 있고 집사들이 있는, 이것이 다 그리스도의 몸에 관한 것이다.

오늘 우리가 이 그리스도의 몸의 길을 걸어가지 못한다면 우리는 이 시대에 그리스도인으로서 하나님을 기쁘시게 하는데 미치지 못한다. 오늘 우리는 우리의 그리스도인의 노정을 위하여 매우 중요한 이야기를 하고 있다. 예수 그리스도는 십자가에 죽고 피 흘려서 우리의 죄를 사하셨을 뿐 아니라 부활하셔서 생명을 주시고 승천하셔서 성령을 부어주셨는데 이것이 다 우리를 그리스도 안에서 한 몸이 되게 하기위해서이다. 이것이 고린도전서 12장 13절의 말씀인 것이다. "우리가 유대인이나 헬라인이나 종이나 자유자나 다 한 성령으로 세례를 받아 한 몸이 되었고 한 성령을 마시게 하셨느니라" 오순절에 부어진 성령은 결국 한 몸을 이룬 것이다. 그리스도께서 승천 하셔서 우리를 위해서 중보하실 뿐 아니라 그분은 교회의 머리가 된 것이고 우리는 그분의 몸이 된 것이다. 이 몸의 생활을 위하여 가장 중요한 것은 머리인 것이다. 머리에 대한 인식인 것이다.

누가 머리인가? 그리스도가 머리가 되셔서 그분의 머리되심을 행사할 때 모든 지체를 다 그분이 통제하신다. 그러나 머리와 몸의 지체들만 연결된 것이 아니라 지체들도 서로 연결되어 있다. 어떤 사람이 머리이신 그리스도와 떨어진 것이라면 생명이 없으며 생명에서 끊어진 것이라면 지체들과 떨어진 것도 마찬가지이다. 따라서 우리가 몸의 생활을 한다할 때 그것이 간단하지 않은 것이다. 머리와 지체들이 하나이기 때문이다. 어떤 사람은 사람을 따르지 말라고 한다. 성령을 따라야지 왜 사람을 따르느냐고 한다. 그 말도 일리가 없는 것은 아니다. 천주교는 무조건 교회의 말을 들으라고 한다. 또 개신교의 어떤 사람은 다만 성령을 따르라고 한다. 여기에 다 일부 일리가 있는 것이다. 교회의 권위가 있는가, 없는가? 있다. 마태복음 18장을 보면 "네 형제가 죄를 범하거든 가서 너와 그 사람과만 상대하여 권고하라 만일 들으면 네가 형제를 얻은 것이요 ... 교회의 말도 듣지 않으면 이방인과 세리와 같이 여기라"고 했다. 이 구절들만 보더라도 교회의 권위가 없는 것이 아니다. 야고보서 5장에는 어떤 사람이 병이 들었으면 "교회의 장로들을 청할 것이요 그들은 주의 이름으로 기름을 바르며 위하여 기도할지니라"라고 했다. 왜 거기에서 사도 야고보는 병든 형제를 위하여 병 고치는 은사자를 불러 오라고 하지 않고 교회의 장로들을 오라고 했는가? 왜 기름을 부으며 기도하라 했는가? 그 병든 자가 자기의 지체로서의 위치를 떠난 것이며 따라서 기름부음을 잃어버린 것이다.

우리는 각기 지체로서 각자의 위치에 있어야 한다. 그럴 때 머리로부터 흐르는 기름부음을 받을 수 있다. 그러나 어떤 지체가 자기의 위치를 떠난 결과 기름부음을 잃고 병이 든 것으로 본다. 그리스도는 머리로서 모든 지체를 각각의 위치에 두고 하나님의 뜻대로 서로 동역하면서 몸의 규율대로 움직이게 하신 것이다. 한 지체가 그것을 떠날 때 기름부음을 잃는다. 이러한 말씀이 고린도전서 11장에도 있다. 어떤 사람들이 몸을 분변치 못한다는 것은 무엇을 뜻하는가? 몸을 분변치 못한다는 것은, 이 시대는 몸의 시대이므로 주님은 우리 각 개인을 구원하셔서 그리스도의 몸의 지체가 되게 하신 것을 순종하지 않고 위치를 떠난 행동을 하는 것이다. 어떤 지체든지 그 지체의 위치가 있는 것이다. 눈이면 눈, 코면 코, 입이면 입, 손이면 손, 발이면 발, 또한 다스리는 지체도 있다. 주님의 권위가 실행되게 하기 위해서는 주님께서 늘 각 개인을 지시하시는 것이 아니라 머리같이 다스리는 지체를 두어 다스리기도 하신다. 그러므로 모든 지체들은 주님의 성령의 인도를 받을 뿐 아니라 지체가 지체에게 하는 인도를 순종하는 것도 있는 것이다.

바울이 디모데에게 너는 겨울이 되기 전에 어서 내게로 오라고 했다. 바울은 디모데에게 "너는 에베소에 머무르라"고 했지 네가 성령의 인도를 받아 에베소로 머물라고 하지 않았다. 바울이 디모데에게 이렇게 말할 수 있었던 것이다. 바울도 늘 머리와 교통이 있는 사람이다. 성령의 인도를 받는 사람이다. 디모데 또한 그러했다. 그렇기 때문에 바울이 디모데에게 말할 수 있는 것이다. 이 몸을 알지 못하면 우리는 갈 길이 없다. 왜냐하면 우리는 다 흩어진 돌들이 아니다. 우리는 건축된 돌인 것이다. 성전처럼, 위에 돌도 있고 아래의 돌도 있는 것이다. 우리에게는 권위가 되는 지체가 있다. 주님의 말씀도 순종하고 권위가 되는 지체의 말도 순종하는 이러한 것이 교회인 것이다. 그런 권위가 없어야 한다면 교회에 장로는 왜 세우겠는가?

진리가 정확하지 못하면 혼란이 온다. 그러면 무조건 사람의 말만 듣느냐? 그것도 아니다. 그러나 합당한 몸의 지체로서 하나님이 정하신 위치에서 움직이는 지체들의 말을 듣는 것이 성령을 따르지 않는 것이 아니라는 것이다. 그렇기 때문에 하나님은 바울을 구원할 때 주님이 직접 말씀하셨지만 아나니아를 보내서 지체의 도움을 받게 한 것이다.

야고보서 5장에서 왜 병든 지체에게 기름을 부으라고 하셨는가? 기름부음이 떠났기 때문인 것이다. 시편133편을 보면 기름부음이 아론의 머리로부터 흘러내린다고 했다. 그 시가 성전에 올라가는 노래인 것이다. "형제들이 연합하여 동거함이 어찌 그리 선하고 아름다운고"라고 했다. 그 아론의 머리로부터 기름부음이 수염으로부터 옷깃으로 흘러내린다는 것이다. 그것이 하나의 그리스도의 몸을 말하는 것이다. 모든 지체들이 제 위치에 있을 때 머리이신 그리스도로부터 기름이 흘러 내리는 것이다. 오늘 날 우리의 교회생활이 중요하지 않은 것이 아니다. 그리스도의 몸이 중요하지 않은 것이 아니다. 여러분 옆에 지체가 중요하지 않은 것이 아니다. '나는 성령을 직접 따르테니 너도 성령을 직접 따르자'라고 하는 것이 아니다. 우리는 피차 연결되어 있다. 여러분 안에 성령과 우리 안에 성령이 같은 성령인 것이다. 그렇기 때문에 우리가 온전하다면 서로서로 교통이 이루어지는 것이다. 그리고 거기에는 나보다 앞선 사람이 있는 것이다. 내가 마땅히 들어야할 사람, 순종해야 할 사람이 있다. 이렇게 주님은 각 사람에게 위치를 정해주신다. 이것이 어긋날 때, 기름부음이 흐르지 않을 때 그때 병이 발생하고 사람이 약해지는 것이다. 몸에 흐르는 기름부음이 끊어지는 것이다. 이것은 우리의 영육 간에 실제이다. 그래서 모든 성도들은 몸 안에서 자기의 주장을 내려놓고 정말 한분 그리스도만 머리삼고 그분의 머리되심을 주의해야 한다.

교회 안에서 권위 된 사람들과 앞서서 인도하는 사람들은 자신에게 권위가 있는 것이 아니라 권위를 통행시키는 것임을 알아야 한다. 더욱더 무릎을 꿇고 더욱더 기도하고 주님의 뜻을 묻고 그러면서 한마디 한마디 해야 한다. 우리는 이 시대가 몸의 시대라는 것을 알아야 한다. 주님은 각 사람을 몸의 위치에 합당하게 두셨다. 거기에 질서가 있고 규율이 있다. 마귀는 자기 지위를 떠난 천사이다. 성도들은 하나님이 주신 위치에 아름답게 있어야 한다. 팔이 제 자리에 붙어있을 때 피도 흐르고 신경도 흐르는 것이다. 그런데 이것이 어느 날 이 팔이 머리에 직접 붙고 싶다고 위치를 벗어난다면 그 다음부터 피와 모든 몸의 신경계가 통하지 않게 된다.

고린도전서 12장 26절은 이런 말씀이 있다. 만일 한 지체가 고통을 받으면 모든 지체도 함께 고통을 받고 한 지체가 모든 영광을 얻으면 모든 지체도 함께 즐거워한다고 했다. 이것은 바울이 한 말이다. 이것은 매우 비밀스러운 말이다. 한 지체가 영광을 받으면 다 즐거워한다는 것이다. 왜 우리는 다 한 몸으로 붙어 있기 때문이다. 한 사람이 고통을 받으면 모든 지체가 고통을 받는 것이다. 여러분 울란바토르 교회가 있고 다르항 교회가 있다. 교회를 어렵게 하는 것은 간단하다. 한 지체가 위치를 떠나서 자기주장을 내세우고 교회의 흐름과 따로 계속 가면 모든 지체는 고통을 받는다. 그러면 반대로 한지체가 생명을 얻고 고통 속에서도 부활을 체험하고 주님을 더 얻고 변화되고 그리스도의 승리를 체험하면 온 몸이 그 지체를 통하여 공급을 받는다. 여러분이 오늘 이 일을 하고 저 일을 하는 것이 매우 중요하지만 하나님이 보실 때는 지금 이 시대에 가장 중요한 봉사는 여러분이 생명을 얻고 몸에 생명을 공급하는 것이다. 왜인가? 다 몸으로 피차 연결되어 있기 때문이다. 여기 팔에다 영양주사를 놓으면 발에다 주사를 놓지 않았는데도 온 몸으로 영양이 흘러가는 것이다. 이것이 바울이 말한 바 그리스도의 몸이다.

여러분들이 지금까지 개인주의적인 의식이었다면 아직 몸의 인식이 없고 서로 연결되어 있다는 의식이 없고 우리가 한 몸이라는 인식이 없는 것이다. 쉽게 말해서 돈으로 말하면 이해가 잘 갈 것이다. 우리가 전에는 다 개개인의 통장이 있었다. 내가 돈을 벌면 내 돈을 버는 것이다. 영적으로 내가 성장하면 내 통장에 돈이 많아진다. 내가 자라서 이기는 자가 되고 내가 성장하고 다 나를 위한 것이다. 다 나 밖에 모른다. 이것이 과거의 인식이라면 여러분들이 이번 집회를 통해서 변화되고 성장하여 통장이 오직 하나 밖에 없다고 말해야 한다. 귀옥 자매가 돈을 벌어도 몸이라는 통장에 돈이 들어오고 순옥 자매가 돈을 벌어도 몸이라는 통장에 돈이 들어간다. 암갈랑 형제가 돈을 벌어도 몸이라는 통장에 돈이 들어가서 결국은 이 몸이 부요해 지는 것이다. 에베소서 4장에는 그리스도의 장성한 분량에 이르기까지 그 몸이 자라난다고 했다. 각 지체가 분량대로 역사해서 그 몸을 자라게 한다고 했다. 오늘날 많은 사람들이 내가 코인데 내가 자라야 되겠다. 코가 자라기 시작하면 코만 긴 것이다. 나는 나의 목만 길게 자라야 되겠다고 하면 기린이 될 것이고 나의 입만 자라야 할 것이라고 한다면 하마 입처럼 될 것이다. 많은 사람이 몸을 위해 자라는 것을 모른다. 에베소서에는 각 지체가 개별적으로 자라는 것이 아니라 몸이 자란다고 했다. 각 지체가 분량대로 역사하여 몸을 자라게 하여 머리이신 그리스도까지 자라난다는 것이다. 몸은 하나이기 때문인 것이다.

결과적으로 몸의 생활이 아니면 개인주의가 처리될 수 있는가? 개인의 의견과 개인의 기질은 절대 처리되지 않는다. 부천에 온 한 자매가 처음에 교회에 올 때에는 완전히 개인이었다. 그러던 중에 여러 지체들이 옆에 붙어있게 되었다. 그때부터 어려움은 시작되고 고민이 시작되었다. 내가 왜 여기에 왔는가? 왜 여기에 와서 이런 고통을 당해야 하는가? 왜 저 지체는 이상하게 생겨 내 옆에 붙어있는가? 저 사람은 나를 괴롭게 하기위해 태어난 사람인가? 내가 계속 지켜보는데 그러면서 그 자매의 특성이 하나씩 하나씩 부서져 가는 모습을 볼 때 마음이 아팠다. 나는 한동안 정말 고민을 했다. 정말 저 개성이 강한 분들이 하나 될 수 있을까? 개인으로는 정말 주님을 사랑하는데 기질이 너무 강한 것을 보았다.

여러분들이 알아야 할 것이 있다. 그리스도께서는 결국 머리가 되신다. 그 분은 만유의 머리이시다. 그러기 전에 먼저 그리스도는 교회의 머리가 되시는 것이다. 지금 우리가 교회에 존재하는 것은 그리스도의 머리되심 곧 그분의 권위가 흐르게 하기 위해서이다. 그것이 우리의 사역이요 섬김이다. 사탄이 각 사람에게 다 자아 중심, 개인주의로 만들어 놓았다. 이것을 다 깨서 한 몸이 되게 하려니 그것이 얼마나 어렵겠는가? 성도들 속에 딱딱한 것이 있다. 그런데 어떻게 저렇게 부드럽게 되는가? 바로 맷돌인 것이다. 온 몸은 머리로 귀결된다. 몸 자체에 생명이 있다고 생각하면 안 된다. 요한일서 5장11~ 12절 "또 증거는 이것이니 하나님이 우리에게 영생을 주신 것과 이 생명이 그의 아들 안에 있는 그것이니라", 자, 하나님이 여러분과 우리에게 영생을 주셨는데 여기서 그 뒤에 무슨 말이 있는가 하면 "그 생명이 아들 안에 있는 그것이니라"고 했다. 그 다음 12절에는 "아들이 있는 자 에게는 생명이 있고 하나님의 아들이 없는 자 에게는 생명이 없느니라"고 했다. 이 생명이 아들 안에 있다는 것이다. 이 아들을 놓쳐 버리면 생명이 없다는 것이다. 우리에게 주신 영생은 여전히 아들 안에 있는 생명이다. 아들이 있는 자는 생명이 있다고 말했다. 몸은 머리에 의해서 밖에는 모든 역사가 집행될 수가 없는 것이다. 모든 지체가 머리를 붙들어야 하고 우리의 사역은 모든 지체가 연결되고 모든 지체가 머리에 붙도록 머리의 권위에 굴복하도록 하기 위한 사역인 것이다. 여러 말들을 많이 하지만 우리의 말은 한가지이다. 그것은 그리스도께서 머리이시고 그분으로부터 생명이 각 지체에게 흐르도록 하는 것이다. 몸은 하나의 비유도 아니고 추상적인 것도 아니다. 오늘 이 지구상에 있는 실체인 것이다. 여러분이 이 몸 안에 있을 때 생명 공급을 받는다. 치유도 거기 있고 은혜도 거기에 있고 변화도 거기에 있다.

여러분이 진정 머리를 붙든다면 보편적인 교회의 교통 외에 어떤 개인이나 별도의 단체와 직접적으로 특별한 관계나 특별한 감정이나 특별한 교통을 가질 수가 없다. 우리 지체들 간에는 서로 직접적인 왕래가 있어서는 안된다. 서로 지체들 간에 다 머리를 거쳐야 한다. 왜냐하면 머리에게 머리의 생명이 있기 때문이다. 머리를 떠나서는 생명이 없다. 아들을 떠나서는 생명이 없다!

몸의 생활은 추상이 아니다. 이것은 비유도 아니다. 이것은 오늘날 우리 가운데 있는 실제인 것이다. 만일 여러분들이 십자가로 여러분들의 천연적인 생명을 처리하고 정말 겸손하게 지체들과 서로 하나가 되고 모든 지체들과 교회 안에 세운 하나님의 권위와 질서를 존중하고 자기 위치를 지키며 그 안에서 합당하게 자라며 생활 한다면 기름부음은 끝까지 함께 하실 것이다. 여러분의 축복이 거기 있을 것이고 변화될 것이고 자라게 될 것이고 하나님이 그 사람을 축복하실 것이다. 주님께서 몽골의 교회들을 축복하시기 바란다. 나는 여러분에게 다시 한번 말하겠다. 여러분 개개인이 개인주의적인 영성을 버리시기 바란다. 여러분들이 생각할 때 교회 안에서 별것 아닌 것 같은 지체들이 있다면, 여러분들이 생각할 때 영적이지 않게 보이는 지체가 있다고 무시하지 말기를 바란다. "아 저 사람들은 완전 육이야 우리가 영이지" 하는 소리 하지 말라. 우리는 몸 안의 모든 지체들을 존중해야 한다. 내가 교회 생활 삼십년이 넘었다. 오늘날 까지 존경하지 않을 만한 지체는 없다. 그 속에 무언가 느낌이 다 있다. 여러분들이 주의하며 그들의 말을 깊이 주의해야 할 필요가 있다.

여러분들이 여러 지체를 무시하고 장로들을 무시하고 교회의 권위를 무시한다면 크게 후회할 것이다. 다 질서를 존중하고 순종하고 다 질서를 따르고 무엇이든지 물어 보고 해야 한다. 제가 십여 년 전에 불가리아를 갔었다. 내가 지금까지 성령의 임재가 가장 강력한 교회는 불가리아 교회였다. 그곳에는 모든 성도가 두려워하고 장로가 두 명이 있었는데 젊었다. 서른 한 살, 두 살이었다. 모든 형제자매가 장로들에게 물었다. "제가 오늘 바이올린 할까요? 오늘 예배 때에 사진 찍어도 될까요?" 하나하나 다 물어 보았다. 내가 이런 교회를 한국에서는 본적이 없다. 집회가 시작되었다 찬송이 시작되었는데 하나님의 임재가 강력한 것이었다.

나는 몽골의 여러분들이 더 굴복하고 더 겸손하고 하나님의 권위에 굴복하는 여러분이 되기를 바란다. 그럴 때에 하나님의 권위가 교회에 임하게 되는 것이다. 권위를 멸시하는 죄는 하나님이 기뻐하시지 않는다. 앞선 자를 멸시하는 죄는 하나님이 기뻐하시지 않는다. 부족하더라도 물어 보아야 한다. 가정도 마찬가지이다. 아내들아 남편들에게 복종하라고 하셨다. 성경에도 그렇게 말했다. 이렇게 말하지 않았다. 아내들아 훌륭한 남편에게 복종하라, 잘못한 남편에게는 복종하지 말라고 하지 않으셨다. 어떤 남편이든지 자기 남편에게 복종하라고 성경에서 말했다. 우리들의 장로는 육의 장로라 순종하지 않는다, 내 남편은 육의 남편이라 순종하지 않는다고 말한다. 여러분들이 정말로 이유를 들어서 순종하지 않으면 주님이 축복하지 않으신다. 수 년이 흘렀을 때 크게 후회할 것이다. 내가 과거에 정말 잘못했구나 하면서 크게 후회하게 될 것이다. 내 남편이 부족하더라도 순종하고 내 교회 장로가 부족하더라도 물어보고 순종해야 한다. 그래야 주님이 기뻐하시고 축복하신다. 똑똑하다고 생각하지 말라. 자기가 영적이라고 생각하지 말라. 하나님의 권위를 존중하고 하나님의 집에서 두려워 떨면서 행해야 여러분이 축복을 받는다. 그래야 교회도 축복을 받을 것이다. 교회를 비판하지 말고 인도자를 비판하지 말라. 이것은 절대로 하나님이 기뻐하지 않는다.

교회가 정말 확장되고 싶고 복음이 더 증가되고 싶고 강력한 하나님의 능력이 교회에 임하기를 원한다면 순종하고 하나님의 권위를 인정할 때 하나님의 능력이 임한다. 이것이 기묘한 비밀이다. 물어 보시라. 성경은 아내들아 남편에게 물어보라고 했다. 그러면 아내들은 아무것도 알지 못하는 남편에게 물어 보면 뭐하느냐고 할 것이다. 그런데 성경은 남편에게 물어보라고 했다. 교회에서도 장로들에게 아무것도 모르고 나만도 알지 못하는데 뭘 물어 보느냐고 할 것이다.

교회에 세운 여러분의 장로들을 부족하더라도 순종하고 물어보라 그러면 하나님이 기뻐하시고 축복하신다. 인도하는 자들도 근심으로 하게 하지 말라! 인도자들이 담대하게 말하도록 해야 잘하는 것이다. "말씀해주세요. 책망할 것이 있으면 저희를 책망하세요. 저희가 듣겠습니다."라고 해야 한다. 중국의 성도들도 이렇게 하시기 바란다. 몽골의 교회도 이렇게 할 수 있기를 바란다. 한국의 교회도 이렇게 되기를 바란다. 여러분의 인도자들을 자랑해야 하고 순종해야 하고 기뻐해야 한다.

하나님께서 이 시대에는 몸을 세워서 그 몸을 통해서 그분의 권위를 나타내려 하신다. 마귀의 혼란케 한 무질서를 교회를 통해 먼저 회복하고자 하신다. 교회는 이 일에 앞장서서 주님의 쓰임을 받고 있다. 몸은 하나의 성전처럼 질서가 있다. 건축하는 것에 있어서 위에 있는 것이 있고 아래에 있는 것이 있는 것이다. 에베소서 1장 22절은 그리스도가 머리이지만 로마서 12장에 보면 교회에는 다스리는 자가 있다. 고린도전서 12장에는 지체인 '머리'가 있는 것이다. "머리가 발더러 이르되 너는 쓸데없다 하지 말라"고 한 것이다. 그 머리는 그리스도를 말하는 것이 아니라 교회의 권위인 인도자를 말하는 것이다. 모든 지체가 다 똑같다고 하지 말라. 물론 우리가 주님 앞에 다 같은 지체이지만 직분에 있어서 다른 것이다. '하나님이 교회에 몇을 세우셨으니 첫째가 사도요 둘째는 선지자요 셋째는 교사요...' 이렇게 순서가 있고 세우심이 있는 것이다. 질서가 있는 것이다. 하나님은 어지러움의 하나님이 아닌 것이다. 첫째 날 빛을 창조하시고 그 다음에 궁창을 창조하시고 셋째 날 뭍이 들어나게 하시고 넷째 날에 광명을 창조하시고, 이렇게 하나님은 질서가 있으시다. 교회 생활은 너는 네 멋대로 나는 내 멋대로 하는 것이 아니다. 이 모든 혼란된 우주를 바로잡기 위해서 오늘 교회가 존재한다.

메시지 5 | 그리스도의 몸의 공급

오늘 와서 여러분들의 찬양을 듣고 예수 그리스도를 한번 생각해 보았다. 그분은 이천년 전에 이 땅에 계셨다. 33년을 사셨고 그 분을 보고 사람들은 슬픔의 사람, 예레미야 같다고 했다. 최후에는 그분이 우리의 죄인을 위해 십자가에 못 박혀 돌아가셨는데 모든 사람이 사랑할만한 분이시다. 그 분 때문에 여러분과 우리가 그리스도로 인하여 만난 것이다. 이십여 년 전에 주님이 나를 이 나라에 보내셨고 그분을 전하게 하셨다. 그 때 내 마음은 매우 설레었고 기뻤었다. 당시에 아무것도 없었던 황량한 이 땅에 그 귀한 예수를 전하게 하셨다. 그 때 내가 말한 것이 있다. 처음에 와서 여러분! 이 세상에 공산주의도 민주주의도 그 어떤 것도 여러분을 만족시키지 못한다! 그러나 예수를 만나면 여러분은 만족하게 된다고 했다. 제가 21년 전에 여기 왔을 때에 처음 전한 말씀이다. 지금은 여러분들이 많이 자랐고 오늘 말씀의 사역자인 형제들이 일어나서 전하는 말씀을 들을 때 주마등처럼 지나간 과거가 생각났다. 형제들이 어릴 때부터 보아 왔지 않은가? 처음에 주님께 붙잡혀 왔을 때부터 우리를 보아왔다. 이제는 여러분을 어디에 갔다가 놓아도 말씀을 잘 전하고 영적인 성장도 많이 가졌고 주님의 자랑과 영광이 되고 그런 모습들이 너무나 아름답다. 주님께 감사하고 찬양을 드린다(주일 아침 예배 설교를 몽골 사역자들이 전하였다- 편집자 주).

이번에 와서 내가 여러분과 주로 말한 것은 교회이다. 에베소서 말씀을 위주로 교제를 했다. 사도바울은 하나님의 뜻을 말한 사도이다. 에베소서

1장을 보면 그는 하나님의 뜻으로 말미암아 사도가 되었다고 했다. 그 기쁘신 뜻을 따라, 그 마음의 비밀의 경륜, 그 마음의 뜻대로 역사하시는 이의 뜻을 따라, 어쨌든 에베소서 1장은 비밀의 경륜이라든지, 하나님의 뜻이라든지 때가 찬 경륜이라든지, 하나님의 영원한 계획과 뜻, 그것을 말한 사도는 바울 밖에 없다. 에베소서에만 그리스도의 몸을 말한 것이 아니라 바울의 모든 서신이 그의 계시의 의하여 통제를 받고 있다. 하나님의 뜻은 이 교회와 관계가 있다. 그렇기 때문에 우리가 그리스도를 보아야 하고 교회도 보아야 한다. 우리는 눈이 열려서 이것을 보아야 한다. 어떤 사람들은 예수 그리스도를 우리가 알면 되고 교회는 우리가 하면 된다고 생각한다. 그러나 성경에서는 이 두 가지가 큰 비밀이라고 하였다. 에베소서 5장 32절에 "이 비밀이 크도다 내가 그리스도와 교회에 대해서 말하노라", 그리스도와 교회가 비밀인 것이다. 큰 비밀인 것이다. 에베소서 1장에 사도바울이 기도를 했다. "지혜와 계시의 정신(영)을 주셔서 하나님을 알게 하시고"라고 했다.

나는 오랫동안 하나님을 아는 것을 위하여 이 구절을 묵상하며 기도를 했지만 그런데 오랜 시간이 흐르면서 이 하나님을 안다는 것은 바로 하나님의 뜻을 알고 하나님의 계획을 알고 하나님의 비밀을 알고 그리스도를 알고 그리스도의 몸을 아는 것과 관계된다는 것을 알지 못했었다. 하나님의 뜻은 개인에게 있지 않다. 하나님은 우리 각 개인을 구원하지만 하나님의 뜻을 말하고 하나님의 뜻을 이루는 문제는 몸인 교회와 관련된다. 결국 하나님의 최종 목적은 만물을 그리스도 안에서 통일되게 한다(엡 1:10). 그 하나님의 뜻을 이루는데 있어서 하나님은 개인이 아니라 몸을 통해서 이루시려는 것이다. 그래서 그리스도를 머리로 삼으시고 이 땅에 몸을 두신 것이다. 그리고 그 몸에게 그리스도의 모든 능력과 그 분이 얻으신 그리스도 안에서 역사했던 능력, 부활의 능력, 승천의 능력, 만물을 정복하게 하신 능력, 그 지극히 크신 능력을 그 몸에 감추신 것이다. 그 뜻과 목적은 교회를 통해서 하나님의 뜻을 이루기 위한 것이다.

오늘날 많은 그리스도인은 개인적인 좋은 그리스도인만 되면 된다고 생각한다. 몸이 무슨 필요가 있는가 라고 생각한다. 그것은 바울의 생각과 너무나 다르며 성경과 너무나 다른 것이다. 그러므로 몸을 모르고는 자신이 어디에 있는지 그 위치를 모르는 것이다. 따라서 좋은 그리스도인의 생활을 할 수가 없다. 오늘 우리는 하나님의 뜻을 볼 수가 있어야 한다. 하나님은 우리를 그리스도의 몸의 한 위치에 어떤 지체로 두셨다는 것을 우리는 보아야 한다. 우리는 몸의 전체가 아니라 어느 한 부분이다. 그렇기 때문에 우리 성도들은 겸손할 필요가 있다. 그리스도만이 유일한 분이다. 머리는 하나이다. 그러나 우리 지체들은 여럿이다. '지체는 많으나 몸은 하나'라고 했다. 그러므로 성도들은 무엇이든지 혼자 하는 것을 좋아하지 말아야 한다. 함께 하는 것을 배워야 좋은 것이다. 눈이나 팔이나 손이나 다 지체이지 머리가 아니다. 성도들이 교회 안에서 전부가 머리가 되려고 하면 그 교회는 전망이 없다.

첫째는 여러분들은 구원을 받았을 뿐 아니라 몸을 알고 자신의 몸 안에서의 위치를 볼 수 있어야 한다. 내가 손가락이라고 하면 머리로부터 혈액의 공급이 있어야 하고 어깨나 팔을 거쳐야 한다. 에베소서 4장 16절을 보면 "그에게서 온 몸이 각 마디를 통하여 도움을 입음으로 연락하고 상합하여 각 지체의 분량대로 역사하여 그 몸을 자라게 하며 사랑 안에서 스스로 세우느니라."라고 했다. 나는 다시 한번 여러분에게 말하겠다. 우리가 한 지체라면 머리로부터 공급을 받을 때 직접 머리로부터 공급을 받는 것이 아니라 지체와 지체를 흘러서 받게 된다. 4장 15절에 말씀을 보면 "그는 머리니 곧 그리스도라"라고 했다. 16절에 "그에게서 온 몸이 각 마디를 통하여 도움을 입으므로(도움을 받는 다는 것은 공급을 받는다는 것이다) 연락하고 상합하여 각 지체의 분량대로 역사하여 그 몸을 자라게 하며"라고 했다. 마디를 통하여 공급을 받는다고 말한다.

정상적인 그리스도인의 지체라면 어느 날 바울처럼 내가 사는 것이 아니요 내 안에 그리스도께서 사신 것이라고 할 것이다. 그들은 더 이상 육체 안에 사는 것이 아니라 부활안에서 사는 사람들인 것이다. 그들이 바로 그리스도의 몸의 지체인 것이다. 그러므로 그들 서로 서로 생명이 흐르는 것이다. 때로는 지체를 통해 주님은 말씀하시는 것이다. 주님이 직접 다메섹 도상에서 사울을 부르셨지만 아나니아를 통해서 눈을 뜨게 하셨다. 머리이신 주님과 이 땅에 있는 지체들이 하나라는 것을 바울은 본 것이다. 사람들이 예수 믿는 제자들을 핍박했을 때 주 예수님이 하늘에서 말씀하셨다. "사울아 사울아! 너는 왜 나를 핍박하느냐?" 주님은 왜 나를 믿는자 들을 핍박 하느냐고 하시지 않고 '나'를 핍박하느냐고 했다. 이것은 하나의 몸에 대한 큰 이상인 것이다 하늘에 계신 그리스도와 이 땅의 그리스도인인 지체들은 '하나'인 것이다. 그들은 승천하신 그리스도의 몸인 지체인 것이다. 지금 머리이신 그리스도와 이 땅의 지체들은 하나인 것이다.

나는 육체 가운데 육체로 사는 성도들을 말하는 것이 아니라 성령 안에서 행하는 정상적인 그리스도인을 말하는 것이다. 우리가 손이라면, 손이 혈액을 공급 받으려면 어깨와 팔을 거치는 것이다. 그것이 몸의 비밀인 것이다. 어깨를 통할 필요가 없다. 팔을 통할 것도 없다. 직접 머리를 통해라, 이 말은 굉장히 옳은 말 같지만 그렇지 않다. 사람들이 그런 말로 많은 사람을 파괴한다. 진리가 밝아지면 모든 비 진리가 드러나는 법이다. 진리를 알려면 계시를 보아야 한다. 몸이라는 것이 무엇인지 그것을 볼 때라야 비진리를 분별할 수 있다.

진리가 없는 사람들, 계시가 없는 사람들은 흔들린다. 그것이 바로 어린아이이다. 어린아이는 교훈의 풍조에 밀려 요동한다. 오늘 우리가 진리를 가르치는 것은 그들의 생명이 자라도록 하는 것이다. 더 이상 어린아이가 되지 않고 많은 교훈의 풍조에 밀려 요동치 않게 하기 위한 것이다. 오늘날 많은 지체들이 머리와 몸의 관계를 모르기 때문에 많은 잘못된 말을 하고 많은 사람들이 손상을 당하고 있다. 몸과 머리와의 관계, 지체와 지체와의 관계는 비밀스럽고 매우 유기적인 것이다.

오늘 우리는 몸의 교통을 보자! 우리의 교통은 주님과 수직적인 교통이 있고 또 성도들과 수평적인 교통이 있고 또 사도들과도 교통이 있다. 이것은 요한1서 1장에 있는 말씀이다. 이 교통은(사도들과의 교통) 아버지와 그 아들 예수 그리스도와 함께 하고 그 교통은 한 교통인 것이다. 여기에 전등이 있다 하자. 이것은 발전소에서 보내주는 빛인 것이다. 어떤 사람들은 발전소로 직접 가자고 할 것이다. 그러나 발전소에 직접 가지 않아도 우리는 발전소의 전기를 누릴 수 있다. 이 형광등도 발전소에서 직접 매달고 저 형광등도 발전소에서 직접 매단다는 것은 가능한 일이 아니다. 다 전등간의 교통이 있는 것이다. 이것이 비밀인 것이다. 머리와 몸과 지체와의 관계는 유기적인 것이다. 수직적인 것이나 수평적인 것이나 다 하나의 교통인 것이다. 각 개인이 성령을 따르는 것이 있지만 지체와의 연결되어 따르는 것이 있다. 여러분들이 성령을 따른다고 하면서 다른 지체와 나누는 것은 어리석고 잘못된 것이다. 성도들과는 하나가 될수록 좋고 나눌수록 좋지 않은 것이다. 내가 몸 안에서 함께 된 지체와의 공급을 거절한다면, 그 관계를 절단한다면 그것은 머리이신 그리스도와 절단하는 것이다. 여러분은 이 사실을 기억하기 바란다. 왜냐하면 모든 지체는 머리와 직접 연결된 것이 아니라 지체들을 통해서, 마디와 힘줄을 통해서 공급을 주시기 때문이다. 여러분이 만일 공급하는 마디의 공급을 거절하면 머리의 공급을 거절하는 것이다. 그 마디란 무엇인가? 에베소서 4장 16절에 마디가 나온다. 그 마디는 결국 4장 11절에 나오는 사도, 선지자, 복음 전하는자, 목사, 교사 등 몸의 사역자들인 것이다.

그리스도의 몸에는 머리로부터 생명을 공급 받아서 성도들이 생명을 전달하는 기능을 가진 은사자들(마디)이 있어서 그들이 성도를 온전케 하고 사역의 일을 하게하고 그리스도의 몸을 건축하는 일을 한다. 마디가 무슨 필요가 있는냐? 다 일치하여 머리를 따르면 된다고 하지 말라! 만일 성도들이 주님이 은사로 주신 마디의 공급을 거절한다면 머리의 공급을 거절하는 것이며 지체들이 분량대로 역사하는 것이 없게 되고 몸의 성장이 없게 된다. 따라서 우리는 머리에 대해서도 독립할 수 없는 것이고 즉, 각 사람은 다 성령을 따라야 하는데 그뿐만 아니라 지체들에 대해서도 독립할 수 없는 것이다. 성도들은 마땅히 머리와 그리스도의 지체들은 하나라는 것을 보아야 한다.

에베소서 1장은 교회가 몸이라고 말하고 2장은 교회가 하나님의 걸작품이라 말한다. 우주 가운데 하나님이 하신 일이 많지만 교회 같은 것이 없다는 것이다. 죄와 허물로 죽었던 우리를 그리스도와 함께 살리고 너희가 은혜로 구원을 받았고 이 일을 전적으로 그리스도께서 하셨다는 것이다. 바울은 혹시 오해할까봐 괄호를 해서 이것 그리스도와 함께 살리신 것, 함께 부활한 것, 함께 하늘에 앉히신 것, 이 모두가 사람의 노력이 아니라 순전히 주님이 은혜로 하신 것이라고 말했다. 너희가 은혜로 구원을 받은 것이며 너희의 행위가 조금도 들어가지 않았고 따라서 누구도 자랑할 수 없다는 것이다.

2장 마지막 구절에 "너희도 그리스도 안에서 하나님이 거하실 성전이 되기 위해 함께 지어져 간다."라고 했다. 여러분들은 사도와 선지자의 터 위에서 세워진 것이다. 사도와 선지자는 무엇을 하는 사람들인가? 복음을 전하는 사람들이고 진리를 증거하는 사람들이다. 그들이 전하는 복음과 진리위에 터 위에 교회가 세워진다. 하나님의 거하실 처소가 되기 위해서 함께 지어져간다고 했는데 여기서 "함께" 라는 말이 매우 중요한 말이다. 에베소서, 고린도서, 디모데서, 심지어 사도행전까지 다 교회를 말하고 몸의 원리를 말하고 있다. 오늘날 여러분들이 몸의 원리를 모르면 하나님의 만족을 위한 그리스도인이 될 수 없다. 몸의 생활을 하고 지체의 생활을 하려면 다 복종해야 하고 다 순종해야 한다. 자신의 주장을 내려놓아야 하고 의견을 내려놓아야 하며 개인의 기질이 꺾어져야 하고 십자가가 진정으로 역사되지 않으면 절대로 지체가 그리스도의 몸의 지체가 될 수 없다. 못난 자아가 나와서 고개를 쳐들고, 자기주장을 내세우고, 자기가 잘났다 똑똑하다고 하는데서는 결코 몸을 볼 수 없다. 다 흩어진 벽돌들이고 흩어진 산돌들이다. 무더기인 것이다. 재료는 있지만 거기에는 성전이 없고 몸의 건축이 없다. 에베소서에서 가르쳐 주는 것은 우리 지체들이 함께 지어져 가야 하는 것이다. 구약의 성전처럼 신약의 산돌들도 함께 그분이 거하시는 성전이 되기 위해 지어져 가야 하는 것이다. 서로서로 연결되어야 하고 연락하고 상합해야 한다.

그리스도의 몸인 성전이 지어져야 하고 그럴 때 하나님이 그 안에 거하신다. 오늘날 누가 이런 생각을 하고 있나? 다 자기 혼자 잘 믿으면 된다고 생각하지 않는가? 누가 하나님이 거하시는 전이 건축되도록 영적인 성전이 건축되는 사역을 하는가? 성경에는 분명히 이런 사상이 있는데, 특히 에베소서에 기록되어 있는데 성도들의 머리 속에는 이런 사상이 없는 것이 아닌가? 그렇게 하고서 일생 하나님을 잘 믿었다고 하려 하는가? 그렇게 개인적인 신앙생활을 하고서 주님께 간다면 주님께 칭찬을 받을 수 있겠는가? 에베소서 3장을 보면 교회가 그리스도의 비밀이라고 한다. 그리고 바울은 내게 이 계시를 주셨다고 했다. 이전시대, 모세 시대에는 알려지지 않았다고 했다. 구약의 많은 선지자 시대에도 알려지지 않았다. 심지어 주님이 십자가에 돌아가시고 부활하셔서 한동안 베드로 요한도 사역을 했지만 그때 까지도 몸의 계시는 알려지지 않았다. 바울이 일어났을 때 그때까지 계시되지 않았던 그리스도의 비밀을, 그리스도의 몸에 대한 계시를 그에게 준 것이다. 이것이 3장의 말씀이다.

3장 5절은 말한다. 거룩한 사도들과 선지자들에게 성령으로 나타내신 것 같이 다른 세대에서는 사람의 아들들에게 알게 지 않으셨으니, 바울 그 이전에는 알려지지 않은 것이다. 9절, 영원부터 만물을 창조하신 하나님 속에 감취었던 비밀의 경륜이 어떠한 것을 드러나게 하려 하심이라, 이제 바울시대에 만물을 창조하신 하나님 마음속에 감추었던 비밀의 경륜이 드러났다는 것이다. 이것이 3장 전반부의 말씀이고 후반부는 하나님의 모든 충만하신 것들을 너희에게 충만하게 하시기를 구하노라고 하였다. 후반부에는 사도의 기도가 있다. 성도들이 넓고 깊고 높고 긴 그리스도의 사랑을 체험해야 한다고 했다. 그리스도의 사랑의 그 넓이와 길이와 높이와 길이가 어떠함을 깨달아야 한다고 했다. 그러나 바울은 그 그리스도의 충만한 사랑, 무한한 사랑을 알기 위해서는 '성도들과 함께'라고 하였다. 여기서 우리는 몸의 중요성을 깨닫게 된다. 그분은 개인이 누리기에는 너무나 부요하신 분이다. 그분의 사랑을 체험하기 위해서도 우리에게는 그리스도의 몸이 필요하고 성도들과 함께 함이 필요하다!

메시지 6 | 몸의 지체의 권위

나는 이번에 몽골에 와서 결론을 맺는 교통을 하겠다. 이 말씀은 이번 특별 집회에 9번째로 이 말씀이 더욱더 중요한 결론의 말씀이 될 것이다. 나는 이 테잎을 몽골의 많은 성도들이 들었으면 좋겠다. 이번에 나는 그리스도의 몸에 대해서 말했다. 교회가 그리스도의 몸이라는 계시는 특별히 사도바울이 말했다. 많은 학자들이 이것이 성경에서 가장 큰 계시라고 한다. 하나님이 바울에게 가장 큰 계시를 주었다. 바울은 정말 큰 계시를 본 사람이다. 자기에게 주신 계시가 너무 커서 자고하지 않게 하려고 자기 몸에 사단의 사자를 주셨다고 했다.

여러분은 오늘 이것을 보아야 한다. 로마서는 우리가 어떻게 죄사함을 받고 어떻게 의롭게 되는지 구속에 대한 것과 칭의에 대한 것, 성화에 대해서 말하고 있는데 이것이 로마서의 중점인 것이다. 에베소서는 그리스도의 몸에 대한 말씀이다. 구원도 말씀을 깨달은 것이고 우리의 영적인 눈이 떠서 본 것이다. 이 몸도 보는 것이다. 에베소서 1장에는 바울이 영적인 세계를 보기를 기도하고 있다. 깨닫게 되기를 알게 되기를 바라고 있다. 이 몸을 보게 되면 몸의 생활이 나오게 된다. 구원받은 날이 있듯이 몸도 보는 날도 있다. 몸을 보게 되면 그리스도의 길이 달라지게 된다. 그리고 거기에 하나의 율이 생기는데 하나의 교통이 생기는 것이다. 성도들과 교통하지 않고는 살 수 없게 된다. 구원받은 후에는 기묘한 느낌이 있어 형제들을 사랑하게 되고 말씀듣기를 좋아하게 되듯이 몸을 본 후에는 몸의 느낌과 지체들에 대한 특별한 느낌이 생겨나게 된다. 이것이 바로 복음이다. 복음은 깨달을 때 할 수 있는 은혜가 주어지는 것이다. 따라서 몸을 본 후에는 성도들과의 교통 속에 살게 되는 것이다. 몸의 지체이니 서로 하나가 된 것이다. 그리고 서로 사랑하게 되는 것이다. 몸을 모르게 되면 우리가 서로 하나가 된 것을 모르기 때문에 진정한 사랑을 모르게 된다.

우리가 서로 지체가 되었다면 사랑이 있는 것이다. 몸과 반대되는 것이 무엇이라고 했는가? 개인인 것이다. 나와 너가 있기 때문에 아무리 사랑을 한다고 해도 나, 너가 분리되어 있다. 진정한 그리스도의 사랑이 거기에는 흐르기 어렵다. 몸을 본 사람들은 진정한 사랑이 있게 된다. 그리고 함께 머리에게 순종하고 복종하는 율이 있게 된다. 제가 몽골교회를 보면 감사한 것이 있는데 다들 주님께 굴복된 모습들이다. 뭔가 굴복된 모습이 있다. 고개를 쳐드는 것이 없다. 여기에 머리에게 권위가 있을 뿐만이 아니라 지체들에게도 권위가 있는 것이 있다. 이것은 이번 집회 때 계속 말한 것이다. 성령께 권위가 있고 머리에게 권위가 있고 지체들에게도 권위가 있어서 서로 순종하는 모습을 본다. 그렇지만 지체 스스로에게 권위가 있는 것은 아니다. "내가 권위다"라고 하는 말은 우리가 할 수 있는 말이 아니다. 권위라고 하는 것은 사람에게 직접적으로 있는 것이 아니라 머리이신 그리스도께서 그에게 맡기신 간접적인 권위가 있는 것이다. 그렇게 때문에 권위는 어떠한 지위가 아니라 생명인 것이다.

따라서 교회 안에 그리스도의 몸의 권위라는 것은 누가 세우는 것이 아니라 거기에 존재하는 것이다. 누가 아버지를 권위로 세우는가? 형을 누가 권위로 세우나? 그 생명이 아버지로 세워지고 아버지가 되고 아버지의 권위가 있는 것이다. 어떤 지체가 눈이 아니고 볼 수 없는데 눈으로 세운다고 해서 눈이 되는 것이 아니고 눈의 권위가 있는 것이 아니고 그가 볼 수 있기 때문에 보는 은사가 있기 때문에 보는 면에서 그에게 권위가 있는 것이다. 어떤 지체가 능히 그 일을 할 수 있기 때문에 그 일을 하는 것이고, 그 권위, 그 은사, 그 생명으로 도움을 줄 수 있는 것이다. 만일 교회 안에 권위가 생명이 아니라 다만 바깥에 지위라면 그런 교회는 황폐하게 되는 것이다. 오늘 날 기독교의 많은 문제가 여기 있다. 생명도 아니고 은사도 아니고 주님으로 받은 것도 아닌데 지위로 세워진 밖의 어떤 것이 있는데 그것을 우리는 조직이라고 말한다. 교회는 유기체이지 조직과 다르다. 그렇기 때문에 영적인 권위는 생명과 존재에 있고 직분에 있으며 주님으로부터 받은 은사에 있는 것이다. 머리로부터 얻은 것에 있기 때문에 권위가 있는 것이다.

오늘 몽골에 세워진 것이 있다. 장로라든지 인도자라든지 다 생명에 그 근거가 있는 것이다. 여러분들의 내적인 생명의 성장과 성숙, 그런 것을 보고 우리가 장로로 세운 것이다. 내적인 생명과 외적인 세움이 하나가 될 때 가장 이상적인 것이고 그럴 때 성도들은 그런 권위를 존중하고 순종하는 것이다. 생명이 좀 부족해 보이더라도 순종하는 사람에게 축복이 있다. 그러한 생명의 질서를 순종하고 순종하는 사람이 몸의 길을 잘 가는 사람이다. 그리고 주님의 몸을 하나 되게 하고 몸을 건축하는 사람들이다. 그러나 그 합당한 질서에 순종치 않을 때 생명이 중지된다. 그럴 때 몸을 떠나고 생명이 절단되는 것이다. 몸의 보호를 떠나고, 몸의 공급을 떠나고, 생명의 공급을 떠나고, 축복을 떠나는 것이다. 여러분들이 한 지체라도 잘못 대하고 문제를 갖게 되면 그 지체가 정당한 권위를 갖고 있을 때 정당한 직분을 갖고, 생명을 흘러 내보내는 지체일 때 즉시 머리와의 문제가 발생하는 것이다. 머리와 지체는 하나이기 때문이다. 그렇게 때문에 다만 지체와의 문제가 아니라 머리와의 문제가 발생하는 것이므로 여러분들은 이 일을 주의해야 한다.

로마서 12장의 그리스도의 몸은 5장에서 부터 8장까지 죄에서 벗어나고 십자가에 못 박히고 성령을 따라서 생활하고 그러한 삶이 이루어진 사람들이 바로 12장의 몸으로 귀결된다. 즉, 로마서는 3~8장에 십자가가 있고 12장에 몸이 있다. 그렇기 때문에 십자가를 깊이 체험하고 십자가를 아는 사람은 몸을 알게 된다. 십자가의 최고의 체험이 몸에서 이루어지는 것이다. 진정한 자아의 부인은 몸에서 이루어지는 것이다. 그렇기 때문에 성령은 몸을 위한 것이지 개인을 위한 것이 아니다. 물론 개인이 성령을 받을 수 있다. 우리는 주님을 영접할 때 성령을 받는다. 그러나 부어지는 능력의 성령은 몸을 위한 것이다. 고린도전서12장 13절이 그렇게 말하고 있다. "한 성령으로 침례를 받아 한 몸이 되었고" 그리고 오순절 날에 성령으로 몸이 이루어졌고 사마리아에 빌립이 가서 복음을 전했을 때 사마리아 성의 많은 사람들이 구원을 받고 기뻐했지만 베드로와 요한이 가기 전에는 부어지는 성령을 내리지 않았다. 이로서 우리는 오순절의 성령의 능력이 몸을 위한 것인지를 알 수 있는 것이다. 한 몸을 위한 것이다.

그렇기 때문에 개인적으로 나는 성령의 큰 능력을 사용해야 하겠다는 것은 어리석은 것이다. 이 성령은 몸을 위한 것이기 때문에 몸 안에서 능력을 행사할 수 있다. 몸의 위치에 서서 능력을 행하는 것이다. 오순절 날 삼천 명이 구원을 받았는데 베드로가 혼자 한 것이 아니라 베드로와 열한 사도가 함께 한 것이다. 몸의 원칙으로 함께 동역해서 삼천 명을 구원한 것이다. 어떤 사람은 혼자서 삼천 명을 구원하려고 한다. 그것은 베드로를 닮으려고 하는 것이다. 우리는 성령이 몸에 부어진 성령이라는 것을 알아야 하고 사도는 당시에 몸을 대표하는 사람들이었다. 오늘날 주님이 얻고자 하시고 사용하고자 하는 그릇, 영원한 하나님의 뜻을 이루고자 하는 그릇은 개인이 아니라 몸이다. 주님은 오늘 이 땅에서 그분의 몸을 얻고자 하신다. 그러니 여러분과 우리가 앞으로 갈 길은 몸이지 개인이 아님을 알기 바란다. 여러분과 우리가 아무리 사역을 잘해도 개인적으로 하면 영원히 하나님의 마음을 만족시킬 수 없다. 하나님의 영원한 뜻을 이룰 수 없는 것이다. 그러므로 우리의 앞으로의 모든 사역은 몸의 원칙으로 나갈 수 있기를 바란다.

사도바울이 몸의 계시를 처음으로 본 사람이다. 이에 대하여 내가 몇 번 이야기를 했다. 사도행전 22장 26장에서 바울이 다메섹에서 자기가 어떻게 주님을 만났는지 이야기 했다. 9장에서는 빛을 보고 쓰러졌다. 그때 주님이 몇 마디를 하셨다. 22장 10절에는 "내가 가로되 주여 무엇을 하리이까?" 쓰러진 사람은 이런 고백이 나온다. 그 이전에 바울은 자기가 가장 옳다고 생각했다. 자기가 옳다는 확신에 따라 이렇게 하고 저렇게 행했다. 그러나 쓰러진 다음에는 나 어떻게 살아야 되느냐고 한 것이다. 그때 주님이 하신 말씀이 무엇인가? 일어나 다메섹으로 들어가라는 것이다. 정한바 너의 모든 행할 것을 거기서 누가 이르리라고 하셨다. 다메섹으로 가면 거기서 누가 행할 것을 알려준다는 것이다. 주님이 직접 행할 것을 일러주지 않았다. "나는 그 빛의 광채로 인하여 볼 수 없게 되었으므로 나와 함께 있는 사람들의 손에 이끌려 다메섹으로 들어갔노라." 바울은 쓰러져서 혼자 움직일 수가 없어서 사람들의 손에 이끌려서 다메섹으로 간 것이다.

그때 경건한 사람인 아나니아를 통해서 13절, 내게와 곁에 서서 말하되 "형제 사울아 다시보라 하거늘 즉시 그를 쳐다보았노라" 이것은 쓰러진 후에 삼일 째 되던 날이다. 삼일동안 사울에게는 아무도 오지 않았다. 바울은 삼일을 기다려야 했다. 보지 못하는 가운데 답답한 가운데 삼일을 간절한 마음으로 기다린 것이다. 왜 온다드니 안 오는 것인가, 결국 삼일 째 아나니아라는 사람이 왔다. 그에게 도움을 줄 지체가 온 것이다. 그에게 안수를 해주고 눈을 뜨게 도와주었다. 사울의 눈에서 비늘 같은 것이 떨어지면서 보게 된 것이다. 얼마나 인상이 깊었겠는가? 얼마나 그 사람이 귀하게 보였겠는가? 사울은 아나니아를 볼 때 위로 올려본 것이다(looked up at him). 바울은 주님만 만난 것이 아니라 이 땅의 주의 지체들을 만난 것이다.

나는 계속 말하겠는데 나는 아무 분별없이 사람을 따르라고 하지 않는다. 우리는 다 성령이 있고 어떻게 몸을 분별할 줄을 안다. 어떻게 몸의 지체를 도움을 받을 줄 알고 어떤 지체의 도움을 받아야 할 줄도 아는 것이다. 누구의 도움도 없이 스스로 깨달을 수 있고, 전도도 할 수 있고, 사람도 가르칠 수 있고, 교회도 세울 수 있다고 생각하는 사람은 아직 몸을 보지 못한 사람이다. 무엇이든지 내가 해결할 수 있다고 한다면 몸을 보지 못한 사람이다. 주님이 왜 아나니아를 사울에게 보냈을까? 가장 큰 사도인데 가장 작은 지체를 보낸 것이다. 그리고 부르게 하셨다. "형제 사울아!" 사울은 누구의 도움을 받았는가? 주님의 빛에 의해서는 그가 보지 못하게 되었고 쓰러졌으며 작은 형제의 도움으로 그는 보게 되고 일어났다. 가장 작은 지체의 도움을 받은 것이다. 그는 영원히 잊지 못할 것이다. 바울은 큰 사도가 된 후에도 이에 대하여 간증하고 또 간증했다. 나 역시 지금도 작은 지체의 도움을 받는다. 형제자매가 나에겐 너무 필요하고 나 혼자 설 수 없고 혼자 행할 수 없고 혼자 섬길 수 없다. 나는 내 주위의 지체들이 너무 필요한 자이다.

바울은 항상 말을 했다. 편지를 쓸 때마다 나는 사도이지만 내 옆에는 소스데네가 있다. 내 옆에 디모데가 있다. 바울 주위에는 늘 형제들이 있었고 결코 '나 혼자 다 할 수 있다'고 하지 않았다. 주님은 홀로 유일하지만 이 땅에 믿는 신자들은 다 둘씩 셋씩 여럿이 하는 것이지 단독이 없다. "오, 하나님! 우리를 불쌍히 여겨 주소서!" 여러분들이 지체의 도움을 거절하고 홀로 나아가려고 한다면 주님이 여러분에게 주려고 하는 유익, 공급, 축복, 열어주는 길 이 모든 것을 잃어버리게 될 것이다. 주님은 때로 우리에게 직접으로도 알려주지만 지체들을 통해서 우리를 인도하는 시대에 우리가 살고 있다. 그렇기 때문에 몸을 본 사람은 생명의 교통을 갈망하게 된다. 형제와의 교통을 사모한다. 마지못해서 교제하는 것이 아니다. 무슨 일을 하려니까 할 수없이 교통을 거치는 것이 아니다. 나중에 교제를 하지 않으면 후환이 있을까, 무슨 나쁜 소리를 들을까 교제를 추구하는 것이 아니다. 그런 사람은 몸을 보지 못한 사람이다. 몸을 본 사람은 형제와의 교통을 사모하고 자신이 틀릴까봐 두려워하고 자신을 믿지 않고 단독적인 주장을 하지 않는다. 그런 사람이 몸을 본 사람이고 그런 사람은 자신이 하나의 작은 지체이고 몸의 작은 한 부분이라는 것을 인정하는 사람이다.

교회 가운데 몸을 대표하는 네 종류가 있다. 마태복음 18장에 보면 주님께서 하신 말씀인데 한 형제가 죄를 범하면 한 사람이 가서 권고하고 한두 사람 더 증참하게 하고 두 사람 가게하고 두세 사람의 말도 듣지 않으면 교회에 말하라고 하셨다. 교회의 말도 듣지 않으면 이방인과 세리 같이 여기라고 했다. 첫째로 교회의 몸을 대표하는 사람들은 사도들이다. 둘째는 장로들이다. 셋째는 마태복음 18장에 있는 그 죄를 진 것을 본 사람인 그 사람을 사랑하는 사람인 그 사람을 위해서 말해줄 수 있는 사람인 것이다. 어쩌면 그 사람을 주님이 죄지은 형제를 위해 보냈을 것이다. 주님이 특별하게 그 사람에게 형제를 보내신다. 그는 가서 죄지은 사람에게 온유함으로 권면할 것이다. 그때 죄를 범한 형제는 마땅히 회개를 해야 할 것이다. 그 말을 듣지 않을 때 두세 사람이 증참케 되는 것이다. 이 사람은 혼자이지만 몸의 위치에 있는 것이다.

오늘 날 몸의 시대에 한 사람이 죄를 지을 때 그것이 전체의 몸에 영향을 준다. 한지체가 고통을 당할 때 모든 지체가 고통을 당하게 된다. 몸에 위치에 있는 한 형제가 몸을 위해서 그 형제를 위해서 권면하게 되는데 그럴 때 들으면 좋지만 안 들으면 두세 사람이 가고 그들의 말도 듣지 않으면 교회에 말하라고 했는데 교회가 무엇인가? 교회의 대표는 장로들인 것이다. 그렇기 때문에 바울이 각 교회에 장로들을 세운 것이다. 그리고 디도서에 보면 잘못하는 사람들을 장로들이 바로잡고 책망하라고 했다. 교회 안에는 몸을 대표하는 권위가 있다. 이것은 제가 이전 집회에도 여러 번 이야기를 했다. 분명히 아시기 바란다. 교회가 스스로 해결할 수가 없을 때는 사도들을 청하는 것이다. 고린도 교회가 문제가 어려워서 교회 스스로 해결이 되지 않을 때 바울을 요청한 것이다. 바울이 고린도전서를 쓰고 동역자를 보내서 또 자기도 스스로 가겠다고 해서 문제를 해결하게 된 것이다. 그래서 여러분들은 머리를 보고 그리스도를 알고 몸을 알고 몸의 대표들도 알아야 하고 몸에 세워진 권위들도 알아야 하고 그래야 합당하게 몸을 분별할 줄 알고 몸의 질서를 깨지 않고 주님이 주신 교회를 사랑하고 세우는 사람이 되고 무너뜨리는 사람이 되지 않기 바란다. 그리고 그 가운데서 축복을 받게 되는 것이다. 여러분들이 만일 교회를 대표하는 지체들을 경홀히 여기고 거역하게 되면 몸의 생활이 나오지 않게 되고 머리와의 관계도 문제가 되는 것이다. 그래서 우리는 주님을 순종할 뿐 아니라 몸도 순종하는 것이다.

여러분들은 이 시대가 몸의 시대라는 것을 알고 몸의 생활을 잘 하시기를 바란다. 나는 이번에 에베소서를 교통했다. 마지막으로 끝내면서 에베소서 2장에는 교회는 한 새 사람이라고 했다. 예수 그리스도께서 십자가로 모든 원수된 것 중간에 막힌 담을 헐고 한 새사람을 지어서 화평하게 하셨다고 했다. 새 사람이란 무엇인가? 에베소서 에는 그 정의가 없다. 골로새서 3장에 보면 한 새사람에 대해서 설명이 나온다. 거기에는 아무 차이가 없다. 유대인이나 헬라인이나 종이나 자유자나 아무런 차이가 없다고 했다. 그리고 오직 그리스도만이 만유라고 했다. 교회란 무엇인가? 그리스도이다. 몸의 생활을 하려면 십자가로 자기를 처리해야 한다. 육체와 혈기를 처리해야 한다. "내가 그리스도와 함께 십자가에 못 박혔나니" 내가 없어야 교회가 나온다. 오직 내 안에 그리스도가 사신 것이라. 자신이 할 수 있다. 나다. 나, 나, 하는 사람들은 몸을 볼 수 없다. 기꺼이 작은 지체가 되지 못하면 몸을 보지 못한 것이다. 한 새 사람이 무엇인가? 옛사람과 반대인 것이다. 옛사람은 죄로 타락한 사람인 것이다. 거기에는 죄가 있을 뿐 아니라 개인주의가 있고 단독이 있고 분열이 있다. 못난 자아가 있다. 그럼

새 사람은 무엇인가? 그리스도만 있고 성령만 있고 생명만 있고 하나만 있고 그것이 한 새 사람인 것이다. 이것을 주님이 만드신 것이다. 이것이 에베소서 2장의 말씀이다. 여러분들이 몸의 생활을 추구한다면 서로 하나가 된다. 나는 작년에 와서 왕국(하나님의 나라)에 대해서 말했고 올해는 그리스도의 몸에 대해서 말했다. 하나님께 감사한다. 주님이 몽골의 교회들을 축복하시기 원한다.

메시지 7 | 교회는 부활한 그리스도의 몸

오늘은 에베소서가 무엇인가를 전하고자 한다(이 말씀은 경남 사천에서 전한 말씀이다-편집자 주). 이 말씀을 위해 여러분에게는 헌신이 필요하고 또 위대한 도전이 필요하다. 사도행전 13장 33절 "곧 하나님이 예수를 일으키사 (부활을 말함) 우리 자녀들에게 이 약속을 이루게 하셨다 함이라 시편 둘째 편에 기록한 바와 같이 너는 내 아들이라 오늘 너를 낳았다 하시고", 여기서 '낳았다'라고 한 것은 베들레헴에서 예수님이 마리아로부터 출생했다는 것이 아니다. '낳았다'고 하는 것은 하나님이 예수를 일으키신 부활의 사건을 놓고 말하는 것이다. 34절, "죽은 자 가운데서 저를 일으키사 다시 썩음을 당하지 않게 하실 것을 가르쳐 가라사대 내가 다윗의 거룩하고 미쁜 은사를 너희에게 주리라 하셨으니", 로마서 1잘 3~4절 "이 아들로 말하면 육신으로는 다윗의 혈통에서 나셨고" 4절에 "성결의 영으로는 죽은 가운데서 부활하여 능력으로 하나님의 아들로 인정되셨으니 곧 우리 주 예수그리스도시라",

그분이 마리아로부터 출생하시고 33년을 사셨을 때 그 분 역시 하나님 아들이셨는데 이 구절에서 사도바울은 죽은 자 가운데서 부활하셨을 때 능력으로 하나님의 아들로 인정되셨다고 말한다. 에베소서 1장 19절, "그의 힘의 강력으로 역사하심을 따라 믿는 우리에게 베푸신 능력의 지극히 크심이 어떠하신 것을 너희로 알게 하시기를 구하노라" 20절, "그 능력이 그리스도 안에서 역사하사 죽은 자들 가운데서 다시 살리시고 하늘에서 자기의 오른편에 앉히사", 21절, "모든 정사와 권세와 능력과 주관하는 자와 이 세상뿐 아니라 오는 세상에 일컫는 모든 이름위에 뛰어나게 하시고 오전에 읽은 고린도후서 4장을 다시 한 번 읽겠다. 7절, "우리가 이 보배를 질그릇에 가졌으니 이는 능력이 심히 큰 것이 하나님께 있고 우리에게 있지 아니함을 알게 하심이라." 8절, "우리가 사방으로 우겨쌈을 당하여도 싸이지 아니하며 답답한 일을 당하여도 낙심하지 아니하며", 9절, "핍박을 받아도 버린바 되지 아니하며 거꾸러뜨림을 당하여도 망하지 아니하고"

예수그리스도, 하나님, 성령은 삼위일체 하나님이시다. 그런데 예수 그리스도에 대하여 하나님께서 낳으셨다고 하신 말씀은 "내가 오늘날 내가 너를 낳았다"라고 시편 2편에도 있고 히브리서 1장5절에도 나와 있고 사도행전 13장에도 사도바울의 설교 중에 나와 있다. 이것은 뜻이 깊은 말씀이다. 왜 부활의 날에 하나님은 예수 그리스도를 당신의 아들로 그때서야 낳았다고 표현을 했을까?

하나님은 사람을 창조하셨다. 그런데 하나님이 진정 얻기를 원하는 사람(인간)은 에덴동산에 있었던 사람이 아니다. 아담은 인간으로서는 완전하였지만 피조물로서, 생명체로서는 완전하였지만 아직 하나님의 뜻에 입각해 볼 때 완성된 인간은 아닌 것이다. 이렇게 말하면 이해하기 어려울 것이다. 쉽게 말하면 아담은 아직 주님의 갈망의 표준에 있는 사람이 아니고 성령을 얻어야 하는 것이다. 성령을 받아야 완전한 인간이 되는 것이다. 그런데 언제 성령이 주어졌는가 하면 그리스도께서 십자가에서 돌아가시고 부활하시고 승천하시고 오순절에 성령을 부어 주셨다. 예수님의 부활과 성령은 관계가 있다. 그런데 우리는 부활하신 주님이 부활하시기전과 어떤 차이가 있는지를 보아야 한다. 부활하시기 전에 예수님은 능력과 권세가 충만하셨고 원하시면 모든 것을 다 행사하실 수 있었다. 그렇지만 예수그리스도께서는 여전히 시간의 제한을 받으시고 공간의 제한도 받으셨다. 어느 곳에서는 기적을 역사하셨지만 어느 곳에서는 친히 가셔야 했다. 그러니 그분은 여전히 육신의 한계 안에 갇혀서 그분은 공간적인 제한 시간적인 제한에 계셨던 육신 안에 있던 하나님의 아들, 사람이셨던 것이다.

그런데 그분이 부활하신 후에는 무엇을 돌파하셨는가? 사망인 것이다. 죽음과 부활을 통해서 주 예수는 사망을 돌파하셨다. 사망보다 더 큰 능력이 어디 있는가? 사망 앞에서는 다 굴복한다. 그런데 예수의 부활은 사망을 철폐한 것이다. 사망의 한계를 이기신 것이다. 그리고 그 부활한 날 부활을 보시고 하나님이 선포하신 말씀이 이것이다. "내가 너를 낳았다. 너는 내 아들이다." 이것이 아버지 하나님의 선포이다. "이제서야 하나님이 얻기 원하는 사람을 얻은 것이다"라고 해석해도 된다. 나는 지금 매우 중요한 이야기를 하려고 하는 것이다. 자, 하나님이 원하는 사람은 어떤 사람일까? 예수 그리스도처럼 거룩하고 완전한 사람일뿐 아니라 시간과 공간의 어떤 것도 제한 받지 않는 능력과 권세면에서 초월한 사람(모든 이름위에 뛰어나게 하신 자)을 얻지 않으면 하나님은 아직 당신이 계획하시고 예정하시고 구상하신 그런 사람을 얻지 않은 것이다.

예수께서 부활하셨을 때 비로소 사망이 다시는 그를 공격할 수 없었다. 나인성 과부의 아들도 살리신 적이 있다. 주님이 사랑하신 것이다. 나사로도 살리신 적이 있다. 그러한 살리심은 혼이 다시 돌아왔을 뿐이지 그것은 예수의 부활과 다른 것이다. 나사로가 살았을 때 그것은 완전한 부활이 아니다. 나사로가 살아났을때 수건으로, 세마포로 싸여진 것 그대로 묶여져 있었다. 그것을 주님은 풀어주라고 했다. 다시 살아났어도 여전히 묶여져 있는 제한이 있는 것이다. 그러나 예수그리스도의 부활은 어떠한가? 수건이고 세마포고 다 젖혀져 있고 몸이 완전히 빠져나온 것이다. 더 이상 어떤 사망의 능력도 그를 만질 수 없고 제한시킬 수 없다. 이것이 바로 예수의 부활인 것이다.

이러한 예수의 부활은 인류 가운데 첫 번째 일이다. 그때 하나님께서 선포하신 것이 오늘날 내가 너를 낳았다고 하시면서 내 아들이라고 선포하신 것이다. 이것이 신약에서 세 번(히브리서 1장 5절, 사도행전 13장 33~34절)이나 나온다. 그리고 구약에서는 시편 2편에 나오는 말씀이다. 부활하신 후에는 예수님이 달라지셨는데 누가복음 24장13절 이하에 보면 엠마오로 가는 두 제자 이야기가 나온다. 그리고 그들이 예루살렘에 돌아가서 열한 제자들과 대화를 했는데 그 때 같은 시간에 열한제자들도 그때 예수님을 보았다고 말했다. 주 예수께서 육신 안에 계셨을 때 엠마오에 계셨다면 예루살렘에 계실수가 없으셨다. 그런데 부활하신 예수님은 시공의 제한을 받지 않는 분이 되신 것이다. 시간적인 것과 공간적인 것을 초월하신 것이다. 그들이 아직 말하고 있는데 엠마오의 제자들과 열한제자에게 나타나신 것이다. 이제 본론에 들어가려고 한다.

교회란 무엇인가? 제가 이야기하고자 하는 주제가 이것이다. 에베소서는 주로 교회를 이야기 하는 내용이다. 내가 이미 말했다. 사망을 이기는 부활의 능력이 가장 큰 능력이라고. 고린도전서 15장에도 마지막 원수는 사망이라고 했다. 그런데 주님이 성령을 우리에게 주셨는데 이 성령은 사망을 이긴 부활의 능력인 것이다. 우리가 성령을 체험한다고 할 때 성령을 체험한다고 하면 그것은 모든 사망의 권세, 두려움 또는 그런 제한 이런 것들을 다 돌파한 것이 성령의 능력인 것이다. 그런데 이 성령의 능력이 어디에 주어졌는가 하면 에베소서 1장에 교회에게 주어졌다는 것이다. 믿는 우리에게 베푸신 크신 능력의 지극히 큰 것을, 큰 것이 어떠하신 것을 알게 하신다는 것이다. 주님이 세우신 교회는 음부와 사망의 권세를 이길 수 있는 유일한 지상의 기관이다(마 16:16-19).

사도바울이 쓴 것은 그의 힘의 강력으로 역사하심을 따라, 하나님은 교회 중에 그 힘의 능력으로 역사하신다고 했다. 믿는 우리에게 베푸신 능력이 지극히 크다고 했다. 그러면 그 큰 능력이 무슨 능력인가, 20절부터 설명을 한 것이다. 그 능력이 그리스도 안에서 역사하사 죽은 자들 가운데서 다시 살리시고, 이것이 부활의 능력이다. 하늘에서 자기 오른편에 앉히사, 교회 안에는 이러한 부활의 능력이 역사한다는 말씀이다. 아마도 여러분들이 지금까지 알고 있는 교회는 교회가 아닐 것이다. 우리는 주 예수께서 마태복음 16장에 교회를 세우신다고 하시면서 음부의 권세가 이기지 못한다고 하시며, 무엇이든지 묶고 풀 수 있다고 하셨는데 바울의 에베소서의 계시가 없이는 그 비밀을 다 알 수 없다.

여러분들이 만일 에베소서 전체를 이해한다면 "아! 내가 아는 교회는 교회가 아니었다"고 할 것이다. 나 역시 여러서부터 교회를 다녔고 해외 선교도 여러 나라를 다녔다. 어느 나라인지 가서 말씀을 준비할 때 부활하신 주님이 내 마음속에 찾아 오셨다. 물론 나는 예수 그리스도가 어떤 분이신지 알았지만 그때 찾아오신 주님은 너무 가깝고 나는 그분 품에서 하염없이 울었다. 왜 울었겠는가? 나는 예수그리스도를 계신 그대로 몰랐던 것이다. 몰랐다는 죄가 그렇게 큰 것을 그 때 알았다. "하나님! 잘못했습니다. 당신은 하나님이신데 당신 그대로를 몰랐습니다." 예수님은 나의 하나님이신데 나는 너무 몰랐던 것이다.

교회도 마찬가지이다. 모르는 것이 참 슬픈 일인 것이다. 주님께 너무 죄송하다. 왜 주님은 교회를 세웠을까? 우리는 지난 날 눈이 멀어서 보지 못했다. 오늘 저녁에 눈이 열려서 깨닫는다면 나는 여러분들의 인생, 교회생활, 신앙생활이 달라질 것이라 믿는다. 에베소서 1장 21절을 보면 모든 정사와 권세와 능력과 주관하는 자와 이 세상뿐 아니라 오는 세상에 일컫는 모든 이름위에 뛰어나게 하시고(초월한다는 뜻이다) 부활하신 그리스도께서 높여지셔서 모든 정사, 권세 , 능력, 주관하는 자와 이 세상뿐 아니라 오는 세상에 일컫는 모든 이름, 무엇이든지 그 이름 보다 뛰어난 이름을 주셨다고 말한다. 하나님은 부활하신 그리스도를 자기 오른편에 앉히셨다고 했다. 오늘날 사람들이 이 세상에 있는 것들을 이해할 수 있겠는가? 이해할 수 없는 것들도 있다. 또 장래 오는 세상에 있을 일들을 우리가 이해할 수 있겠는가? 본적도 없는데 어떻게 이해가 되겠는가? 장래에 일들을 어떻게 이해할 수가 있겠는가? 그런데 하나님은 그 모든 일들을 초월하게 하신 것이다. 그렇게 하신분이 누구신가 하면 바로 예수그리스도이시다. 현재의 것들만이 아니라 장래에 것들 까지도 다 초월하게 하신 것이다. 이것을 무엇이라 하는가 하면 예수 그리스도의 부활이라고 하는 것이다. 부활한 그리스도는 모든 한계가 초월된 분이다. 예수 그리스도께서 지상에 계실 때 교회가 있지 않았다는 것을 여러분들이 아시는지 모르겠다.

교회는 그리스도께서 부활하신 후에 비로소 이 땅에 생기게 된 것이다. 부활과 성령이 없다면 교회는 이 땅에 존재할 수 없다. 그분이 부활하고 승천 하셔서 머리가 되시고, 교회의 머리로 주셨다고 했다. 여기 영어의 뜻으로 보면 'to the church' (교회에게 그를 머리로 주셨다는 것이다.) 이 말은 놀라운 말이다. 하나님은 영원히 스스로 계신분이다. 그리고 그 분은 어떤 것에도 묶이지 않고 제한이 없는 능력있는 분이시다. 왜 이 땅에 교회를 주셨는가? (교회는 하나님이 원하시는 사람들이다.) 우리의 현실은 이 땅에 여러 가지로 묶이고 제한이 있고 육신적인 한계도 있고 약함도 있고 질병도 있고 어려움도 있고 많은 것이 사실이다. 고린도후서 4장7절에 말씀 같이(우리가 이 보배를 질그릇에 가졌으니 이는 능력의 심히 큰 것이 하나님께 있고 우리에게 있지 아니함을 알게 하려 함이라.) 너희는 부활하신 그리스도, 모든 것을 이기고 큰 능력을 가지시고 모든 제한을 초월하신 그러한 능력의 그리스도를 머리로 가진 것이라고 말씀하시는 것이다. 그리고 여러분들은 교회 안에서 그러한 초월한 체험을 가지라는 것이다.

나는 중국에서 선교를 했는데 이 박사라고 하버드대학에서 박사학위를 받은 공룡박사라고 하는 사람을 알고 있다. 그 사람은 공룡연구를 많이 했다. 나는 박물관에서 공룡을 만들어 놓은 것을 보면 그것이 전체로 발견한 것 인줄 알았는데 그것이 아니라 뼈다귀 몇 부분을 주워서 나머지는 맞추어서 만드는 것이라고 말해주었다. 뼈 한 조각만 가지면 공룡 같은 것도 다 만들어낼 수 있다. 여러분에게 어떤 훌륭한 사람, 머리도 좋고 건강한 사람이 나약한 여러분에게 '당신 나한테 붙어서 내 지체가 되고 내 몸이 되어라' 그러면 그 사람처럼 머리가 좋게 되고 아주 건강하게 살게된다. 그렇게 빈약한 몸을 갖고 살지 말고 강하고 능력있는 내 몸이 되라고 한다면 그것은 얼마나 놀라운 일이겠는가? 줄기세포 연구가 그런 것이 아니던가? 그러나 그것은 현재로선 불가능한 일이다. 그렇지만 그렇게 할 수만 있다면 얼마나 좋은 일이겠는가?

교회라고 하는 것은 예수님께서 뼈 한 조각이 아니라 머리 전체를 다 예수님이 하시고 '너희들은 내가 능력이 있고 모든 것을 초월하고 부활했으니 그냥 몸으로 붙으면 내 것이 다 네 것이야' 라고 하신다. 이것이 교회이다. 그래서 예수님이 부활하셔서 부활 능력을 가지신 머리가 되신 것이다.

교회의 단위는 두세 명이다. 두 사람이 내 이름으로 모인 곳에 나도 그들과 함께 있겠다고 하셨다. 천 명, 만 명이 된다고 교회라고 할 수 있는 것은 아니다. 에베소서에서 말하는 하나님이 말씀하시는 계시, 지혜와 계시의 영을 주사 하나님을 알게 하시고 너희 마음 눈을 밝히사 그의 부르심의 소망이 무엇이며 성도 안에서 그 기업의 영광의 풍성이 무엇이며 그의 힘의 강력으로 역사하심을 따라 믿는 우리에게 베푸신 능력의 지극히 크심이 어떤 것을 너희로 알게 하시기를 구하노라, 오늘날 교회 가운데 역사하시는 능력이 무엇인가를 바울이 알려주는데 이 계시를 보고 교회를 이룬 자들이 필요한 것이다. 교회는 이 땅에서 도덕적으로, 인성적으로 그리스도와 같이 거룩하게 되기를 원할 뿐 아니라, 능력에 있어서도 제한이 없어야 한다. 하나님은 그러한 실체를 계획하신 것이다. 그리고 최초로 그런 인간을 얻으셨을 때가 그리스도의 부활의 날인 것이다. 그래서 내가 오늘날 너를 낳았다고 하신 것이다. 그리고 그를 머리로 세우셔서 이 땅에 그와 같이 음부의 권세가 이기지 못하고 사망의 권세가 이기지 못하는, 어떤 제한도, 어떤 압박도, 어떤 핍박도, 사망 세력도 이길 수 없는, 초월할 수 있는 존재를 이 땅에 두자는 것이 하나님의 계획안에 있는 교회인 것이다.

정말 여러분들이 교회가 무엇인지를 알았다면 마태복음 16장에 최초에 교회를 말씀하셨는데 "내가 이 반석위에 내 교회를 세우리니 음부의 권세가 이기지 못하리니" 하시면서 너희가 땅에서 묶으면 하늘에서도 묶을 것이고 땅에서 무엇이든지 풀면 하늘에서도 푼다고 하신 말씀을 이해할 수 있을 것이다. 이렇게 교회라면 제한이 없어야 한다는 것이고 묶을 것을 묶고 풀 것은 푼다는 것이다. 다 할 수 있어야 하고 다 묶어야 하고 다 풀려야 한다. 부활의 능력은 교회 안에서 역사하는 것이다. 오늘 부활의 능력은 성령이다. 많은 이들이 성령체험, 성령체험 하는데 방언하는 것만이 성령체험이 아니다. 성령을 체험 했으면 모든 제한이 풀어져야 한다.

솔직히 말해서 여러분들은 완전한 교회의 위치에서 헌신했는가? 아직 교회를 위해 자신을 드리지 않았기 때문에 제한이 있는 것이다. 교회에 대한 비전이 무엇인가를 알면 어떤 제한도 없는 것이다. 제한이 있고 묶여서 해결할 수가 없다면 아직 교회가 아니다. 여러분이 진정 교회라면 이 세상 문제만 해결될 뿐 아니라 오는 세상 문제도 해결되어야 마땅하다. 왜 우리는 오늘 여러 가지 제한에 묶여서 십년 이십년 고생을 하는가? 아직 우리는 교회가 무엇인지 모르고 그 위치에 서지 못했기 때문이다. 우리는 아직도 우리에게 주신 그리스도의 능력이 얼마나 큰지 모르고 있음을 시인해야 한다. 우리는 지금 그분의 몸으로서 무한한 능력의 머리를 가지고 있다. 만일 우리가 그 빛을 보았다면 두세 사람이라도 된다. 우리는 이삼십 명 밖에 안 되어서 도저히 안 되겠다고 하지 말라 이 삼십 명은 너무 많다. "두세 사람이 모인 곳에 나도 그들 중에 있느니라."라고 했다. 주님이 계시면 문제 될 것이 무엇이 있겠는가? 같이 합심해서 기도하고 주여! 풀어주소서! 하면 풀리는 것이다. 계속 묶여 있다면 그것은 우리의 부활이 나사로의 부활 정도인 것이다. 그것은 제대로 된 부활 성령 체험이 아니라 나사로 성령 체험인 것이다. 예수 부활 성령 체험은 어떤 제한도 없어야 하는 것이다.

에베소서 1장에서 우리에게 가르쳐 주시는 것은 교회 중에서 역사 하시는 능력, 성령의 역사는 다른 능력이 아니라 바로 그리스도 안에서 역사하시는 부활 능력이라는 것을 알려준다. 그리고 모든 정사 권세 이 세상과 저 세상 모든 것을 초월한 능력, 그리고 만물을 그 발아래 복종케 하는 능력, 만물을 복종케 했는가? 아직 여러분은 물질의 능력에서 벗어나지 못했을 것이다. 그 능력인 성령의 능력이 역사해 보라! 한국 사람들은 돈을 다 어디에다 놓고 있는가 하면 집에다 놓고 있다. 어떤 집, 건물에 놓고 있다. 그것 없으면 죽는가? 나는 십칠 팔 년 전에 인도 네팔 선교 할 때 한국에 와서 교회 성도들에게 말했다. '인도에 가보니 그곳에서는 일 년에 한 이 삼백만원이면 살겠더라. 그것도 종을 두세 사람 두고 말이다. 여러분들의 전세 이 삼천만원이면 십년은 살 수 있으니까 그 전세 빼서 인도에 가라'고 했다. 인도에 가면 까만 사람들이 공항에서부터 따라 다닌다. 한국 사람들이 오면 돈 좀 얻을까 해서다. 여러분은 여기서 열매도 얻지 못하고 복음도 전하지 못하니 그곳에 가서 전도를 하고 싶지 않은가? 그러면 이 삼천만원만 가지고 십년만 살면 되지 않느냐 했다. 너무 더우면 네팔로 올라가라. 그러면 네팔에서 전도하고 네팔이 추워지면 인도로 다시 내려가서 전도하라. 그러면 십년동안 수천 명을 전도할 수 있을 것이다. 그리고 돈다 떨어지면 한국에 와서 다시 돈을 벌라 했더니 한 사람이 내 말을 듣고 시험에 들었다고 전화했다. 우리가 재산 다 팔아서 가야하느냐고 물었다. 가고 싶지 않으면 가지 말라고 했다. 여러분은 할 수 없다고 하지 말라! 문제는 성령이 없는 것이지 성령이 계시면 할 수 없는 것이 없다.

오늘도 우리에게는 부활이 없는 것이지 할 수 없는 것이 아니다. 우리 주 예수님은 당신 자신의 몸을 깨뜨리셨다. 집 하나 없애는 것이 죽는 것보다는 쉽지 않은가? 우리 주 예수께서 사망 권세를 이기셔서 당신의 몸을 십자가에 제물로 바치셨다. 당신의 몸을 깨뜨리신 것이다. 그래서 모든 제한을 돌파하셨듯이 주님은 그와 마찬 가지로 이 시대에 모든 교회가 모든 제한을 돌파하시기를 원하신다. 우리도 할 수 있다. 주님은 제자들에게 이런 말씀을 하셨다. 배고픈 군중에게 너희가 먹을 것을 주라고 하셨다. 제자들은 "저희들은 아시다시피 아무것도 없는데요" 라고 했다. 주님이 아무것도 없는 것을 모르셔서 사람들에게 주라고 하셨겠는가? 사람들은 축복을 많이 주시면 돈을 드리겠다고 한다. 그런데 집에 가서 보면 통장에도 있고 다 있다. 우리 모두가 오병이어보다는 훨씬 더 있다.

오늘 왜 역사가 없나? 부활의 능력이 교회 중에 역사하지 않나? 성령이 충분하게 역사하지 않기 때문에 그런 것이다. 오늘날 교회란? 그리스도의 부활의 능력이 운행되고 그 속에 역사하는 곳이 교회인 것이고 그것이 이루어지지 않으면 우리는 모두 회개해야 한다. 주님! 우리는 교회로서 자격이 없습니다. 교회는 당신의 몸이기 때문에 성령의 능력이 그대로 역사해야 하는데 부활의 능력이 그대로 역사해서 어떠한 제한도 없어야 하는데 우리는 지금 할 수 없습니다. 우리는 약합니다, 우리는 없습니다. 우리는 무능합니다. 그런 변명만을 일삼고 우리는 주님께 수많은 제한을 드리고 주님도 길이 없고 우리도 길이 없게 만들고 있다. 주 예수께서는 이 땅에 계실 때 제자들이 볼 때, 사람들이 볼 때 능력과 권세로 충만하셨다. 그렇지만 그것도 하나님은 아직 부족하다 하시고 그분이 죽음과 부활을 거치신 후에라야 오늘 내 마음을 만족한 내 아들을 낳았다고 하셨다. 그렇게 말씀하시고 그 분을 교회의 머리로 세우시고 교회를 이 땅에 두시고 너희들도 내가 하늘과 땅의 모든 권세를 얻었으니 내 능력을 너희들도 행사할 수 있느니라고 하시고.. 이것이 교회를 이 땅에 두신 목적인 것이다. 음부의 세력은 교회를 만질 수 없다. 어떤 제한도 교회는 받아들일 수 없는 것이다.

오늘 교회가 이렇게 승천하신 영광스런 능력과 공급을 받기 때문에 교회는 해결하지 못할 어려움이 없어야 하고 이기지 못할 시험이 없어야 하는 것이다. 교회의 능력은 그리스도의 부활의 능력인 것이다. 만물을 발아래 복종케 하는 능력이다. 그리스도의 몸에서 운행하셨던 죽은 자를 살리신 부활의 능력이 교회에서 조금도 감할 수 없는 것이다. 우리는 교회이기 때문에 머리하고 달리 그렇게 초월할 수는 없고, 그렇게 큰 능력일수는 없다고 말해서는 안된다. 주님이 이 세상에 계실 때 왜 교회가 없었을까? 그것은 예수그리스도께서 아직 부활하지 않으셨기 때문이다. 그분이 모든 하늘과 땅의 모든 권세를 아직 갖지 않으셨기 때문이다. 그때는 모든 권세를 아버지께서 갖고 계셨기 때문이다. 그분이 죽음과 부활을 통과 하셨을 때에서야 아버지께서 그 권세를 아들에게 주시고 아들은 그 권세를 교회에 주신 것이다. 하늘과 땅의 모든 권세를 내게 주셨으니 그러므로 너희는 가서 모든 족속으로 제자를 삼으라! 내가 너희와 세세토록 있으리라고 하셨다. 이것이 주님의 말씀인 것이다.

사도바울은 이것을 알기 때문에 고린도후서 4장에서 말했듯이 어떤 답답한 일이 있어도 또 힘든 일 사방이 우겨쌈을 당해도 핍박을 당해도 거기에 묶이지 않았다는 것이다. 사방으로 우겨쌈을 당하여도 싸이지 아니하고 답답한 일을 당하여도 낙심하지 아니하고 거꾸러뜨림을 당하여도 망하지 않는다. 왜인가? 그러한 부활과 능력의 그리스도를 머리로 가지고 있기 때문이다. 그런 성령을 우리가 가지고 있고, 그러한 그리스도를 머리로 가지고 있기 때문에, 그러한 부활의 능력이 우리 속에 운행하기 때문에 여러분들이 적어도 두세 사람이 교회가 합심해서 합력해서 "하나님이여! 우리는 오늘 주의 교회로서 아무것도 묶여서는 안 됩니다. 이것은 우리의 부끄러움이요 우리의 수치입니다. 우리는 어떠한 제한도 초월하고 돌파할 수 있습니다. 주님 역사하여 주십시오, 우리는 이 땅에 교회의 위치에 서 있기 원합니다. 부활의 위치에 서 있기 원합니다. 이런 부활의 성령의 능력을 역사할 수 있기를 원합니다." 라고 기도하고 이런 교회의 위치에 서 있기를 소망해야 하는 것이다.

제가 십육 칠 년 전에 제 아내에게 말한 적이 있다. 정말 이 땅 한국에 내가 아는 그리스도인 중에서 정말 교회가 무엇인줄을 알고 교회의 위치에 서 있는 사람이 있을까? 그 위치에서 같이 부르짖고 사모하며 주님이 성경에서 원하시는 교회의 행동, 교회의 활동, 교회의 기능을 하고자 하는 갈망이 있는 사람이 있을까? 나는 없을 것 같았다. 그래서 나는 괴롭다고 말한 적이 있었다. 그때 내 아내는 내 하는 말이 무슨 말인지를 몰랐다. 그렇게 말한 지가 십 육칠년이 지났다. 교회는 부활하신 그리스도의 능력을 소유하고 감추고 있는, 축적하고 있는 그런 기관이 되어야 한다. 그것이 교회의 존재의 의미인 것이다. 교회가 이 전에 이러한 비전을 알지 못했다. 막히면 막혔구나 묶이면 묶였구나 그리고서 수십 년 헤어나지 못하는 세월을 보낼 수밖에 없었던 것이다. 그런데 이것을 볼 수 있었다면, 오늘 이 저녁이라도 볼 수 있다면 '아! 우리는 묶일 필요가 없었군요' 하고 한순간 지나가 버릴 수 있는 것이다. 한 순간에 수십년의 문제를 해결할 수 있는 것이다. 옛날에는 몰라서 수십 년 지나야 한 걸음을 걸을 수 있었지만 지금 여러분들이 교회가 무엇인지를 알고 왜 이 땅에 우리를 두셨는가를 안다면 속도는 매우 빨라질 것이다.

하나님은 그리스도의 부활의 능력을 교회안에 나타내시기를 원하고 오늘 교회는 부활의 능력을 갖고 있기 때문에 모든 어려움은 지나간 것이다. 겨울은 지나갔고 겨울비도 다 지나갔다. 이제는 무화과가 열매를 맺고 반구의 소리가 들린다. 성도들이여, 함께 갑시다! 주님이 이 땅에서 진정 길을 얻느냐 얻지 못하시느냐는 여러분들이 얼마나 노력을 하는가? 하지 않는가? 얼마나 변화가 됐느냐 ? 안됐느냐? 성경의 진리를 깨달았는가? 깨닫지 못했는가? 조금 전도를 했는가? 하지 못했는가에 있지 않다. 여러분들이 기꺼이 대가를 지불하고 자기 자신을 헌신하고 아! 이것이 교회구나, 내가 눈이 멀어서 몰랐구나, 하고 전폭적으로 주님께 자신을 드리고 이러한 교회가 이 땅에 있게 하기 위해서 간구하고 기도하는 사람이 있다면, 그때부터 부흥의 역사는 일어나고 마는 것이다. 우리는 부활이 무엇인지 알고, 성령이 무엇인지 새롭게 알고, 교회가 무엇인지 새롭게 보았다면 '아! 하나님이 그래서 교회를 이 땅에 두었단 말인가? 그럼 난 지금까지 뭘 했는가? 난 지금까지 마귀에게 속았다. 내가 연약해서 안 되는 것으로, 어쩔 수 없는 것으로만 알았지, 우리에게 이미 그런 능력을 주신 것을 몰랐었다'라는 고백이 있어야 한다. 사도바울은 새로운 능력을 얻으라고 하지 않고 그 능력이 얼마나 큰 것인지를 너희가 눈이 열려서 알았으면 좋겠고 보았으면 좋겠다고 한 것이다.

여러분들이 주님을 믿은 후 부활을 조금도 체험하지 않은 것이 아니다. 거듭났고 구원받은 것도 약간의 부활을 체험한 것이다. 고난 가운데, 힘든 환경 가운데 일어난 것도 부활을 조금이나마 체험한 것이다. 어렵게 세상도 끊고 TV도 끊고 그리고 이렇게 깊은 동산에 와서 사는 것도 부활이 없으면 안되는 것이다. 그렇지만 부활을 약간씩 체험한 것으로 부족하고 하나님은 교회의 부활의 능력을 충만히 체험하도록 교회를 준 것이다. 사람들은, 학자들은 에베소서가 최고의 계시가 담겨진 책이라고 말한다. 에베소서는 교회를 그리스도의 충만(fullness)이라고 말했다. 부활의 능력이 가득(충만히) 담긴 기관이 교회이다. 그래서 나는 여러분들이 체험에 있어서도 계시만이 아니라 그런 교회의 위치에 서기 위해 기도해야 한다. 그리고 그러한 교회를 실증하고 확증해내도록 여러분들이 애써서 부르짖기 바란다.

주님이 모든 것을 초월하시고 그 큰 능력을 가지셨으니 교회가 그것을 증거해야 하는 것이다. 그것이 바로 부활의 증거이다. 주님은 그분의 부활의 증거를 많은 사람에게 보이시기를 바라시고 사도행전이라는 책은 바로 교회의 부활의 간증을 이야기 하는 책이다. 모든 것들이 사도들의 복음전파와 하나님의 나라의 확장의 역사를 막으려고 하는 것이다. 사도행전의 역사는 무엇인가? 끝까지 부활로 일어나는 것이다. 교회라고 하는 이 땅에서의 기관은 성도들은 순교를 당하는 일이 있어도 다시 일어나는 것이다. 그래서 예수 그리스도의 부활을 실증적으로 체험적으로 증거해 내기 위해서 예수님이 사셨을 뿐 아니라 교회가운데 그 부활의 능력의 역사함을 증거하기 위해서 그분의 교회를 지상에 두신 것이다.

우리는 교회가 묶여 있는 것을 당연히 여기며 너무 많은 세월을 보냈다. 여러분들이 오늘 이 말씀으로 빛이 있다면 우리 모두는 회개해야 한다. 잘못 살았고 과거의 관념이 틀렸고 과거의 생각이 틀렸다. "주님! 어떤 제한도 교회에 두어서는 안됩니다. 풀어주세요. 교회가 나아가게 해 주세요"라고 기도해야 한다. 만일 여러분들이 새로운 비전을 가지고 이렇게 나아간다면 지금까지 이십년 역사를 앞으로 일 이년 내에 더 크게 확장시킬 수 있을 것이다. 나는 몽골에서도 에베소서를 계속 전했다. 그곳에서 전하지 않은 마지막 결론을 오늘 전했다. 주님께서 여러분들을 축복하시고 제발 이 한국 땅에서 큰 역사가 한번 일어났으면 좋겠다. 여기 사천에서부터 성령의 불이, 우리들과 함께 서서 주 그리스도를 위해서 부활의 능력을 간증하는 역사를 수행해 낼 수 있기를 바라면서 모든 말씀을 마칠까 한다.

2장-1

1절, 너희의 허물과 죄로 죽었던 너희를 살리셨도다

여기의 '살리셨도다'라는 말은 원문에는 없고 한글 번역에서 첨가된 것이다. 에베소서 2장은 에베소 성도들의 상태로부터 시작한다. 에베소서 1장은 영원하신 하나님의 그분 안에서의 선택과 예정, 하나님의 경륜과 뜻 안에서의 교회, 그를 위한 하나님의 역사를 말해준다. 특히 1장은 하나님의 눈으로 보는 교회, 하나님의 영원한 뜻 가운데 있는 교회를 보여준다. 2장은 그러한 교회가 어떠한 상태에 있는 사람들로부터 산출되었는가를 보여주기 위해서 에베소 성도들의 원래의 상태를 묘사하고 있다. 그럼으로써 어떠한 상태에서 하나님께서 그들에게 긍휼을 베푸셨는가, 어떻게 그들이 1장에 나오는 영광스러운 교회가 되었는가를 말해준다. 그들은 허물과 죄로 죽어 있었다. 여기서 허물이라는 말과 죄라는 말은 언뜻 보기에는 비슷한 말 같다. 구약에는 허물이라는 말이 많이 나오고 또 죄라는 말도 많이 나온다. 사실 허물이라는 말은 주관적인 의미에서의 죄악을 의미하고 죄악은 객관적인 죄를 의미한다.

시편 32편 5절을 보면 "내가 이르기를 내 허물을 여호와께 자복하리라 하고 주께 내 죄를 아뢰고 내 죄악을 숨기지 아니하였더니 곧 주께서 내 죄의 악을 사하셨나이다"라고 말한다. 여기에서 허물이라는 말이 나오고 또 죄라는 말이 나온다. 이 허물은 사람 편에서 자신이 가지고 있는 행위를 의미하고 죄악은 하나님 앞에 우리의 죄안(罪案)으로서 존재하는 죄를 가리킨다. 구약 성경을 보면 허물이란 어떤 사람의 죄의 행동을 말할 때 사용하는 단어이고 죄악은 하나님 앞에 기록된 죄를 의미한다. 원문을 연구하면 죄는 불결하고 더러운 것을 의미하고 허물은 조금 넘어섰다는 뜻이다. 운동경기에서 조금 선을 넘어서면 불법이 되는 것과 같다. 우리는 인생을 살면서 많은 허물을 범하고 살며 더럽고 불결한 죄악을 범하며 살았다. 이러한 자를 주님은 죽은 자라고 하셨다. 이사야 53장 5절에서는 그가 찔림은 우리의 허물을 인함이요 그가 상함은 우리의 죄악을 인함이라고 했다. 주님이 십자가에서 죽으신 것은 우리의 허물을 인한 것이요 또한 우리의 죄악을 인한 것이다. 어쨌든 우리의 허물은 어떤 것이든지 예수 그리스도께서 십자가의 죽으심으로 인해 그분의 피로 다 해결되었다.

우리는 과거에 우리 자신 안에 있는 허물과 하나님 앞에 놓여 있는 죄악으로 인하여, 즉 죄와 허물로 인하여 죽어 있었다. 여기서 죽어 있었다는 것은 우리 육신이 아니라 우리의 영이 죽어 있었다는 것이다. 그러면 영이 죽어 있다는 것은 무슨 뜻인가? 하나님과 사람이 영적으로 통할 수 없게 되었다는 것이다. 사람은 영을 통해서 하나님과 교통할 수 있고 하나님을 감지할 수 있다. 하나님을 알 수 있다. 그런데 타락한 인간은 다른 것 때문이 아니라 죄와 허물 때문에 하나님 앞에서 죽어 있는 자가 되었다. 오늘날 이 땅에 많은 인간이 다니고 있지만 그들의 죄와 허물을 처리하지 않는 이상 그들은 죽어 있는 사람들이다. 죽은 자들이다. 주님은 복음서에서 '죽은 자들로 죽은 자를 장사하게 하고 너는 나를 좇으라'고 하셨다. 그들은 죽어 있는 사람들이다.

우리도 과거에 죄와 허물로 죽어 있었던 사람들이다. 그러면 어떤 사람들이 영광스러운 교회가 되는가? 바로 죄와 허물로 죽어 있었던 사람들이다. 우리는 죄인일 뿐 아니라 죽어 있었던 사람들이다. 죄인은 사함을 받아야 하고 죽어 있는 사람은 살아날 필요가 있다. 하나님의 구원은 죄를 사함받는 문제만이 아니고 죽었던 사람이 살아나는 문제이기도 하다. 이와 같이 에베소 성도들의 과거 상태는 죄와 허물로 죽어 있는 것이었다. 구원의 감사와 우리의 영적 생명이 성장하려면 우리의 과거의 참된 상태를 아는 것이 중요하다. 우리는 다만 좀 고치면 되는 죄인이 아니라 개선이 불가능한 죽은 상태였다. 죽은 사람은 더 이상 좋아질 가능성이 없는 사람이다. 어떤 사람도 죽은 사람에게 바라는 것이 없다. 누가 죽은 시체를 개선하려 하겠는가? 우리는 시험을 이길 수 없고 세상을 이길 수 없다. 죽었기 때문이다.

에베소서 1장은 하나님의 계획 안의 교회를 말하고 있으며 2장은 죄와 허물로 죽은 상태의 사람들이 어떻게 교회가 될 수 있었는가에 대하여 말하고 있다. 즉 바울은 에베소인들에게 어떻게 가장 낮은 상태에 처한 그들이 어떻게 가장 높은 상태로 끌어올려졌는가를 말해주는 것이다.

2절, 그때에 너희가 그 가운데서 행하여 이 세상 풍속을 좇고 공중의 권세 잡은 자를 따랐으니 곧 지금 불순종의 아들들 가운데서 역사하는 영이라

1절은 죽은 상태를 말하고 2절은 "그 가운데서" 즉 허물과 죄로 죽은 가운데서 행한 일들을 말한다. 그들은 죄와 허물 가운데서 행했고 이 세상 흐름을 따랐다는 말이다. 죽어 있는 사람들은 생명이 없기 때문에 떠내려간다. 여름에 홍수가 나서 강에 큰물이 흘러가면 생명이 없는 많은 것들, 즉 나무 조각이나 짚 등이 떠내려간다. 이 세상에는 하나의 흐름이 있다. 타락한 조류이다. 그런 흐름을 따라서 생명 없는 사람들은 다 떠내려간다. 그러나 거기에 생명이 있는 물고기 등이 있을 때 그것들은 떠내려가지 않고 거슬러 올라간다. 과거에 우리는 죽어 있었기 때문에 아무 느낌이 없었다. 담배연기 자욱한 컴컴한 술집이나 댄스 클럽같은 데 앉아 있어도 아무 느낌이 없었던 것은 죽어 있었기 때문이다. 그래서 그때에는 이 세상 풍속을 좇았고 공중의 권세 잡은 자를 따랐다. 바울은 세상 풍속이란 말을 한다(롬 12:1-2). 시대마다 그 시대를 특징짓는 죄악이 있다. 살아 있는 성도, 진정 주님을 사랑하는 성도들은 시대의 특정한 죄악의 흐름에서 벗어난 자들이다. 마귀는 시대마다 특별한 죄악의 흐름을 만들어 세상을 이끌어 가며 죄악으로, 사망으로, 지옥으로 이끌고 있다.

성경에는 우리 성도들에게 세 대적이 있음을 말해주는데 첫째는 세상이고 둘째는 마귀이며 셋째는 육체이다. 2절은 세상과 사탄을 말하고 3절은 육체를 말하고 있다. 여기서 공중의 권세 잡은 자는 사탄을 의미한다. 우리의 대적의 원조이다. 사탄은 공중의 권세를 잡고 있다. 승천하신 주님은 하늘 보좌에 계시지만 공중에서는 사탄이 권세를 잡고 있다. 공중의 권세 잡은 사탄은 하나의 영으로서 지금 불순종의 아들들 가운데서 역사하는데 이 불순종의 아들들은 이 세상 사람들이다. 믿지 않는 사람들이다. 그들의 특징은 불순종이다. 하나님의 진리에 순종치 않는다. 자아를 중심 삼아 산다. 하나님께 절대적으로 자신을 드리지 않고 굴복하지 않는다. 오늘날 학생들은 선생님께 불순종하고 자녀는 부모에게 불순종한다. 국민들은 정부나 위정자들에게 불순종한다. 불신이 가득하고 불순종이 가득하다. 회사원들은 사장들에게 불순종한다. 이러한 풍조는 만연되어서 거의 감각하지 못할 정도가 되었다.

그러나 그리스도인의 특징은 순종이다. 공중의 권세를 잡은 자는 지금 불순종의 아들들 가운데서 역사한다. 오늘날 많은 세상 사람들이 자기들 마음대로 죄 짓는 것 같아도 그렇지 않다. 그들 속에 역사하는 영이 있다. 그것이 바로 공중의 권세 잡은 자의 영이다. 마치 장난감 인형과 자동차들이 원격 조종기에 의해서 움직이는 것과 같다. 자기들 마음대로 죄 짓고 춤추고 술 마시고 하는 것 같지만 사실은 악한 자의 조종에 의한 것이다. 그들은 그것이 자신들의 의도라고 생각하겠지만 사실은 공중 권세 잡은 자의 영이 있어서 그들을 조종하는 것이다. 우리는 하나님의 말씀에서 세상 사람들이 죄를 짓는 것이 하나의 영의 문제인 것을 보게 된다. 우리 믿는이들은 세상의 영을 받지 않고 하나님께로부터 온 영을 받았다. 그러므로 우리는 하나님의 영의 인도를 따를 수 있다.

3절, 전에는 우리도 다 그 가운데서 우리 육체의 욕심을 따라 지내며 육체와 마음의 원하는 것을 하여 다른 이들과 같이 본질상 진노의 자녀이었더니

이전에는 유대인인 사도 바울도 다 그러한 가운데서 지냈다고 말한다. 육체의 욕심을 따라 지내고 육체와 마음의 원하는 것을 하였다고 했다. 육체 안에는 죄가 거하고 있고 정욕이 거하고 있다. 그도 당시에는 성령을 좇아 행하는 것을 모르고 죽어 있었기 때문에 그저 정욕을 따라서 행하고 타락한 육체의 마음을 따라서 행했다. 그래서 다른 사람들과 같이 본질상 진노의 자녀이었다.

하나님은 죄인을 심판하신다. 하나님의 진노는 항상 그러한 죄인들의 머리 위에 머물러 있다. 마치 구름과 번개가 잠자고 있다가 어느 순간 천둥이 울리면서 벼락이 떨어지는 것처럼 하나님의 진노는 그렇게 그들 위에 머물러 있다. 지금 죄인들은 아직 하나님의 심판과 징계와 형벌을 받지 않았지만 하나님의 진노 아래 있다. 언젠가 그분의 진노가 폭발할 때 그들은 무서운 형벌을 받게 될 것이다.

본질상 진노의 자녀라고 할 때 이 말씀은 우리가 그렇게 태어났다는 사실을 말하고 있다. 바울은 자신을 진노의 자녀였음을 말하며 포함시키고 있다. 다윗도 "내가 죄악 중에 출생하였음이여 모친이 죄 중에 나를 잉태하였나이다"(시 51:5)라고 했다. 우리의 최초의 부모 아담이 죄를 짓고 타락하였다. 로마서 5장은 이러한 대리의 원리로 죄가 들어온 것을 말하고 그러므로 한 사람의 또 다른 대표자를 통해 회복할 수 있었던 것이다. 천사들은 대리로 범죄한 것이 아니고 그저 따라서 직접적으로, 개인적으로 범죄하였으므로 회복과 복구의 희망이 없었던 것이다. 처음에 우리는 우리 자신으로 말미암아 죄를 지은 것이 아니다. 그러나 하나님께 감사드리는 것은 4절에 "그러나 긍휼에 풍성하신 하나님이"가 있다.

4절, 긍휼에 풍성하신 하나님이 우리를 사랑하신 그 큰 사랑을 인하여

하나님의 긍휼의 풍성하심과 그 큰 사랑이 우리를 구원하신 동기이다. 구원의 근거는 긍휼에 풍성하신 하나님이시다. 긍휼이란 무엇인가? 긍휼은 은혜보다 더 멀리까지 이르는 것이다. 은혜가 갈 수 없는 거리에 긍휼이 갈 수 있다. 뭔가를 받을 만한 아무 조건이 없는 죄인에게 동정을 베풀고 은혜를 베푸는 그것이 바로 긍휼이다.

하나님이 어떠한 분이신가? 긍휼이 풍성한 분이다. 하나님이 그저 자비로우시고 사랑만 있으시다면 우리는 때로 하나님 앞에 나갈 용기가 없을 것이다. 너무나 부족하고 실패도 많이 하고 뻔히 아는 죄를 짓고 또 짓고 하기 때문에 이런 사람이 어떻게 하나님께 나갈까 주저할 것이다. 그래서 하나님 앞에 나갈 용기를 잃는 것이다. 그럴 때 우리를 여전히 하나님 앞에 나아갈 수 있게 하는 것이 하나님의 긍휼이다. 그분은 죄인인 사람에 대하여 긍휼이 풍성하시다. 우리가 하나님의 풍성하신 긍휼을 안다면 언제든지 그분께 나아갈 수 있을 것이다. 하나님이 그러한 분이시기 때문에 우리 같은 죄인도 실패하였고 자격이 없다고 느껴지지만 다시 그분 앞에 나아갈 수 있는 용기를 얻을 수 있으며(긍휼이 풍성하신 분임을 앎으로) 나아갈 때 여전히 하나님은 우리를 받아주신다. 우리를 사랑하시되 마지못해 하시는 사랑이 아닌 큰 사랑으로, 이같이 큰 구원을 이루신 큰 사랑으로 우리를 사랑하셨다.

5절, 허물로 죽은 우리를 그리스도와 함께 살리셨고 (너희가 은혜로 구원을 얻은 것이라)

구원은 다만 우리의 죄가 사함 받은 것만이 아니라 죽은 우리가 살아난 것이다. 로마서에서는 우리가 구원받은 것에 대하여 죄를 사함받아 의롭게 된 것을 말하지만 에베소서의 구원받음은 죄로 죽은 우리가 살아난 것을 말한다. 그러면 무엇이 사랑이고 무엇이 큰 긍휼인가? 죄와 허물로 죽은 우리들을 살려 주신 것이 긍휼이고 사랑이다.

그런데 성경은 우리가 언제 어떻게 살아났다고 말하는가? 이 말씀은 하나님께서 우리를 그리스도와 함께 살리셨다고 했다. 즉 이 천 년 전 갈보리에서 그리스도가 죽고 부활하실 때에 우리가 함께 살리심을 받았다는 것이다. 이것이 어찌된 일인지 이해하기 어렵지만 이 말씀은 사실이다. 그리스도께서 살아나실 때 우리도 살아난 것이다. 우리가 죽었을 때는 우리가 영적인 것들에 대하여도 무감각했고, 하나님의 진노와 두려움에 대하여도 감각이 없었다. 하나님의 사랑에도 감각이 없고 하나님의 진노와 심판의 두려움에도 감각이 없었던 것이다. 그러므로 당시 우리들은 어떤 영적인 일들을 행할 수 있는 능력이 없었다. 우리는 설교를 들을 때나 주님의 부르심에 대하여 아무 능력이 없었던 것이다. 하나님께 나아가고자 하는 의지나 소망은 더욱 없었다. 성결을 추구하는 것도 하나님과의 교통을 추구하는 갈망도 없었다.

오늘 여러분이 나와 함께 이렇게 앉아 있는 것보다도 더욱 더 큰 사실은 그리스도와 함께 살아났다는 것이다. 우리는 무엇을 믿겠는가? 영적인 사실은 우리의 육신적인 사실보다 더욱더 사실이다. 그분이 죽은 자 가운데서 살아나실 때 우리도 죽은 자 자운데서 살리심을 받았다. 허물로 죽은 우리를 그리스도와 함께 살리셨고 은혜로 구원을 받은 것이라고 했다. 은혜로 구원을 받았다고 한 부분이 원문에서부터 괄호로 되어 있다. 이는 우리가 그리스도와 함께 살아난 것이 구원이라는 말이다. 다음 구절의 함께 일으키사 하늘에 앉은 것은 구원 자체보다는 높은 체험이 될 것이다. 즉 함께 살리심을 받은 것만도 구원을 위한 충족 요건이 된다는 말일 것이다. 이것은 순전히 은혜요 우리의 공적이 아니라는 말이다. 우리가 그리스도와 함께 살아나기 위해 우리가 한 것이 아무 것도 없고 다 하나님이 해주신 것이라는 말이다. 바울은 우리가 살아나는 것이 극히 어렵고 힘든 일이라고 생각하며 사람이 뭔가를 해야 하는 것처럼 오해할까 하여 괄호를 하여 (너희가 은혜로 구원을 얻은 것이라)고 했다. 내가 살아나야 하는 것이 아니라 하나님이 그리스도와 함께 나를 살리셨고 내가 일어나야 하는 것이 아니라 하나님이 그리스도와 함께 나를 일으키셨으며 내가 하늘에 올라가서 앉아야 할 일이 아니라 하나님이 그리스도와 함께 나를 하늘에 앉히신 것이다.

6절, 또 함께 일으키사 그리스도 예수 안에서 함께 하늘에 앉히시니

5절의 살리신 것과 6절의 일으키신 것의 차이는 무엇인가? 살리신 것은 본래 허물로 죽었던 우리를 살리셨다는 뜻이고 일으키셨다는 것은 그리스도와 함께 죽었다가 그분의 부활로 일으키심을 얻은 것을 의미한다. 신약에는 우리가 죄와 허물로 죽은 것이 있고(엡 2:1), 죄에 대하여 죽었다고 말하는 것이 있다(롬 6:2). 죄로 죽은 것은 우리가 도무지 죄의 세력에서 헤어나지 못하고 그 속에 종노릇하는 상태를 말하며 이에 대하여는 살려주심이 필요하다. 또한 그리스도와 함께 죽었던 우리는 그분의 부활하심으로 일으켜주심이 필요하다. 우리는 이미 살리심을 받았고 일으킴을 얻었다. 하나님은 우리를 그리스도와 함께 살리시고 일으키심을 주셨으며 그리스도와 함께 하늘에 앉게 하셨음을 말해주고 있다.

이 모든 말씀들이 그리스도와 믿는 이들 간의 일치성(identification)을 가리킨다. 일으키셨다는 말은 하나님이 그분을 올리셨다는 것이다. 그리고 우리도 그리스도 예수 안에서 함께 하늘에 앉히셨다. 언제 우리가 하늘에 올라갔는가? 그리스도는 이 천 년 전에 하늘에 올라가셨다. 그때 우리도 그리스도와 함께 올라갔다. 우리는 지금 육신적으로는 어느 건물에 앉아 있지만 영적인 실제 안에서는 그리스도와 함께 하늘에 앉아 있다. 무엇이 실제이며 무엇이 사실인가? 우리가 지금 여기에 앉아 있는 것도 사실이지만 이것보다 더욱 사실은 우리가 그리스도와 함께 보좌에 앉아 있다는 것이다.

오늘 여러분이 눈으로 보는 것이 다 사실 같지만 실제로는 이 땅의 보이는 것들은 다 변할 것이고 오히려 믿을 만한 것이 아니다. 더욱더 견고한 사실은 영적인 것으로서, 우리가 보지 못했고 심지어 우리의 머리로 이해할 수도 없지만 하나님의 말씀이 영원한 사실인 것이다. 우리가 그리스도 안에서 그리스도와 함께 부활했다는 것, 그분과 함께 승천했다는 것, 그리고 보좌에 앉았다는 것이 사실이다. 사람들의 문제는 무엇인가? 무엇이든지 감각하고 체험해본 뒤에 믿으려 한다는 것이다. 그러나 성경에서의 믿음이란 그런 것이 아니다. 다만 그것이 하나님의 말씀이기에 믿는 것이다. 우리가 하늘에 앉아있다는 것을 느낀 후에 믿으려 한다면 일생을 믿으려고 해도 믿지 못할 것이다. 우리의 믿음은 진리의 말씀에 있는 것이지 느낌에 있지 않다. 그렇게 우리가 믿기만 한다면 승천의 체험이 있게 될 것이다. 믿는 것은 우리의 책임이고 체험케 됨은 하나님의 하실 일이다.

여기서 우리는 성령의 능력을 얻는 문제도 보기로 하자. 주 예수의 십자가에서 죽으심으로 우리의 죄들이 사함받았고 그분이 높이 올려지심으로 위로부터 오는 성령을 받는 것이다. 이 죄 사함의 선물이나 성령의 선물은 다 선물로 주시는 것이지 대가를 지불함으로 얻는 것이 될 수 없다. 누가 선물을 돈 주고 또 대가를 지불하여 얻는가? 나의 어떠함이나 내가 행한 어떠함에 의하여 얻을 수 있는 것이 아니다. 이러한 약속과 선물을 받는 것은 믿음 외에는 없음을 인하여 감사하고 찬미하라! 나는 과거에 무디나 토레이 박사의 성령에 관한 서적들을 읽고 그대로 해보려고 애를 많이 쓰기도 해봤다. 그들은 성령 침례를 받기 위해 무엇 무엇을 해야 한다고 가르쳤다. 물론 그 항목 속에는 믿어야 한다는 것이 들어있었지만 어떻게 믿어야 할지를 잘 알지 못하므로 잘 이루어지지 않았고 올라가지 못하는 나무처럼 시종 미치지 못하는 것이 있었다. 우리는 우리 자신이나 노력이나 그 무엇으로도 이 두 가지 은사를 받기에 합당치 않다. 어떤 사람들은 성령을 둘로 나누어 내주하는 성령은 구원받고 믿을 때 받지만 능력의 옷 입는 성령은 다시 또 회개하고 구해서 성령 침례를 받아야 하는 것이라고 가르쳤다. 이 또한 아주 얻기 어려운 것이다. 도대체 어느 만큼이나 회개해야 성령 침례를 받을 만큼 충분히 회개하는가? 어느 만큼이나 기도하고 눈물을 흘려야 하는가? 또 비워야 한다는데 얼마나 비워야 다 비우는 것인가? 또 믿어야 한다는데 어떻게 믿어야 된다는 말인가? 나 자신도 매우 어려웠다. 그러므로 오늘날도 많은 사람들이 성령 침례를 받아보고자 이리 저리 다니며 눈물로 기도하고 소리치고 간구하며 성령의 불을 받아 보려고 애를 쓴다. 과연 그렇게 해서 성령 침례를 받을 수 있는 것인가? 어떤 사람들은 사도행전 4장 31절의 성령의 충만이 기도해서 얻은 것이라고 생각하여 기도를 해야 한다고 말한다. 그러나 그 구절을 읽을 때 그들은 성령의 충만을 얻으려 기도한 것이 아니라 사람들에게 전도하고 말씀을 전할 수 있기 위해 기도한 것이다. 성령 충만 자체가 기도의 목적이 아니었다.

그러므로 우리가 처음 구원받을 때 체험을 기다려서 받는 것이 아닌 것처럼 성령을 부어주시는 것도 체험을 기다려서 받는 것이 아님을 알 필요가 있다. 이 은사 역시 하나님께 간구할 필요가 있는 것이 아니라 다만 믿음으로 되는 것이다. 성령이 부어지는 것, 능력으로 옷 입히는 것도 우리가 무엇을 해서 얻는 것이 아니라 그리스도의 높여지심으로 말미암은 것임을 인하여 주님께 감사하고 찬미한다. 에베소서 1장 13절은 "그 안에서 너희도 진리의 말씀 곧 너희의 구원의 복음을 듣고 그 안에서 또한 믿어 약속의 성령으로 인치심을 받았으니"라고 한다. 죄 사함과 마찬가지로 약속하신 성령도 '구원의 복음'에 포함된 것이다. 그러므로 이 또한 믿음으로 얻을 수 있는 것이다. 그러나 사람들은 왜 믿지 못하는가? 체험을 한 뒤에 믿고자 하기 때문이다. 그러나 결코 체험 후에 믿을 수 있는 것이 아니다. 우리는 믿음으로 성령의 능력을 얻는다. 십자가의 사건도 영단번의 일이듯이 오순절의 일도 영단번의 일이다. 사람들은 당시 제자들이 열흘간 기도함으로 기다렸듯이 우리도 기다려야 한다고 믿는다. 그러나 오순절 사건은 십자가처럼 영단번으로 성취된 사건이므로 우리 편에서는 믿음으로만이 얻는 것이다. 당신은 이미 성령의 충만을 얻었는가? 성령의 능력을 얻었는가? 이 답변은 당신의 체험으로 대답해서는 안된다. 내가 유럽에 갔을 때 많은 형제들이 나에게 물었다. 당신은 성령의 침례를 받았는가? 그들은 다 체험에 근거해서 답변하라는 듯이 우리에게 묻곤했다. 그리고 성령의 침례를 받았다면 방언을 해야 하는 것이라고 말했다.

오순절의 사건은 이미 발생하였고 우리는 그 일 또한 믿음으로 동참하게 된다. 그리스도께서 십자가에 죽으심으로 내가 죄 사함을 받았듯이 그분이 높이 들리우셨음으로 성령을 부어주셨고 우리는 받은 것이다. 성령을 받은 것은 우리의 어떠함이 아니라 그분의 높이 들리심으로 인함이다. 그분이 높이 들리셨는데 내가 어찌 성령의 능력을 받지 못한단 말인가? 에베소서 1장 13절 말씀은 분명 사도행전 1장 4-5절의 약속하신 성령과 다른 것이 아니다. 우리는 성령의 능력을 이미 받은 것을 믿어야 한다. 그 체험이 따라 오는 것은 주님이 필요할 때 주실 것이다. 그러나 중요한 것은 이미 받은 것을 믿는 것이다. 할렐루야! 우리는 약속하신 성령을 받은 것이다. 우리는 지난 날 얼마나 성령의 능력을 달라고 기도하였는가! 이는 간구하는 문제가 아니라 믿는 문제임을 보는 것이 매우 중요한 것이다.

우리가 어떻게 그리스도의 몸이 되며 지체의 각 부분이 될 수 있는가? 물론 우리는 우리의 행함으로 거기에 도달한 것이 아니다. 우리의 노력으로 그 지점에 도달한 것이 아니다. 우리가 그리스도를 믿게 될 때 우리는 어떤 행동을 할 필요도 없이 그분과 연합한 생명을 갖게 된다. 그렇다면 우리는 스스로 죄의 권세에서 해방되며 옛 사람을 십자가에 못박는가? 이 또한 행하는 것이 아니라 '앉는 것'에 있다. 우리는 하는 것에 믿음을 두지 않고 이미 이루어진 사실에 근거를 둔다. "죄에 대하여 죽은 우리가". "우리가 그의 죽으심과 합하여 침례(세례)를 받음으로 그와 함께 장사되었나니" "우리를 그리스도와 함께 살리셨고". 이 모든 구절들이 다 과거로 되어 있다. 주 예수께서 이 천 년 전에 십자가에 못 박힐 때 나도 십자가에 못 박힌 것이다. 이것은 위대한 역사적 사실이다. 이로 말미암아 그분의 체험이 오늘날 우리의 영적인 역사가 되었고 하나님은 우리가 이미 '그리스도와 함께' 모든 것을 얻었다고 말씀하신다. 우리는 이런 일들이 장래의 일도 아니고 현재의 갈망도 아니고 이미 이루어진 역사적인 사실이라고 말하는 것이다. 이러한 것들은 다 이루어진 사실들이며 믿음이 있는 사람들은 이미 그 안으로 들어가며 이루신 것들을 얻는다.

하나님은 그분의 죽음 안에 우리를 포함시켰다. 우리는 그분과 함께 있는데 이는 우리가 '그분 안에' 있기 때문이다. 우리는 언제부터 그리스도 안에 있는가? 그분이 십자가에 못 박히실 때부터이다. "너희는 하나님께로부터 나서 그리스도 예수 안에 있고"라고 한다. "우리를 너희와 함께 그리스도 안에서 견고케 하시고 우리에게 기름을 부으신 이는 하나님이시니"라고 한다(고후 1:21). 이러한 말씀들은 그분의 주권적인 말씀이며 그 말씀을 계시로 보고 믿고 받아들이면 모든 것이 실제화 되는 것이다. 오늘 우리가 돈 만 원 권을 책 속에 넣어두고 책을 태웠다면 그 돈은 재가 되어 책과 함께 태워진 것이다. 그 책의 운명이 돈의 운명이다. 하나님이 우리를 그리스도 안에 두신 것도 같은 이치이다. 그분이 거치신 것을 우리도 거친 것이며 그분이 체험한 것이 우리가 체험한 것이다.

로마서 6장 6절은 "우리 옛 사람이 예수와 함께 십자가에 못 박힌 것은 죄의 몸이 멸하여 다시는 우리가 죄에게 종 노릇하지 아니하려 함이니"라고 한다. 이 역사는 우리가 태어나기도 전에 이미 그리스도 안에서 쓰여진 것이다. 당신은 이 사실을 믿는가? 우리가 그리스도와 함께 십자가에 못

박힌 것은 영광스러운 사실이다. 우리가 죄로부터 구원받은 것은 우리가 행한 것에 근거하거나 심지어 하나님이 우리를 위해 하시려는 것에 근거한 것이 아니다. 하나님이 그리스도 안에서 이루신 것에 근거한 것이다. 우리에게 이 사실이 분명해지고 이 사실을 믿을 때 우리는 거룩한 생활의 비결을 찾은 것이다. 사람들은 자신이 죄를 짓지 않는 것을 보고 이 말씀을 믿으려 하고 성령의 능력을 얻은 것을 보고 믿으려 하지만 그것이 먼저가 아니라 말씀을 그대로 믿는 것이 먼저이다. 믿은 자에게는 결국 이루어진다.

아브라함은 언제나 자신의 상태를 보고 믿은 것이 아니라 하나님의 말씀을 존중하므로 믿은 것이다. 또한 오래 참음으로 자신의 상태가 어떠하다 하더라도 믿음이 약하여지거나 하신 말씀을 의심하지 않고 그 약속하신 것을 이루실 줄을 믿은 것이다. 따라서 그는 그의 믿음대로 얻었다. 히브리서는 그가 믿음으로 얻었는데 진실한 믿음은 오래 참는 시험을 거쳐 얻게 됨을 말해주고 있다. 하나님은 어쩌면 우리의 믿음이 진실한 것인가를 보려고 믿은 직후 주시는 것이 아니라 시간의 검증을 통해 주시려는 듯하다. 자신의 상태가 어떠하든지 하나님의 말씀의 진실함을 믿는 자는 복이 있다.

탕자와 맏아들의 차이는 무엇인가? 탕자는 아버지께서 해주시는 것을 누리는 자이다. "아버지는 종들에게 이르되 제일 좋은 옷을 내어다가 입히고 손에 가락지를 끼우고 발에 신을 신기라 그리고 살진 송아지를 끌어다가 잡으라 우리가 먹고 즐기자"고 하신다. 창조에서나 구속에서나 하나님은 사람에게 다 누리고 안식하라고 하시고 우리에게 무엇이든지 하라고 하는 것이 없다. 우리가 하나님 아버지를 위하며 그분을 가장 기쁘시게 하는 방법은 그분을 위해 끊임없이 수고하고 일하는 것이 아니라(맏아들), 아버지를 모든 것으로 삼는 것이다(탕자). 계속 무엇을 해주는 형이 아니라 계속 받고 누리는 동생이 주님을 더욱 기쁘게 했던 것이다. 탕자가 방탕한 생활로 그의 재산을 다 허비하고 집으로 돌아왔을 때 아버지는 그가 재산을 낭비했다고 한 마디의 책망도 하지 않으셨다. 재산에 대하여도 묻지 않으셨다. 아버지는 아들이 낭비한 재산으로 인하여 걱정하지 않았고 아들이 돌아와 그에게 많은 재산을 소비하면서 기쁘게 잔치할 수 있음을 기뻐하신 것이다. 왜냐하면 하나님은 가장 부요하시며 모든 것을 갖추고 준비하신 분이기 때문이다. 그분은 제일 좋은 옷과 가락지와 신과 잔치를 탕자를 위해 쓸 수 있는 것을 아시고는 기뻐하셨으며 이런 것들을 아들을 위해 쓸 수 없을 때 슬퍼하신다. 도리어 사람이 하나님께 무언가를 해드리려 하면 마음이 상하신다. 그분은 매우 풍성하시므로 사람에게 주고 또 주고 주시고자 하신다. 그분은 능력이 대단하시므로 그분으로 하여금 일하시게 하는 것이 그분을 기쁘시게 하는 것이다. 그분은 영원히 주시는 분이고 일하시는 분이 되려 하신다.

당신은 당신이 하던 일을 멈추고 그분이 하시게 한다면 더욱 그분이 잘하실 것을 믿는가? 우리 자신이 일을 하게 되는 것은 우리 자신을 율법 아래로 이끌어가는 것임을 알아야 한다. 우리의 가장 좋은 노력이나 행위도 그것이 우리의 육체에 속한 것이라면 그것은 '죽은 행실'인 것이요 하나님 앞에 아무 가치가 없다. 큰 아들은 "내가 여러 해 아버지를 섬겨 명을 어김이 없거늘"이라고 하였지만 이는 실상 가치있는 섬김이 아니었던 것이다. 그것은 그가 섬겼다고 착각하는 것 뿐이다. 실상은 탕자, 둘째 아들이 하나님을 기쁘시게 하였다. "긍휼에 풍성하신 하나님의 우리를 사랑하신 그 큰 사랑을 인하여 허물로 죽은 우리를 그리스도와 함께 살리셨고(너희가 은혜로 구원을 얻은 것이라) 또 함께 일으키사 그리스도 예수 안에서 함께 하늘에 앉히시니"라고 한다. 이는 다 완전히 하나님이 하신 일이요 우리가 믿음으로 취할 수 있는 일이다.

교회란 무엇인가? 교회라는 존재는 원래가 하늘의 사람들이다. 우리는 하늘에 앉아 있는 사람들이다. 부활한 사람들일 뿐 아니라 하늘에 앉아 있는 사람들이다. 구약의 민수기 15장 38절은 "이스라엘 자손에게 명하여 그들의 대대로 그 옷단 귀에 술을 만들고 청색 끈을 그 귀의 술에 더하라"고 하였다. 이스라엘은 이 땅에 존재하지만 그들의 옷단에 하늘의 사람들이라는 청색 끈을 만들어 차야 했다.

사실 우리는 우리 가운데 일어나고 있는 많은 일들에 대해 너무 고민하지 말아야 한다. 우리는 하늘 보좌에 앉아 있는 사람들이기 때문이다. 땅의 많은 일들이 우리와 직접적인 관계가 없다. 우리는 보좌에서 모든 것을 바라볼 수 있다. 그러므로 사도 바울은 '땅에 있는 것을 생각하지 말라'고 하였다. 이는 우리가 죽었고 우리 생명이 그리스도 안에서 하나님 안에 감취었기 때문이라고 하였다(골 3:1-4). 우리는 그리스도와 함께 죽었고 다시 살리심을 받았으며 하늘에 앉힌 바된 자들이라는 것을 늘 보아야 한다. 이것이 우리의 실제적인 현 주소인 것이다.

7절, 이는 그리스도 예수 안에서 우리에게 자비하심으로써 그 은혜의 지극히 풍성함을 오는 여러 세대에 나타내려 하심이니라

우리가 이렇게 하늘에 앉힌 바 되어서 영광스러운 구원을 누리고 또 하나님의 아들의 명분을 얻고 후사가 되고 놀라운 은혜를 얻게 되었는데 이것이 은혜의 지극히 풍성한 것이다. '오는 여러 세대'란 언제까지일지 모른다. 장래를 뜻하는 것이다. 말하자면 왕국 시대, 그 후의 영세까지 그 은혜의 지극히 풍성한 것을 나타내고자 하시는 것이 하나님의 뜻이다.

왜 이렇게 우리에게 구원을 베푸셨는가? 우리같이 죄와 허물로 죽은 자들, 공중의 권세 잡은 자를 따랐던 자들, 불순종의 아들들이었던 자들, 이러한 자들을 그리스도와 함께 살리시고 함께 하늘로 이끄셔서 하늘에 앉히셨다. 이러한 역사를 행하신 것은 이러한 은혜의 지극히 풍성한 것을 오는 여러 세대에 영원토록 나타내려 하시는 것이다. 하나님께서 하신 일이 많으나 우리를 살리시고 하늘에 앉히시기까지의 역사만한 역사는 없다. 이 너무나 크고 놀라운 역사에 대하여 하나님은 우리에게 베푸신 은혜의 지극히 풍성함을 오는 여러 세대에 나타내기를 원하신 것이다.

그래서 에베소서 1장에는 영원 전이 있다. 창세 전의 하나님의 뜻이 있다. 그리고 2장에서는 영원 후까지를 말한다. 이와 같이 에베소서는 영원 전부터 영원 후까지를 다루고 있다. 영원 전에는 하나님의 선택이 있고 예정하심이 있다. 하나님의 뜻이 있고 그 뜻의 비밀이 있다. 그런데 시간의 다리를 거치면서 그분은 창조로부터 왕국까지 옛 창조 안에서 그분의 역사를 수행하신다. 결국 그것은 하나님의 많은 아들들을 얻는 것이다. 그들은 원래 어떤 사람들이었느냐면 죄와 허물로 죽었던 사람들이다. 그리고 불순종의 아들들 가운데서 역사하는 영을 따라 공중의 권세 잡은 자에게 복종하던 자들이다. 그들은 육체와 마음의 원하는 대로 행하는 자들이었다. 그런데 하나님은 그들을 죽은 자 가운데서 사신 예수와 함께 다시 살리시고 함께 일으키시고 함께 하늘에 앉히셨다. 이러한 역사를 위해 하나님은 아들을 죽게 하시고 또 부활하게 하셨다. 이것이 구원이다.

이러한 역사를 하신 이유는 영원토록 하나님의 은혜의 지극히 풍성한 것을 나타내려 하시는 것이다. 영원 전에는 다만 하나님의 사랑과 사랑 안에서의 선택과 예정을 볼 수 있다. 그리고 영원 후에는 하나님의 놀라운 은혜의 역사를 통하여 아버지 하나님께서 찬양을 얻고자 하신다. 아버지로 말미암은 찬양, 아들로 말미암은 찬양, 그리고 성령으로 말미암은 찬양이다. 이 말씀을 볼 때 하나님께서 이러한 놀라운 역사를 행하심으로 그 은혜의 지극히 풍성함을 세세토록 나타내려 하셨다는 것이다.

8절, 너희가 그 은혜를 인하여 믿음으로 말미암아 구원을 얻었나니 이것이 너희에게서 난 것이 아니요 하나님의 선물이라

우리가 구원을 얻은 것은 은혜이다. 은혜는 값없이 우리에게 주는 것이다. 우리가 한 것이 아무것도 없다. 구원에 관한 한 사람이 한 것이란 아무것도 없다. 그저 일생 죄밖에 지은 것이 없다. 만일 당신이 무엇을 해서 구원을 얻는다고 생각하고 노력한다면 당신은 실패한다. 구원은 당신의 노력과 관계없다. 구원에 관한 한 모든 것이 하나님의 은혜이다. 이것을 생각하면 우리는 하나님께 참 감사한다. '오, 놀라운 주의 은혜 나 구원얻었네.' 다만 은혜이다. 우리가 구원을 받도록 하나님이 모든 것을 다 해주셨다는 것이다.

"은혜를 인하여 믿음으로 말미암아"(by grace, through faith). 우리 편에서는 할 것이 아무것도 없다. 그분이 다 하셨다는 것을 듣고 '아, 그렇습니까?' 하고 주 예수님을 마음속에 구주로 받아들이면 구원이 이루어지는 것이다. 이렇게 구원이란 우리가 무언가를 행하는 것이 아니라 하나님이 그리스도 안에서 이루신 것을 다만 듣고 그분을 믿음으로 받아들일 때 이루어진다. 우리는 어떻게 죄 사함을 얻는가? 자백하고 회개하는 눈물을 흘리며 뭔가 조금이라도 우리의 공로를 보태야 하는가? 바울은 우리가 구원을 받은 것이 '그분의 풍성한 은혜를 따른' 것이며, 또한 '그분이 사랑하는 아들 안에서 우리에게 주신 것'(which He freely bestowed on us)(엡 1:6-7)이라고 한다. 죄 사함을 받기 위해 우리가 도울 수 있는 일이나 기여할 수 있는 일이라고는 아무것도 없다. 우리는 그분의 피로 말미암아, 즉 그분이 이루신 것에 근거하여 구속을 받은 것이다. 이렇게 해서 에베소 성도들은 구원을 얻은 것이다. 오늘 우리가 구원을 얻은 것과 똑같다.

믿음이란 무엇인가? 스펄전은 믿음이 세 가지 즉 지식과 신념과 신뢰를 통해 이루어진다고 하였다. 우리는 듣지도 못하고 알지도 못하는 것을 믿을 수 없다. 우리가 무엇을 믿어야 할지를 알기 위해서는 들어야 하고 알아야 하는 것이다. "여호와여 주의 이름을 아는 자는 주를 의지하오리니"(시 9:10)라고 하였다. 또한 이사야 선지자는 "너희는 귀를 기울이고 내게 나와 들으라 그리하면 너희 영혼이 살리라"(사 55:3)라고 하였다. 믿음에 있어서 어느 정도의 지식은 필수적이지만 지식을 얻은 것이 곧 믿음은 아니다. 우리가 주 예수에 대하여 더욱 알수록 더욱 많이 알기를 원하게 된다. 특히 대속과 희생 제물의 교리에 대하여는 자세히 연구할 필요가 있다. "하나님께서 그리스도 안에 계시사 세상을 자기와 화목하게 하시며 저희의 죄를 저희에게 돌리지 아니하시고"(고후 5:19)의 말씀이 복음의 중심이다. "그리스도께서 우리를 위하여 저주를 받은 바 되사 율법의 저주에서 우리를 속량하셨으니 기록된 바 나무에 달린 자마다 저주 아래 있는 자라 하였음이라"(갈 3:13). 또한 고린도 후서 5장 21절은 "죄를 알지도 못한 자로 우리를 대신하여 죄를 삼으신 것은 우리로 하여금 저의 안에서 하나님의 의가 되게 하려 하심이니라"고 한다. 이런 구절들을 읽고 알게 될 때 어느 날 이 말씀이 진실이라는 느낌과 더불어 믿음으로 다가 오게 되는 것이다. 결국 믿음이란 그리스도가 말씀하신 것을 그대로 믿고 아는 것이요 그렇다고 인치는 것이다. 로마서 11장 6절은 "만일 은혜로 된 것이면 행위로 말미암지 않음이니 그렇지 않으면 은혜가 은혜되지 못하느니라'고 하였다. 여기서 우리는 은혜라고 하는 것이 우리가 무언가를 할 필요가 조금도 없는 것임을 알 수 있다. 그렇지 않으면 은혜가 은혜되지 못한다.

"이것이 너희에게서 난 것이 아니요 하나님의 선물이라". 이 구원은 우리에게서 난 것이 아니다. 우리와는 아무 상관이 없는 것이다. 하나님이 우리에게 선물로 주신 것이다. 구원은 선물이다. 선물은 주는 사람에게서 그냥 감사히 받으면 된다. '감사합니다' 하고 받으면 받는 사람의 것이 된다. 오늘 이 말씀을 읽고 당신이 받았다면 이 구원은 바로 당신의 것이 되는 것이다. 은혜의 하나님께 감사하고 찬양하자! 구원은 하나님의 은혜를 인한 것이지만 또한 믿음으로 말미암는 것이다. 이 은혜를 통과하는 통로가 바로 믿음이다. 예를들어 전선에는 전력이 통과한다. 구원이 믿음으로 인한 것임은 하나님이 은혜로 이루신 것임으로 우리는 다만 그 은혜를 믿음으로 받으면 우리의 것이 되는 것이다. 우리의 믿음이 마치 통로처럼 전선의 전기를 통하게 하는 것이다.

우리가 믿는 것은 무엇인가? 우리에게는 아무 방법도 없지만 하나님의 말씀은 우리를 십자가에 못박아 죽게 하였고 이미 일으키셨고 이미 승천케 하였다고 말씀하신다. 만일 여러분이 이 말씀을 믿고 이미 다 이루어진 것을 믿는다면 모든 문제가 다 해결될 것이다. 그러나 또 한편 우리가 믿을 수 있는 것도 하나님이 믿을 수 있도록 도와주시는 것이다. 고린도 후서 4장 13절은 "우리가 믿음을 받았으니" 라고 번역할 수 있다. 빌립보서 1장 29절도 "너희에게 은혜를 주신 것은 다만 그를 믿을 뿐 아니라"라고 말한다. 즉 믿는 것도 주님의 은혜로 주어지는 것임을 알 수 있다. 우리는 주님의 말씀을 믿을 수 있는 은혜도 구할 수 있고 얻을 수 있는 것임을 주님께 감사하고 찬양하자!

9절, 행위에서 난 것이 아니니 이는 누구든지 자랑치 못하게 함이니라

선한 행위를 하려고 노력해서 받은 것이 아니라는 것이다. 행위가 아니다. 여러분은 반드시 구원받는 일에 있어서 하나님이 그리스도 안에서 이루어놓은 것을 믿어야 하지 조금이라도 우리의 행위가 포함되지 않는다는 것을 알아야 한다. 은혜로 받은 것이기 때문에 누구든지 자랑할 수 없다. 장래 천당에 가서 무엇을 잘 해서 온 사람을 찾아보면 하나도 없을 것이다. 모든 사람이 다 죄를 용서받아서 왔기 때문에 우리 죄를 대속해주신 주 예수님의 공로를 찬양할 뿐 자기의 선한 행실을 자랑할 사람은 아무도 없다. 그러면 우리가 성령의 충만을 받는 비결은 무엇인가?

우리가 죄 사함을 받는 것은 그분이 십자가에서 피흘리신 것이 그 근거요, 성령을 부어주시는 것, 즉 우리가 성령의 충만을 받는 근거도 우리의 기도나 노력이나 기다림에 있지 않고 그분의 높여지심에 있는 것이다. 그분의 높여지심으로 인하여 우리에게 성령의 은사가 주어지는 것이다. 그분이 보좌에 높여지셨으므로 우리는 높은 곳으로부터 오는 성령의 능력과 은사를 부여받는 것이다. 죄 사함의 선물이나 성령의 선물은 나의 어떠함이나 내가 행한 어떠함에 근거하는가? 전혀 그렇지 않고 오직 그리스도의 십자가 보혈의 공로와 그분의 은혜 뿐이다. 나는 죄 사함을 받기에도 합당치 못하고 성령의 은사를 받기도 합당치 않다. 내가 처음 구원받는 체험을 위하여 기다릴 필요가 없듯이 성령을 부어주시는 것도 기다림이 필요한 것이 아니다. 약속의 성령으로 충만케 되는 것도 죄 사함과 마찬가지로 '너희의 구원'에 다 포함된 것이다.

10절, 우리는 그의 만드신 바라 그리스도 예수 안에서 선한 일을 위하여 지으심을 받은 자니 이 일은 하나님이 전에 예비하사 우리로 그 가운데서 행하게 하려 하심이니라

여기서 '만드신 바'는 'masterpiece' 곧 그분의 걸작품이라는 것이다. 이 걸작이라는 말은 하나님이 하신 일 중에 이보다 더 중하고 훌륭한 일이 없음을 말한다. 하나님은 우리를 그리스도 안에서 선택하시고 예정하실 뿐 아니라 구속하시고 생명을 분배하셔서 변화시키시고 새롭게 하시고 아들의 형상을 본받게 하시는 등 많은 역사를 이루신다. 이미 우리를 그리스도와 함께 살리시고 함께 일으키시고 함께 승천하게 하셨다. 하나님은 예수 그리스도께서 죽고 부활하셨을 때 우리를 그분 안에 두셨으며 새로운 피조물인 우리를 지으셨다(고후5:17참조).

이것이 창조를 포함한 하나님의 모든 역사하신 일 중에 가장 뛰어나고 영광스러운 작품이다. 그러기에 바울은 교회를 하나님의 걸작품이라고 말한 것이다. 우주를 지으신 하나님께서 수많은 일을 하셨지만 교회를 만드신 일보다 위대한 일은 없으시다. 이는 당신의 사랑하는 아들을 이 땅에 보내시고 죽음의 고난을 당하게 하셨다. 죽음과 부활 승천을 통하여 하나님은 그리스도 안에 예정된 사람들을 그리스도와 하나되게 하시고 그들을 당신의 자녀들로, 왕국으로, 유일한 아들의 배필로 지으신 것이다. 이것이 바로 하나님의 걸작품이다. 하나님은 이 교회를 통하여 세세토록 그분의 지혜와 은혜의 풍성함을 나타내실 것이다.

이렇게 우리는 그리스도 예수 안에서 선한 일을 위하여 지으심을 받은 자이다. 선한 일이라면 우리가 생각할 때 인간적인 어떤 착한 일들을 말하는 것이라고 여길지 모르지만 선한 일이란 그러한 것만이 아니라 우리를 통해서 살아 나타나시는 그리스도, 우리의 삶을 통해 하나님이 나타나시는 것이 바로 선한 일이다. 그것을 위해서 우리가 지으심을 받은 것이다. 또 우리로 그 안에서 행하게 하려 하셨다. 하나님은 우리로 하여금 선한 일을 행하도록 역사하셨다. 우리가 선한 일을 통해서 구원받을 수는 없지만 우리는 구원받은 후에 선한 행위가 필요하다. 이는 하나님이 원하시는 것이다. 하나님은 사람들이 우리의 선한 행실을 보고 살아계신 하나님께 영광을 돌리기 원하신다.

오늘 어떤 사람들은 그리스도인의 모든 것이 은혜이기 때문에 행위는 아무 상관이 없다고 말하는 경우가 있다. 이는 진리를 잘못 아는 것이다. 구원받는 것은 우리의 행위와 아무 상관이 없다는 말이 맞다. 그러나 구원받은 후 그리스도인은 선한 행위를 가져야 한다. 특히 장래 왕국에 들어가는 일은 우리의 행위와 관계가 있다(마 5:16-20). 하나님은 여러분이 얻었기에 마땅히 행해야 한다고 말씀하신다. 우리는 부활하고 승천하였기에 행하는 것이다. 여러분은 걸작품이 되었기에 그 작품에 맞는 행동이 나오게 되는 것이다. 바울은 "이를 위하여 나도 내 속에서 능력으로 역사하는 역사를 따라 힘을 다하여 수고하노라"고 말했다(골 1:29). 안의 역사가 있고 성령의 운행하심이 있기에 밖의 행위가 나오는 것이다. 에베소서 2장 초반부는 죽었었을 때 어떤 행위가 있고 이제 10절에서 그리스도와 함께 살았고 함께 하늘에 앉았기에 또한 행동이 있다고 말한다.

어떤 형제들은 이 일에 대하여 혼돈이 된다고 말한다. 9절은 행위가 아니라고 말하고 행위는 무익하다고 하더니 무슨 또 행위냐고 한다. 은혜면 은혜지 행위가 무슨 말이냐는 뜻이다. 구원은 물론 우리의 행위를 필요로 하지 않는다. 모든 것이 다 은혜이다. 그러나 구원받은 후 은혜받은 우리에게서 하나님을 위한 선한 행위가 나오게 되는 것이다. 이것 또한 은혜이지 율법의 행위가 아닌 것이다. 이는 굳이 말하자면 성령의 열매인 것이다. 이것은 율법의 행위와 다른 것이다. 그러나 이 또한 일이요 행위이다.

나는 이 일을 쉽게 설명하기 위해 성도들에게 물은 적이 있다. 아담이 타락하기 전 에덴 동산에서 일을 했는가, 하지 않았는가? 어떤 사람들은 아담이 동산에서 아무 일도 하지 않고 무위도식한 것처럼 생각한다. 그저 아담이 슬슬 돌아다니다가 이 과일 하나 따먹고 저 과일 하나 따먹으며 지냈다고 생각한다. 그러나 성경 말씀에 의하면 그들은 에덴을 다스리며 지켜야 했다. 다스린다는 말은 '경작한다'(cultivate)는 뜻이다. 이는 그들이 뭔가를 했다는 뜻이다.

당신은 그들이 율법에 매여 그 일들을 했다고 생각하는가? 그렇지 않다. 그들의 모든 일은 즐거운 일이었다. 아무것도 하지 않는 것보다 뭔가를 하면서 즐거움이 더욱 배가 되었을 것이다. 하나님은 그들에게 꽃이나 과일나무나 가꾸어보면서 그 자라는 것이나 열매 맺는 것을 바라보며 기뻐하게 하신 것임에 틀림없다. 이것은 노동이나 고역이 아니었다. 이는 매우 큰 즐거움이다. 나는 바울이 은혜를 받은 후 아무것도 하지 않는 것이 재미라고 생각하지 않았을 것이라고 믿는다. 그는 은혜 받은 후 더욱 많이 수고했고 주를 위해 선한 행실을 많이 보였다. 이것이 율법의 행위인가? 아니다. 이 또한 하나님의 은혜였다(고전 15:10, 모든 사도보다 더 많이 수고하였으나 내가 아니요…하나님의 은혜로라). 하나님의 은혜가 우리로 무위도식하게 하는 것이 아니라 하나님을 위하여 더 많은 수고와 선한 일을 하게 하심을 인하여 감사하고 찬미한다. 아멘.

11절, 그러므로 생각하라 너희는 그때에 육체로 이방인이요 손으로 육체에 행한 할례당이라 칭하는 자들에게 무할례당이라 칭함을 받는 자들이라

이제 바울 사도는 에베소 성도들에게 한 번 생각해 보라고 했다. 너희는 그때 육체로는 이방인이라고 했다. 손으로 행한 육체에 행한 할례당이라는 표현은 영적이고 참된 할례에 비하여 한 말이다. 바울은 골로새서에서 신약의 신자들은 손으로 하지 않은 육적 몸을 벗는 그리스도의 할례를 받았다고 말한다(골 2:11). 바울의 말은 에베소의 이방인들에게 과거의 신분과 현재의 놀랍고 축복된 신분을 비교해주면서 그들이 얻은 구원의 의미를 더 설명하려 하고 있다. 에베소 사람들은 육체로 할례당이라 칭하는 유대인들에게는 무할례당이라 칭함을 받는 자들이었다는 것이다. 사도는 이렇게 말하면서 성도들로 하나님에 대한 사랑과 감사를 불러일으키려는 마음일 것이다. 회개한 죄인들은 자주 자신들의 과거에 처했던 불행과 죄악된 상태를 생각하며 회고하며 감사를 드려야 한다.

12절, 그때에 너희는 그리스도 밖에 있었고 이스라엘 나라 밖의 사람이라 약속의 언약들에 대하여 외인이요 세상에서 소망이 없고 하나님도 없는 자이더니

이것이 이방인의 상태이고 우리의 상태였다. 우리도 에베소 사람들처럼 이방인이다. 우리도 무할례당이고 그리스도 밖에 있었고 이스라엘 나라 밖의 사람이고 약속의 언약들에 대하여 관계가 없는 사람들이었다. 즉 이방인들은 그리스도를 기다리지도 않았던 자들이었고 세상에서 하나님을 모르고 아무 소망이 없이 살던 사람들이다. 그러니 내세의 참된 소망에 대하여는 눈 멀었고 그리스도의 왕국에 대하여나 영원한 내세의 축복도 전혀 알지 못하고 그저 현세의 소망만을 소망으로 여기며 하루 하루 살고 있었다. 한 마디로 불쌍한 자들이었다. 그리스도로 말미암아 주어지는 구원의 유익을 전혀 알지 못하고 기대도 못하던 사람들이었다. 우리들은 아브라함과 더불어 맺은 언약들에 대하여 참여할 수 없었다. 우리는 아론과 그의 자손들의 희생 제물들, 각종 제사에 참여할 수 없었다. 우리는 할례자로도 등록될 수 없었다. 우리들의 영혼과 하나님사이에는 거대한 무지의 구름이 깔려 있었다. 그럼에도 여러분들은 현재의 특권에 대하여 너무나 많이 듣고 감사했기에 지금의 여러분이 된 것을 당연시 하며 여러분이 과거에 타락한 자들과 동일했으며 지옥에 있는 영혼들과도 차이가 없었으며 아무 소망이 없었던 사실을 망각할 수도 있다. 그러나 사도는 이런 상태가 될 수 있는 것에 대하여 생각해보라고 요청한다. 이것은 현재에 이끌린 상태에 대하여 더욱 감사하고 실제적인 감각을 갖게 해줄 것이다.

13절, 이제는 전에 멀리 있던 너희가 그리스도 예수 안에서 그리스도의 피로 가까워졌느니라

과거에 우리는 정말 멀리 있었다. 누가복음 15장의 탕자와 같다. 멀리 멀리 하나님을 떠났던 것이다. 그러나 이제는 그리스도 예수 안에서 그리스도의 피로 가까워졌다. 사도 바울은 '우리가 그리스도의 피로 가까워지기를 바라노라'고 하지 않고 '가까워질 것'이라고 말하지도 않았으며 '우리가 그리스도의 피로 가까워졌다'고 말한다. 물론 성경은 미래적인 축복의 부분도 있지만 이 부분은 현재적인 축복과 경험적인 사실을 말하고 있다. 우리는 이미 가까이 인도된 것이다. 우리는 과거에 이방인들로서 멀리 떨어져 있었고 은총을 받은 이스라엘 백성이 아니었다. 그러나 이제 우리는 하나님 가까이 인도되어졌다. 우리는 과거에 은총을 받은 그 민족의 은총들을 다 가지게 되었다. 우리는 아브라함의 자손이 되었는데 이는 그가 모든 믿는 자의 조상이기 때문이다.

그들이 제단을 갖고 있다면 우리도 갖고 있고 그들이 대제사장을 가졌던 것처럼 오늘 우리도 갖고 있다. 그들은 땅의 대제사장을 갖고 있지만 우리는 하늘의 대제사장을 갖고 있다. 그분은 그분의 제물로 우리의 죄악을 영원히 제거해주셨다. 그리고 그분은 오늘날도 우리가 먹는 양식이 되어 주셨다. 과거 그들이 가졌던 것을 우리도 가졌으며 더 훌륭한 것으로 가지고 있다. 우리는 유대인보다 훨씬 더 가까이 인도되었다. 당시 아무리 경건한 유대인도 제사장들이 아니라면 제사에 참여할 수 없었다. 그들은 희생제물을 가져올 수는 있어도 드릴 수는 없었다. 제사장들이 백성들을 대신하여 하나님께 가까이 나아갈 수 있었다. 당시 대제사장 외에는 아무도 지성소에는 들어갈 수 없었다. 제사장들은 그저 성소에 들어간 것이다. 대제사장은 일 년에 한 번씩 피와 연기와 분향을 가지고 지성소에 들어갈 수 있었다. 그러나 예수의 십자가의 피공로로 그 지성소에 들어가는 길이 열렸다. 우리는 과거에 대제사장이 느꼈던 두려움도 없이 담대하게 지성소에 들어갈 수 있다. 우리는 구약 시대의 막혀진 성소 휘장을 보는 것이 아니라 열려진 휘장과 시은좌 위에 있는 예수의 피를 보기 때문이다. 그리고 필요한 때에 은혜를 얻기 위해 담대히 하늘의 은혜의 보좌 앞으로 나아갈 수 있다.

우리는 얼마나 가까이 인도되었는가? 우리는 평범한 유대인들보다 가까이 있으며 제사장들보다 더 가까이 있으며 대제사장만큼 가까이 있다. 왜냐하면 우리는 그리스도가 계신 곳, 하나님의 보좌에 있기 때문이다. 하나님께 감사하고 찬미하라! 모든 간격은 다 사라졌다! 우리는 사랑하는 자 안에서 열납되어졌다. 우리는 그분께 받아들여졌으며 그분 가까이에 있는 존재들이다. 우리는 그분의 친구들이요 자녀들이다. '종은 영원히 집에 거하지 못하되 아들은 영원히 거하나니'라고 말한다. 우리는 그분의 아들만큼 가까이에 있는 것이다. 왜냐하면 우리가 그리스도 안에 있고 우리의 생명이 그분 안에 감춰어져 있기 때문이다. 우리는 그분의 몸의 지체이며 그분과 뗄래야 뗄 수 없는 관계가 되었다. 성도들은 하나님과 가까이 사는 사람들임을 명심하기 바란다. 우리는 그리스도 예수 안에 있으며 그리스도는 하나님 우편에 계시니 우리는 하나님과 그리스도만큼 가깝다.

따라서 하나님의 자녀들은 결코 반역적인 언사를 해서는 안된다. 성도들은 누구나 그리스도의 왕궁에 가장 깊이에 열납되어진 종들이므로 마땅히 충성되어야 한다. 만주의 주요 만왕의 왕이 우리를 그분의 가장 가까이에 인도하셨다. 우리는 멀리 있고 무익한 죄인이었던 우리를 가까이 오도록 인도해주신 하나님께 얼마나 충성되어야 하겠는가? 충성되어야 하고 말고이다. 우리가 그분께 이처럼 가깝게 이끌려진 존재들이 된 것은 작은 일이 아니다. 형제들이여, 우리는 그분에게 너무나 가까이에 있는 것이다. 베드로 전서 3장 18절은 "그리스도께서도 한 번 죄를 위하여 죽으사 의인으로서 불의한 자를 대신하셨으니 이는 우리를 하나님 앞으로 인도하려 하심이라"고 한다.

우리는 하나님 가까이 있다는 것이 사실이다. 그러므로 하나님은 우리의 모든 것을 보시고 무엇이 필요한지 부족한지를 아신다. 우리는 그분이 가까이 계심을 알고 살아야 한다. 너무나 일반적인 기도들은 그분을 멀리 하늘에 두고 이 낮고 낮은 땅에서 기도하듯이 하는 기도들이다. 우리는 겸손하고도 친근하게 두려워하면서도 기뻐하며 담대하게 하나님 앞에 나아와야 하는 것이다. 가까이 와서 그분에게 우리의 슬픔도 말하고 괴로움도 말하고 도움을 요청하기도 하자! 우리가 그분 가까이 인도되어진 것을 안다면 우리의 삶은 변할 것이며 거룩하게 될 것이다. 그리고 우리는 우리의 안전에 대하여 확신할 수 있다. 우리가 믿기 전 그분의 원수가 되었을 때 그분 가까이 인도해주셨다면 지금 그분의 친구와 자녀로 삼으시고 나서 더욱 우리를 지켜주시지 않겠는가? 그분은 우리가 깊은 죄악과 어둠에 있을 때 우리를 사랑하시고 건져내셔서 가까이 오게 하셔서 선을 알게 하고 그분을 사랑하는 것을 가르치셨는데 그렇게 해놓고 여러분을 버리시겠는가?

복음이란 무엇인가? 하나님과 멀리 있는 사람들을 하나님께 화목시켜 가깝게 이끄는 행동이다. 보혈 이외에는 우리의 죄를 씻어낼 수 있는 것이 없다. 우리를 하나님께로 인도하기 위해 의로운 자가 불의한 자를 위해 고난을 당한 것이다. 겟세마네에서는 주님의 이마에서 피가 땀방울처럼 쏟아져 내렸다. 채찍이 거듭 거듭 그분의 어깨와 등과 허리를 찢어 놓았다. 몸이 밭고랑처럼 홈이 파이고 그 속에 피가 고였다. 그들은 예수를 세차게 밀어 붙여서 넘어지게 하고 손을 나무에 묶고 다리도 묶고 못을 박았다. 그리고 십자가를 올려 세웠다. 그들은 앉아서 주 예수를 쳐다보았다. 그리고 그의 기도 소리를 모욕하고 그의 목마름을 조롱하였다. 그는 상스러운 사람들 앞에 벌거벗은 채로 수치스럽게 들어 올려져 매달려 있었다. 하나님도 그를 버리신 것 같았다. 여호와께서는 얼굴을 돌리셨다. 고통 가운데 주님은 "나의 하나님, 나의 하나님 어찌하여 나를 버리시나이까"라고 하셨다. 이렇게 하여 전에 멀리 있던 우리가 그리스도의 피를 통하여 가깝게 된 것이다. 이제 여러분은 성실하게 주님께 나아가서 그분을 붙잡기 바란다.

그리스도의 피는 우리의 죄를 씻을 뿐 아니라 우리를 하나님 앞에 가까이 가게 할 수 있다. 보혈로 말미암아 우리는 하나님 앞에 나아갈 수 있는 것이다. 이는 예수의 피가 대속을 위한 것만이 아니기 때문이다. 그 피는 우리를 하나님께로 인도하는 피임을 감사한다. 우리는 피로 씻음을 받고서 하나님께 가까이 갈 수 있을 뿐 아니라 또 형제와 형제 간에도 서로 가까이 할 수 있다. 우리는 피 안에서 서로 받을 수 있고 교통할 수 있다. 예수님은 피를 흘려주심으로 우리가 그 피를 통하여 하나님과 가까이 할 수 있게 해주시고 서로 서로 가까이 할 수 있게 하신 것이다. 고린도 전서 10장 16절은 우리가 그리스도의 피의 교통 안에 참여한다고 말한다. 그리스도의 피는 우리로 피차 가까워지게 하며 그 안에서 사랑의 교통을 나누게 한 것이다. 로마서에는 복음으로서 죄사함을 위한 보혈을 언급하지만 에베소서의 피는 특히 2장에서 몸을 위해 서로를 가깝게 한 피이다. 우리는 그리스도의 피를 볼 때 서로를 받지 않을 수 없고 사랑하지 않을 수 없다.

14절, 그는 우리의 화평이신지라 둘로 하나를 만드사 중간에 막힌 담을 허시고

그리스도께서 우리의 화평이시다. 그리스도가 없으면 화평이 없고 그리스도가 있으면 화평이 있다. 그분이 우리의 평강이시다. 어떤 사람들은 그리스도인일지라도 서로 많이 교제를 해서 화평을 가지려고 한다. 물론 성도들의 교제는 필요하다. 그러나 아무리 교제를 많이 해도 거기에 그리스도가 없으면 화평이 없다. 성도들의 모임 중에, 또 교회 중에 그리스도를 모시라! 그분이 계시면 화평이 있게 된다. 그분이 부활하신 후 제자들에게 오실 때마다 "너희에게 평강이 있을지어다"라고 하셨다.

여기에 보혈이 있다. 보혈이 있기 때문에 우리는 가깝게 되었고 그리스도가 있기 때문에 우리는 평화를 누릴 수 있다. 그리고 둘로 하나를 만드사 중간의 막힌 담을 허신다고 했는데 여기에 둘이 있고 하나가 있다. 원래 이방인과 유대인은 나뉘어져 있었고 둘이었다. 그러나 주님은 이 둘을 하나로 만드셨다. 믿는이들은 그렇기 때문에 다 그리스도 안에서 하나이다. 사실 믿는이들 가운데서 우리는 참 하나를 보아야 한다. 오늘날 많은 믿는 이들이 참 하나를 말하는데 정말 우리는 하나를 이루어야 한다.

유대인과 이방인 사이에 막힌 담이 있었다. 이들은 원래가 적대적 관계에 있었던 것이다. 유대인들은 구약 시대에 하나님 앞에 특별한 지위를 갖고 있었고 따라서 자동적으로 이방인과는 막힌 담이 있게 되었다. 뿐만 아니라 민족과 민족 사이에 막힌 담이 있다. 국가와 국가 사이에도 막힌 담이 있다. 일본과 한국 사이를 보라! 담이 있지 않은가? 사람과 사람 사이에 하나 되지 못하게 하는 많은 중간의 담들, 이런 것들을 그리스도께서는 다 허셨다고 했다. 그래서 믿는이들 사이에는 아무 막힌 담이 없는 것이 옳다. 이미 헐어졌기 때문에 그냥 하나 안에서 교제하고 다시 세우지만 않으면 된다. 모든 담들은 그분의 십자가에 죽으심으로 이미 헐어졌다. 그분은 자신이 희생되심으로 하나님과 가련한 죄인들 사이에 있는 증오심을 소멸하셨다.

만일 하나님이 허신 것을, 그리스도의 십자가를 통해 완전히 없애신 것을 다시 세운다면 그것은 그리스도의 십자가를 헛되게 만드는 것이다. 하늘에는 교파나 교리의 장벽이 없고 율법으로 인한 담도 없다. 이미 다 허물어졌다. 당신이 만일 이 땅에서 어떤 나름대로 믿는 것으로 담을 만든다면 주님이 십자가로 허문 것을 다시 세우는 것이 된다. 당신이 어떤 형제나 자매나 특정한 무리의 사람들에게 적대감을 느끼고 있다면 그것은 속고 있는 것이다. 그 적대감과 원수된 것은 이미 그리스도의 십자가에서 제해졌다!

15절, 원수 된 것 곧 의문에 속한 계명의 율법을 자기 육체로 폐하셨으니 이는 이 둘로 자기의 안에서 한 새 사람을 지어 화평하게 하시고

이 구절의 원수 된 것이란 적대감 또는 증오심이다. 담이 있으면 거기에 원수된 것 곧 증오심이 있게 된다. 교리의 담이든지 어떤 특수한 사상과 이론을 세워 담을 만들면 거기에 반드시 원수된 것이 있게 된다. 율법적으로 유대인과 이방인은 막힌 것이 있을 뿐 아니라 민족과 민족 사이에 싫어하는 감정이 있다. 그런데 미워하는 감정을 어떻게 하셨는가? 원수 된 것, 곧 의문에 속한 계명의 율법을 자기 육체로 폐하셨다. 원수 된 것도 폐하셨다.

분열이 있으면 자연히 서로간에 막힘이 있게 되지 않는가? 따라서 거기에 미움이 있고 증오가 있다. 분열이 있게 되면 자연히 거기에 미움, 증오심이 있게 된다. 그런데 당시 유대인들과 이방인 사이에 그 원수 된 것은 의문에 속한 계명의 율법 때문이다. 율법이라고 하는 것은 진정으로 사람과 사람을 하나 되게 하지 못한다. 율법은 선한 것이고 좋은 것이고 거룩한 것이다. 그러나 그 율법은 오히려 막힌 담을 만들 뿐이다. 그것으로 말미암아 증오심이 생길 따름이다. 율법의 본질은 옳고 그름을 논하는 것이다. 이 땅의 모든 분열과 증오심은 옳고 그름으로 인하여 생긴다. 자신들이 옳다 하여 옳지 않게 행하는 사람들을 미워하고 정죄하게 된다. 오늘 날도 많은 성실한 그리스도인들이 매우 바람직한 성경적 실행이나 교리로 담을 만들어 보혈로 구속받은 성도들을 담 밖에 두고 원수시한다. 이것은 그리스도의 십자가를 모르는 처사이다.

유대인들은 이방인들을 개로 여겼다. 그리고 자신들은 선민이라고 했다. 바로 계명의 율법 때문에 그렇다. 자신들은 하나님 앞에 율법을 지키는 하나님의 정당한 선민이라는 것이고 율법을 모르는 이방인들은 개라는 것이다. 지금도 어떤 사람이 교회 안에 생명을 가져오지 않고 율법을 가져오면 즉시 증오심이 생긴다. 그리고 둘이 되고 막힌 담이 생기게 되어 있다. 율법으로는 신약의 교회를 세울 수 없다. 이 모든 것들을 다 폐한 것이 주 예수님의 십자가이다. 주 예수님은 육체로 이 모든 것을 폐하셨다고 했다.

"이는 이 둘로 자기의 안에서 한 새 사람을 지어 화평하게 하시고". 주 예수님이 십자가에서 죽으신 것은 이 원수 된 의문의 율법들을 다 폐하기 위한 것이었다. 그리고 그분 안에서 한 새 사람을 지으셨다. 교회는 새 창조요 모든 것이 새 것이다. 새 것은 오직 하나님의 거룩한 것과 의로운 것, 진리 뿐이다. 하나님이 아닌 것은 새 것이 아니다. 새 것이 없으면 교회는 없다. 교회를 말하면 우리는 반드시 새로움을 함께 말해야 한다. 에베소서 2장에서 바울은 교회가 한 새사람이라고 했다. 이 한 새사람은 주님이 만드신 것이지 우리의 노력이나 수완이나 사교성으로 되는 것이 아니다. 이 한 새사람이 무엇인가에 대하여는 골로새서 3장을 읽어야 한다. 옛 사람 안에는 분열과 차별이 존재하였다. 그러나 한 새사람 안에는 유대인이나 이방인, 종이나 자유자 등의 차별이 없고 오직 그 안에 그리스도만 만유(모든 것)이다. 이것이 바로 한 새사람이요 교회이다.

율법 때문에 유대인과 이방인이 나누어졌었다. 그리고 서로 증오심이 있었다. 이 모든 것들을 그리스도께서 십자가에서 끝내셨다. 그리스도께서는 십자가에서 죽으심으로 육체를 끝내셨고 옛 창조를 끝내셨다. 옛 사람을 끝내셨고 모든 옛 창조를 다 끝내셨다. 그러니 거기에 유대인이 어디 있겠는가? 이방인이 어디 있겠는가? 다 끝났다. 옛 사람이 끝나면 다 끝난 것이다. 유대인도 옛 사람이고 헬라인도 옛 사람이다. 한국 사람도 옛 사람 아닌가? 옛 창조는 다 끝났다. 그러니까 거기에 더 이상 증오심이 없다. 율법도 끝났다. 중간에 막힌 담도 필요 없다. 다 끝내고 그분에 의해서, 그분 안에서 한 새 사람을 지으셨다. 이것은 옛 사람이 아니다. 부활 안에서 성령으로 지으심을 받은 새 사람 안에는 더 이상 불화가 없다. 새 창조, 한 새 사람, 그리스도의 몸 안에는 평강이 있을 뿐 불화는 있을 수 없다. 한 새 사람 안에는 화평이 신 그리스도만 있을 뿐이다.

16절, 또 십자가로 이 둘을 한 몸으로 하나님과 화목하게 하려 하심이라 원수 된 것을 십자가로 소멸하시고

여기에 십자가가 나온다. 십자가는 이 둘을 하나로 만든다. 그런데 오늘 왜 분열이 많은가? 믿는이들 간에 왜 반목이 많은가? 왜 하나가 안 된단 말인가? 십자가가 없기 때문이다.

오늘날 사람들은 많은 방법들을 동원해서 하나를 만들어 보자, 특이한 가르침을 따라서 하나를 만들어 보자, 뭘 열심히 해서 하나를 만들어 보자, 많이 서로가 섞여져서 하나를 만들어 보자 하면서 여러 가지를 시도한다. 많은 교제도 필요하고 회의도 하고 다 좋지만 거기에 가장 중요한 것, 하나 되기 위해 필요한 것은 십자가이다. 십자가로 이 둘을 한 몸이 되게 하는 것이다.

십자가는 성도들을 하나 되게 하는 자리이다. 당신도 십자가로 가고 나도 십자가로 가야 한다. 나도 끝나고 당신도 끝나고 당신의 의견도 끝나고 내 의견도 끝나고 당신의 고집도 끝나고 내 고집도 끝나고 다 끝날 때 거기서 그리스도 안에서 하나가 이루어진다. 그리고 거기에서 하나님과의 하나가 이루어진다. 서로 서로 하나가 이루어진다. 주님은 원수 된 것을 십자가로 소멸하셨다. 주님이 모든 소극적인 것들을 끝내신 것은 십자가에서이다. 우리가 만일 십자가의 자리에 견고하게 서 있을 수만 있다면 거기에 하나가 있다. 혹 서로 조금 멀어졌어도 다시 다 함께 돌아와야 할 자리는 십자가라는 것을 잊어서는 안 된다. 그리스도의 몸은 십자가의 산물이다. 로마서 12장의 그리스도의 몸은 로마서 5-8장까지의 십자가의 역사의 결과이다. 따라서 십자가를 모르면 몸을 알지 못한다. 십자가를 적용하지 않으면 몸의 생활은 없다. 십자가가 없이는 모든 증오심과 적대감과 원수된 것들이 제해질 수 없다. 십자가는 모든 믿는 이들을 한 몸으로 이끈다.

로마서에서는 그리스도의 보혈이 우리의 죄사함과 칭의의 근거가 되며 십자가의 죽음이 우리의 성화의 근거가 된다. 그러나 그리스도의 몸을 말하는 에베소서는 그분의 보혈이 우리 서로를 가깝게 하는 근거가 된다. 고린도 전서 10장 16절의 그리스도의 피의 교통이라는 말이 있다. 그 피로 구속받은 모든 성도들은 그리스도의 피의 교통 안에서 하나를 누릴 수 있다. 즉 그리스도의 피는 구속함을 받은 모든 성도들이 그 안에서 함께 그 구속의 효능을 누리며 그 피에 참여할 수 있다. 그 피는 죄로 각각 흩어진 우리를 용서함을 받은 감사와 은혜를 누리며 가까워지게 하며 하나되게 한다.

또한 로마서에서 그리스도의 십자가는 우리를 옛 사람의 죄의 종노릇하는데서 해방하였다고 말하지만 그리스도의 몸을 말하는 에베소서에서는 원수된 것, 계명의 율법을 폐하신 것이라고 말한다. 즉 그리스도의 십자가는 이 둘을 한 몸으로 하나님과 화목하게 하신 것이다(엡 2:16). 17, 18절에 이어 나오는 성령의 역사는 유대인과 이방인이 하나되어 아버지께 나아가도록 역사하신 것이라고 말한다. 에베소서에서 그리스도의 보혈과 십자가와 성령주심의 역사는 그리스도의 몸을 이루기 위한 것을 종점으로 기술한다.

17절, 또 오셔서 먼 데 있는 너희에게 평안을 전하고 가까운 데 있는 자들에게 평안을 전하셨으니

또 오셨다는 것은 성령으로 오신 것을 의미한다. 십자가로는 하나 되지 못하게 하는 요소들을 끝냈지만 성령이 오시지 않았다면 평강을 누리는 것은 없다. 십자가로 소극적인 것을 다 끝내고 하나 되게 하지 못하는 것을 다 끝내고 그런 다음 부활 안에서 성령으로 오셔서 먼 데 있는 '너희'에게 평안을 전하셨다. 성령은 적극적으로 우리로 평강을 누리게 한다. 성령이 오신 것은 사람들로 평안을 얻게 하기 위해서이다. 그래서 이 복음은 평안의 복음이라고 한다. 이 복음이 전파되는 곳에 평강이 전파된다. 가까이 있는 자들은 유대인이고 멀리 있는 자들은 이방인인데 하나님은 저들 모두에게 평안의 복음을 전하셔서 저들로 하나님께 자유로이 나아올 수 있게 해주셨다. 성령이 오셔서 평안을 주신 것은 그리스도의 몸을 이루기 위한 것이다. 교회 안에 있으면서 평강을 모르는 것은 그리스도의 몸이 무엇인지 모르는 것이다. "그리스도의 평강이 너희 마음을 주장하게 하라 평강을 위하여 너희가 한 몸으로 부르심을 받았나니"(골 3:15) 교회 생활 안에서 지체들이 서로 평강을 누리도록 성령을 주셨다는 것이 에베소서와 골로새서의 가르침이다.

18절, 이는 저로 말미암아 우리 둘이 한 성령 안에서 아버지께 나아감을 얻게 하려 하심이라

"저로 말미암아"란 그리스도의 이름, 즉 그 이름의 중보적인 사역을 힘입어서 하나님 아버지께 나아갈 수 있음을 말한다. 우리는 하나님 앞에 나아갈 수 있다. 은혜의 보좌는 우리가 다 다가갈 수 있도록 세워졌고 그 보좌로 접근할 자유가 주어져서 이방인이든지 유대인이든지 다 그곳으로 가서 은혜를 얻을 수 있다. 왜 성령이 오셨는가? 성령은 우리로 그 보좌로 접근하도록 도와주신다. 그리스도는 우리가 하나님께 가까이 가도록 대속 역사를 성취하시고 성령은 우리로 하여금 아버지께 가까이 가도록 하는 힘을 주시며 섬길 수 있도록 은혜를 주신다. 우리는 그리스도의 구속을 통해 성령의 도우심으로 하나님께 가까이 나왔음을 기억하기 바란다.

성령은 우리로 평안을 얻어 하나 되기 위함만이 아니라 이는 둘이 한 성령 안에서 아버지께 나아가게 하신다. 즉 유대인과 이방인이 함께 한 성령 안에서 아버지께 나아가는 것이다. 교회란 다만 한 성령으로 평강을 누리며 서로 하나가 이루어지는 것이 아니라 함께 아버지께 나아가는 것이 있다. 원수된 것이 없이 서로 사랑과 평강 안에만 있으면 되는 것이 아니다. 하나 되어 아버지께 나아가는 것이 교회라는 것이다. 바울이 이렇게 교회를 말해주지 않으면 어떻게 교회를 알 수 있겠는가? 다음 구절에서 비로소 바울은 교회를 정의한다.

19절, 그러므로 이제부터 너희가 외인도 아니요 손도 아니요 오직 성도들과 동일한 시민이요 하나님의 권속이라

이렇게 되니(그리스도의 보혈과 십자가와 성령주심의 모든 역사의 결론), 우리는 이제 외인도 아니요 손도 아니며 성도들과 동일한 시민이 된 것이다. 과거에는 이방인이고 아웃 사이더였던 우리가 이제 외인이 아니라고 한다. 성도들이 지닐 수 있는 특권을 다 가질 수 있게 된 것이다. 외인이란 나그네(strangers)를 의미한다. 손은 외국인(aliens)을 말한다. 구약 성경을 읽어보면 이스라엘 백성만이 그 나라의 백성이고 나머지는 다 나그네요 외국인들이다. 바울은 이제 주 예수를 믿은 에베소의 성도들이 나그네와 외국인이 아니고 성도들과 동일한 시민이라고 말한다. 구약에는 아브라함이나 이삭이나 야곱, 요셉, 모세, 다윗 등에게만 성도라 칭하는 것이 있다. 그러나 이제 복음을 받은 이방인들이 다 성도들로서 동일한 하나님 나라의 시민이 된 것이다. 이전에 유대인들은 자기들만 성도라고 생각했고 자기들만 하나님의 집의 권속이라고 생각했다. 그러나 이제는 유대인이나 이방인이나 십자가로 다 끝나고 모두가 하나님의 권속이 되었다.

권속이란 하나님의 집의 가족(God's family or God's household)이다. 오늘날 교회를 회사나 학교의 개념으로 생각하는 수가 많다. 교회라는 곳에 세상 단체나 회사에 있는 계급이 있고 일이 있는데 반하여 사랑의 관계와 돌봄의 관계는 너무나 희귀하다. 이런 일은 교회의 인수가 늘어날수록 빠질 수 있는 함정이다. 교회는 회사나 인간 단체가 아니라 가정임을 알아야 할 것이다. 모든 회개한 죄인들은 이 가족의 구성원이 되고 하나님의 자녀들이 된다. 따라서 서로의 호칭도 성경에 따라 형제, 자매로 부르는 것이 더욱 가족다운 것이다.

20절, 너희는 사도들과 선지자들의 터 위에 세우심을 입은 자라 그리스도 예수께서 친히 모퉁이돌이 되셨느니라

"사도들과 선지자들". 사도들은 보내심을 받은 자라는 뜻이다. 신약에 열두 사도가 있고 사도 바울과 한 무리의 사도들이 있다. 선지자들은 구약에도 있었고 신약에도 선지자들이 있다. 이들은 하나님의 말씀을 대언하는 사람들이다. 하나님의 마음을 하나님의 백성들에게 전달하는 사람들이다. 그러한 자들의 터 위에 교회가 세우심을 입게 되는 것이다.

그러나 사도와 선지자들은 그들 자신이 직접 교회의 터가 되는 것이 아니고 그들이 가르치는 계시와 복음과 진리의 말씀이 터가 되는 것이다. 복음과 진리의 말씀을 떠나서는 교회가 세워질 근거가 없다. 이것이 교회가 반석 위에 세워졌다는 뜻이다. 하나님이 세우신 사도나 선지자들은 복음 진리를 책임지고 있는 사람들이다. 로마서 1장에서 바울은 자신이 하나님의 복음을 위하여 택정함을 입었다고 말했다. 구약의 이스라엘은 율법을 통해 하나님의 나라가 되었다. 그러나 신약의 교회는 복음을 통해 이루어진다. 로마서를 읽어보라! 로마서 12장에는 그리스도의 몸이 나온다. 그것은 1장부터 8장까지 복음의 결과인 것이다. 이러한 복음을 책임지고 있는 자들이 사도이다. 그들이 가진 복음 진리는 다른 것을 위해 있는 것이 아니라 교회가 세워지기 위해 있는 것이다. 교회는 반드시 그러한 복음의 말씀을 순종해서 건강하게 세워져야 한다. 오늘 날 어떤 사람들은 교회가 그저 믿는 이들이 모이면 이루어진다고 생각한다. 그들 가운데 목사 하나를 두고 모여 기도하고 찬송하면 교회가 아니냐고 말한다. 그러나 고린도전서 3장에서 바울은 "내가 지혜로운 건축자와 같이 터를 닦아두매"라고 말한다. 여기에 터를 닦는 자가 있는 것이다. 바울과 같은 사도들이다. 그리스도는 그러한 자들을 통해서 복음진리로 교회를 세우시는 것이다. 그리스도 예수께서 친히 모퉁이돌이 되셨다는 것은 그리스도가 계시므로 유대인과 이방인이 연결되어 하나 될 수 있다는 것이다.

본절에는 교회가 하나님의 집인 건물로 비교된다. 사도들과 선지자들은 이 집의 기초라고 한다. 첫 번째 기초석은 어디까지나 주 예수이시다. 그들은 이차적인 의미에서 기초인 것이다. 그리스도께서만이 유대인들과 이방인을 하나로 만드시는 모퉁이 돌이시다. 그러나 어디까지나 이 구절에서 강조하는 것은 "그리스도 예수께서 친히"이다. 복음은 오직 그리스도 자신이지 다른 어떤 사물이나 교리가 아니다. 그분이 곧 길이요 진리요 생명이다. 만약에 우리가 그분을 알기 원한다면 우리는 그분 자신을 주목해야 한다. 우리 마음이 상처로 아플 때 바로 그분이 그 상처를 싸매 주신다. 만약 어떤 사람이 회개한다면 그것은 그분을 만나고 성령의 감동을 받았기 때문이다. 순교자들은 그리스도를 위해 죽었지 그 어떤 교리를 위해 죽은 것이 아니다. 어떤 형제들은 주님 자신이 아닌 어떤 특정한 성경이나 침례에 관한 일부 교리에 집착한다. 우리가 믿음을 위해 싸워야 하지만 그 신앙이라는 것이 어떤 성경의 해석이나 일부 정통 교리가 되어서는 곤란하다. 어떤 진리든지 주 예수 자신과 관계되지 않은 것을 주장할 때 문제가 되지 않는 것이 없다. 예수와 분리된 진리는 부드러운 살 속에 뼈와 같다. 우리에게 있어서는 가장 중요한 것이 교리가 아니라 주 예수 자신임을 아는 것은 매우 중요하다.

오늘날 많은 교회는 생활 설교를 많이 한다. 사람들은 그런 설교 듣기를 좋아하는 것 같다. 그저 사람의 낙심과 절망을 희망과 발전과 성공적인 마인드로 바꿔주는 것이다. 그러나 더 좋은 것은 예수를 바라보게 하는 것이다. 우리에게는 그분이 길이므로 그러하다. 그분을 만날 때 거기에 길이 있다. 그분이 우리의 모든 방법이 되어야 한다. 그분이 우리의 방법(길, way)이시기 때문이다. 우리에게는 그분이 교리가 되어야 한다. 그분이 우리의 모든 진리이기 때문이다. 또한 우리의 체험을 위해서도 마찬가지다. 우리에게는 그분 자신이 생명이므로 그분이 없이는 어떠한 체험도 헛된 것이다.

우리는 우리가 믿고 바라는 분이 그분 자신이라는 것에 대하여 분명해야 한다. 히브리서 1장 3절은 그분을 죄를 정결케 하는 분으로 소개한다. 정결케 하는 일은 그분의 희생에 의해 이루어졌지만 그 희생은 그분 자신이다. 그러므로 바울은 '자기 몸을 드리셨으니'라고 하였다. 그분은 자기를 희생 제물로 드리는 제사장으로 거기에 계셨던 것이다. 그러므로 우리는 분명히 알아야 한다. 그리스도 자신이 우리의 신앙의 대상이다. '나를 바라보라 그리하면 구원을 받으리라'고 하신다. 주님은 나의 십자가를 보라거나 생명을 보라거나 죽음을 보라고 하지 않으시고 심지어 나의 종들을 보라고도 하지 않으셨다. 그분은 "수고하고 무거운 짐 진 자들아 다 내게로 오라 내가 너희를 쉬게 하리라"고 한다(마 11:28).

어떤 단체를 보면 주 예수를 보게 하는 대신 그들의 사역자나 창시자들에게 눈을 향하게 한다. 또한 어떤 실행이나 체험에 눈을 돌리게 하고 복음적인 활동과 자선적인 활동에 치우치게 만드는 경우도 있다. 다 좋은 것이지만 그것이 주 예수의 얼굴을 벗어난 것이라면 그 결과는 실패요 헛될 뿐이다. 오늘 우리가 알아야 할 것은 그분 자신이다.

주님은 빌립에게도 자신을 알리시려 했다. "빌립아 내가 이렇게 오래 너희와 함께 있으되 네가 나를 알지 못하느냐"(요 14:9). 엠마오로 가는 두 제자에게도 "모세와 및 모든 선지자의 글로 시작하여 모든 성경에 쓴 바 자기에 관한 것을 자세히 설명하시니라"(눅 24:27)고 하시며 당신 자신을 알리셨다. 부활하신 후에도 그분은 자신을 알리시는 일에 치중하셨다. 우리의 믿음은 어디까지나 그분 자신이지 그분에 관한 어떤 것이 아니다. 예수께서는 자기 자신을 그의 제자들에게 보이셨다(막 16:9, 요 20:20).

우리의 근본적인 필요는 그분을 아는 것이요 그분을 보는 것이다. 그분의 본성, 그분의 마음, 그분의 영, 그분의 길, 그분의 목적, 그분의 권능에 대하여 알아야 한다. 성령께서도 한 가지 일을 하시는데 이 역시 그분을 알리는 것이다. "그가 나를 증거하실 것이요"(요 15:26). 성령께서는 우리의 안에 그리스도를 계시해주신다. 이것이 바로 성경의 목적이요 목표인 것이다. 성경은 바로 나에 대하여 증거하는 것이라고 하셨다(요 5:39). 어떤 사람들은 성경 번역본을 가지고 무엇이 옳으냐 그르냐로 다투지만 그 성경의 본질은 한 분을 계시하는 것이다. 가장 올바른 번역본을 갖고 주님을 만나지 못한다면 그 좋은 번역본이 무슨 소용이 있겠는가? 이는 밖의 외적인 것을 가지고 하는 논쟁의 무익함을 설명하는 한 예일 따름이다.

사도와 선지자들의 터 위에 세우심을 입은 자

신약의 최초의 사도는 주 예수라고 말할 수 있다. 사도란 보내심을 받은 자이다. 아버지는 아들을 보내셨으며 아들은 열 두 사도를 세우셔서 보내셨다. 바울은 성령 시대의 사도이다. 그들이 안디옥에서 섬길 때 성령께서 바나바와 사울을 따로 세우라고 하시며 이방세계에 복음을 전하기 위해 보내셨다.

나는 이 구절에서 사도들과 선지자들이 성경을 기록한 사도들과 선지자들이라고 믿는다. 나는 요한계시록의 새 예루살렘 성의 열 두 기초석에 있는 어린 양의 열두 이름이 성경을 기록한 사도들과 관련이 있을거라고 믿는다. 그 말씀의 기초 위에 교회들이 세워지는 것이다. 이것이 사도행전 2장 42절에 있는 사도들의 가르침(apostle's teaching)이다. 오늘 날 어떤 사람들은 성령 시대에 사도들이 있으니 지금도 사도들이 있을 수 있다고 믿는다. 나도 동의하는 바이다. 그러나 성경을 기록한 교회의 뿌리가 되는 사도들과는 구분이 있어야 한다. 이것이 구분이 되지 않으므로 생기는 피해는 너무나 심각하다. 따라서 많은 이단들이 생겨난 것이다. 다른 예수를 전하는 것이 이단이라면 성경의 가르침과 동일한 권위를 가진 사도의 가르침이 또 있다고 하면 이단이 되는 것이다. 즉 이후에 사도의 일을 하는 사람들을 성령께서 일으키사 사용하실지라도 성경을 기록한 시대의 그 사도들(the apostles)과 다르다는 말이다.

성경을 기록한 자들은 하나님의 영감으로 고칠 필요 없도록 완벽한 진리를 기록해 놓았다(딤후 3:16, 벧후 1:21). 그러나 그 후의 사역자들은 그렇게 또 다른 성경을 말해낼 수 있게 주님이 세우시지 않는다. 그 후의 사역자들은 확정된 성경을 잘 가르쳐서 그 가르침을 성도들이 순종할 수 있게 사역해야 한다. 자기도 성경을 기록한 사도들과 동일한 권위를 가진 계시를 받았다고 하는 자들이 많다. 즉 이단이 많다는 말이다. 몰몬교의 조셉 스미쓰도 그 중 한 사람이고 크리스챤 사이언스의 에디도 그 중 하나이다. 크리스챤 사이언스에 대하여 간단히 살피겠다.

"크리스챤 사이언스 운동은 에디라는 한 중년 여성에 의해 일어났다. 에디(Mary Baker Eddy, 1821-1910)라는 사람은 엄격한 칼빈주의자였던 아버지 밑에서 자라면서 신앙적 문제를 많이 관심했다. 한때 정신병에 걸렸던 병력도 있다. 그녀는 자기 몸의 질병을 치료하기 위해 애쓰면서 병 고치는 영적 과학(Spiritual Science Healing Disease)에 대한 강연을 많이 했다. 그녀는 빙판에서 넘어져 큰 부상을 입었는데 마태복음 9장 2-8절을 읽고 자력으로 일어나고 옷도 입고 걸어다니게 되었고 그때부터 '병고치는 진리'가 자기 몸에 내려왔다고 느꼈다. 그녀는 하나님으로부터 특별한 계시를 받았다고 하며 '사이언스 앤 헬스'(Science and Health)라는 그들의 최고 최종의 권위서를 만들어 냈다. 그리고 성경은 구약에 3만여 군데 별독가능성과 신약의 3만여 군데 별독가능성을 제기하여 성서에 많은 과오가 있음을 지적했다. 그들은 성서보다도 에디의 개인적이고 주관적인 체험에서 나온 글에 더 무게를 둔다."(저자의 논문 중에서) 에디는 자기의 체험과 계시를 내세워 성경의 권위를 유린한 대표적인 케이스이고, 이 땅에는 유사한 이단이 너무나 많다.

성경을 기록한 사도들의 가르침이 교회의 터(기초)가 되어야 교회는 바르고 건강하게 건축된다. 그 후의 사역자들은 그 가르침을 정경(canon)삼아서 그 말씀을 바르게 깨닫고 해설하여 성도들로 따르고 순종하도록 도와주는 사역을 해야 한다. 이것이 교회를 사도들과 선지자들의 터위에 세워지게 하는 비결이다. 결코 뿌리를 고쳐서는 안되고, 건물의 터(기초)를 고쳐서는 안된다. 오늘 날의 교회는 신약 성경의 기초를 뒤엎으려 하지 말고 그 말씀의 기초 위에 세워져 나아가도록 해야 한다.

21절, 그의 안에서 건물마다 서로 연결하여 주 안에서 성전이 되어가고

이제 여기에서 성전이 나온다. 1장에서는 교회가 그리스도의 몸이라고 했다. 2장에서는 교회를 한 새사람이요 또 성전이라고 말한다. 거룩한 성전이다. 여기서 건물마다(all the buildings)라는 말은 이해하기 어렵다. 어떤 사람들은 이 땅의 많은 교회들을 가리킨다고 본다. 많은 지역 교회들을 가리킨다고도 했다. 다비(J.N. Darby)는 그의 번역 성경 주석에서 이는 한 성전의 많은 부분들을 말하는 것이라고 했다. 전체의 건물(the whole building)이라고 번역한 성경도 있다(NASB). 즉 여러 건물들이 연결되어 한 건물이 되어간다는 뜻이 아니라 전체의 건물의 여러 부분들이 서로 연결되어서 지어져간다는 뜻이다. 이 말을 주의 깊게 해석하지 않으면 천주교회나 온 세계교회의 연합을 정당화하는 교리를 제공하게 된다. 어떤 분들의 해석대로 여기의 '건물마다'를 여러 지역교회를 합한 것으로 본다면 큰 대형교회가 여러 나라 여러 도시에 많은 지(枝) 교회들을 세워 한 교회로 연합하여 만드는 것을 정당화하게 된다는 말이다.

신약의 교회의 세워짐은 한 지역에 한 교회의 형태로 개교회 중심이었다. 계시록 2,3장에 의하면 당시 아시아에 일곱 교회가 있었고 하늘에는 일곱 촛대가 있었다. 주님은 이 땅 한 도시에 일어난 한 교회를 온전한 한 금 촛대로 본 것이다. 에베소 교회가 혹 두아디라 교회보다 작은 교회일지라도 동일한 한 금촛대이지 금촛대의 한 부분이 된 것은 아니다. 계시록에서 주님은 사데의 죽어있는 책임을 빌라델비아로 돌리지 않고, 라오디게아의 미지근한 것을 서머나의 잘못으로 돌리지 않았다. 에베소의 처음 사랑을 잃은 것은 에베소가 책임을 져야지 빌라델비아가 책임지지 않는다. 이처럼 주님이 한 교회의 문제를 한 교회가 책임지도록 하시고 각각의 교회를 완전한 간증으로서 개별적으로 상대하시는 것을 보아 교회들이 주님 앞에 완전히 독립적이라는 것을 알 수 있다. 그러니 교회들은 하나님 앞에 자신의 교회의 잘못을 다른 교회에 전가할 것이 아니라 자신들의 교회 성도들이 완전히 책임을 져야 한다는 것을 알 수 있다.

고린도 교회에 간음의 죄가 있었을 때 사도 바울은 다른 교회와 상의하고 도움을 받아 함께 죄 지은 형제를 내어 쫓으라고 말하지 않았다. 이는 한 교회가 독립적인 사법권을 가지고 하나님 앞에 최종 책임을 짊어진 단위임을 말해주는 것이다. 그럴진대 이 구절의 '건물마다'라는 표현은 한 교회의 모든 성원들이 함께 지어져 가는 것으로 보아야 한다. 만일 바울이 이 말씀을 쓸 때 유대인의 교회와 이방인의 교회들이 함께 지어져가는 개념으로 썼다면 이는 영적인 관념으로 이해해야 할 것이다. 실상 이 땅의 교회들이 이 시대에는 각각의 금 촛대들로 나누어져 있지만 우주적으로는 여전히 한 몸인 것이다. 우주적인 한 몸이며 지역적으로는 각각의 몸인 것이다. 우리가 달을 바라볼 때 하나의 달인 것처럼, 교회는 여전히 하나이다. 그러므로 교회를 우주적인 측면에서 본다면 이 땅의 교회들이 많지만 여전히 한 몸인 것이다. 실상 신약에서 몸은 하나라고 했고 이 몸이 구체적으로 나타날 때는 지역적으로 나타난 것이다. 볼 수 없고 만질 수 없는 교회, 우주적인 교회는 하나이고, 볼 수 있고 만질 수 있는 교회는 지역마다 세워지는 것이다.

바울이 21절에서 말한 성전이 우주적인 몸을 말한 것이라 해도 문제될 것이 없다. 그럴 때 바울은 유대인과 이방인들이 서로 연결되어 한 몸으로 자란다고 말한들 문제될 것이 없다. 실상 우주적인 교회나 지역적인 교회는 같은 것이다. 다만 하나는 구체적인 것이고, 다른 하나는 추상적인 것이다. 추상적이고 우주적인 교회와 구체적이고 나타난 지역 교회는 내내 하나이다. 성경에서는 이 두 가지 교회를 구분하여 말하지 않았다. 우리가 속해 있는 한 지역의 교회는 우주 교회의 축소판이요 그 교회의 실제요 구체라고 말하면 된다. 머릿돌이시며 모퉁이 돌인 그리스도를 기초로 하여 세워지는 보편 교회가 하나님의 성전으로 불리울 뿐 아니라 개개의 교회들도 성전으로 불리우는 것이다. 교회는 하나님의 이름을 그 안에 두기 위해 선택된 장소임을 하는 것은 매우 중요하다. 구약의 성전에서 그러하였듯이 신약의 교회 안에서도 하나님께 예배와 봉사를 드리고 하나님은 교회에 그분 자신을 나타내신다. 성도들은 하나님께 영의 예배를 드리고 하나님은 그들에게 은혜와 축복을 주신다. 이와 같이 이 건물은 곧 거룩한 하나님의 성전을 말하는 것이다. 이는 곧 신약의 교회를 말하는 것이다.

여기서 성전이란 내부 성전을 가리키는 '나오스'인바, 하나님께서 오늘날은 그분의 교회 안에 계신다는 뜻이다. 즉 지성소가 옛날에는 물질적인 성전 안에 존재하였으나 지금은 성도들의 영 안에 거하신다는 뜻이다. 그러기 위해 교회는 성전과 같이 서로 연결되어 건축되어 간다는 것이다. 서로 연결되어 주 안에서 성전이 되어 간다고 했다. 서로 연결된다는 것은 서로 맞추어진다는 뜻이다. 이렇게 성도들이 연결되고 상합하여 자란다는 사상은 고린도전서 12장에도 있고 본 에베소서 4장 16절에도 있다. 연결되어 자란다는 말은 의미가 깊다(being fitted together). 성도들이 교회생활에서 생명의 섞임이 없이는 진정한 건축이 없는 것이다. 서로의 생명의 연결 말이다. 우리 개인도 주님을 모시지만 주님은 단체적인 교회 안에 그분 자신을 충만히 거하게 하신다. 개인이 소유한 주님의 분량으로는 큰 역사를 할 수 없다. 몸 안에 충만히 모신 그리스도는 저수지의 물처럼 큰 역사를 할 수 있다.

오늘 얼마나 많은 신자들이 교회를 다만 하나의 여관이나 모텔같이 생각하여 잠시 머물다 떠나는 것같이 생활하는가? 그러한 생활 안에는 지체들과의 생명의 연결이 없다. 생명의 연합과 섞여짐이 없이는 건축이 없는 것이다. 이러한 연합은 실제적인 것이어서 있으면 있는 것이고 없으면 없는 것이다. 이것을 그저 교리나 지식으로 간주할 수 없다. 한 형제의 간증과 교제 속에서 우리는 내 자신의 영을 발견하고 그의 기도와 간절함 속에 나의 어떠함이 섞여져 있다. 우리는 그러한 기도와 교제 속에서 생명의 섞여짐과 연결을 맛본다. 우리는 때로 감사와 감상과 심지어 감탄이 있다. 아! 형제 마음속에 내 속에 있는 느낌과 소원이 섞여져 있구나! 그러한 영적인 교통에서 우리는 서로의 연결을 맛보게 된다. 이러한 연결은 우리가 기도와 교통 안에서 주님과 연결되어 있는 것과 같은 성분이다. 그러한 누림을 우리는 어떻게 말로 표현할 수 없지만 영 안에서 아는 사람은 다 안다. 우리의 가장 깊은 속에서 서로의 하나를 느끼고 확인하는 것이다. 이는 우리와 영 안에서 한 몸 안의 한 형제로, 지체로 연결된 사람이구나, 하는 것을 아는 것이다. 그리고 주 안에서 거룩한 성전이 되어간다고 했다. 여기에 자란다는 뜻이 들어 있다. 신약의 성전, 하나님의 성전의 건축은 자람으로 건축되는 것이다. 영어 성경에는 거룩한 성전 안으로 자라간다고 번역했다(is growing into a holy temple in the Lord). 이는 신약의 성전인 교회는 생명 없는 물질적 건물이 아니라 살아있는 유기체이기 때문이다. 그러니 신약의 교회가 건축되는 것은 성도들의 영적 생명이 자람으로 되는 것이지 인위적인 조직이나 활동으로 되는 것이 아니다. 교회는 이와 같이 자라되 성도들이 연합하여 자라는 것이다. 연결되어 자라는 것이다.

22절, 너희도 성령 안에서 하나님의 거하실 처소가 되기 위하여 예수 안에서 함께 지어져 가느니라

여기에 '너희도'라는 말이 나온다. '너희'라는 말은 에베소 성도들을 가리킨다. 21절의 성전은 우주적인 교회이다. 유대인과 이방인이 한 성전으로 건축되어 자라나는 것이다. '너희도'란 우주적인 그리스도의 몸인 교회가 하나님의 거하실 처소가 되기 위해서 에베소에서 건축된다는 말이다. 이것은 구체적이고 실제적인 한 도시에서 세워진 교회를 의미한다. 오늘의 교회는 하나님의 거할 처소이다.

오늘 우리는 교회의 이름을 한 번 고려해보자! 오늘날 교회의 이름으로 문제가 많이 생겼다. 알아야 할 것은 하나님의 교회는 특정한 교단의 사람들로 이루어진 것이 아니라는 것이다. 하나님의 교회는 하나님이 영원 전에 택하시고 예정하시며 그리스도의 피로 구속함을 받은 성도들로 구성된 것이다. 그리고 성령의 인침을 받은 무리이다. 그들은 성령에 의해 소생되어 그리스도의 생명에 동참하고 그리스도의 몸과 지체들이 된 자들이다. 그들이 어디에 있더라도 그리스도의 몸은 하나요 둘이 아닌 것이다. 그들이 무슨 이름으로 모였다 하더라도 온 세상의 참된 그리스도인은 이 말씀에 기록된 대로 하나님이 건축하시는 건물이 되는 것이다.

첫째로 교회는 돌무더기가 아니라 건축되어져야 하는 건물이다. 하나님이 그 건물의 모퉁이돌을 그리스도로 정해주셨다. 하나님이 그 건물에 쓸 돌들을 선택하시고 그 크기와 형태를 정하신 분이다. 그 모든 것들이 영원전부터 예정된 것이다. 이 건물은 유기적인 건물로서 형제들이 서로 사랑으로 연결되어 지어진 것이다. 이들은 아버지의 택한 백성들이고 피로 값주고 산 자들이다.

둘째는 이 건물의 아름다움이다. 이와 같은 건물은 이전에도 이후에도 없다. 하나님은 세상을 창조하실 때, 특히 사람을 창조하신 직후 매우 좋다고 하셨지만 노래하지는 않으셨다. 그러나 그분이 교회를 보셨을 때 노래하시며 기뻐하셨다. "너희 하나님 여호와가 너희 가운데 계시니 그는 구원을 베푸실 전능자시라 그가 너를 인하여 기쁨을 이기지 못하여 하시며 잠잠히 사랑하시며 너로 인하여 즐거이 부르며 기뻐하시리라"고 하셨다. 그분은 창조시보다 교회를 보시고는 가장 큰 기쁨으로 노래하셨다.

셋째로 하나님의 교회는 또한 하나님의 거하실 처소이다. 교회는 사람들이 주인이 되어 있는 단체이지만 그 안에 하나님께서 성령으로 주인이 되어 계셔야 하는 단체이다. 어떤 교회는 하나님의 말씀으로 지어진 것이 아니라 강령에 의해서 지어졌다. 여러분이 그러한 교회에 들어가면 강령과 의식들을 지키도록 강요받을 것이다. 그 모든 의식들이 잠시 마음을 끌지라도 그곳에서는 성도들이 하나님을 만나지 못한다. 그런 곳은 의식을 지키는 곳이지 교회는 아니다. 겉으로 보기에만 교회 같은 것이다. 스펄전은 국교나 비국교만이 아니라 자신들의 교회도 그렇게 될까봐 두렵다고 하였다. 그러한 자들과 함께 예배 드릴 때 여러분은 결코 하나님을 만나지 못한다. 여러분의 심장은 감동으로 뛰지 않을 것이고 여러분의 영은 새로워지지 않을 것이다. 그러한 건물은 아름다울지 몰라도 그 안에는 아무것도 없고 주님이 거하시지 않는다. 진정한 교회는 하나님의 성령이 두루 행하시고 역사하는 곳이다.

마지막으로 나는 교회가 집으로서 상처를 어루만져주고 치유해주는 곳이라고 말하겠다. 밖에 있는 성도들은 세상에서 항상 싸움과 다툼 속에 있다. 밖에서 성도들은 익숙하지 않은 단어를 사용하는 이방인들 틈에서 어려움을 겪는다. 때로 성도들은 이방 사람들로부터 마음의 상처를 받고 골수까지 상처를 입는다. 우리가 하루 일을 끝내고 집에 들어올 때에야 안식을 누린다. 우리의 지친 육체도 새로운 힘을 얻는다. 교회란 무엇인가? 하나님의 거처요 또한 우리의 거처이다. 우리는 이곳에 와서 더 이상 귀에 거슬리는 말을 듣지 않는다. 사랑이 말하고 대답한다. 참된 안식과 휴식을 누린다. "여호와께서 시온을 택하시고 자기 거처로 삼고자 하여 이르기시를 이는 나의 영원히 쉴 곳이라 내가 여기 거할 것은 이를 원하였음이로다"(시 132:13,14).

하나님이 때로는 그분의 집에 거하시는 것 같지 않으실지라도 어쩌면 그분은 세상에 나가 일하시고 계실지 모른다. 그분은 직장에 나가서 일하시는 남편과 같으시다. 그분이 일하신 모든 결과는 그분의 집인 교회를 위한 것이니 집을 지키고 있는 우리는 항상 그분을 기다리며 그분이 그분의 집을 위해 역사하심만 믿고 감사하기 바란다.

교회생활은 한 면에서 하나님의 성전으로 지어져 가는 생활이다. 모든 지체들과 함께 지어져 가는 것이다. 구약에는 성전 건축이 있는데 그것은 신약의 예표이다. 신약의 모든 믿는이들은 함께 건축되어서 하나님의 영광스러운 처소를 마련하는 것이다.

2장-2

에베소서는 교회에 대한 이상을 보여주는 책이다. 하나님은 사도 바울로 하여금 한 권의 책—에베소서—을 쓰게 하셨는데, 그 안에는 그리스도의 몸을 보여주는 계시가 담겨져 있다. 바울은 에베소 성도들에게 하나님의 뜻에 따른 교회와 믿는이들의 신분과 위치 그리고 그에 따른 생활을 보여주려 하였다. 1장은 하나님 편에서의 교회의 이상을 다루고 있다. 교회는 창세 전부터 존재했으며 하나님의 선택하심과 예정하심 그리고 그리스도의 구속하심과 성령의 인치심으로 말미암아 산출되었다.

1장에 있는 교회는 하늘에 속한 이상 안에서의 교회를 말하는 것이다. 그러므로 1장에 있는 교회의 이상을 보기 위해서는 계시가 필요하다(17절). 2장은 성도들의 믿기 전 신분이었던 죄인의 상태로부터 시작된 교회를 말하고 있다. 2장에서는 계시와 함께 생각해볼 필요가 있는 사항들을 다루고 있다(11절).

1장의 삼위일체되신 하나님의 유기체인 교회는 영적이고 하늘에 속한 실체이지만 2장에서는 그것이 허물과 죄로 죽어 있던 죄인들 가운데서 거듭나고 살아나서 하나님의 성전으로 이루어진 것임을 말하고 있다.

허물과 죄로 죽었던 너희

허물과 죄라는 두 단어는 죄에 대한 두 방면을 말하는데, 허물은 사람의 행위를 가리키며 죄악은 하나님 앞에서 우리의 상태를 가리킨다. 구약에서 허물(히, pesha)은 원래 하나님의 말씀의 법을 위반했음을 의미한다. 우리는 이 땅에서 허물을 범했으며 그것은 하나님 앞에서 죄악(avon)인 것이다. 구약에서 언급하는 허물은 모두 행위나 행동과 관련된다. 우리가 하나님의 말씀을 위반하여 허물을 범할 때 문제가 되는 것은 그것이 하나님 앞에 죄악을 발생시키기 때문이다.

우리는 죄와 허물로 죽었던 자들이다. 여기서 죽었다는 것은 육신이 죽은 것을 의미하지 않고 영의 기능이 죽어 있음을 가리킨다. 사람의 영은 하나님을 경배하고 하나님과 교통할 수 있는 기관이다. 사람이 타락한 후에 사람의 혼은 발전되고 비대해졌으며 대신에 영은 기능을 상실하여 하나님을 접촉할 수 없게 되었다.

그 때에 너희가 그 가운데서 행하여

과거에 우리는 죄와 허물 가운데 행하였다. 죽은 자 가운데서 행하였다는 뜻이다. 여기에서 행한다는 말은 습관적으로 행하는(헬, peripateo) 것으로 갈라디아서 5장 16절의(성령을 좇아) '행한다'는 말과 어원이 같다. 우리가 항상 습관적으로 성령으로 행하듯이 지난 날 우리는 죄와 허물 가운데서 습관적으로 행하였다는 말이다.

이 세상 풍속을 좇고

이 말씀에서 세상 '풍속'(aiona)이라는 단어는 로마서 12장 2절에서 이 세대를 본받지 말라고 할 때 사용된 '세대'라는 말과 같은 헬라어이다. 이 말은 이 세상의 한 세대 한 세대의 흐름을 가리킨다. 이 세상에도 하나의 세상적인 흐름이 있다. 그 흐름을 가장 대표하는 것이 사람들의 의상(衣裳)이나 머리 모양, 음악 등의 문화이다. 그것은 젊은이들의 언어에도 있고 사고 방식에도 있다.

사도 바울은 당시의 세대를 악한 세대(aiona)라고 표현했다(갈 1:4). 또 주님은 당시의 세대를 악하고 음란한 세대라고 하셨다(마 16:4). 이 세상에는 세상을 이끌고 가는 하나의 흐름이 있는데, 타락한 사람은 이러한 흐름에 자기도 모르게 이끌려간다. 그것은 타락한 사람의 영이 죽어 있기 때문이다.

공중의 권세 잡은 자를 따랐으니

여기의 공중의 권세 잡은 자는 사탄을 가리킨다. 사탄은 원래 천사장으로 지어졌다. 어느 날 그가 교만해져서 하나님을 거역하였을 때 그는 하나님의 심판을 받아 그의 원래의 영화로운 자리를 빼앗기고 공중의 권세 잡은 자가 되었다. 그때 많은 천사들이 그를 따랐는데, 그들이 바로 사탄의 졸개들이 되었다. 사탄도 그의 왕국을 갖고 있어서 많은 부하들을 거느리고 이 세상의 흐름을 주도하고 있다. 웨스트(West)는 여기의 공중이라는 말이 낮은 공중, 곧 인간이 살고 있는 영역을 가리킨다고 하였다. 우리는 과거에 자신도 모르는 사이에 공중의 권세 잡은 자를 따라 행했다.

불순종의 아들들

믿지 않는 자들을 대표하는 것이 불순종이다. 즉, 믿지 않는 자들의 특징은 하나님께 불순종하는 것이다. 반대로 주님을 믿는 자들의 특징은 순종이다. 믿지 않는 자들은 공중의 권세 잡은 자를 순종하여 따르므로 자연히 하나님의 대적이 되는 것이다. 우리가 아직 믿지 않았을 때 사탄에게 예속되어 있었고 그의 뜻을 따라 노예처럼 생활하였는데, 이러한 상태에 있었던 우리는 사탄의 다스림 아래서 불순종의 아들들 가운데 역사하는 영을 따랐던 것이다.

사탄은 이렇게 불순종하는 자들, 믿지 않는 자들을 그의 왕국에 소속된 자들로 여겨 그들 가운데 영향력을 행사하며 그들을 어둠 가운데 두고 자기를 따르게 만들었다. 사탄은 악령으로 역사하게 하여 많은 사람들로 하여금 죄와 허물 가운데 계속적으로 살게 하고 있다.

전에는 우리도

바울은 유대인이었다. 그는 유대인들도 마찬가지로 그 가운데서 육체의 욕심을 따라 지내며 육체와 마음의 원하는 것을 행하였다고 말했다. 그러므로 그도 다른 사람들과 마찬가지로 본질상 진노의 자녀였다는 것이다. 유대인들도 이방인들과 마찬가지로 진노의 자녀의 상태에 있었다.

육체의 욕심을 따라 지내며

사람의 부패한 육체 속에는 정욕이 있다. 지난 날 우리가 주님을 믿기 전에 우리는 육체의 욕심을 따라 살아왔다. 바울은 육체의 소욕은 성령을 거스린다고 하였다. 육체로는 절대 하나님을 기쁘시게 할 수 없다. 과거에 우리는 우리 육체와 마음의 원하는 것을 좇아 행했다. 우리는 우리 안에 계신 성령의 어떤 음성도 주의하지 않았다. 양심의 느낌도 그다지 주의하지 않았다. 우리는 우리 육체 속에 있는 죄의 정욕이 발동할 때 그것을 따라 행할 수밖에 없었다. 그렇게 해서 범한 죄악은 실로 더럽고 추악하여 부끄럽기 그지없는 것들이었다. 그리고 범한 죄는 셀 수 없이 많았다. 그러한 죄인의 상태는 하나님의 진노 아래 있는 것이었다.

긍휼에 풍성하신 하나님

그러나 하나님은 긍휼이 풍성하시다. 그분은 진노 중에라도 긍휼을 베푸시는 분이다(합 3:2). 긍휼이라는 말은 자격이 없는 자를 동정하시는 하나님의 사랑이다. 그분의 긍휼은 끝이 없다. 그분의 긍휼이 아니면 우리 같은 죄인은 구원받을 길이 없다. 하나님이 우리를 구원하시기 위해서는 그분의 풍성하신 긍휼이 필요하다. 그것은 우리가 너무나 낮은 상태로 타락하여 자격이 없기 때문이다. 그러나 하나님을 찬양하리니 그분의 긍휼은 끝이 없다! 그분은 우리같이 악하고 더럽고 추하며 멸망할 수밖에 없는 죄인을 긍휼히 여기셨다.

우리를 사랑하신 그 큰 사랑

구원은 하나님의 사랑으로 말미암는다. 하나님은 죄인이 멸망하는 것을 차마 보지 못하시고 그분의 긍휼의 마음이 끓어오르셨다. 그리고 그분의 큰 사랑이 역사하시기 시작했다. 우리가 구원받은 것은 그분의 사랑이 역사하셨기 때문이다. 그분이 우리를 긍휼히 여기신 이유는 그분이 우리를 너무나 사랑하시기 때문이다. 사랑이 없다면 긍휼도 없다. 우리가 죄와 허물로 죽어 있을 때 하나님은 우리를 사랑하시는 큰 사랑으로 인하여 긍휼의 마음이 끓어오르신 것이다.

신약 성경에서 가장 큰 계시는 바로 하나님이 사랑이시라는 것을 우리에게 보여주는 것이다. 오늘날 사람들은 왜 예수께서 우리 죄를 위해 십자가에서 고난당하시고 피를 흘리셨는가에 대해 의아해한다. 그것은 하나님의 사랑을 모르기 때문이다. 죄인을 구원하심은 하나님의 사랑으로 말미암은 것이다. 갈보리의 십자가는 하나님의 사랑의 표시이다. 하나님이 우리를 얼마나 사랑하셨는가를 보려면 갈보리의 십자가를 보면 된다. 우리를 구원하신 하나님의 사랑은 큰 사랑이다. 하나님의 큰 사랑이 허물과 죄로 죽은 우리를 그리스도와 함께 살리시고 은혜의 구원을 주신 것이다.

그리스도와 함께 살리셨고

하나님은 우리를 구원하실 때 우리를 그리스도 안에 넣으셨다. 그리고 그리스도가 죽으실 때 우리도 그와 함께 죽게 하셨다. 그리스도가 부활하실 때 그 안에 있는 우리도 그분과 함께 부활하게 하셨다. 이것은 어찌된 영문인지 모른다. 그러나 이것이 성경의 계시이다. 우리는 그리스도 안에서 그분과 함께 십자가에 못박혔고 그분과 함께 다시 살리심을 받았다. 이것은 우리가 이해하기 어려울지라도 하나님께서 행하신 위대한 사실이다.

너희가 은혜로 구원을 얻은 것이라

이 구절은 바울이 특별히 괄호에 넣어 기록한 말씀이다. 그리스도와 함께 살리심을 받은 것이 온전히 그분의 은혜로 된 것이라는 말이다. 여기에서 구원을 얻은 것은 하나님이 우리를 그리스도와 함께 살리신 것에 근거한 것이다. 로마서의 구원은 죄인이 사함을 받고 의롭다 함을 받은 것에 중점이 있다면 에베소서의 구원은 죽은 자가 살아난 데 중점이 있다. 우리는 죄와 허물로 죽었었고 그리스도와 함께 부활함으로 다시 살아났다. 여기의 구원을 얻었다는 말은 헬라어로 현재 완료 시제이다. 즉, 우리는 이미 구원을 얻었다는 것이다. 우리가 얻은 구원은 하나님의 사랑과 그분이 이루신 역사에 근거하기 때문에 은혜인 것이다.

은혜란 하나님의 사랑의 표현이다. 즉, 은혜는 표현된 사랑이다. 하나님의 큰 사랑은 어떤 행동을 산출하는데, 그것이 바로 그리스도의 십자가의 구속의 역사이다. 성경은 하나님의 사랑이라고 말하고 주 예수 그리스도의 은혜라고 말하는데, 그것은 하나님의 사랑이 그리스도의 십자가의 역사를 통하여 구체적으로 나타났기 때문이다.

우리가 얻은 구원은 그리스도의 은혜로 말미암은 것이다. 그것은 구원이 하나님의 사랑으로 말미암아 그리스도 안에서 이루어진 역사이기 때문이요 자격 없고 멸망할 우리에게 거저 베푸신 것이기 때문이다.

또 함께 일으키사 하늘에 앉히시니

우리가 그리스도 안에 있으므로(이것은 하나님이 하신 역사이다) 그리스도의 죽음이 우리의 죽음이 되었고 그리스도의 부활이 우리가 다시 살아난 것이 되었으며 그분의 승천이 우리의 승천이 되었다. 여기에서 일으키심은 그분을 하늘로 들어올리신 것이다. 그분이 하늘로 들어올려질 때 그리스도 안에 있는 우리도 그분과 함께 하늘로 들어올려졌다. 당신은 들어올려진 것을 느끼려고 할 필요가 없다. 왜냐하면 이것은 믿음의 영역 안에 있는 것이지 우리의 느낌의 영역 안에 있는 것이 아니기 때문이다. 우리는 다만 하나님이 그리스도 안에서 이루신 역사를 감상하고 믿으면 된다. 우리는 그리스도와 함께 하늘로 올려졌을 뿐 아니라 하늘에 앉힌 바 되었다. 그러므로 우리의 위치는 하늘이다.

당신은 이것이 어찌 된 일이냐고 말할 것이다. 우리는 지금 땅에 있는데 어떻게 또 하늘에 앉아 있을 수 있는가? 나는 이것을 쉽게 설명해 보겠다. 우리의 육신적인 사람은 이 땅에 있지만 그리스도 안에 있는 새 사람은 하늘에 앉아 있다. 믿는이로서 당신의 참 자아는 하늘에 앉아 있는 새 사람이다. 당신은 이 땅에 있는 것이 당신의 원래의 위치라고 믿어서는 안 된다. 당신은 이미 하늘에 앉아 있는 하늘의 시민이다. 나는 이것이 어찌된 일인지 모르지만 하나님의 말씀을 믿는다. 우리가 하늘에 앉아 있는 자들임을 아는 것은 어떠한 기쁨인지!

또한 바울은 골로새서에서 우리가 이미 그리스도와 함께 다시 살리심을 받았으면 위엣 것을 찾으라고 말했다. 거기는 그리스도께서 하나님 우편에 앉아 계시니 위엣 것을 생각하고 땅엣 것을 생각지 말라고 했다. 그리고 그는 '너희가 이미 죽었고 너희 생명이 그리스도와 함께 하나님 안에 감취어 있다'고 말했다(골 3:1-3).

우리의 참 생명은 그리스도 안에 있는 생명이다. 요한은 하나님의 아들이 있는 자에게는 생명이 있고 하나님의 아들이 없는 자에게는 생명이 없다고 말했다. 그런데 이 생명은 그리스도 예수 안에 있는 생명이다(롬 8:2). 우리의 생명이 그리스도 예수 안에 있는 생명이며 우리의 생명이 그리스도와 함께 하나님 안에 감춰어져 있음을 보는 것은 그리스도 안에서의 우리의 신분을 알기 위해 매우 중요하다.

그리스도의 생명이 우리의 참 자아이며 인격이기 때문에 우리는 그분과 함께 살아난 것이나 그분과 함께 하늘에 앉힌 바 된 것을 이해하기가 어렵지 않다. 우리는 하나님께서 그리스도 안에서 이루신 역사 안에서 객관적으로 그분과 함께 부활하고 승천하였을 뿐 아니라 또한 체험적으로 그분의 생명으로 인하여 부활과 승천과 보좌에 앉으심을 실제화할 수 있다.

은혜의 지극히 풍성함을 오는 여러 세대에 나타내려 하심

바울은 그분이 우리를 은혜로 구원하신 역사, 즉 허물로 죽은 우리를 그리스도와 함께 살리시고 함께 일으키시고 함께 하늘에 앉히신 것에 대하여 그것이 하나님께서 그리스도 예수 안에서 우리에게 베푸신 그분의 은혜의 지극히 풍성함을 오는 여러 세대에 보여주려는 것이라고 말했다. 우리는 하나님의 찬미가 될 뿐 아니라 또한 그분의 영광의 자랑이 된다. 그분은 영원부터 영원까지 가장 뛰어나고 놀라운 역사를 행하신 것이 있는데, 그것은 곧 허물로 죽은 우리를 하늘에까지 올리우신 것이다. 하나님은 이 큰 사랑의 역사를 행하시고 (그것이 하나님의 어떠하심을 가장 본질적으로 잘 표현한 역사이다) 그것을 오는 여러 세대에 나타내려 하신다.

하나님은 뜻이 있고 목적이 있으며 역사가 있고 경륜이 있으시다. 그분이 행하시는 가장 놀라운 역사는 그분의 택하신 백성을 구속하여 하늘의 사람들이 되도록 만드시는 것이다. 바울은 이것을 그 은혜의 지극히 풍성함이라고 말했다. 1장 7절에서도 구속의 은혜와 죄 사함의 은혜를 말할 때 그는 그것이 은혜의 풍성함을 따른 것이라고 말했다. 2장 7절에서 그는 이 모든 역사를 총괄할 때 그분의 은혜가 지극히 풍성하다고 표현할 수밖에 없었다. 이 모든 일에 있어서 우리가 한 것은 아무 것도 없고 하나님이 모든 것을 행하셨고 우리를 다만 믿고 구원을 얻었으니 은혜일 수밖에 없다.

에베소서는 영원 전부터 영원 후까지를 다룬다. 1장에는 영원 전의 하나님의 선택하심과 예정하심으로 말미암은 교회가 있고, 2장에서는 영원 후까지 나타날 하나님의 은혜의 지극히 풍성함으로 역사하신 결과인 교회를 말한다. 확실히 교회는 영원 전부터 영원 후까지 존재한다. 그러므로 우리가 교회는 영원하다고 말하는 것이다.

'오는 여러 세대'란 하나님께서 여러 세대를 통하여 역사해 오셨고 장래에도 많은 종류의 세대가 있을 것임을 암시한다. 오는 여러 세대는 교회 시대와 그리스도의 재림 후의 왕국 시대와 새 하늘과 새 땅의 영세 시대 등을 가리킨다고 보아야 할 것이다. 어떤 사람은 '여러 세대'란 말이 바울 시대부터 주님의 재림 시대까지를 의미한다고 하는데, 그것은 정확한 말이 아니다. 하나님은 이러한 은혜의 역사를 이루셔서 이 시대의 죄인들에게나 대환난 시대에나 오는 왕국 시대에나 영세까지 사람들에게 그분의 은혜의 지극히 풍성함을 나타내려 하신다.

구원을 얻었나니

우리가 얻은 구원은 하나님의 은혜를 인한 것이다. 구원은 하나님이 그리스도 안에서 이루신 역사에 근거한 것이지 우리의 행위와는 아무 관계가 없다. 우리는 다만 죄와 허물로 죽은 자였고 하나님의 진노 아래 있던 자였다. 그때 우리는 이 세상 풍속을 따르고 있었으며 공중 권세 잡은 자를 따라 육체와 마음의 원하는 대로 행하며 죄를 짓고 있었다. 그러나 긍휼에 풍성하신 하나님이 죄와 허물로 죽은 우리를 그리스도와 함께 살리셨다. 이것은 하나님이 행하신 것이요 우리 눈에 기이한 것이다.

하나님의 긍휼하심과 그분의 큰 사랑이 멸망할 죄인인 우리를 그리스도를 통하여 살리신 것이다. 이 구원의 역사가 은혜인 것이다. 은혜는 우리에게 거저 주는 선물이지 우리의 일한 대가로 받는 삯이 아니다. 하나님이 우리를 위하여 모든 것을 이루신 것이다. 우리는 다만 믿음으로 이것을 받는다. 그러므로 8절 말씀은 '너희가 그 은혜를 인하여 믿음으로 말미암아 구원을 얻었다'고 말한다.

이 구원이 은혜로 말미암은 것이기 때문에 우리는 평안을 가질 수 있으며 안심할 수 있다. 구원이 우리의 행위나 공로에 의하여 얻어지는 것이라면 우리는 항상 불안하고 안심할 수 없을 것이다. 그러나 구원이 우리의 행위에 관계 없이 순전히 하나님의 은혜로 주어지는 것이기 때문에 우리는 감사와 기쁨이 넘친다. 하나님이 구원을 이루셨다! 믿는 자는 누구나 얻을 수 있음을 인하여 감사하고 찬양하자!

더 나아가 이 구절의 말씀은 '이것이 너희로 말미암은 것이 아니요 하나님의 선물'이라고 말한다. 선물은 대가를 받고 주는 것이 아니다. 선물은 돈을 주고 사는 것도 아니다. 선물은 주는 자도 기쁨으로 주는 것이고 받는 자도 감사함으로 받는 것이다. 하나님은 멸망할 우리를 구원하는 이같이 큰 구원을 값없이 선물로 주셨다. 이 구원은 우리의 공로나 선행으로 말미암은 것이 아니라 하나님께서 선물로 주신 것이다. 하나님께서 당신을 위하여 그분의 아들을 십자가에서 희생 제물로 돌아가시게 하였고 그 피로 죄 사함과 구속을 이루어주셨기 때문에 당신은 다만 그 사실을 마음속에 믿음으로 받아들이고 감사하면 된다. 당신은 이에 대해 아무런 걱정이나 의심을 할 필요가 없는데, 이는 하나님은 회전하는 그림자가 없으시고 변함이 없으시며 그분의 말씀에 의로우시고 신실하시기 때문이다.

행위에서 난 것이 아니요

구원은 우리의 행위로 말미암지 않는다. 우리의 의는 그것이 아무리 좋아보여도 누더기와 같다. 우리는 우리 행위로 하나님 앞에 나아갈 수 없다(롬 3:20). 하나님은 우리의 행위로 인해 우리를 구원하신 것이 아니라 하나님 자신의 뜻과 영원한 때 전부터 그리스도 예수 안에서 우리에게 주신 은혜로 말미암아 우리를 구원하신 것이다(딤후 1:9). 구원이 순전히 하나님의 은혜로 말미암은 것이기 때문에 아무도 자랑할 수 없다. 우리는 다만 구원의 은혜를 인해 하나님께 감사할 수밖에 없다.

어떤 사람이 당신이 목마를 때 물을 한 잔 준다면 당신은 그에게 감사하다고 말할 것이다. 그러나 당신이 어디서 물을 구해 마셨다면 당신은 아무에게도 감사하다고 말하지 않을 것이다. 당신의 수고로 인하여 물을 얻었기 때문이다. 구원은 당신에게서 나온 것이 아니다. 그것은 하나님의 은혜로 우리에게 주어진 것이다. 당신도 받았고 나도 받았으니 받은 자들이 할 일이 무엇이랴! 다만 하나님께 감사드릴 뿐이다. 당신도 나도 우리 자신에게는 자랑할 것이 아무 것도 없다.

우리는 그의 만드신 바라

우리는 하나님의 만드신 작품(workmanship)이다. 여기의 작품이라는 말은 원문에서 '포이에마'(poiema)인데 공예가의 예술품이나 시인(詩人)의 걸작시를 일컫는 말이다. 그리스도인은 우리 자신을 스스로 만드는 것이 아니다. 그분이 우리를 새 창조로 지으셨다. 우리가 그분의 만드신 작품인 것을 아는 것은 매우 중요하다. 많은 그리스도인들이 자신이 하나님 손에 있는 작품인 것을 알지 못하기 때문에 스스로 하나님을 위해 무언가 잘 해드리려는 데 빠져 있다. 하나님은 당신이 그분을 위해서 뭔가 해드리기를 기다리는 것이 아니라 그분이 당신을 그분의 걸작품이 되도록 빚으시기 원하신다.

그러므로 당신은 '주여, 저는 주님을 위해 이것을 하고 저것을 하기 원합니다'라고 기도하는 것보다 '주여, 저를 주님의 뜻대로 만드소서'라고 기도하는 것이 좋다. 우리는 고집 센 나귀처럼 주님 손에 빚어지는 것을 주의하지 않고 우리 손으로 주님을 위해 이것을 하고 저것을 하려고 애쓸 때가 많다. 그러나 어찌된 일인지 우리가 원하는 일은 뜻대로 이루어지지 않고 주님은 도리어 우리의 일을 낭패케 하시고 우리를 파쇄하신다. 그리고 주님은 우리에게 이렇게 말씀하시는 듯하다. '너는 나를 위해 많은 일을 하려고 하는구나. 그러나 나는 네가 나를 위해 많은 일을 하는 연장이 되기를 원치 않고 나를 충만히 담아 나의 형상을 나타내는 그릇이 되기를 원한다.'

주님이 우리를 구원하신 것은 우리를 거듭나게 하여 새 창조가 되게 하려는 것이다. 그러므로 바울은 우리가 새로운 피조물이 되었다고 말했다(고후 5:17). 누가 우리를 만드셨는가? 하나님이 우리를 만드셨다. 그분은 그분의 뜻대로 우리를 지으셨기 때문에 이제 그분의 뜻대로 우리를 더욱 만들어가신다. 나는 아직도 당신이 토기장이이신 주님의 손에 있는 하나의 토기인 것을 모르고 있을까봐 염려된다. 주님께 감사하자. 그분은 우리를 그분의 영광을 나타내는 긍휼의 그릇으로 택하여 지금도 그분의 형상대로 우리를 만들어가고 계신다.

선한 일을 위하여 지으심을 받은 자니

하나님이 우리를 지으신 것은 선한 일을 위한 것이다. 하나님은 우리를 선한 일을 할 수 있도록 새롭게 창조하셨다. 이 말씀은 2절과 3절의 말씀과 대비된다. 거기에서는 우리가 육체의 욕심을 따라 지내며 죄악 중에 살고 있었음을 볼 수 있다. 하나님이 우리를 새롭게 만드신 것은 선한 일을 행할 수 있게 하려는 것이다.

하나님은 전에 우리가 선한 일을 행할 수 있도록 우리가 어떻게 살아나가야 하는가를 준비하셨다. 그분은 우리가 새 창조로 지음받았을 때 이미 우리가 어떻게 선한 일을 행할 것인가도 미리 예비해놓으셨다고 말씀하신다. 지금 우리가 주님을 위하여 많은 선한 일을 하고 있다면 그것은 하나님께서 전에 이미 우리가 그러한 일을 할 수 있도록 예비해놓으신 것임을 알아야 한다.

나는 이것에 대해 한 가지 간증을 하기 원한다. 나는 지금 하나님의 백성들을 위하여 많은 글을 쓰고 있다. 또 여러 나라에 나가서 진리를 증거하고 있으며 그러한 나라들에 그리스도의 간증인 교회가 세워지도록 싸우고 있다. 나는 이것들이 진정 주 안에서 선한 일임을 확신할 수 있다. 시간이 지나면서 느끼게 되는 것은 이러한 일들은 우연히 하게 되었거나 내 자신의 원함에서만 말미암은 것이 아니라는 것이다. 나는 과거에 많은 책을 읽었고 이곳저곳에서 주님을 섬겨왔다. 지금에 와서 나는 과거의 모든 경험이 오늘 주님을 섬기는 일들을 위해 예비한 것이었음을 느낄 수 있다. 과거에 나는 모르고 이 일 저 일 열심히 해왔지만 오늘날에 그 모든 것들은 주님께서 선한 일을 할 수 있도록 준비케 하신 것임을 알 수 있다.

바울은 자신이 유대교에 있었을 때 가말리엘 문하에서 배웠고 학문에 있어서 많은 장비가 있었다. 그는 후에 이방인의 사도가 되어 많은 선한 일을 하였다. 그때 그는 느꼈을 것이다. 하나님은 선한 일을 위하여 그를 사용하시려고 전부터 예비하여 그로 하여금 그 가운데 행하게 하려 하셨던 것이다. 그것은 바울만이 아니라 에베소 성도들 모두에게도 적용되는 말이다. 모든 성도들에게는 하나님이 전에 예비하신, 행해야 할 선한 일이 있다. 하나님은 선한 일을 행하도록 우리를 새로 지으셨다.

당신은 앞에서는 이 일 저 일 필요 없고 우리는 다만 하나님을 담는 그릇이라고 했는데 지금은 선한 일을 행해야 한다고 하니 어찌된 일이냐고 물을 것이다. 하나님은 한 면에서 우리를 다루시고 빚으시며 또 한 면에서는 그분의 원하시는 역사를 행하게 하신다. 또한 그분의 역사를 수행하게 하시는 가운데 그분은 우리를 빚으신다.

그러므로 생각하라

에베소 성도들은 그리스도 예수 안에서 새로운 피조물이 되었지만 여전히 지난 날의 그들의 상태를 생각할 필요가 있었다. 그들은 과거에 육체로 이방인이요 무할례당이었으며 그리스도 밖의 사람들이었다. 우리는 우리 자신이 어떠한 신분에서 그리스도 안에 있게 되었는가를 생각할 필요가 있다. 우리는 새로운 피조물이고 하나님의 은혜를 얻은 자들이지만 우리의 과거의 신분을 잊어서는 안 된다. 그럴 때 우리는 겸손할 수 있고 늘 하나님께 사랑과 감사를 드릴 수 있다. 우리가 은혜로 구원을 얻었지만 과거에 우리는 참으로 불행한 상태에 빠져 있던 자들이었다. 그리고 유대인들과 비교해볼 때 우리는 이방인이고 무할례당이었으며 그리스도 밖에 있었고 하나님이 선택하신 나라 밖의 사람이었으며 약속의 언약들에 대하여 외인이었다.

여기에서 바울은 이방인과 유대인을 비교하면서 이방인인 에베소 성도들이 과거에 어떤 상태에 있었는가를 설명하고 있다. 이스라엘 사람들은 하나님의 선택받은 백성으로서 많은 특권들을 가지고 있었고 하나님의 말씀과 약속들을 소유하고 있었던 반면에 이방인들은 그리스도와 아무 관계 없이 어두움 가운데 떨어져 있었다. 따라서 에베소 성도들은 전에 이방인이고 무할례당이며 이스라엘 나라 밖의 사람이고 그리스도와 아무 관계도 없으며 약속의 언약들에 대해서도 외인이고 세상에서 소망이 없고 하나님도 없는 자들이었다. 이것은 이방인들이 얼마나 비참한 상태에 있었는가를 말해주는 구절들이다. 한 마디로 이방인들은 하나님과 아무 관계가 없는 자들이었다.

그리스도의 피로 가까워졌느니라

바울이 말하고자 하는 것은 이와 같이 전에 멀리 있던 이방인들이 그리스도 예수 안에서 그리스도의 피로 가까워졌다는 것이다. 멀리 있던 이방인들이 하나님의 선민들과 가까워질 수 있는 것은 그리스도의 피로 인한 것이다.

여기에서 바울은 그리스도의 몸의 건축의 사상을 조금씩 이끌어오고 있다. 그는 지금 여기서 이방인들과 유대인들을 가깝게 하기 위해 노력을 기울이고 있는 것이다. 하나 되지 못하고 있는 양편을 하나 되도록 인도하기 위해서는 좋은 중재자가 필요하다. 바울은 하늘에 속한 훌륭한 중재자였다. 그는 먼저 이방인들을 설득했다. 그는 이방인들에게 그들의 처지를 생각해보라고 했다. 이방인들이 유대인들과 하나 되기 위해서는 먼저 그들의 마음이 낮아질 필요가 있었다. 그들은 당연히 받을 밥상을 받고 있는 사람이 아니었다. 한 무리는 원래 받아야 할 밥상을 받고 있고 한 무리는 받을 자격이 없는 무리인데 그 밥상에 함께 앉아 식사해야 한다면 먼저 자격이 없던 자들에게 중재자의 설명이 필요할 것이다. 중재자는 자격이 없는 이방인들에게 그들 자신을 생각해보라고 말했다.

좋은 중재가 이루어지지 않으면 자격이 없는 사람들이 원래 밥상을 가지고 있던 사람들을 무시하면서 자신들에게 밥상이 당연히 와야 하는 것처럼 생각하고 원래 자격 있는 사람들의 마음을 상하게 함으로써 함께 밥을 먹지 못하게 된다. 여기에서 이방인의 사도인 바울은 이방인들을 한 몸 안으로 인도하기 위해서 하늘에 속한 최상의 중재를 실행하고 있다. 이 말을 들은 에베소 성도들은 참으로 감사하면서 유대인들과 하나 되려 했을 것이다.

전에 멀리 있던 이방인들이 그리스도 예수 안에서 그리스도의 피로 유대인들과 가까워졌다. 과거에 우리가 그리스도와 또는 거룩한 성도들과 하나 될 수 없었던 것은 죄악이라는 거대한 산 때문이었다. 그 산이 우리와 주님 사이에 간격을 내었고 거룩한 성도들과도 간격을 내었다. 그리스도께서 피를 흘리신 것은 우리의 죄를 용서하셔서 멸망으로부터 구원하시기 위한 것만이 아니라 또한 하나님과 우리, 거룩한 무리와 우리 사이의 죄악으로 말미암은 간격을 제하여 가깝게 하기 위한 면이 있다는 것을 알아야 한다. 그리스도는 믿는이들이 서로 가깝게 되도록 피를 흘리셨다.

나는 과거에 한 무리의 성도들과 아주 어려운 시간을 가졌다. 그들은 나와 믿음의 관점이 같지 않다 하여 나를 쳐다보려 하지도 않았다. 그때 나는 자리에서 일어나 주님께 기도했다. '주여, 당신은 십자가에서 성도들 간의 모든 간격을 제하셨습니다!'

믿는이들은 결코 사탄의 거짓말을 믿을 필요가 없다. 그리스도의 피는 이미 시은좌에 뿌려졌으며 그 피는 지금도 증거하고 있다. 그 피는 당신과 나의 모든 죄를 다 사하고 우리 모두를 주 안에서 가까워지게 했다. 어떤 것도 이 사실을 무효로 돌릴 수 없다. 성도들은 느낌을 주의하지 말고 하나님이 그리스도로 말미암아 이루신 사실에 근거하여 성도들과의 화목을 누릴 수 있어야 한다. 성도들은 결코 멀리 떨어져 있지 말아야 한다. 그것은 주님을 근심케 하는 것이다. 그리스도의 피는 이미 모든 성도들이 가깝게 되도록 흘려졌다. 우리는 주님께 감사하고 찬양해야 한다. 전에 멀리 있던 우리가 그리스도 예수 안에서 그리스도의 피로 가까워졌다.

그는 우리의 화평이신지라

그리스도는 우리의 화평이시다. 그분 자신이 우리의 평강이라는 의미이다. 나뉘어진 사람들이 하나 되기 위해서는 그리스도가 필요하다. 왜냐하면 그리스도는 우리의 화평이시기 때문이다(He Himself is our peace). 우주 가운데 화평 자체이신 한 분이 계신데, 그분이 곧 그리스도이시다. 그리스도가 있으면 화평이 있고 그리스도가 없으면 화평이 없다. 당신의 가정에 화평이 있으려면 그리스도가 있어야 한다. 당신의 교회 안에 화평이 있으려면 그리스도가 있어야 한다. 어떤 곳에 분열이 있다는 것은 거기에 그리스도가 없다는 것을 의미한다.

그리스도가 사역되는 곳에서는 혼란과 분열의 상황이 삼켜진다. 그리스도는 빛이시요 생명이시요 평강이시다. 하나님께서 빛이 있으라 명하실 때 빛과 어두움이 나뉘고 분명한 분별이 있게 된다. 그리스도가 있을 때 빛이 있게 되고 의(義)가 있게 되며 생명이 있게 될 뿐 아니라 평강이 있게 된다.

어떤 사역이 그리스도를 사역해내는 사역인가를 보려면 그 구성원들이 그리스도를 생명으로 체험함으로 피차 사랑 안에서 하나 되는가를 보면 된다. 그리스도가 사역되는 곳에서는 나뉘었던 가정이 화목되고 피차 미워하던 사람들이 사랑하게 된다. 어떤 곳에서 하나 된 가정이 깨어지고 화목하던 사람들이 나뉘어진다면 매우 조심해야 할 것이다. 그러한 곳은 필경 그리스도를 사역하는 곳이 아니거나 그리스도의 공급이 부족한 곳이기 때문이다. 서로 하나 되기 위해서는 당신도 그리스도를 붙잡고 나도 그리스도를 붙잡아야 한다. 그리스도만이 사람들을 하나 되게 할 수 있다. 사람들이 나뉘어지는 것은 그리스도 외에 다른 것을 붙잡았기 때문이다. 사람들이 그리스도와 다른 것을 가지고 있다 할 때 사람들은 대부분 일반적으로 가지고 있는 것을 중요시하지 않고 자신들만이 특별히 가지고 있는 어떤 것을 중요시한다. 그럼으로써 그리스도 외의 것을 가지고 서로 미워하며 나뉘어지게 된다. 그리스도만이 우리를 하나로 만드시는 분이다. 그리스도 외의 것을 다 버리고 모든 믿는이들이 한 분 그리스도를 붙잡을 때 하나가 있게 된다. 그리스도는 화평이시다.

둘로 하나를 만드사

그리스도는 유대인과 이방인을 하나로 만드셨다. 우리가 그리스도 안에 있을 때 우리는 둘이 아니라 하나이다. 그리스도인들이 주님을 믿은 후에 주님께서 모든 믿는이들을 하나로 만들었다는 것을 아는 것은 매우 중요하다. 둘이 아니라 하나이다. 거기에 더 이상 분리가 없다. 우리는 다 그리스도의 몸의 지체들이 되었다.

나는 과거에 한 형제가 다른 형제에 대하여 객관적으로 비평하는 것을 들었다. 나는 그 형제에게 말했다. '형제여, 당신이 판단하는 그 형제가 바로 당신입니다.' 그 형제는 그게 무슨 소리인지 의아해했다. 나는 다시 그에게 말했다. '주 안에서 우리에게는 그 사람이 따로 있고 또 나라는 사람이 따로 있는 것이 아닙니다. 당신이 그 사람을 냉정하게 비판할 수 있다는 것은 그와 당신이 분리되어 있음을 말하는 것입니다. 성경은 믿는이들이 더 이상 둘이 아니라 하나임을 말해줍니다. 만일 당신이 그를 당신 자신과 하나라고 느낀다면 그에 대해서 그렇게 차갑게 말할 수 없을 것입니다.'

오늘날 많은 믿는이들이 그리스도인들이 주 안에서 한 몸이라는 것을 말하고 있는데, 몸이라고 하는 것은 다만 머리로 그것을 인식했다 해서 되는 것이 아니고 그것을 입으로 말한다고 되는 것이 아니다. 진정으로 몸을 아는 사람은 모든 하나님의 자녀들이 남이 아니라 우리 자신임을 알고 그의 실수가 나의 실수요 그의 허물이 나의 허물임을 아는 데까지 이르러야 한다. 그러한 사람은 어떤 형제가 잘못했을 때 그를 인하여 매우 슬퍼하며 동정할 뿐 날카롭게 판단하려 하지 않을 것이다.

중간에 막힌 담을 허시고

주님은 유대인과 이방인이 하나 될 수 있도록 중간에 막힌 담을 허셨다. 유대인과 이방인 사이에는 서로 하나 될 수 없는 막힌 담이 놓여져 있었다. 그 막힌 담의 내용은 결국 율법이었다. 유대인들은 자신들이 하나님의 선민이라고 생각했으며 또 하나님의 율법을 가지고 있었기 때문에 그것으로 자신들을 특별하게 여겼다. 이 율법은 그들의 강한 관념이 되었고 그들은 그것을 지키지 않는 이방인들을 원수같이 생각했다. 그러므로 유대인과 이방인들은 율법으로 인하여 서로 하나 될 수 없게 되었다. 이방인들이 유대인과 하나 되려면 유대인들의 모든 율법 체계를 받아들이고 지킴으로써만 가능하였다. 유대인들은 이방인들이 그들의 율법과 전통을 받아들이지 않으면 결코 이방인들과 함께 먹으려고도 하지 않았다. 시간이 갈수록 이 관념은 더 두터워졌고 결국 이것은 유대인과 이방인 사이에 적대감을 가져오게 되었다.

주님은 십자가에서 중간에 막힌 담의 근본적인 문제를 해결하셨다. 그 근본적인 문제가 바로 율법이었다. 주님은 십자가에서 율법을 끝내심으로 율법을 무효화시키셨다. 주님이 십자가에서 율법을 무효화시키신 것은 율법의 노예인 우리를 자유케 하기 위한 것만이 아니라 그리스도의 몸을 이루기 위해 유대인과 이방인 사이의 간격이 되었던 율법을 근본적으로 없애심으로 둘이 하나 되게 하시려는 것이었다. 당신은 그리스도의 십자가에서 율법이 끝난 것을 알 것이다. 그 목적은 다만 사람들을 율법의 종 노릇에서 해방시키기 위한 것만이 아니라 이 둘로 자기 안에서 한 새 사람을 지어 화평하게 하기 위함이었다.

바울이 아니면 누가 이러한 비밀을 알 수 있었으리요! 하나님은 그를 통하여 그리스도의 몸의 비밀을 계시하셨다. 의문에 속한 계명의 율법이 곧 원수 된 것(enmity)이요 그것이 곧 유대인과 이방인을 나누는 중간에 막힌 담이었다. 그리스도는 둘로 한 새 사람을 지어 화평하게 하시기 위해 십자가에서 이 중간에 막힌 담을 허셨다.

한 새 사람

하나님은 십자가에서 원수 된 것 곧 계명의 율법을 자기 육체로 폐하심으로 한 새 사람을 지으셨다. 새 사람이라는 말은 옛 사람이라는 말과 대비되는 말이다. 옛 사람 안에는 유대인도 있고 헬라인도 있지만 한 새 사람 안에는 오직 그리스도만 있다(골 3:11). 교회는 한 몸일 뿐 아니라 또한 한 새 사람이다. 옛 사람은 그리스도의 십자가에서 이미 못 박혔다(롬 6:6). 그리스도는 십자가의 역사를 통하여 옛 사람을 끝내시고 한 새 사람을 지으셨다. 옛 사람 안에는 유대인도 있고 헬라인도 있으며 그 사이에 원수 된 것이 있었지만 새 사람 안에서는 옛 사람의 차별이 다 제해졌으며 화평만 있다. 우리가 오늘 교회라면 교회는 십자가의 역사로 말미암은 산출품일진대 거기에는 불화나 불일치가 없이 화평만 있어야 한다.

신약에서 옛 사람과 새 사람의 구분을 말할 때 옛 사람 안에는 헬라인과 유대인, 할례당과 무할례당, 야인이나 스구디아인, 종이나 자유인의 분별이 있다. 즉, 원래의 출생으로 말미암은 신분이 그대로 존재한다. 그러므로 옛 사람 안에서는 유대인과 이방인이 결코 하나 될 수 없는데, 이는 유대인은 유대인의 특별한 신분이 있고 이방인은 이방인들의 각각 다른 문화와 전통이 있기 때문이다. 그러한 옛 사람의 민족적인 특성은 서로 하나

될 수 없게 하는 것들이다. 그리스도는 십자가에서 이러한 옛 사람을 모두 끝내시고 자기 안에서 한 새 사람을 지으셨다. 그러므로 한 새 사람 안에는 더 이상 유대인도 없고 헬라인도 없으며 옛 사람의 민족적인 특징들이 다 사라졌다. 에베소서 2장에는 한 새사람이 어떻게 생겼나를 말해준다. 그러나 그 한 새사람이 무엇인가는 골로새서 3장에서 말해준다. 그 한 새 사람의 내용은 완전히 그리스도라고 말해준다(골 3:10-11).

유대인이 그대로 존재하는 한 유대인들과 이방인들이 하나 될 가능성은 없다. 이방인들은 그리스도 밖에 있었고 하나님과 멀리 떨어져 있던 자들이었다. 그러한 사람들을 그리스도께서는 십자가로 모두 끝내시고 그분 안에서 옛 사람의 특징이 사라진 한 새 사람을 지으셨는데, 그것이 곧 그리스도의 몸이요 교회이다. 그분이 십자가에서 옛 사람의 특징들을 끝내시어 더 이상 유대인도 없고 헬라인도 없게 만드신 것은 서로가 화평케 되어 한 몸을 이룰 수 있게 하시려는 것이다.

오늘날 어떤 사람들은 누구든 자신들의 단체로 들어와야 한 몸을 이룰 수 있다고 주장하며 또 다른 사람들은 그들의 단체에 들어와야 한 몸이 된다고 주장한다. 이러한 일은 오늘 이 땅에 너무나 많이 존재한다. 유대인들은 한 몸을 이루기 위해서는 이방인들이 당연히 유대인들같이 되어야 한다고 주장할 것이다. 또 신약의 경륜에 해박한 어떤 사람은 유대인들이 유대인의 신분을 버리고 이방인같이 되어야 한 몸을 이룰 수 있다고 주장할 것이다. 유대인들은 사람들이 유대인 단체 안으로 들어와야 하나 된다고 주장하며 이방인들은 이방인들 안으로 들어와야 한 몸이 된다고 주장한다면 과연 어느 단체 안으로 들어가야 참된 하나가 이루어진다는 말인가?

15절의 말씀은 유대인도 아니고 이방인도 아닌 오직 그리스도 안에서 한 새 사람을 지으셨다고 말한다. 15절의 '자기 안에서'(in Himself)라는 말은 매우 중요한 말이다. 그것은 더 이상 유대인 안에서도 아니고 이방인 안에서도 아닌 오직 그리스도 안에서 한 새 사람을 지으셨다는 말이다. 교회는 어떠한 특정한 단체 안에서 한 몸이 이루어지는 것이 아니고 오직 그리스도 안에서 한 몸이 이루어지는 것이다. 즉, 한 새 사람의 범위는 그리스도인 것이다. 믿는이들이 만일 교회의 범위가 '그리스도 안'이라는 것을 안다면 서로 자신의 단체 안에 들어와야 한다고 주장하지 않을 것이다. 우리가 모든 성도와 하나 될 수 있는 범위는 오직 '그리스도 안'이므로 우리 무리 안에서 하나 되는 것도 아니고 당신의 무리 안에서 하나 되는 것도 아니며 오직 그리스도 안에서 하나 되는 것이다. 오늘 당신의 단체가 오직 그리스도를 범위로 삼고 있지 않다면, 즉 그리스도보다 작은 범위를 그 한계로 정하고 있다면 그것은 '교회의 범위'가 아니다.

그러므로 한 새 사람의 한계는 유대인으로 한정할 수 없고 이방인으로 한정할 수 없으며 바울로 한정할 수 없고 게바로 한정할 수도 없다. 오직 그리스도만이 그 한계이시며 범위이시며 만유가 되신다. 오늘날 그리스도인들 가운데서 그리스도 외의 것으로 범위를 삼기 때문에 많은 분리와 편견과 다툼과 미움이 일어난다. 한 새 사람이 오직 그리스도를 범위로 삼고 있고 그 내용이 오직 그리스도라면 거기에 어떤 분쟁도 없을 것이다.

옛 사람이 아담을 머리로 한 온 인류를 가리키는 말이라면 새 사람은 마지막 아담인 그리스도를 머리로 한 모든 그리스도 안의 새로운 피조물들을 포함하는 말이다. 하나님께서 여섯째 날 사람을 창조하셨는데, 그가 곧 옛 사람의 머리인 아담이다. 이제 하나님은 마지막 아담인 그리스도를 통하여 새로운 인류를 창조하셨다. 그것이 바로 새 사람인 교회이다. 옛 사람 안에는 죄와 불의가 가득하고 사람과 사람, 민족과 민족 사이에 불화와 적대감이 가득했다. 그러나 그리스도 안에서 새로 지으신 새 사람 안에는 더 이상 적대감이 없고 죄가 없고 미움이 없으며 그 안에 화평이 가득하다. 하나님은 이 모든 원수 된 것과 그 원인이 되는 계명에 속한 율법을 그리스도의 육체로 폐하심으로 화평을 가져오셨다.

십자가로 이 둘을 한 몸으로

유대인과 이방인을 한 몸이 되게 한 것은 십자가로 말미암은 것이다. 유대인과 이방인은 둘로 나누어져 있을 뿐 아니라 그 둘 사이에 원수 된 것(enmity, 증오심)이 있는 관계였다. 그 둘이 한 몸이 되기 위해서는 화해가 필요했다. 그리스도의 십자가는 유대인과 이방인이 한 몸이 되도록 화해케 한 장소이다. 십자가로 말미암아 그들은 서로 원수 된 것을 화해했을 뿐 아니라 하나님과 원수 된 것을 화해할 수 있었다. 그리스도의 십자가는 하나님과 사람 사이의 원수 된 것, 사람과 사람 사이의 원수 된 것을 모두 해결하였다.

16절에서 바울은 유대인과 이방인이 십자가로 한 몸을 이루었을 뿐 아니라 그 둘이 함께 하나님과 화목되었다고 말한다. 이방인이 하나님과 화목될 필요가 있을 뿐 아니라 유대인 또한 하나님과 화목될 필요가 있었다. 우리는 그리스도의 십자가가 우리가 생각하는 것보다 더 깊은 역사를 이루었음을 반드시 알아야 한다. 유대인들이 항상 속죄제를 드리고 속건제를 드리고 많은 제물들을 드리고 있었을지라도 그들의 하나님과의 실제적인 화해는 하나님의 어린 양이신 그리스도의 십자가의 죽으심이 아니면 이루어질 수 없었다. 그 많은 제물들은 장차 오실 참 제물이신 그리스도를 예표하였다.

유대인도 그리스도로 말미암아, 이방인도 그리스도로 말미암아 의롭게 하시고 하나님과 화목케 하시는 하나님은 한 분이시다. 하나님은 그리스도의 십자가로 말미암아 모든 사람을 그분 자신과 화목되게 하시며 유대인과 이방인 사이의 원수 된 것을 화해케 하시어 한 몸을 이루셨다. 모든 민족 간의 증오심과 사람들 사이의 미움은 십자가에서 이미 소멸되었다. 그리스도께서 십자가로 이 모든 원수 된 것을 소멸하신 것은 그리스도 안에서 한 몸을 얻으시기 위한 것이다. 그리스도의 십자가가 그리스도의 몸을 산출하기 위한 것임을 보는 것은 매우 중요하다. 그리스도의 십자가가 있기에 그리스도의 몸이 건축될 수 있다.

16절의 한 몸은 15절의 한 새 사람이다. 바울은 이 구절들을 통해서 이방인과 유대인이 그리스도의 십자가로 둘이 한 몸이 되었고 또 하나님과 화목되었음을 깨닫도록 가르치고 있다. 사람의 하나님 앞에서의 죄 문제, 사람과 사람 사이의 증오심, 민족과 민족 간의 간격, 사람의 죄로 말미암은 하나님과의 원수 됨, 이 모든 것들이 그리스도의 십자가에서 해결되었다. 그리스도의 십자가는 이 모든 것들을 끝내어 하나님과 사람을 화목케 하고 사람과 사람을 화목케 하여 한 몸이 이루어지게 하였다.

우리는 여기에서 하나님의 아들의 십자가에서의 죽으심이 단순히 우리의 죄를 사하기 위한 것만이 아님을 볼 수 있다. 그리스도의 십자가는 그리스도 안에서 한 새 사람, 한 몸을 얻는 데에 그 목적이 있다. 그리스도인들이 십자가를 다만 죄 사함을 위한 것이라고만 아는 것은 너무나 부족한 것이다. 그리스도의 십자가는 유대인과 이방인을 화목케 하여 그리스도 안에서 한 몸을 얻기 위한 것이다. 이 땅에 한 몸의 실제가 나타나지 않는다면 그리스도의 십자가의 효능은 완전히 발휘되고 있지 않다고 보아야 한다. 십자가의 효능은 죄 사함과 구속에만 미치는 것이 아니라 민족과 민족, 사람과 사람 사이의 원수 된 것을 다 제하여 평강이 넘치는 한 몸을 이루는 데까지 나아가야 한다.

평안을 전하심

17절은 '또 오셔서 먼 데 있는 너희에게 평안을 전하고 가까운 데 있는 자들에게 평안을 전하셨다'고 말한다. 여기의 '또 오셔서'는 그리스도의 오심을 말한다. 그리스도는 육신으로 오셔서 먼저 가까운 데 있는 자들에게 가셨다. 그들이 곧 유대인이다. 주님은 사람으로 오셔서 이스라엘의 잃어버린 자들에게 가셨다. 그리고 주님은 그들에게 평강을 전하셨다. 주님은 제자들을 보내시면서 어느 집에든지 들어가면 평안하기를 빌라고 하셨다(마 10:12). 그 집이 합당하면 제자들의 빈 평안이 거기에 임할 것이고 합당치 않으면 평안이 제자들에게 돌아올 것이라고 말씀하셨다. 주님과 제자들이 당시에 전한 복음은 다른 복음이 아니라 평안의 복음이었다.

주님이 세상을 떠나시고 성령을 부어주신 뒤에 사도들이 나가서 복음을 전파했다. 특히 사도 바울은 멀리 이방인에게로 나아가서 평안의 복음을 전하였다. 주님은 그에게 "내가 너를 멀리 이방인에게로 보내리라"고 하셨다(행 22:21). 그러므로 여기에서 우리는 가까운 데 있는 자들은 유대인들이요 멀리 있는 자들은 이방인들임을 볼 수 있다. 또한 주님이 유대인들에게 전한 복음이나 사도들이 이방인들에게 전한 복음이 모두 평안의 복음임을 알 수 있다. 바울은 그들이 전한 복음이 평안의 복음이라고 말했다(엡 6:15).

유대인에게도 평강이 필요하고 이방인에게도 평강이 필요하다. 가까운

데 있는 자에게도 평강이 필요하고 먼 데 있는 자들에게도 평강이 필요하다. 그것은 이전에 유대인이나 이방인이나 그들 속에 평강이 없었다는 말이다. 복음이 올 때 비로소 평강이 온다. 복음은 하나님의 의를 가져오며 하나님과의 화목을 가져오기 때문에 평강이 있게 되는 것이다. 인류에게 평강이 없는 것은 하나님 앞에 죄가 있기 때문이요 하나님과 불화(不和) 관계에 있기 때문이다. 당신이 한 남편의 아내라면 남편과 불화하고 집을 떠나서 아무리 돈이 많고 행복하게 산다 하더라도 깊은 속에 평강이 없을 것이다. 그 불안함과 공허한 느낌은 현재 보이지 않지만 불화한 남편과의 관계에서 온 것이다. 마찬가지로 유대인이나 이방인이나 하나님과 화해하지 않는 한 깊은 속의 불안한 느낌을 완전히 제할 수 없다. 결국 복음이 이 근본적인 문제를 해결한다. 복음은 하나님과 사람의 불화 관계를 해소한다. 이 때문에 이 복음이 평안의 복음이라고 불리워지는 것이다.

한 성령 안에서 아버지께 나아감

복음의 목표는 사람이 죄로부터 자유케 되는 것만이 아니다. 평안의 복음도 사람들의 불안함을 해소하여 양심에 평강만 갖게 하기 위한 것이 아니다. 물론 복음은 우리의 양심에 평안을 가져다 주지만 유대인에게나 이방인에게나 평안을 전해주신 하나님께는 더 깊은 목적이 있다. 그것은 유대인과 이방인이 복음을 통해 전해 주신 평안을 받아들임으로써 함께 그 평강 안에서 아버지께 나아갈 수 있게 하려는 것이다. 바울이 이러한 말을 해주지 않았더라면 유대인이나 이방인들이나 각각 평안의 복음을 받아들이고 양심에 평강을 누리면서도 여전히 서로 떨어져 있을 가능성이 있다. 그러나 바울은 주님이 가까운 자들에게 평안을 전하고 먼 데 있는 자들에게 평안을 전하신 것은 이 둘이 한 성령 안에서 함께 아버지께 나아갈 수 있게 하는 것에 목적이 있음을 밝혀주었다.

11절부터 18절까지에서 우리는 성삼위 하나님의 역사를 읽을 수 있다. 특히 우리는 이방인들과 유대인들의 원수 된 것을 자신의 육체로 제하시고 십자가로 이 둘을 한 몸으로 하나님과 화목하게 하신 그리스도의 역사를 볼 수 있고 또한 성령의 역사를 볼 수 있는데, 그것은 17절의 평안의 복음을 전하는 데에서이다. 물론 주님과 사도들이 유대인과 이방인들에게 평안의 복음을 전하셨지만 그 복음 전파는 성령의 능력으로 한 것이다. 그러므로 우리는 그리스도의 십자가의 역사와 성령의 적용하는 역사가 한 몸을 이루기 위해 함께한 것을 볼 수 있다. 그리고 18절에서 이 모든 역사의 목표는 유대인과 이방인이 한 성령 안에서 아버지께 나아감을 얻게 하려는 데 있다. 이 짧은 한 구절에 그리스도가 있고 성령이 있으며 아버지가 있다. 그리스도의 역사는 결국 한 성령 안에서 유대인과 이방인이 아버지께 인도되기 위한 것이다. 우리는 여기에서 하나님의 사람에 대한 가장 고귀하신 목적이 무엇인가를 볼 수 있다. 그것은 그분의 택하신 백성들이 그분의 존전으로 이끌리는 것이다. 이 위대한 역사를 위하여 삼일(三一) 하나님이 역사하신다.

구약의 성막은 뜰에 제단이 있고 물두멍이 있으며 성소 안에 진설병상이 있고 등대가 있고 분향단이 있다. 이 모든 항목들은 무엇을 위하여 존재하는가? 그것은 결국 지성소 안에 계신 하나님께 나아가기 위한 것이다. 하나님은 그분의 백성들이 그분의 면전에 나올 수 있기를 간절히 원하신다. 그러나 사람은 타락하여 죄인이 되었고 그 결과 하나님의 영광에 이를 수 없게 되었으며 민족과 민족은 나뉘어져 많은 증오심과 미움이 그 막힌 담을 이루고 있었다. 그러한 사람들은 영원히 하나님 존전에 나아갈 수 없는 것처럼 보였다.

그러나 그리스도께서 이 땅에 오셔서 그분의 육체의 죽으심으로 모든 인간의 문제를 해결하셨다. 죄를 끝내시고 옛 창조를 끝내시고 계명의 율법을 끝내시고 유대인과 이방인 사이에 막힌 담을 제하셨다. 그리고 평안을 전하시고 유대인과 이방인들이 한 몸이 되어 한 성령 안에서 아버지 하나님께 나아갈 수 있게 하셨다. 18절에서 우리가 아버지 하나님께 나아감을 얻었다고 하는 말은 과거에는 우리가 하나님께 나아갈 수 없는 상태에 있었음을 암시하고 있다.

우리는 '저로 말미암아' 곧 그리스도의 역사와 그분의 중보 되심으로 말미암아 하나님 앞에 가까이 나아갈 수 있게 되었다. 하나님은 그리스도의 역사로 말미암아 유대인에게나 이방인에게나 똑같이 그분을 아버지라고 부를 수 있는 특권을 주셨다. 그리고 언제든지 아버지 앞에 나아갈 수 있는 자격을 주신 것이다. 우리 같은 이방인들에게 하나님의 보좌에 항상 나아갈 수 있도록 허락하신 것은 어떠한 은혜인지! 그러나 우리의 나아감은 항상 성령 안에서 가능하다. 성령은 마치 아브라함의 늙은 종이 리브가를 데리고 이삭에게로 인도하듯이 때로 힘이 없고 낙심하는 우리를 격려하여 항상 하나님께로 인도하는 일을 하신다.

너희가 외인도 아니요 손도 아니요

19절에서 바울은 에베소 성도들에게로 다시 돌아왔다. 11절부터 18절까지에 있는 '너희'라는 표현은 물론 수신자인 에베소 성도들을 가리키지만 또한 모든 이방인들을 총칭하는 개념으로도 볼 수 있다. 그러나 19절에 있는 '너희'라는 표현은 보다 주관적으로 에베소 성도들을 가리키는 것 같다. 과거에 에베소 성도들은 외인이었고 손이었지만 지금은 성도들과 동일한 시민이 되었고 하나님의 권속이 되었다. 유대인들은 구약의 하나님의 말씀에 입각하여 자신들만이 성도들이며 하나님의 권속이라고 주장할 것이다. 그러나 그리스도의 십자가의 역사는 유대인이든 헬라인이든 옛 창조는 모두 십자가로 끝내고 새 사람으로서 더 이상 어떤 구분도 없이 모두가 성도들과 동일한 시민이 되고 하나님의 가족이 되게 했다.

성도들과 동일한 시민

시민이라 함은 교회가 하나의 도성(都城)이나 나라임을 암시하는 말이다. 오늘날에도 한국이나 미국이나 시민권을 획득해야 그 나라의 시민으로서의 혜택과 권리를 누릴 수 있다. 유대인이나 이방인이나 주 예수를 믿음으로 새 사람이 되었는데, 이 새 사람은 하나님의 거룩한 도성의 시민들이다. 이것은 우리의 신분이 새롭게 되었음을 나타내주는 말이다.

과거에 우리는 유대인 또는 헬라인 등의 옛 사람의 국적을 가지고 있었지만 그리스도의 십자가는 이 모든 옛 사람을 끝내고 그분 안에서 한 새 사람을 지으셨다. 이 한 새 사람은 새 하늘과 새 땅, 의가 거하는 하나님 나라의 시민들로 구성된다. 유대인들이 하나님의 약속으로 말미암아 가지고서 자랑하던 그 하나님 나라의 백성이라는 고귀한 신분을 이제는 믿는 이들이 모두 다 얻게 되었음을 아는 것은 너무나 놀라운 일이다. 과거에는 이스라엘 나라 사람들만이 약속의 언약들을 가지고 있었고 하나님은 그들의 하나님이었으며 그들에게만 양자 됨과 영광과 율법을 세우신 것과 예배들이 있었고 육신으로는 그리스도께서 유대인들을 통하여 나셨으니 하나님과 관계된 모든 축복은 이스라엘 나라 사람들만의 것이었다(롬 9:4-5 참조). 그러나 이제는 하나님과 전혀 관계 없던 이방인들이 그리스도로 말미암아 하나님 나라의 백성들이 되어 유대인들에게만 허락되었던 특권을 함께 얻게 되었다.

하나님의 권속

이방인들인 에베소의 믿는이들은 성도들과 동일한 시민이 되었을 뿐 아니라 하나님의 가족이 되었다. 하나님은 복음으로 우리를 낳으셨다. 그분은 우리로 조물(造物) 중에 첫 열매가 되게 하시려고 진리의 말씀으로 우리를 낳으신 것이다(약 1:18). 베드로는 우리가 거듭난 것이 썩어질 씨로 된 것이 아니요 썩지 아니할 씨로 되었는데 하나님의 살아 있고 항상 있는 말씀으로 되었다고 말했다. 우리는 주 예수를 믿음으로 하나님의 자녀로 다시 태어났다. 그럴 때 우리는 같은 믿음으로 거듭난 유대인과 똑같이 하나님의 권속이 된 것이다.

우리가 왕국의 시민이 된 것은 믿는이로서 마땅히 갖는 특권과 의무를 말해주고 하나님의 가족이 된 것은 서로간의 친밀함과 사랑의 관계를 말해준다. 이 구절에서도 바울은 유대인과 이방인이 더 이상 어떤 차이도 없이 한 도성 안의 동일한 시민이 되었고 한 가족의 일원이 되었음을 강조하고 있다.

사도들과 선지자들의 터 위에 세우심을 입은 자들

20절부터 바울은 교회가 하나님의 성전이라는 사상을 전개해 나간다. 교회가 하나님의 거하시는 처소라는 말이다. 하나님의 거처가 지어지기 위해서는 먼저 터가 필요하다. 터가 없이는 어떤 건물도 지을 수 없다. 그것이 모든 건물의 기초이기 때문이다.

에베소서 2장에서 말하는 교회는 1장에서 말하는 교회와 다르다. 1장에서 말하는 교회는 하나님의 마음 안에 있는 교회이며 이상 안에 있는 교회이다. 그 교회는 삼일 하나님의 역사를 통해 산출되었다. 그러나 2장의 교회는 이 땅에 사는 타락한 죄인의 상태로부터 시작되었다. 결국 허물과 죄로 죽은 자들이 그리스도로 말미암아 살리심을 받고 구원을 받았을 뿐 아니라 그리스도의 십자가의 역사를 통하여 그리스도의 몸이 이루어지는 것을 말했다. 1장에서는 계시로 본 하나님 안에 있는 교회를 말하고 2장에서는 이 땅에서 죄인들이 어떻게 하나님의 거처(교회)로 지어지는가를 말하고 있다.

성전 건축을 위해서 가장 중요한 것은 그 기초를 닦는 일이다. 바울은 교회가 사도들과 선지자들의 터 위에 세우심을 입는다고 말했다. 여기에서 사도들과 선지자들은 신약의 사도들과 선지자들을 가리키는 것이다. 바울은 고린도 전서 3장 11절에서 "이(교회) 터는 곧 예수 그리스도니"라고 말했는데, 이곳에서는 사도들과 선지자들이 교회의 터라고 말하고 있다. 이것은 서로 모순되는 말이 아닌가? 이해하기가 쉽지는 않지만 이 두 말씀은 서로 충돌되지 않는다.

여기에서 '사도들과 선지자들의 터'라는 것은 그들 자신이 '터'라기보다는 그들이 전하는 복음과 가르침이 '터'라고 보아야 한다. 마태복음 16장에서는 베드로가 그리스도에 대한 계시를 받았을 때 그 그리스도에 대한 계시가 교회를 세우는 반석이 되었다. 교회는 이 땅에 그리스도에 대한 계시를 본 사람들이 있을 때 그곳에 세워진다. 사도와 선지자는 그리스도의 계시를 교회에 전달하는 사람들이다. 성도들은 그들의 가르침을 통해서 계시를 볼 수 있다.

우리는 신약을 읽을 때 바울 사도의 가르침들이 없다면 교회의 터가 실제적으로 세워질 수 없음을 깨달을 수 있다. 로마서가 없다면 어떻게 로마 교회가 세워지겠으며 갈라디아서 같은 가르침이 없다면 어떻게 갈라디아 지방에 교회들이 세워질 수 있었겠는가? 이로 볼 때 사도들의 가르침은 교회가 세워지는 기초가 된다.

디모데 전서 3장 15절은 하나님의 교회는 진리의 기둥과 터를 가지고 있다고 말했다. 즉, 진리가 교회의 기둥과 터를 형성하고 있다는 말이다. 이러한 말씀을 통해서 우리는 사도와 선지자들의 가르침이 교회의 터가 됨을 알 수 있다.

예수께서 친히 모퉁이돌이 되심

모퉁이돌은 건물의 모서리를 연결하는 돌이라는 뜻이다. 그러므로 우리는 여기에 나오는 성전이 유대인과 이방인을 포함하는 보편적인 교회를 말하고 있음을 알 수 있다. 그리스도는 유대인과 이방인을 하나 되게 하는 모퉁이돌이시다. 유대인도 그리스도로 말미암아, 이방인도 그리스도로 말미암아 서로 연결하여 하나의 성전으로 건축될 수 있다. 건축이 없는 교회는 실상 모퉁이 돌로서의 그리스도가 없는 곳이다. 화평이신 그리스도가 계시다면 어찌 그곳에 지체들 피차간의 연결이 없으며 그리스도의 몸의 건축이 없겠나?

건물마다 서로 연결하여 주 안에서 성전이 되어가고

여기의 '건물마다'라고 하는 말은 전체의 건물(whole building)을 의미한다. 전체 건물이 서로 연결되어 주 안에서 거룩한 성전이 되도록 자라가고 있다. 한글 개역 성경에는 '자란다'는 말이 없지만 영문 성경에는 '자란다'는 말이 들어 있다. 신약의 교회는 자람으로 성전으로 건축된다. 왜냐하면 신약의 교회는 물질적인 것이 아니라 유기체이기 때문이다.

너희도

21절의 성전은 보편적인 교회를 의미한다. 그리고 22절에서 바울은 다시 에베소 성도들에게로 향한다. 우주적이고 보편적인 교회는 사도 시대에 한 지역 한 지역에서 구체화되었다. 그러므로 여기의 '너희도'라는 말은 매우 중요한 말이다. '너희도'는 곧 에베소 교회를 말한다. 그리스도의 몸은 그리스도 안에 있는 모든 사람들을 포함하며 유대인과 이방인을 포함한다. 그러한 보편적인 교회는 사도들과 선지자들의 터 위에 세우심을 입으며 건물마다 서로 연결하여 주 안에서 성전으로 자라간다. 이러한 우주적인 교회는 볼 수 없고 만질 수 없는 것이다. 그러나 이러한 우주적인 교회가 실제적으로 이 땅에서 건축되는 길은 한 지역 한 지역에서이다. 우주적인 교회는 구체적으로 에베소라는 도시에서 한 몸으로 건축되는 것이다.

우리가 에베소서를 읽을 때 1장과 2장을 통하여 영원 전부터 하나님의 갈망은 교회를 얻는 것임을 알 수 있다. 하나님의 선택하심과 예정하심, 그리스도의 구속과 성령의 인치시는 역사 모두가 그리스도의 몸으로 귀결된다. 십자가에서 그리스도께서 흘리신 피와 옛 창조를 끝내신 역사는 다만 사람들로 자신들의 영성을 위하게 하려는 것이 아니라 유대인과 이방인들을 한 몸으로 화목하게 하기 위한 것이고 결국은 하나님의 거하실 처소가 되기 위하여 함께 성전으로 자라며 지어져 가게 하려는 것이다.

주님이 세우신 교회는 동서고금을 막론하고 우주 가운데 하나이다. 우리가 성경을 읽을 때 하나님의 최종 목표는 새 예루살렘을 얻으시는 것인데, 이 시대에 그것을 대표하는 것이 바로 교회임을 알 수 있다. 구약에서부터 신약까지 모든 역사는 새 예루살렘으로 결론지어진다. 그러나 오늘 이 시대에 한 지역 한 지역에 세워진 교회의 실제가 없다면 새 예루살렘을 이 땅에서 실행할 수 있는 기관이 없는 것이다. 하나님은 새 예루살렘이 완성되기 전에 오늘날 각 도시에 새 예루살렘의 축소판인 교회를 두기 원하신다. 하나님의 가장 큰 뜻은 그리스도의 몸을 건축하시는 것이다. 그러나 이 시대에 우주적으로 하나인 그리스도의 몸을 이 땅에서 구체화할 수 있는 길은 각지에 그리스도의 몸을 건축하는 것이다. 이것이 곧 에베소 교회와 같은 지역 교회이다.

이에 대하여 어떤 형제는 아주 좋은 비유를 말했다. "당신이 만일 커다란 여객선을 타고 외국에 간다면, 그 배가 너무 커서 승선한 뒤에 어느 방에 들어가야 할지, 그 배의 구조가 어떠한지, 식당은 어디인지, 쉴 곳은 어디인지 알 수 없기 때문에 (이것은 새 예루살렘을 비유한 말이다) 떠나기 전에 선박 회사 직원이 그 배와 구조가 똑같은 모형배를 가지고 와서 당신에게 하나하나 알려줄 것이다. 그런 후에 큰 여객선을 타면 당신은 쉽게 예약한 방과 식당과 휴식처 등을 발견할 수 있다." 다시 말해서 새 예루살렘은 하나님의 영원한 목적으로서 너무나 큰 것이고 오늘 우리는 그것의 작은 모형과 같은 지역 교회 안에서 새 예루살렘을 미리 체험하고 누리는 것이다.

그러므로 에베소서 1장과 2장에서 바울이 주로 말한 것은 우주적인 교회의 이상이다. 그러나 22절에서 바울은 에베소 성도들에게 '너희도' 하나님의 거하실 처소가 되기 위하여 지어져 간다고 말했다. 바울이 에베소 성도들에게 말해주고자 한 것은 에베소에서 그들이 비록 작은 모형의 교회생활을 누리고 있지만 그것은 1장의 삼일 하나님의 유기체인 그리스도의 몸이요 2장의 유대인과 이방인이 한 새 사람으로서 한 몸을 이룬 것이요 그리스도께서 친히 모퉁이돌이 되심으로 모든 지체가 서로 연결되어 성전이 되어가는 하나님의 거처이며 결국 하나님의 영원한 뜻인 새 예루살렘을 그곳에서 미리 누리고 있다는 것이다.

그러므로 우리는 지역적인 교회생활이 우주적인 그리스도의 몸을 실제화하는 생활이라고 말하는 것이다. 우리는 한 지역의 그리스도의 몸의 지체가 됨으로써 우주적인 그리스도의 몸의 지체가 되는 것이다. 지역적인 그리스도의 몸의 생활이 없다면 우주적인 그리스도의 몸의 생활은 공허한 이론이 되고 만다. 그러므로 이 구절의 '너희도'라는 말은 매우 중요한 뜻을 지니고 있다.

하나님의 거하실 처소

교회는 하나님이 거하시는 처소이다. 에베소의 성도들은 하나님의 거하시는 처소가 되기 위해 예수 안에서 함께 지어져 가고 있었다. 이 말씀에서 우리는 하나님의 구원의 궁극적인 목표를 보게 된다. 에베소서 2장은 죄인으로부터 시작하여 은혜로 얻은 구원을 말하고 구원받은 이방인들이 유대인들과 하나 되어 화목케 됨을 말하며 결과적으로 하나님의 거하실 처소가 되기 위하여 함께 지어져 감을 말한다.

유대인과 이방인 사이의 막힌 담이 헐어지고 십자가로 원수 된 것이 소멸되어 둘이 한 몸을 이루는 것, 성령 안에서 유대인과 이방인이 함께 아버지께 나아감을 얻는 것, 또 성도들과 동일한 시민으로, 하나님의 권속으로 누림을 갖는 것 등은 한 지역의 교회 안에서 모두 실제가 된다. 그러므로 오늘 이 시대에 한 지역 한 지역 교회가 세워지는 것은 하나님의 역사에서 가장 중요한 목표이다. 따라서 우리의 모든 사역과 봉사의 목표도 우리가 가는 지방에서 그리스도의 몸을 건축하고 하나님의 거처를 건축하는 일이다.

구약은 아담의 창조로 시작하여 많은 이야기를 담고 있지만 구약의 중심은 이스라엘 나라에 있다. 이스라엘 나라의 중심은 성막에 있었고 성막의 중심은 지성소요 언약궤였다. 우리는 이 성전을 볼 때 하나님의 갈망이 그분의 택하신 백성들 가운데서 그분의 거처를 갖는 것임을 알 수 있다. 광야에서 모세가 성막을 지었는데 성막을 완성했을 때 하나님의 임재가 거기에 충만했다. 그들이 가나안에 들어가서 솔로몬 때에 이르렀을 때 솔로몬은 하나님을 위하여 성전을 건축했다. 성전을 건축했을 때에도 하나님의 임재가 거기에 충만하게 되었다. 성막이나 성전이나 모두 하나님의 거처가 되었다. 우리는 에스겔서에서 하나님의 영광이 성전을 떠나는 것을 볼 수 있다. 나는 구약 성경에서 이보다 더 가슴 아프고 슬픈 광경이 없다고 생각한다. 삼손의 죽음, 사울의 죽음, 다윗의 실패 등 많은 일들이 우리에게 슬픔을 주지만 하나님의 영광이 이스라엘 백성들을 떠난 것보다 더 슬픈 일은 없다. 당신은 다만 하나님이 그분의 택하신 백성들 가운데 거하기 원하신다는 사실만으로도 감동을 받아야 한다. 그분의 임재가 가장 큰 축복이다. 새 예루살렘이 무엇인가? 새 예루살렘은 하나님의 영원하신 뜻의 결론이다. 그것은 하나님의 장막이 사람들과 함께 있는 것이요 하나님이 사람들과 영원히 함께 거하시는 처소이다. 하나님의 모든 역사의 결과는 하나님과 사람이 영원히 하나 되는 것이고 하나님께서 사람들 가운데 그분의 거처를 가지시는 것이다.

오늘날 많은 그리스도인 사역자들이 있고 많은 사역이 있다. 나는 주를 위한 일들을 다 귀하게 여긴다. 복음을 전하는 것이든 사람들의 병을 고쳐주는 것이든 어떤 방법으로든지 그리스도를 널리 알리려 하는 일들은 참으로 귀한 일들임을 시인하지 않을 수 없다. 그러나 성경에서는 하나님의 뜻인 교회에 목적이 있음을 말해 준다. 하나님의 목적에 이르지 못하는 일들은 하나님의 마음을 완전히 만족케 해드릴 수 없다. 그것은 다른 것이 아니라 이 땅에 그분이 거처를 가지시는 것이다. 그러므로 하나님의 거처를 목표로 하지 않으면 어떤 사역도 하나님의 뜻의 표준에 이른 것이 아니다. 하나님은 교회를 원하신다!

함께 지어져 가느니라

오늘날의 교회생활은 함께 지어져 가는 생활이다. 모든 지체들은 구약에 있는 성전의 하나 하나의 돌들과 같이 산 돌로서 하나님의 성전을 건축하기 위해 유용하다. 흩어져 있는 돌들은 제 아무리 좋은 재료라 하더라도 성전 건축에 쓰임받지 못하므로 하나님을 기쁘시게 하지 못하고 유용하지 않다. 건축을 위한 돌이 유용하다.

에스겔 37장에는 골짜기의 마른 뼈들이 군대가 되는 이상이 있다. 에스겔 선지자가 여호와의 말씀을 대언할 때 생기가 그 뼈들에게 들어가서 힘줄이 생겨나고 살이 입혀지고 가죽이 덮여지며 뼈와 뼈가 서로 연락하여 마디가 생겨나고 힘줄이 생겨나서 살아 있는 커다란 군대가 되었다. 지난날 우리는 마치 골짜기의 마른 뼈들과 같이 각각 흩어져 있었고 아무것도 할 수 없는 죽은 시체와 같았다. 그러나 하나님께서 우리를 구원하셨고 우리는 그분의 은혜를 얻었다. 우리는 생명을 얻어 그분의 성전의 건축 재료들이 되었다. 우리는 함께 자라면서 건축되고 있다. 모든 지체들은 서로 하나로 연결되어 하나님의 거하실 처소가 되기 위하여 지어져 가고 있다. 신약의 건축은 물질적인 건축이 아니라 영적인 유기체의 건축이기 때문에 십자가의 역사와 생명의 성장을 통하여 이루어진다. 나는 독자 여러분이 에베소서를 통해 교회가 무엇인지에 대한 이상을 보고 그 길을 걸어갈 수 있기를 기도한다.

3장-1

1절, 이러하므로 그리스도 예수의 일로 너희 이방을 위하여 갇힌 자 된 나 바울은

우리는 2장 전체에 걸쳐서 바울이 이방인인 에베소 성도들에게 복음의 비밀을 알려 주고 있는 것을 볼 수 있다. 에베소서 2장에서는 그들이 어떠한 상태에 있다가 성전으로 지어져 가고 있는가, 거룩한 하나님의 집으로 지어져 가고 있는가를 알 수 있다.

에베소서는 참으로 놀라운 책이다. 높은 계시를 담고 있다. 1장에서는 2장의 원래 하나님과 관계가 없고 소망이 없고 약속에 대해서 외인이고 하나님과 아무 관계없던 이방인들이 창세 전부터 선택하신 바 되고 예정하신 바 되어서 그리스도의 몸의 일부가 되었다는 그 비밀을 알려주고 있다. 하나님 아버지의 선택하심과 예정하심, 아들 예수 그리스도의 구속과 죄 사함을 얻게 하심, 성령의 인치심, 그리고 그들에게 주신 그 영광의 풍성, 능력, 이 모든 것들을 다 교회에게 주셨는데, 과거에는 하나님의 선민인 유대인들만 누릴 수 있었던 축복이 이제는 이방인들에게 흘러와서 에베소인들까지 이런 놀라운 축복을 받을 수 있게 되었다는 것이다. 그러므로 에베소서 2장에는 '너희들이 한 번 생각해 보라'는 말씀이 있다. 큰 축복을 받은 것을 생각하라는 것이다.

멀리 있던 사람들이 이제 한 성령 안에서 아버지께 나아감을 얻게 되었고 전에는 외인이고 손이었던 사람들이 이제는 성도들과 동일한 시민이 되었고 권속이 되었다는 것을 말해 주고 있다. 그리고 이제 그들이 모퉁이돌이신 그리스도와 연합하여 그분을 통해서 또 사도와 선지자들의 계시를 통해서 하나님의 거룩한 성전으로 건축되어 가는 것을 말해 주고 있다.

그런 다음 이제 3장에 올 때 사도 바울은 자신이 그리스도 예수의 일로 갇혔다고 말하고 있다. 우리가 아는 대로 에베소서는 옥중 서신이다. 바울이 로마의 감옥에 갇혀 있을 때 쓴 서신이다. 여기서 바울은 그가 그리스도 예수의 일로 너희 이방을 위하여 갇혔다고 말한다. 우리는 여기서 사도 바울에 대해 좀 생각해볼 필요가 있다. 사도 바울은 원래가 유대인이다. 가말리엘 문하에서 배웠고 유대인 중에서도 아주 엄한 바리새파의 교육을 받은 사람이다. 그리고 그는 열심으로 교회를 핍박한 사람이고 유대교 안에서 자신의 동료들보다 매우 앞서 가는 사람이었다. 그런데 그러한 그가 어느 날 다메섹 도상에서 빛을 보았다. 그때 그는 예수 그리스도가 하나님의 아들이신 것을 깨닫고 복음을 영접하게 되었고 하나님의 긍휼을 얻어서 사도가 되었다. 처음에 그는 복음을 전하려고 유대인들에게 많이 갔다. 그러나 유대인들은 그를 받아들이지 않았다. 한 번 가고 두 번 가도 그를 받아들이지 않았다. 그럴지라도 그는 결코 유대인을 포기한 사람이 아니다.

사도행전 마지막 장인 28장에 가서도 바울은 여전히 유대인들에 대한 부담을 내려놓지 않은 것 같다. 그가 로마에 도착했을 때 유대인들이 바울을 만나러 왔다. 그때 바울이 유대인들에게 복음을 말해주었다. 다행히도 당시에는 아직 바울에 대한 나쁜 소문이 로마까지는 이르지 않았었다. 다만 로마에 있는 유대인들은 바울이 전파한 그 복음, 그리고 예수 믿는 무리가 어디를 가든지 이단이라는 말을 듣는다는 것만 알고 있었다.

바울이 성경을 펴서 모세의 율법과 선지자들의 말이 예수 그리스도에 관한 것임을 증명해 주면서 복음을 전했을 때 그들은 서로 맞지 않으므로 흩어졌다고 했다. 이것은 주로 관념 때문에 그렇다. 관념은 정말로 생명이신 그리스도를 받아들이는 데 장애가 된다. 그러자 바울은 사도행전 마지막 장에서까지 "너희가 듣기는 들어도 도무지 깨닫지 못하며 보기는 보아도 도무지 알지 못하는도다 이 백성들의 마음이 완악하여져서 그 귀로는 둔하게 듣고 그 눈을 감았으니 이는 눈으로 보고 귀로 듣고 마음으로 깨달아 돌아와 나의 고침을 받을까 함이라"고 말했다. 그리고서 "하나님의 이 구원을 이방인에게로 보내신 줄 알라"고 말했다. 바울이 결국 깨닫게 된 것은 '아, 하나님께서 나를 이방인의 사도로 삼으셨구나' 하는 것이었다. 바울은 신약 경륜에 매우 밝았던 사람이고 특히 그리스도의 몸에 대한 계시가 분명했던 사람이었다. 그런데 하나님께서는 그러한 계시를 실행할 수 있는 긍휼 또한 바울에게 주셨다.

신약의 교회와 유대교가 섞여져 있는 안개 낀 혼탁한 상황에서 맑은 공기가 있는 이방 세계로 이 그리스도의 진리를 가져가 전파한 사람이 바로 바울이다. 그러다 보니 바울은 더 핍박을 받게 되었다. 유대인인 바울이 이방을 위해 일할 때 유대인들은 더욱 핍박을 하게 된 것이다. 바울이 그렇게 한 것이 유대인들의 시기를 많이 일으켰을 것이다. 사도행전에서 우리는 바울이 복음을 위해 변명을 하다가 '이방인들에게로 가리라'는 말을 하자 유대인들이 소리지르며 심히 화를 내는 장면을 본다(22장). 바울 사도가 이방인에게 가서 섬기는 것을 유대인들은 더더욱 참을 수 없었던 것이다.

결국 에베소서 3장에서 사도 바울은 '너희 이방을 위하여 내가 갇혔다'고 했다. 그가 이방에 있는 교회들을 위하다 보니 유대인들의 핍박을 더 많이 받게 되었다는 것이다. 감옥에까지 들어가게 된 것은 그가 이방인을 위한 사역을 했기 때문이다. 그래서 어떤 사역자든지 하나님께서 분부하신 대로 사역하는 사람은 이러한 반대편에서 오는 고난을 당하지 않으면 안 된다. 고난이 없는 사역은 신약의 사역이 아니다(고후4장 참조). 여러분이 몸에 대한 진정한 계시를 보고 그 길을 간다면 반드시 거기에 고난이 있게 될 것을 나는 확신할 수 있다. 계시가 있는 사람은 고난이 필수이다. 요셉이 고난을 당한 것은 그가 꿈을 꾸는 자였기 때문이다. 그가 꾼 꿈이 이루어지는데는 수많은 고난이 동반되어야 했다. 고난을 통해서 그 본 계시들은 사람의 속에 조성되어져 가는 것이다.

여기서 바울은 이것을 그리스도 예수의 일이라고 했다. 그는 다른 것으로 인해 감옥에 갇히고, 핍박을 당한 것이 아니고 그리스도 예수의 일로 그렇게 된 것이다. 참으로 우리의 일생이 이러한 일생이 되는 것이 좋다. 감옥에 갇히든 핍박을 받든 비방을 당하든 오해를 받든 모두가 그리스도 예수로 인한 것이라면 그는 복 있는 사람이다.

2절, 너희를 위하여 내게 주신 하나님의 그 은혜의 경륜을 너희가 들었을 터이라

여기의 경륜이라는 말은 영어로 'stewardship' 곧 청지기 직분을 뜻한다. 헬라어로는 'oikonomia', 즉 가정 경영, 가정 관리이다. 바울은 하나님께서 은혜의 청지기 직분과 위임을 이방인인 그들을 위하여 자기에게 주셨다고 했다. 원래의 경륜이란 말의 의미는 관리요 통치인데 하나님은 시대마다 통치하는 방식이 다르시다. 율법의 시대는 공의의 경륜으로 다스리시고 교회 시대는 은혜의 경륜인 것이다. 다음 왕국 시대는 다시 공의의 경륜이 도래할 것이다. 지금 바울은 하나님의 은혜의 시대에 은혜의 경륜을 맡은 청지기가 된 것이다. 하나님편에서 경륜을 말할 때 그것은 경영이요 관리요 통치이지만 사람에게 주어질 때 그것이 청지기 직분이 되는 것이다. 즉 그 청지기 직분으로 그 하나님의 경륜을 위임받은 것이다.

하나님이 보내신 자는 하나님의 말씀을 한다. 바울은 이방 세계에 나가서 일할 때 하나님께로부터 받은 것이 있기 때문에 그것을 그들에게 전해 준 것이다. 하나님께서 주신 것이 없이 나가서 일할 수 있는 사람은 없다. 여기 우리 선교사들이 있는데 이들이 중국에 가고 네팔에 가고 인도에도 갔다. 그러나 선교사 된 여러분이 한 가지 점검해야 할 것은 하나님께로부터 받은 청지기 직분(경륜)이 있는가 하는 것이다. 경륜이 있는 사역자와 아무 경륜이 없는 사역자는 차이가 있는 것이다. 바울이 '내게 주신…경륜이 있다'고 한 것은 매우 의미가 깊은 말이다. 없는 사람은 무엇을 해도 헛된 것이다.

3절, 곧 계시로 내게 비밀을 알게 하신 것은 내가 이미 대강 기록함과 같으니

여기에 계시라는 말이 있고 비밀이라는 말이 있다. 비밀이 사람에게 밝혀질 때 계시가 되는 것이다. 원래는 비밀이다. 아무도 알 수가 없다. 그런데 하나님께서 그 비밀을 바울에게 알려 주셨다. 비밀이란 헬라어로 '미스

테리온'이고 그것을 시작한 하나님만 아시고 아무도 모르는 것을 의미하며, 계시는 '아포칼립시스'인데 수건으로 덮여 있던 것이 벗겨지면서 보이는 것을 말한다. 바울은 1장과 2장을 썼는데 이러한 말씀들은 원래 하나님의 마음속에만 존재했었으므로 비밀이었는데 이것이 바울에게 알려질 때 바로 계시라고 한다. 이는 다른 것이 아니라 그리스도의 몸이 이루어지는 것에 관한 것이다. 그것이 바울에게 주어진 계시들인데 성도들이 알 수 있도록 기록했다고 했다. 에베소서 3장에서 바울은 비밀이란 말을 네 번이나 사용한다. 이미 대강 기록함과 같다는 것은 1장과 2장의 내용을 말할 것이며 특히 2장11절부터 22절까지의 내용을 말할 것이다.

4절, 이것을 읽으면 그리스도의 비밀을 내가 깨달은 것을 너희가 알 수 있으리라

바울이 먼저 깨달은 것을 그가 기록하고 전파할 때 또한 성도들도 알게 된다. 그러면 그리스도의 비밀은 무엇인가? 그것은 주로 그리스도의 몸인 교회와 관계된다. 에베소서 1장에서 "그 뜻의 비밀을 우리에게 알리셨으니 곧 그 기쁘심을 따라 그리스도 안에서 때가 찬 경륜을 위하여 예정하신 것이니 하늘에 있는 것이나 땅에 있는 것이 다 그리스도 안에서 통일되게 하려 하심이라"고 하셨는데 이 역시 교회와 관련된 말씀이다. 교회가 일어나지 않으면 만유가 그리스도 안에서 통일 되는 날은 없게 된다. 교회가 비밀인 것은 교회를 통해 만유가 그리스도 안에서 통일되는 역사가 이루어지기 때문이다. 5장은 "이 비밀이 크도다 내가 그리스도와 교회에 대하여 말하노라"고 한다. 이 역시 교회가 비밀임을 말한다. 이 장에서는 교회가 그리스도의 몸으로서 머리이신 그리스도와 남편과 아내가 갖는 것처럼 한 몸이 이뤄지는 신비한 연합을 말한다.

에베소서는 비밀을 말해주는 책인데 특히 그 비밀이란 교회가 비밀이라는 것이다. 도대체 무엇이 그렇게 비밀이며 하나님의 마음속에만 있던 작품이란 말인가? 그것이 바로 교회였다. 여기서 바울이 말하는 비밀이란 이방인들이 축복받기 위해 선택된 이스라엘과 함께 교회인 그리스도의 몸에 참여하게 된 것이다. 곧 그리스도의 십자가로 말미암아 모든 나뉘어지게 하는 요소들, 옛 창조, 원수 된 것 등을 다 폐하시고 한 몸을 만들어서 유대인이나 이방인이나 더 이상 불화가 없이 화평 가운데 한 성령 안에서 하나님 아버지께 나아갈 수 있게 하신 것이다. 이것이 바로 그리스도의 비밀이다. 바울이 깨달은 그리스도의 비밀은 전적으로 그리스도의 몸과 관계된다. 그리스도께서 십자가에서 죽으심으로 역사하신 모든 것은 교회에 주어졌고 부활하심과 승천하심으로 얻으신 모든 것은 교회에 주어졌다. 그리스도는 머리이고 교회는 그분의 몸이다. 따라서 교회를 알려면 그리스도를 알아야 한다. 그리스도가 어떤 분이며 어떤 일을 하셨고 무엇을 얻으셨는가를 다 안다면 그것이 바로 교회인 것이다. 당신이 만일 비밀인 그리스도의 몸이 무엇인지 모르고, 그 계시를 갖지 않고 사역한다면 바울과 같은 경륜이 없는 사역을 하고 있는 것이다. 하나님의 비밀은 그리스도요(골 1:27), 그리스도의 비밀은 교회이다(엡 3:3, 5:32).

5절, 이제 그의 거룩한 사도들과 선지자들에게 성령으로 나타내신 것같이 다른 세대에서는 사람의 아들들에게 알게 하지 아니하셨으니

과거의 세대에는 이러한 비밀이 나타나지 않았다. 구약 시대에 많은 선지자들을 통해 계시가 열려졌지만, 심지어 신약에 와서도 바울 이전에 많은 사도들이 있었지만 하나님께서는 특별히 바울을 통해 그리스도의 비밀을 알려주기를 기뻐하신 것 같다. 그래서 다른 세대에서는 사람의 아들들에게 알게 하지 않으신 것을 이제는 그분의 거룩한 사도들과 선지자들에게 성령으로 나타내셨다고 했다. 바울과 또 다른 사도들도 여기에 포함될 것이다. 물론 바울이 이 계시를 현저하고 분명하게 보았지만 바울은 자기 혼자 보았다고 말하지 않는다.

하나님께서는 그 시대에 오직 한 사람에게만 진리를 가르쳐주시는 것 같지 않다. "사도들과 선지자들에게 성령으로 나타내신 것같이". 여기서 사도들은 복수이다. 하나님께서는 한 시대에 어떤 비밀을 꼭 한 사람에게만 알려주시지 않고 같은 것을 많은 사람들에게 알려주실 수 있다. 이는 계시받은 사람을 겸손케 하는 것이다. 어떤 사람은 마치 이 세상에 귀한 계시를 자기만 얻은 것처럼 말하는데 나중에 보면 다른 사람들도 같은 말을 하고 있음을 발견하게 된다. 성도들도 이런 말에 속아서는 안되고 사역자들도 그렇게 교만해서는 안된다. 어떤 것을 이 세상에 혼자만 아는 것처럼 말하는 자마다 실수하는 것이다. 바울이 이렇게 위대한 계시를 받고도 이렇게 말했다!

우리는 이것을 교회 역사로도 증명할 수 있다. 우리는 종교 개혁 시대에 마틴 루터가 모든 것을 다 보았다고 생각할지 모르지만 그렇지 않다. 거의 같은 시대에 칼빈이 일어났다. 불과 12년밖에 차이가 나지 않는다. 우리는 이런 일을 많이 볼 수 있다. 영국 웨일즈의 부흥 때에 이반 로버츠와 펜 루이스가 있었고, 그들에게서 도움을 받은 오스틴 스팍스 때에 마이어 박사가 있었다. 이들은 다 주님의 말씀의 깊은 부분들을 해방하기 위해 주님이 크게 쓰신 종들이다. 이들의 글들을 읽고 나는 매우 큰 감명을 받았다. 많은 주의 종들이 같은 시대에 동일한 것들을 보았다는 것에 대하여도 깊은 인상을 받았다. 구약과 신약의 성경도 마찬가지 원칙으로 쓰여졌다. 하나님은 동 시대에 많은 사람들을 일으켜 그분의 말씀을 말해내시는 것을 볼 수 있다. 물론 어떤 한 사람이 한 방면에서 진보할 수 있지만 그 중심 되는 강조점은 같은 것이었다. 그것은 한 성령께서 하시는 일이기 때문일 것이다. 여기에 '거룩한'이라는 말이 있다. 우리는 정말로 이러한 말을 들을 수 있는 사람들이 되기 바란다. 거룩한 사도, 성령, 나타내심은 다 연결된 말이다.

6절, 이는 이방인들이 복음으로 말미암아 그리스도 예수 안에서 함께 후사가 되고 함께 지체가 되고 함께 약속에 참여하는 자가 됨이라

이것이 바로 바울이 깨달은 비밀을 간략하게 요약한 것이다. 그 비밀은 이방인과 관계되는데, 바울이 본 계시의 중요한 점은 이방인들이 그리스도의 몸에 참여한다는 것이다. 그 부분을 바울처럼 강조한 사람이 없다. 이방인들이 그리스도 예수 안에서 유대인들과 한 몸을 이루는 이 일에 관한 한 바울처럼 분명하게 본 사람이 없는 것 같다. 그렇다고 해서 바울은 이것을 자기 혼자만 보았다고 하지 않았다. 거룩한 사도들과 선지자들에게 성령으로 나타내셨다고 말한다. 그러나 또 한면으로 바울처럼 이 문제를 강한 부담을 가지고 말한 사람도 없다. 진리에는 다 양면이 있다고 느껴진다. 우리가 신약을 읽을 때 하나님은 교회에 관한 한 바울에게 온전한 진리를 계시해주신 것을 알 수 있다. 그러나 설사 보았다 해도 그 새로운 진리를 전하는데는 충성이 있어야 한다. 보는 것이 한 가지 일이라면 그것을 전파하고 담대하게 말하는 것이 또 한 가지 일이다. 새로운 계시를 전하는 것은 매우 많은 핍박과 반대를 초래하기 때문이다.

신약의 거의 모든 말씀이 구약에 다 있다. 그러나 구약에 전혀 말해지지 않은 새로운 계시가 하나 있다면 그것은 바로 한 몸에 대한 계시이다. 바울은 이에 대하여 분명히 본 사람이다. 다른 사람이 혹 보았을 수가 있지만 바울만큼 신실하게 자기가 본 것을 말하고 실천한 사람은 우리가 볼 수 없다. "이방인들이 복음으로 말미암아 함께 후사가 되고". 구약 시대에 수많은 선지자가 하나님을 위해 말하고 또 말했으나 그때까지도 감춰어 있던 것을 주 예수께서 오셔서 십자가에 죽으시고 부활 승천하시고 성령을 보내시며 사도들을 내보내시고 바울이 일어나기까지 이런 비밀을 보이지 않았다는 것에 우리는 놀라움을 금할 수 없다. 하나님은 영원 전에 이미 이방인들이 함께 후사가 되고 지체가 될 것을 마음에 두셨다는 말이니 참 유대인들로는 받기 어려웠을 것이다.

함께 상속자(후사)가 됨

여러분은 후사가 무엇인지 알 것이다. 하나님의 모든 기업을 상속받는 자이다. 헬라어로는 '쉰클레로노모이'인데 '함께' 라는 접두사 쉰(syn)을 붙였다. 이방인도 함께 기업을 상속받게 된다는 것이다. 이전에는 이것이 유대인들에게만 해당되는 줄 알았다. 그러나 이제는 아니다. 이제 복음이 전파될 때 이방인들까지도 하나님의 축복, 하나님의 약속을 기업으로 상속받을 수 있게 된 것이다. 이 일이 가능하게 한 것이 무엇인가? 바로 복음이다. 복음으로 말미암아 함께 지체가 되었다. 또한 복음은 우리로 그리스도의 몸에 참여하게 하였다. 유대인들만이 아니라 이방인들도 함께 그리스도의 몸의 지체가 되는 것이다. 그 이전 이방인은 할례를 받고 유대교에 개종하는 절차를 거치지 않으면 그 축복에 참여할 수 없다. 그러나 이제 교회는 유대인과 아무 차별이 없이 거듭남을 통해 새롭게 창조되고 성령에 의해 주님께 연합되어 주님과 함께 한 몸이 이루어지게 되었다.

갈라디아서 3, 4장은 상속자에 대하여 강조하고 또 강조하는데 이는 복음을 믿는 우리가 상속자가 된다는 것이 말할 수 없는 축복임을 가리킨다. "너희가 그리스도께 속한 자면 곧 아브라함의 자손이요 약속대로 유업을 이을 자니라"고 한다(갈 3:29). 4장 1절과 7절도 같은 것을 말한다. "유업을 이을 자가 모든 것의 주인이나." "아들이면 하나님으로 말미암아 유업을 이을 자니라". 로마서 8장 17절도 같은 것을 말한다. "자녀이면 또한 후사 곧 하나님의 후사요 그리스도와 함께 한 후사니"라고 말한다.

함께 몸의 지체가 됨

바울은 2장에서 교회를 하나님의 나라와 건물로, 성전으로 비교한다. 그러나 3장에서 바울은 이방인들이 유대인과 함께 한 몸을 이룬 사실을 언급한다. 이 몸이란 그리스도와 그의 성도들과의 비밀스런 연합을 가리킨다. 거기에는 기묘한 한 몸의 인식과 느낌이 존재하며 한 몸 안에서 그리스도의 모든 축복의 누림을 갖는다. 머리 되신 그리스도는 그분의 모든 풍성을 그 몸과 공유한다. 우리는 한 몸의 지체가 되는 비밀에 대하여 에베소서 5장에서 읽을 수 있다. 바울은 남편과 아내가 연합하여 하나가 되는 연합을 그리스도와 교회에 대하여 말했다. 머리 되신 주님은 몸인 교회를 소중히 여기시고 양육하신다고 말씀하신다(엡 5:29). 그러므로 그리스도와 교회는 생명으로 연결된 비밀스런 연합을 갖고 있다. "이 비밀이 크도다 내가 그리스도와 교회에 대하여 말하노라"(엡 5:32).

이뿐 아니라 고린도 전서 12장은 몸인 교회에 대한 비밀을 많이 공개하고 있다. 이 부분의 말씀을 상고한다면 교회의 모든 지체들과 서로의 관계는 비밀 중의 비밀이다. "한 지체가 고통을 받으면 모든 지체가 함께 고통을 받고"(고전 12:26)라고 말한다. 한 지체의 그리스도를 얻음이 모든 지체에게도 공급이 되는 것이요 한 지체의 해를 당함이 다른 모든 지체에게도 해를 준다는 말이다. 이는 우리 육신의 몸에서 사실이다. 그러니 우리의 그리스도 안의 성도들은 비밀스럽게 연결되어 있다는 말이다. 이는 매우 비밀이다. 이는 마치 주님이 말씀하신 포도나무와 가지의 비유 같다(요 15장 참조). 하나님의 말씀에는 하나님께서 우주와 인간을 창조하신 것이 결국 그분의 아들과 연합하게 될 한 무리의 사람들을 아담의 자손으로부터 만들려는 계획이었음을 말한다. 머리와 온 몸이 연합되어 몸의 모든 지체들이 머리의 지시를 받아 움직이듯이 교회는 모든 성도들이 그리스도의 지체가 되어 그분의 지시를 따라 행하며 움직인다. 이 모든 것이 우리 주 예수 그리스도의 예정하신 뜻대로 하신 것이다(10절).

한 몸의 진리를 단순히 아는 것과 그 진리를 따라 사는 것의 차이

오늘날 소위 한 몸(Body of Christ)의 진리를 말하는 사람들이 있을 것이다. 성경의 어떤 진리든지 지식으로 아는 것과 참되게 삶으로 아는 것과는 차이가 있는 것이다. 세상적인 철학자들도 다만 지식으로 아는 것은 참된 앎이 아니라는 말을 한다. 일찌기 중국의 유학자 왕양명은 지행합일(知行合一)을 표방하며 앎과 삶이 다르지 않음을 강조했다. 즉, 안다는 것은 실천의 시작을 의미하고, 앎은 실천을 통해 완성된다고 보았다. 그렇다면 알면서 행하지 않는 것은 어떤가? 그런 것은 없다는 것이 왕양명의 주장이다. 지(知)와 행(行)이 끊어져 있는 것은 제대로 안다고 볼 수 없다는 것이다. 우리는 흔히 알면서 실천하지 못했다고 말한다. 하지만 지행합일(知行合一)의 정신에서 바라보면 이는 결국 제대로 안 것이라고 볼 수 없다. 확실하게 알고 나서 실천하겠다는 것 역시 실행하지 못하는 것에 대한 변명일 뿐이다.

그렇다면 어떻게 해야 할까? 앎과 실천이 다가가야 한다. 연인이 서로를 그리워하듯 앎은 실천으로 다가서고, 실천은 앎으로 다가가야 한다. 특히 '작은 선택'과 '작은 실천'을 통해 나아가는 것이 중요하다. 왜냐하면 실천

역시 습관이고 훈련으로 향상되는 정신 능력이기 때문이다. 진정한 앎은 삶으로 나아가는 것이다. 몸에 대한 것도 동일한 것이다. 이를테면 어떤 사람이 '겸손'이 무엇인지 안다고 말한다고 하자. 그는 겸손에 대하여 메시지도 잘 전할 수 있다. 그렇지만 그가 실제로는 교만한 사람이라면 그가 과연 겸손을 아는 사람인가? 사랑도 동일하다. 어떤 사람이 사랑이 무엇인가를 말할 수 있고 설명할 수 있고 사랑이란 제목의 메시지로 사람들을 감동시킬 수 있는 능력이 있다 하자. 그러나 그는 자신의 아내나 자식이나 남편도 사랑하지 않는다. 그렇다면 그가 진정 사랑을 아는 사람인가?

진정으로 몸을 안다면 그 몸의 생활이 있게 된다. 무엇이든지 지체들과 함께 하려 하고 그들의 제한도 받을 줄 알고 그들로부터의 공급과 도움을 받을 수 있다. 이는 자신의 몸을 한 번 생각해보면 된다. 우리 몸의 어떤 지체가 다른 지체들과 독립적으로 일할 수 있는가? 얼마 전 나는 몽골에서 집회를 마치고 계단을 내려오다가 발을 크게 접질렀다. 일 년에 한 번 가서 교회들을 돕고 와야 하는 나의 처지에 얼마나 답답했겠는가? 그러나 나는 내 작은 왼쪽 발목 부상 때문에 하고 싶은 일들을 많이 접어야 했다. 빨리 걸을 수도 없었고 어느 곳에 빨리 갈 수도 없었다. 다른 지체들의 도움에 의지해야만 했다. 이는 몸의 생활의 단면이다. 오늘 어떤 지체가 진정으로 몸을 알아 옆의 지체들의 제한을 기꺼이 받아들이려 하는가? 무엇이든지 그저 자기의 원함 따라 행하지나 않는가? 무엇이든지 곁의 성도들의 느낌과 제한을 받지 않고 자신의 의견과 원함대로 밀고 나가는 사람은 몸을 아는 사람이라고 말할 수 없다. 그리스도의 몸인 교회가 가장 큰 비밀이며 하나님의 영원 전부터의 갈망임을 안다면 당신이 진정 주의 일에 유용하고자 할진대 몸의 생활을 작은 일로 보지 말라!

함께 약속에 참여하는 자가 됨

구약의 이스라엘에게는 많은 축복의 약속들이 있다. 믿기 전 우리는 약속의 언약들에 대하여 외인이었고 그 약속들과는 아무 관계가 없었다. 그러나 이제 하나님이 인간에게 주실 수 있는 모든 축복의 언약들에 대하여 이방인인 우리까지도 함께 얻는 자가 되었다. 이는 어떠한 축복인지! 첫 번째로 상속자가 되는 것은 기업을 얻는 것과 관계가 되고, 둘째로 몸의 지체가 되는 것은 그분의 모든 생명과 성품과 능력이 그대로 흐르는 몸에 동참한다는 것이니 매우 중요한 것이다. 그분의 내적인 모든 생명이 그대로 몸의 지체 각 부분에 전달되는 것이 몸이며 결국 몸은 그리스도와 연합하여 그분의 배필이 된다. 함께 약속에 참여하는 자가 되는 것은 하나님의 축복이다. 하나님은 축복의 하나님이시다. 그분은 그분의 마음에 맞는 사람을 대할 때마다 축복하셨다. 그분은 창조된 아담을 처음 대하실 때 기뻐하시며 축복하셨다. 그분은 홍수를 통과한 노아를 축복하셨고 부르심받은 족속의 조상인 아브라함을 보시고 축복하셨으며, 이삭과 야곱을 차례로 축복하셨다. 그분은 축복의 하나님이시다. 그분은 구약의 이스라엘에게 많은 축복의 언약들을 주셨다. 그런데 이제 이방인들이 아무것도 한 것도 없이 다만 복음을 믿음으로 이 약속에 함께 참여하는 자가 되었다는 것이다.

7절, 이 복음을 위하여 그의 능력이 역사하시는 대로 내게 주신 하나님의 은혜의 선물을 따라 내가 일꾼이 되었노라

"이 복음". 이것이 바울의 주된 부담이다. 이방인들도 복을 누리게 할 수 있는 하나님의 복음이다. 복음이란 다만 예수 믿고 죄 사함 받는 것이 아니다. 여기서 바울이 전하는 복음은 죄인이 용서받아 새롭게 되는 것만이 아니라 함께 후사가 되며 함께 지체가 되는 데까지 이른다. 목표에 이르지 못하는 복음은 무슨 소용이 있는가? 복음은 그 목표에 교회가 있음을 보는 것은 매우 중요하다. 복음의 목표는 바로 그리스도의 몸인 교회를 건축하는 것이다. 나는 교회까지 포함하는 복음을 많이 들어보지 못했다. 바울이 전하는 복음은 예수 그리스도께서 십자가에서 한 새사람을 지어 화평하게 하시고 한 몸을 이루셨다는 교회까지 포함한 복음을 전한 것이다. 교회 안에 그리스도의 큰 능력이 주어졌음을 전해주었으며 교회의 머리는 승천하신 그리스도라고 전해주었다. 이는 매우 놀라운 복음이다.

"그의 능력이 역사하시는 대로". 그는 자기의 능력으로 일하지 않았다.

사도 바울은 언제나 하나님의 능력으로 말미암아 일했다.

"내게 주신 하나님의 은혜의 선물을 따라". 바울은 이러한 사역을 하는 것을 은혜의 선물이라고 했다. 여기에 바울 자신은 전혀 없다. 역사하는 것도 하나님의 능력을 따른 것이요 나눠주는 것도 하나님께서 주신 은혜의 선물이다. 보라! 계시를 갖고 있는 것이 한 가지 일이라면 그 본 것대로 일하고 길을 가는 것이 또 한 가지 일이다. 오늘날 많은 사람들이 다른 사람들이 본 것을 보았으며 말하는 것을 말할 수 있다고 말한다. 그러나 본 것이 같다고 해서 같을 수 없는 것은 본 것이 한 가지이고 가는 것은 또 다른 한 가지이기 때문이다. 결국은 길을 가야 더욱 정확히 보이게 된다. 나는 이것이 바울이 더욱 정확히 하나님의 비밀을 깨달은 이유일 것이라고 생각한다.

8절, 모든 성도 중에 지극히 작은 자보다 더 작은 나에게 이 은혜를 주신 것은 측량할 수 없는 그리스도의 풍성을 이방인에게 전하게 하시고

여기서 바울 사도는 얼마나 자신을 낮추었는가! '사도 중에'라고 하지도 않고 '성도 중에'라고 했다. 그렇기 때문에 그는 은혜를 받을 수 있었고 또 은혜를 받았기에 이렇게 작아질 수 있었다. 그는 자기에게 주신 높은 계시를 받은 것으로 인해 교만해지지 않았고 그것을 다른 사람들, 이방인들에게 나아가서 축복을 나눠주고 일하라는 것으로 받아들였다.

오늘날 어떤 이들은 가장 높은 계시를 갖고 있다고 자부하면서 교만한 것을 보는데 이는 사실상 계시가 있는 것이 아닐 것이다. 바울처럼 그 높은 계시를 받은 사람의 자세는 이렇게 겸손한 것이다. 진리에 대하여 대충 겉만 조금 알고 다 갖고 있다고 생각하는 사람 때문에 저들은 교만해지는 것이다. 저들은 자신들이 갖고 있다고 주장하는 높은 진리를 최상으로 알고 더 나아가려고 하지 않으며 다만 그것으로 지적인 우월감을 가지며 그런 진리를 알지 못하는 다른 사람들에 대한 멸시와 무시의 마음을 갖게 된다. 우리가 만일 전보다 더 높은 계시를 보고 귀한 진리를 많이 깨달았다면 이는 반드시 그것을 얻기 전보다 우리를 더 겸손하게 만들 것이다. 바울은 자기를 작게 보고 성도들을 크게 보았다.

바울 사도가 이렇게 말한 것은 작은 것이 아니다. 그렇게 수고도 많이 하고 계시도 많고 충성되고 일의 열매도 많은 사람이 자신을 가리켜 말할 때 '모든 성도 중에 지극히 작은 자보다 더 작은 자'라고 말했다. 이 말이 바울의 위선이라고 생각하는가? 자신을 겸손하게 보이고 싶어서 이렇게 말했다고 보는가? 아니다. 참으로 하나님의 빛 가운데에서 은혜를 얻은 사람이 자신을 보면 이렇게 작아지게 된다. 바울은 고린도 전서 8장에서 마음이 교만한 자에 대하여 '만일 누구든지 무엇을 아는 줄로 생각하면 아직 마땅히 알 것을 알지 못한 것'이라고 하였다(2절). 다른 사람들을 가르치는 자라고 해서 그가 남보다 낫다고 생각할 수 없다.

"측량할 수 없는 그리스도의 풍성을". 영원 전에 아버지와 함께 죄인들을 위해 성육신을 계획하시고 때가 찰 때 이 땅에 아기로 출생하시고 강보에 싸이시며 애굽에 피하시는 등 이런 결단을 하시기까지 사람을 사랑하신 사랑은 너무나 기이하여 말로 다 할 수 없다. 그분은 작은 어린 아이로 베들레헴의 말구유에 누워계시지만 무한하시고 영원하신 하나님이요 영존하시는 아버지시다. 당신은 이 풍성을 이해하겠는가? 그분은 비록 강보에 싸였지만 너무나 위대하셔서 온 우주 공간으로도 그분을 다 쌀 수 없고 우주 보다도 크신 분이었던 임마누엘 하나님이시다(스펄전). 그분은 사람과 똑같이 인생 33년을 사시고 그분의 인생 후반에는 고난으로 점철된, 집도 없으신, 여우도 굴이 있고 공중의 새도 집이 있건만 머리 둘 곳도 없이 사신 분이었다. 그러나 제자들은 그분에게서 "우리가 그 영광을 보니 아버지의 독생자의 영광이요 은혜와 진리가 충만하더라" 고 말한 대로 놀라운 경이와 영광을 본 것이다. 그분은 인간의 죄악은 없으셨고 죄가 무엇인지 알지도 못한 분이었지만 죄인들에 대한 동정심은 같은 죄악을 갖고 있는 사람들보다 더욱 크셨다. 그분은 완전한 하나님이셨고 부족한 것이 없이 '신격의 모든 충만이 육체로 거하는 분'이셨지만 오직 하나님만 의뢰하고 순종하며 겸손한 인간의 모본이 되는 삶을 사셨고 십자가에 죽기까지 낮아지시고 순종하셨다.

그분은 가장 낮아지는 방식에 의해 가장 높여지셨다. 어느 날 밤 뜨거운 기도를 드리고 나서 대적들에게 붙잡히셨다. 자기와 함께 늘 다니고 함께 먹던 제자 중 하나에게 배반을 당하고 팔리셨다. 그리고 체포되어서 가야바에게로, 헤롯에게로, 빌라도에게로, 이곳 저곳으로 끌려다니셨다. 그분은 그 한 밤을 지새우며 이리 저리 끌려 다니며 선동자들과 미움이 가득한 대적들에게 고소를 당하셨다. 그들은 그에게 채찍질을 했다. 그는 매맞을 일을 한 것이 없었으나 저들은 그에게 침을 뱉고 주먹으로 치고 조롱했다. "그리스도야 우리에게 선지자 노릇을 하라 너를 친 자가 누구냐"(마 26:68). 그분은 노예보다도 더 낮아지셨다. 비천한 노예들도 그분을 조롱하는 대열에 끼였다. 사람들은 그분을 빌라도의 법정에서 골고다까지 예루살렘 거리를 통과하여 끌고 갔다. 그분은 울어서 눈이 붉어진 얼굴로 살렘의 여자들에게 '예루살렘의 딸들아. 나를 위해서 울지 말라 너희 자신과 너희 자녀들을 위해 울라'고 하셨다. 그분은 십자가를 지시고 쓰러지며 일어나며 골고다까지 걸어가셔야 했다. 무지한 군병들은 채찍으로 때리며 그분을 재촉하였지만 밤새 지친 그분의 몸은 더 이상 일어날 힘이 없었다. 군병들은 구레네 사람 시몬에게 억지로 십자가를 지고 가게 하여 그분이 못 박힐 십자가를 운반하였다.

예루살렘 성문 밖 조그만한 동산에 도착하자 사람들은 다시 그분의 등을 때리고 억지로 떠다밀어 넘어지게 하였을 것이며 손과 발에 못을 박고 십자가를 들어올려 세웠고 그분의 몸의 모든 무게는 두 손과 두 발의 못이 지탱하였을 것이니 그 고통이 얼마나 컸으랴! 그분은 피를 흘리시며 목 말라 하시며 신음하시고 부르짖었다. 그 죽음의 슬픔은 상상할 수 없으니 당신이 아무리 완고한 죄인이라 하더라도 이 일에 대하여 마음이 녹지 않을 수 있으랴! 이는 다 당신과 나의 죄를 인한 것이다!

그 후 그분은 십자가에서 운명하신 후(여섯 시간 동안 달리셨다), 그 위에서 끌어내려지고 또 무덤 속에 묻힌 후에 삼 일 만에 죽은 자 가운데서 다시 살아나셨다. 동일하게 살과 뼈를 가지신 몸을 갖고 부활하셨지만 그분은 더 이상 사람들에게 멸시받고 거절당하지 않는 분으로 다시 사신 것이다. 부활하신 주님은 제자들을 만나 위로하시고 가르치기도 하셨으며 감람산 위에서 많은 무리들이 보는 데서 하늘로 올라가셔서 아버지 보좌 우편에 앉으신 것이다. 오늘 우리는 믿음으로 하늘 보좌의 그분을 볼 수 있다. 그분은 오늘도 권위의 우편에서 아버지께 우리의 모든 약함과 범죄를 위해 기도하고 계시며 탄원하신다. 그분은 대제사장으로서 가슴에 금띠를 띠고 교회들을 돌보고 계신다. 그분은 하늘과 땅의 모든 것을 소유하고 다스리시는 권세자시다. 그분은 곧 구름 위로 내려오실 것이며 산자와 죽은 자를 심판하실 것이다. 그리고 이 땅에서 천 년 동안 다스리실 것이다.

진정한 사역자의 표시는 무엇일까? 이는 다름이 아니라 인격이시고 구원자이신 그리스도를 전하는 자들이다. 진정한 사역자라면 그가 입을 열어 그리스도를 말할 때 사람들이 그에게서 그리스도의 아름다움과 존귀하심 사랑스러움, 그분의 가치, 능력, 인성, 신성, 모든 것을 감상하고 사랑하고 매혹되게 만들 것이다. 바울은 다른 것을 전한 것이 아니다. 측량할 수 없는 그리스도의 풍성을 전한 것이다. 그는 사람에 대하여 말하지 않았다. 그는 철학에 대하여 말한 것도 아니다. 그는 성경의 어떤 특이한 학설을 말한 것이 아니다. 오직 예수만이 그의 메시지요 메시지의 제목이었다. 오늘날 얼마나 많은 사람들이 그리스도를 전한다고 하면서 성경의 지식을 전하고 그 안에 그리스도가 없는 채 신학을 말하는가! 이는 큰 속임수인 것이다.

또한 우리가 그리스도의 풍성을 말하려면 그분의 인격의 풍성을 말할 수 있어야 하며 그분의 역사에 있어서의 풍성함도 말할 수 있어야 한다. 그분은 얼마나 용서로 풍성한 분인지, 그분은 얼마나 자비와 위로의 풍성을 가지고 있는지, 그분의 인내의 풍성, 오래 참음의 풍성, 용납하심의 풍성은 어떠한지도 말할 수 있어야 한다. 그분은 겸손과 친절의 풍성도 다함이 없다. 또한 그분은 사람에게 주시는 행복과 평안의 풍성도 가지고 계시다. 그분의 평강은 지식에 넘치는 그리스도의 평강이라고 한다. 그분은 아버지도 되시고 친구도 되시고 형님도 되시며 목자도 되시고 우리의 모든 것이 되시는 면에서도 풍성하시니 그분은 다만 풍성하고 풍성하다고 말할 수밖에 없다. 그러므로 그분의 풍성을 측량할 수 없다(unsearchable)고 표현한 것이다.

"이방인에게 전하게 하시고". 바울은 이 은혜를 받았는데 이와 같이 풍성한 그리스도를 전하면서 바울은 가장 낮은 자리를 취하였다. 그는 가장 극심한 영적인 빈곤 상태에 있는 형편없는 이방인들에게 그리스도의 풍성을 전하는 특권을 부여받았다고 말하고 있다. 베드로나 요한이나 야고보는 할례자의 사도였으므로 존경받는 지위를 갖고 있었다. 그러나 바울은 누구에게 나아갔는가? 할례자들이 개들처럼 생각하는 이방인들에게 나아가 사역하였다. 주 예수님도 산상수훈에서 이방인들이 구하는 것은 천하고 열등한 것들이라고 말씀하신 적이 있으시다(마 6:32).

그러나 바울은 그 세속적인 이방인들에게 복음을 전하는 것을 기쁘고 영광스럽게 생각했다. 그 이방인들은 당시 버려진 자들이었고 소망이 없는 자들이었다. 진리나 영적인 세계에 대하여 문외한들이었다. 그들 가운데는 알맹이가 없는 세상 철학을 자랑하는 헬라인들이 있었는가 하면 짐승같이 향락과 물질세계에만 탐닉하는 로마인들, 야만스럽고 불경스러운 스구디아인들, 많은 저차원의 사람들, 노예들도 있었다. 또 아덴 같은 곳에는 수많은 우상숭배자들도 있었고 로마서 1장을 보면 소돔 같은 끔찍한 죄악들의 도시들도 있었던 것이다. 그러나 바울은 그러한 이방인들에게 갈 때 기쁨으로 나아가서 그리스도의 풍성을 전하였던 것이다. 바울은 그러한 회중으로 인하여 하나님께 감사했다. 사역자들은 자기가 사역하는 곳을 가장 큰 기쁨으로 여기며 사역하게 되는 것이다.

우리가 다만 우리를 위해 돌아가신 그리스도를 아는 것은 부족하다. 그리스도의 풍성을 알아야 한다. 바울은 다만 그리스도를 전했다고 말한 것이 아니다. 그는 측량할 수 없는 그리스도의 풍성을 전했다고 했다. 그가 기록한 많은 서신서들은 그리스도의 풍성들이 담겨 있는 내용들이다. 그분은 다만 우리의 죄를 사해주는 구속주가 아니다. 그분은 다만 생명이 아니다. 그분은 부요하신 분이다. 우리의 모든 필요를 다 채울 수 있는 풍성을 가지신 하나님이시다. 가령 고린도 교회에 문제가 생겼을 때 바울은 그리스도의 풍성으로 문제를 해결했다. 그분은 십자가에 못 박힌 그리스도이시며, 유월절이시며, 반석에서 나온 생수이시며, 부활의 첫 열매이시며, 생명주는 영이시다. 이렇게 풍성하고 부요하신 분이 교회의 머리시다.

이것은 우리의 일생을 드려서 체험해도 모자라는 것이다. 체험적이 아니면 절대 이런 말을 할 수 없다. 그분이 우리의 길 되시고 생명되시고 모든 것 되심은 반드시 우리의 삶을 통해서 체험될 때 증거할 수 있게 된다. 나는 바울이 그리스도를 이렇게 많은 방면에서 체험했기에 이렇게 간증할 수 있었으리라고 믿는다. 오늘 날 많은 신자들은 돈이 있으면 모든 것을 할 수 있다고 생각한다. 또 병이 나면 의사를 찾고 가정의 자녀들이나 부부관계상 문제가 생기면 상담학이나 철학을 찾아 나선다. 그리고 작은 부분만 주님께 맡기며 그분을 의지한다. 그러한 자들에게 그리스도는 매우 작은 부분에서만 주님이 되신다. 그러나 성실하게 우리가 주님을 믿는다면 그리스도는 우리의 의사요 도움이시요 길이시며 모든 일의 해결자이심을 믿을 수 있다.

9절, 영원부터 만물을 창조하신 하나님 속에 감취었던 비밀의 경륜이 어떠한 것을 드러내게 하려 하심이라

하나님 속에 감취었던

하나님 속에는 감추인 어떤 것이 있는데 그것이 바로 비밀의 경륜이다. 만물을 창조하신 영원한 하나님은 속에 아무것도 없는 분이 아니다. 어떤 사람들은 하나님에 대해 마음이 좋은 분이어서 그저 사람들에게 축복만 해주시는 분이라고 생각한다. 심지어 기독교인들까지도 하나님을 마음씨 좋은 이웃집 아저씨처럼 생각하여 그저 기도만 하면 무엇이든지 들어주실 거라고 여긴다.

그러나 이 말씀은 영원부터 만물을 창조하신 하나님 속에는 감춰었던 비밀의 경륜이 있다고 말한다. 사람 중에도 경륜이 있는 사람이 있는가 하면 속에 아무런 계획이나 목적이 없는 사람도 있다. 그런 사람은 하루하루 목적없이 그저 먹고 사는 것이다. 그러나 어떤 사람은 속에 경륜이 가득하다. 우리 하나님은 어떤 분이신가? 경륜이 있는 분이다. 속에 무언가 우리에 대한 계획과 설계가 들어 있는 분이다. 특히 사람에 대하여, 교회에 대하여 경륜이 있으시다. 어떤 사람은 주 예수님이 다만 사람의 구주가 되셔서 우리의 죄들을 사하신 것을 귀히 여긴다. 물론 이는 가장 귀한 일이다. 그러나 그들은 하나님이 경륜이 있으시다는 것을 알지 못한다. 이 비밀만은 구약 성경의 말씀 속에 감춰어져 있지 않았다. 사실 신약의 많은 말씀들이 구약의 말씀에서 빛을 받아내어 쓴 것임을 시인하지 않을 수 없다. 갈라디아서의 많은 복음적인 내용들은 아브라함과 이삭, 하갈, 이스마엘 등을 통해서 빛을 받아낸 것이다. 그러나 그리스도의 몸에 관한 계시만은 하나님의 마음속에 감춰어 있었다. 그러므로 이것은 하나님의 계시가 아니면 그 누구도 이해할 수 없는 것이다.

만물의 창조와 교회

교회가 무엇인지 알지 못한다면 하나님의 만물의 창조의 목적을 알지 못한다. 교회는 영원전부터 하나님의 마음 속에 있었던 계획이요 시간 안에서의 가장 큰 역사의 결정체이다. 따라서 교회는 삼위일체 하나님의 걸작품이라고 말할 수 있다(엡 2:10). 모든 만물 중에 교회같은 것이 없고 교회보다 뛰어난 것이 없다. 영광스럽고 풍성하고 뛰어나다. 교회는 만물을 충만케 하시는 자의 충만이다(엡 1:23). 그 기업의 영광의 풍성은 교회를 두고 하는 말이다(엡 1:18). 교회를 알 때 우리는 하나님이 과연 어떤 분이신지를 알게 된다(엡 1:17).

비밀의 경륜

여기서 우리는 다니엘서에 있는 70이레의 역사를 생각해 볼 필요가 있다. 하나님의 비밀의 경륜은 그분의 마음속에 감추어 두셨다. 69이레가 지났을 때 기름부음 받은 자가 끊어진다고 예언된 대로 주 예수님이 십자가에 못 박히사 기름부음 받은 자가 끊어졌다. 그로부터 이방인을 위한 비밀의 경륜이 시작되었다. 70이레는 원래 유대인을 위한 예언적 기간이다(단 9:24). 그런데 69이레와 마지막 한 이레 사이에 비밀의 경륜이 들어 있는 것이다. 그들이 그리스도를 배척하고 버렸기 때문에 축복이 이방인에게로 향한 것이다. 이는 이방인의 충만한 수가 들어오는 경륜이며(롬 11:25), 유대인과 이방인이 한 몸으로 그리스도께 받아들여지는 경륜이다. 이에 대하여 바울은 이것이 만물을 창조하신 하나님의 마음속에 있던 비밀이라고 말하는 것이다. 로마서 11장 25절에도 바울은 이에 대하여 비밀이라고 했으며 "이 비밀을 너희가 모르기를 내가 원치 아니하노니"라고 말했다. 결국 하나님의 경륜은 교회와 관계가 있다. 유대인과 이방인이 그리스도 안에서 한 몸이 되도록 비밀의 경륜의 시간을 두신 것이다(엡 2:11-3:6). 바울은 로마서에도 같은 사상(이방인이 긍휼을 입음)을 말하다가 놀라움의 경탄으로 찬미를 올렸다. "깊도다 하나님의 지혜와 지식의 부요함이여 그의 판단은 측량치 못할 것이며 그의 길은 찾지 못할 것이로다 누가 주의 마음을 알았느뇨 누가 그의 모사가 되었느뇨... 영광이 그에게 세세에 있으리로다"(롬 11:33-36)

하나님은 우리 한 사람 한 사람으로 많은 환경을 거치게 하시면서 그분의 경륜을 알게 하신다. 요셉이 보디발에 팔리고, 감옥에 갇히는 등 많은 환경을 거칠 때 아무도 하나님이 요셉을 통해서 무엇을 하실지 모른다. 하나님만이 아신다. 겉으로는 형들 손에 팔려서 뭔가 다 잘못된 것 같다. 겉으로는 그가 애굽에 가서 총리대신이 되고 형들을 만나는 것 등이 굵직한 이야기들이다. 그러나 그것은 하나님의 경륜으로 볼 때 부수적인 것들에 불과하다. 많은 설교자들이 하나님의 큰 경륜에는 관심이 적고 요셉이 어떻게 고생하다가 총리대신에 오르게 되었는가를 말하여 사람들을 격려한다. 그러나 하나님은 큰 경륜 안에서 요셉으로 하여금 애굽에서 이스라엘을 정착하도록 돕는데 사용하였다. 그가 그렇게 한 걸음 한 걸음 걸을 때는 매우 힘들고 어려웠겠지만 그것은 큰 그림을 볼 때 하나님의 경륜 속에 포함된 일이었다는 말이다.

이 경륜은 하나님의 하시는 일과 관계가 있으며 그분의 백성들을 목적지로 인도하는 데 관계가 있다. 하나님은 경륜이 있으신 분이다. 사람도 속에 경륜이 가득한 사람이 있다. 그런 사람은 겉으로 한 가지, 한 가지 행동을 할 때 잘 이해하지 못할 수 있다. 그러나 오랜 시간이 흘러서 그의 일이 어느 정도 완성될 때 그가 많은 일들을 경륜적으로 한 것을 알 수 있다.

에베소서에는 특별히 경륜이라는 단어가 많이 나온다. 교회를 언급하는 바울에게는 경륜이라는 말을 빼놓을 수 없었다.

이 구절에서 바울은 특별히 교회를 말하면서 하나님의 비밀의 경륜을 말한다. 하나님은 그리스도 안에서의 많은 역사 속에 그분의 경륜을 갖고 계셨다. 겉으로는 아브라함을 택하셔서 그분의 약속의 백성을 얻으시고, 다음은 모세를 통해 율법을 주시고, 많은 선지자를 보내시고, 베들레헴에 예수를 출생케 하시고 이스라엘에 그분의 아들을 나타내셨다. 그러나 그 이스라엘이 그리스도를 거절하고 십자가에 못박아 죽였다. 그러나 그러한 모든 역사 속에서도 그분은 하나하나 그분의 경륜을 이루어가고 계셨다. 그 경륜의 중심에 교회가 있다. 그분은 교회를 얻기 위해 그 많은 경륜을 거치셨다.

그렇다. 이 시대에 교회는 하나님의 경륜을 이루는 도구임에 틀림없다. 또한 그분은 속에 경륜이 있을 뿐 아니라 그것을 드러내기 원하시며 언젠가 온전히 나타내신다. 그런데 그것을 드러내기 위해서 필요한 것이 다음 구절에 나오는 교회라는 것이다. 교회가 없다면 우리는 하나님의 영원한 경륜을 알 길이 없다. 교회가 영원하신 하나님의 경륜의 목표라고 한다면 이 교회의 중요성은 아무리 강조해도 지나치지 않다.

10절, 이는 이제 교회로 말미암아 하늘에서 정사와 권세들에게 하나님의 각종 지혜를 알게 하려 하심이니

"하늘에서 정사와 권세들에게". 누가 하늘의 정사와 권세들인가? 이는 선한 천사들 중 지위가 있는 자들일 것이다. 또한 악한 천사들, 타락한 천사들일 것이다. 천사들은 특별히 사람의 구속에 대한 하나님의 역사를 기이한 눈으로 주목하고 바라보고 있다(벧전 1장). 또한 타락한 천사장인 사탄은 매우 시기하는 눈으로 바라보며 이 기이한 우주적인 비밀을 나중에 보게 될 것이다. 하나님은 선한 천사들에게 또한 사탄과 그의 추종자들에게, 하늘의 주관자들인 천사들에게 그리스도의 한 몸을 통한 기이한 역사를 보이시기를 기뻐하신다.

"각종 지혜를 알게 하려 하심이니". 첫째로 교회는 그리스도 안에서 하나가 되는 것을 중요시 해야 한다. 이 땅에 있는 하늘에 속한 포도나무는 한 그루이다. 우리가 에베소서 2장과 3장을 주의 깊게 읽다보면 여기에 이 사상은 깊이 배어있다. 원래 사탄의 방해로 말미암아 죽었고 나뉘어졌고 혼돈과 공허 속에 빠진 사람들에게 하나님은 역사하신 것이다. "이 둘로 자기의 안에서 한 새 사람을 지어 화평하게 하시고", "또 십자가로 이 둘을 한 몸으로", "그의 안에서 건물(부분)마다 연결하여 주 안에서 성전이 되어 가고" 같은 말씀들에는 한 몸, 한 성전을 건축하는 사상이 들어 있다. 3장의 "그리스도 안에서 함께 후사가 되고 함께 지체가 되고"라는 말씀도 몸의 하나 됨과 관련이 있는 말씀이다.

사탄의 역사를 통해 인류는 혼돈과 분열에 빠졌다. 사실 선악과를 먹자마자 분열이 시작된 것이다. 원래 하와는 아담의 분신이었고 아담과 하나였다. 그러나 선악과를 먹은 다음 아담은 하와에 대하여 "하나님이 주셔서 나와 함께 하게 하신 여자 그녀가"라고 자기 아내에 대하여 매우 객관적인 태도를 취하였다. 이는 분열적인 말이다. 그 이전 아담은 자기의 아내에 대하여 전혀 그러한 생각을 갖지 않았다. 이는 마치 법정에서 남편이나 아내가 자신의 배우자를 매우 객관적으로 고소하고 변명하는 것을 연상케 한다. 사탄은 이렇게 하나님이 창조한 인간을 분열 속으로 집어넣었다. 그러한 혼돈과 분열에 빠진 인류가 그리스도의 십자가의 역사를 통하여 하나되고 나라나 인종이나 심지어 남자나 여자의 구별이 없이 한 몸이 되는 것을 통해 하나님의 각종 지혜를 보일 수 있는 것이다. 이러한 자들을 결국 그리스도의 신부가 되도록 이끈다는 것이 하나님의 성경의 진수이다. 이것이 어찌 지혜가 아니겠는가! 오늘날도 교회가 만일 하나될 수 있다면 세상에 대한 영적, 도덕적 영향력이란 얼마나 크겠는가!

둘째로는 단체적인 몸을 통해 표현되는 그리스도를 보고 하나님의 지혜를 놀라워 할 것이다. 교회란 그리스도의 지체들의 단체적인 몸이다. 이는 또한 하나님의 성육신이 그리스도이듯이 그리스도를 그 몸을 통해 나타내는 것이다. 이것이 경건의 비밀이다(딤전 3:15-16). 한 분의 하나님의 성육신의 비밀을 보고 당시 천사들이 그렇게 놀라워하였다면 단체적인 사람들을 통한 하나님의 나타남은 어떠한 놀라움을 천사들에게 주겠는가?

셋째는 단체적으로 혹은 개인적으로 사탄의 역사를 물리치는 교회를 보고 하나님의 각종 지혜를 찬미할 것이다. 하나님은 하나님을 반역한 사탄을 영원히 파멸시키실 수 있는 능력이 있으시다. 그러나 그렇게 하셨다면 하나님은 정사와 권세 잡은 천사들에게 그분의 능력은 보이실 수 있을지언정 지혜는 보이실 수 없었을 것이다. 만일 사람이 타락하지 않도록 사전에 방비하며 철저히 마귀를 멸했더라면 그분의 지혜를 알 수 없었을 것이다. 그러나 하나님은 연약한 피조물인 사람을 창조하시어 사탄의 많은 핍박과 미움을 받으면서도 그분을 의뢰하여 충성스럽게 순종하면서 사탄을 패배케 하고 하나님을 영화롭게 하는 한 무리의 사람들(교회)을 통해서 그분의 지혜를 드러내고자 하신다. 그러기에 하나님은 우주라는 무대에서 천사들을 관중으로 교회를 배우로 사용하시어 하나님의 각종 지혜를 연출하시는 것이다.

교회가 아니면 그 비밀의 경륜을 드러내지 못한다. 여기서 하늘의 정사들(rulers)과 권세들(authorities)에는 악한 자도 포함된다(골 2:15 참조). 정사와 권세들은 뭔가 서로 다른 면이 있는 천사들을 가리킨다고 보아야 할 것이며 그 종류를 말한다면 선한 천사와 악한 천사로 보는 것도 가능한 일이다(Bengel, Hofmann, H. A. Ironside 등). 하나님은 아들을 보내시어 타락한 사람을 구속하시고 새 생명을 분배하시어 그분의 몸이요 거처요 신부인 교회가 되게 하셨는데 이는 그분의 각종 지혜의 걸작품인 것이다. 이 우주 가운데 가장 하나님의 각종 지혜가 나타난 것은 창조보다도 교회이다.

천사장들과 타락한 천사는 하나님의 각종 지혜를 모른다. 특히 마귀는 하나님의 각종 지혜를 알기 전에 타락해 버렸다. 그저 하나님을 시기하고 어떻게 하면 하나님처럼 높아지나 하는 것만 관심했지 그 하나님이 그렇게 깊은 뜻을, 경륜을 품고 계시다는 것은 모른다. 그러나 어느 날 교회가 드러나는 것을 볼 때 악한 천사들은 부끄러워할 것이다. 참으로 하나님은 깊으신 분이다. 오늘도 인간의 육체, 곧 사탄적인 생각은 하나님의 역사를 무너뜨리려고 한다. 무너뜨리면 끝장일 거라고 생각한다. 그러므로 이 땅에 많은 사탄적인 방해의 역사가 있게 된다. 하나님은 경륜이 있는 하나님이시다. 그러한 대적하는 상황을 통해 각종 역사를 하셔서 하나님은 그분의 역사를 행하시고 결국은 하나님의 각종 지혜를 나타내신다. 결국 후에 대적은 그의 수많은 공격과 방해가 하나님의 놀라운 걸작품을 만드는데 기여했을 뿐 아무 성공한 것이 없다는 것을 알게 되며 심히 부끄러워 할 것이다.

이 구절에서 하나님의 각종 지혜에서 '각종'이란 형용사 '포이킬론'은 70인역에서 요셉의 채색옷을 말할 때 같은 단어로 사용되었다(창 37:3). 이 포이킬론은 교회를 통한 하나님의 지혜의 다양성을 말해준다. 예수 그리스도의 성육신 전에는 하늘의 권세들이 능력 있는 하나님의 틀에 박히고 자연법에 의지한 지혜만을 보았을 것이다. 그러나 구주의 성육신 후에 천사들은 하나님의 다양한 역사와 그 역사를 수행하는 풍성한 지혜를 목격하게 된 것이다. 인간의 깊은 타락과 회복, 범죄와 속죄, 사망과 부활, 고난과 영광, 약함 속에 나타나는 부활 능력, 저주와 축복 등이다. 구주의 잉태에서부터 십자가에 죽으심까지 죄인들을 구속하여 영광스런 신부를 얻으실 때까지 하나님은 계속 다양한 지혜를 보이실 것이다. 이 일에서 사탄은 언제나 반대하고 공격하며 방해자의 위치에 설 것이고 겉으로 볼 때 교회와 성도들은 언제나 그의 작전에 실패하는 것 같고, 넘어지는 것 같고 속임 당하는 것 같지만 하나님은 결국 그분의 지혜를 나타내게 될 것이며 모든 정사와 권세가 무릎을 꿇고 그분의 지혜를 찬미하게 되고 사탄은 부끄러움을 당하게 될 것이다.

11절, 곧 영원부터 우리 주 그리스도 예수 안에서 예정하신 뜻대로 하신 것이라

10절의 일에 대하여 하나님께서는 영원 전에 그리스도 예수 안에서 이렇게 하실 것을 이미 예정하셨다고 말하고 있다. 우리는 사탄이 하나님을 배반하고 위치를 떠났을 때 그를 한 번에 끝내고 불못에 넣을 수도 있었을 것이다. 그렇다면 하나님의 각종 지혜가 나타날 길은 없었을 것이다. 우리는 하나님에게서 위대한 능력과 통쾌함을 대할 수 있었을 것이다. 그러나 하나님은 그를 땅에 떨어뜨리며 그 자를 심판하셨지만 그 자의 활동을 제한적으로 발휘하게 그냥 두셨다. 하나님은 사탄을 완전히 패망시키지 않으시고 그 대신 전적으로 다른 일을 계획하셨는데 이것이 곧 사람에 대한 창조이다. 하나님은 하나님을 의존하고 신뢰하는 연약한 인류를 통하여 사탄을 굴복시키시려고 하셨다. 그러나 사탄은 그러한 하나님의 영원한 목적을 방해하고 공격하는 존재이다. 그는 하나님이 창조하신 사람을 다시 타락케 하는 등, 하나님을 대적하는 일을 많이 했다. 사탄은 사람들끼리 서로 오해하고 등지게 하며 원수되게 하는 일을 성공시켰다. 어느 날 그분의 아들이 성육신하여 이 땅에 오셨고 마귀는 그를 향해 힘을 다해 대적하였다. 그러나 최후 십자가에서 못박혀 죽으시고(대적은 이겼다고 기뻐했겠지만), 그 때 가장 큰 승리를 거두셨다. 대적은 거기에서 가장 크게 패배하고 하나님은 그리스도의 죽음과 부활을 통해 수많은 사람들을 대적의 손에서 탈취하여 그분의 자녀를 삼으셨다.

"곧 영원부터 우리 주 그리스도 예수 안에서 예정하신 뜻대로 하신 것이라" 하나님은 이미 그렇게 될 줄 아시고 그에 대하여 공의롭고 자비로우며 그분의 성품에 맞게 한 가지씩 일을 풀어나가셨다. 그러한 상태에서 한 단계씩 하나님의 지혜가 나타나게 된 것이며 하나님의 구속된 백성들은 고난 속에서도 끊임없이 하나님을 찬양하며 경배한다. 이것이 바로 교회인 것이다. 결과적으로 그 누가 하나님의 교회에 대한 오묘한 뜻을 꺾을 수 있겠는가? 아무도 꺾을 수 없다. 오늘도 교회를 위해 수고하는 사역자들이나 성도들은 이 말씀을 듣고 용기를 얻어야 한다. 대적의 어떤 공격과 방해가 있어도 하나님은 그분의 교회를 통해서 하나님의 각종 지혜를 나타내도록 역사하실 것이다. 다른 말로 말하면 예로부터 오늘날까지 수많은 대적의 역사들은 하나님의 각종 지혜가 나타나는데 기여할 따름이다.

3장 1-11절까지의 내용

1장은 하나님의 영원한 뜻을 말해주고 2장은 그러한 교회를 예수 그리스도의 죽음 부활 승천을 통하여 이루신 것을 설명했다. 이 모든 일이 하나님의 크신 사랑과 지극히 크신 은혜의 풍성함으로 말미암았다. 3장을 시작하면서 사도 바울은 이것이 곧 그가 전하는 복음이라는 것을 말해주고 있다. 그는 그가 전하는 복음을 "은혜의 경륜" "계시로 내게 비밀을 알게 하신 것" "그리스도의 비밀을 내가 깨달은 것" "그리스도 예수 안에서 함께 후사가 되고 함께 지체가 되고 함께 약속에 참여하는 자가 됨" "은혜의 선물" "측량할 수 없는 그리스도의 풍성" "만물을 창조하신 하나님 속에 감취었던 비밀의 경륜" "하나님의 각종 지혜" "영원부터 우리 주 예수 그리스도 안에서 예정하신 뜻" 등으로 표현했다. 그리고 그는 자신이 이 복음을 위하여 투옥되었으며 일꾼이 되었고 에베소 성도들이 그가 기록한 내용을 잘 읽으면 이 귀한 비밀을 깨달을 수 있다고 격려했다.

바울이 전한 복음은 다만 죄사함에 그치는 복음이 아니었다. 그는 만물을 지으신 하나님의 마음 속에 깊이 감취어 있던 비밀을 드러내는 것이었다. 그것은 바로 그리스도의 몸인 교회였다. 바울은 그리스도의 십자가와 부활의 역사인 복음이 최종적으로 그리스도의 몸을 위한 것임을 드러내었다. 그리스도의 몸은 비밀 중의 비밀이요 하나님의 뜻 중의 뜻이다. 복음은 그리스도의 몸의 지체들까지 얻으신 것이라는 것을 깨닫지 못하면 에베소서 2-3장을 합당하게 이해한 것이 아니다(3:5-6).

12절, 우리가 그 안에서 그를 믿음으로 말미암아 담대함과 하나님께 당당히 나아감을 얻느니라

11절까지 말한 바울은 에베소 성도들에게 직접적으로 향한다. 바울은 자신과 이방인인 성도들 모두가 그리스도 예수를 믿음으로 말미암아 담대함을 얻고 하나님께 당당히 나아갈 수 있다고 했다. 이 구절을 앞 절에 이은 것으로 보지 않아서는 안 된다. 성도들을 하나님 앞에 담대하고 당당하게 나아가게 해주는 것은 단순한 믿음만이 아니라 전반적인 하나님의 경륜을 깨닫는 것과도 관계가 있기 때문이다. 특히 교회에 관련된 하나님의 경륜이 그러한 것이다. 교회에 관련된 하나님의 경륜을 알진대, 즉 교회는 결국 하나님의 걸작품으로 나타날 것을 알진대 어떤 어려움이 일어나도, 고난과 핍박이 있어도 담대히 나아갈 수 있고 다음 구절과 같이 낙심하지 않을 수 있다. 나는 개인적으로 교회에 대한 온전한 계시를 본 후에야 진정한 담대함을 갖게 되었음을 간증할 수 있다. 또한 하나님께 당당히 나아감도 얻게 된다.

교회는 다만 멸망에서 구원을 받은 존재가 아니라 영원한 하나님의 경륜을 성취하도록 유대인과 이방인이 그리스도 안에서 한 몸된 존재이며 영원 안에서 정사와 권세들에게 하나님의 각종 지혜를 나타낼 존재이다. 목표가 없는 신앙은 담대함과 당당함이 없다. 교회는 하나님의 목적이고 비밀의 경륜이며 우리가 교회를 알 때에야 온전히 하나님을 위해 전진할 수 있다. 나는 체험적으로도 그리스도의 몸에 대한 온전한 계시를 얻지 못한 사람들이 믿음에 있어서 큰 담력을 얻는 것을 보지 못했다. 거기에 어떤 제한이 언제나 있는 듯 했다. 그러나 어떤 성도가 이 계시를 얻었을 때 엄청난 헌신과 담대함을 얻는 것을 보았다.

13절, 그러므로 너희에게 구하노니 너희를 위한 나의 여러 환난에 대하여 낙심치 말라 이는 너희의 영광이니라

여기서 바울은 다시 한 번 '너희를 위한 나의 여러 환난'을 말했다. 그는 지금 계시를 인하여 투옥되어 고난을 받고 있다. 계시는 환난을 낳는다. 바울은 그리스도의 몸에 대한 계시를 본 사도이다. 이 계시야 말로 최고의 계시요 온전한 계시이다. 누구든지 큰 계시를 얻은 자는 평탄하게 길을 갈 수 없다. 계시를 얻은 자는 그 길을 순종해야 하고 계시를 얻지 못한 자는 늘 많고 힘이 있기에 계시를 얻은 자를 핍박하게 된다. 요셉은 꿈꾸는 자였다. 그의 꿈(이상)은 그를 고난의 길로 인도했다. 그러나 바울은 그가 받는 고난이 무엇을 위한 것인가를 알았기에 낙심치 않았다. 하나님의 깊은 뜻과 경륜을 생각할 때 사도의 당하는 환란은 낙심거리가 아니었다. 그러한 대적의 역사는 결국 교회의 승리와 자랑과 영광으로 결론이 날 것이다. 교회에 대한 하나님의 깊은 뜻을 알지 못하는 자들은 결코 큰 대가를 지불하기 어렵다.

오늘날 우리들을 통해서 이방에 많은 교회들이 세워졌다. 사실 우리도 그러한 교회들의 산출과 더불어서 어려움을 많이 당했다고 본다. 지금도 이러한 어려움들이 상존한다. 참되게 계시를 본 자라면 고난이 따라오는 것은 필연적이다. 우리가 본 계시는 우리 자신들을 고난으로 이끌게 된다. 오늘 날 주님의 긍휼로 우리의 수고와 역사와 고난을 통해서 교회는 더욱 깊어지고 성숙되어가며 그리스도의 형상을 닮아간다. 따라서 우리는 깊은 속에서 감사하고 공급과 위로를 얻는다. 사도 바울은 그가 당하는 고난이 무엇이든지 그들을 위한 것이며 그들의 영광을 위한 것이라고 하며 낙심하지 않도록 하였다.

14-15절, 이러하므로 내가 하늘과 땅에 있는 각 족속에게 이름을 주신 아버지 앞에 무릎을 꿇고 비노니

실상 3장 14절은 에베소서 1장 23절에 이어져야 한다. 그렇다면 2장 1절부터 3장 13절은 큰 괄호로 묶을 수 있는 말씀으로 읽을 수 있는 것이다. 1장15-23절과 3장 14-21절은 바울의 두 차례의 큰 기도이다. 그 사이에 있는 2장과 3장 전반부는 우리가 이전에 어떠한 죄인이었다가 살아났는가, 한 몸으로 지어지게 되었는가, 바울은 어떻게 이방인을 위한 사도가 되어 계시를 얻게 되었는가, 하는 것을 말한 것이다. 따라서 에베소서는 기도가 중심인 책이다. 첫째 기도는 에베소 성도들이 '알기'를 바라는 것이고 둘째 기도(3장 후반)는 믿음을 통하여 '얻기'를 바라는 기도이다. 즉 첫째 기도는 계시를 얻어 그 비밀을 깨닫게 하기 위한 것이고 그 계시에 관하여 2장 1절부터 3장 13절까지 기록한 사도는 그 내용을 기록한 후 그 내용을 그들이 얻어 누릴 수 있기를 기도한 것이다. 기도하지 않고 이룰 수 있는 것은 아무 것도 없다. 오늘 날 얼마나 많은 사역자들이 말씀만 잘 전하면 다 될 수 있다고 생각하는가? 바울같이 계시가 풍부한 사람도 그 높고 깊은 말씀을 기록한 후에 무릎을 꿇고 기도했다. 사역은 기도로 해야 한다. 기도가 부족한 사역은 결과가 없다.

"하늘과 땅에 있는 각 족속에게 이름을 주신 아버지 앞에 무릎을 꿇고 비노니". 사도 바울은 지금 감옥에 있고 에베소를 방문할 길이 없다. 그가 할 수 있는 일이 무엇인가? 기도이다. 바울은 감옥에 갇혀 있고 만사는 이 세상 권세 잡은 자들에 의해 돌아가는 것 같다. 그는 아무것도 할 수 없고 교회도 돌볼 수 없는 것 같다. 그러나 바울은 그렇게 생각하지 않았다. 여전히 하나님 아버지께 기도하면서 '하늘과 땅에 있는 각 족속(하늘과 땅에 있는 전 가족, 흠정역 참조)에게 이름을 주신 아버지'이라고 말한다. 헬라어로 '파사 파트리아'란 '모든 가족'이라는 의미이다. 이는 하나님의 백성의 거대한 가족 전체를 의미하는 말이다. 하늘과 땅에 있는 성도들은 거듭난 자들로 구성된 하나님의 거대한 가족을 의미한다. 이는 아버지와 연결된 말이다. 아버지가 있어야 가족이 있기 때문이다.

어떤 사람은 이를 족장의 가족, 이스라엘의 가족, 교회의 가족을 의미하는 것으로 보았다(아이언사이드). 이는 전체의 하나님의 백성을 가리키는 말로서 유대인, 이방인, 각 족속, 각 민족의 사람들을 의미할 것이다. 이름을 받았다는 말은 그 족속마다의 특질(特質)들을 부여받았다는 것을 가리킨다. 이름이란 그 사람이나 족속의 특징과 인격을 가리키기 때문이다. 바울이 에베소의 성도들에게 하나님을 하늘과 땅에 있는 각 족속에게 이름을 주신 분으로 부른 것은 그렇게 하늘과 땅의 각양 피조물들에 대하여 각각대로의 족속의 특징을 띄게 하신 하나님은 결국 모두의 특징에 따라 알맞고 다양하게 역사하여 그들 모두에게 은혜를 베푸시며 그리스도의 몸, 곧 하나님의 놀라운 걸작품이 되게 하시는 분임을 믿기 때문이다.

16절, 그 영광의 풍성을 따라 그의 성령으로 말미암아 너희 속 사람을 능력으로 강건하게 하옵시며

에베소서에 있는 바울의 두 번째 기도의 첫째 항목은 성령을 통하여 내적인 힘을 얻어 강건하게 되는 기도이다. 사도는 에베소 성도들이 성령으로 말미암아 속사람이 강건케 되기를 기도했다. 이는 특히 고난에 대한 것이리라! 모든 상황 속에서, 고난 속에서 성도들은 강건케 되어야 한다. 참

복음의 길, 교회의 길, 그리스도의 몸의 길은 고난의 길이다. 영광이란 하나님의 나타남을 의미한다. 영광의 풍성이란 하나님의 완전성의 표현을 의미한다. 하나님의 완전함이 나타나려면 그분의 능력과 지혜와 은혜와 긍휼과 사랑 등, 그분의 속성들이 완전하게 나타나야 한다. 하나님은 어떤 일을 하실 때 항상 그분의 영광의 풍성에 맞게 행하신다. 그분이 그렇게 영광으로 풍성하신 분이기 때문이다. 그것이 우리에게 전달되는 길은 성령을 통한 것이다. 사도 바울은 감옥에 갇혀서 낙심이 될 만한 시점에서 하나님 아버지께 기도했다. "그의 성령으로 말미암아 너희 속 사람을 능력으로 강건하게 하옵시며". 3장 전반부까지 교회의 계시를 말한 사도는 후반부부터 이러한 교회가 건축되기 위해서는 먼저 성도들의 내면에서부터 그리스도께서 역사하셔야 함을 말한다.

혼미하고 대적의 공격이 많은 이 시점에서 우리에게 필요한 것은 속사람이 강건케 되는 것이다. 문제는 바깥의 많은 활동에 있지 않다. 또 사람들의 위로에도 있지 않다. 바깥에서 힘을 주고 격려하는 것은 소용이 없다. 무엇보다 속사람이 강건케 되는 것이 필요하다. 속사람의 강건케 됨은 하나님의 영광의 풍성을 따라 그분의 성령으로 말미암는다. 이는 매우 깊은 말씀이다. 그분이 주시는 것은 그분의 방식과 인격에 따라 주신다. 아이언사이드의 말이 너무 재미있어서 그대로 싣는다. "어떤 사람이 무언가를 구하려고 왕을 찾아오자 그가 '전하, 너무 많이 주셨습니다. 너무 많습니다'라고 말할 때까지 왕이 수많은 보화를 그에게 주었습니다. 그 왕은 웃으면서 말했습니다. '받는 사람에게는 많을지 몰라도 주는 나에게는 많지가 않도다.'" 그분은 영광스러운 분이고 영광스럽게 풍성하시니 풍성한 방식으로 주신다.

속사람이 강건케 되는 것은 겉 사람이 파쇄되는 것과 관계가 있다. 왜 속이 약한가? 아이러닉하게도 겉이 강하기 때문이다. 여러분은 이것을 아는가? 나의 주위에는 겉이 강한 형제들이 좀 있다. 목소리가 크고 담력이 있어 보인다. 그들이 크게 장담하며 말할 때 보면 세상을 다 움직일 것 같고 모든 일을 다 할 것 같다. 그러나 나는 그런 사람들의 큰 목소리를 신뢰하지 않는다. 베드로가 그 예(例)이다. 그는 아주 강해 보였다. '주님, 저는 주님과 함께 감옥에 갇힐 수도 있고 심지어 죽을 수도 있습니다.' 얼마나 강한 듯 큰 소리를 쳤는가? 또 칼을 뽑아서 말고의 귀를 베어버리기도 했다. 뭔가 큰 일을 용감히 할 것 같지 않은가? 그런데 작은 여종 앞에서 주님을 세 번씩이나 부인했다. 정말 겉 사람은 믿을 수 없는 것이다.

그러므로 믿는이의 첫번째 필요는 성령의 능력으로 속사람이 강건케 되는 것이다. 속사람이란 우리의 중심의 마음과 혼을 말하며 우리의 중심을 말한다. 그 부분이 강화되지 않고서는 하나님의 높은 뜻과 경륜을 성취할 수 없다. 또한 대적의 궤계와 역사와 방해를 막을 수 없다. 그리스도의 몸인 교회와 성도들을 세울 수도 없다. 우리가 만일 기도한다면 하나님은 그분의 영광의 풍성으로 우리의 속사람을 능력으로 강건케 해주실 것이다. 여러분은 이렇게 기도하기 바란다. '주님, 제 자신을 주님 손에 맡깁니다. 주님이 저를 원하시는 대로 빚어주옵소서. 저는 아직까지 충분히 깨끗해지지 않았습니다. 저를 깨끗케 하여 주옵소서. 또 저는 겉 사람이 파쇄될 필요가 있습니다. 그리고 제 속사람을 능력으로 강건케 하여 주옵소서.'

17절, 믿음으로 말미암아 그리스도께서 너희 마음에 계시게 하옵시고 너희가 사랑 가운데서 뿌리가 박히고 터가 굳어져서

그 다음은 그리스도께서 우리 마음에 계시는가이다. 먼저는 속사람이 강건케 되어야 하고 두번째는 그리스도께서 우리 마음에 거처를 정하셔야 한다. 그분이 주가 되셔서 우리 마음에 거하시는 것이다. 이것도 하나님의 교회가 이 땅에 건축되기 위해 매우 실제적인 문제이다. 내면의 역사가 먼저 이루어지지 않으면 교회는 건축되지 않는다. 속 사람의 강건케 됨과 그리스도의 우리 안에 거하심이다. 그리스도는 우리의 삶에서 구석구석 강하게 장악하셔야 한다. 이것이 그분으로 우리들 마음에 거하시게 하는 것이다. 헬라어 뜻으로는 그분이 당신의 마음으로 하여금 거처를 정하시고 거하시게 하라는 뜻이다(make your heart His home). 이것은 우리 자신이 그분의 성전이기 때문이다.

어떤 사람은 주님으로 하여금 그 안에 거하시도록 거처를 드리지 않는 방식으로 산다. 사실상 거듭난 사람이라면 주님이 그 안에 살고 계시지만 그런 사람은 체험적으로는 자기가 산다. 주님이 거하시게 하지 않는다. 이것은 참으로 문제이다. 오늘날 성도들의 가장 큰 문제가 이것이다. 자신들 안에 그리스도께서 사시게 하지 않는다는 것이다. 무슨 일이든지 자신이 중심이 되는 것이다. 어떤 상황이 벌어지고 낙심하고 실망스러울 때 결국 나중 결심하는 것과 갈 길을 정하는 것을 보면 자아 중심적인 결론을 내린다. 많은 일에 주님이 중심인가? 말로는 그렇다고 하겠지만 실제는 아니다. 정말로 우리는 주님께 지위를 내어드리고 그분으로 하여금 우리 안에 거하시게 해야 한다. 그러려면 믿음이 있어야 한다. 언제나 주님과 연결되는 믿음, 주님이 우리 안에 거하시도록 하는 믿음, 이 믿음으로 살아야 한다. 이러한 삶은 믿음으로 되는 것이다.

바울이 감옥에서 에베소 성도들에게 원하는 것은 바로 이것이었다. 그래서 바울은 '그리스도께서 너희 마음에 계시게' 해달라고 기도하는 것이다. 오늘날에도 믿는이들을 볼 때 정말로 그리스도께서 그들 마음에 거하시도록 하는가 아니면 자기가 하고 싶은 대로, 자기의 기질대로, 자기의 선호대로, 자기의 고집대로, 자기의 뜻대로 행하는가는 큰 문제가 아닐 수 없다. 한 가지 한 가지 일에서 다 주님으로 하여금 우리 안에 거하시게 하고 행하시게 해야 한다.

"너희가 사랑 가운데서 뿌리가 박히고 터가 굳어져서." 이것이 세 번째이다. 앞에서 말한 것처럼 생활한다면 이제 사랑이 있을 것이다. 그런데 이 사랑은 반드시 뿌리가 박히고 터가 굳어져야 한다. 그리스도께서 항상 우리 안에 거하셔야 사랑이 뿌리가 박히고 터가 굳어진다. 상반절에는 그리스도요 후반절에는 사랑이다. 그리스도께서 성도들 안에 거처를 정하신 증거는 사랑으로 나타난다. 그분이 거처를 성도들 안에 정하실 때 사랑이 견고해지고 뿌리가 내리고 터가 굳어진다. 사도 바울이 성도들 가운데서 보기 원하는 것은 바로 이러한 것이었다. 어떤 때는 사랑하다가 어떤 때 미워하는 것이 아니고 그 사랑이 견고해지는 것이었다. 뿌리가 박히고 터가 굳어진 사랑, 변함없는 사랑이다.

여러분은 계시록 2장에서 에베소 교회가 처음 사랑을 잃었다는 것을 아는가? 사랑에 문제가 생겼을 때 에베소 교회는 위험하게 되었다. "네 촛대를 그 자리에서 옮기리라." 이것은 주님이 하신 말씀이다. 이 에베소 교회에게 바울은 지금 "너희가 사랑 가운데 뿌리가 박혔으면 좋겠다. 터가 굳어졌으면 좋겠다"고 말하고 있다. 이 사랑은 주님을 사랑하는 사랑이자 또한 성도들을 사랑하는 사랑이다. 이 사랑이 반드시 우리 속에 뿌리를 내려야 한다.

우리는 주님으로 우리 속에 거하시게 하는 것이 습관이 되어야 한다. 우리의 생활이 되어야 한다. 어느 때는 그리스도께서 우리 안에 사시게 하다가 어느 때는 우리 하고 싶은 대로 하면 결코 뿌리가 내리지 않는다. 예를 들어, 한 그루 나무를 심어도 계속 심었다 뽑았다 하면 뿌리가 내리지 않는다. 그래서 이 구절에서 그리스도께서 우리 마음에 계시게 한다는 말은 '계시다 안 계시다 하게 하는 것'이 아니라 원어에서 아예 집을 짓고 거기 거하시게 하는 것을 말한다. 이럴 때 사랑이 뿌리가 내리고 터가 굳어지게 된다. 그러면 더 이상 흔들리지 않는다.

18절, 능히 모든 성도와 함께 지식에 넘치는 그리스도의 사랑을 알아

사도 바울이 또 한 가지 구하는 것이 있는데 그것은 에베소 성도들이 그리스도의 사랑을 아는 것이다. 그리스도의 사랑은 어떤 사랑인가? 지식에 넘치는 사랑이다. 우리가 정상적으로 그리스도의 사랑을 체험하다 보면 우리의 지식이 그 사랑을 따라가지 못한다. 우리가 우리의 지식이 따라갈 수 있는 한계를 넘어서 사랑할 수 있게 되는 것이다. 그렇게 체험적으로 사랑을 아는 것이다.

오늘 우리는 이러한 사랑을 체험하는 데 있어서 너무나 부족하다는 것을 알아야 한다. 우리의 지식으로는 납득할 수 없을 정도의 사랑을 말하는 것이다. 가령 이렇게 바꾸어 말해볼 수도 있다. 어떤 때 사람이 지독하게 악을 행한 것을 보고 우리는 어쩌면 사람이 저렇게까지 악할 수가 있을까 한다. 우리의 지식이 그 사람의 악행을 따라가지 못하는 것이다. 요즘

뉴스에서 어떤 사람이 자기 자식을 가혹하게 때린 사건을 보았는데 그 정도는 고문 경관의 행위를 훨씬 능가하는 것이었다. 어떻게 자식을 그렇게 때릴 수가 있는지. 그래서 그 아이는 결국 죽었다. 이것을 볼 때 우리의 상식으로는 이해가 가지 않는다. 어떻게 사람이 그 정도까지 악할 수가 있느냐는 것이다. 우리 지식이 따라가지 못한다.

이제 사랑을 말할 때 어떻게 사람을 그렇게까지 사랑할 수가 있을까 할 정도로 사랑하는 것이 지식에 넘치는 사랑이다. 우리의 인간의 지혜와 한계로는 이해가 가지 않는 사랑이다. 이것이 정상적인 그리스도인들의 사랑이다. 그저 납득할 수 있을 정도로는 안 된다. 납득할 수 있는 정도의 사랑은 인간적인 사랑이다. 그리스도인의 사랑은 초월한 사랑이요 납득이 되지 않는 사랑인 것이다. 정말 하나님께서 그 사랑을 우리에게 제대로 체험하게 하시려면 그런 상황을 만들어 주실 것이다.

여러분은 주 예수님의 사랑이 이해가 가는가? 죄인을 위해 수치와 모욕과 고난과 죽음까지 당하신 그 사랑을 우리는 이해하지 못한다. 그렇게 사람들이 연고 없이 미워하고 비방하고 욕하고 하는데도 여전히 그러한 사람들을 사랑하셨다. 보통 사람의 생각으로는 이해가 가지 않는다. 우리의 지식, 우리의 지력으로는 따라갈 수 없는 사랑이 바로 주님이 베푸신 사랑이다. 그런데 그러한 사랑을 이제는 우리가 해야 한다는 것이다. 이 구절은 그러한 사랑을 우리가 알 수 있다고 말한다. 여기서 '안다'는 말은 체험하는 것을 포함한다.

어떻게 이러한 사랑을 체험할 수 있는가? 모든 성도와 함께 하는 것이다. 혼자 체험하는 것이 아니라는 말이다. 교회가 좋은 것은 성도들과 함께 이 사랑을 체험할 수 있기 때문이다. 지식에 넘치는 그리스도의 사랑을 함께 체험하는 곳이 교회인 것이다. 그분의 사랑은 너무나 크고 넓고 광대하여서 혼자서는 체험할 수 없다. "모든 성도와 함께"라야 만이 그분의 풍성한 사랑을 체험할 수 있다. 이 구절에서 '함께' 라는 단어가 매우 중요하다는 것을 알기 바란다. 교회 생활이 없이 개인적으로 그리스도의 풍성을 다 체험하기란 불가능함을 알기 바란다. 오늘 날 몸에 대한 이상을 가진 그리스도인은 극소수이다. 혼자서만 그리스도인의 생활을 잘 하면 된다고 생각하는 이들이 많다. 그러나 성도들과 '함께' '몸 안에서' 그리스도의 풍성을 체험할 수 있는 것이다.

교회란 그리스도의 분량이 함께 더해진 것이다. 한 사람 안에 계시는 그리스도에 두 사람, 세 사람 안에 계시는 그리스도가 더해질 때 그리스도가 더 풍성하게 되신다. 그럴 때 우리는 이 사랑의 풍성을 서로 더 깊이 체험하고 알 수 있게 된다. 세수 대야에 담겨진 물과 대양의 물을 비교할 수 있을까? 교회는 그리스도의 충만이다. 그분의 모든 것이 다 있는 곳이다. 따라서 교회는 대양과 같이 모든 것이 풍부한 곳이다. 교회 안에서만이 우리는 그분의 모든 것을 체험할 수 있다.

에베소서 1장은 진리적인 것이며 계시적인 것인데 반하여 3장은 주관적이며 체험적인 것이다. 3장에는 속사람을 강건케 함이 있는데 이는 우리로 뿌리가 박히고 터가 굳어지게 하는 것이다. 개인적으로, 또는 혼자서 견고하게 되는 것은 큰 의미가 없다. 하나님이 기뻐하시는 것은 교회로서 견고하게 되는 것이다(고전 1:6, 15:58, 롬 16:20). 교회가 어릴 때는 견고함이 없고 늘 요동한다. 즉 3장은 우리가 그리스도 안에서 이루어진 면(객관적인 진리)을 다루는 것이 아니라 그리스도께서 우리 안에 어떠하신가를 말하는 것이다. 우리 밖에 공기가 없다면 살 수 없고 또 사람이 살려면 우리 안에 공기가 있어야 한다. 3장이 중요시 하는 것은 우리가 그리스도 안에 있는 것이 아니라 그리스도께서 성령으로 우리 안에 우리의 속 사람을 강건케 하고 지식에 넘치는 그리스도의 사랑을 체험하는 것이다. 1장의 기도는 계시를 위한 것이며 계시는 이미 그리스도 안에서 이루어진 것을 보는 것이며(2장까지의 내용이다), 두 번째 기도에서는 믿음을 언급하는데(17절의 '믿음으로'라는 구절은 매우 중요하다), 이는 하나님께서 그리스도 안에서 이루신 모든 것을 얻어 누리게 하는 것이다. 1장부터 3장 11절까지는 하나님이 우리를 위해 이미 이루셨고 예비하신 것을 말하는 것이며 12절부터는 우리가 얻어 체험하는 것을 다루기에 3장 후반부에서 믿음을 강조하는 것이다(12, 17절).

19절, 그 넓이와 길이와 높이와 깊이가 어떠함을 깨달아 하나님의

모든 충만하신 것으로 너희에게 충만하게 하시기를 구하노라

하나님께서는 우리가 그 사랑을 알고 그 사랑의 어떠함을 깨닫기를 원하신다. 헬라어에서는 이 부분의 문장이 길게 이어져 있고 어법상으로도 그리 맞지 않는다. 말하자면 이 부분을 말할 때 바울도 문장을 제대로 표현하는 것을 잊을 정도로 흥분했다는 것이다. 그리스도의 사랑이 어떠한가를 말할 때 그저 감탄하는 식으로 '그 사랑의 너비! 길이! 높이! 깊이!'라고 한 것이다. 이것은 그가 체험했기에 그렇게 생생하게 말할 수 있는 것이다.

그 사랑은 얼마나 넓은 사랑인가? 온 인류, 모든 세상 사람을 포함한 사랑이다. 길이는 또 어떠한가? 영원부터 영원까지 사랑하는 사랑이며 우리 일생토록 사랑하는 사랑이다. 또 높이를 말할 때 그분의 사랑은 하늘보다 높아서 하늘로부터 이 땅에 내려오신 사랑이다. 또한 그 깊이는 지옥에서 우리를 건지신 사랑이다. 지옥보다 깊은 사랑이다. 그러므로 그리스도의 사랑보다 큰 것이 없다. 그 사랑은 우주와 같다. 그 사랑이 얼마나 광대한가? 우주와 같이 광대하다. 넓기가 우주와 같고 높기가 하늘보다 높고 그 깊이는 지옥보다 깊으며 그 길이는 영원부터 영원에 이르는 사랑이다. 이것이 그리스도의 사랑이다. 그분이 그러한 분이기에 그분의 사랑이 그러한 것이다. 오늘 교회는 이러한 그리스도의 사랑을 체험하도록 부르심을 받았다. 그저 마지못해 제직들이 모여 어떤 사건을 원만하게 풀고 해결하는 식의 사랑이 아니다. 지식에 넘치는 사랑인 것이다.

이러한 사랑을 깨달아 하나님의 모든 충만하신 것으로 우리에게 충만하게 하시기를 구했다. 이 모두가 결국 하나님의 모든 충만하신 것이다. 하나님의 모든 충만하신 것으로 충만케 되는 것, 이것이 교회가 얻을 수 있는 축복이다. 이는 하나님의 모든 완전하신 것으로 완전하게 되는 것과 같다. 하나님의 충만하심으로 충만케 되는 실제적인 길이 사랑이라는 것에 큰 감명이 있기 바란다.

사랑에 제한이 있다면 그분의 충만이 제한이 있는 것이다. 하나님은 그분으로 충만된 교회를 원하신다. 그분으로 충만된 교회는 결국 그분의 사랑으로 충만된 교회이다. 우리는 이런 교회를 꿈꿔본 적이 없다. 오늘날 성도들의 교회에 대한 소망이 너무 작다. 그저 복음을 전하고 열심이 있고 인수가 증가하며 분위기가 사랑스러우면 더 바랄 것이 없다고 말한다.

그러나 하나님의 완전하심은 어떠한가? 교회가 하나님의 완전하심에 이르렀는가? 우리는 물론 쉽게 이러한 상태에 이르리라고 보지 않는다. 그러나 최소한 교회는 이러한 이상을 지녀야 한다. 우리가 그렇게 바라고 원하지도 않는다면 하나님은 그러한 무리에게 부어주실 수 없다. 하나님이 채워주시는 분량은 우리가 원하고 사모하며 추구하는 분량과 관계가 없는 것이 아니다. 우리는 늘 배가 고픈 거지와 같아야 한다. 우리가 이렇게 높은 하나님의 교회에 대한 원하심을 아는 것으로도 구원이 될 것이며 겸손을 옷 입게 되며 하나님 앞에 자신을 낮출 것이다. 이렇게 해서 오늘 이 땅의 교회들이 하나님의 모든 충만하신 것으로 모두 충만케 된다면 얼마나 좋겠는가? 여러분은 오늘 이러한 교회를 보았는가? 교회는 마땅히 이런 상태에 이를 수 있어야 한다. 감사하게도 교회는 하나님의 모든 충만하신 것을 얻을 수 있는 복된 위치에 있다. 그러니 하나님께서는 교회를 얼마나 사랑하시겠는가? 또 교회는 얼마나 축복된 범위인가? 하나님의 모든 충만하신 것이 우주 가운데 다른 곳이 아니라 교회 안에 충만케 될 수 있다.

에베소서에서 보는 교회는 하나님의 모든 기대와 계획과 목표가 얼마나 크고 위대한 것인가를 알게 한다. 교회는 그리스도의 장성한 분량의 충만한데까지 이를 수 있으며, 머리이신 그리스도에 이르기까지 자라야 한다(엡 4:13-15). 따라서 그리스도의 신부로서 그분께 드려질 수 있다(엡 5:27). 교회는 하나님의 모든 충만하신 것으로 충만케 되어야 한다. 그러기 위해서 속사람이 강건케 될 필요, 그리스도께서 각 성도들 속에 거처를 가지실 필요, 지식에 넘치는 그리스도의 사랑을 모든 성도들이 함께 알 필요가 있는 것이다. 하나님은 그러한 교회를 통하여 하늘의 정사와 권세들에게 그분의 각종 지혜를 알게 하려 하신다.

20절, 우리 가운데서 역사하시는 능력대로 우리의 온갖 구하는 것이나 생각하는 것에 더 넘치도록 능히 하실 이에게

우리 하나님은 능력으로 역사하는 분이시다. 그분은 우리가 구하는 것이나 생각하는 것에 넘치도록 능히 하실 수 있는 분이시다. 바울은 여기에 자신도 포함을 시켰다. 바울은 자신이 위대한 사도이지만 하나님이 우리를 위해 하시는 일을 다 알지 못한다고 말했다. 그렇지만 그는 하나님이 상상할 수 없는 일들에 대하여 능히 하실 수 있는 분이라는 것은 믿었다. 우리가 하나님께 항상 기도하고 간구하다보면 하나님은 우리의 구하는 것이나 생각하는 것보다 초월하여 계심을 알 수 있다. 그러므로 주님은 우리의 구하는대로 역사하지 않으실 때가 많다. 그분의 응답은 언제나 우리가 생각하는 것보다 능히 넘치게 역사하신다. 지금 바울은 에베소 성도들을 위하여 많은 것을 구하고 있고 생각하고 있는데 하나님은 자신이 구하고 생각하고 있는 것보다 넘치게 행하시고 주실 수 있는 분이라고 말한다. 특히 무엇이 충만하게 넘치기를 바라야 하는가? 18절과 19절에서 주로 말하는 것은 사랑이다. 우리가 구하는 것, 생각하는 것도 마땅히 사랑이어야 한다. 교회 안에 충만되도록 구해야 할 것은 하나님 자신이요 사랑임을 잊어서는 안된다.

21절, 교회 안에서와 그리스도 예수 안에서 영광이 대대로 영원무궁하기를 원하노라 아멘

하나님의 영광은 무궁하신데 교회 안에서와 그리스도 예수 안에서 그 영광이 무궁하기를 바라는 것이다. 첫째는 교회 안에서이다. 교회는 이 땅에서 하나님께 영광을 돌려드리기 위하여 세워진 거룩한 사회이다. 하나님은 유대인과 이방인이 한 몸으로 부르시어 그들을 통하여 영광받기를 원하신다. 또 그리스도 예수 안에서 영광받기를 원하신다. 그 영광이 대대로 영원무궁하기를 원한다고 했다. 여기서 나는 여러분에게 기이한 말을 한마디 하고자 한다. 사도는 그의 관념 속에 '대대로'의 관념이 있다. 부끄럽지만 나 자신도 최근에서야 '대대로'의 관념이 생기게 되었다. 다음 세대에서, 영세에 영원히 찬양받으시기에 합당하신 주님! 나는 주님을 영원히, 대대로 섬기며 기쁘게 하리라! 이것이 대대로의 관념이다. 과거 우리는 부끄럽게도 이 세대의 믿음 생활에만 많은 관심과 관념을 갖고 있었다. 그러나 주님은 영원하신 분이고 영원한 관념으로 우리를 대하신다. 교회는 영원히 그분께 영광을 돌리며 기쁨을 드리는 존재임을 감사하고 찬미한다.

오늘 우리는 이 짧은 구절에서도 교회가 얼마나 영광스러운 존재인가, 귀한 존재인가를 마음속 깊이 알 수 있다. 하나님의 모든 충만으로 충만케 될 수 있는 존재이며 하나님의 갈망과 비밀과 경륜이 들어 있는 존재이다. 그분의 광대한 사랑으로 충만될 수 있고 또한 하나님께서 그들을 통하여 영광 받으시는 거룩한 기관이다. 그러므로 하나님의 영광이 교회 안에서와 그리스도 예수 안에서 영원무궁하기를 원한다고 한 것이다. '아멘'이라는 것은 이 일이 확실하게 이루어질 것이라는 뜻이다. 하나님은 그분께 영광 돌리는 그리스도와 교회를 언제나 가지실 것이며 교회를 통하여 받으실 영광을 언제나 받으실 것이다. 이 구절들을 대하면서 우리는 사도가 왜 무릎을 꿇고 기도를 드리게 되었는지 느낄 수 있다(15절).

교회 안에서와 그리스도 예수 안에서

21절의 교회 안에서와 그리스도 예수 안에서(in the church and in Christ)란 말은 매우 의미가 깊다. 우리는 교회를 그리스도와 동격으로 놓은 것에 깊은 감명을 받는다. 영광이 영원무궁한 범위가 그리스도 안에서만이 아니라 교회 안에서라고 표현한 말씀에도 큰 감동이 있다. 교회는 그리스도처럼 영원한 존재이다. 영광이 영원무궁하기를 원하는 것은 교회도 포함된다. 영원한 존재가 아니라면 영원한 그리스도의 배필이 될 수 없다.

교회는 그리스도의 충만이다(엡 1:23). 하나님의 모든 충만하신 것으로 너희에게 충만되기를 원한다고 하신 말씀은 보통으로 들을 말씀이 아니다. '하나님의 모든 충만'이란 과연 무엇일까? 도대체 하나님의 모든 충만은 그 범위가 어디까지일 것이며 그 풍성과 부요함이 어디까지 미칠 것인가? 우주보다 크고 넓고 높은 하나님의 충만이 교회 안에 충만되기를 원하신다니 교회의 충만과 축복은 어디까지인가? 우리는 이렇게 말할 수 있을 것이다. 그리스도의 모든 것을 보려면 교회에 오라! 하나님의 모든 충만을 보려면 교회에 오라! 그러나 우리가 오늘 그러한 충만에 이르렀는가? 우리는 에베소서에서 교회에 대한 그 계시의 정점을 대하게 된다. 삼위일체 하나님의 모든 역사는 결국 교회를 위한 것이다(1, 2장 참조). 교회가 그리스도의 충만에 이르도록 역사하신 것이다. 오늘 여러분은 눈이 열려 교회가 무엇인지를 볼 수 있기를 바란다. 이를 위해 사도 바울은 영광의 아버지께 기도한 것이다(1:17-23).

3장 14-21절까지

이 부분은 사도바울의 두 번째 기도이다. 1장과 2장은 바울이 얻은 교회에 대한 계시이다. 1장은 하나님의 영원한 뜻 안에서의 교회를 말한다. 심지어 구속과 죄사함을 말한 1장 7절의 말씀도 하나님의 영원한 계획안에서의 일을 말한 것이다. 그러나 2장에서 바울은 허물과 죄로 죽은 상태로부터 하나님이 어떻게 우리를 그리스도의 몸이 되게 하셨는가를 말해준다. 즉 1장과 2장은 바울이 본 계시이며 교회에 대한 객관적인 진리를 말한 것이다. 3장 14절의 기도는 이 측량할 수 없이 풍성한 그리스도의 비밀을 교회가 얻어 충만케 되기를 원하는 기도이다. 즉 이 부분은 보는 문제가 아니라 체험하는 것이요 얻는 문제이다. "속사람이 능력으로 강건케 됨" "믿음으로 그리스도께서 우리 마음에 거하심" "사랑 가운데 뿌리가 박히고 터가 굳어짐" "모든 성도와 함께 그리스도의 넘치는 사랑을 앎" "그 넓이와 길이, 높이, 깊이를 깨달음" "하나님의 모든 충만하신 것으로 우리 안에 충만케 하심" "우리 가운데서 능력으로 역사하시는 주님이 우리의 구하는 것보다 더 넘치도록 하심" "교회 안에서 영광이 무궁하심" 등은 오늘 날 교회가 마땅히 얻어야 할 것들이다.

3장을 마치면서

바울은 교회를 그리스도의 몸으로 말한 최초의 사도이다. 그는 그 이전 시대에는 어떤 사람의 아들들에게도 교회가 알려지지 않았다고 말했다. 그러나 이제 그의 거룩한 사도들과 선지자들에게 성령을 통하여 이 비밀을 깨닫게 하였다고 말한다. 즉 바울은 교회를 '그리스도의 비밀'이라고 말한다. 이는 그리스도를 알려면 교회를 알아야 된다는 뜻이다. 교회를 모르고는 그리스도를 충만히 알 수 없다. 우리는 신약의 많은 계시들이 구약의 말씀 속에 들어 있다는 것을 안다. 그러나 이 교회에 대한 계시만은 구약 성경에서 나온 계시가 아니다. 이는 영원 전부터 만물을 창조하신 하나님의 마음속에 감추어 있던 것이었다. 이것을 바울 시대에 비로소 성령으로 나타내신 것이다.

에베소서는 교회를 계시하는 책이다. 특히 교회를 그리스도의 몸이라고 했으며 이방인과 유대인이 그리스도 안에서 한 몸을 이루는 것이 교회라고 한 것이다. 물론 구약에서도 희미하게나마 이방인들이 하나님의 백성으로 돌아오는 것이 예언되었으며 주님은 요한복음 10장에서 그분에게 또 이 우리에 들지 아니한 다른 한 무리의 양떼가 있음을 말씀하시어 이방인들도 주님이 양떼로 삼으실 것을 말씀하셨지만 저들이 유대인과 온전한 한 몸을 이루어 함께 지체가 되고 함께 약속에 참여할 자가 된다는 것은 어디에서도 찾지 못한다.

우리는 그리스도의 몸인 교회가 이루어지기까지 그분의 죽음과 부활, 승천과 성령 강림까지를 보아야 한다. 그분이 보혈을 흘리시어 우리의 죄를 사하셨지만 죄 사함을 받은 무리를 교회라고 하실 수 없으셨다. 우리는 복음서에서 제자들이 주님을 따라다닐 때 죄 사함의 구원을 받았으리라고 믿는다. 그분은 이미 환자들에게 "네 죄 사함을 받았느니라"고 하실 수 있으셨고 "인자가 세상에서 죄를 사하는 권세가 있는 줄을 너희로 알게 하려 하노라"고 하셨다. 그리고 주님은 요한복음 13장에서 제자들이 이미 목욕하여 깨끗케 된 것이라고 하시고 15장 3절은 "너희는 내가 일러준 말로 이미 깨끗하였으니"라고 하셨다. 나는 이들이 죄 용서함을 받아 깨끗케 된 것이라고 믿는다. 만일 이들이 죄를 용서함 받지 않았다면 어떻게 깨끗케 된 것이라고 할 수 있는가? 그러나 그들이 주님의 용서를 받은 위치에 있을 때도 교회로 부름을 받지 못했다. 교회가 되기 위해서는 그분이 승천하기까지 기다려야 했던 것이다. 오늘날도 죄 사함을 받은 것을 잘 알고 그

외는 잘 모르는 무리가 있다 할 때 그들은 죄 사함을 받은 것을 기초로 하여 교회를 세우려 할 것인데 저들은 아직 교회의 표준에 이르지 못한 것을 알아야 할 것이다. 주님은 당시에 제자들을 그저 제자들이라고 호칭하셨지 교회라고 하신 적이 없으시다. 오늘날 제자 훈련을 많이 하지만 교회 훈련을 많이 하는 것을 보지 못함은 교회가 무엇인지 잘 모르기 때문이리라! 물론 그리스도의 몸인 교회는 훈련한다고 되어지는 것은 아니다.

그리스도는 십자가에서 보혈을 흘리실 뿐 아니라 못박혀 죽으셨다. 이는 우리를 죄에서 벗어나게 하시기 위함이다(롬 6:6-7). 그리스도는 우리의 죄를 사하셔서 심판과 멸망을 면하게 하셨을 뿐 아니라 죄의 권세에서도 벗어나게 하셨다. 로마서 6장은 죄에서 벗어난 성화의 단계에 이르는 것을 말하지만 12장에 이르기까지 아직 바울은 몸에 관한 말씀을 말하지 않는다. 그리스도는 죽으실 뿐 아니라 부활하셨고 부활하신 주님은 비로소 많은 형제들을 얻으셨다(요 20:17). 이는 그분이 부활하심으로 그분의 생명을 많은 형제들에게 나눠주셨음을 의미한다. 이는 한 알의 밀알이 땅에 떨어져 죽음으로 많은 열매를 맺는 것에 비한다(요 12:24). 그러나 아직 부활하신 주님은 그의 제자들을 형제라고는 부르셨지만 지체요 몸이라고 부르시지 않으셨다. 그분은 이 땅 위에 그분의 몸인 교회가 있게 하기 위해 더욱 거치셔야 할 단계가 남아있으셨다.

교회가 이 땅에 있게 하기 위해 그분은 승천하셔서 온 하늘과 땅의 권세를 얻으셔야 하고, 지극히 높여지셔서 가장 뛰어난 이름을 주셔서 만인의 입으로 그분을 주라고 시인토록 하셔야 했으며, 그분은 마땅히 주와 그리스도와 하늘의 제사장이 되셔야 한다(마 28:18, 빌 2:9-10). 그분은 승천하심으로 만주의 주로서 세워지셔서 이 땅의 모든 임금들의 머리가 되셨지만 그것은 무엇보다도 이 땅의 교회들의 머리가 되시기 위함이다(골 1:18). 그러기 전에는 그분이 교회의 머리가 되실 수 없으셨다. 그분은 먼저 교회의 머리가 되셨고 후에 만 왕의 왕으로서 다스리실 것이다. 그렇다고 지금 그분이 만왕의 왕이 아니라는 말이 아니다. 그분은 지금도 보이지 않는 가운데 만왕의 왕으로 계시지만 어느 날 가시적으로 다시 오셔서 실제로 그분의 정권을 이 땅에 세우실 것이다. 그분은 죽으심으로 많은 이들의 구주가 되셨고, 부활하셔서 많은 형제들의 장자가 되셨으며, 승천하셔서 교회의 머리가 되셨다(엡 1:22). 그러므로 그분은 사도행전 1장에서 승천하신 후 하늘에 보좌를 정하시고 교회의 본부를 설립하신 연후에 이 땅에 교회가 있게 하신 것이다. 그분은 하늘로 승천하심으로 교회를 위해 대제사장과 대언자와 새 언약의 중보와 오순절 성령을 내리시기까지 이 땅에 교회를 얻으실 수 없으셨다. 간단히 말해서 교회를 위해서 그분이 만주의 주요 만왕의 왕이요 만유를 정복하고 다스리는 분으로 등극하기까지 교회는 이 땅에 존재하지 않았다. 그러나 그분은 승천하셨고 모든 것을 다 얻으신 후 오순절날 성령을 부어주셨다.

오순절 성령이 부어진 것은 이 땅에 교회를 위한 마지막 단계이다. 교회는 오순절 날 이 땅에 있게 된 것이다. 구약의 성령이 있었고 구약의 많은 성도들이 성령을 체험하였지만 그 성령과 오순절 성령은 무언가 차이가 없는 것이 아니다. 나는 오순절 성령의 특징의 가장 큰 하나가 '내주하는 특징'이라고 믿는다. 요한복음 14장 17절 말씀은 보혜사를 보내심에 관한 것인데 이는 오순절의 성령 보내심에 관한 주님의 말씀하심이다. 물론 어떤 이들은 부활의 날 주신 생명이 생명의 성령이요 내주하는 성령의 보내주심이라고 말하지만 공식적인 보혜사의 보내심은 어디까지나 오순절 날인 것이다. 그 때부터 성령은 성도들의 안에 거하시는 분이 되신 것이다(요 14:17, 너희 속에 계시겠음이라). 구약에는 그저 잠시 임하였다가 떠나시는 외적인 성령이었으나 신약의 오순절 성령 이후 교회는 내주하심으로 한 번 들어오시면 영원히 떠나지 않는 성령을 얻게 된 것이다.

그러므로 교회 사람들은 한 때는 서로 사랑하는 몸이었다가 다시 떨어졌다가 할 수 있는 것이 아니다. 구약 같으면 성령이 떠나버리면 한 몸으로 묶여졌던 관계가 완전 해체되면서 육체적인 분쟁이 일어날 터이니 몸으로 될 가능성이 없는 것이다. 그때는 한 때 능력을 갖고 큰 일을 할 수 있지만 지속적인 역사를 할 수 없다. 이는 사사 시대에 절정에 달했다. 경건한 왕 다윗도 한 순간 육체에 떨어질 때 말할 수 없는 죄악에 빠졌으며 '나에게서 성령을 거두지 말아달라'고 간구했다(시 51:11). 그러나 신약의 오순절에 부어진 성령(실상 구약은 성령이라는 표현이 없으며 신약에서 비로소 사용되었다)은 사람의 속에 들어와서 떠나지 않는다. 그러한 성령이 오셔서 성도들이 항상 주 안에 거하며 주님과 떨어지지 않고 포도나무의 가지로서 생활할 수 있게 되었다.

고린도 전서 12장 13절은 "우리가 유대인이나 헬라인이나 종이나 자유자나 한 성령으로 침례를 받아 한 몸이 되었고 다 한 성령을 마시게 하셨느니라"고 하였다. 이 구절에서 말한 성령 침례는 분명 오순절 성령 침례를 말한다. 이 오순절 성령은 내주하시는 영일 뿐 아니라 성도들에게 모든 것을 가르치는 영이며 인도하는 영이다. 그 성령은 주 예수를 증거하는 영이며(요 15:26), 세상을 책망하는 영이다(요 16:8). 이 영은 또한 모든 분열적이 되고 각각 나뉘어져 하나가 없는 민족 간의 간격을 하나의 영으로 감싸고 묶는 강력한 접착제이다. 그러므로 오순절 성령은 방언을 하게 하는데 이는 바벨탑 이후 민족들로 나누어진 모든 분열들을 하나 되게 한 사건이다. 즉 한 성령으로 침례를 받아 한 몸이 되었다고 한 것은 다 나뉘어진 재료들을 모아 하나로 건축한 것을 의미한다.

침례란 원어로 '잠기다'(immerse)라는 뜻이다. 서로 하나가 없던 유대인이나 헬라인이, 종이나 자유자의 차별들이 한 성령에 잠겨지니 모든 차별이 없어지고 한 몸이 되었다는 말이다. 물로 침례를 받는다는 것이 물 속에 잠겨진다는 뜻이듯 성령의 침례란 성령 안에 잠겨진다는 뜻이다. 성령 안에 잠겨지니 그 안의 모든 사람은 성령의 요소로 적셔져서 원래의 차별들이 제해지고 한 성령을 마시는 위치에 있게 되었다는 말이다. 내가 이번 몽골에 가서 발을 삐어 왔는데 엊그제 한 자매님이 나에게 어떤 나무 뿌리를 찧어 그것을 발에 붙이고 그 찧을 때 나오는 물을 짜서 밤에 마시고 자라고 했다. 발 전체에 그 뿌리를 바르고 그 뿌리 액을 마시라는 것이다. 매우 흥미로운 일이었다. 이는 성령으로 전 지체들이 침례를 받아 한 몸이 되고 그 한 성령을 마시는 것과 흡사하다. 이것이 교회이다. 그 이전에는 성도들이 함께 주의 형제들이 되어 부활 생명을 가진 상태에서 벽돌로 말하면 연결시켜서 흩어지지 않게 잘 쌓아 놓고 그 사이를 시멘트로 중간 중간 메꿔놓은 상태였다. 그때는 벽돌 하나 하나의 모습이나 상태가 그대로 보여지고 그 연결된 모습들도 보여졌다. 그러나 오순절 성령은 시멘트를 충만히 가득 가득 부어서 벽돌 안팍을 완전히 감싸니 전체의 온전한 벽면을 볼 수 있을 뿐 어떤 벽돌들의 특색도 볼 수 없게 되었다. 이런 정도까지 이루어진 상태가 교회라는 것을 본다면 교회의 산출을 위해서 그리스도께서 거치신 과정의 하나 하나의 의미가 매우 깊어지리라고 믿는다.

오늘날 많은 사람들은 교회에서 무엇을 해야 하는가에 중점을 많이 두지만 교회가 무엇인가를 주의하지 않는다. 그들에게는 교회가 전혀 비밀이 아니다. 그러나 성경에서 교회는 하나님의 걸작품(엡 2:10)이요, 영원 전부터 그분의 마음 속에 감춰어 있던 비밀이다(엡 3:9). 이 걸작품을 산출하기 위해서 하나님은 영원 전에 계획하시고, 창조하셨으며, 그리스도를 보내셔서 그 많은 과정을 거치게 하신 것이다.

또한 우리(교회)는 에베소서 1장에 교회는 죄 사함을 받았으며(7절), 약속의 성령의 인치심을 받았고(13절), 대단한 능력, 지극히 크신 그 힘의 강력을 베풀어주신 것을 알게 된다(19절). 교회는 이미 그리스도 안에서 역사하셨던 부활의 능력과 승천과 만유를 발아래 복종케 하는 정복의 능력을 부여받은 것이다. 이를 위해 그리스도는 승천하셔서 교회의 머리가 되신 것이고 교회는 만유를 충만케 하기 위해 그리스도의 몸이 된 것이다(22,23절).

또한 오순절 성령 침례는 모든 지체에게 은사를 부여하신 사건이다. 이 역시 고린도 전서 12장 4-13절까지에서 증명이 된다. 언제 방언이 있었는가? 오순절 성령이 강림하였을 때이다. 사도들이 큰 능력으로 복음을 증거하며 병자를 고치고 능력을 행한 것은 오순절 이후인 것이다. 그러므로 오순절 성령은 교회에게 은사를 부여한 사건이기도 하다. 그러므로 오순절에 부어진 성령은 일곱 영으로도 불리운다(계 4:5). 지금 보좌 앞의 성령은 일곱 영이시다. 일곱이란 충만의 숫자이며 성령의 각양의 역사와 충만한 역사를 가리킨다. 그분은 자신이 인생과 십자가와 부활, 승천을 거치시면서 이전의 하나님의 순수한 성령에 그 이상의 부요하신 어떤 것들을 가지시게 된 것이다. 그렇게 그분이 인생과 죽음과 부활과 승천과 보좌에 앉으심 등 많은 것을 획득하신 것들이 이 성령 안에 포함되어 있는 것이고 이 성령을 오순절 날 부어주신 것이다. 이 성령이 부어질 때 모든 몸의 지체들은 다양한 은사들을 얻게 되는 것이다. 우리가 고린도 전서 12장에서 읽듯이 다양한 지체들의 은사가 나타나지 않으면 몸은 없다. 고린도 전서 12장 19절은 "만일 다 한 지체 뿐이면 몸은 어디뇨"라고 말한다. 오순절 성령은 몸에 다양한 은사를 부여해준 사건이다(고전 12:4-11). 그리스도의 부활이 우리로 한 생명을 가져 서로 형제자매가 되게 하였을지라도 오순절 성령이 부어지지 않는다면 우리는 다양한 은사자들로 한 몸의 여러 부분의 기능들을 담당할 수 없다. 그러므로 몸은 없는 것이다.

여기까지 말할 때 나는 여러분이 이 몸을 통해 모든 하늘들의 처소에 있는 정사와 권세들에게 하나님의 각종 지혜를 보여주는 것이 교회라는 것을 이해할 것이라고 믿는다. 그리고 이런 교회를 통해 하나님은 그분의 모든 충만하신 것을 충만케 하실 것임도 이해하리라고 믿는다.

3장-2

갇힌 자 된 나 바울은

에베소서의 중심적인 진리는 사실상 1장과 2장으로 마쳐진다. 1장은 하늘에 속한 교회의 이상을 말하고 2장은 땅 위에서 건축되는 교회를 말한다. 그 가운데서 바울은 이방인과 유대인이 한 몸이 되는 비밀을 말했다.

3장에서 바울은 에베소 성도들에게 자신에 대해 말한다. 바울은 현재 수감 중인 죄수의 몸이었다. 그는 감옥에 있으면서도 에베소에 있는 성도들을 관심했다. 그는 그들에게 하나님의 높은 뜻을 보여줌으로 사도가 감옥에 갇혀 있는 상태로 인하여 낙심하지 않도록 격려했다. 그가 격려하는 방법은 교회에 대한 높은 이상을 성도들에게 보여주는 것이었다. 그러므로 우리는 1절부터 11절까지와 12절, 13절의 연결을 이해할 수 있다. 그는 3장에 와서 그의 마음에 있는 것을 조금 열어 말하기 원했다. 그는 1장과 2장에 있는 내용을 다시 회상시키면서 그러한 높은 계시로 말미암아 자신이 복음의 일꾼이 되었으며 그러한 일을 하다가 감옥에 갇힌 자가 되었으니 에베소 성도들은 마땅히 낙심치 말고 도리어 영광스럽게 여기라고 말했다.

바울은 자신이 엉뚱한 일을 하다가 죄수의 몸이 된 것이 아니었다. 그는 하나님의 긍휼을 얻어 그분의 높은 뜻을 보게 되었다. 그러므로 그는 하나님의 인도하시는 바에 따라 이방에 나가서 복음을 전하고 교회를 세웠다. 이러한 그의 계시로 말미암은 역사는 유대인들의 심리를 극도로 자극했다. 결국 유대인들의 시기와 핍박으로 인해 그는 감옥에 갇힌 몸이 되었다. 그는 감옥에 갇혀 있지만 이방에 세워진 교회들을 염려했다. 그는 그들에게 갈 수 없을지라도 여전히 그가 하나님으로부터 받은 계시를 전달해줌으로 그들을 격려하고 믿음에 굳게 세우기를 원했다.

모든 사역자들이 당시에 같은 복음을 전했지만 하나님은 바울에게 무언가 더 전진되고 선명한 이상을 보여주셨다. 그것은 특히 그리스도의 몸의 건축에 관한 것이었다. 바울은 하나님께서 유대인만이 아니라 이방인들을 포함한 한 새 사람인 몸을 원하신다는 것을 알았다. 비록 사도행전 15장에서 야고보나 베드로가 하나님께서 이방인들을 받으신다는 것을 인정했을지라도 바울만큼 적극적으로 그리스도의 몸에 대한 부담을 가지고 있는 사람은 없었던 것 같다. 누가 바울보다 더 이방인들을 그리스도의 몸에 이끌기 위한 부담을 가지고 있었는가? 아마도 없었을 것이다. 이방인들을 개나 돼지로 여기던 유대인들은 그러한 바울을 극도로 미워했다. 여기서 바울의 고난은 시작이 되었다. 계시가 있는 자가 고난을 피할 수 없다는 이 한 마디 말을 잊지 말기 바란다. 아마도 바울과 같이 죽기를 두려워하지 않고 충성되게 이방인들을 구원하는 사역자가 없었다면 신약의 교회 성립은 시작이 매우 어려웠을 것이다.

이러한 배경 아래서 바울은 2장 후반부에서 전에 멀리 있던 이방인들이 그리스도의 피로 가까워졌으며 유대인들과 한 몸으로 화목되었음을 말했다. 그리고 하나님의 거하실 처소가 되기 위하여 함께 지어져가고 있다고 말했다. 그래서 바울은 3장을 '이러하므로'라는 말로 시작한다. (물론 원래 성경은 장이 나뉘어 있지 않았다.) 그는 자신이 그리스도 예수의 일로 너희 이방을 위하여 갇힌 자 되었다고 말했다. 바울은 그가 하고 있는 일이 그리스도 예수의 일임을 알았다. 그는 그리스도 예수로부터 그러한 복음을 부탁받았다. 그리고 충성되게 수고했다. 결과적으로 그는 갇히게 되었는데, 그 모든 것이 이방인들을 위한 고난이었다.

은혜의 경륜

바울은 에베소 성도들에게 너희를 위하여 내게 주신 하나님의 그 은혜의 경륜이 있다고 말했다. 이 구절의 은혜의 경륜은 3절의 '비밀'과 같은 내용이다. 바울은 하나님께로부터 하나님의 경륜에 대한 계시를 얻었는데, 그것이 그의 청지기 직분이 되었다. 여기의 '경륜'이라는 말은 헬라어로 '오이코노미아'(oikonomia)로서 1장 9절에 있는 '경륜'이라는 말과 같은 단어이다. 이 말은 하나님의 집에 대한 관리 혹은 경영을 의미하는 말이다. 교회가 이루어지는 것은 은혜로 되는 것이다. 구약의 이스라엘은 율법의 경륜 아래 있었다. 오늘 우리는 은혜의 경륜 아래 있다.

영원하신 하나님은 그분의 뜻을 이루기 위하여 경륜이 있으시다. 바울이 말하는 유대인과 이방인이 그리스도 안에서 한 몸이 되어 유업을 함께 얻으며 하나님의 거하실 처소를 함께 건축하는 것은 하나님께서 이 시대에 하시는 일이라는 뜻이다. 그것이 곧 바울이 말하는 은혜의 경륜이다. 바울은 그것을 또한 비밀이라고 말했는데, 이는 바울이 이 말을 하기 전에는 아무도 이것을 알 수 없었기 때문이다. 하나님은 그분의 마음속에 그분의 계획과 경륜을 가지고 계셨는데, 바울 시대에 비로소 그의 사도를 통하여 그 비밀을 계시하셨다.

이것을 읽으면

사도는 그가 본 계시를 대강 기록했다고 말하면서 성도들이 '이것을 읽으면 그리스도의 비밀을 내가 깨달은 것을 너희가 알 수 있으리라'고 말했다. 바울의 말에 따르면 에베소서 1, 2장을 읽으면 바울이 본 계시를 알 수 있다는 것이다. 그러나 내 체험에 의하면 50, 60번을 읽어도 잘 알 수 없었다. 물론 아는 것에도 차이는 있을 것이다. 과거에 내가 성경을 많이 읽었고 또 그 내용을 전혀 모르는 것은 아니었겠지만 만족할 만한 앎에는 도달하지 못했다. 성경을 읽는 것은 그렇게 쉬운 일이 아니다. 성경을 읽을 때 매우 주의 깊고 면밀하게 검토하며 마음에 새기며 기도하는 마음으로 읽지 않으면 결코 그 내용을 잘 이해할 수 없다.

그리스도의 비밀

바울이 본 계시는 다만 머리 되신 그리스도에 대한 것만이 아니라 몸인 교회에 대한 것도 포함한다. 그가 말하는 그리스도는 몸인 교회를 포함한 그리스도이다(고전 12:12). 바울이 3절에서 하나님께서 자기에게 계시로 비밀을 알게 하셨다고 한 그 비밀의 내용은 결국 유대인과 이방인이 그리스도 안에서 한 몸을 이루는 이상과 관계된다. 그는 그 비밀을 그리스도의 비밀이라고 칭했다. 많은 사람들은 사복음서에 나타난 그리스도에 대한 인식을 갖는 것을 전부로 여긴다. 우리는 사복음서에 나타난 그리스도의 어떠하심을 매우 귀히 여기지만 그로써 그리스도의 비밀을 모두 깨닫는 것은 아니다. 바울이 에베소서 1, 2장에 기록하고 있는 그리스도의 비밀은 다만 하나님의 아들, 독생자이신 그분의 인격에 대한 것만이 아니다. 그것은 또한 그리스도 안에서 그분의 십자가로 모든 옛 사람의 죄와 유대인과 이방인의 막힌 담과 원수 된 것 등을 다 폐하고 그분 안에서 한 새 사람을 지으신 그리스도의 몸을 건축하시는 면을 말하고 있다.

바울은 머리 되신 그리스도를 보았고 또 몸인 그리스도를 보았다. 바울은 승천하신 그리스도께서 교회의 머리가 되시어 이 땅 위에 그분의 몸을 건축하고 계신다는 것을 알았다. 그 몸은 삼위일체 되신 하나님의 유기체요 죄와 허물로 죽은 자들을 살리신 그리스도의 역사로 말미암으며 전에 멀리 떨어져 있던 이방인들이 그리스도의 피로 가까워지고 십자가로 유대인들과 하나가 이루어진 실체이다. 따라서 그리스도의 비밀은 그리스도의 몸인 교회를 가리킨다. 오늘 많은 사람들은 구원의 복음과 교회의 진리를 나누어 말하는 경향이 있다. 그러나 에베소서에서 바울은 그가 전하는 그리스도의 몸에 대한 계시를 그가 전하는 복음으로 여겼다. 그가 전하는 그리스도는 머리이신 그리스도만이 아니라 몸인 교회까지 포함하는 그리스도였다. 곧 바울이 전하는 그리스도는 확장된 그리스도이다.

거룩한 사도들과 선지자들에게

이 비밀은 과거 다른 세대에서는 사람의 아들들에게 알게 하지 않으셨다. 그러나 이제 그의 거룩한 사도들과 선지자들에게 성령으로 나타내셨다. 계시는 하나님께서 성령을 통하여 보여주지 않으시면 볼 수 없다. 하나님은 바울 이전 시대에는 결코 어떤 사람에게도 이러한 비밀을 계시하지 않으셨다. 구약에 많은 선지자들이 있었지만 그들은 이러한 그리스도의 비밀을 분명하게 보지 못했다. 그러나 바울 시대에 하나님은 거룩한 사도들과 선지자들에게 그분의 비밀을 성령 안에서 계시하셨다.

나는 개인적으로 여기에 있는 '거룩한 사도들과 선지자들'이라는 말을 좋아한다. 하나님은 당시에 땅 위에 거룩한 그분의 종들을 가지고 계셨다. 하나님은 그분의 마음을 그분의 거룩한 종들에게 계시해주셨다. 오늘 우리도 충성되다면 육과 영의 온갖 더러운 것에서 우리를 온전히 깨끗케 할 수 있고(고후 7:1) 온전히 거룩한 상태로 나아갈 수 있으며 그분의 높은 하늘의 계시를 얻을 수 있다(고후 12:1-7, 살전 5:23).

함께 후사가 되고 함께 지체가 되고 함께 약속에 참예하는 자가 됨

바울은 사람이 복음을 듣고 믿을 때 즉시 그리스도 예수 안에서 함께 후사가 되고 함께 몸의 지체가 되고 함께 약속에 참예하는 자가 되었다고 하였다. 그는 구원받은 믿는이가 어떤 단계를 거치고 과정을 거쳐야 후사가 된다거나 몸의 지체가 된다고 말하지 않았다. 오히려 그는 이방인들이 유대인들과 함께 후사가 되고 함께 지체가 되고 함께 약속에 참예하는 자가 된 것이 복음으로 말미암은 것이라고 말했다. 오늘날 몸의 지체가 되기 위해서는 다만 복음을 영접하면 되고 다른 것을 추가할 필요가 없는 것을 보는 것은 매우 중요하다. 주님을 영접하자마자 사람은 그리스도 안에서 함께 후사가 되고 함께 지체가 되는 것이다.

6절은 바울이 본 계시를 짧게 망라한 구절이다. 그것은 곧 이방인들이 복음을 믿어 그리스도 예수 안에서 유대인들과 함께 하나님의 상속자들이 되고 동일한 몸의 지체들이 되며 약속에 동일하게 참예하는 자들이 되었다는 것이다.

이 복음을 위하여

그러니 복음이 얼마나 귀한 것인가! 바울은 상기의 것을 복음으로 여겼다. 바울이 전한 복음은 다만 사람들이 죄 사함을 받고 멸망치 않는 복음이 아니었다. 그는 물론 죄 사함과 구속과 성령의 인침을 말하지만 구원의 목적을 함께 말했다. 그것은 그리스도 안에서 유대인과 이방인이 한 몸이 이루어지는 복음이었다. 그것은 당시에 하나님께서 바울이라는 사도에게 위임하신 엄청난 과제였다.

그의 능력이 역사하시는 대로

흠정역은 '그의 능력이 효과적으로 역사하심에 따라' (by the effective working of His power)일꾼이 되었다고 말했다. 하나님의 능력은 바울에게 효과적으로 역사했다. 그가 한참 예수 믿는 자들을 핍박하고 있을 때 주님은 그를 다메섹 도상에서 부르셨다. 그때로부터 하나님은 바울에게 많은 능력으로 역사하셨다. 그러므로 그는 그와 같이 귀한 사역자로 조성되었다. 바울은 그것이 하나님의 능력의 효과적인 역사라고 말했다. 하나님에게는 바울과 같이 핍박자요 포행자에게도 그분을 섬길 수 있는 귀한 그릇으로 만드실 수 있는 효과적인 능력이 있으시다. 그는 그가 그렇게 하나님을 섬길 수 있는 역량이 자신으로 말미암지 않고 하나님의 능력으로 말미암았음을 분명히 했다.

하나님의 은혜의 선물을 따라

하나님은 그분의 효과적인 능력의 역사로 바울에게 하나님의 은혜의 은사를 주셨다. 바울이 사역자로서 하나님을 섬길 수 있는 모든 것은 하나님이 주신 선물이었다. 그는 그가 얻은 선물이 하나님의 은혜라고 말했다. 하나님의 은혜가 이방인들을 섬길 수 있는 자본이었다. 누구든지 하나님으로부터 받은 은혜가 없다면 하나님의 백성들을 섬길 수 없다. 바울은 하나님께서 이방인들을 섬길 수 있도록 자기에게 은혜를 주셨다고 말했다.

내가 일꾼이 되었노라

바울은 이 복음을 위하여 일꾼이 되었다고 말했다. 하나님은 바울에게 이 일을 위임하셨다. 하나님께서는 어떤 사람에게 어떤 일을 위임하실 때 능력과 은혜도 함께 공급하신다. 그러므로 그는 이 복음을 위하여 그분의 능력이 역사하시는 대로 내게 주신 하나님의 은혜의 선물을 따라 일꾼이 되었다고 했다. 그는 자신이 하나님으로부터 받은 위임이 무엇인지를 알았다. 그것은 이방인들에게 진리를 가르쳐 그들이 그리스도를 믿음으로 유대인들과 함께 한 몸이 되게 하는 것이었다.

그리스도의 사역자들이 자신의 위임을 아는 것은 매우 중요하다. 그것은 그가 하나님으로부터 무엇을 받았는가와 관계있다. 사역자들은 자신이 하나님으로부터 받은 것만을 사람들에게 나누어줄 수 있다. 또한 성도들도 사역자의 받은 직분을 잘 이해하는 것이 필요하다. 오늘날 교회가 혼란한 원인 중에는 성도들이 사역자들이 받은 은사를 잘 알지 못하는 것도 있다. 바울은 자신이 받은 은사와 위임과 사역자 된 신분을 분명하게 말했다. 그는 하나님의 은혜의 선물을 따라 그가 사역자(a minister)가 되었다고 말했다.

모든 성도 중에 지극히 작은 자보다 더 작은 나에게

바울은 하나님으로부터 받은 은혜가 너무 크기에 자신은 이러한 은혜를 받기에 합당치 못한 자라고 여겼다. 그는 자신이 사도들 중에 지극히 작은 자라고 말하지 않고 모든 성도들 중에 지극히 작은 자라고 말했다. 사실 그는 자신이 지극히 작은 자보다 더 작은 자라고 말했다. 그가 이렇게 자신을 안 것은 하나님의 크신 은혜 때문이다. 누구든지 하나님의 은혜를 아는 자는 하나님이 그에게 주신 은혜를 감당치 못할 것으로 여길 것이다. 어둠 가운데 있는 사람만이 자신에게 뭔가 있어서 하나님께서 귀히 여기시며 은혜를 주신다고 여긴다.

여기에서 우리는 하나의 원칙을 본다. 하나님이 어떤 사람에게 은혜를 주시는 것은 그 사람 자신과 관계가 없다는 것이다. 하나님은 은혜 베풀 자에게 은혜를 베풀고 긍휼히 여길 자를 긍휼히 여기신다. 바울은 어떠한 사람이었는가? 그는 예수를 핍박하던 사람이었다. 그러나 하나님은 그렇게 핍박자요 포행자요 훼방자였던 사람에게 긍휼을 베푸셨다. 아무도 이에 대해 하나님께 힐문할 자가 없다.

또 한 가지는 하나님은 작은 자에게 은혜를 베푸신다는 것이다. 바울은 그렇게 자신을 작은 자로 여겼기 때문에 하나님으로부터 큰 은혜를 얻을 수 있었다. 하나님은 겸손한 자에게 은혜를 베풀고 교만한 자를 대적하신다(약 4:6). 누구든지 하나님의 은혜를 얻으려면 작고 겸손한 자가 되어야 한다. 누구든지 하나님의 은혜를 얻은 자는 자신의 보잘것없음을 안다. 하나님은 자격 없는 자에게 은혜 주시기를 기뻐하시는 것 같다. 당신이 만일 가장 약하고 작은 자이며 자격이 없는 자라고 느낀다면 당신은 가장 은혜를 얻을 수 있는 위치에 있는 자이다. 하나님은 그러한 자에게 은혜 주시기를 기뻐하신다. 우리는 때로 하나님의 은혜에 감격하여 어리둥절할 때가 있는데, 그것은 왜 하나님이 우리같이 자격 없고 부족한 자들에게 많은 은혜를 주시는가를 느낄 때이다.

측량할 수 없는 그리스도의 풍성을 이방인에게 전하게 하시고

하나님이 바울에게 은혜를 주신 것은 목적 없이 주신 것이 아니다. 하나님이 바울에게 은혜를 주신 데에는 목적이 있다. 그것은 측량할 수 없는 그리스도의 풍성을 이방인들에게 전하게 하기 위해서이다. 만일 당신이 하나님에게서 많은 은혜를 얻었다면 하나님이 당신에게 은혜를 주신 데에는 반드시 목적이 있을 것이다. 당신은 그것을 누군가에게 나누어주어야 할 책임이 있다. 바울이 그 큰 은혜를 얻은 것은 이방인들에게 측량할 수 없는 그리스도의 풍성을 전하기 위한 것이었다.

이방인들에게 그리스도를 전하는 데에는 많은 은혜가 필요했다. 본래부터 그리스도를 알지 못하던 사람들에게 그리스도를 알려야 하는 수고가 있고 유대인들로부터의 많은 시기와 핍박을 감수해야 하는 문제가 있다. 또한 많은 여행의 필요가 있다. 생필품의 부족의 문제도 있다. 많은 굶주림과 배고픔과 헐벗음을 겪어야 했다. 그러한 많은 어려움을 감당하면서 이방인들에게 그리스도를 전파하기 위해서는 큰 은혜가 필요했다.

측량할 수 없는 그리스도의 풍성

바울이 전파한 것은 기독교의 윤리나 도덕이나 철학이 아니었다. 바울은 오직 그리스도를 전했다. 오늘날 많은 기독교 설교자들의 말씀 전파 속에는 순수한 그리스도가 없고 많은 철학과 윤리와 도덕이 들어 있다. 그들은 순수하게 그리스도만을 전하지 않는다. 그러나 바울은 이방인들에게 측량할 수 없는 그리스도의 풍성을 전했다.

구약으로부터 신약까지의 모든 말씀은 그리스도 한 분을 말하고 있다. 모든 족장들의 이야기, 예언들, 율법들, 모두가 한 분 그리스도를 나타내고 있다. 사복음서는 그리스도의 출생과 온 인생, 그분의 사역과 죽음, 부활, 승천을 말한다. 바울이 전하는 그리스도 안에는 유대인과 이방인이 한 몸을 이룬, 몸이신 그리스도도 포함되어 있다. 바울이 그리스도를 말할 때 그의 느낌은 그리스도가 측량할 수 없이 풍성한 분이라는 것이다. 그분 안에 모든 지혜와 지식의 보화가 감춰어져 있다. 그분을 아무리 많이 안다 해도 다 알 수 없다. 그분 한 분을 말하기 위해 구약에서부터 신약까지 모든 책들이 필요했지만 그 속에 담긴 그리스도의 풍성은 누구도 다 헤아릴 수 없다. 그러나 바울이 말한 그리스도의 풍성은 성경에만 담겨 있는 내용이 아니다. 그가 체험하고 얻은 그리스도를 말한 것이다. 그리스도께서 아무리 풍성한 분이라 하더라도 내게 체험되지 않으면 아무 소용이 없다. 내가 한 말씀 한 말씀을 적용하고 체험할 때 그분의 풍성이 내 풍성이 되는 것이다. 그리스도는 우리 삶의 모든 실제에서 체험할 수 있는 분이시다. 따라서 우리는 그분을 모든 것으로 체험할 수 있다.

그러므로 바울은 그리스도 한 분을 아는 지식이 가장 고상한 것이라고 말했다. 그는 그리스도를 알면 알수록 더 알기를 원했다. 그분을 알면 알수록 우리는 그분께 더 매혹된다. 이 세상에 그분보다 더 깊고 아름답고 귀한 분이 없다. 우리가 어찌 이분을 제쳐놓고 다른 것을 전할 수 있겠는가?

하나님 속에 감춰었던 비밀의 경륜

하나님은 바울을 통하여 그분 자신 속에 감춰었던 비밀의 경륜을 나타내게 하셨다. 바울은 하나님을 영원부터 만물을 창조하신 분이라고 칭했다. 생각해 보라! 만물을 창조하신 하나님에게 그분의 뜻이 없겠는가? 매우 신비하고 광대한 그분의 창조물을 바라볼 때 하나님께는 그분의 감추인 뜻이 있을 것임을 생각해 볼 수 있다.

하나님은 확실히 사람을 필요로 하신다. 하나님이 천지 만물을 지으셨지만 만물은 그분의 솜씨를 나타낼 뿐 그분의 의도를 알 길이 없다. 그러나 그분의 유일한 피조물, 그분의 형상과 모양대로 지어진 사람은 그분의 뜻을 알 수 있다. 하나님은 그 중 한 무리의 사람들에게 때가 되었을 때 그분의 감춰었던 뜻을 나타내셨다. 바울 때에 와서야 하나님께서 왜 만물을 창조하셨는지, 창조하신 하나님의 마음속에는 무엇이 들어 있는지를 사람들이 알 수 있게 되었다.

바울은 그것을 하나님 속에 감춰었던 비밀의 경륜이라고 말했다. 하나님은 그분의 마음속에 비밀의 경륜을 갖고 계셨다. 하나님은 경륜이 있으신 하나님이시다. 그분은 만물을 창조하신 후로 수천 년의 인류 역사 가운데서도 아직 그분의 경륜을 드러내지 않으셨다. 그러나 바울 시대에 하나님은 그분의 감춰었던 비밀의 경륜을 사람들에게 알게 하셨다.

이제 교회로 말미암아

하나님의 비밀의 경륜은 교회와 관계 있다. 교회가 나타날 때 창세 전부터 감춰었던 비밀의 경륜이 드러날 길이 있다. 바울의 전한 복음은 교회를 포함한다. 그가 전한 복음은 단순히 죄인이 구원받고 천당 가는 복음이 아니다. 그는 이방인들이 복음으로 말미암아 그리스도 안에서 유대인들과 함께 한 몸을 이루는 것을 전했다. 그는 이방인들에게 측량할 수 없는 그리스도의 풍성을 복음으로 전했다. 그 결과는 그리스도의 몸을 얻는 것이었다. 하나님의 경륜은 교회를 통하여 이루어진다.

하늘에서 정사와 권세들에게 하나님의 각종 지혜를 알게 하려 하심이라

하나님은 하늘에 있는 각종 다스리는 자들과 권위자들(이들은 지위를 가진 천사들을 가리킨다)에게 그분의 각종 지혜를 알게 하기 원하셨다. 교회가 나타날 때 이러한 일이 가능하다. 하나님은 교회를 통하여 그분의 각종 지혜를 알게 하려 하신다.

'각종'(manifold)이란 말은 하나님의 지혜가 교회를 통하여 각양으로 나타날 수 있다는 말이다. 여기에서 우리는 교회가 하나님의 지혜가 각양으로 나타날 수 있는 기관임을 볼 수 있다. 오늘 교회가 이러한 하나님의 갈망을 충족시킬 수 있는 상태가 되지 못한다면 하나님은 만족하실 수 없다.

예정하신 뜻대로 하신 것이라

하나님이 교회로 말미암아 하늘에서 정사와 권세들에게 하나님의 각종 지혜를 알게 하신 것은 영원부터 그리스도 예수 안에서 예정하신 뜻에 따른 것이다. 여기에서 우리는 하나님의 교회를 향하신 모든 뜻이 영원 전에 그리스도 예수 안에서 이미 정해진 것임을 알 수 있다. 그러므로 우리는 이 일이 반드시 성취된다는 확신을 가질 수 있다. 왜냐하면 교회에 관한 일은 이 시대에 우발적으로 생겨난 일이 아니고 영원 전부터 그리스도 안에서 하나님이 수행하기로 확정하신 일이기 때문이다.

오늘 우리 가운데 일어나는 교회의 역사가 만물을 창조하신 하나님의 마음속에 감춰어졌던 비밀의 경륜이며 또한 그것이 창세 전에 그리스도 안에서 하나님이 예정하신 뜻에 따른 것임을 아는 것은 어떠한 격려인가!

담대함과 당당히 나아감을 얻느니라

우리는 12절 이전에서 그리스도에 대한 어떤 믿음의 말을 듣지 못했다. 히브리서 10장에 있는 말씀처럼 우리가 예수의 피를 힘입어 성소에 들어갈 담력을 얻었다든지 하는 어떤 복음의 말씀의 근거가 없이 바울은 곧바로 우리가 그를 믿음으로 하나님께 담대함과 당당히 나아감을 얻는다고 말했다.

바울은 여기서 왜 그렇게 말했는가? 첫째로, 우리는 바울이 에베소 성도들을 격려하기 위해 이 서신을 썼다는 것을 기억해야 한다. 둘째로, 바울은 2장 12절부터 하나님에게서 멀리 있던 이방인인 에베소 성도들이 그리스도의 피로 가까워졌음을 말하고 있으며 그럼으로 하나님께 나아감을 얻게 되었음을 이미 말한 바 있다(18절). 셋째로, 바울의 복음은 이방인들이 복음을 믿음으로 그리스도 안에서 함께 후사가 되고 함께 몸의 지체가 되는 것을 포함한다. 또한 그는 측량할 수 없는 그리스도의 풍성을 전하는 것과 교회가 일어나는 것을 두 가지 일로 보지 않은 것 같다. 오늘날 많은 사람들은 복음을 전하는 것이 한 가지 일이요 교회를 세우는 것은 또 다른 일이라고 여긴다. 그러나 바울의 생각은 '교회가 이루어지는 것은 다만 복음을 받아들임으로써'이다. 그러므로 교회가 하나님의 마음속에 감춰었던 비밀의 경륜을 드러내는 것이요 하늘에서 정사와 권세들에게 각종 지혜를 알게 하는 것이라는 말을 하고 그것이 영원부터 그리스도 안에서 예정하신 뜻임을 말한 뒤에 그는 그리스도 안에서 그를 믿음으로 말미암아 담대함과 하나님께 당당히 나아감을 얻는다고 말했다.

우리가 영원부터 그리스도 예수 안에서 하나님의 경륜을 이루기 위해 예정된 자들임을 알고 우리를 통하여 하나님의 각종 지혜를 나타내는 것이 하나님의 영원한 뜻일진대 담대함과 당당함으로 하나님께 나아갈 수 있다는 것이다. 우리는 그리스도의 보혈이 있으므로 당당히 나아갈 수 있지만 또한 우리가 하나님의 뜻 가운데 있는 자들이기 때문에 담대함과 당당함을 얻을 수 있다.

예를 들어, 당신이 정부의 지위 있는 고관에게 찾아갈 때 첫째는 당신이 선량한 시민이며 죄가 없는 것이 당당할 수 있는 하나의 요건이 되고, 둘째는 오래 전부터 당신이 그에게 장래 중요한 존재로 사용될 것이 정해졌고 따라서 그를 만나도록 예정된 자라면 또한 담대하고 당당하게 나아갈 수 있다.

낙심치 말라

앞에서 말한 바와 같이 바울은 에베소 성도들에게 그리스도의 몸에 대한 높은 계시를 보여줌으로 그들을 격려하기 원했다. 바울은 감옥에 있었지만 그가 받은 계시가 높음으로 인하여 여전히 찬양할 수 있었다(1:3). 그는 그가 받는 환난에 대하여 성도들에게 낙심치 말라고 격려했으며 자신의 환난이 성도들의 영광이라고 말했다. 사도들의 복음을 위한 환난은 교회의 영광이 된다. 나는 오늘날 교회를 영광스럽게 하기 위해 계시를 위해 기꺼이 고난받기를 자원하는 사도들이 필요하다고 생각한다. 성도들의 공급과 위로와 영광스러움은 다만 사도들의 높은 계시의 가르침만이 아니라 성도들을 위한 사도들의 고난이다.

무릎을 꿇고 비노니

여기에 하늘과 땅에 있는 각 족속에게 이름을 주신 아버지께 무릎을 꿇은 사람이 있다. 그는 멀리 감옥에 갇혀 있고 환난을 받고 있었다. 그의 마음은 이 땅에 있는 하나님의 백성들에게 있었다. 그는 그들을 위해서 아무것도 할 수 있는 것이 없었다. 그는 다만 그들을 위해 편지를 써서 그가 깨달은 진리를 전달해주었고 또한 무릎을 꿇고 그들을 위해 기도할 수밖에 없었다.

각 족속에게 이름을 주셨다는 것은 이 땅의 모든 족속과 모든 민족들이 그분에게 속해 있음을 말해준다. 한(漢)족이나 몽골족이나 앵글로 색슨이나 인디언 등의 이름은 하나님이 주신 것으로 보아야 한다. 우리가 몽골족이 된 것은 하나님의 주권에 속한 것이다. 인류의 모든 족속을 한 혈통으로 만드신 것은 하나님이시다(행 17:26). 그리스도의 몸은 모든 족속과 모든 민족 가운데서 그리스도의 피로 구속을 받은 자들로 이루어진다. 바울은 이러한 아버지 앞에 무릎을 꿇고 에베소 성도들을 위하여 기도했다. 그가 무릎을 꿇었다는 것은 하나님을 극도로 경외하는 태도를 표현한 것이며 그분만이 모든 사람에게 모든 은혜를 주실 수 있는 분임을 인정한 것이다.

속 사람을 능력으로 강건케 하옵시고

바울이 기도한 내용은 에베소 성도들의 외적인 필요를 위한 것이 아니었다. 그는 순전히 성도들의 영적인 필요를 돌보았다. 여기에 속 사람이라는 말이 있다. 속 사람은 겉 사람과 대비되는 말이다. 바울은 고린도 후서에서 그가 많은 환난을 당하며 날로 겉 사람이 후패해 간다고 말했다. 그리고 속 사람은 날로 새롭게 된다고 했다(고후 4:16). 우리의 속 사람은 거듭남으로 얻은 새 생명이 인격이 된 새 사람을 의미한다.

어려움과 환난에서 믿음을 지키며 그리스도께 순종하기 위해서는 속 사람의 강건케 됨이 필요하다. 베드로는 주님이 잡히시던 날 겉 사람은 매우 강했지만 속 사람은 작은 하녀 앞에서도 주님을 부인할 만큼 약했다. 육신 안에서 강한 기질과 의지를 가지고 있는 사람이 진정 강한 사람은 아니다. 강한 사람은 속 사람이 강한 사람이다. 좁은 길, 십자가의 길, 진리의 길을 잘 가려면 반드시 믿는이의 속 사람이 강건케 될 필요가 있다. 바울은 이 문제를 위하여 하나님께 무릎을 꿇고 기도했다. 바울은 하나님께서 그 영광의 풍성을 따라 속 사람을 능력으로 강건케 해달라고 기도했다. 바울은 하나님이 무언가 사람들에게 주실 때는 영광의 풍성에 따라 주시는 분임을 알고 있었다(빌 4:19 참조).

또 우리 속 사람이 강건케 되려면 성령을 통한 능력이 필요하다. 바울은 다른 곳에서 성령의 능력을 말한 적이 있다(롬 15:18). 우리 속 사람이 강건케 되려면 성령이 필요하다. 이 성령의 능력은 오늘날 오순절 주의 계통에서 구하는 외적인 능력과 다른 것이다. 그들이 구하는 능력은 병 고침이나 능력을 행하는 등의 외적인 능력이다. 그러나 바울이 여기에서 구한 능력은 내적인 속 사람의 능력이다. 우리가 환난 중에 인내하는 능력은 속 사람의 능력이다. 우리가 유혹을 이기는 능력도 속 사람의 능력이다. 우리가 사람들과 원망하고 시기하고 다투지 않는 능력도 속 사람의 능력이다.

우리가 대가를 지불하여 진리의 길을 순종하는 것도 속 사람의 능력이다. 믿음을 지키기 위하여 가난과 궁핍, 많은 오해와 비방과 핍박을 참을 수 있는 것도 속 사람의 능력이다. 이것은 내적인 생명과 관계 있다. 오늘날 성도들이 하나님으로부터 얻어야 하는 것은 바로 이러한 속 사람의 능력인 것이다.

그런데 기묘하게도 속 사람이 능력으로 강건케 되는 것은 겉 사람이 파쇄됨으로써이다. 베드로가 그리스도의 십자가와 오순절을 통과하여 자신을 신뢰하지 않는 상태에 이르렀을 때 그의 영은 매우 강화되어 있었다. 워치만 니 형제는 제단 위에 모두 드린 후에 보좌 위에 오를 수 있으며 우리가 진정 희생하여 주께 순복할 때 주님이 주시는 능력을 얻게 되리라고 말했다. 그는 또한 우리는 더 큰 능력보다도 깊은 죽음이 필요하다고 했다. 우리 속 사람의 강화를 위하여는 우리의 단단한 겉 사람이 깨어질 필요가 있다. 그리고 주님의 말씀과 성령의 인도를 어떤 대가를 지불해서라도 순종해야 한다. 그럴 때 우리의 겉 사람이 깨어질 길이 있으며 우리의 속 사람은 성령으로 강건케 될 것이다.

그리스도께서 너희 마음에 계시게 하옵시고

17절에서 바울은 더 나아가 믿음으로 말미암아 그리스도께서 너희 마음에 계시기 원하노라고 기도했다. 여기의 믿음이라는 말은 짧지만 매우 중요한 말이다. 그것은 그리스도께서 우리 마음에 거하시는 것이 믿음의 문제임을 가리킨다. 우리 안에 그리스도께서 거하시는 것은 볼 수 있는 것이 아니지만 믿음으로 실제화할 수 있다.

여기에서 계신다는 말은 거처를 정한다는 뜻이다. 다만 그리스도께서 우리 안에 손님과 같이 거하시는 것이 아니라 집 주인이 집을 짓고 그 안에 거주하는 것처럼 그리스도께서 믿는이 안에 거처를 정하고 거주하신다는 것이다. 손님은 어느 집이든지 잠시 머물다가 가지만 거처를 정한 사람은 계속 그곳에서 산다. 그리스도는 우리 안에 잠시 오셨다 가시는 분이 되어서는 안 되고 언제나 우리 마음속에 거주하시는 분이 되어야 한다. 바울은 에베소 성도들이 이렇게 되기를 기도했다.

바울은 그리스도께서 우리 마음에 거처를 정하셔야 한다고 했는데 마음은 우리의 혼과 영의 한 부분을 포함한다. 그러므로 우리의 마음은 느낄 수 있다. 그리스도께서 우리 마음에 거처를 정하시면 우리 마음은 그것을 느낄 수 있다. 왜냐하면 마음은 사랑하고 미워하며 무언가 감각하는 기관을 포함하기 때문이다. 우리가 마음으로 누군가를 사랑하는 것을 알듯이 그리스도께서 우리 안에 거처를 정하신 것을 알 수 있다. 적어도 성경 한 군데에서는 그리스도께서 우리 마음에 거처를 정하신다는 것을 말하고 있다.

너희가 사랑 가운데서 뿌리가 박히고 터가 굳어져서

바울은 에베소 믿는이들 속에 그리스도께서 거처를 정하시기 원할 뿐 아니라 그들이 사랑 가운데서 뿌리가 박히고 터가 굳어지기를 기도했다. 그리스도께서 진정 우리 마음에 거하시면 우리 마음 안에 성도들을 사랑하는 사랑이 없을까봐 걱정할 필요가 없다. 하나님은 사랑이시고 그분이 우리 안에 거처를 정하시고 거주하시는데 사랑이 없을 수 있겠는가? 그러므로 우리는 사랑 가운데 뿌리가 박히고 터가 굳어질 수 있다. 뿌리가 박히고 터가 굳어진 사랑이 가치 있는 사랑이다. 또한 그리스도의 몸을 건축하는 사랑이다. 어떤 사람은 일시적으로 사랑하는데 시간이 지날 때 그 사랑이 바람과 함께 사라져버린다. 또한 터가 견고하지 못한 고로 어려움이 닥치면 사랑하기를 포기하고 오해하고 미워하며 달아나버린다. 이러한 사랑은 몸을 건축할 수 있는 사랑이 아니다.

또한 그리스도를 체험함은 그분의 사랑을 체험함이다. 하나님은 사랑이시기 때문이다. 어떤 사람이 성도들을 사랑하지 않으면서 여러 가지 방면에서 그리스도를 체험한다고 한다면 우리는 그러한 체험들을 믿을 수 없다. 요한복음 15장은 주님께서 내 안에 거하라고 하시며 또한 내 사랑 안에 거하라고 하신다(4,9,10절). 요한복음 15장을 읽으면 주님 안에 거하는 자는 기쁨이 충만하게 되며 서로를 사랑하게 됨을 알 수 있다. 에베소서 3장 말씀은 우리가 속 사람이 강건케 되고 그리스도께서 우리 안에 거하시게 되면 지식에 넘치는 그리스도의 사랑을 체험하게 된다. 오늘 우리 안에 그리스도의 분량이 많아지는 것은 우리가 많은 사람을 사랑하는 정도와 비례한다. 물론 사랑이 적은 자는 그리스도의 분량이 적은 자이다. 그리스도의 분량이 많아지고자 하는 자는 사랑이 많아지도록 힘써야 한다. 주님을 믿는다고 하면서도 무릇 자기를 중심 삼고 자기를 사랑하는 사람치고 진정으로 남을 사랑할 수 없으며 동시에 그리스도의 분량이 적다.

그러므로 사도는 우리에게 그리스도의 사랑 안에서 뿌리가 박히고 터가 굳어져야 한다고 말한다. 뿌리가 박혀야 한다는 것은 식물로 말하여 흔들림이 없도록 땅에 뿌리가 깊이 내려야 함을 말하고 터가 굳어져야 함은 건물로 말하여 기초가 견고하여 무너지지 않음을 말한다. 이것이 그리스도의 사랑이다. 우리 같은 죄인, 무익한 자를 주님은 이러한 사랑으로 사랑해주셨고 사랑하고 계신다. 오늘 많은 사람들의 사랑은 견고하지 않고 뿌리가 없다. 쉽게 변하고 무너져 내린다. 내가 몇 년간 만나지 못한 나라의 성도들이 있었다. 하나님의 인도로 수년 만에 내가 그들에게 갔을 때 그들의 사랑은 뿌리가 내린 사랑임을 확인할 수 있었다. 그동안 그들 안의 사랑은 시험을 받고 있었다. 많은 세월 동안 바람이 불었고 홍수가 있었다. 그러나 그들의 주님에 대한, 형제에 대한 사랑은 변함이 없고 견고했다. 주님이 우리에게 원하시는 사랑은 이러한 견고한 사랑이다.

지식에 넘치는 그리스도의 사랑을 알아

그리스도의 사랑은 지식에 넘치는 사랑이다. 우리가 머리로 이해할 수 있는 사랑은 우리의 지식 안에 있는 사랑이다. 그리스도의 사랑은 사람의 머리로 이해할 수 없는 지식에 넘치는 사랑이다. 그리스도께서 이 땅에서 보여주신 사랑은 모두가 지식에 넘치는 사랑이었다. 베드로가 세 번 주님을 부인하고 낙심해 있을 때 부활하신 주님은 무덤에 찾아왔던 몇 몇 자매들에게 제자들과 갈릴리에서 만날 것을 전달하라 하시면서 특별히 베드로를 언급하셨다(막 16:7). 그리고 주님은 디베랴 바닷가에서 물러가 고기를 잡으러 갔던 베드로에게 '나를 사랑하느냐'고 세 번씩이나 물으셨다.

주님의 사랑은 측량할 길이 없다. 그분의 사랑은 원수를 사랑하는 사랑이다. 그분을 대적하고 핍박하는 자를 여전히 긍휼히 여기실 수 있는 사랑이다. 우리는 그분의 사랑으로 양육을 받는다. 오늘 성도들이 교회 안에서 체험하는 사랑은 지식에 넘치는 그리스도의 사랑이다. 그리스도의 지식에 넘치는 사랑을 알기 위해서는 모든 성도들과 함께 함이 필요하다. 우리는 모든 성도와 함께 지식에 넘치는 그리스도의 사랑을 체험하기 원한다.

여기에서 사랑을 '알아'라고 했는데, 이 말은 체험함을 의미한다. 16절에는 성령의 충만이 있고 17절에는 그리스도의 내주하심이 있으며 18절에는 그리스도의 사랑을 앎이 있다. 이 모든 것은 연결되어 있다. 우리가 성령으로 충만될 때 또 그리스도께서 우리 마음에 거주하실 때 우리는 자동적으로 그리스도의 사랑을 알 수 있다. 성령 충만의 특징은 우리 속에서 그리스도를 민감하게 아는 데 있다.

그 너비와 길이와 높이와 깊이가 어떠함을 깨달아

여기의 넓이와 길이와 높이와 깊이는 그리스도의 사랑과 관계 있다. 우리는 모든 성도들과 함께 무엇이 그리스도의 사랑의 넓이인지, 길이인지, 깊이인지, 높이인지를 이해할 수 있어야 한다. 이 사랑에 대하여 욥은 하늘보다 높고 음부보다 깊고 땅보다 크며 바다보다 넓다고 말했다(욥 11:8-9). 오늘 우리는 성도들과 함께 누리는 그리스도의 사랑이 제한이 없음을 보아야 한다. 성도들의 사랑은 어느 정도만 사랑하면 족한 것이 아니다. 우주가 제한이 없어서 그 넓이와 길이와 높이와 깊이를 잴 수 없는 것처럼 우리가 체험하는 사랑도 제한이 없는 것이다.

나는 오늘날 성도들 가운데서 성경 지식을 무한히 알려고 노력하는 것은 많이 보았지만 사도의 기도처럼 모든 성도와 함께 지식에 넘치는 그리스도의 사랑을 알려고 하는 것은 많이 보지 못했다. 그것이 과연 반드시 알아야 하는 것인지에 대한 관념조차 없는 것 같다. 사도는 성도들이 그 사랑의 넓이와 길이와 높이와 깊이가 어떠함을 깨달을 수 있기를 기도했다. 우리는 교회생활 안에서 과연 무엇을 알려고 애쓰는가? 성경 지식을 많이 가지려고 노력하는 것은 조금 문제가 덜하다. 어떤 경우는 다른 형제나 자매의 문제와 실패와 약점을 알려고 애쓴다. 아! 이것은 결코 성도들이 행할 바가 아니다.

여기서 우리는 바울이 에베소 성도들을 위하여 기도한 중점들을 반드시 우리의 교회생활 안에 가져와야 한다. 이 지점에서 바울은 문맥조차 고려하지 않았다. 그는 다만 하나님의 사랑에 감동하여 '그 넓이, 길이, 깊이, 높이'라고 하였다. 우리는 다만 머릿속의 지식으로 그리스도의 사랑을 이해할 수 없다. 사랑하는 사람만이 그 사랑을 이해할 수 있다.

어거스틴(Augustine)은 여기 넓이라는 것은 사랑을, 길이라는 것은 인내를, 높이는 소망을, 깊이는 겸손을 의미한다고 하였고, 벵겔(Bengel)은 넓이는 그리스도의 사랑이 모든 민족에게 미치는 충만을 가리키고 길이는 그 사랑이 모든 시대에 미칠 것을 가리키며 깊이는 모든 피조물들에 대한 측량할 수 없는 사랑을 의미한다고 하였으며 높이는 원수가 해할 수 없는 사랑을 가리킨다고 하였다(박윤선 주석 참고).

하나님의 모든 충만하신 것으로 충만하게 됨

교회는 그리스도의 충만이지만 실제적으로 충만되는 길은 성도들의 사랑을 통해서이다. 속 사람의 강건케 됨, 그리스도께서 우리 마음에 거주하심, 그리스도의 사랑을 앎, 이 모든 것의 결과는 하나님의 충만하신 것이 교회에 충만케 되는 것이다. 사랑이 없는 교회를 그리스도의 충만이라고 부른들 무슨 소용이 있겠는가! 충만의 실제는 사랑에 있다. 그리스도의 넘치는 사랑, 그 너비와 길이와 높이와 깊이를 측량할 수 없는 사랑이 교회 안에 가득할 때 우리는 비로소 그곳에서 하나님의 모든 충만으로 충만케 되는 것을 볼 수 있다.

하나님은 교회가 그분의 모든 충만하신 것으로 충만케 되기를 원하신다. 하나님의 모든 충만은 그리스도 안에 있다(골 2:9). 교회는 그리스도의 모든 어떠하심으로 충만할 수 있다. 교회는 결코 지식이나 교리나 인간의 어떤 사상이나 감정 따위로 충만될 수 없고 오직 하나님의 충만하신 것으로 충만되어야 한다. 하나님은 그분의 모든 것을 그리스도 안에 두셨고 그리스도는 그분의 모든 것을 교회 안에 두려 하신다. 그리스도는 하나님의 일부를 소유하신 분이 아니다. 그분은 하나님의 모든 충만을 가지신 분이다. 마찬가지로 오늘 교회는 하나님의 모든 충만하신 것으로 충만케 되는 기관이다. 조금도 부족함이 없어야 한다. 하나님께서 이러한 목적으로 교회를 이 땅에 두셨음을 보는 것은 얼마나 중요한 일인가!

우리의 생각 속에도 그리스도에 대한 인식으로 충만하고 우리의 감정 속에도 그리스도의 사랑으로 충만하고 우리의 의지 속에도 그리스도께 순종함으로 충만하며 우리의 소망과 우리의 의도와 우리의 일과 대화 속에도 오직 그리스도가 충만해야 한다. 이렇게 그리스도가 단체적으로 충만된 무리가 교회인 것이다.

구하는 것이나 생각하는 것에 더 넘치도록 능히 하심

하나님의 모든 것으로 교회가 충만케 되는 것이 하나님의 뜻일진대 교회가 기도한다면 하나님은 구하는 것 이상으로 교회에게 영적인 풍성을 채워주실 것이다. 속 사람이 강건케 되는 것이나 그리스도께서 우리 마음에 거하시는 것이나 그리스도의 사랑을 아는 것 등은 교회가 하나님의 충만으로 충만케 되는 길이다. 이것은 하나님이 원하시는 것이요 교회의 필요이기 때문에 구하는 것 이상으로 들어주실 하나님께 바울은 찬양을 드린 것이다.

3장에는 바울이 받은 계시가 있고 성도들에 대한 격려가 있으며 기도가 있으며 찬양이 있다. 하나님의 능력은 현재도 성도들 가운데 역사하고 있다. 교회 안에서 하나님의 능력이 역사하고 있음을 아는 것은 매우 격려가 되는 일이다. 1장에서 말한 그 부활의 능력, 승천의 능력이 현재 교회 안에서 능력으로 역사하고 있다. 우리가 만일 정상적인 교회의 위치에 있다면 에베소 교회처럼 하나님의 역사하는 능력을 맛볼 것이며 온갖 구하는 것이나 생각하는 것에 넘치도록 능히 하실 하나님의 역사를 체험할 것이다.

하나님은 성도들이 구하는 것이나 생각하는 것보다 더 넘치도록 하실 수 있는 분이다. 이것은 바울의 찬양이기도 하고 소망이기도 하다. 그는 이와 같이 하나님을 앎으로 믿음의 찬양을 드렸다. 그는 하나님께서 지금도 교회 안에서 능력으로 역사하고 계심을 믿었고 그가 기도할 때 현재 구하는 것과 생각하는 것에 더 넘치도록 능히 행하실 분인 것을 믿고 있었다.

교회 안에서와 그리스도 예수 안에서

그러한 하나님은 교회 안에서와 그리스도 예수 안에서 영광을 얻으셔야 한다. 교회는 하나님께 영광을 돌리는 기관이다. 하나님은 이 땅에서 그분께 영광을 돌리는 교회를 갖고 계시다. 그분은 교회가 드리는 찬송을 영원히 받으실 것이다. 하나님께서는 그리스도 예수 안에서 영광을 받으시고 또한 교회 안에서 영광을 받으신다. 그리스도와 교회는 함께 하나님께 드려지는 찬양의 출처가 된다. 여기에서 '영원 무궁'이라는 단어를 주의해보자. 그리스도 예수는 물론 영원한 존재이시지만 교회는 어떠한가? 바울은 하나님께 영광을 돌리는 교회도 영원 무궁하다고 말했다. 그리스도께서 영원하실 뿐 아니라 교회 또한 영원한 존재이다. 하나님은 그리스도 예수 안에서와 교회 안에서 영원토록 영광을 받으실 것이다.

4장-1

에베소서는 1-3장의 교리적인 부분과 4-6장의 생활적인 부분으로 대분된다. 좀 더 세분하면 1장과 2장은 객관적인 진리를, 3장은 믿음으로 그 객관적인 진리를 주관적으로 체험하고 얻는 문제를 다룬다. 따라서 3장에는 적극적으로 믿음이란 말을 사용한다(12, 17절). 4장부터는 성도들이 1,2장의 객관적 진리에 대한 계시의 문제도, 3장의 주관적인 체험의 문제만도 아니라, 실제적인 생활과 삶의 문제를 다룸을 볼 수 있다.

사도들이 서신을 쓸 때 교리적인 것만을 적지 않고, 생활적인 면만을 강조하여 쓰지도 않은 것은 매우 의미가 있는 것이다. 결국 우리가 몸을 말할 때 실행을 말하지 않을 수 없는 것이 교회란 결국 이 땅에서 실행되어지는 실체기 때문이다. 이는 그냥 추상적인 개념으로 존재하는 어떤 것이 아니다. 어떤 사람은 성경의 교회를 그런 추상적인 존재로만 인식하려 한다. 교회가 한 면으로 교리적인 면이 있고 이는 반드시 계시로 알아야 할 부분이지만 그러나 체험적으로 적용되지 않으면 헛된 공상임을 알아야 한다. 지적인 것을 좋아하는 사람들은 1-3장까지만 원하고 그 다음은 흥미롭게 여기지 않을 것이다. 반면 체험과 실제를 좋아하는 사람들은 4-6장의 생활적인 것에 매력을 느낄 것이다. 지식을 좋아하는 자들은 4장부터의 생활과 체험을 들을 때 다 아는 말이라고 하면서 흥미없게 생각할 것이다. 교리가 없는 실행이 방향 없이 가는 배처럼 되는 것같이 위험한 것이라면 체험이 없는 교리는 공허한 지식주의자로 흐르게 한다.

4장 1절은 "우리가 부르심을 받은 부름에 합당하게 행하여"라는 말씀으로 시작한다. 우리가 배를 타거나 비행기를 타는 것을 예로 보자. 항해사나 조종사들이 부지런히 뭔가를 했기에 우리가 타고 갈 수 있는 것이다. 그리스도께서 모든 것을 다 하셨기 때문에 우리가 할 수 있는 것이다.

우리가 먼저 계시가 있어서 주님이 이루신 모든 것을 볼 수 있기에 행할 수 있다. 에베소서 4장부터는 전적으로 믿는 이들의 행함을 말하고 있다(4:1-6, 4:17, 19, 22, 5:2, 8, 11, 12, 15, 6:8).

우리가 부르심을 입은 것은 개인적인 하나님의 자녀가 되기 위해 부르심받은 것만이 아니다. 그리스도의 몸 안으로 부르심받은 것을 알아야 한다. 그럴 때 부르심을 입은 부름에 합당한 생활이 나온다. 그리스도인의 생활에 있어서 몸이 무엇인지 모르고 몸의 생활을 모르면 그 삶의 전반적인 부분이 헛된 것이 된다. 그리스도께서 우리의 생명이 되신 것은 몸의 생활을 위한 것이 첫째가 된다. 이것은 에베소서 4장에서 그리스도인의 행함을 다루는 첫 번째 권면을 볼 때 그러하고, 고린도 전서 12-14장 내용도 동일하다. 고린도 전서 13장의 사랑의 문제도 실상 고린도 전서 12장부터 연속하여 말하고 있는 교회의 은사와 집회의 문제를 위하여 기록된 것이다. 이 모든 것들을 살필 때 오늘 날 참된 그리스도이라면 몸의 생활을 떠나서는 부르심을 입은 부름에 합당한 생활의 첫째를 상실하게 되는 것임을 알아야 한다.

교회 생활(몸의 생활)의 첫째는 하나를 지키는 것이다. 하나를 모르면 교회를 모르는 것이다. 그리스도의 몸은 각각 흩어졌던 사람들을 하나로 연합한 그리스도의 역사의 결정체이다. 우리가 성령을 얻어서 첫째로 해야 할 일은 무엇인가? 하나를 지키는 일이다. 에베소서 4장은 교회의 '하나'(oneness) 문제를 다룬 부분이다. 에베소서 전체가 교회에 관하여 기록한 말씀인데 특히 4장은 교회의 통일성을 강조하고 있다. 1절부터 16절까지는 에베소 교회가 하나 되어야 함을 말하는데 2-3절은 실천적인 덕양을 가짐으로써 가져야 할 하나, 즉 겸손함과 온유함과 인내, 용납함의 덕으로 하나 되어야 함을 말하고, 4-6절은 그 하나 됨의 이유와 근원을 말하는데 즉 하나님과 주님과 성령도, 믿음과 소망과 세례도 하나이니 교회(몸)도 하나 되어야 함을 말한다. 그러나 이를 하나님, 주님, 성령으로 말하지 않고 성령, 주님, 하나님 순으로 말하고 있다. 이는 몸을 말하는 고린도 전서 12장도 동일하게 같은 순서로 말하고 있다. 7-16절에서 말하고 있는 하나님이 주신 각종 은사도 서로 협력하여 교회가 하나 되는데 필요한 것임을 밝히고 있다. 즉 성도들의 행함에 있어서 가장 중요한 것은 첫째가 그리스도의 몸인 교회 안에서 형제자매가 피차 어떻게 행할 것인가가 중요한 것이다.

1절, 그러므로 주 안에서 갇힌 내가 너희를 권하노니 너희가 부르심을 입은 부름에 합당하게 행하여

3장 1절에서는 바울이 너희 이방을 위하여 갇힌 자가 되었다고 말하는데 이것은 육신적으로 감옥에 갇힌 것을 의미한다. 그러나 4장 1절에서 그가 주 안에서 갇힌 자 되었다고 말하는 것은 다만 육신적으로 감옥에 갇힌 것만이 아니라 또한 주님 안에 갇힌 것을 뜻한다. 갇혔다는 것은 자유가 없는 상태를 가리키는데, 자기 마음대로 할 수 있는 사람은 갇힌 사람이 아니고 풀어지고 해방된 사람이다.

여기서 사도 바울은 자신이 육신적으로만 감옥에 갇힌 것이 아니라 영적으로도 주님 안에 갇힌 자 되었다고 했다. 참으로 우리 그리스도인은 하나님의 사실 안에서만 그리스도 안에 있는 자가 되어서는 안 되고 실제적으로 그리스도 안에 갇힌 자가 되어야 한다. 아무것도 우리 마음대로 할 수 있는 것이 없다. 우리가 하고 싶다고 할 수 있는 것이 아니고 가고 싶다고 갈 수 있는 것도 아니다. 자기 좋은 대로 선택할 수 있는 것도 아니다. 우리는 주님 안에 갇힌 상태로, 주님 안에서 우리의 자유를 잃어버린 상태로 모든 것을 행해야 한다. 이것이 그리스도인의 합당한 상태이다. 사도는 먼저 자신이 주님 안에서 갇힌 자라고 말했다. 사실은 주님 안에서 자신의 자유를 잃어버린 사람만이 다른 사람을 권할 자격이 있다. 그런 사람들만이 또 다른 사람을 섬길 수 있다.

"너희가 부르심을 입은 부름에 합당하게 행하여". 믿는이들은 부르심을 받은 자들이다. 그 부르심은 땅에 속한 부르심이 아니고 하늘에 속한 부르심이다. 하나님께서는 목적을 두고 우리를 부르셨다. 그것은 간략하게 말해서 그분의 갈망을 이룰, 그분의 표현이 될 몸을 건축하기 위한 것이다. 우리는 죄 사함을 얻고 생명을 얻고 변화되고 새롭게 되는 많은 과정을 거쳐서 그분의 배필이 되는 그분의 몸을 건축하는 것이다. 하나님께서는 이러한 목적을 두고 우리를 부르셨으며 또 한편으로 우리를 죄악과 세상에서 나오도록 부르셨다. 또 하늘에 이르도록 부르셨고 하나님 아버지 안으로 부르셨다. 그분의 목적 안으로 부르셨고 갈망 안으로 부르셨다. 이렇게 부르심을 받은 우리는 그러한 부르심에 걸맞는, 어울리는 생활을 해야 한다. 데살로니가 전서 2장 12절은 "이는 너희를 부르사 자기 나라와 영광에 이르게 하시는 하나님께 합당히 행하게 하려 함이니라"고 한다. 골로새서 1장 10절은 "주께 합당히 행하여"라고 하며 빌립보서 1장 27절은 "그리스도 복음에 합당하게" 행하라고 말한다. 즉 다음 구절부터 말할 겸손과 온유 등의 말은 다 부르심에 합당한 생활들을 말하는 것이다.

요한복음 17장에서 주님은 제자들에게 너희는 세상에 속한 자가 아니라고 했다. 주님은 '내가 세상에 속하지 않은 것같이 저희도 세상에 속하지 않았다'고 하셨다. 또 '아버지께서 나를 보내신 것같이 나도 저희를 세상에 보낸다'고 하셨다(요 17:16-18). 그러므로 우리의 신분은 주 예수님과 같이 이 세상에 살고 있지만 이 세상에 속한 사람이 아니다. 이 세상에서 죄악과 사탄적인 것과 세상적인 것에서 구원받고 부르심 받은 사람들이다. 그리고 하나님의 목적을 이룰 자들이다. 그러므로 우리의 삶은 부르심을 받은 그 부름에 합당하게 행하는 것이어야 한다. 그런데 그 목적은 주로 그리스도의 몸에 이르는 것이다. 요한복음 17장은 주로 믿는이의 하나 됨에 대하여 주님이 기도하신 내용이다. 부르심을 받은 자들로서 합당한 생활은 서로 겸손과 사랑과 온유함으로 '하나 되는 것'이다.

2절, 모든 겸손과 온유로 하고 오래 참음으로 사랑 가운데서 서로 용납하고

그러면 실제적으로 무엇이 부르심에 합당한 생활인가? 내가 모든 성도들이 간절히 알기를 원하는 것은 몸의 생활을 떠나서는 하나님의 부르심에 합당하게 생활함이 없다는 것이다. 몸의 한 부분으로서 다른 많은 지체들 가운데 섞여지고 연결됨이 없이 어떻게 부르심에 합당한 생활이 나오겠는가? 실상 에베소서의 중점은 몸의 생활에 있다. 몸의 생활에서 가장 중요한 미덕은 첫째가 겸손과 온유함이다. 그리고 사랑 가운데 서로 용납함이다.

성도들이 모두 몸 안에서 하나 되기 위해서는 겸손하고 온유하고 오래 참음으로 사랑 가운데서 서로 용납해야 하는 것이다. 모든 겸손과 온유가 없이는 결코 하나 될 수 없다. 정말 그리스도인의 미덕은 겸손과 온유라고 여겨진다. 우리 주 예수님의 특징이 무엇인가? 겸손이다. 참으로 교만한 것은 주님을 믿는 자들의 특징이 될 수 없다. 하나님의 대적자 사탄의 특징이 교만이다. 그리스도인의 특징은 무엇인가? 겸손이다. 주님은 "수고하고 무거운 짐 진 자들아 다 내게로 오라 내가 너희를 쉬게 하리라 나는 마음이 온유하고 겸손하니 나의 멍에를 메고 내게 배우라 그러면 너희 마음이 쉼을 얻으리니 이는 내 멍에는 쉽고 내 짐은 가벼움이라"(마 11:28-30)고 말씀하셨다.

이 말씀에서 '겸손'(타페이노프로쉬네-ταπεινοφροσύνη)이란 문자적으로 '마음의 낮음'(lowliness in mind)을 가리킨다. 이는 로마서 12장 16절의 마음을 높은 데 둔다는 말과 대칭되는 말이다. 사도는 성도들에게 높은 데 마음을 두지 말라고 말한다. 진정 겸손해지려면 빌립보서 2장 3절 말씀을 실천할 때만이 이루어진다. "오직 겸손한 마음으로 남을 나보다 낫게 여기고"를 실행하지 않으면 안 된다. 또한 철저한 자기 주장이나 자기 자랑의 결여를 의미하므로 이는 겸양을 의미하는 것이다. 어떤 사람은 다른 사람들보다 무식한 것을 자랑하는데 이것도 뭔가 자기 주장이요 자기 자랑이다. 이 역시 겸양이 아닌 것이요 다른 사람보다 자신을 낮은 데 내려놓지 않으려는 수단에 불과하다. '나는 다른 이들처럼 제대로 학교 다니며 배우지 않았지만 이 정도로 똑똑하다'라고 제시하는 것이다.

"온유로 하고". 온유함이란 자기를 위해 투쟁하지 않는 것이다. 어원상의 의미는 '전혀 반발하지 않는 마음'이라고 한다. 특히 다른 사람이 대적하고 공격할 때 자신을 위해 방어하고 저항하고 반발하여 맞서 싸우지 않는 것이다. 분열은 그렇게 해서 생기는 것이다. 구약에서 모세는 지면의 모든 사람보다 온유했다고 했다. 모세처럼 많이 대적을 당하고 공격을 받은 사람도 없다. 그런데 성경을 보면 그럴 때마다 그가 엎드렸다고 했다. 그는 그들에게 맞서 대적하지 않았다. 모세는 그럴 때 반발하면서 자기를 따르는 한 무리와 그 대적하는 무리를 구분하여 당을 만들지 않았다. 그는 반발이 없고 다만 하나님 앞에 엎드렸다.

인도자의 온유와 겸손의 결여는 분파를 만들어 낸다. 오직 온유함만이 성도들을 달콤한 하나안에 있게 한다. 주님은 '당신은 귀신들린 것이 아니냐'는 말을 들으실 때 반발하지 않으셨다. 그분은 사람들이 무시하는 발언으로 '너를 사마리아 사람이라고 하는 말이 옳지 아니하냐'고 하는 말에 아무 반발의 느낌이 없으셨다. 주님은 죄인의 구원을 위하여 십자가로 나아가기 위해 예루살렘에 올라가시려고 사마리아를 통과하시려 할 때 그들이 받아들이지 않으실 때도 반발하지 않으셨다. 그분은 오히려 반발하는 야고보와 요한을 꾸짖으셨다(눅 9:51-56). 그분은 욕을 받으시되 대신 욕하지 아니하시고 고난을 받으시되 위협하지 아니하셨다(벧전 2:23).

"오래 참음으로 사랑 가운데서 서로 용납하고". 또한 오래 참는 것이 있다. 오래 참음은 문자적으로 급한 성미와 대조되는 '차분한 성미'를 가리킨다. 즉 어떤 화나게 하는 상황이 발생해도 평온한 자세로 견디는 것을 의미한다. 이는 다른 사람들의 단점을 감안하는 능력이며 사람들의 화나게 하는 것을 소화하여 참는 능력이다. 여기서 '용납한다'(showing forbearance)는 말은 '짊어진다'(bear)는 뜻이다(Darby 역). 성도들을 등에 짊어지는 것이다. 이 모든 것들은 다 형제자매들 가운데서의 문제이다. 형제자매들 가운데서 겸손하고 온유하고 오래 참음으로 사랑 가운데서 서로 용납하는 것이다. 이는 골로새서 3장 13절에도 같은 단어로 권면하는데 "누가 뉘게 혐의가 있거든 서로 용납하여 피차 용서하되 너희를 용서하신 것과 같이 너희도 그리하고". 문자적으로 번역을 한다면 '평온한 마음으로 다른 사람들의 불쾌한 모든 것을 사랑으로 용납하고 짊어져라'이다.

우리는 정말로 형제자매들을 사랑으로 짊어진다는 것이 쉽지 않음을 알고 있다. 우리의 교회생활은 서로 짊어지는 생활이다. 여러분 등에는 현재 짊어지고 있는 사람이 있는가? 아마 한 사람도 짊어지지 않은 형제자매들도 있을 것이다. 그저 자기 혼자만 교회에 왔다 갔다 하는 것이다. 어릴 때에는 다른 형들 등에 업혀서 지내도 되지만 그런 생활이 너무 오래 가면 안 된다. 이제 여러분도 자라서 다른 지체들을 짊어져야 한다. 실제로 우리가 이렇게 겸손과 온유와 서로를 짊어지지 않는다면 교회의 하나를 이룰 길이 없다. 오늘 어떤 사람들은 교회의 하나를 매우 강조하는 것을 본다. 이는 하나에 대하여 어떤 견해도 갖고 있지 않은 것보다는 낫다. 그러나 교회의 하나 됨은 그러한 하나에 대한 강한 강조나 인식만으로는 얻어질 수 없다. 실천적인 겸손과 온유함과 사랑으로 서로를 포용하는 마음이 없이는 가능하지 않은 것이다.

3절, 평안의 매는 줄로 성령의 하나 되게 하신 것을 힘써 지키라

우리가 하나를 지키는 것은 이미 하나님이 성령으로 우리를 하나로 만드신 것에 근거한다. 그분이 우리를 그리스도 안에서 하나로 묶으시고 중간의 모든 막힌 담을 허셨으며 원수 된 것을 소멸하셨으며 한 성령으로 한 몸이 되게 하셨기에 우리는 하나 될 수 있다. 우리는 원래 없었던 하나를 만드는 것이 아니다. 하나님이 보실 때 그리스도의 몸은 하나이지 둘이 아니다. 나는 한 자매가 우리 교회 구역 모임에 참석하여서 간증하는 것을 들었다. 그녀는 나의 교회의 합일에 대한 말을 듣고 마음이 매우 어려웠다고 말했다. 자기는 한 번도 자신이 다니는 교회의 사람들과 하나 된 적이 없다고 말했다. 오히려 항상 그들의 하는 일이 자신의 양심 속에서 '그리스도인이 저래서는 안된다'고 느껴진다고 했다. 그래서 그들의 일이나 하는 행위를 보면서 자신의 양심을 지켰다고 말했다. 그러면서 그녀는 자신은 그래도 교회의 하나를 지키지 못했으니 어쩌면 좋으냐고 했다.

나는 그녀에게 말하기를 그런 하나는 지키지 않는 것이 옳다고 하였다. 그녀는 의외라는 듯이 나를 바라보았다. 나는 계속 말했다. 당신이 지켜야 하는 하나는 몸의 하나지 다른 하나가 아니다, 당신이 만일 부정과 육체와 불의에 합한다면 당신은 진정한 몸의 하나를 지키지 못한다고 말해주었다. 몸의 하나란 진정으로 성령이 하나 되게 하신 것이다. 여기에 성령이 있다. 성령이 하나되게 하신 것을 근거로 하여 하나를 누리는 것이지 사람들의 육체와 혈기와 불법 속에서 하나를 지키라는 것이 아니다. 나는 그 자매에게 말했다. 당신은 앞으로 참되게 거듭나고 성령의 하나를 갖고 있는 그리스도인들을 만날 것이며 그들과 만나자마자 성령의 하나 되게 하신 것이 이미 있음을 발견하고 기뻐할 것이라고 말했다. 그리고 그 하나를 잘 지키면 된다고 말해주었다.

"평안의 매는 줄". 또한 교회가 하나 되기 위해서는 우리를 매는 줄이 있다고 말한다. 우리가 알다시피 평강은 성령과 관계있다. 부활하신 주님이 다시 오셔서 우리에게 말씀하신 것이 바로 평강이다(요 20:21). 하나가 있는 곳에는 평강이 있다. 하나가 없는 곳에는 평강이 있을 수 없다. 평강대신 불화가 있다. 평강은 우리가 느낄 수 있는 것으로서 성령의 하나 되게 하신 것을 지킬 수 있게 한다. 가령 어떤 지체를 만났는데 편안하지 않고 속에 흠칫 경계심이 일어나고 놀라는 것이 있다고 하자. 마치 빚을 얻어 쓰고서 갚지 않은 사람이 빚을 준 사람을 만났을 때 놀라는 것과 같다. 그것은 평강이 없다는 뜻이다. 그러한 느낌, 태도 등은 천연적인 생명, 자아, 육체에서 나온 것이다. 성령이 아니다. 육체 안에 있으면 분열이 있고 갈등이 있고 다툼이 있고 분쟁이 있고 미움이 있다. 그러한 상태는 육체 안에 있고 자신 안에 있는 사람들의 특징이다. 그런데 그리스도 예수의 사람들은 육체와 함께 그 정과 욕심을 십자가에 못 박았다. 그리고 성령을 따라 생활한다.

이 성령 안에 있을 때만이 평강 안에서 하나가 있다. 주님은 십자가에서 모든 불화를 끝내고 육체를 못박고 성령의 하나를 이미 이루어 놓으셨다. 우리는 오늘 주님이 주신 평강으로서 형제자매들과 이 하나를 누릴 수 있다. 그러기 위해서는 우리는 최선을 다해서 평강을 깨지 말아야 한다. 어떻게 성령의 하나 되게 하신 것을 힘써 지키는가? 평강의 매는 줄로 지키는 것이다.

평강을 깨지 않기 위해서는 세세한 부분에서 구체적으로 많은 십자가를 체험해야 한다. 다른 형제자매들에 대한 언짢은 생각이 못 박혀야 하며 이를 위해 우리는 회개하고 기도해야 한다. 그럴 때 미운 형제자매들이 하나도 없게 된다. 이로써 당신은 한 번 더 분량이 넓어지고 깊어지고 커질 것이다. 전에는 양 같고 토끼 같은 형제자매들만 받을 수 있었다. 그런 사람들과만 평강을 누릴 수 있었다. 그런데 고슴도치 같은 사람은 품을 수가 없었다. 그런 사람만 보면 속이 뜨끔뜨끔하다. 찔릴까봐 가까이 가기가 꺼려진다. 그런데 하나님의 자녀 중에는 양이나 토끼 같은 사람만 있는 것이 아니라 날카로운 가시를 가진 고슴도치 같은 사람도 있게 마련이다. 이전에는 나도 고슴도치 같은 형제자매가 나타나면 찔릴까봐 살살 피했다.

내가 젊어서 한참 교회 봉사를 많이 할 때 내 이름이 상당히 존중받는 이름으로 알려진 적이 있었다. 그런데 어떤 형제한테만 가면 주위에 나보다 어린 형제자매들이 있건 말건 '아무개 형제, 이리 와 봐' 하고 부르는 것이었다. 그 형제는 나보다 나이가 좀 많고 젊었을 때부터 나를 알았기 때문에 나에 대해 임의로우니까 그렇게 하는 것인데 나는 그 곁에 가기가 싫었다. '저 분은 아무 데서나 내 이름을 마구 부르니까 아무래도 피하는 게 좋겠다' 하는 생각이 들었다. 아마도 많은 분들이 젊었을 때 나와 같은 그런 경험을 한 적이 있을 것이다. 우리는 자동적으로 그렇게 사람을 무시하는 사람을 피하게 된다. 나를 존중하는 많은 사람들이 내 주위에 있다가 그런 호칭을 들으면 아주 곤란한 상황이 벌어진다고 여겨졌기 때문이다. '이번에 그를 부닥치면 또 어떤 난처한 상황이 벌어질지 몰라. 내가 그럴 때 얼굴을 어디에다 두어야 할지, 대답을 어떻게 해야 할지 곤란하게 될 거야.' 그러나 상대편은 전혀 그런 느낌을 눈치채지 못하고 만날 때마다 동일한 상황을 만들었다. 나는 그분의 태도가 언젠가 변하기를 바랐는데 그분이 변한 것이 아니라 나중에 많은 환경을 거치고 나의 마음이 낮아지고 나니까 나에게 그런 것은 아무 문제가 되지 않았다.

그러므로 어떤 지체들과도 평강을 갖는다는 것은 그렇게 쉬운 일이 아니다. 보면 자동적으로 피하려 하기 때문이다. 오늘에 와서 불필요한 겉옷을 다 벗으니까 무어라고 부르든지 아무 상관이 없게 되었다. 자유로워지니까 참 좋다. 사람들 가운데서 어떻게 불려지는지를 관심하며 조심스럽게 행동하는 것은 정말 부질없는 일이다. 모든 것을 벗어버리고 나니까 너무 편하다. 물론 내가 일부러 벗으려고 해서 벗은 것은 아니고 감사하게도 주님이 벗겨주신 것이다. 어쨌든 이 말씀의 요점은 성도들 간의 평강을 중요시해야 한다는 것이다.

또 여기에 '하나'에 관한 문제가 나오는데, 우리가 부르심에 합당한 생활을 해야 하는 가장 중요한 이유는 하나를 지켜야 하기 때문이다. 우리가 오늘 하나를 지키기 원한다면 낮아져야 한다. 물은 낮은 데로 흐르는 법이다. '하나 되자. 하나 되어야 한다' 하고 높은 위치에 서서 자꾸 요구하면 사람들이 '하나는 옳지만 나는 당신 있는 데로 올라가기 싫다'고 말한다. 그러나 하나를 그렇게 강조하지 않아도 낮은 데 처하면 저절로 하나를 이루게 된다.

또 온유함도 그렇다. 하나를 지키고 싶지만 만날 때마다 사람을 날카롭게 찌르는 게 있으면 다 그에게 가가기를 꺼려한다. 누구든지 그런 사람을 피하려 한다. 우리에게는 인성이 있기 때문에 이 인성 안에서의 온유함도 매우 필요한 것이다. 그러므로 진정으로 성령으로 하나 되기를 원한다면 우리는 낮아지는 것이 무엇인지를 배워야 한다. 자기를 낮추기를 배우는 사람이 실제적인 의미에서 하나를 지키려고 하는 사람이다. 우리는 하나를 서로 요구하고, 하나에 대하여 많이 말하는 사람이 되기보다는 자신을 낮추고 다른 사람을 편안하게 해주는 사람이 되는 것이 필요하다. 또 다소 어렵고 변화되지 않은 모습을 지닌 형제자매들이라 할지라도 오래 참으면서 사랑하는 마음으로 지속적으로 인내하면서 짊어질 때 하나를 유지할 수 있다. 많은 분열이 서로의 어려움을 짊어지지 못해서 발생했다.

이러한 말씀이야말로 사도의 가르침이다. 사도 바울이 '너희를 권하노니' 하면서 말하지 않았는가? 하나 됨에 있어서 주장하는 것이 아니라 권하는 것이다. 그러므로 '하나'를 지키는 것을 주장하거나 말만해서는 안 되고 이 모든 구절을 함께 놓고 말해야 한다. 그럴 때 비로소 하나가 실제적으로 이루어지게 된다. 즉 교회의 하나 되는 문제는 실행적일 때 가치가 있다. 겸손과 온유, 사랑 안에서의 용납, 즉 짊어지는 문제 등은 다 실행적이고 실천적인 문제이다. 교리나 이론이 아니다. 교회의 보편성 문제나, 포함하는 문제 등, 하나를 지킴에 관련된 문제들은 실행성 안에 놓을 때 의미가 있게 된다. 바울이 에베소서 4장에서 하나의 문제를 말할 때 교리적인 것보다도 실천적인 사항들을 먼저 말한 것은 매우 중요하다. 하나를 지키고 하나를 염원한다면 교리에 대한 주장이나 가르침보다도 실천적인 부분을 먼저 실행해야 한다. 그런 연후에 바울은 진리적인 문제도 말하고 있다.

나는 지금까지 많은 그리스도인들을 만나고 헤어지고 하지만 그들을 다른 교회 성도들로 여기지 않고 있다고 고백할 수 있다. 우리 교회 모임에 일 년에 한 번 오든지 이 년에 한 번 오든지 나는 그들을 여전히 내 형제자매로 여긴다. 이번에도 몽골에 갔을 때 우리를 떠나서 어느 조그만 곳에 가서 전도사 노릇을 하는 형제가 두 번 집회에 참여했다. 나는 여전히 그를 형제로 여겼다. 또한 4년 전부터 한국의 다른 선교 단체에서 파송 받은 목사 한 분이 매년 내가 갈 때마다 집회에 참석하곤 했는데(찬송을 인도했다), 그는 이번에도 와서 큰 은혜를 얻었다고 간증했다. 나는 그가 진실로 다른 교회라는 느낌이 없이 우리와 조금도 다름이 없는 한 몸의 지체로 여겨졌다.

성경 해석가 H.A. 아이언사이드는 어떤 형제가 그에게 어떤 교파에 속해 있느냐고 묻는 질문에 '나는 다윗과 같은 교파에 속해 있습니다'라고 대답했다고 한다. 그가 다시 다윗이 어느 교파냐고 묻자 다윗의 시를 말해주면서 '나는 주를 경외하는 모든 자와 주의 법도를 지키는 자의 동무'라고 했다 한다. 우리는 어느 종파에 있는가? 우리는 바울이 속한, 베드로나, 루터나, 칼빈이나, 웨슬레가 있었던 오직 그리스도의 한 몸에 속해 있을 뿐이다.

1장에서 교회는 만유를 그리스도 안에서 통일되게 하기 위해 먼저 그 통일 안(머리 되심)에 순복하여 들어간 무리라고 계시한다. 여기에도 하나의 사상이 있다. 2장은 그리스도의 피는 멀리 있던 이방인들을 가깝게 하였고 십자가로 나뉘어졌던 것을 하나 되게 하여 화목하게 하였다고 말한다. 그리고 이제 한 성령 안에서 아버지께 나아가게 하였다고 말한다. 또한 3장 18절도 "모든 성도와 함께 지식에 넘치는 그리스도의 사랑을 알아"라고 하여 교회의 하나 문제를 이미 말하였다. 그러나 4장은 직접적이고 구체적으로 하나를 이룰 수 있도록 권면하고 있다. 당신이 만일 이러한 사도의 권면(주님의 권면으로 들어야 함)을 듣고 받아들이지 않는다면 강퍅한 사람이라고 말할 수 밖에 없다.

여러분이 참으로 교회의 중요성을 알았다면 겸손하고 온유하며 사랑 가운데 서로 용납할 것이며 평안의 매는 줄로 성령의 하나되게 하신 것을 힘써 지킬 것이다. 설사 멀리 떨어져 생활하는 사람, 같은 공동체나 함께하는 테두리에 있지 않다 하더라도 서로 겸손하며 온유함으로 성령의 하나를 지키려 할 것이다. 이와같이 몸의 이상은 우리의 삶을 바꾼다.

일곱 하나

4절, 몸이 하나이요 성령이 하나이니 이와 같이 너희가 부르심의 한 소망 안에서 부르심을 입었느니라

먼저 말해야 할 것은 '몸'이라는 것은 구체적인 실체라는 것이다. 이는 아무리 말해도 지나치지 않다. 어떤 사람들은 그리스도의 몸인 교회생활을 말할 때 이를 추상적인 관념 속에서 생각하려고 한다. 그러나 몸의 생활은 추상이나 관념이 아닌 실제일 때 의미가 있다. 왜냐면 몸이라는 말 자체가 구체적인 것이기 때문이다. 혹 영이라고 한다면 추상적일지 몰라도 몸은 구체적인 것이다. 당신이 만일 지금까지 추상적인 교회생활을 했다면 이제 구체적인 생활로 돌이키기 바란다. 장래 그리스도의 심판대는 세워질 것이고 각 사람은 그들의 행한대로 심판이 될 것인데, 당신의 몸의 생활도 예외일 수 없을 것이다.

몸을 말할 때 우리는 고린도 전서 12장에서 몸의 지체들이 상호의존적이라는 것을 먼저 볼 필요가 있다. "만일 발이 이르되 나는 손이 아니니 몸에 붙지 아니하였다 할지라도 이로 인하여 몸에 붙지 아니한 것이 아니요…만일 다 한 지체뿐이면 몸은 어디뇨…눈이 손더러 내가 너를 쓸데 없다 하거나 또한 머리가 발더러 내가 너를 쓸데없다 하거나 하지 못하리라 이뿐 아니라 몸의 더 약하게 보이는 지체가 도리어 요긴하고 우리가 몸의 덜 귀히 여기는 그것들을 더욱 귀한 것들로 입혀주며 우리의 아름답지 못한 지체는 더욱 아름다운 것을 얻고 우리의 아름다운 지체는 요구할 것이 없으니 오직 하나님이 몸을 고르게 하여 부족한 지체에게 존귀를 더하사 몸 가운데서 분쟁이 없고 오직 여러 지체가 서로 같이 하여 돌아보게 하셨으니 만일 한 지체가 고통을 받으면 모든 지체도 함께 고통을 받고 한 지체가 영광을 얻으면 모든 지체도 함께 즐거워하나니"(고전 12:15,19, 21-26). 이로써 몸의 생활이라는 것이 매우 구체적이고 상호 의존적임을 볼 수 있다. 당신이 누구든지 한 몸의 전체는 될 수 없음을 기억하라! 당신은 지체요 한 몸의 부분(part)이다(12:27, 지체의 각 부분이라). 오늘 어떤 사람은 자신이 온전히 한 몸 전체인 것처럼 행하는데 이는 옳지 않다. 오직 머리이신 주님만이 모든 지체를 포함할 수 있는 분이시고 우리는 모두 그 위대한 몸의 작은 지체일 따름이다. 이미 지적한 바 있지만 기묘하게도 고린도 전서 12장도 성령, 주님, 하나님의 순서로 말씀이 전개되고 있는 바 이는 몸의 생활이 성령의 은사와 직분으로 나아가는 구체적인 생활로부터 시작되므로 그러한 것이다. 성령의 역사는 우리 가운데 몸의 생활과 봉사를 산출해내지만 결국은 이 몸은 하나님의 역사를 산출하는 기관이 되는 것이다(고전 12:6).

4절부터 6절까지는 성도들이 하나를 지켜야 하는 이유를 말해준다. 이는 구원에 관계된 모든 항목들이 단일체계로 되어있기 때문이다. 우리를 믿어 신자가 되게 한 요소들이 다 하나라는 말이다. 그렇게 모든 것이 하나에서 나온 것인데 어찌 그 결과인 교회가 나누어질 수 있느냐 하는 것이다. 여기서 먼저는 몸이 하나라고 말하고 있다. 우리가 하나 곧 성령의 하나를 힘써 지켜야 하는 이유가 있다. 그것은 몸의 모든 지체들은 한 몸에 붙어있으므로 나누어질 수 없기 때문이다. 남편과 아내 곧 부부도 이제 둘이 아니요 한 몸이니 어찌 나뉘어질 수 있겠느냐고 하셨다. 하나님께서 짝 지어 주신 것을 사람이 나누지 못한다고 하셨다. 이와 같이 성경은 교회가 한 몸이며 따라서 교회라는 것은 나눌 수가 없다고 말씀한다.

"몸은 하나이요 성령이 하나이니." 이 땅에 그리스도인들은 많지만 몸은 하나이다. 복음을 전하는 것도 좋고 성도들을 양육하는 것도 좋다. 그러나 몸은 여전히 하나이다. 또 성령이 하나이다. 성령은 성도들을 각 개인의 속에서 역사하는 분인데 각 사람 속에서 가르치시고 인도하시는 분이다. 다르다면 은사가 다른 것이지 운행하시고 내주하시는 성령은 한 분이시기 때문에 나누어질 수 없다. 몸은 밖의 표현이고 성령은 안의 내용이다. 성령은 몸의 주체이다. 몸의 인격이다. 이와 같이 인격이신 성령님이 한 분이신고로 그 성령으로 말미암은 몸은 나누어질 수 없고 모든 성도가 일체감을 가질 수 밖에 없다. 밖에는 몸이고 안에는 성령이다. 교회의 성분이 성령이고 인격이 성령이다. 그러니 각 사람이 성령을 중심 삼지 않을 때 어떻게 하나를 이를 수 있겠는가? 이 구절은 몸과 성령을 연결하여 말하지 않는가? 성령은 몸의 내용이다. 쉽게 말해서 성령이 없으면 몸이 없는 것이다. 이와 같이 오늘 우리가 교회의 하나를 이루려면 개개인의 신자들이 성령의 인도를 따라 살아야 하며 성령의 하나를 힘써 지켜야 한다.

"이와 같이 너희가 부르심의 한 소망 안에서 부르심을 입었느니라". 여기에 한 소망이 있다. 소망이 하나이다. 하늘에 이르도록 우리를 부르셨다. 하늘에 속한 부르심, 이것이 우리의 소망이다. 우리는 이 땅에 소망이 없다. 이 땅에서 잘 먹고 잘 사는 것은 우리의 소망이 아니다. 성도들은 모두가 동일하게 바라보고 나아가야 할 하늘 나라가 있는 것이다. 몸이 하나이고 성령이 하나일 뿐 아니라 소망도 하나이다.

우리의 소망이 다르면 하나가 되지 않는다. 어떤 사람은 이 땅에 소망을 두고 있고 또 어떤 사람은 하늘에 소망을 두고 있다. 이 둘이 어떻게 하나가 되겠는가? 생각해 보라. 불가능하다. 한 사람은 이 땅에서 영광을 구하고 발전을 구하고 번영을 구하고 성공을 구한다. 또 한 사람은 이 땅에 있는 것을 버리고 하늘에 속한 것을 얻으려고 한다. 이럴 때 이 둘이 어떻게 하나 되겠는가? 성도들은 성경 진리에 따른 소망을 분명히 갖고 있어야 한다. 그 소망은 영생의 소망이요 천국에 이르는 것이다. 영원한 생명의 영원한 기업을 말한다. 성도들이 다 같이 하늘에 속한 소망을 갖고 산다는 것은(한 소망) 성도들을 한 몸 안에서 하나로 묶어준다. 이는 무엇이든지 목표가 같은 자들이 가는 길에서 자연 일치 될 수 있음과 같다. 이는 어떤 종말론을 믿느냐하는 교리적인 것을 말하는 것이 아니다. 오늘날까지도 많은 종말론이 사람들을 나누었는데 이는 교리가 나눈 것이지 소망이 나뉘게 하는 것이 아니다. 교리가 다를 수 있지만 우리는 공통적으로 그리스도를 기다리는 것에 있어서 일치한다. 그리고 그분이 그분을 사랑하고 충성된 사람들에게 상 주심에 있어서 동일하게 믿고 있다. 그분이 오실 때 그 분은 착하고 충성된 종들에게 칭찬과 상급을 주신다는 것은 건전한 그리스도인들이 동일하게 믿는 소망이다. 어떤 사람도 이 소망에 있어서 다르다고 하지 않을 것이다. 이 소망, 그리스도 재림에 대한, 부활의 소망, 천국에 이를 소망을 가진 우리는 다 소망에 있어서 하나이다.

5절, 주도 하나이요 믿음도 하나이요 세례(침례)도 하나이요

"주도 하나이요". 이 말씀은 우리를 구속하셔서 그분께 속한 자로 만드신 분이 한분이란 말이요 우리가 종으로서 순종하여 그 명령을 받드는 분이 같은 분이라는 말이다. 우리가 한 분을 섬기고 한분의 말씀을 순종하며 따르는데 어떻게 나누어질 수 있느냐는 말이다. 성령의 하나를 지키려면 우리는 적어도 이 일곱 가지에서 하나이어야 한다. 몸이 하나요 성령이 하나요 소망이 하나요 주도 하나이다.

"믿음도 하나이요". 또한 믿음도 하나라고 한다. 여기의 믿음은 주로 믿는 대상을 말한다. 우리가 믿는 주님은 한 분이다. 우리의 믿는 대상이 달라서는 물론 하나 될 수 없다. 주 예수 그리스도가 우리의 믿음의 대상이다. 우리의 믿는 대상이 다르다면 명령도 다를 것이기 때문에 서로의 신앙에 대한 의견과 가는 길이 다르겠지만 같다면 한분의 말을 들을 터이니 우리의 순종의 길에서 한 마음이 되고 충돌이 없을 것이다. 우리의 그리스도를 믿는 믿음도 하나이어야 한다.

"세례(침례)도 하나이요". 믿음은 적극적으로 그리스도 안으로 들어가는 것이고 침례는 세상과 죄악과 아담에 속한 것들에서 나오는 것이다. 성도들은 누구든지 이러한 동일한 의미를 갖는 침례를 받아 그리스도와 연합하였으니 다 하나 될 수 밖에 없다는 말이다. 성도들은 다 같이 아버지와 아들과 성령의 이름으로 동일한 세례(침례)를 받았다. 그 형태야 어떠하든지 그 세례(침례)의 의미는 동일하다. 우리는 이 땅에서 그리스도와 함께 죽고 그리스도와 함께 장사되고 그리스도와 함께 부활하여 그리스도 안으로 들어간 것을 의미하는 동일한 침례를 받았는데 어찌 나뉘어 질 수 있겠는가? 그런데 아직도 한 믿음, 한 침례가 없다면 하나될 가능성이 없다. 자아 안에서 살고 있고 육신에 속하여 살고 있으며 천연적인 생각 그대로 사용하며 살고 있다면 영적인 성도들, 즉 침례의 실제를 갖고 있는 자들과 하나 될 수 없다. 침례란 자신이 그리스도와 함께 죽었다는 것이다. 자신이 끝나고 더 이상 자신이 살지 않는 것이 침례의 실제이다. 믿음은 무엇인가? 믿음은 그리스도 안으로 들어가는 것이며 그리스도께서 우리 안에 사시는 것이다. 그분을 의지하여서만 사는 것이 믿음이다.

갈라디아서 2장 20절이 이것을 잘 설명해주고 있다. "이제는 내가 산 것이 아니요 오직 내 안에 그리스도께서 사신 것이라". 그리고 바울은 이어서 "이제 내가 육체 가운데 사는 것은 나를 사랑하사 나를 위하여 자기 몸을 버리신 하나님의 아들을 믿는 믿음 안에서 사는 것이라"고 말했다. 내가 살지 않고 그리스도께서 내 안에 사시는 것이 믿음이다. 한 사람에게서는 그리스도께서 그 안에 사시고 한 사람에게서는 자신의 천연적인 생명과 육체가 사는데 어떻게 하나 되겠는가? 육체와 성령이 어떻게 하나 되겠는가? 여러분, 생각해 보기 바란다. 침례와 믿음이 없는 사람과 어떻게 하나 되겠는가?

오늘날 육체와 성령을 하나 되게 하려고 하는 작업이 많은 것 같다. 갈라디아서 5장에 이런 말씀이 있다. "육체의 소욕은 성령을 거스리고 성령의 소욕은 육체를 거스리나니 이 둘이 서로 대적함으로 너희의 원하는 것을 하지 못하게 하려 함이니라"(갈 5:17). 여러분은 성령과 육체가 서로 잘 조화하고 노력하면 하나 될 수 있다고 생각하는가? 한 사람은 자신을 죽음에 넣는 사람이고 또 한 사람은 자신을 부인하지 않고 계속 자신을 중심 삼아 살며 육체를 좇아 사는 사람인데 이 둘이 하나 되지 못하는 것은 서로의 사랑과 교제가 부족하기 때문인가? 이것은 참으로 문제가 아닐 수 없다.

그러하기에 하나 되는 이 문제는 '하나 되기 운동'으로 해결되지 않는다. 여기에 정상적인 믿음이 있어야 한다. 모든 믿는이들이 공통적으로 갖는 믿음이다. 그리고 침례가 있어야 한다. 침례란 우리가 그리스도와 함께 죽고 함께 장사 지낸 바 되었다는 것이다. 더 이상 내가 살지 않고 내 안에 그리스도께서 사시는 실제가 있을 때 나의 그리스도와 당신의 그리스도는 하나 될 수 밖에 없다.

6절, 하나님도 하나이시니 곧 만유의 아버지시라 만유 위에 계시고 만유를 통일하시고 만유 가운데 계시도다

더욱 교회가 나누어질 수 없는 이유는 모든 것의 근본이신 하나님이 한 분이시라는 것이다. 이것이 몸의 일치의 궁극적인 기초이다. 그분은 만유의 아버지이시며 만유 위에 계시고 만유를 통일하시고 만유 안에 계시다. 만유 위에 계시고 만유 가운데 계시다고 할 때 여기서의 만유란 특히 만물 가운데 사람을 지칭한다. 즉 하나님은 모든 사람의 아버지시고(만유의 근원이심을 말한다. 그분으로부터 말미암지 않은 사람이 없다.) 모든 사람 위에 계시고(이는 하나님이 만유를 다스리시되 특히 교회를 다스리시며, 모든 사람을 다스리신다는 뜻이다), 만유를 통일하시며(모든 사람을 통하여 존재하신다는 것인데 이는 모든 사람을 관통하신다는 뜻으로서 하나님의 내재적인 역사로 모든 사람을 통치하신다는 뜻이다), 모든 사람 안에 계신다(하나님의 내재성, immanence of God)고 말한다. 그러니 신자들은 그들의 근본 되시고, 그들 위에서 다스리시며 그들 안에서 다스리시며 역사하시는 하나님을 갖고 있다는 말이다.

이러한 하나님이 한 분이시기 때문에 우리 믿는이들은 결코 나뉘어질 수 없다는 것이다. 근본에서 하나이고 우리 주님이 한 분이시고 그 주님을 믿는 믿음도 하나이고 침례도 하나이며 따라서 소망도 하나이다. 그리고 성령이 하나이고 몸이 하나인 것이다. 만일 어떤 사람들이 나누어진다면 이 일곱 가지의 하나를 소홀히 하거나 일곱 하나에서 문제가 있기 때문일 것이다. 믿는 대상이 다르든지, 소망이 다르든지, 성령의 인도를 따르지 않든지, 자신을 죽음에 넘기지 않고 자신을 중심 삼아 살든지, 목표를 다르게 두고 있든지 할 것이다. 또 일곱 하나에 어떤 다른 하나 되는 요소를 덧붙일 때 교회의 참된 하나에서 떠난 다른 하나를 지키게 될 것이다. 어떤 사람들은 이 일곱 외에 정확한 성경 번역본을 읽는 사람들과의 하나를 지키는데, 그러한 하나를 주장하는 것은 이 일곱 외에 다른 항목을 추가하는 것이다. 성경의 좋은 번역본을 택하여 읽는 것이 좋은 일일지라도 그것으로 성도들을 하나 되게 하거나 나누는 요소를 만들 수 없다. 최소한 그들이 정상적인 믿음을 갖고 있다면 말이다. 우리는 성경 번역본이 약간씩 다른 믿는이들 사이에서도 믿음이 정상적인 사람들이 얼마든지 있을 수 있다는 것을 알기 때문이다. 그러나 정상적으로 이러한 일곱 하나를 갖고 있는 신자라면 당연히 하나를 이룰 것이다.

또 어떤 사람들은 안식일을 지키는 사람들과만 하나를 지키려 하기도 하고, 어떤 사람들은 특수한 재림 교리를 주장하는 자들과의 하나를 이루기도 하며 어떤 사람들은 방언을 말하는 것으로 통일하고자 하는 경우도 있다. 그들은 교회가 하나가 되기 위해 이 일곱 하나만을 지키는 것은 뭔가 부족하다고 생각하는 것 같다. 또 어떤 사람들은 교회의 직분을 세우는 일에서 주장하는 것들이 있고, 교회의 입장에서도 상당히 강한 주장이 있다. 많은 사람들이 신앙의 기본적인 요소들이 아니라 지엽적이고 양보할 수 있는 것들을 가지고 몸을 나누는 요소로 사용한다. 어떤 요소들은 분명 에베소서 4장 4-6절에 있는 일곱 하나의 요소는 아닌데, 어떤 사람들은 몸의 하나를 지키기 위해 그런 특이한 요소를 이 일곱 하나에 추가했다. 추가한 정도가 아니라, 아예 그 특수한 것이 이 일곱 하나보다 하나를 이루는데 더 큰 요소로 작용을 하게 한다. 이 일곱 하나 외에 다른 것을 내세워 하나 되는 요건으로 삼는다면 그것이 아무리 성경적인 것이라 하더라도 거기에는 분파가 생길 수 밖에 없다.

그러면 어떤 사람들은 현실적으로 한 지방에서 어떻게 성경의 한 몸을 이루겠느냐고 말할 것이다. 그것은 다만 한 지방에서 이 일곱 하나를 견고하게 지키는 무리가 하나를 지키는 위치를 갖고 있다고 말할 수 있다. 그리고 교회가 모이는 근거로서 이 일곱 하나보다 강하게 작용하는 어떤 것이 있다면 우리는 마땅히 그것을 제해야 한다. 그럴 때 거기에서 참된 하나를 얻을 수 있다. 혹 어떤 사람들은 지역을 강조해야 분열이 없는 교회를 얻을 것이라고 말할 것이다. 그러나 지역 이름을 강조하면 또 그것을 강조하는 한 파가 나오게 된다. 그냥 그 지역에서 주님을 믿는 성도들이 주의 이름으로 모이는 것이다. 우리가 한 지역에서 이 일곱 하나를 지키는 것이 족하다고 하는 이유는 지역이란 다만 사람들이 사는 경계이기 때문이다. 우리는 육신을 입었으므로 시간과 공간의 제한을 받으니 함께 가까이 사는 자들이 함께 사는 곳에서 한 몸을 이루는 것이 매우 당연하다는 것이다. 성경에서 교회가 각 지역과 도시에서 세워진 것을 아는 것은 매우 도움이 된다. 그렇지만 교회의 어떤 이름을 주장한다면 그 이름으로 인한 분열이 또 생겨난다. 원래 교회는 이름이 없이 그냥 교회이다. 우리는 어떤 성경적인 교회의 이름으로 모이는 것이 아니라 오직 예수 그리스도의 이름으로 모여야 한다. 교회가 이름을 갖는다면 오직 남편이신 그리스도의 이름을 갖는다(계 3:8).

우리가 만일 성경을 쓴다면 아마 일곱 하나의 순서를 거꾸로 말할 것이다. 하나님 아버지가 한 분이시라는 것으로 시작하여 주님이 한 분이시며 그분에 대한 믿음과 침례가 하나이고 소망이 하나이고 성령이 하나이고 마지막으로 몸이 하나라고 할 것이다. 그런데 이 에베소서는 그리스도의 몸에 관해 기록한 책이다. 구체적인 몸의 생활과 특별히 4장은 몸의 통일성에 관련된 말씀이다. 그래서 구체적으로 하나를 이루어야 하는 몸부터 말한 것이다.

이 일곱 하나 외에 다른 것으로 몸을 나눌 수 없다

1. 교리로 나눌 수 없다

갈라디아서 5장 20절의 '이단'(heresy)이라는 단어는 간음이나 우상숭배 등 많은 육체의 행위가 하나님의 기뻐하시는 바가 아니고 하나님의 거절하시는 것이며 하나님의 나라를 유업으로 받지 못하게 하는 것이지만 당을 짓는 것이나 분리하는 것이나 이단도 그와 마찬가지라고 말한다. 이 단어는 헬라어로 '교리를 채택하여 다른 사람들과 종파를 나눈다'는 뜻이다. 다비(J.N. Darby)는 이것을 의견의 학파들(schools of opinion)이라고 번역했다. 진리적인 논쟁들(contentions)과 분쟁적인 논리 투쟁들(disputes)은 이단(schools of opinion)과 함께 육체의 현저한 일들이다. 이 단어들은 반드시 정당치 못한 것을 가리키는 것이 아니라 성경적인 것이라 하더라도 '우리는 다른 사람들과 다른 것을 채택하여 세운다'는 뜻이다. 원문적인 이 단어의 뜻은 꼭 틀린 것을 주장하는 것이 아니라 '나는 다른 사람들과 다른 특별한 교리가 있기 때문에 다른 사람들과 차별을 두겠다'는 뜻이다. 여기의 중점은 옳고 그른 것이 아니라 교리의 차이로 다른 사람들과 나눈다는 데 있다. 하나님은 그분의 자녀들이 교리의 차이로 나누어지는 것을 원치 않으신다. 예를 들어 당신이 환난 후 휴거를 믿든 환난 전 휴거를 믿든지 그것으로 나누지 않고 주님을 사랑하면 문제가 없지만 그것으로 하나님의 자녀를 나누는 데 쓴다면 그것은 육체의 일인 것이다. 또는 전 천년설을 믿는 자이든지 후 천년설을 믿는 자이든지 주님의 재림을 믿는 자들이라면 나누어질 이유가 없다. 이는 로마서 14장의 교훈으로 바로잡을 수 있는 것이다. 하나님은 그분의 자녀들이 하나를 지키며 사랑으로 서로 감싸주기를 바라신다. 한 몸을 육체적인 사욕으로 나눈 종파, 즉 종파적인 편당은 현저한 육체의 일 중 하나이며, 성도들이 힘써 하나를 지키는 것이 아니라 이와 같이 특정한 주장이나 교리적인 것을 이유로 들어 분열적인 육체의 일들 안에 산다면 하나님 나라를 유업으로 받지 못한다는 사도의 경고를 들어야 한다(갈 5:19-21).

2. 종족이나 국적으로 나눌 수 없다

우리는 유대인이나 헬라인이 그리스도의 몸 안에서 나뉠 수 없음을 안다. 중국인 교회가 따로 없고 한국인의 교회가 따로 없다. 미국이나 외국에 나가면 한국인 교회라는 간판이 많은데 이는 성경적이 아니다. 그리스도의 몸은 유대인 교회가 없으며 헬라인 교회가 없는 것이다. 오직 그리스도 안에서 한 몸이 된 것이다.

3. 영적인 지도자로 나눌 수 없다

당신이 구원받은 유래나 영적인 지도자로도 교회를 나눌 수 없다. 이는 고린도 전서 1장에 분명히 말하고 있다. 고린도 성도들은 "나는 바울에게 나는 게바에게 나는 아볼로에게"라고 하며 나누어졌다. 바울은 그리스도께서 어찌 나뉘었느냐고 물었다. 그리스도께서 나뉘어지지 않은 분이라면 그분을 믿는 성도들도 나뉘어지지 말아야 한다. 오늘날 칼빈으로, 웨슬레로, 교회는 나뉘어질 수 없다. 영원 전부터 영원 후까지 교회는 하나이다. 한 몸, 한 성령이라고 했다.

4. 계급으로 나눌 수 없다

바울 시대에 자유자든 노예든 그리스도 안에서 한 몸이 되었다. 모든 노예들에게는 자유의 권리가 없었고 법적인 보장도 없었다. 그가 죽어도 그에 대하여 물을 사람도 없었다. 그들은 공적인 권리가 없고 재판을 거치지 않고 죽임을 당할 수 있었다. 그러나 로마 시민들은 모든 것에 권리가 있었다. 그러나 교회 안에서 이런 차별이 없다. '종이나 자유자나 한 몸이 되었다.' 우리는 부자촌의 교회를 따로 세우고, 가난한 곳의 교회를 따로 세울 수 없음을 보아야 한다.

5. 영적인 수준으로도 교회를 나눌 수 없다

영적인 상태가 좋고 나쁨이 교회를 세우는 조건이 될 수 없다. 한 곳에 교회가 있는데 비교적 영적인 상태가 좋은 성도들이 따로 집회를 갖고 교회를 세운다면 어떻겠는가? 이는 성경적이 아니다. 교회는 아이들도 있고 청년들도 있고 장성한 아비들도 있는 것이지 아비의 교회가 따로 있고 청년의 교회가 따로 있는 것이 아니다(요일 2:12-14). 다만 영적으로 장성하고 좋은 영성을 가진 자들은 따로 교회를 세울 것이 아니라 어린 성도들을 사랑으로 양육하며 돌봄을 주어야 한다. 성경에서 이기는 자들은 교회 안에서 일어나는 것이지 이기는 자들의 교회가 따로 있는 것이 아니다.

6. 아무 파에도 속하지 않았다고 자랑하는 무리도 안 된다

고린도 전서 1장은 어떤 사람은 바울에게 어떤 이들은 아볼로에게 라고 하였지만 어떤 이들은 사람에게 속하지 않고 그리스도께 속하였다고 하였다. 사도는 이들도 책망하였다. 이는 무엇이 문제인가? 이들은 자신들만이 그리스도께 속하고 종파에 속하지 않은 것처럼 행하였다. 그러므로 그들 가운데는 교만이 들어간 것이다. 이들은 다른 이들은 사람에게 속했지만 우리는 그리스도께 속했기 때문에 당신들보다 월등하다고 생각한 것이다. 이들의 말은 이런 것이다. '당신들은 장로교, 감리교, 성결교 등의 종파가 있으나 나는 그리스도 외에 다른 데 속하지 않았다. 당신들은 그리스도에게 속했지만 또 사람에게 속한 것이 있다. 당신들은 몸 안에서 분열적인 사람들이다. 나는 당신들을 본받지 않을 것이다. 나는 당신들과 다르다. 나는 그리스도께 속한 사람이다'. 이러한 사람들이 겉으로는 그야말로 종파를 갖지 않은 사람 같지만 이것이야 말로 더욱더 고치기 어려운 종파이다.

그러면 어떻게 몸의 하나를 실행할 것인가?

오늘 우리는 교회 안에 어떤 사람들을 두어야 하고 어떤 사람들을 두지 말아야 하는가? 이 한계는 무엇인가? 무엇으로 우리는 그리스도인을 받아야 하는가? 이것이 교회의 경계인데 이것이야 말로 중요한 것이다. 어떤 사람들은 자신들의 교회 교제권 안에 킹제임스 성경을 그 경계에 둔다. 즉 구원을 받았지만 킹제임스 성경을 위주로 읽어야 하는 것이 조건으로 되어 있는 것이다. 우리는 도대체 어떻게 교회 사람을 결정하는가? 이것이 분명하지 않으면 교회 안에 있는 사람을 밖에 두고 교회 밖에 있는 사람을 안에 포함시키게 된다.

이는 매우 간단히 말할 수 있는데 교회의 구성원이 되는 사람들은 로마서 8장 9절 말씀처럼 그리스도의 영이 그들 속에 있는 사람들이다. 로마서 8장은 12장으로 연결되는데 그리스도의 영이 있으며 하나님의 영으로 인도받는 하나님의 자녀들이 결국은 12장의 몸의 지체들이 되는 것이다. 성령이 그들 속에 거하는 자들은 교회 사람들이고 성령이 없는 자들은 교회 사람들이 아니다. "예수 그리스도께서 너희 안에 계신 줄을 너희가 스스로 알지 못하느냐 그렇지 않으면 너희가 버리운 자니라"(고후 13:5). 우리와 함께 하나님의 거하실 처소를 지을 수 있는 사람들은 아들의 영을 받은 사람들이다. 우리가 교회로 포함할 수 있는 사람이란 복음을 듣고 구원받고 성령을 받은 모든 사람이다. 두 번째 수속이 필요하지 않다.

우리가 하나 되는 것은 인위적인 것이 아니라(뭔가 모여 찬성한 뒤에 만들어낸 하나가 아니라는 말임), 그리스도를 믿을 때 우리 마음에 주신 합일(하나 됨)로 말미암은 것이다. 이 합일은 주님을 믿은 사람들이 다 동일하게 소유한 것이다. 하나님의 자녀들은 이 '합일'을 이미 얻었기에 하나될 수 있는 것이다. 이 합일을 성경은 '성령의 하나 되게 하신 것'이라고 말한다. 이 성령은 한 성령(one Spirit)이므로 이 성령을 받은 자들은 자동적으로 하나가 되고자 하는 영이 있는 것이다. 즉 우리 속에 있는 내주하는 주님이 모든 사람이 서로 하나 되게 하는 것이다. 하나님은 다른 것이 아니라 이 성령으로 죄와 세상에서 분별되게 하시며 성도들 서로 서로를 하나되게 하신다.

우리가 분열이 된다면 세상과의 분열이 있을 뿐이다. 이는 요한복음 15장에도 분명히 기록한다. 17절부터 자세히 읽어보기 바란다. 주님은 세상에 속한 자들이 있고 당신에게 속한 자들이 있다고 말씀하시며 세상은 우리를 미워한다고 하셨다. 그것은 그들이 주님의 택함을 받은 연고라고 하셨다(19절). 교회가 분별이 있다면 세상과 되는 것이지 그리스도인끼리 되는 것이 아니다. 그러므로 성도들은 서로 나누어질 수 없다는 것을 보아야 한다. 그러므로 다시 우리가 어떻게 교회의 하나를 지켜야 하는가를 말하려면 바울이 말한 바대로 행해야 한다. "너희가 부르심을 입은 부름에 합당하게 행하여 모든 겸손과 온유로 하고 오래 참음으로 사랑 가운데서 서로 용납하고 평안의 매는 줄로 성령의 하나되게 하신 것을 힘써 지키라". 우리는 서로 하나를 만들어낼 필요가 없고 이미 우리가 얻은 바 하나를 지켜야 한다.

우리는 이 하나가 있는 것을 어떻게 아는가? 성령의 하나가 있지만 이를 겉에서 증명할 수 있는 것이 일곱 하나인 것이다. 즉 우리가 어떻게 성령의 하나를 지킬 수 있는가? 어떻게 한 형제가 우리와 같은 형제인가를 알 수 있는가? 바울의 말은 이러하다. 성령의 하나가 있는 사람은 반드시 일곱 하나에서 우리와 같다고 말한 것이다. 우리는 성도들이 다 우리와 같기를 바랄 수는 없다. 그러나 최소한 일곱 가지에서 같기를 바랄 수 있다. 이 일곱 하나는 우리에게 성령의 하나가 있는가를 증명해준다.

이 일곱 가지 하나는 모든 그리스도인들이 공유한 것이다. 그 중 하나가 더 많아서도 안되고 적어서도 안된다. 이 일곱 가지 하나가 사람들과 하나를 추구할 때 요구되는 항목이다. 이보다 더 많을 때 교회는 주 안의 참된 형제들을 문밖에 두고 이보다 적을 때 형제가 아닌 자를 안에 두게 된다. 이 일곱 가지 하나가 있을 때 교회는 바른 성령의 하나를 지키게 되는 것이다. 우리는 사도 바울이 말한 대로 떡이 하나요 많은 우리가 하나임을 보아야 한다. 우리는 그 한 몸에서 선택된 교통을 가져서는 안된다. 그리스도의 몸이란 그리스도에 참여하는 자들이 그 몸의 구성원들이다.

그들 안에 성령이 있다면 그것으로 충분하다. 그가 받은 것이 성령이고 당신이 받은 것이 성령이라면 당신은 그와 나누어질 길이 없다. 또 한 가지 부르심을 받았다고 말한다. 이는 우리가 같은 소망을 가졌다는 것이다. 이는 곧 장래 영광 안에서 그리스도와 함께 있게 될 소망이다. 또한 주가 하나인데 이는 우리 모두가 나사렛 예수를 주와 그리스도로 세우신 것을 믿고 알기에 시인하는 것이다. 서로가 섬기고 시인하는 분이 같으니 우리는 나눠어질 수 없다. 믿음이 하나라는 말은 똑같은 방식으로 믿어야 한다는 것이 아니라 그리스도인이 공유한 신앙을 말한다. 이 신앙은 곧 예수가 하나님의 아들인 것과 그분이 오신 것은 죄인을 구원하시고 죄를 담당하시기 위함이라는 것, 그분은 구속하신 구속주요 구원자이시라는 것을 믿는 기본적인 믿음을 말한다. 다음은 침례가 하나라고 했는데 이 침례는 역시 방법이 아니다. 여기서 바울이 말한 침례는 방법을 두고 한 말이 아니고 누구의 침례를 받았느냐 하는 것이다(행 19:1-5, 고전 1:13). 누군가 주님의 이름으로 침례를 받았다면 그는 그것으로 형제되기에 충분한 것이다. 이는 침례의 방법이 무엇이든지 좋다는 것이 아니다. 정상적인 침례는 물에 잠기는 것인데 여기서 말하는 바는 방법이 아니라 우리가 공히 그리스도의 침례를 받았기에 나눌 수 없다는 말이다. 마지막으로 하나님도 하나라고 했다. 이는 무엇을 말하는가? 우리가 믿는 분이 동일한 하나님이라는 말이다. 그분이 만유의 아버지시고 만유 위에 계시고 만유를 통일하시고 만유 가운데 계신다. 그분이 만유의 주재이시고 그분이 만유 위에 초월하신 하나님이심을 믿으며 만유를 통일하실 분이시며 만유에 계신 분으로 믿을진대 나뉠 수 없는 것이다.

오늘 우리 그리스도인들이 주님을 섬기기 위해 다른 많은 것들이 존재한다. 찬양하는 방법, 기도하는 방법, 예배하는 것, 서로 인사하는 방법, 말씀에서도 강조하는 면들, 많은 것들이 다르더라도 최소한 이 일곱 가지가 같다면 나누어져서는 안된다. 이 일곱 가지 하나는 거룩한 것이고 영원한 것이며 모든 것을 초월한 것이다. 이 일곱 하나가 우리를 하나 되게 하고 나뉘어지지 않게 하는 요소이다. 만일 어떤 사람들이 이 일곱 가지 외에 또 한 가지를 요구한다면 잘못된 것이므로 즉시 종파가 되고 육체에 떨어지는 것을 보게 된다. 누구든지 이 일곱 하나를 가지고 있다면 그는 교회의 사람이요 우리는 그를 받아야 한다. 우리의 하나는 이 일곱 가지 하나를 근거한 것임을 인하여 하나님께 감사하고 찬양한다!

어떤 사람이든지 그가 어디에 있든 이 일곱 가지 하나에서 같다면 다른 것은 상관하지 말고 받아야 하며 그래야 성령의 하나를 지키는 것이 된다. 어떤 단체든지 이 일곱 하나 외에 다른 것이 아무리 성경적이고 주님을 위한 것이라고 하더라도 한두 가지 것을 높이 들어 올려서 자신들과 동일해야 한다고 주장하며, 그래야 받겠다고 한다면 그것은 그야말로 종파인 것이다. 그러므로 우리가 결론지을 수 있는 것은 사람의 육체 속에 분열이 있는 것이다. 결코 분열은 성령의 역사가 아님을 명심해야 한다. 어떤 사람이 일곱 하나를 가지고 있는데 그런 사람을 거절한다면 그는 필경 육체의 사람이며 하나가 무엇인지를 모르는 사람이다. 하나님은 분열의 육체를 미워하신다. 구약 성경에 하나님은 여로보암의 죄를 계속 지적하셨다. 여로보암은 이스라엘의 교회를 자신의 정치적인 야심으로 인하여 나눈 장본인이다.

오늘날의 교회 과연 무엇이 문제인가?

1. 분열주의

초대교회가 1세기부터 11세기 중엽까지 외형상의 분열은 없었다. 1054년 때 성령발출설에 대한 교리 논쟁과 교권주의의 원인으로 동서 교회가 갈라지게 되고 16세기 초 종교개혁의 영향으로 로마 천주교와 개신교의 분열로 인하여 교회는 수없는 분열로 치달았다. 복음과 진리면에서는 발전이 있었지만 끝없는 분열의 상황은 막지 못했다. 성경에는 그리스도의 몸인 교회가 하나라고 하였고 분열은 결코 용납이 되지 않는다. 몸이 하나요 성령이 하나라고 하였다. 주도 하나요 하나님도 하나이다(엡 4:4-6). 교회가 하나인 것은 하나님이 한 분이요 그리스도가 한 분인 것처럼 하나이다. 당신은 하나님이 둘이라고 하면 큰 문제가 되는 것처럼, 또는 주님이 두 분이라고 하면 큰 문제가 되는 것처럼, 교회가 둘이고 셋이고 하면 큰 문제가 된다고 생각해 본적이 있는가? 오늘날 하나님의 자녀들이 교회의 분열을 작은 일로 여긴다. 교회가 분열적이 되는 것이 가장 큰 문제이다. 오늘날 교회가 분열됨으로 말미암아 성도들이 보는 피해가 얼마나 큰지 아는가? 오래 이혼하여 살다보니 이혼한 부부로 사는 것이 정상이 되어 버린 것과 같다.

이혼한 가정의 사람들이 어떻게 하든 살긴 살겠지만 그들은 정식으로 하나 된 부부의 삶에서 얻는 행복을 얻지 못하며 그 결손 가정의 자녀들도 하나 된 부모 밑에서 자란 것보다 결핍된 것이 많은 것이다. 신약 성경 여러 곳에 교회는 하나라고 하였다(고전 1:10-13, 10:17, 12:12, 엡 4:4,13). 분리함과 이단은 육체의 일들이다. 갈라디아서 5장은 분열과 이단은 육체의 일로서 그런 일을 한 사람들은 하나님의 나라를 유업으로 얻지 못한다고 경고하였다(갈 5:19-21). 실제적으로 분열은 우리의 육체 속에 있는 것으로서 철저히 심판하지 않으면 거기에 바로 분열이 있다. 분열의 본체는 무엇인가? 자기이다. 자기의 일, 자기의 욕심, 자기를 따르는 사람들에 대한 집착욕, 소유욕 등 자신의 것을 챙기려 하고 자기를 위하며 자기의 길을 걸으려 하는 자들에게 있는 육체의 본질이다. 이것이 심판되지 않는 한 교회의 하나는 나올 수 없다.

2. 물질주의와 혼합주의

마태복음 6장 24절은 "한 사람이 두 주인을 섬기지 못할 것이니 혹 이를 미워하며 저를 사랑하거나 혹 이를 중히 여기며 저를 경히 여김이라 너희가 하나님과 재물을 겸하여 섬기지 못하느니라"고 한다. 여기서 주님은 재물을 매몬(Mammon)이라고 하여 부와 돈을 의미하는 말로 사용하셨다. 이는 하나님과 대립된 우상내지는 일종의 신으로 의인화한 말이다. 나는 유감스럽게도 오늘날 이 나라의 기독교 도처에서 물질(매몬)이 하나님이 된 광경을 많이 본다. 이는 우리를 매우 슬프게 한다. 사람들이 주님을 섬긴다고 하면서 이곳저곳으로 동분서주하며 뛰어다니는데 그 움직이게 하는 동력이 물질인 것을 본다. 쉽게 말하면 무엇이든지 돈이 되지 않으면 그렇게 뛰지 않는다. 다만 거기에 하나님을 위한다는 명목이 있게만 만들면 된다. 이것이 무엇인가? 혼합주의이다.

이는 구약 시대의 바알신을 섬기던 때를 생각나게 한다. 바알이란 그 뜻이 주(lord), 소유자, 주인(owner)을 의미한다. 특히 토지에 비옥을 가져다 주는 신으로 생각을 한 것이다. 이스라엘이 가나안에 정착하면서 그들은 가나안인에게서 농경 기술을 배웠는데 그들은 여호와는 광야의 하나님이시고 산의 하나님이시므로 토지를 위해서는 토지의 소유자인 바알을 힘입어야 부요를 가져올 수 있다고 믿었던 것이다. 그래서 그들은 비옥 제사와 여호와 제사의 혼합예배의 형태가 나타나게 된 것이다. 즉 바알 숭배 사상은 여호와를 버리겠다는 것이 아니라 여호와를 한 부분 섬기면서 또 다른 부분에서는 하나님이 아닌 다른 신을 의지하는 것을 말한다. 이런 혼합주의가 오늘날 순수한 하나님 중심, 하나님 전체의 신앙을 말살하고 있는 것이 아닌가? 오늘날 사람들은 신앙을 자기 편리와 인생의 일부로 여기고 있음을 본다. 성경에는 주님이 모든 것의 모든 것이라고 하였다. 주님은 우리의 모든 것을 요구하신다. 사람들이 주님을 위하여 이 일 저 일을 한다고 하지만 정말 그들의 마음속에 주님만을 위한 동기와 사랑을 위하여 하는가?(눅 18장, 막 11장) 여기에 사람의 순수성이 절실히 요청된다. 마음을 다하고 목숨을 다하고 힘을 다하지 않는 사랑으로 섬기는 것은 합당한 신앙이 아니다.

3. 거짓교사의 위험

주님은 산상수훈에서 거짓 선지자를 삼가라고 하셨고, 그들은 양의 옷을 입고 나오지만 속에는 노략질하는 이리라고 하였다. 그리고 그들의 열매로 그들을 알리라고 하였다. 좋은 열매를 맺지 아니하는 나무마다 찍혀 불에 던져진다고 하였다(마 7:15,20). 또한 소경이 소경을 인도하면 둘이 다 구덩이에 빠진다고 하셨다(마 15:14). 구약의 하나님의 위대한 종 모세는 호렙 산에서 하나님의 부르심과 이상을 받았고 그 백성을 인도하라는 명령을 받은 종이다. 바울은 '나를 충성되이 여겨 직분을 맡기셨다'(딤전 1:12)고 하였고, "우리 안에 거하시는 성령으로 말미암아 네게 부탁한 아름다운 것을 지키라"(딤후 1:14)고 하였다. 하나님의 사역자는 "하나님의 비밀을 맡은 자"(고전 4:1)로서 뭔가 하나님의 부탁을 받은 것이 있고 비밀의 위임을 맡은 것이 있는 자이다.

로마서 15장 15-18절에는 "그러나 내가 너희로 다시 생각나게 하려고 하나님께서 내게 주신 은혜를 인하여 더욱 담대히 대강 너희에게 썼노니 이 은혜는 곧 나로 이방인을 위하여 그리스도 예수의 일군이 되어 하나님의 복음의 제사장 직무를 하게 하사 이방인을 제물로 드리는 그것이 성령 안에서 거룩하게 되어 받으심직하게 하려 하심이라 그러므로 내가 그리스도 예수 안에서 하나님의 일에 대하여 자랑하는 것이 있거니와 그리스도께서 이방인들을 순종케 하기 위하여 나로 말미암아 말과 일이며 표적과 기사의 능력이며 성령의 능력으로 역사하신 것 외에는 내가 감히 말하지 아니하노라"고 한다. 이 모든 말씀을 종합할 때 주의 종들은 주님으로부터 부탁을 받은 비밀과 아름다운 것이 있어서 그것으로 사역할 때 좋고 아름다운 열매를 맺는 자들인 것이다. 사역자가 그의 사역을 통해 좋은 열매를 맺는 일은 매우 중요한 검증인 것이다. 좋은 열매 맺지 않는 나무는 참된 사역자들이 아니라 찍혀 불에 던지워질 자들임을 알라는 것이다. 사역한 결과 성도들의 삶이 성경에 있는 초대 교회의 모습의 성도들의 삶으로 이끌어지는 결과가 아니라면 그 열매는 과연 무슨 열매란 말인가?

오늘날 성도들은 주님이 말씀하신대로 사역자에 대한 점검을 하지 않고 대충 따르는 경향이 있다. 스스로 일어난 자는 주님의 종이 될 수 없다. 하나님은 자원병을 필요로 하지 않는다. 그분은 그분의 종을 스스로 선택하시고 세우셔서 사용하신다. 그런 다음 그분의 종들은 자원하여 단 마음으로 순종하며 모든 것을 버리고 주를 따르며 섬기는 것이다. 우선 사역자로서 필수적이고 중요한 것은 이 시대의 물질주의에서 벗어난 것이다. 이 믿음을 갖지 못한 사람이 무슨 믿음을 사람들에게 전할 것인가? 이렇게 자기의 미래와 생계에 대한 모든 것을 하나님께 온전히 의탁하지 못한 사람이 다른 사람에게 어떤 믿음을 가르친단 말인가? 생계에 대한 믿음은 가장 기본적이고 적은 믿음이다(마 6:30-31).

그러므로 사역자의 기본은 자기의 삶을 주님께 온전히 맡기는 것이다. 이 문제가 어떤 한두 가지 특이하고 중요한 진리를 깨닫고 가르치는 것보다 중요하다. 이 문제가 어떤 특별하게 중요하다고 여기는 교리를 주장하는 것보다 중요하다. 교회가 타락하는 것은 그 특별한 몇 가지 교리를 몰라서가 아니라 사역자들이 물질로 부패하는 것이 더 큰 이유다. 오늘날 얼마나 많은 사역자들이 사도 바울처럼 하나님의 진리와 그분의 위임만을 위하고 진리만을 위하여 존재하는가? 진정으로 영혼을 사랑하여 모든 것을 투신하는가! 많은 이들이 섬기는 것은 주로 자기의 삶과 생계와 유익을 위한 것이다! 요한복음 10장에는 삯군은 이리가 오면 양을 놓고 도망친다고 하였다. 진정한 목자만이 양을 위하여 목숨을 버린다고 하였다.

오늘날 진정으로 하나님의 뜻과 죽어가는 불쌍한 영혼을 위해 섬기는 사역자가 얼마나 된다는 말인가? 나는 소위 많은 사역자들을 만나고 있다. 많은 때 나는 생각하였다. 이들을 왔다 갔다 섬긴다고 하며 움직이게 하는 요인이 무엇인가? 이들은 무엇 때문에 동분서주하는가? 순수하게 영혼을 사랑하는 열정으로 뛰어다니는가? 혹시 돈 때문은 아닌가? 그 배후에 돈이 작용하는 것은 아닌가? 이렇게 생각할 때마다 애석한 심정을 금할 수 없다. 매우 소수의 사람들만이 금전의 속박에서 벗어나 주님을 섬기는 것 같다. 나는 이 면에서의 확실한 기초가 세워지지 않으면 사도행전적이고 초대 교회적인 사역은 일어날 수 없다고 생각한다. 섬기는 자들이 자기 것을 자기 것이라고 하지 않을 때만이 바울이나 디모데나 디도처럼 이곳저곳으로 옮기면서 사역하는 것이 가능하게 되는 것이다.

4. 지식주의

오늘날 그리스도인들은 실제의 순종이나 경험보다 지식을 앞세운다. 알면 된다는 식이다. 지금은 가히 지식의 홍수 시대이다. TV의 수많은 설교들, 라디오, 인터넷 방송을 통하여, 수많은 영적저서들을 통하여 성도들은 모르는 것이 없을 정도로 지식을 많이 갖고 있음을 본다. 많은 그리스도인들이 성경을 모르는 것이 없다고 말할 정도로 박식하다. 여기 저기 성경공부반이 있고 사경회가 있으며 성도들은 수많은 성경 지식을 추구하고 있다. 체험과 실제는 없이 머리만 커지는 가분수의 신앙을 갖고 있다. 사도는 사랑은 덕을 세우나 지식은 사람을 교만하게 한다고 하였다. 그러나 또한 면으로 진리에 대한 절대적인 순종이 없다. 지식이라는 것이 그런 특성이 있다. 아는 것으로 족하다고 하기 때문이다.

신앙이란 무엇을 알면 되는 것이 아니라 진리를 순종하는 삶을 살지 않으면 안되는 것이다. 이것은 라오디게아 교회에 주신 경고이다. 그들은 부요하여 부족한 것이 조금도 없다고 하였다. 그러나 실제적으로는 벌거벗은 자들이며 아무것도 없는 자들이었다. 말씀에 대한 절실한 순종이 없이 다만 성경 지식만 추구하는 것은 무슨 소용이 있는가? 이에 대한 가장 큰 시험은 형제에 대한 사랑이다. 야고보서 2장 15-16절은 "만일 형제나 자매가 헐벗고 일용한 양식이 없는데 너희 중에 누구든지 그에게 이르되 평안히 가라 더웁게 하라 배부르게 하라 하며 그 몸에 쓸 것을 주지 아니하면 무슨 유익이 있으리요"라고 한다.

요한 사도는 요한 일서 3:14-18절에 "우리가 형제를 사랑함으로 사망에서 옮겨 생명으로 들어간 줄을 알거니와 사랑치 아니하는 자는 사망에 거하느니라 그 형제를 미워하는 자마다 살인하는 자니 살인하는 자마다 영생이 그 속에 거하지 아니하는 것을 너희가 아는 바라 그가 우리를 위하여 목숨을 버리셨으니 우리가 이로써 사랑을 알고 우리도 형제들을 위하여 목숨을 버리는 것이 마땅하니라 누가 이 세상 재물을 가지고 형제의 궁핍함을 보고도 도와줄 마음을 막으면 하나님의 사랑이 어찌 그 속에 거할까보냐 자녀들아 우리가 말과 혀로만 사랑하지 말고 오직 행함과 진실함으로 하자"고 하였다. 우리가 배운 진리는 반드시 생활의 변화로 이어질 때만이 의미가 있는 것이요 그것이 건강한 가르침으로서 거짓된 것과 대비된다

(딛 2:1-10).

5. 은사주의

성경에는 성령의 은사가 있다. 성도들은 다 은사를 갖고 주님을 섬겨야 마땅하다. 그러나 오늘날의 문제가 되는 은사주의는 무분별한 것이 많고 진리에 부합하지 않는 것이다. 무조건 교회에 입교하면 방언의 은사를 받게 하는 교회도 있다고 들었다. 그렇게 해서라도 사람을 붙들자는 심산인 것 같다. 또한 병 고치는 것과 능력을 행하는 은사주의도 있다. 다 병 고침과 능력행함도 성경에 있는 것이지만 위험성이 있는 것을 보았다. 그것들을 실행함에 있어서 주님의 이름과 주님의 거룩함이 드러나는 것이 아니라, 듣는 사람들에게 사역자 자신의 역량이 매우 큰 것처럼 비춰지게 하는 것, 주의 이름이 높여지는 듯 하지만 사실은 사람의 이름을 높이게 되는 등의 위험성을 보았다. 우리는 그리스도 예수의 주되신 것을 전하는 것이지 우리 자신을 전파해서는 안된다(고후 4:5). 우리 자신을 그 은사를 행함에 섞어서도 안된다. 우리는 순전하고 깨끗하게 그분의 이름만 높여야 한다(고후 2:17). 그런 은사에 자신을 혼합하는 행위는 하나님께 매우 혐오스러운 것이다.

또한 예언이라든가 투시라든지 하는 것들이 있다. 기도 속에서 남의 어려움과 문제를 보았다고 하는 말 등이다. 사실 쟌느 귀용은 다른 사람의 영적인 문제를 아는 것이 있었다. 그리고 많은 사람에게 도움을 주었다. 그러나 그녀는 수많은 자아의 처리와 생명의 체험을 통해 알게 된 영적 지식이었다. 이는 소위 우리나라에 편만하게 펴져 있는 은사주의의 사람들이 행하는 것과 차원이 다르다. 진정으로 영적인 성도가 풍부한 체험의 앞선 자들로부터 받는 도움과 유익은 우리가 알 수 있다. 그리고 그런 일은 매우 진귀하다. 즉 값싸지 않다는 말이다. 오늘 날은 어떤 소위 은사받았다는 사람은 도움을 요청하지도 않은 사람을 붙들고 영적 진단을 해주고 문제를 제기하기도 하고 도움을 주겠다고 나서서 선심을 쓰는 듯 행한다. 진료를 요청하지도 않은 환자에게 진단을 내려주고 병원비를 내라고 하는 것과 비슷한 행위들도 보았다. 이런 일은 인격적으로도 매우 낮은 것이고 하나님께 속한 것이 아니다.

오늘 날 한국 교회는 어지러운 것이 매우 많다. 구약의 선지자적인 사역은 신약에 와서 각 사람 안의 기름부음으로 대치되었다. 장래를 점치듯이 알려주고 예고하는 것이 아니라 성도들을 세우고 권면하고 위로하는 것이다(고전14:3). 각 성도들 안에 성령께서 하나님을 알게 하고, 작은 성도라도 각자가 성령의 음성을 듣고 주님을 따를 수 있다. 나는 어떤 사람이 은사를 받아서 다른 성도들의 갈 길을 대신 알려주고, 주님을 섬기는 은사와 직분을 정해주는 등의 말을 듣고 매우 미신적이라고 보았다. 또한 사람들의 연약한 부분을 예리하게 지적해내고 두려움을 주어 기도로 고쳐주겠다고 하는 등의 은사주의도 보았다. 이는 우리나라의 토속신앙인 점쟁이나 무속인들의 하는 것과 별반 다를 것이 없다고 보았다. 의사들도 좋은 의사들은 환자들을 안심시켜가면서, 한 단계 한 단계 좋은 치료를 해주는 사람이 있는가 하면, 겁을 잔뜩 주어 두려움을 먹게 해서, 안 사먹어도 될 한약을 잔뜩 사먹게 한다든지, 수술 안해도 될 것을 수술받게 한다든지 하는 비양심적인 의사들이 있는 것에 비할 수 있다. 신약의 구원의 말씀은 기쁨의 소식이고 위로와 소망이며, 복음을 통해 무슨 문제든지 구원받고 해결받을 수 있다. 사람에게 두려움을 주어 자기들을 좇게 하고 기도를 받게 하고 물질을 바치게 하는 등의 소위 은사주의는 정죄받아 마땅하다.

6. 인간 중심주의

우리는 보이지 않는 하나님을 믿는 자들이다. 정상적인 믿음은 보이지 않는 것에 대한 증거로서의 믿음을 가져야 한다. 우리가 믿는 하나님은 보이지 않지만 살아계시며 전능하신 하나님이다. 오늘날 우리는 보이지 않는 하나님과의 비밀스런 교제 속에서 믿음이 유지되어야 한다. 그리고 그 믿음이 밖으로 투영되는 생활을 해야 하는 것이다. 물론 그 모든 보이지 않는 실제는 그분의 말씀으로 계시된다. 오늘 우리는 그분의 말씀을 계시로 받아 우리의 속 사람 안에 그분의 말씀으로 인한 믿음으로 산다. 그러나 오늘날의 위험은 무엇인가? 보이지 않으시나 여전히 살아계신 하나님 중심, 말씀 안에 계시된 그리스도의 진리 중심의 신앙과 교회 생활이 아니라 인간관계를 중시하는 것이다. 오늘 어떤 무리들은 보이는 교회의 움직임을 모든 것으로 취하여 교회생활을 한다. 그들 안에서의 인도와 상호적인 교제가 신앙생활의 전반을 지배하는 것이다. 이는 다 보이는 것이요 보이는 사람들을 중심으로 한 신앙생활인 것이다.

우리는 보이지 않지만 여전히 살아계신 주님보다 귀한 것이 아무것도 없다고 고백해야 한다. 보이지 않으나 영이신 주님은 오늘도 우리의 모든 일 가운데 우리를 인도하시며 가르치시는 것이다. 보이지 않는 주님의 말씀과 인도를 따르기 위해 보이는 체계의 것들의 모순들과 이 세상의 그 어떤 귀한 것이라 할지라도 우리는 다 버릴 수 있어야 한다.

주 안에서 부모를 순종하고 아내를 사랑하며 남편에게 순종해야 한다는 가르침이 있으나 또 다른 면에서 주님은 "내가 온 것은 사람이 그 아비와, 딸이 어미와, 며느리가 시어미와 불화하게 하려 함이니 사람의 원수가 자기 집안 식구리라 아비나 어미를 나보다 더 사랑하는 자는 내게 합당치 아니하고 아들이나 딸을 나보다 더 사랑하는 자도 내게 합당치 아니하고 또 자기 십자가를 지고 나를 좇지 않는 자도 내게 합당치 아니하니라(마 10:35-38)"고 하였다. 사람들은 보이지 않으나 참되신 하나님의 진리를 순종치 않기 위해 성경의 구절들을 얼마든지 잘못 사용하는 것이다. 그들은 응당 부모를 순종하고 아내를 사랑해야 할 때 불화하게 된다는 말씀을 사용하고 불화하지 않으면 안될 상황에서 순종하고 타협하고 마는 것이다.

또한 주 예수님은 "너희 속에 소금을 두고 서로 화목하라"(막 9:50)고 하셨으며" 말씀에는 "말하던 사람에게 대답하여 가라사대 누가 내 모친이며 내 동생들이냐 하시고 손을 내밀어 제자들을 가리켜 가라사대 나의 모친과 나의 동생들을 보라 누구든지 하늘에 계신 내 아버지의 뜻대로 하는 자가 내 형제요 자매요 모친이니라 하시더라"(마 12:48-50)고 하셨다. 또한 누가복음 12장 49-53절은 "내가 불을 땅에 던지러 왔노니 이 불이 이미 붙었으면 내가 무엇을 원하리요 나는 받을 세례가 있으니 그 이루기까지 나의 답답함이 어떠하겠느냐 내가 세상에 화평을 주려고 온 줄로 아느냐 내가 너희에게 이르노니 아니라 도리어 분쟁케 하려 함이로라 이후부터 한 집에 다섯 사람이 있어 분쟁하되 셋이 둘과, 둘이 셋과 하리니 아비가 아들과, 아들이 아비와, 어미가 딸과, 딸이 어미와, 시어미가 며느리와, 며느리가 시어미와 분쟁하리라 하시니라"고 하셨다.

이는 교회생활에서 가장 중요한 것은 주님의 말씀이요 진리요 주님의 뜻임을 말하고 있다. 우리가 자녀를 사랑하지만 주님보다 더 사랑할 수 없다. 우리가 아내를 사랑하지만 아내를 위하여 주님의 명령을 불순종할 수 없다. 이는 우리의 교회생활이 전적으로 하나님과 진리와 말씀 중심이어야 함을 말하는 것이다. 교회생활은 머리를 붙잡고 하는 것이지 사람이나 인정이나 다른 어떤 것을 붙잡는 생활이 아니기 때문이다(골 2:19). 우리는 남자나 여자나 종이나 자유자나 다 하나님을 위하여 존재한다. 우리는 사나 죽으나 주의 것이며 살아도 죽어도 그분을 위하여 산다(롬 14:8). 우리는 마땅히 "이는 만물이 주에게서 나오고 주로 말미암고 주에게로 돌아감이라 영광이 그에게 세세에 있으리로다"(롬 11:36)라고 찬송해야 한다. 온전히 주님을 위한 삶이 아니면 이 시대에 참된 주님의 교회의 출현은 불가능하다. (2007.10.28 주일 메시지)

하나를 지켜야 하는 이유

1. 그리스도인은 왜 하나를 지켜야 하는가?

몸이 하나요 성령이 하나이기 때문이다. 또 소망도 하나요 주도 하나요 믿음도 하나요 세례도 하나이요 하나님도 하나이시기 때문이다(엡 4:3-6). 하나님은 만유를 그리스도 안에서 통일하시는 분이다(엡 1:10, 4:6).

하나님은 사람을 창조하실 때 한 사람을 지으셨다. 우리 같으면 남자 여자를 동시에 창조했을 것이다. 하나님은 남자 하나를 지으시고 거기서 여자가 나오게 하셨다. 하나는 질서를 표한다. 그러기에 여자는 남자의 머리 아래 있고 그 권위 아래 있는 표를 머리에 두어야 한다고 말한다(고전 11:8-10). 타락 전 아담과 하와는 분리나 분열이 없었다. 하와가 아담에게서 나오게 하였을 뿐 아니라 둘이 하나로 연합하도록 하였다. 따라서 그들은 벌거벗었으나 부끄러움을 알지 못했다(창 2:21-25). 타락은 죄만이 아니라 분열을 가져왔다. 아담과 하와는 선악을 알게 하는 과실을 먹은 후 벗을 것을 알고 수치를 가려야 했고 서로에게 죄의 핑계를 떠넘기기에 바빴다. 부부의 하나와 연합이 깨어지고 분리가 일어난 것이다. 타락 전 아담과 하와는 분리가 없는 한 몸이었다. 따라서 분열이란 결국 육체이고 죄이다(갈 5:19 이하). 결국 타락이란 자신를 위한 삶을 살게 된 것이요 개인주의적이요 단독적인 삶을 영위하도록 한 것이다. 이것이 바로 죄의 근원이다. 단독과 개인주의를 처리하는 십자가가 없이는 하나가 없다. 하나님은 창조한 인류를 포기하시고 부르심 받은 족속 아브라함을 부르실 때도 하나를 부르셨다.

2. 그리스도의 구속의 역사는 한 몸을 이루시는데 까지 이른다.

우리는 교회를 언급할 때 하나를 말해야 한다. 하나를 알지 못하면 교회를 알지 못하게 된다. 그리스도의 구속은 죄인을 지옥가지 않고 천국으로 가게 하신 역사만이 아니라 하나를 회복하신 역사이다. 그 피는 멀리 있던 우리를 가까이 하게 하셨다(엡 2:13). 십자가는 우리를 죄에서 해방하신 것만이 아니라 중간에 막힌 담을 허셨다. 그리고 그리스도 예수 안에서 한 새사람으로, 한 몸 되게 하셨다(엡 2:14-16). 성령의 역사는 무엇인가? 우리를 하나되게 하신 것이다. 한 성령이라고 하였다. 오순절의 역사가 바로 바벨탑의 혼란중 언어의 혼잡을 바로잡은 것이다. 오순절의 방언은 바벨에서 타락으로 혼잡된 언어가 회복되어지는 역사이다. 성령은 결국 흩어지고 분열된 사람들을 하나로 만든 것이다. 따라서 "성령의 하나되게 하신 것"을 힘써 지키라고 한 것이다(엡 4:3). 성령은 이미 우리를 하나로 묶으셨다. 이 성령은 평강의 영이기에 실제로 체험 가운데는 평강이요 이것이 우리의 묶는 줄이다. 골로새서 3장 15절에 "그리스도의 평강이 너희 마음을 주장하게 하라 평강을 위하여 너희가 한 몸으로 부르심을 받았나니"라고 한다.

구약의 예표인 소제를 보자! 레위기 2장 14절.. 너는 첫 이삭을 볶아 찧은 것으로 너희 소제를 삼으라고 하였다. 밀을 볶아 찧는 과정이 필요하며 그렇게 만들어진 고운 가루가 필요하고 거기에 기름을 섞는 것이 필요하며 기름을 그 위에 붓는 것이 필요하다. 이것은 십자가와 성령의 역사를 예표한다. 요한복음 12장 24절 주 예수는 한 알의 밀알이시다. 우리는 한 알의 밀알로 말미암아 맺어진 많은 밀알들이다. 그 많은 밀알들은 한 떡으로 만들어져서 한 몸의 간증을 나타내게 된다. 고린도 전서 10장 16절, 17절 "우리가 축복하는바 축복의 잔은 그리스도의 피에 참예함이 아니며 우리가 떼는 떡은 그리스도의 몸에 참예함이 아니냐 떡이 하나요 많은 우리가 한 몸이니 이는 우리가 다 한 떡에 참예함이라" 우리는 다 이와 같이 한 떡, 한 몸에 참여한 것이다.

3. 하나의 표준은 무엇인가?

아버지와 아들의 하나이다. 요한복음 14장 10절은 매우 유명한 구절이 있다. "내가 아버지 안에 있고 아버지는 내 안에 계심을 네가 믿지 아니하느냐 내가 너희에게 이르는 말이 스스로 하는 말이 아니라 아버지께서 내 안에 계셔 그의 일을 하는 것이라" 요한복음 5장 17절은 "내 아버지께서 이제까지 일하시니 나도 일한다"고 하셨으며 19절은 "아버지의 하시는 일을 보지 않고는 아무 것도 스스로 할 수 없나니 아버지께서 행하시는 그것을 아들도 그와 같이 행하느니라" 하시며 20절은 "아버지께서 아들을 사랑하사 자기의 행하시는 것을 다 아들에게 보이셨다"고 하였으며 요한복음 17장 11절은 "우리와 같이 저희도 하나가 되게 하옵소서"라고 하시며 21-22절은 "아버지께서 내 안에 내가 아버지 안에 있는 것 같이 저희도 다 하나가 되어 우리 안에 있게 하사 세상으로 아버지께서 나를 보내신 것을 믿게 하옵소서 우리가 하나가 된 것 같이 저희도 하나가 되게 하려 함이니이다"라고 한다. 이상의 구절들은 아들과 아버지가 어떻게 하나로 역사하셨는가를 말해주며 우리의 하나의 높고 거룩한 표준을 말해준다. 하나의 표준은 아버지와 아들의 하나인 '우리와 같이'이다.

4. 어떻게 하나를 지키는가?

고린도 전서에는 1장에 십자가가 필요하다고 했다. 또 성장해야 한다고 했다. 어리기 때문에 육체로 행하여 시기와 분쟁이 있다는 말이다(고전 2-3장 참조). 에베소서에는 모든 겸손과 온유함과 사랑 가운데 서로 용납함이 필요하다고 했다. 모든 사람에 대하여 오래 참고 기다려 줌이 필요하다(엡 4:1-2). 고린도 전서 13장은 사랑은 오래참고 온유하며 투기하는 자가 되지 아니하며 자랑하지 아니하고 악한 것을 기뻐하지 않음이요 불의를 기뻐하지 않음이다. 모든 것을 참고 믿고 바라며 견디는 것이다. 이러한 사랑만이 그리스도의 몸인 교회를 하나되게 하며 건축하는 것이다.

형제들이 하나되어 교회를 건축하며 신령한 몸을 세울 때 하나님은 축복하신다. "형제가 연합하여 동거함이 어찌 그리 선하고 아름다운고 머리에 있는 보배로운 기름이 수염 곧 아론의 수염에 흘러서 그 옷깃까지 내림 같고 헐몬의 이슬이 시온의 산들에 내림 같도다 거기서 여호와께서 복을 명하셨나니 곧 영생이로다"(시 133:1-3)

7절, 우리 각 사람에게 그리스도의 선물의 분량대로 은혜를 주셨나니

그리스도의 몸인 교회를 말하는 이 부분의 말씀과 로마서 12장과 고린도 전서 12장 말씀은 하나님으로부터 받은 각각 다른 은사들을 말한다. 결국 이 하나를 지키는 문제에 있어서 각각 다르게 주신 은사조차도 서로 조화롭게 동역하고 수고하여 그리스도의 몸의 하나를 이루라는 의도로 주어진 것임을 말한다. 사도는 이 구절에서부터 우리 각 사람이 은혜를 받은 것에 대하여 설명하고 있다. 우리가 은혜를 받은 것은 그리스도의 은사의 분량대로이다.

7절 시작에는 '그러나'라는 전치사가 있다(영문성경 참조). 이것은 그리스도의 몸의 통일성을 말하는 가운데 하나의 반전이 있다는 말씀이다. 왜 하나인데 각각 다른 기능과 은사가 주어졌는가에 대한 설명이라고 보여진다. 즉 그리스도의 몸의 통일성과 다양성의 조화를 말해준다. 사도 바울은 4장 1-6절까지에서 통일성 문제를 말하다가 7절부터 하나의 반전 곧 선물의 다양성 문제를 지적한다. 로마서 12장이나 고린도 전서 12장에도 동일한 사상이 있다. 몸을 말할 때면 언제나 다양한 은사가 있음을 말한다. 그런가 하면 고린도 전서 12장 19절은 많은 다양한 지체들의 기능을 말하면서 "만일 다 한 지체뿐이면 몸은 어디뇨"라고 한다. 즉 몸을 말하려면 다양한 많은 지체의 기능을 말해야 한다.

또한 몸에는 다양한 은사가 있어야 하지만 공유할 수 있는 부분이 또한 있어야 통일성이 있는 몸이라고 볼 수 있는 것이다. 결국 이 공유할 수 있는 요소가 한 성령인 것이다. 그래서 "은사는 여러 가지나 성령은 같고"라고 한 것이다. 하나님께서 통일된 몸을 원하시지만 다양한 은사를 주셨다는 말이다. 바울과 아볼로에게 있어서 하나는 심는 은사이고 다른 하나는 자라나게 하며 물을 주는 은사이지만 한 몸을 세우기 위한 것이라는 말이다. 베드로와 빌립이 다른 은사지만 사마리아에 합동하여 한 몸을 건립한 것이다. 복음전도자는 자신의 은사를 사용하여 자신의 교회를 세우고 사도의 은사자는 사도의 교회를 세운 것이 아니다. 아볼로는 물을 주는 은사로 자신의 교회를 세운 것이 아니다. 사도 선지자 복음전하는 자 목사 등 여러 다양한 은사가 있을지라도 성도를 온전케 하고 그들로 사역의 일을 하게하며 그리스도의 몸인 교회를 세우기 위한 것이라는 말씀을 하려 하신다(엡 4:11-12).

이 구절부터 바울은 이제 구체적으로 그리스도의 몸을 말하려고 하는데 하나님께서 만유 위에 계시고 만유를 통일하시고 만유 가운데 계신다는 것과 이 구절의 사상은 연결되어 있다. 하나님께서 만유 위에 계시고 만유를 통일하시고 만유 가운데 계시기 위해서는 만유 가운데서 먼저 그리스도의 몸을 얻으셔야 한다. 그 몸을 얻기 위해서 하나님께서는 우리 각 사람에게 그리스도의 선물의 분량대로 은혜를 주셨다. 은사에 따라 은혜를 주신 것이다. 즉 은사들을 받은 것은 만유를 충만케 하기 위한 것이고, 만유를 충만케 하기 위해서는 몸이 필요한 것이다(엡 1:23).

우리는 에베소서 4장에서 교회의 통일성을 말하고 있는데 이 통일성의 문제는 다양성 속의 특별한 연합임을 알 수 있다. 사도 바울은 4장 1-6절까지에서 통일성 문제를 말하다가 곧 선물의 다양성 문제를 지적한다. 로마서 12장이나 고린도 전서 12장에도 동일한 사상이 있다. 몸을 말할 때면 언제나 다양한 은사가 있음을 말한다. 그런가 하면 고린도 전서 12장 19절은 많은 다양한 지체들의 기능을 말하면서 "만일 다 한 지체뿐이면 몸은 어디뇨"라고 한다. 즉 몸을 말하려면 다양한 많은 지체의 기능을 말해야 한다. 또한 몸에는 다양한 은사가 있어야 하지만 공유할 수 있는 부분이 또한 있어야 통일성이 있는 몸이라고 볼 수 있는 것이다. 결국 이 공유할 수 있는 요소가 한 성령인 것이다. 그래서 "은사는 여러 가지나 성령은 같고"라고 한 것이다.

8절, 그러므로 이르기를 그가 위로 올라가실 때에 사로잡힌 자를 사로잡고 사람들에게 선물을 주셨다 하였도다

이것은 비밀스러운 그리스도의 승천의 광경인데, 그리스도께서 승천하실 때 우리는 잘 알지 못하지만 그분이 사로잡힌 자들 가운데 얼마를 사로잡아 하나님 앞에 데리고 가서 그들을 다시 은사, 곧 선물로 교회에게 주셨다는 것이다. 교회 가운데는 은사가 있는데 이 은사는 언제 주어진 것인가? 그리스도께서 승천하실 때이다. 승천을 노래하는 시편 몇 군데를 묵상하기로 하자! 먼저 시편 24편 9-10절이다. "문들아 너희 머리를 들지어다 영원한 문들아 들릴지어다 영광의 왕이 들어가시리로다 영광의 왕이 뉘시뇨 만군의 여호와께서 곧 영광의 왕이시로다". 또한 시편 47편도 있다. "하나님이 즐거이 부르는 중에 올라가심이여 여호와께서 나팔 소리 중에 올라가시도다"(5절). 그리스도의 승천은 우리에게 큰 기쁨이 되는 사건이다. 그분의 승천은 우선 승리의 개선장군이 되신 것이다. 이 인용 구절의 시편 68편에는 먼저 그 기쁨이 그려져 있다. "의인은 기뻐하며 하나님 앞에서 뛰놀며 기뻐하고 즐거워할지어다 하나님께 노래하며 그 이름을 찬양하라 타고 광야에 행하시던 자를 위하여 대로를 수축하라 그 이름은 여호와시니 그 앞에서 뛰놀지어다"(3-4절). 그분은 우리와 한 생명이신 그리스도시며 그분의 승천은 우리의 생명을 하나님 안에 있게 한 사건이다. 우리의 머리가 되시는 그리스도는 하늘로 가시고 그 지체들의 생명도 동일하게 하늘에 존재하게 된 것이다. 그분이 이제 하늘에 계시므로 우리는 이제 제자들처럼 보는 것으로가 아니라 믿음으로 하늘에 계신 그분과 교제하는 삶을 살아야 한다.

시편 68편 18절은 "주께서 높은 곳으로 오르시며 사로잡은 자를 끌고 선물을 인간에게서, 또는 패역자 중에서 받으시니 여호와 하나님이 저희와 함께 거하려 하심이로다"고 한다. 나는 여기에 패역자란 말이 사탄에게 사로잡힌 자라고 믿는다. 주 예수는 그분의 죽음과 부활을 통하여 얻은 사람들 중 얼마의 사람들을 교회를 위한 은사자들로 데리고 승천하신 것이다. 그리고 그들을 교회(사람들)에게 선물로 주셨다. 이로 보건대 원래 교회의 은사자들은 사로잡힌 사람들이었다. 즉 죄에게, 사탄에게 사로잡혀 있었다. 그러한 자들을 그리스도께서 다시 사로잡으신 것이다. 그리고 그들로 교회에게 선물(은사)이 되게 하셨다. 그러므로 은사들은 언제 결정되었느냐면 바로 그리스도께서 승천하실 때라는 것이다. 그리스도께서 승천하실 때 교회의 은사자들이 결정된 것이다.

우리나라 말로 선물과 은사는 그 단어와 뜻이 약간 차이가 있지만 영어로는 'gift'이니 같은 말이다. 즉 선물이다. 하나님은 교회에 특별한 기능을 가진 자들을 선물로 주신다. 우리는 주 안에서 은사라는 것을 하나님을 섬기는 재능으로만 이해하지만 교회에게는 선물이 되는 것이다. 선물이란 가장 좋은 것이고 필요한 것이고 축복이 되는 것이다. 교회는 하나님이 가장 사랑하시는 무리이니 이와 같이 선물들이 주어져 그들을 섬기게 하는 것이다. 선물을 받은 자들은 언제나 선물에 대하여 감사하고 기쁜 마음을 갖는 것이고 선물들로 인하여 유익을 얻게 되는 것이다. 또한 은사는 교회의 부족함을 채우는 것이다. 주 예수께서는 이 땅에 계실 때 사도들을 택하셨다. 그러나 그들을 은사로 주신 때는 오순절 성령이 그들에게 주어진 이후이다.

9절, 올라가셨다 하였은즉 땅 아랫곳으로 내리셨던 것이 아니면 무엇이냐

앞에서 인용한 시편의 구절을 설명하는 것이다. "올라가셨다 하였은즉 땅 아랫곳으로 내리셨던 것이 아니면 무엇이냐". 즉 그분이 땅 아래 음부에까지 내려가셨기 때문에 올라가실 일이 있다는 것이다. 우리는 그분이 진정 우리를 구속하기 위해 땅 아래까지 내려가셨다는 것을 알아야 한다. 그리고 그분은 올라가신 것이다. 그분은 내려왔다가 올라가시면서 죄에게 포로로 사로잡혔던 자들을 다시 사로잡아 은사들로 삼으셨다. 즉 그분의 죽으심과 부활, 승천은 내려가셨다 올라가셨다 하였다는 것인데 이는 은사들을 만들어 교회에 선물로 주시기 위함이었다. 성경에서 이것을 말하지 않았다면 우리는 이를 이해할 길이 없다.

10절, 내리셨던 그가 곧 모든 하늘 위에 오르신 자니 이는 만물을 충만케 하려 하심이니라

그리스도께서 이렇게 내려가셨다가 올라가신 것은 다른 목적이 아니라 궁극적으로 만물을 충만케 하려는 것이다. 교회는 만물을 충만케 하시는 역사와 관계가 있다. 만물을 충만케 하려는 목적이 있으시기 때문에 하나님께서는 그리스도를 이 땅에 내리시고 또 하늘로 올리시는 일을 하셨다. 내리셨다가 올리실 때에 그분은 사로잡힌 자들을 사로잡아서 사람들에게 은사가 되게 하셨다. 그러면 은사가 되게 하신 목적이 무엇인가? 바로 그리스도의 몸을 세우려는 것이다. 그리스도의 몸을 세움은 궁극적으로 만유를 충만케 하기 위함이다. 이것을 볼 때 하나님은 정말로 비밀이 있으신 하나님이시다. 뜻이 있으시고 목적이 있고 경륜이 있는 분이다.

어느 날 온 우주는 그리스도로 충만되며 어느 곳이든지 그리스도께 복종되지 않는 부분이 없을 것이며 그리스도를 표현하지 않는 곳이 없을 것이다. 이는 하나님의 영원하신 뜻이다. 그러나 오늘 온 우주는 혼돈의 무더기이며 그리스도를 머리로 한 그 어떤 질서도 보여주지 않는다. 이는 사탄의 배역과 인간의 타락으로 말미암은 것이다. 그리스도의 죽음과 부활과 승천은 인간의 죄를 해결하신 것만이 아니라 또 사람을 그분의 자녀 삼는 것에 이르는 것만이 아니라 만유를 그리스도의 머리되심 아래 굴복시키는 역사, 그분 안에서 조화롭게 통일시키는 역사를 포함한다. 이로써 하나님은 그리스도 안에서 만유를 충만케 하시는 것이다.

우리는 에베소서에서 교회를 건축하는 그리스도의 사역을 본다. 2장은 주로 죽은 자들을 살리시고 일으키시며 하늘에 앉히시는 것을 말한다. 이

제 4장은 승천하신 그리스도께서 교회에 은사를 주셔서 실제적으로 그리스도의 몸을 건축하는 것을 본다.

11절, 그가 혹은 사도로, 혹은 선지자로, 혹은 복음 전하는 자로, 혹은 목사와 교사로 주셨으니

사도들

하나님께서 교회에게 은사를 주셨는데 혹은 사도들로(몇몇은 사도들로 세워졌다는 말이다), 혹은 선지자들로, 혹은 복음 전하는 자들로, 혹은 목사와 교사들로 주셨다. 우리는 바울이 시편의 구절들을 통해서 이러한 비밀을 어떻게 말했는가에 대하여 알지 못한다. 이런 것이 계시라는 것이요 주님으로부터 받지 않은 자들은 알 수 없는 비밀이다. 그는 시편 68편을 통해서 그리스도의 승천과 은사와의 관계를 밝혀낸 사역자인 것이다.

사도란 무엇인가? 보내심을 받은 사람이다. 하나님의 뜻을 이루도록 부르심 받고 보내심을 받은 자이다. 우리는 구약에서 모세가 사도라는 것을 잘 알고 있다. 신약에는 주님의 열두 사도 외에 바울과 몇몇 사도들이 있다. 사도들은 주로 복음을 전해서 교회를 세우는 일을 했다. 그리고 하나님의 진리를 단정하고 그것을 하나님의 백성들에게 가르치는 일을 했다. 이것이 사도들이다. 하나님을 대표하는 사람들이다. 하나님의 권위를 대표하는 사람들이다. 그러므로 사도는 첫 번째 은사이다. 고린도 전서 12장에서 이렇게 말한다. “하나님이 교회 중에 몇을 세우셨으니 첫째는 사도요” (28절). 신약의 교회가 세워지기 위해 사도와 선지자는 가장 중요한 은사이다(엡 2:20).

오늘날 사도가 있느냐 없느냐에 대하여 이론이 많다. 기초를 세운 사도와 선지자들을 말한다면 그들은 초대의 사도들이다. 우리는 그들이 세운 교회의 터 위에 세워진 것이다. 사실 오늘날 교회의 진리와 모든 기초는 베드로와 바울과 요한, 야고보 등이 세웠다. 그러므로 오늘날 우리가 있는 교회는 언제 그 기초가 놓여졌는가 할 때 초대 교회라고 말해야 맞다(엡 2:20). 그런 의미에서 초대 교회 바울 사도 이후에 더 이상 사도는 있을 수 없다고 말하는 이들이 많다. 그러나 이러한 해석은 무리가 있다. 에베소서 4장 11절의 사도나 고린도전서 12장 28절의 사도는 12사도를 의미하는 자들이 아님은 분명하다. 사도라고 하는 말은 단순히 '보내심을 받은 자'이다. 오늘 하나님이 어떤 사람을 복음을 위해 아프리카에 보내셨다면 그가 다른 이유 때문이 아니라 보냄을 받았으므로 아프리카의 사도라고 하는 것이다. 하나님이 중국에 보내서 복음을 전한 허드슨 테일러의 이야기를 우리는 잘 알고 있다. 그는 영국에서 기도하는 중 '너는 중국으로 가라'는 주님의 음성을 들었다고 간증했다. 그는 분명 성령의 보내심을 받고 중국에 간 것이다. 이 나라에도 미국이나 영국 등지에서 보내심을 받은 많은 종들이 있었다. 그들은 이 땅에서 자식을 잃기도 하고 병에 걸려 죽기도 하면서 복음을 전하였다. 이들은 다른 것이 아니라 이 땅의 복음화를 위해 그렇게 한 것이다. 이들이 성경적으로 볼 때 사도이다. 실상 오늘날 선교사(missionary)라는 말은 사도라는 헬라어를 라틴어로 번역한 것에 불과한 단어이다. 간단히 말해서 성경적으로 사도란 보내심을 받은 자라는 뜻이다.

성경에서는 큰 사도도 있고 작은 사도도 있으며 거짓 사도도 있었다. 참되게 하나님이 세우신 사도의 중요성은 있는 것이다. 만일 바울 사도 이후에 사도나 선지자란 더 이상 없는 것이라면 바울은 고린도 교회에 은사를 말할 때 첫째는 사도요 둘째는 선지자라는 말을 가르칠 필요가 없었을 것이다(고전 12:28). 에베소서에도 마찬가지이다(엡 4:11). 그는 교회에게 하나님이 주신 은사에 대하여 분명히 사도와 선지자를 포함하여 가르쳤다. 그러니 사도적인 사역은 교회가 있는 한 있을 수 있다는 말이다(엡 2:20). 그러나 여기서 주의해야 할 것은 후에 일으켜진 사도들의 역할은 초대 성경을 기록하도록 세움을 입은 자들과 같지 않다는 것이다. 그러니 후에 어떤 사람들이 일어나서 자신들이 바울과 다름이 없는 사도이니 자신들의 가르침이 성경의 권위에 준한다고 주장한다면 옳지 않은 것이다. 하나님이 세우셔서 일하게 하는 종들은 시대에 따라서 다 같지 않은 것이다. 이는 구약 시대에 역사한 원칙과도 같다. 하나님은 율법을 모세를 통해서 주시고 다음에 일으켜진 하나님의 종들은 그 율법을 그대로 가르치며 준수하여 살도록 한 것이다. 모세를 통해서 주신 율법의 권위는 여전히 거기에 존재하는 것이다. 에스라가 훌륭한 성경 학사이지만 그는 그 율법을 존중하는 범위에서 이스라엘을 가르쳤지 그 율법을 고치거나 개정할 수 없었다. 초대에 성경을 기록한 사도들은 당시 교회의 유아기에 하나님의 쓰임을 받은 종들로서 권위의 말씀으로 교회의 기초를 놓았고 이후로는 그 말씀의 기초를 가지고 더욱 교회들이 전진하도록 역사하는 종들이 있는 것이다.

선지자들

그리고 다음은 선지자이다. 선지자는 단지 장래 일을 예언하는 자들만이 아니다. 사도행전에서도 아가보와 같이 앞으로 일어날 일을 말하는 사람을 선지자라고 했다. 그러나 신약의 선지자의 주된 기능은 그것이 아니다. 하나님의 뜻을 교회에게 전달하는 것이 선지자의 주된 기능이다.

우리는 고린도 전서 14장에서 교회 안에 선지자들이 있는 것을 볼 수 있다. "너희는 다 모든 사람으로 배우게 하고 모든 사람으로 권면을 받게 하기 위하여 하나씩 하나씩 예언할 수 있느니라 예언하는 자들의 영이 예언하는 자들에게 제재를 받나니"(31-32절). 예언하는 자들이 곧 선지자들이다. 이들이 하는 일은 장래 일을 말하는 것만이 아니다. 주로 성도들을 배우게 하고 권면을 받도록 가르치는 일을 하는 것이다. 하나님의 뜻, 하나님의 마음을 교회에게 전달해주는 일을 하는 것이다.

구약에서도 선지자들은 하나님께서 그분의 백성의 상태에 대해 책망하실 때 그들도 책망했다. 격려하시고자 할 때 격려하고 위로하실 때 그들도 위로하는 말을 했다. 또 심판하실 때 심판하는 말을 했다. 이렇게 하나님을 대언하는 자들이 선지자들이다. 이것이 두 번째 은사이다. 구약에서는 이 은사가 다소 기적적으로 주어졌다. '아무개의 아들 아무 아무개에게 하나님의 말씀이 임하니라.' 그러면 그들이 예언을 했다. 그러나 신약에서는 주로 사람 안에 말씀과 성령으로 은사가 조성되는 방식으로 선지자가 된다. 선지자가 되기 위해서 배움의 요소도 있다. "너희는 다 모든 사람으로 배우게 하고 모든 사람으로 권면을 받게 하기 위하여 하나씩 하나씩 예언할 수 있느니라". 자기가 배웠으니 다른 사람도 배우게 할 수 있다. 선지자의 은사를 사모하는 자들은 진리를 배움에 있어서 소홀할 수 없다. 또 구약의 선지자와 신약의 선지자의 크게 다른 점 한 가지는 구약의 선지자는 다른 사람의 일을 말해주었다는 것이다. 사울이 소를 잃어버렸을 때 그는 선지자에게 가서 어디에 가야 소를 찾을 수 있느냐고 물었다. 또 열왕기를 보면 왕들은 전쟁하러 갈 때 선지자들에게 싸우러 가야 할지 말아야 할지를 물었다.

신약에는 이러한 선지자의 기능이 없다. 구약의 선지자의 이런 기능은 신약에서 우리 안에 거하시는 기름부음으로 대치되었다. 요한 일서 2장에서 아무도 너희를 가르칠 필요가 없고 기름부음이 너희 안에 있어서 모든 것을 가르쳐 준다고 했다(27절). 그러나 신약 시대인 지금도 다른 사람에게 뭔가 해야 할 일을 가르쳐 주고 싶어 하는 사람이 있다면 그는 신약의 원칙에서 벗어난 사람이다. 또 여전히 그러한 선지자가 필요하다고 여겨 소위 영적인 사람들에게 가서 일거수 일투족을 물어 행하려고 하는 사람이 있다면 그러한 사람은 신약의 축복을 누리지 못하는 사람이다. 어떤 성경학자는 '신약에서 만일 그러한 선지자라고 자칭하는 사람이 있다면 그는 아마도 무당일 것이다'라고까지 말했다.

오늘날 많은 사람들이 그런 신비한 말을 듣고자 하고 그러한 말에 현혹되는 것을 본다. 심지어 어떤 이들은 사람의 얼굴을 즉시 본 자리에서 장래 그의 은사는 목사다, 사모다 하고 결정해준다는 사람들도 있다. 농담 같은 말이지만 실제로 그런 사람들이 있다. 그렇지만 신약에는 그러한 선지자가 없다. 사도행전에서 바울은 아가보 선지자가 예루살렘에 들어가지 말라고 한 것을 순종하지 않았다. 만일 구약의 상황이었다면 바울이 그 선지자의 말을 듣지 않은 것이 하나님의 말씀을 불순종한 것이 되었을 것이다. 그러나 아가보라는 선지자도 그 상황에서 바울이 예루살렘에 들어가면 일어날 일을 말해주었지 적극적으로 들어가지 말아야 한다는 지시를 주지는 않았다. 다만 그 말을 들은 형제들이 바울에게 들어가지 말라고 한 것이다. 그러나 어찌되었든 선지자 아가보의 말도 바울이 들어가지 않는 것이 좋다는 쪽이었다는 인상을 준다. 그때 만일 바울이 아가보의 말을 따랐다면 사도행전을 읽는 사람들은 자연히 신약에도 구약처럼 선지자가 있어서 사람들의 행동거지를 말해줄 필요가 있는 것이라는 인상을 받을 것이다. 그러나 다행히 바울은 그의 말대로 하지 않았다(행 21:11-14). 그리고 성경은 바울의 그러한 행동을 선지자의 말을 듣지 않은 불순종으로 기록하지 않았다. 이는 신약의 원리가 구약과 다름을 보여준다.

신약은 각 사람의 영 안에서 주님이 성령으로 각 사람에게 갈 길을 인도하신다. 이것이 기름부음의 기능이다(요일 2:27). 그러므로 신약의 선지자들은 구약과 차이가 있어서 사람의 해야 할 일이나, 장래의 일을 지시해준다든가 하는 것은 아니지만, 여전히 교회가 들어야 할 주님의 말씀과 교회에 대한 하나님의 권면, 책망, 교훈 등을 주는 기능을 한다. 그러면 사람들은 어떻게 어떤 이가 하나님의 선지자로 세움받은 것을 알아보는가? 아마도 교회는 자연히 그에게 선지자의 은사와 영이 있다는 것을 알아볼 것이다. 그러니까 안디옥 교회에 선지자와 교사가 있다고 한 것이다(행 13:1). 우리는 안디옥 교회가 어느 날 선지자와 교사를 임명했다는 것을 찾아볼 수 없다. 다만 있다고 한 것이다.

고린도 전서 14장의 말씀을 볼 때 이 선지자의 은사는 교회를 온전케 하고 세우는 데 가장 탁월하고 좋은 은사이다. 바울은 성도들에게 이 은사를 얻도록 구하라고 권면했다(고전 14:1). 신약의 선지자의 기능은 성도들의 건덕(健德)을 위한 것이요 권면하며 안위하는 것이 있다(고전 14:3). 어떤 사역자가 일어나 입을 열어 진리를 말하고 계시를 말하는 가운데 성도들이 세움을 입고, 안위와 권면을 받는 성분이 있어 늘 유익을 받게 하는 사람이 있는 것이라면 그는 분명 주님으로부터 선지자로 세움을 입은 자다. 또한 그는 승천하신 그리스도로부터 은사로 교회에 주어진 자이다. 교회는 그러한 자들을 거절하지 말고 잘 받아들여 유익을 얻도록 해야 한다.

복음 전하는 자들

"혹은 복음 전하는 자들로". 복음 전하는 자들이 있다. 이것은 일반적으로 복음 전하는 것을 말하는 것이 아니다. 그야말로 하늘이 낸 은사를 말한다. 승천하신 그리스도께서 주신 은사이다. 성경을 보면 빌립이 복음 전도자였다. 그는 틀림없이 그리스도께서 승천하실 때 아버지께로부터 허락

받아 주신 은사일 것이다.

또 여러분은 사도 바울이 선지자라고 생각지 않는가? 선지자이다. 교사가 아닌가? 교사이다. 그는 "내가 교사와 반포자로 세움을 입었노라"고 했다. 사도인가? 그렇다. 사도다. 그도 역시 하나님께 허락받은 은사이다. 하나님이 교회에게 주신 은사이다. 그러면 오늘 이 시대에는 이러한 은사들이 없어도 되겠는가? 반드시 있어야 한다. 사도들도 있어야 하고 선지자들도 있어야 하고 복음 전하는 자들도 있어야 한다. 복음 전하는 자들의 특징은 복음을 잘 전하는 것일 뿐 아니라 쉴새없이 가는 것이다. 사도행전 8장을 보면 빌립이 광야에서 에디오피아 내시에게 복음을 전하고서 홀연히 사라졌는데 이제 아소도에 나타나서 복음을 전한 후에 가이사랴에 이르렀다는 말이 있다. 나는 오늘 우리의 동역자들 가운데 복음 전도자의 기질을 갖고 있는 사람이 있다고 생각한다. 그들이 그러한 은사를 어디서 받았는가? 결코 사람에게서 얻어서 된 것이 아니다.

목사와 교사들

그리고 목사가 있다. 목사는 목자, 곧 목양하는 사람이다. 복음 전하는 사람들은 사람들을 얻는 일을 한다. 그러면 목자의 은사를 가진 자들은 얻어진 그들을 잘 돌보고 양육하는 일을 한다. 주님은 부활하신 후 디베랴 바닷가에서 베드로에게 말씀하셨다. '네가 나를 사랑하느냐? 그러면 내 양들을 치라.' 양들을 잘 목양해야 한다. 복음 전하는 자와 마찬가지로 목자도 안수 받지 않은 사람 가운데도 얼마든지 있을 수 있다. 예를 들면 목자는 영적으로 감독하는 임무를 수행하는 장로나 집사에게 준 은사이기도 하다(제임스 몽고메리 보이스. 에베소서 2권. p. 51). 주님은 부활하신 후 베드로에게 나타나셔서 '내 양을 치라'고 하셨는데 이것이 바로 목자의 기능이다.

그러나 한 사람이 꼭 한 가지 은사만 갖는 것이 아니다. 주님이 주시면 사도 바울처럼 선지자도 되고 교사도 되고 목자도 될 수 있다. 바울은 목자이고 교사이다. 또한 사도이다. 그는 다섯 가지 은사를 모두 가진 사람이라고 볼 수 있다. 과거의 많은 교회의 혼란기에 복음을 잘 전하는 자는 복음을 잘 전하는 교회를 세우고 선지자는 선지자의 교회를 세우고 목자는 목자의 교회를 세우는 쪽으로 갔다. 그러나 에베소서 4장의 가르침은 이 많은 은사들이 한 몸을 세우기 위해 주어졌다는 것을 말해주고 있다. 이는 매우 중요한 말씀이고 이 시대의 하나님의 자녀들이 다 받아들여야 하는 말씀이다. 다시 한 번 말하지만 에베소서 4장의 말씀은 교회의 통일성을 말하는 장이라는 것을 알아야 한다. 서로 다른 은사자들이 한 몸을 세우기 위해 주어진 것이지 각각 받은 은사대로 다른 교회를 세우라는 것이 아니다.

목사와 교사는 사실상 같은 것이다. 목양하고 가르치며 가르침으로 또 목양하는 것이다. 같은 사람의 양면이다. 하나는 가르치는 면이고 하나는 목양하는 면이다. 이렇게 다섯 가지 은사 또는 사역이 있다. 어떤 사람은 이것을 오중(五重) 사역이라고 하지만 실제는 사중(四重)이다. 왜냐하면 목사와 교사는 한 가지의 다른 면이기 때문이다. 헬라어 원문을 조사해보면 사도, 선지자, 복음 전하는 자가 있고, 목자와 교사가 같은 부류이다. 목자는 또한 교사라는 말이다(some apostles, some prophets, some evangelists, some pastors and teachers, 스코필드 관주성경). 성도들은 이 시대에도 이러한 하나님이 주신 다양한 은사들을 나름대로의 관념으로 축소하거나 감소시키지 말고 하나님께서 일으키신 은사들을 알고 소중히 여겨 교회로 하여금 더욱 유익을 얻으며 풍성하게 되고 건축되게 해야 한다.

12절, 이는 성도를 온전케 하며 봉사의 일을 하게 하며 그리스도의 몸을 세우려 하심이라

12절은 하나님이 교회에 여러 은사를 주신 목적을 말한다. 이는 곧 성도를 온전케 하고 봉사의 일, 사역의 일을 하게 하는 것이다. 봉사의 일이란 그 사역의 일(work of the ministry)을 말한다. 여기서 우리는 진정한 사역이 무엇인지를 알 수 있다. 여기서 '그 사역'(the ministry)을 말하는데 그 사역의 일이란 결국 그리스도의 몸을 건축하는 일이다. 어떤 은사든지 자신의 사역만을 위하는 것은 그 사역의 일이 아니다. 에베소서 4장의 그 사역의 일이란 결국 그리스도의 몸을 세우는 것이며 이 일은 사역자들만 해야 할 일이 아니고 모든 성도들이 참여해야 할 일이라는 것이다. 그러므로 하나님은 먼저 은사 있는 사역자들을 교회에 주시고 그들을 통하여 모든 성도들을 가르치고 양육하여 그들로 사역의 일을 하게 함으로써 교회를 세우는 것이다.

우리는 신약 성경 이 구절들에서도 보편화된 제사장 체계를 볼 수 있다. 신약 교회는 11절의 사역자들만이 아니라 모든 성도가('성도를 온전케 하여'에서 성도라는 말이 중요하다), 다 총동원되어 교회 사역에 이바지해야 한다. 사도, 선지자, 복음 전하는 자, 목자, 교사 등의 은사들은 교회에 주신 은사자들로서 자신들이 복음을 전하고 교회를 세우는 일을 할 뿐 아니라 자신들이 하는 일을 성도들도 할 수 있도록 그들을 온전케 하여 그들로 그 사역의 일, 봉사의 일을 하게 한다. 그럼으로써 결국은 그리스도의 몸이 세워지게 하는 것이다. 이러한 사역자들의 일의 목표는 바로 그리스도의 몸이다. 그리스도의 한 몸을 세우는 것이다. 여기서 1) 성도들을 온전케 하는 일이나 2) 섬기는 일을 하는 것이나 3) 그리스도의 몸을 세움은 전문적으로 사중의 사역자들이 하는 일인가? 천주교 교황의 회칙을 보면 '열심인 우리'라는 제목의 회칙이 있다. '유순한 양떼처럼 그들의 목자를 고분고분 따르는 것 이외에 그들이 그들 자신을 스스로 인도할 수 있는 권리는 아무것도 없다'라고 하였는데 소위 평신도는 유순한 양떼처럼 목자를 고분고분 따르는 것이 고작이란 말인가? 이 구절은 이렇게 해석되어야 한다고 말하는 자들이 있다.

위의 사역자들은 성도를 온전케 하는 일을 하며 사역의 일을 하지만 그리스도의 몸을 건축하는 일은 온 성도들이 해야 한다. 이 말씀을 순서적으로 설명하면 1) 은사 받은 자들은 성도들을 온전케 하기 위하여 준비된 은사를 사용해야 하고 2) 성도들은 그 도움을 받아 사역의 일을 한다. 3) 온 성도들은 몸을 세우고 믿는 일과 아는 것에 하나가 된다. 4) 결과적으로 그리스도의 몸의 장성한 분량에까지 자라게 된다. 은사를 주신 일차적인 목적은 성도들을 온전케 하기 위한 것이고, 중간은 온 성도들로 하여금 사역의 일을 하게 하는 것이고 그 결과는 그리스도의 몸인 교회를 건축하는 것이다.

즉 우리는 여기서 이런 결론에 도달할 수 있다. 모든 성도들이 사도와 선지자와 복음 전하는 자와 목자와 교사의 은사를 배워서 실행하는 것을 목표로 하고 그러한 은사들이 일어나서 사역의 일을 할 때 그리스도의 몸인 교회가 세워지는 것이다. 17세기의 로버트 바클레이가 말하기를 '성직자와 평신도 사이의 인습적인 구분은 신약 성서에서 전혀 발생하지 않았다'고 했다. 소위 성직자 자신들이 니골라 당이 나타나는 것에 대하여 큰 책임이 있는 것이다. 그것은 사람들 앞에서 볼거리를 제공하고 싶은 욕망이 항상 있기 때문이다. 디오드레베가 그런 사람이다. 그는 으뜸 되기를 좋아하는 습성이 있었다. 이런 경고는 베드로전서 5장에 있다. "너희 중에 있는 하나님의 양 무리를 치되 부득이 함으로 하지 말고 오직 하나님의 뜻을 좇아 자원함으로 하며 더러운 이를 위하여 하지 말고 오직 즐거운 뜻으로 하며 맡기운 자들에게 주장하는 자세를 하지 말고 오직 양무리의 본이 되라"고 한다.

"이런 의미에서 그리스도를 믿는 자는 교역자들이나 일반 신자들이 다 함께 제사장이다(벧전 2:9 참조). 그럼에도 불구하고 기독교회에서 오랜 세월 동안 소수의 교역자들만이 하나님과 더 가까운 것 같은 잘못된 관념으로써 그들이 그같이 처신해 왔다. 그 같은 것은 신약 교회의 목사를 구약식 제사장 제도와 혼동한 폐풍이다. 이제 기독교회는 각성하여 일반 교인들도 제사장 의식으로써(벧전 2:5) 그리스도로 말미암아 직접 하나님 앞에서 봉사하도록 하여야 한다"(박윤선 주석. p. 159).

4장의 관점은 그리스도의 몸의 하나이다. 다시 말해서 몸의 하나를 지키는 문제이다. 몸의 하나를 지키는 것과 다양한 은사자들이 교회에 주어져 사역을 하는 것은 관계가 있다는 말이다. 그들이 각종 받은 은사를 사용하여 역사한 결과 교회는 하나에 이르게 된다. 그러므로 다양한 은사를 가진 사역자들이 있는데 이 사역자들의 일조차도 성도들을 온전케 해서 하나의 그리스도의 몸을 세우기 위한 것임을 말해주는 것이다.

13절, 우리가 다 하나님의 아들을 믿는 것과 아는 일에 하나가 되어 온전한 사람을 이루어 그리스도의 장성한 분량이 충만한 데까지 이르리니

이 구절은 그리스도의 몸이 성장과 건축됨의 목표가 있음을 보여준다. 실상 그리스도의 몸은 성장함으로 건축되는 것이다. 그것은 교회가 그리스도의 몸으로서 생명 없는 건물이나 조직이 아니라 유기적인 생명체이기 때문이다. 그러므로 성장하는 것이 곧 건축되는 것이다. 그런데 성장하기 위해서 첫 번째로 중요한 것은 몸이 연합하여 하나가 되는 것이다. 4-6절은 이미 성령으로 되어진 하나를 평강으로 지키는 것을 말했지만 그 하나로는 교회가 성장하기에는 부족하다. 더욱 전진하여 하나님의 아들을 믿는 것과 아는 것에까지 하나가 이루어지지 않으면 성장이 될 수 없다. 교회는 이미 일곱 가지 하나를 가지고 하나를 이룰 수 있다. 이는 이미 되어진 것을 지키는 것에 불과하다면 13절의 하나는 이루어져 가야 하는 하나이다. 이는 하나님의 은사자들이 성도들을 온전케 함으로 믿음과 지식에서 하나가 이루어지는 것이다. 또 온 성도들이 사역의 일에 동참하고 그리스도의 몸을 세우는 영이 있을 때 가능하다.

이렇게 교회의 하나는 진보해야 한다. 하나님의 아들을 믿는 믿음과 그분을 아는 지식에서 하나가 될 뿐 아니라 온전한 사람을 이루어 그리스도의 장성한 분량이 충만한 데까지 이르러야 한다. 이러한 사역자들의 사역이 있어서 교회가 세워질 때 이제 성도들은 그리스도의 장성한 분량이 충만한 데까지 이르게 된다. 이 구절들을 통해서 알 수 있는 것은 교회의 장성한 분량의 충만한데 이르려면 하나님의 아들을 믿는 믿음 안에서 하나가 되어야 이루어진다는 것이다. 여기서의 믿음은 신앙을 의미하는데 성도들은 그리스도를 믿는 신앙에서 일치되어야 한다. 신앙의 일치를 위해서는 지식의 일치가 그 기본 조건이 되는 것이며 그리스도에 관하여 지식이 일치되지 못할 때 교회는 분열이 되는 것이다(이상근 주석. p. 102). 하나님의 아들을 믿는 신앙과 지식에 있어서 통일을 이루어 한 사람처럼 되는 것이 참된 교회의 목표이다. '온전한 사람을 이루어'란 그런 뜻이다. 기독교 역사 상 이런 상황이 만족하리만큼 이루어진 적이 없지만 언젠가 교회는 그 목표에 도달할 것이다.

내가 예를 들어서 말해보겠다. 20년 전만 해도 우리나라에는 진리가 그리 충분하지 않았다. 진리가 충분하지 않았다는 것은 이러한 다양한 사역들이 없었다는 것이다. 그래서 그 당시에는 믿는이들의 하나 되는 문제는 고사하고 작은 진리 한 가지를 가지고도 서로 부딪혔다. 심지어 '당신은 구원받았습니까?' 하면 '이 사람, 정말 교만하군. 당신이 벌써 구원받았다는 말이야? 죽어 봐야 알지' 라고 했다. 또 '형제, 자매'라는 호칭을 쓰면 '당신들은 여호와 증인입니까? 아니면 천주교인입니까' 하고 물었다. 또 침례를 받았다고 하면 약세자들이 이단적 눈으로 바라보기도 했다. 이러한 기본적인 것까지도 하나하나 걸림이 되었다. 성경을 펴고서 말씀으로 설명해주면 또 관념을 가지고서 '이단들이 주로 성경을 가지고 말하더군' 하며 받지 않고 대화가 되지 않았다. 물론 이단적 사설은 매우 조심해야 하고 풍유적인 해석 또한 매우 경계해야 할 일이다. 이단이 한 가지 해악이고 무지한 것도 또 하나의 문제이다.

이러한 상황들은 모두 사역이 충분치 않기 때문에 성도들이 온전케 되지 않았으며 또 성도들이 온전케 되지 않음으로 인해 그리스도의 몸이 세워지지 않았음을 증명하는 것이다. 따라서 아직은 하나님의 아들을 믿는 것과 아는 일에서 하나가 되지 않은 것이다.

전에는 '교회' 하면 예배당 건물이라고 알았는데 지금은 교회는 유기체이고 부르심받아 나온 무리 곧 '에클레시아'(ekklesia)라고 알고 있다. 또 교회는 그리스도의 몸으로서 한 몸이어야 함을 말한다. 진리가 보편적으로 잘 가르쳐진 결과로 본다. 이럼으로써 하나님의 아들을 믿는 것과 아는 것에서 하나가 되어 온전한 사람을 이루어 그리스도의 장성한 분량이 충만한 데까지 이를 수 있는 길이 열린 것이다. 물론 이 지식은 객관적인 지식만을 가리키지 않는다. 내적으로 그리스도를 체험하여 인격적으로 그리스도를 아는 지식도 포함해야 한다. 이것이 이루어지지 않으면 형제들과 실제적으로 하나가 될 수 없다. 사람은 아무리 넓다 해도 한계가 있고 그 한계에 부딪힐 때 분열과 다툼과 미움과 받지 못함이 생긴다. 성장이란 것은 서로가 하나가 이루어지는 것과도 매우 비례한다. 그러나 무엇이든지 받는다고 성장하는 것이 아니라 그 받음이 영적이어야 한다. 영적인 지식이 아닌 지식이 무슨 소용이 있는가? 그러나 좁은 것은 확실히 어린 표시이다. 어릴수록 생각이나 관념이 좁고 편협하여 자신과 다른 것을 받지 못하는 것이다. 그러나 넓게 받는 것이 반드시 성장한 표시가 아니라는 것도 동시에 알 필요가 있다. 어떤 넓음은 진리가 뒷받침되지 않는 천연적인 넓음이요 이런 것은 오히려 참된 영적인 성도들과의 분리를 일으키게 된다.

오늘날 하나님의 자녀들에게 진리를 보편적으로 전파하고 가르치는 일은 너무나 필요한 일이다. 나는 우리의 이러한 문서 사역이나 가르치는 일들이 이 유일한 사역의 일에 있어서 조금이라도 보탬이 되기를 주 안에서 바랄 뿐이다. 더 많은 하나님이 교회에 주신 사역자들(많은 사도들, 많은 선지자들, 많은 복음 전하는 자들, 많은 목사와 교사들의 사역)이 일어나서 사역을 할 때 성도들이 온전케 되어 그들도 사역의 일을 하게 되며 그럼으로써 그리스도의 몸이 세워지는 것이다. 교회는 성숙해야 하고 그 성숙한 교회는 외면적이고도 가시적인 연합도 이룰 수 있어야 한다. 이는 성령의 하나만이 아니라 신앙과 지식에서의 하나를 말하기 때문이다. 우리는 성도들과 교회생활에 있어서 다른 입장을 취한 채, 조직에 있어서 함께하지 않고도 성령의 하나를 지킬 수 있다. 우리는 과거에 이런 체험을 많이 했다. 많은 다른 지식과 신앙을 갖고도 모여 함께 경배할 때 한 영을 맛볼 수 있었다. 그러나 이런 상태가 온전한 것이 아니다. 성령의 하나는 하나를 위한 시작이요 그 기초라면 신앙과 지식에서의 하나는 그 위에 집을 지은 건축의 하나이다. 이렇게 건축된 하나를 가질 때 교회는 단체적인 온전한 한 사람을 이루어 그리스도의 장성한 분량이 충만한 데까지 이르게 될 것이다. "온전한 한 사람"(a mature man)을 이룬다는 말은 교회 전체가 장성한 사람처럼 온전하게 자라는 모습을 가리키는 것이지 성도 한 사람을 말하는 것이다. 에베소서는 교회를 위한 책임을 기억해야 한다.

온전히 자란 사람이 됨그리스도의 장성한 분량에 이름

13절부터는 교회의 영적인 성장에 관한 말씀이 나온다. 여기서 그리스도의 장성한 분량이란 영어로 읽으면 '그리스도의 충만의 신장의 분량'이라는 말이다(measure of the stature of the fullness of the Christ, Darby 역). 그리스도의 충만의 신장의 분량이라는 말과 온전한 사람(a full-grown man)은 함께 같은 것을 설명하는 말인 것이다. 즉 온전히 자란 사람이란 그리스도의 충만의 신장의 분량에 이른 것을 말한다. 성도들은 이것이 교회의 성장의 표준이라는 것을 알아야 한다. 오늘 수많은 교회가 성장을 말하면 교회의 수적, 양적, 물질적인 성장만을 생각한다. 그러나 에베소서에서 교회의 성장은 그리스도의 충만한 신장에 이르는 성장을 말한다. 이는 얼마나 높은 표준인가? 하나님은 교회의 수준이, 그 신장이 그리스도에 미치기를 원하신다. 우리는 하나님이 정하신 교회의 표준이 이렇게 높다는 것을 인하여 그분을 경배해야 한다. 이를 위해서 교회는 하나님의 아들을 믿는 신앙과 그분을 아는 지식에서 하나가 되어야 한다고 말하는 것이다. 이러한 하나가 없이는 교회가 결단코 그러한 성장에 이를 수 없다. 우리는 16절에서 "그 몸을 자라게 하며"라는 구절을 읽는다.

오늘날 많은 그리스도인들이 한 지체로서 개인의 영적 성장만을 고려한다. 그러나 에베소서는 교회의 성장, 곧 몸의 성장을 말한다. 교회 곧 그리스도의 몸이 온전한 사람에 이르도록, 그리스도의 장성한 분량에 이르기까지 자라야 하는 것이다. 따라서 우리는 몸으로서 많은 성도들과 연합하여 자라야 하는 것이다. 당신이 하나의 지체로서, 만일 귀라면 귀만 자라면 되겠는가? 입이라고 해서 입만 크게 자라면 되겠는가? 안 될 말이다. "온 몸이 머리로 말미암아…연합하여…자라느니라"(골 2:19)고 했다. 당신은 반드시 몸이 자란다는 생각을 가져야 한다. 그러기 위해 모든 성도들이 믿음과 지식에 있어서 하나가 되는 일은 매우 중요하다. 이것이 연합하여 자라는 일이다. 하나님의 아들을 믿는 믿음이 하나가 됨 없이는, 그분을 아는 지식에 있어서 성도들이 하나가 됨 없이는 연합하여 자라는 일은 가능하지 않다. 우리는 체험적으로 그리스도를 아는 지식과 그 아들에 대한 믿음에서 하나 될 때 얼마나 편안하고 기쁜 것인가를 체험해 보았다. 그런 하나는 서로에 대하여 더욱더 전진하게 하고 자라게 하는 것이다.

떡이 하나요 많은 우리가 한 몸이니

고린도 전서 10장 17절은 "떡이 하나요 많은 우리가 한 몸이니"라고 말한다. 주 예수는 한 알의 밀알로서 죽으사 많은 열매를 맺으셨다. 그분의 죽음에는 이와 같이 비구속적인 죽음이 있는 것이다. 그분의 죽으심의 면에는 많은 열매를 맺기 위한 즉 번성을 위한, 죽으심이 있으며, 그분의 신부를 얻기 위한 죽음이 있는 것이다. 이는 창세기 2장에서 아담이 깊이 잠든 것에 비할 수 있으며 그 구절들을 설명하여 그리스도와 교회를 말한 에베소서 5장에서 이를 확증한다. 에베소서 5장 25절은 '그리스도께서 교회를 사랑하시고 위하여 자신을 주셨다'고 한다. 이는 매우 중요한 말씀이다. 성경에는 그리스도께서 그분의 신부를 얻기 위해 죽으셨다고 말할 수 있는 구절이 있다. 이는 구속과 관련된 죽음이 아니라 당신의 생명을 확장하여 많은 사람들 속에 넣어서 그분의 번성이 되게 하려는 죽으심인 것이다. 그리하여 그분의 신부를 얻고자 하신다.

우리는 그분의 교회를 위해서는 그 남은 고난이 있음을 알아야 한다. 요한복음 12장에서 주님은 그분이 한 알의 밀알로서 죽으셔서 많은 밀알을 맺으려 하신다고 하신 뒤에 우리도 그분을 따라 그 길을 가야 한다는 의미로 "자기 생명을 사랑하는 자는 잃어버릴 것이요 이 세상에서 자기 생명을 미워하는 자는 영생하도록 보존하리라"고 하신다. 또한 "사람이 나를 섬기려면 나를 따르라"고 하신다. 우리는 어떻게 그분을 따르는가? 이는 그분이 자신을 교회를 위해 죽음에 내어드렸듯이 우리도 드려야 하는 것이다. 형제들이여! 우리는 구속을 위한 그리스도의 고난에는 참여할 수 없다! 그분은 구속을 위해서는 그분 홀로 모든 고난을 담당하셨다. 그러나 그분의 교회를 산출하고자 하시는 고난에는 우리에게 남은 고난을 남겨두셨다. 바울은 그리스도의 남은 고난에 동참하고자 하였다. "그리스도의 남은 고난을 그의 몸된 교회를 위하여 내 육체에 채우노라"(골 1:24). 당신은 떡이 어떻게 해서 이루어지는가를 알 것이다.

첫째는 많은 열매가 맺어야 하고 그 다음은 볶아서 찧어져야 하고 다음은 가루로 부서져야 하고 그 다음은 기름을 부어 하나로 뭉쳐져야 한다. 바울은 이렇게 된 것이 교회라고 말했다. "떡이 하나요 많은 우리가 한 몸이니"(고전 10:17).

몸을 산출하기 위해 십자가를 체험함

결국 그리스도의 남은 고난은 그분의 죽으심을 본받는 일이요 십자가를 체험하는 일이다. 오늘날 얼마나 많은 사람들이 그리스도의 십자가를 체험하는 일을 그저 개인적인 영성적 차원에서 생각하는가? 과연 그리스도의 몸을 건축하고, 그 몸이 자라게 하기 위해 십자가를 체험하는 것을 알았는가? 그분은 그 몸이 자라고 건축되기를 원하신다. 이것이 곧 신부가 예비되는 길이요 그분의 다시 오심과 직접적인 관계가 있는 일이다. 그러나 얼마나 많은 사람들이 그 몸을 건축하기 위해 십자가를 체험하는가?

당신은 요한복음 12장의 한 알의 밀알이 죄가 있어서 죽은 것이라고 생각하는가? 아니다. 많은 열매를 맺기 위한 것이다. 그렇듯이 우리가 오늘 한 떡이 되기 위해서는 죄가 문제가 아니라 우리가 다른 많은 이들과 한 떡이 되기 위해 죽어야 하는 면이 있는 것이다. 우리는 본질상 다른 이들과 합할 수 없는 단독적이고 개인적이고 특이한 기질들이 존재한다. 그것이 죄가 아닐지라도 그러한 것들은 한 몸을 이루는데 가장 방해되는 요인들이다. 당신은 당신과 같지 않은 다른 사람들을 받아 보았는가? 진정으로 다른 이들과 건축되어 한 몸을 이루는 일은 간단한 일이 아니다.

우리가 옳으면 무엇하겠는가? 우리는 다른 이들을 주 안에서 세우고 다른 이들과 하나 되어 주의 몸을 이루는 데 이르지 못한다면 아무 용도가 없고 하나님의 목적에 이르지 못한다. 그러기에 깊은 죽음과 죽음을 거친 사랑을 필요로 하는 것이다. 진정 내 자아가 다 내려놓아지고 부인되며 다른 이를 그리스도의 사랑과 긍휼로 사랑하는 것 없이는 그분의 남은 고난을 체험할 길이 없으며 그리스도의 몸을 건축하는 고난에 참여할 길은 없는 것이다. 내 자신의 생명이 부어져야만이 남의 기쁨과 위로와 세워짐을 가져오게 되는 것이다. 이것이 십자가의 가장 깊은 면이다. 나는 얼마 전 어떤 그리스도인 단체에 초청되어서 십자가의 깊은 방면들을 말하였는데 그들은 내가 하는 말을 다 이미 알고 있으며 이해하고 있다고 말했다. 그러나 몇 달 후 다시 만나게 되어 그들의 말을 자세히 듣게 되었는데 그들은 이 깊은 십자가의 체험을 전혀 갖지 못하고 있는 것을 알게 되었다.

아는 것과 그 세계를 사는 것과는 너무나 다른 것이다. 그분들은 오히려 자신들만이 주님을 지식이 아니라 생명으로 알고 말로만이 아니라 체험으로 십자가를 안다고 했지만 내가 보기에 그들은 여전히 그 깊이를 알지 못하고 있었다. 그들이 만일 진정으로 알았다면 그 몸이 나와야 할텐데 그들은 여전히 개인주의적인 상태에 머물러 있고 그저 이 사람 저 사람 감명 깊은 말씀을 듣고 감동하는 수준에 맴돌고 있었다. 몸은 그 길을 참되게 가는데서 발견되지 뭔가를 많이 아는 것에 있지 않다. 그 길을 가는 것은 다른 지체들과 연합하여 자신의 옳음을 내려놓고 다른 이를 위해 나 자신을 희생하는 실제의 삶을 사는 것이며 주의 인도를 좇아 범사를 행하는 것이다.

하나를 향한 갈망

에베소서 4장은 성도들의 생활을 말하는데 이 성도들의 생활에서 가장 중요한 것이 교회의 하나 문제이다. 성도들이 교회의 하나 문제를 경시할 때 영적인 생활이 잘 되지 않는 것은 자명한 사실이다. 그러나 이 하나는 나름대로의 공동체적인 하나가 아님을 명심해야 한다. 이 하나는 몸의 하나이다(엡 4:4). 그리스도의 몸은 갈보리의 피로 씻음을 받고 성령의 인침을 받은 동서고금의 모든 성도를 다 포함한다. 우리는 이 하나의 문제를 깊이 생각하고 우리 가운데 분열적인 요소들을 제하고 마음을 넓히기를 배워야 한다. 가장 먼저 우리가 하나가 되는 기초는 성령의 하나되게 하신 것이다(3절). 적어도 일곱 하나를 지키는 것이 필요한 것이다(4-6절). 일곱 하나를 갖고 있는 모든 사람은 우리가 하나 될 수 있는 사람들이다. 그러나 교회의 하나는 이러한 성령의 하나를 누리는데 그쳐서는 안된다. 이는 교회가 건축되지 않고 성장하지 않아도 지킬 수 있는 것이기 때문이다. 따라서 아무리 어린 교회, 어린 성도들이라 하더라도 성도들은 서로 겸손과 온유로 성령의 하나 되게 하신 것을 지켜나가는 것을 힘쓰며 배워야 한다.

그러나 교회의 목표는 그리스도의 장성한 분량에 이르도록 자라는 것이다. 따라서 승천하신 그리스도께서 주신 교회의 사역자들의 수고에 의해 성도들이 온전케 되어 하나님의 아들을 믿는 것과 아는 것에 하나가 이루어지며 온전한 사람을 이루어야 한다.

또 그리스도의 장성한 분량에까지 이르러야 한다. 이렇게 이루어진 하나는 더욱 진보한 하나요 성장한 하나요 주님이 사용하시고 역사하실 수 있는 하나이다. 결국 교회가 건축된다는 것은 많은 개별적인 지체들이 연합하고 결합되어서 하나가 된다는 의미이다. 따라서 교회가 하나 되는 문제는 하나님의 집인 교회를 건축하는 문제에 있어서 가장 중요한 문제이다. 분열이라는 것은 결국 하나님의 집이 건축되지 않은 것을 다른 말로 나타낸 것이다. 성장과 건축과 하나, 이 세 단어는 다 관계가 있는 말이다. 성장이 곧 건축이요 건축됨은 곧 하나를 이룸이다. 주님은 이 마지막 시대에 참되게 건축된 교회를 얻고자 하신다. 이 하나 된 교회, 몸된 교회가 주님의 마음의 갈망이다. 하나님을 사랑하는 자들이 일어나서 응당 이 하나님의 위대한 갈망인, 그리스도의 신부요 몸이요 하나님의 거처인 교회를 얻는 일에 온 마음을 두어야 하지 않겠는가!

14절, 이는 우리가 이제부터 어린 아이가 되지 아니하여 사람의 궤술과 간사한 유혹에 빠져 모든 교훈의 풍조에 밀려 요동치 않게 하려 함이라

14절의 말씀은 교회가 효과적으로 잘 건축되었을 경우의 결과를 보여준다. 효과적으로 잘 건축이 되었다면 그 특징은 장성하여 어떤 특징들이 있게 된다는 말이다. 즉 그것은 어린 아이의 상태를 면하는 것이다. 주 안에서 어린 아이의 특징은 이런 것이다. 그들은 판단력이 약하여 일관적이지 못하다. 믿음이 약하여지기도 쉽다. 또한 모든 유혹에 쉽게 넘어가고 사람들의 비위나 맞추고 돌아다니며 사람들이 시키는 대로 좌우되는 것이다. 어린 아이들은 쉽사리 강요당한다. 사람의 궤술이란 말은 도박으로부터 취한 비유이다. 간사한 유혹이란 상대방을 속이는 도박꾼의 악한 기술을 의미한다.

반면에 장성한 사람이 된다는 것은 귀가 얇지 않은 것이다. 사람이 장성했는가를 보려면 그가 귀가 얇지 않은가를 보면 된다. 그것은 사람이 교만하고 완고하여 사람들의 말을 함부로 듣지 않는 것과 다르다. 그것은 성장으로 말미암은 것이 아니라 교만하고 완고하여 듣지 않는 것이다. 생명이 어린 자들은 한 면으로 귀가 얇고 다른 면으로는 완고하다. 그러나 성장한 자의 귀는 앎으로 인해 듣고도 흔들리지 않는 것으며 부드럽지만 강하다. 어린 아이들은 도박꾼의 말에 쉽게 속아 넘어간다. 그리고 사람들의 강요에 쉽게 굴복한다. 또 교훈의 풍조에 밀려 요동한다. 교훈의 풍조에 밀려 요동한다는 것은 무엇을 뜻하는가? 여기서 풍조란 바람과 파도를 말하는데, 군함과 같이 거대한 배는 웬만한 바람이 불거나 파도가 밀려와서는 꿈쩍도 안 한다. 그저 산처럼 담담하게 있다. 그런데 일엽편주와 같은 조각배는 미풍에도 흔들린다. 이것이 바로 자라지 않은 표시이다. 믿음과 지식이 너무 부족하기 때문에 그런 것이다. 그들의 내면에 세워진 것이 없다. 그렇기 때문에 사람의 궤술과 간사한 유혹에 빠져 모든 교훈의 풍조에 밀려 요동하는 것이다.

요동치 않는 것은 생명의 성장으로 인한 견고함을 의미하는 것이다. 앞에서 예를 든 어떤 이들은 자신들이 그야말로 깊이 있는 십자가를 알며 생명을 안다고 하였는데 내가 보기에 그들은 아무 말이나 좋아하며 듣고 있는 것을 보았다. 그들은 그 십자가와 생명에 관한 말씀을 듣기 좋아 하는 것뿐이다. 그들의 실제 생활은 그것과 아무 관계가 없는 상태인 것이다. 이것이 무엇인가? 그들이 자라지 않았다는 것이다. 자랐다면 그들은 분별할 수 있는 것이다. 그러나 그들은 내가 듣기에 유치하고 쓸모없는 말들, 심지어 성경 진리에 어긋나는 말을 해도 기뻐하며 웃으며 듣고 좋아했다. 그들은 나에게도 더 많이 들어보라고 권하기도 했다. 이는 그들이 무엇이 교훈의 풍조인지, 어린 아이의 말인지를 모르기 때문에 하는 것이다.

어떤 사람들은 말한다. '지금은 시대가 지났으니 십자가를 말하지 말라. 십자가에 관한 이야기는 시대에 뒤떨어진 것이다.' 이처럼 교훈의 풍조의 특징은 한 번 왔다가 가는 것이다. '이번에는 쉐리 5호 태풍이 왔다. 허리케인이 왔다'는 식이다. 태풍이 불어닥칠 때는 실감이 나고 온 나라가 떠들썩하지만 일단 지나가면 잊어버린다. 이것이 교훈의 풍조의 특징이다. 이단적이고 악한 가르침은 진리에 속한 참 가르침이 아닌 고로 사람들의 감정과 육체의 혈기를 자극하여 한 동안 움직이게 하다가 잠잠해지면 다시 어떤 다른 슬로건이나 바람을 만들어 가지고 와서 다시 자극하곤 하는 것이다. 이런 식이 소위 조직을 강화하고 움직이는 세상적인 방식이기도 하다.

그런데 이런 교훈의 바람이 교회 안에도 있다는 것이다. 그럴 때 어떤 사람들이 이런 바람에 날아다니는가? 어린 아이이다. 이것이 4장에 계시된 것이다. 영문 성경에는 '오류의 체계'라는 말이 있는데, 이 세상에 오류의 체계가 있다는 것이다. 그러한 것으로 사람을 기만하는 것이다. 너무 그럴 듯하기 때문에 사람들은 속임당하는 것이다. 다비역에는 '조직화된 오류' (systematized error)라는 말이 들어 있다. 사탄은 성도들을 기만하기 위하여 교회 전체를 오류로 조직화하여 그 조직화된 체계 속에서 자동적으로 속아 넘어가게 만드는 것이다. 어린 아이들은 이런 체계에 잘 속고 흔들리고 밀린다는 말이다. 조직화된 오류란 전체의 시스템 자체가 다 오류라는 말이다. 사탄은 이와 같이 교회도 세상처럼 조직화하여 그럴 듯하게 만들고 사람들을 속이는 일을 한다. 사람들은 그 안에서 많은 것을 열심히 하는 것이 좋은 것이고 의미 있는 일이며 하나님을 위한 것으로 알고 투자하고 열심을 내지만 사실은 다 오류라는 말이다. 우리는 영적인 세계에 이런 일이 많다는 것을 안다.

디즈니랜드에 가면 가상 우주공간이 있다. 이것이 거짓된 조직체계를 설명하는데 좋을 것 같다. 그 안에 들어가 앉아있으면 자신이 마치 우주 공간에 떠있는 것 같고 별들과 천체 공간 속에 있는 것같이 착각을 하게 된다. 사탄은 영적인 세계 안에 있는 참된 교회를 오류의 체계로 조직화한다. 그리고 그 안에 있는 모든 사람을 속아 넘어가게 하고 인생을 낭비하고 망치게 하는 것이다. 그런 세계 안에서는 많은 항목의 붙잡았던 진리들이 허황된 것이고 참되지 않은 것이다. 그러나 그런 것의 허위성을 알지 못한다. 주 안에 어린 아이들은 이런 체계에 속아 넘어가는 것이다.

분간하기 어려운 율법주의들

1. 목숨을 걸어야 할 진리는 무엇인가?

다니엘서를 통해서 우리는 경건한 사람 다니엘과 친구들이 바벨론 술사들과 별다를 바 없는 박수와 술객의 외양과 신분을 갖고 있었다는 것을 알게 된다. 그중 다니엘은 바벨론 왕 느브갓네살에 의해 박수와 술객과 술사와 점장이의 어른으로 삼아졌다(단 5:11). 다니엘은 박수장으로도 불려졌다(단 4:9). 이것이 신실하고 경건한 하나님의 백성에게 가당하기나 한 일인가? 있을 수 없는 일로 생각이 된다. 다니엘은 바벨론으로 끌려가서 바벨론 신들의 이름을 기초로 한 이름들로 바뀌어(단 3:8) 벨드사살이라고 불려졌고, 다른 친구들도 동일하게 바벨론식 이름으로 바뀌어 사드락, 메삭, 아벳느고 라고 불려지게 되었다. 그러나 이들은 이런 것을 위하여 목숨을 걸지 않았다. 오늘도 어떤 사람들은 이런 밖의 것들을 인하여 목숨을 걸려고 할 것이다. 이들은 '내가 절대로 바벨론 신의 이름을 딴 이름을 사용하지 않겠다, 나는 결코 박수의 무리와 어떤 형태로든지 함께 할 수 없다'고 하지 않았다. 그들은 왕의 진미를 먹고 마시지 않음으로 풀무불에 들어갈지언정 금신상에게 절하지 않는 절대적인 신앙을 가졌지만 이 문제에 있어서는 별 말이 없었던 것이다. 오히려 그들은 그들과 함께 하는 가운데서 하나님의 오묘하심과 전지하심과 전능하심을 나타낼 기회로 삼은 것이다.

이들은 우상의 제물을 먹는 문제에나 금 신상에 절하는 문제에 있어서는 목숨을 걸었다. 그들은 음식의 문제에 있어서는 매우 심각하게 뜻을 정하고 믿음을 지켰으며, 풀무불에 들어가더라도, 죽더라도 그들의 명대로 그 금 신상에는 절하지 않았다. 그리고 하나님은 그들을 그 풀무불에서 구해주셨고 그들과 동행하셨다. 여기서 우리는 우리가 목숨을 걸고 지켜야 할 신앙이 어떤 종류인가를 깨닫게 된다. 주님은 우리에게 "너희는 세상의 빛이라"고 하셨다. 또 세상의 소금이라고 하셨다. 우리가 등불을 켜서 말 아래 둔다면 모든 사람에게 어떻게 비추겠는가?

주님은 안나스 앞에서 "내가 드러내어 놓고 세상에 말하였다"고 하셨다. 그분은 은밀히는 아무것도 말하지 아니하였다고 하셨다(요 18:20). 사도 바울도 같은 음조가 있다. "왕께서는 이 일을 아시기로 내가 왕께 담대히 말하노니 이 일에 하나라도 아시지 못함이 없는 줄 믿나이다 이 일은 한 편 구석에서 행한 것이 아니로소이다"(행 26:26). 보름스 국회에서 개혁자 루터는 황제 앞에서 '내가 한 말이 성경에 부합한 한 취소할 수 없노라'고 하였다. 그는 당시 죽임당할 위협 하에 있었지만 담대히 자신의 신앙을 굽히지 않았다.

오늘 어떤 사람들이 소위 강조하는 교리는 자신의 사람들 안에서 대단한 영향력을 발휘하지만 많은 사람들 앞에 공개적으로 감히 공표하지 못한다. 소위 자기들만이 어떠어떠한 이유로 온 땅에서 유일하게 올바른 참 교회라고 믿고자 하지만 감히 공표하지 못한다. 그들은 다른 그리스도인들은 모두 잘못되었고 자신들만이 옳다고 말하고 싶지만 감히 공언하지 못한다. 이는 주님과 사도 바울과 용기 있는 신앙의 선진들과 전혀 다른 태도인 것이다. 거의 많은 이단들이 이러한 특성들을 갖고 있으면서 자신들만이 홀로 옳다고 믿는 것이다. 이들은 그처럼 스스로도 확신하지 못하는 진리를 위해 목숨을 걸려는 망상에 빠져 있는 것이다. 이런 신앙은 간첩(spy)식의 신앙자들(겉과 속이 다른)을 만들어내어 자아도취적이며 바리새적인 길을 가게 만든다(눅 20:20-21).

2. 율법에는 더 중하고 덜 중한 것이 있다

주님은 바리새인들에게 "너희가 율법의 더 중한 바 의와 인과 신은 버렸도다"라고 하셨다. 이는 율법에 더 중한 것이 있음을 증명한다. 물론 주님의 의도는 율법의 작은 것을 버려도 좋다고 하신 말씀은 아니다. 주님의 말씀의 뜻은 율법 중에도 경중(輕重)이 있다고 하신 것이다. 어떤 말씀은 더 중요한 말씀이 있다. 우리는 무엇이든지 중요한 것은 중요하게 처리해야 한다. 주님은 "하루살이는 걸러내고 약대는 삼키는도다"(마 23:24)라고 하시며 중한 것과 가벼운 것이 있음을 알려 주셨다. 우리 인생도 결혼이라든가, 취직이라든가, 이사라든가 하는 문제를 놓고 기도하는 것과, 한 번 가족들의 외식을 위하여 음식점을 선택하는 문제나 옷을 고르는 문제 같은 것은 그 중요도를 다르게 취급해야 하는 것이다. 그러나 사람이 작은 것을 중시하다보면 큰 것을 소홀히 하거나 놓치는 실수를 하게 된다. 당시 바리새인들이 그러했다. 그들은 십일조를 지키고 잔과 대접의 겉을 깨끗이 씻으며 들어갈 때와 나갈 때 손을 씻는 등 여러 가지 행위적인 율법을 지켰으나 율법의 중한 하나님에 대한 믿음과 사람에 대한 자비와 사랑의 심령은 잃어버렸다. 오늘날도 말씀을 외적으로 강조하고 지키고자 하는 사람들은 그 몇 가지 중요한 것을 강조하다가 중한 형제사랑이나 죽어가는 영혼에 대한 복음의 열정을 잃어버리는 것이다.

그러니 그리스도인들은 외적인 중요한 것을 강조하는 것을 매우 주의해야 한다. 소위 '지방 입장'이라는 교리가 있다. 이것은 간단히 말하면 교회는 반드시 초대교회처럼 한 지방에 한 교회로만 세워져야 한다는 즉 지방을 근거로 세워야 한다는 교리이다. 이는 19세기 초 중국의 워치만 니에 의해 주창(主唱)된 진리이며 오늘날도 상당수의 그리스도인들에 의해 받아들여지고 있다. 나는 이것이 하나님의 교회의 참된 하나를 찾으며 교회가 원래대로 돌아가야 한다는 귀한 열정에서 나온 것으로 믿는다. 그러나 이 입장론은 어디까지나 교회의 외형적인 것이다. 워치만 니도 이것이 땅에 속한 것임, 즉 외형적임을 말하지 않은 것은 아니다. 그러나 그는 지방 입장과 성령의 권위를 대등한 무게로 다룬 것을 볼 수 있다.

바울은 고린도 교회에 분열이 있을 때 분열의 문제를 이 외형적인 교리를 사용하여 치유하려 하지 않았다. 그는 십자가의 진리로 그들의 육체 속의 분열을 치유하려 하였다(고전 1장 참조). 이 십자가는 생명이요 내적인 실제이다. 분열적인 육체에 대한 내적인 치유와 생명의 변화가 없이는 밖의 하나는 이루어지지 않는다. 그리스도의 죽음과 부활, 십자가와 성령의 진리들은 모두 내적인 것이요 생명인 것이다. 따라서 이러한 외형적 진리는 반드시 이 십자가와 생명, 성령의 다음에 다루어졌어야 한다. 사람은 모두 공통적으로 가지고 있는 것이 있고 거기에 뭔가 특수한 것을 특별히 가지고 있다고 할 때 그 특별한 것을 붙잡는 경향은 매우 일반적인 일이다.

3. 우리만이 가장 옳다고 하지 마라

어떤 사람들은 자신들이 성경대로 한두 가지를 정확하게 말하고 있으며 실행하고 있기 때문에 자신들은 옳은 교회고 모든 다른 교회들은 다 틀린 교회라고 말한다. 이것도 커다란 속임수에 빠지게 하는 일이 된다. 만일 그런 말이 옳은 것이라면 어떤 사람들이 소위 틀린 교회에 있다가 하루아침에 그 옳다는 교회로 가면 그날부로 모든 것이 옳은 사람이 되는 것으로 착각하게 된다. 과연 하루 한 날에 어떤 사람이 교회만 다른 곳으로 옮겼다고 해서 옳고 바른 사람이 된다는 말인가?

그럼에도 불구하고 사실은 사람들이 체험적으로 그렇게 옮기고 나면 그렇게 생각이 바뀌게 되고 그날부로 다른 교회나 그리스도인들을 정죄하고 멸시하는 입장에 서게 되는 것을 본다. 그렇게 스스로 옳다고 여기는 것은 차라리 몇 가지 틀린 위치에 있는 사람들보다 위험하기 짝이 없는 것이다. 역시 체험적으로 볼 때 아이러닉하게도 한두 가지 틀린 사람들은 오히려 겸손할 수 있으며 여러 가지를 바르게 볼 수 있지만 스스로 모든 것이 남보다 옳다고 믿는 사람들은 겸손하기 어려우며 교만한 눈으로 사물을 보기 때문에 많은 것들이 오류로 보이게 되는 것이다.

그리고 이런 경우에 또 하나의 문제가 있게 되는데, 자신들이 이미 옳은 사람이라고 확정을 해놓았으니 스스로 자유가 없고 옳다는 사상에 묶이게 되며 위선적인 삶이 나올 수밖에 없다. 우스운 말이지만 나는 과거에 어떤 어린 아이에게 '너 참 착한 아이야'라고 했을 때 그 아이가 매우 싫어하는 것을 발견했다. 그 아이는 착한 이미지로 사람들에게 각인되어 자신의 자유로운 생활을 제지당하는 것이 싫었던 것이다. 아무리 착한 아이라 해도 아이는 아이인 것이다. 우리가 실제로 그렇게 완전하지 않은데 다른 이보다 완전한 존재로 설정해놓는 자체가 우리를 더 큰 오류로 이끌게 된다는 것이다.

4. 하나를 지키는 것에 대하여

그러므로 오늘 날 우리가 지키는 하나는 내적인 것과 생명 안에서의 일을 더욱 중히 여기는 방식으로 지켜져야 한다. 바울 사도는 "성령의 하나 되게 하신 것을 힘써 지키라"고 하였다. 이는 내적인 생명 안에서의 하나를 말하는 것이다. 지금도 주 안에 있는 성도들은 어디에 있든지 서로 다른 단체의 그리스도인들과도 성령의 하나는 얼마든지 누릴 수 있고 지킬 수 있다. 소위 입장이라든가, 외형적인 교회관을 설정해놓고 하나를 이루는 것은 간단한 일이 아니다. 나뉘어진 교회들을 성서적인 교리를 주장하여 정치적으로 또 행정적으로 외형적인 하나를 만든다고 할 때 이것이 쉽지도 않겠지만 영적인 가치가 그렇게 크지 않다. 하나님의 자녀들은 성령 안에서, 사랑 안에서 누리고 체험하며 지키는 하나가 마땅히 중히 여겨지고 선행되어야 한다! 성경에서 가르치는 모든 중요한 생명의 말씀들을 깊이 순종하다보면 교회의 외면적인 하나도 점차 실행될 수 있으리라 믿는다.

한 마디 부언한다면, 성서적으로 올바른 것이라면 그것이 설령 율법적이고 교리적이라 하더라도 그것이 위치가 없는 것은 아니다. 사도는 "사람이 율법을 법 있게 쓰면 율법은 선한 것인 줄 우리는 아노라"(딤전 1:8)고 하였다. 그렇지만 어디까지나 율법의 위치는 성령 다음에 와야 하는 것이다. 다음의 구절은 이 말에 대한 좋은 답이 될 것이다. "육신을 좇지 않고 그 영을 좇아 행하는 우리에게 율법의 요구를 이루어지게 하려 하심이니라"(롬 8:4). 주 예수님은 '내가 율법을 폐하러 온 것이 아니라 완전케 하러 왔다'고 하셨다. 우리가 온전히 성령을 좇아 산다면 율법의 모든 요구들을 이루어지게 한다. 율법을 앞에다 둘 때 이루어지지 않는 것이 성령을 통하여 온전히 이루어지게 됨을 하나님께 감사한다.

15절, 오직 사랑 안에서 참된 것을 하여 범사에 그에게까지 자랄지라 그는 머리니 곧 그리스도라

여기서 참된 것을 한다는 말은 '진리를 말한다'(speaking the truth)는 뜻이 있다. 또 '진리를 붙잡는다'(holding the truth)는 뜻도 있다. 사랑 안에서 참된 것을 하여 범사에 머리이신 그리스도에게까지 자라는 것이 우리의 목표이다. 몸은 이렇게 자라야 한다. 이 구절에서 사랑과 진리란 말은 중요한 말이다. 성장하는 교회는 이 두 가지가 필수이다. 첫째로 머리이신 그리스도에게까지 자라려면 지체들 간에 참된 것(진리)을 말하는 분위기가 있어야 한다. 유감스럽게도 오늘 날 한국에서 우리는 피차 참된 것을 말하지 못하는 경우가 많음을 시인하지 않을 수 없다. 참된 것을 말하면 얼굴이 붉어지고 시험에 들까봐 차마 말할 것을 말하지 못하고 그저 웃으며 넘기고 대충 넘기는 경우가 허다하다. 옛 사람과 육체와 자아에 속한 부분을 제거할 기회를 잃어버리는 것이다. 우리가 지금까지 참된 것을 서로 기탄없이 말할 수 있었다면 훨씬 더 성숙에 이르렀을 것이라고 생각한다. 물론 우리는 서로 긍휼히 여기며 불쌍히 여기며, 온유한 심령으로 말해야 하겠지만 그래도 서로 말하지 않고, 분명히 문제가 있는데 대충 좋다고 심령의 답답함을 감추고 상대방의 어깨를 두드리며 아무 일도 없다는 듯이 지나가는 것은 좋은 일이 아니다.

또 한가지 해석은 진리를 붙잡는 것이다. 사랑 안에서 진리를 붙잡고 있는 것이다. 어느 교회가 견고하게 자랐다면 이 두 가지가 있다. 그들의 마음에는 풍성한 사랑이 있고 그들의 입에는 견고한 진리가 있다. '사랑 안에서 진리를 붙잡은 것'(holding the truth in love)이 성장한 사람들의 바른 태도이다. 어떤 사람들은 진리를 붙잡는다고 하지만 사실은 어떤 사상이나 이념을 붙잡고 있다. 또 어떤 교리나 지식을 붙잡고 있다. 이렇게 진리가 아닌 것을 진리로 알고 붙잡고 있는 자들은 사랑 안에서 진리를 말하지 못한다. 그러한 자들은 자신들의 붙잡고 있는 것을 주장하기 위해 그것을 찬성하지 않는 사람들을 만나면 서슴없이 혈기를 내고 싸우려고 한다. 그들은 속에 다른 사람을 향한 사랑보다는 자신들의 가지고 있는 주장을 위해 있다. 그것이 옳다고 여기기 때문이다. 그래서 그들은 사랑 안에서 진리를 말하는 대신 다른 사람들에게 자신들의 주장하는 교리를 설득시키고 내세우기 위해 다툼으로 말하게 되는 것이다. 이것은 사랑 안에서 진리를 붙잡는 것이 아니다. 이렇게 하는 한 성도들은 잘 자랄 수 없다.

나는 언젠가 어떤 독자로부터 전화를 받았다. 그는 내 책을 읽고 감명을 받았다고 했다. 그는 내 책이 율법과 복음을 매우 잘 말했다고 하면서 그렇게 복음을 분명하게 말하면 율법적인 수많은 목회자들에게서 공격을 받지 않느냐고 물었다. 나는 그렇지 않다고 말했다. 내가 유감스러운 것은 그 말씀하시는 분은 내가 '율법주의'가 아닌 '복음주의'를 말하는 사람으로 아는 것 같았다. 복음은 맞지만 복음주의는 맞지 않다. 성경에는 복음이 있지만 복음주의는 없다. 우리는 진리 안에 있는 하나님의 복음을 말하지만 어떤 특별한 '주의'를 실행하거나 강조하지 않는다. 복음이 따로 있는 것이 아니라 복음은 하나님의 아들이며 그리스도이다. 우리가 전하는 것은 그리스도지 그리스도가 없는 복음의 교리를 전하는 것이 아니다. 우리는 어떤 가르침을 주더라도 그 진리 속에 성도들에 대한 사랑이 있음을 고백할 수 있다. 우리는 어떤 틀린 상태를 바로잡고 고치고 반박하기 위해 글을 쓰는 것이 아니다. 그런 일을 행하실 분은 하나님이지 우리가 할 수 있는 것이 아니다. 그분은 나에게 진지하게 우리같이 복음과 율법의 분별을 아는 사람들이 뭉쳐서 뭔가를 해야 하지 않느냐고 말했다. 그는 자신이 율법과 복음을 매우 잘 아는 사람으로 자처했지만 그의 말에서 나는 가장 중요한 복음의 본질이 빠져 있음을 알게 되었다. 우리는 무슨 일을 하든지 무언가를 할 수 있는 자들로 여기지 않는다. 다만 주님의 은혜를 얻어 조금 섬기며 순종할 수 있을 따름이다. 사람이 스스로 뭔가를 할 수 있는 자들로 여긴다면 그것은 아직 십자가를 모르는 것이다. 십자가란 우리가 아무것도 아니요 그 무엇이든지 우리 스스로 할 수 있는 자로 여기는 것이 아니다.

실상 이런 어린 성도들은 교훈의 풍조에 밀리고 있는 것이다. 성도들이 교훈의 풍조에 흔들리면 자랄 수 없다. 항상 이리저리 요동하고 떠다니느라고 자랄 겨를이 없다. 그런 사람은 마치 뿌리가 없이 물 위에 떠다니는 식물과 같다. 그러므로 자라려면 진리를 붙잡아야 한다. 교회는 진리의 기둥과 터이다(딤전 3:15). 진리를 붙잡는 것과 진리를 말하는 것은 같은 것이다. 진리를 붙잡고 있기 때문에 그것을 말하는 것이다. 사람은 자기가 믿고 있는 그것, 붙잡고 있는 그것을 말하게 되어 있다. 사랑 안에서 진리를 붙잡음으로, 진리를 말함으로 범사에 그에게까지 자라는 것이다. 교회가 자라는 데는 그리스도가 필수이다. 그리스도가 그 자라는 목표요 도달 지점이다(unto Him, 스코필드 관주성경). 우리는 교회가 그분에게까지 자라야 한다는 말에 격려를 받아야 한다. 그리고 기도해야 한다. '주여 당신의 형상에 이르기까지' 우리를 더욱 더 자라게 하여 주옵소서. 또한 교회는 '그리스도 안으로'(into Him)자라야 한다(흠정역, NASB). 그분을 닮지 않거나 그분 안으로, 그분을 목표로 하여, 그분을 향하여 자라지 않는 것은 자라는 것이 아니다. 그리스도의 성분과 요소, 그분의 형상 안으로 자라는 것이다. 즉 교회가 자란다는 것은 교회 안에 그리스도의 성분이 더욱 많아지는 것이요 그리스도를 본받는 것이다. 참으로 범사에 그리스도에게까지 자라려면, 머리이신 그분에게까지 자라려면 반드시 사랑 안에서 진리를 붙잡아야 한다. 여기서 모든 면으로(in all things)라는 말도 중요한 말이다. 모든 방면에서 교회는 그리스도를 닮아야 한다. 섬김에서, 가르침에서, 구제에서, 가난한 자를 향해서, 외인들에게, 핍박하는 자들에게, 금전에 대하여, 물질에 대하여, 말과 행위, 처신, 모든 면에서, 그분의 거룩과 사랑, 겸손과 동정, 인내와 온유 모든 면에서, 교회는 그리스도를 본받아야 한다. 그럴 때 언젠가 교회는 그리스도의 장성한 분량에 이르도록 자라게 된다. 우리는 이 문제에 올 때 간절히 기도해야 한다고 생각한다. 주여, 우리로 어서 자라게 하여주소서!

16절, 그에게서 온 몸이 각 마디를 통하여 도움을 입음으로 연락하고 상합하여 각 지체의 분량대로 역사하여 그 몸을 자라게 하며 사랑 안에서 스스로 세우느니라

'그에게서'는 '머리이신 그리스도에게서'를 말한다. 여기서 각 마디는 사역자들을 뜻한다. 은사를 받은 사람들이다. 이 마디들은 도움(supply, 공급)을 주는 일, 곧 공급하는 일을 한다. 마디가 되는 사람들은 머리이신 주님으로부터 직접 받은 것이 많은 반면 성도들(온 몸)은 마디가 되는 사역자들로부터 많은 도움을 받아야 한다. 그럴 때 온 몸(모든 지체들)은 이러한 공급을 받음으로 연락하고 상합하게 된다. 이 구절에서도 그 몸의 성장과 건축에 대하여 말한다. 이와 같이 교회가 성장하려면 먼저 은사를 받은 사역자들의 공급이 필요하다. 이들은 사도, 선지자, 교사, 목사들이다. 이들 마디가 되는 사역자들이 주님으로부터 받은 은사들을 발휘할 때 연락하고 상합함이 있게 된다. 연락하고 상합한다는 말은 맞춰지고 연결된다는 말이다(fitted together and connected by). 어떤 사람들은 무조건 사람을 따르지 말라고 가르친다. 물론 자신에게로 사람들을 모으기 위해 다른 사람을 따르는 것을 반대하는 말이다. 그러나 그리스도의 몸의 원칙은 모든 지체들이 머리에 연결된 것이 맞지만 지체들에게 공급받는 것이 있다. 손은 어깨와 팔을 통해 혈액의 공급을 받는 것이다.

결국 사역자들은 교회를 위해 은사를 발휘하는데 그들이 말씀을 전하고 가르치며 섬길 때 성도들은 서로 맞게 맞추어지고 짜여지고 연결된다. 자신이 은사 있는 사람인가를 확인해보려면 어느 도시, 어느 교회에 가서 사역했을 때 흩어져 있던 마른 뼈들이 맞추어지고 연결되고 세워지는가를 보면 된다. 만일 그러한 역사가 있다면 당신은 틀림없이 다섯 가지 은사 중 하나일 것이다. 그런데 어떤 사람이 기능을 발휘할수록 성도들이 흩어지고 서로 맞지 않게 된다면 그는 말씀 사역자의 은사를 가진 것이 아니거나 은사를 올바르게 발휘하고 있는 것이 아니다. 에스겔 37장 말씀은 바로 이런 실체를 두고 한 말씀의 그림자적인 예언으로 보아야 한다. 에스겔이 대언할 때 마른 뼈들은 생기를 얻고 힘줄과 살이 생기고 가죽이 덮히고 그 속에 생기가 있게 된다. 또 대언하니 이 뼈 저 뼈가 들어 맞아서 뼈들이 서로 연락하게 되었다. 그리고 나서 큰 군대가 되었다(겔 37:7-10). 이는 에베소서 2장에서 살아난 사람들이 4장에서 서로 연락하고 상합하며 6장에서 큰 군대가 된 것과 같은 사상을 말한다. 이를 위해 은사의 발휘는 매우 중요한 역할을 한다. 고린도 전서 14장에서 사도가 예언의 은사를 강조한 것은 교회의 건축을 위해서 우연한 일이 아니다. 이는 구약에서 이미 자세히 언급되었다고 보아야 한다. 에스겔의 대언(prophesy)은 신약 고린도 전서 14장의 예언과 같은 말이다. 이 예언의 은사는 교회를 건축하기에 가장 좋은 은사이다(고전 14:4,12,17).

이와 같이 마디들의 공급은 온 몸을 연락하고 상합하게 한다. 그리고 각 지체의 분량대로 역사하게 한다. 마디들이 은사를 발휘한 결과 각 지체들이 자신의 분량대로 역사한다. 은사 있는 마디들이 각 지체들을 대치하는 것이 아니다. 오늘날 유감스러운 것은 기독교의 전반적인 상황을 볼 때 이 은사자들이 다른 모든 지체들을 대치하는 것이다. 일반 신자들은 특별히 할 것이 없다. 그저 예배만 잘 참석하고 집에 가면 된다. 그러나 그리스도의 몸은 이러한 사역자들이 기능을 발휘한 결과 각 지체들이 분량대로 역사해야 자람이 있게 되고 건축되어지는 것이다. 그러니 성장이란 지체들이 서로 맞춰지고 연결되어져서 자라야지 뿔뿔이 흩어진 채 자라는 것이 아니다. 이 구절은 그리스도의 몸인 교회가 우리 인간의 몸처럼 서로 유기적으로 연결되어져서 자라야만 된다는 것을 말하고 있는 것이다. 교회가 성장하고 건축되기 위해서는 각 지체들이 제 위치에서 받은 바 분량대로의 은사들을 발휘하고 연결된 상태에서 자란다는 말이다. 이는 오늘날의 교회들에게 큰 경성과 가르침을 주는 말씀이다.

그리하여 이 몸은 사랑 안에서 스스로 세워진다. 사역자들은 그들 자신이 교회를 다 세우는 것이 아니다. 온 성도들을 온전케 하여 교회로 하여금 스스로 세워지게 해야 한다. 이 구절에서 '스스로'(to its self)란 말은 중요한 말이다. 교회로 자생하고 자립하는 기능을 잃어버리게 하는 것은 사역자들이 좋은 사역을 한 것이 아니다. 사역자가 좋은 사역을 했다면 그 교회는 스스로 일어날 것이다. 스스로 일어나고 스스로 건축되어 봉사하는 것이다. 그리고 스스로 사역하러 나가는 것이다. 이것이 교회가 스스로 건축되는 것이다.

은사와 직임과 역사(고전 12, 롬 12 참조)

하나님은 목적이 있으시며 그 목적에 따른 역사의 하나님이시다. 그분의 영원한 목적을 가장 분명히 말한 책은 에베소서, 골로새서, 베드로 전서, 계시록 등이다.

과거에 많은 사람이 은사를 주의하고 직임을 주의하지 않았다. 직임으로 발전하려면 주님의 안배를 받아들여야 한다. 직임과 역사의 위치를 알아야 은사의 가치를 발휘할 수 있다. 은사는 직임의 산출을 위한 것이고 직임은 역사의 산출을 위한 것이다. 은사는 성령이 주시는 것이지만 직임은 주님이 안배하신다. 주님의 주권과 인도에 순종하지 못하는 자의 수고는 하나님의 역사를 가져오지 못한다. 결국 몸의 움직임은 동역으로 이루어지는데 그 동역은 지체들(직임으로 구성됨)의 순종과 동역이 없으면 이루어지지 못한다.

은사(gift)가 하나의 재능과 같다면 직임(ministry)은 그 사람의 일이다. 역사(effect)는 그 일의 결과로서 하나님의 뜻을 이루어가게 된다. 이 모든 역사의 근거가 그리스도의 몸이다. 각 사람은 자기의 은사가 있으나 성령의 지배를 받아야 한다(고전 12:11). 성령이 나누어 주신 은사는 여기서 조금, 저기서 조금 일하게 하시는 것이 아니라 종합적으로 하나님의 영원한 계획을 이룬다. 우리가 얻은 은사는 주님의 안배를 받아들여서 주님의 영원한 목적과 뜻을 이루게 한다.

바울과 아볼로는 은사가 달랐다. 바울은 심었고 아볼로는 물을 주었다(고전3:6). 바울과 아볼로는 재능이 있었고 주님이 그들을 보내어 그들의 능력과 재능에 따라 일을 하게 하셨다. 여러 사역자의 최종 결과가 역사이다.

여러분은 주님 앞에서 받은 은사나 직임을 물어야 한다. 또한 그 은사를 받았고 직임이 있다면 주님이 그 역사를 이루도록 기도해야 한다. 역사라는 말은 거동(operation)이다. 하나님은 우주 가운데 큰 거동이 있으시다. 그 거동을 하나님께서는 각 사람에게 성령의 은사를 통해 이루신다. 각 사람은 자기가 얻은 은사를 사용하여 충성되게 주님이 보낸 직임으로 일을 하는 것이다. 은사는 성령이 주시는 것이고 직임은 주님이 안배하시는 것이고 역사는 하나님이 완성하신다.

은사는 크게 두 종류가 있다. 하나는 주를 위해 사역하는 것이고 다른 하나는 각 교회를 위해 수고하는 은사이다. 주를 위해 나아가 사역하는 사람은 전적으로 나아가 사역하는 것이고 교회를 책임지는 사람들은 사무적인 것을 돌본다. 사도행전 6장은 이 두 가지 구분을 말하고 있다. 하나는 기도와 말씀, 영적인 것이고 다른 하나는 물질을 나눠주고 공궤하는 물질적인 것이다. 이 두 가지를 반드시 구분해서 이해하고 주의 일꾼들은 자신이 과연 어떤 직임인지를 알아야 한다. 당신이 만일 이것을 구분하지 못한다면 즉 개인적인 직임이 무엇인지를 모른다면 주님을 잘 섬길 수 없으므로 철저하게 기도해야 한다. 주님은 그분이 위임하신 직임을 성실하게 수행하는 사람에게 공급하시며 복을 주신다. 주님이 주시지 않은 직임 안에 머물면 주님은 당신은 공급하지도 축복하지도 않으신다. 우리는 장래 말씀 전할 자에 대하여 안수를 해야 한다. 아직 은사가 나타나지 않고 안수를 할 수 없는 사람에 대하여는 기다려야 한다.

에베소서 4장 11절의 네 다섯 은사를 말하는데 이는 사역의 일을 하게 하기 위한 것이다. 믿는 이들의 사역은 소소하며 다섯 종류의 은사는 전일하다. 그들의 사역은 믿는 이들로 그들의 사역을 다할 수 있게 온전케 하는 은사인 것이다. 다섯 종류의 사역은 사범 대학의 교수와 같은 것이다. 교사 중의 교사인 것이다. 사역의 일은 모든 성도들이 사역하도록 온전케 하는 사역이다.

에베소서 4:11-12절의 은사와 고린도 전서 12장 28절, 로마서 12장 6-7절의 은사를 비교하는 것은 필요하다. 에베소서 4장의 사도는 주님의 얼굴을 본 12제자만을 의미하는 것은 아니다. 에베소서 4장의 다섯 종류의 은사는 모든 일반 성도들의 일반은사와 다르다. 4장 13절의 ".. 데 까지 이르리니"는 지금도 사도의 은사가 있다는 것을 말해준다. 즉 그리스도의 몸이 건축되려면 사도 선지자의 은사가 필요하다는 말이다.

16절의 마디는 원문에서 공급하는 마디를 말한다. 몸은 두 종류의 은사로 대별된다. 연결하는 힘줄과 공급하는 마디이다. 또는 활동하는 지체와 공급하는 지체이다. 입이나 눈, 귀 등은 공급하는 마디이다. 손과 발 등은 활동하는 지체이다. 우리는 몸을 공급할 수 있기를 기도해야 한다. 그러한 기능이 없다면 다른 이들이 하도록 도와야 한다. 공급해서 한 몸으로 건축되게 해야 하는데 어떤 이의 기능은 몸을 무겁게 하고 분열되게 하는데 이는 매우 악하고 두려운 일이다.

고린도 전서 12:28-29절은 아홉 종류의 은사를 말하는데 이 중 사도 선지자 교사는 가장 중요한 은사이며 나중의 여섯, 능력이라든가 병 고치는 것, 서로 돕는 것, 다스리는 것, 방언하는 것이 있는데 이 은사 중 기적적인 은사들은 교회의 역사 가운데 대체적으로 중단되거나 감소된 것이 사실이다. 그러나 에베소서 4장의 오중 은사는 아직도 존재하며 교회는 건축될 수 있어야 한다.

만일 당신에게 특별한 은사가 있다고 느낀다면 당신 개인의 직임이 무엇인지를 물어야 한다. 은사가 있지만 주님의 통제와 안배를 받아들이지 않으면 직임의 섬김을 가질 수 없고, 하나님의 역사를 가져올 수 없다. 발람은 은사를 가졌지만 주님과 하나되지 못했으므로 실패한 선지자를 대표한다. 그는 그의 은사를 돈 벌이로 사용했다. 직임이 분명하지 않고 나아가서 일하면 다른 사람을 상하게 하며 물러서게 되면 다른 사람을 무겁게 할 수 있다. 성도들은 몸 안에서 성령의 은사를 받았다고 할 때 매우 주의해야 한다. 우리는 주님이 정해준 그 범위에서 일하는 것을 배워야 한다. 우리는 자신의 범위 안에서 섬겨야 하지 넘어서지 않아야 한다. 그렇지 않으면 충돌이 발생한다. 직임이 아직 없는 사람은 기다리고 경거망동하지 말아야 한다.

직임이 발생하려면 은사자들이 주님의 권위에 굴복해야 한다. 하나님은 우리의 교회생활 안에서 많은 대표권위를 세워 우리로 순복하게 하신다. 어떤 형제가 아직 순복할 수 있는 권위를 찾지 못했다면 그의 은사는 직임으로 나아가 섬기게 될 가능성이 없다. 더욱이 하나님의 역사를 이룰 수 없다. 자녀에게는 부모가 권위이고 조부모는 부모의 권위이며 형과 언니는 동생들의 권위이다. 집 안에도 권위가 있고 교회에도 권위가 있으며 사회에 나아가도 권위가 있다. 여러분이 순복하지 않아도 된다고 느낀다고 해서 순복하지 않아도 되는 것이 아니다.

한 모임에서 자신이 책임을 지고 인도해야 하는 사람인지를 분명히 알려면 가장 좋은 방법이 있다. 그것은 직접 다른 형제들로 하여금 그들의 견해가 어떠한지를 물어야 한다. 그럴 때 질문을 받은 성도들은 솔직하게 교통하는 것이 필요하고 당사자는 그 견해에 순복하지 않으면 안된다.

교회에는 권위의 기도가 있다. 한 모임 가운데 사람의 힘으로 처리할 수 없는 일이 부득히 발생한다면 교회가 권위의 기도를 사용해서 주님이 그를 징계하시기를 기도해야 한다. 만일 그 교회가 주님의 뜻에 부합한 교회라면 주님의 보좌가 그 집회와 기도를 지지할 것이다. 책임을 맡은 사람들은 필요할 때 모든 방해되는 일을 기도로 다스려야 한다(마 16:18-19, 18:17-20). 오늘 날 교회는 주님의 보좌가 있는 곳이며 사람들로 교회 안에 그리스도의 보좌가 있는 곳임을 인식하도록 도와주어야 한다. 어떤 사람이든지 교회 안에 오면 권위를 인식해야 한다. 사역자는 주님의 대표요 그의 신상에 주님의 권위가 있다.

살전 5:12 형제들아 우리가 너희에게 구하노니 너희 가운데서 수고하고 주 안에서 너희를 다스리며 권하는 자들을 너희가 알고 5:13 저의 역사로 말미암아 사랑 안에서 가장 귀히 여기며 너희끼리 화목하라

히 13:7 하나님의 말씀을 너희에게 이르고 너희를 인도하던 자들을 생각하며 저희 행실의 종말을 주의하여 보고 저희 믿음을 본받으라 히 13:17 너희를 인도하는 자들에게 순종하고 복종하라 저희는 너희 영혼을 위하여 경성하기를 자기가 회계할 자인것 같이 하느니라 저희로 하여금 즐거움으로 이것을 하게 하고 근심으로 하게 말라 그렇지 않으면 너희에게 유익이 없느니라

이러한 말씀은 항상 성도들에게 일깨워주어야 할 말씀이다. 교회가 건축된다함은 지체들 중의 은사와 직분에 의한 권위가 세워짐이요, 주님이 세운 각종 은사와 직분에 대하여 순복이 있는 상태이며, 왕국이 도래하는 것 역시 그리스도의 권위가 교회 중에 세워질 때 가능한 것이다.

은사를 발휘하는 원칙은 사랑을 실행하는 것이며 성도들을 건축하는 것이다(고전 13, 14장 참조). 은사를 발휘해도 사람들 세우거나 건축할 수 없는 사람은 집회 중에 차라리 말하지 않는 것이 좋다. 자신이 성령의 인도를 따라 길을 걸어가고, 진실로 영의 감동이 있는 사람, 자신이 주님으로부터 온전케 함을 입은 사람이 남을 온전케 할 수 있다.

교리에서 생활상의 권면으로

에베소서는 1-3장까지가 하나의 교리적인 단락이고 4-6장까지가 생활을 위한 권면이다. 그런데 4장도 전반부와 후반으로 나누어야 적합한 이해를 할 수 있다. 1-16절까지는 그리스도의 몸인 교회의 건축과 하나를 다룬 부분으로서 생활 중에서도 교리적인 생활을 다룬 것이다. 즉 사도 바울은 그리스도인으로 부르심의 합당한 생활을 말하는 부분에서 첫째가 그리스도의 몸인 교회의 하나를 이루는 생활임을 강조한다. 당신이 진정 좋은 그리

스도인이라면 교회의 하나를 위해 전진할 것이다. 즉 하나님은 모든 이방인을 그리스도의 십자가를 통하여 한 몸이 되도록 부르셨으며 삶의 모든 여정은 하나 됨을 위하여 투쟁하는 하나의 백성이 되어야 함을 가르치고 있다. (제임스 몽고메리 보이스. 에베소서 강해 제2권. p. 79) 17절부터 이어지는 나머지의 생활 권면에서는 순결을 유지하기 위하여 투쟁하는 하나님의 거룩한 백성이 되라고 권면하고 있다.

17절, 그러므로 내가 이것을 말하며 주 안에서 증거하노니 이제부터는 이방인이 그 마음의 허망한 것으로 행함같이 너희는 행하지 말라

4장 1절부터 16절까지는 주로 부르심을 입은 자들의 합당한 생활을 말하고 있다. 특별히 교회의 통일성 문제, 성령이 하나 되게 하신 것을 지키는 문제에 관한 것이다. 이제 17절부터는 사도의 구체적인 권면이다.

"그러므로 내가 이것을 말하며 주 안에서 증거하노니". 여기서 '그러므로'란 말은 매우 중요한 말씀이다. 이 그러므로(헬, oun)는 앞 구절들과 뒤의 말씀을 연결시켜주는 말씀이다. 나는 에베소서를 오랫동안 읽어왔지만 4장 전반부와 17절 후반부의 연결이 도대체 어떻게 해서 이루어지는지 알지 못했다. 어떻게 몸의 건축, 통일성 문제, 머리에까지 이르는 몸의 성장 문제를 말한 후에 이방인 같이 허망하게 살지 말라, 생명의 감각에서 떠나지 말라(18절)등을 말할 수 있는가? 그 연결은 무엇인가, 매우 궁금했다. 그러나 세월이 지나면서 몸의 하나와 몸의 생활을 떠나서는 진정한 생명의 삶이 불가능함을 알게 되었다. 총명이 어두워지고 감각없는 자 같이 되는 것은 몸의 생활 가운데 정상적으로 생활하는 자들 가운데는 없는 일이다. 그러나 제 아무리 주님을 따라 잘 생활한다고 해도 몸의 생활을 합당하게 영위하지 않을 때 무지함과 그 마음은 굳어지게 되어 있다.

하나님은 우리를 개인적이고 독단적으로 영적 생활을 하도록 부르신 것이 아니라 지체들과 함께 한 몸을 이루어 살도록 부르셨기 때문이다. 로마서 12장의 몸의 생활은 5장부터 8장까지의 십자가와 성령의 역사가 전제되지 않으면 불가능하다. 십자가를 진실로 체험할 수 있는 도장은 교회이다. 몸의 생활을 위해서는 십자가가 필요하다. 십자가가 없이는 한 작은 지체로서 다른 지체들의 제한과 통제를 받지 못한다. 따라서 생명을 실제적으로 만지고 체험할 곳은 몸 안에서 지체로 생활할 때이다. 몸을 안다면 감히 단독적인 의견을 제출하고 자기의 견해를 주장하지 못한다. 몸을 보았다면 구원받은 사람이 생명의 느낌이 있는 것처럼, 몸의 느낌이 있게 되고 몸의 통제를 받게 된다. 따라서 매우 실제적인 의미에서 몸을 모르고서는 지체들을 통하여 흐르는 생명의 감각과 생명의 합당한 교통을 누릴 수 없다.

이 구절부터 몸의 생활 가운데 구체적이고 세세한 것에 대하여는 다만 권면이라고 하지 않고 '증거'(testify)라고 했다. 증거하는 것은 다만 말하는 것과는 차이가 있다. 그것은 자기의 생활과 일치되는 말이다. 자기가 그런 생활을 하기 때문에 다른 믿는이들에게 그런 말을 할 수 있는 것이다. 그럴 때만이 증거할 수 있다. 나는 과거에 자신의 삶과 관계없이 지식으로만 진리를 말하는 사람들의 말을 많이 들어보았다. 그런 사람들의 말은 가르침이라고는 할 수 있어도 증거라고 할 수는 없는 것이다. 우리는 우리에게 없는 것을 말하는 것이 아니라 우리 속에 있는 것, 우리가 생활을 통하여 체험한 것을 다른 사람들에게 말할 수 있는 것이다. 바울은 사람들에게 어떤 것을 말할 뿐 아니라 증거했다. 즉 바울은 그렇게 살았다는 말이다. 말은 아무나 할 수 있어도 증거는 그렇게 말하는 대로 사는 사람이 아니면 하지 못한다.

"이제부터는 이방인이 그 마음의 허망한 것으로 행함같이 너희는 행하지 말라". 그리스도인은 세상으로부터 부르심을 받은 자들이기 때문에 이방인들 같은 형태로 살아서는 안된다는 말씀이다. 이것이 분별이다. 이는 로마서 12장의 말씀도 동일하게 말하고 있다. 이 세대를 본받지 말고 오직 마음을 새롭게 함으로 변화를 받으라고 한다(2절). 이는 그리스도인이 이 세대의 유행이나 흐름에 맞추어 살아서는 안됨을 의미한다. 여기서 우리는 몸의 생활이 추상적이 아니고 구체적이고 실제적임을 깨닫게 된다. 진정한 몸의 생활은 허망한 이방인의 생활 같지 않다.

이와 같이 사도의 첫 번째 권면은 교회의 통일성 문제와 건축이며 다음은 거룩함으로 나아간다. 이는 첫째 분별에서부터 시작되는 것이다. 즉 예전의 행위를 벗어버리는 문제이다. 그리스도인은 어디에 가든지 하늘의 백성으로 생활해야 함을 잊지 말아야 한다. 이방인들의 생활에서 가장 공통적인 특징은 허망하게 사는 것이다. 헬라어에서 '허망한 것'이란 거짓되고 따라서 열매가 없는 생활을 말한다. 이는 이방인이 우상을 섬길 때의 광경을 말하지만 바울은 이런 생활을 믿는 신자도 할 수 있다는 우려를 갖고 권면하고 있다. 이는 사실이 아닌 무엇인가를 상상하는 망상 혹은 환각과 같은 그런 의미이다. (H. A. 아이언사이드. 에베소서 강해. p. 172) 세상 사람들은 온갖 헛된 이론들과 공상들에 사로잡혀 산다. 사람들이 허망한 것으로 행하는 원인은 참된 하나님을 아는 지식으로부터 떠나 있기 때문이다(Bengel). 거듭난 그리스도인이라 할지라도 지식이나 어떤 교리나 사상에 세뇌되거나 관념화가 될 때 허망한 공상 속에 살게 되는 수가 있으며 따라서 속임 당하는 일은 얼마든지 있을 수 있다. 그럴 때 주 안의 참된 신자일지라도 그 삶이 허망해지고 하나님의 생명에서 떠나 있게 되는 것이다.

우리는 원래 이방인이었는데 이제 주 안에 들어왔다. 믿지 않는 이방인들이 행하는 것은 그 마음의 허망한 것에 따른 것이다. 사도는 여기서 믿는 우리에게 그러한 헛된 것으로 행하지 말라고 말한다. 허망하다는 것은 속임수이며 따라서 열매가 없는 일을 하는 것을 말한다. 많은 힘을 들여서 행하지만 그 일들은 시간이 지날 때 다 헛된 것으로 드러난다. 그림자를 잡는 것 같다. 계속 추진해 나가지만 잡히는 것은 하나도 없다. 이방인들이 죄악을 향해서 달음질하는 것이나 이 세상의 쾌락과 자기의 명예와 육체의 즐거움을 위해서 하는 것이 다 헛된 것이다. 속임 당하는 그리스도인들이 헛된 사상이나 단체심에 이끌려 세월을 낭비하는 것도 같다. 그들은 그러한 헛된 것을 잡으려고 좇아가고 추구한다. 또 모든 힘을 낭비한다. 그리스도인은 그렇게 행해서는 안 된다는 것이다. 그리스도인은 자신이 현재 하고 있는 일을 살피면서 혹 열매 없이 시간만 낭비하는 데 빠져 있지나 않은가 한 번씩 자신의 삶을 돌아볼 필요가 있다. 영적인 세계처럼 대적의 속임수가 많은 곳이 없다는 것을 알아야 한다. 절대로 나만은 예외라고 생각해서는 안 된다.

18절, 저희 총명이 어두워지고 저희 가운데 있는 무지함과 저희 마음이 굳어짐으로 말미암아 하나님의 생명에서 떠나 있도다

여기서 '총명'이라는 말은 '이해력'(understanding)이다. 총명이 어두워지는 것이 참 하나님을 떠난 사람들의 결과이다. 많은 사람들이 참 하나님과의 관계를 잃어버린 결과 영적으로 매우 어리석게 되었다. 마치 이방인들이 하나님의 세계에 대하여 총명이 어두운 것과 같다. 그들은 생각이 어두워지고 그들 가운데 있는 무지함과 마음이 굳어짐으로 말미암아 하나님의 생명에서 떠나 있다. 바울은 이방인들의 상태를 기술할 때 먼저 그들의 지적인 상태를 언급한다. 당시 에베소인들도 결국 헬라 문화권에 속하여 있었는데 헬라인들은 지식을 최고로 여기는 자들이었다. 그들은 이성과 육체를 분리시켰고 마음을 인간의 내면에 존재하는 신적인 요소로 여겼다. 그 이성이라는 것이 우리 인간으로 하여금 위를 향하게 한다고 믿었다. 그러나 육체는 땅에 속하였고 사람을 아래로 향하게 한다. 그러므로 고대의 헬라 철학자들은 구원이라고 하는 것을 이성으로 말미암아 육체의 능력으로부터 벗어나는 것이라고 여긴 것이다. 이는 일종의 불교 철학과도 본질적으로 상통하는 면이 있다. 그들은 지식적인 깨달음이 해탈을 준다고 믿었다. 그러나 생명없는 지식은 사람을 구원하지 못한다. 요한복음 3장은 이 생명을 얻는 거듭남의 이야기를 하고 있으며 사람이 거듭나 이 생명을 얻지 못한다면 그 하나님의 세계를 알지 못한다고 하였다. 생명을 얻은 자들만이 그 생명에 함께 동참하고 기쁨을 누릴 수 있다.

이 구절에 하나님의 생명이 있는데 이 생명은 거룩한, 창조되지 않은, 영원한 생명이다. 거듭난 사람에게는 이 생명이 있다. 이 생명은 영원 전부터 하나님 안에 있는 생명이요 독생자 예수 안에 있는 생명이요 오늘 믿는 우리에게 있는 바로 그 생명이다(요 1:1-4). 그리스도인은 이 하나님의 생명의 능력을 따라서, 이 생명의 느낌을 따라서 행해야 하는데 어떤 그리스도인들은 이 생명이 있음에도 불구하고 이런 생명의 감각이 없는 채 행한다는 것이다. 왜 그런가? 그들의 마음이 굳어져 있기 때문이다.

나는 과거에 생명을 매우 강조하는 무리 가운데 신앙생활을 해보았다. 그들은 그 생명마저도 교리와 지식으로 만든 채 실제적인 하나님의 생명에서는 멀리 떠나 있었다. 여기서 바울은 이방인들 가운데 있는 지식은 하나님에 대하여 무지하게 하며 마음이 굳어지게 한다고 말한다. 그렇게 굳어진 마음은 이해력을 가질 도리가 없다. NASB나 NIV 성경은 마음의 굳어짐(hardness or harding)으로 번역한 반면 흠정역은 눈멀음(blindness)라고 번역하였다. 이 굳어짐의 헬라어는 포로시스(porosis)로서 돌을 의미하는 포로스(poros)에서 파생한 명사이다. 이 포로스라는 말은 특히 대리석 종류의 돌을 의미한다. 또한 이 말은 의학적으로 소위 경화 현상을 말할 때 쓰이기도 하였다. 즉 포루(poroo)는 석화하다, 굳은 살로 화하다는 뜻으로 사용한 것이다. 눈에 경화가 일어나면 눈먼 현상이 나타나겠지만 이 단어는 눈이 멀었다는 표현보다는 굳어짐으로 번역하는 것이 더 합당하다. 당신은 대리석 같은 땅에 씨를 뿌리면 싹이 날 것이라고 생각하는가? 불가능하다. 나는 어떤 단체에서 생명을 안다고 하면서 정작 생명은 없고 이론과 지식으로만 생명을 말하니 그들의 마음들이 화석같이 단단한 돌이 되어버리는 것을 보았다. 물고기나 식물의 화석을 보면 그 모양은 다 있는데 거기에 실제 생명이 없을 따름이다.

마태복음 13장과 누가복음 4장을 보면 네 종류의 땅이 있다. 길가와 돌밭과 가시덤불 그리고 좋은 땅이 있다. 물론 딱딱한 땅에서는 씨가 자라서 결실할 수 없다. 여기서 우리가 기억해야 할 것이 있는데, 하나님의 생명이 잘 자라는 땅은 옥토라는 것이다. 옥토의 특징은 땅이 딱딱하지 않고 부드러운 것이다. 여기서 씨는 하나님의 말씀이요 그 말씀 안에 있는 생명이다. 땅은 사람의 마음이다. 나는 마음이 딱딱한 그리스도인이 잘 자라지 않는다는 것을 알고 있다. 여러분은 좋은 그리스도인의 마음이 딱딱한 것을 보았는가? 그런 일은 없다. 좋은 그리스도인의 마음은 언제나 부드럽다. 부드러운 마음에서 생명이 잘 자란다. 우리가 씨앗을 심고서 열매를 거두고 싶다면 먼저 땅을 부드럽게 해주어야 한다. 자갈이나 돌멩이나 딱딱한 것들을 골라내주어야 한다. 그래야 씨앗이 발아하고 또 뿌리를 내릴 수 있다.

마찬가지로 우리 믿는이들의 마음에서 생명이 잘 자라려면 그 마음이 단단하게 굳어지는 것을 주의해야 한다. 그런데 어떤 사람들은 마음이 굳어지는 것이 위험한 것이고 좋지 않은 것임을 모른다. 굳어지는 것은 좋은 것이 아니다. 마음이 부드러워져야 한다. 그래야 생명이 자랄 수 있다. 생명의 느낌이 예민한 사람은 그 마음이 부드러운 사람이다. 마음이 부드러울 때 하나님의 생명의 느낌을 잘 감지할 수 있다.

19절, 저희가 감각 없는 자 되어 자신을 방탕에 방임하여 모든 더러운 것을 욕심으로 행하되

저들이 하나님을 알지 못하고 감사치 아니하고 그분께 영광을 돌리지 않는 것에 관하여 사도 바울은 로마서에서 인간의 교만한 의지라고 말하면서 하나님의 진노가 있을 것이라고 말했다. 그들이 하나님을 알지 못하는 것은 자연적인 실수가 아니라 자연의 계시를 통하든 사람 속에 있는 하나님을 알만한 기관이 있음에도 알기를 거절하여 '불의로 진리를 막는 것'이라고 하신 것이다. 이렇게 하나님을 모르는 것은 사람의 거역적이고 굳은 의지로 거부하는 것이므로 책망을 받아 마땅하고 진노를 당한다고 한 것이다. 하나님은 이렇게 자의로 하나님을 알만하되 알지 아니하는 자들에게 감각없이 자신을 방탕에 방임하도록 내어버리셨다. 하나님은 사람의 양심 속에 진리의 계시가 있음에도 그것을 숨기거나 부인하려고 하고 그 받은 계시를 짓누를 때 심판하신다.

이렇게 자연히 하나님을 알 수 있도록 자연을 통해서, 또한 사람 안에 있는 하나님을 알 수 있는 기관을 통해서 알려지시고 계시하신 주님을 거절한 사람들은 하나님의 생명을 감각할 수가 없다. 하나님의 생명에 대한 느낌을 가질 수가 없다는 말이다. 그럴 때 자신이 방탕한 가운데 있어도 느낌이 없다. 하나님의 생명의 느낌이 예민한 사람은 어떤 죄악된 것을 접할 때, 세상적인 것을 접할 때 금방 그것을 느끼고 거절할 수 있다. 그러나 마음이 점점 굳어져서 감각이 없어지면 생명의 느낌이 둔해져서 자신이 방탕한 가운데 처해도 그것을 느낄 수 없다. 정통적인 신학과 교리조차도 그것을 생명 없이 다룰 때 사람을 그렇게 딱딱하게 만들 수 있다. 그럴 때 감각이 없어져 모든 더러운 것을 욕심으로 행하게 된다. 이것이 그리스도인이 이방인과 방불한 생활을 하게 되는 지름길이다. 여기서 그들이 감각이 없게 된 것은 하나님이 그들을 버린 결과로 보아야 맞다.

먼저는 마음이 딱딱해지고 점점 감각이 없어지며 하나님의 생명에서 떠나게 되며 그럴 때 점점 죄악 속에, 방탕한 가운데 빠져 들어가게 된다. 모든 더러운 것을 행해도 느낌이 없다. 그래서 결국 죄의 노예가 되는 것이다. 더러운 것이란 원문에서 '더러운 영업'을 가리킨다. 수많은 광범위한 더러운 죄악들이 영업적으로 수행되고 있다. 그리스도인들도 감각이 없다보면 그러한 죄악에 욕심으로 참여한다는 말이다. 욕심이란 정욕적인 욕망이다. 오늘도 이 땅에는 음란한 영화나 잡지 등 많은 정욕적인 더러운 영업들이 있으며 그러한 일들은 사람을 극도로 타락시킨다.

우리 그리스도인은 결코 이방인과 같이 방탕한 생활에 빠지지는 않을 것이라는 태만한 생각을 갖지 않기 바란다. 왜냐하면 그리스도인일지라도 하나님의 생명에서 떠나게 되면 이방인과 똑같은 죄를 범할 수 있기 때문이다. 이 모든 것은 마음에 달려 있다. 마음이 점점 굳어질 때 그렇게 될 수 있다. 감각이 없게 되는 것은 먼저 영의 기능이 둔해지는 것이다. 따라서 생명의 느낌이 점점 둔해지는 것이다. 그렇게 될 때 참된 말, 진리의 말을 들어도 느낌이 없다. 돌이키거나 회개할 마음이 없다. 자신의 생각을 합리화할 뿐이다. 이것이 마음이 단단해진 결과이다. 어떤 사람들은 그렇게 될 때 편안하다고 한다. 전에는 양심이 예민해서 이것을 해도 정죄감이 있고 저것을 해도 정죄감이 있어서 쉽게 죄를 지을 수 없었는데 이제 점점 둔해지다보니까 나쁜 짓을 해도 느낌이 없다는 것이다. 그래서 편안한 것이다. 과거에는 조금만 말을 잘못해도 느낌이 있었는데 이제 마음이 딱딱해지니까 왠만큼 나쁜 말을 해도 느낌이 없다. 감각이 없다.

그런데 이 양심이 끝까지 무디어진 채로 잠자고 있는가? 그렇지 않다. 어느 날 양심에 빛이 비칠 때 (큰 사고가 나거나 죽음에 임박했을 때일 수도 있다.) 양심이 다시 작동하기 시작한다. 마치 잠에서 깨어난 것처럼 말이다. 그리고 전에 어둠 속에서 했던 많은 말들, 행위들을 정죄한다. 그래서 우리는 참으로 조심해야 한다. 심판대 앞에 가면 우리가 한 말들, 행위들이 다 드러날 것인데 그때 가장 견디기 어려운 것이 양심의 정죄일 것이다. 누가 지옥에 가라고 하지 않아도 형벌받기 위해 달려들어 갈 것이다. 양심의 정죄로 인해 너무나 괴롭기 때문이다.

지금도 죄를 짓고 숨어 사는 사람들이 있지 않은가? 살인하거나 크게 도둑질을 하고서 숨어 지낼 때 그들이 편할 것 같은가? 그들은 양심을 마비시켜 보려고 술도 마시고 이것저것을 해보지만 양심이 끊임없이 속에서 정죄하기 때문에 결국은 누군가에게 자기가 저지른 짓을 털어놓게 되는 것이다. 가장 괴로운 것은 남에게 벌 받는 것이 아니고 남이 정죄하는 것이 아니며 남이 욕하는 것이 아니다. 양심은 자신의 생각과 다르게 움직인다. 자기가 정당화하거나 뇌물을 주어서 양심을 사거나 무마할 수가 없다.

양심은 마치 하나님께서 우리 속에 설치해놓으신 경찰서와 같다. 그 양심이 깨어날 때 우리는 정죄받기 시작한다. 우리가 주님 앞에 서는 그 날에는 우리 양심이 100% 가동될 것이다. 그때 우리는 이 세상에서 살인하고 강도짓 한 사람들이 산 속에 들어가 숨어 지내면서 괴로워하는 것 이상으로 괴로워하게 될 것이다. 주님 앞에서 양심이 깨어나 우리의 모든 죄를 정죄한다고 생각해 보라. 그냥 지옥으로 달려들어 가는 것이 차라리 편할 것이다. 누가 굳이 지옥에 가라고 하지 않아도 형벌받는 자리에 앉아 있는 것이 편할 것이다. 어떤 중(重) 죄인들에게 도망다닐 때가 편한가 감방 안에 들어가 앉아 있을 때가 편한가 물어보면 감방 안에 있을 때가 훨씬 편하다고 말한다. 죄인이 형벌받도록 도와주는 것이 양심이 하는 일이다.

그러면 우리가 지금 문제 없다고 생각하면서 하는 말이나 행위들이 과연 문제가 없는가? 우리는 '심판대의 빛 가운데'라는 말을 곧잘 하지만 아직 그것을 감각하기가 어렵다. 따라서 우리는 미리 사도 바울처럼 두려워하고 떠는 것이 필요하다. 우리가 잘 모를지라도 우리의 말과 행위에 있어서 범사에 두려워해야 한다. 함부로 남을 판단하고 정죄하지 말아야 한다. 우리의 모든 행동을 정말 조심해야 한다. 후에 보면 이 모두가 죄일 것이다. 우리가 그리스도인으로서 실수를 많이 하지 않는 비결은 그저 항상 회개하고 죄를 시인하고 자복하고 돌이키고 두려워 떨며 행하는 것이다. 이것이 안전한 길이다.

20절, 오직 너희는 그리스도를 이같이 배우지 아니하였느니라

우선 우리는 이 구절에서 그리스도를 '배운다'는 헬라어 동사를 생각해 보자! 이 '배우다'의 동사 '에마테테'는 단순히 그리스도에 관한 교리나 지식을 배운다는 말씀 이외의 뜻이 들어 있다. NIV 성경은 이를 알게 되었다(come to know)로 번역했다. 이는 그리스도인의 그리스도를 배움이 객관적인 교리나 지식을 배움이 아니라 그리스도와 더불어 인격적인 교제를 통하여 그분을 내적인 생명 안에서 알게 되고 배운다는 뜻이다. 이러한 배움은 모든 그리스도인에게 필수적인 것이다. 주님을 믿고 나서 그분을 순종하며 섬기며 우리는 그리스도에게서 범사를 새롭게 배우게 되는 것이다. 따라서 변화된 삶을 살게 되는 것이다.

우리 그리스도인들은 왜 19절에 묘사된 것처럼 행할 수 없는가? 그것은 우리가 그리스도를 이같이 배우지 않았기 때문이다. 그리스도인은 성령을 통해서 우리 안에서 우리를 가르치시는 그리스도에게서 그리스도를 배우는 사람들이다. 성도들을 직접적으로 가르치는 선생님이 그리스도이시다. 보혜사 성령은 이를 위해 우리에게 오신 주님이시다. 그분은 성도들을 범사에 있어서 인도하시며 가르치신다. 당시에도 에베소 성도들은 앞선 영적 선진들이나 교사들에게서 듣고 배웠겠지만, 여기서 사도 바울은 너희가 아무개 사도나 아무개 형제에게서 배웠다고 하지 않고 그리스도에게서 배웠다고 말한다. 그리스도인은 그리스도에게서 모든 것을 배운다.

그리스도에게서 배운다는 말과 하나님의 생명이라는 말은 겉으로는 관련이 없는 것 같지만 사실은 관련이 있다. 앞 구절에서는 '하나님의 생명에서 떠나 있도다'라고 했다. 이 구절에서는 '그리스도에게서 이같이 배우지 아니하였느니라'고 했다. 나는 이 두 말이 서로 연결되어 있다고 생각한다. 우리가 어떻게 그리스도에게서 배울 수 있는가? 생명을 통해서 배울 수 있다. 그리스도는 그분의 생명을 통해서 우리에게 가르치신다. 의문의 가르침이 아니라 생명의 가르침이다. 그분은 우리 속에서 우리의 생명이 되셨다. '주님이 이것을 기뻐하시는가, 기뻐하시지 않는가? 주님의 뜻이 이것인가, 저것인가?' 이 모든 것을 우리는 밖의 환경과 기록된 말씀을 통해서도 분별해야 하지만 가장 기본이 되는 중요한 것은 우리 속에 있는 생명이다. 생명과 말씀, 빛은 나뉘어 있지 않다. 우리는 이 생명을 통해서 그리스도를 알 수 있는 것이다. 우리가 만일 생명을 감각하며 살고 있다면 범사에 이 생명은 우리에게 빛을 비춰 줄 것이며 우리는 하나 하나 하나님의 빛에 따라 처리해 나갈 수 있다. 이것이 그리스도를 배워나가는 것이다. 그리스도를 이렇게 생명으로 인식하고 배워 나가는 사람들이 어찌 이방인들과 같이 자신을 방탕에 방임하고 생활할 수 있겠는가? 그것은 가능하지 않다.

21절, 진리가 예수 안에 있는 것같이 너희가 과연 그에게서 듣고 또한 그 안에서 가르침을 받았을진대

불신자들에게는 허망한 것이 있으나 예수에게는 진리가 있다. 그러므로 우리가 그리스도에게서 배우면 진리를 배우게 된다. 그리스도는 우리 생명이시고 우리는 그분을 통해서 배우는데, 이렇게 그분의 생명을 통해서 하나하나 배워 나가는 지식이 곧 진리이다. 진리는 주님과 별개의 것이 아니다. 예수와 떨어져 있는 것은 진리가 아니다. 그것은 하나의 객관적인 지식은 될 수 있을지 모르지만 진리는 아니다. 진리는 주님과 하나요 주님 자신이다. 주 예수께서 오실 때 비로소 진리가 왔다(요 1:17, 14:6). 그 이전의 모든 율법은 그림자요 실제(reality),가 아니었다. 주 예수께서 오실 때 참 진리가 온 것이다. 우리는 그 참을 받고 그 진리로 가르침을 받은 자들이란 말이다. 나는 이 구절을 매우 귀히 여긴다. 우리는 진리로 가르침을 받는데 그 진리는 바로 예수 그리스도 자신이다. 그분 외에는 진리가 없다. 참된 생명이시요 진리이신 그리스도로부터 배운다는 것은 작은 일이 아니다.

"너희가 과연 그에게서 듣고 그 안에서 가르침을 받았을진대". 이 말씀은 20절의 배우다(에마테테)보다 더 구체적으로 그 배움을 설명한 것으로 읽으면 된다. 여기서 바울은 에베소 성도들이 그리스도에게서 직접 들은 것으로 말하지만 사실은 바울이나 설교자들을 통해 들은 그리스도의 말씀을 의미할 것이다. 원문에 '…에게서'(of)라는 전치사는 없다. 헬라어는 다만 그리스도를 들었다고 말한다(ye heard Him). 또한 바울은 '그 안에서(in Him) 가르침을 받았을진대' 라고 말한다. 이는 예수 그리스도가 가르치시는 선생도 되시고 가르침의 내용도 되고 가르침을 제공하는 범위도 된다는 뜻이다(존 스토트).

믿는이들은 주님에게서 듣고 배우는 사람들이다. 우리는 기록된 말씀을 읽음으로써 또 설교자들의 전하고 가르치는 말씀을 통해서 들을 수 있다. 에베소 성도들은 바울을 통해서 그리스도의 복음의 말씀을 들었다. 복음의 말씀이 또한 진리이다(엡 1:13). 그들은 2년이 넘게 두란노에서 가르침을 받았다. 이와 같이 성도들은 객관적인 진리를 듣는 것이 필요하다. 그러나 더욱더 필수적인 것은 우리 안에서 성령으로 말씀하시는 주님에게서 듣는 것이다. 이것은 내적인 것이다. 우리의 모든 일과 매일의 생활 가운데서 하나 하나 주님의 음성을 들으며 배워나가는 것이다. 이것은 결코 외적으로 듣거나 외적으로 가르침 받는 것이 아니다. 이 모든 것은 다 영과 생명과 관계가 있다. 주님은 우리 안에서 생명으로, 성령으로 우리를 가르치시고 매사에 우리에게 말씀하심으로 알려주신다. 우리가 부른 찬송가 가사와 같다. '주의 음성을 내가 들으니 사랑하는 말일세.' 주님의 음성을 어떻게 듣는가? 생명으로 듣는다. 우리는 내주하시는 그리스도에게서 항상 가르침을 받아야 한다. 이것은 생명의 가르침이요 기름부음의 가르침이다.

사도 바울은 빌립보서 3장에서도 그리스도를 아는 지식이 가장 고상하다고 말했다. 이 구절에서도 바울은 그리스도를 배우는 것의 중요성을 말하고 그러므로 그리스도인은 그리스도를 배우는 자들이며 그리스도를 배운 자들은 이방인의 삶과 결코 같을 수가 없음을 말하고 있는 것이다. 나는 오늘 얼마나 많은 그리스도인들이 그리스도를 배우는 문제, 그리스도를 아는 지식의 문제를 심각하게 생각하는지에 대하여 의심이 있다. 여기서 바울의 말은 그리스도를 배우는 만큼 성도들은 그 삶이 이방인들의 허무함과 다르게 산다는 것을 강조하고 있다. 사도 바울이 말하는 바는 이러하다. 이방인들은 하나님을 알만하되 의지적으로 그 양심의 감각을 무시하고 거절하는 것이다. 따라서 그들은 하나님께 대하여 마음이 굳어졌고 자신이 방탕에 방임하게 된 것으로 보아야 한다. 이는 로마서 1장의 사상과 일치하는 것이다.

우선 하나님을 아는 것은 그분의 존재에 대한 것이다. 그분의 존재를 아는 것부터 시작해야 우리는 그분 자신을 아는 데로 전진할 수 있다. 로마서는 창세로부터 그분의 보이지 않는 영원하신 능력과 신성이 그 만드신 만물에 분명히 보여 알게 된다고 말한다. 그러므로 저희가 핑계치 못한다고 말한다. 그렇게 분명히 만드신 만물로 분명히 그분의 어떠하심을 나타내셨는데도 사람들은 하나님을 알지 아니하고 하나님을 영화롭게 아니하고 오히려 그 생각이 허망하여지고 그 미련한 마음이 어두워졌다고 말한다.

현대의 무신론과 진화론자들은 모든 만물과 우리 인간 존재가 우연히 생긴 것이라고 주장한다. 어느 날 아무 이유나 목적이 없이 특정한 무기물질들이 유기물들과 결합하여 생명체를 만들게 된다는 것이다. 최근에는 생명공학자들이 10년 내에는 생명체를 만들어낼 것이라고 자신 있게 말하고 있다. 그러니 정말 이들이 말하는 대로 그렇게 되면 틀림없이 우연히 생명체들이 생겨났다고 주장하는 학설이 큰 힘을 받게 될 것이다. 그러나 그것이 곧 하나님의 창조를 뒤집는 학설로 발전할 수 없음은 불문가지이다. 지금까지 모든 과학은 성경을 따라왔지 성경을 앞서지 않았기 때문이다. 사람이 할 수 있는 것을 하나님이 하실 수 없겠는가? 만물이 만일 어떤 계획도 없이 우연히 생겨난 것이라면 그것은 아무 의미도 없는 것이다. 당신도 의미가 없고 나도 의미가 없고 이 세상도 의미가 없고 역사도 의미가 없다. 모든 것이 다 우연일 뿐이라면 우리가 사나 죽으나 의미가 없고 이생에서 무엇을 이루었던 의미가 없고 실패하든 성공하든 의미가 없다. 우리가 만일 그런 우연히 생겨난 존재라면 불쌍하기 짝이 없는 생각과 사고가 있는 한 덩어리 고기 뭉치에 불과하다.

그러나 죽음을 앞두고 사람들은 의지적인 무지함에도 그들의 존재 깊은 속에 하나님에 대한 존재를 깊이 느끼게 된다. 주님이 없는 사람들도 죽음 앞에서는 두려워한다. 모든 인간이 죽음 앞에서는 두려워하는 것이다. 그들은 자신 있게 하나님의 존재를 부정하였으며 죽으면 모든 것이 끝이라고 생각하면서 살아왔으면서 죽음에 도달하여서는 왜 두려워하는가? 그들은 캄캄한 통로의 맨 끝에 무엇이 있는지 모르므로 어린 아이들이 어둠을 무서워하듯이 죽음을 무서워하는 것이다. 그들이 살아있을 때는 만물을 창조하신 하나님의 솜씨나 작품을 보아도 하나님을 거절하고 믿지 않았으나 죽음 앞에 서서는 막연하나마 그들의 죽음의 문 건너 편에 있는 하나님께 나아가서 계산을 해야 한다는 것을 양심 깊은 속에서 감지하게 되는 것이다. 이는 죽음의 목전에서 이생의 걱정이나 헛된 염려 모든 노력이 포기된 상태에서 가장 조용한 가운데 느낄 수 있는 사람의 양심의 감각에서 생겨나는 두려움인 것이다. 죽음 앞에서 갖게 되는 무서운 적막감, 이름 모를 우울한 공포가 죽음을 대면하는 사람들이 공통적으로 느끼게 되는 감각들이다.

사람이 하나님을 알게 되는 것은 이런 참된 양심과 인생에 대한 깊은 명상으로부터인 것이다. 그러므로 살았을 때 일찌감치 하나님을 찾으라는 것이고 그렇게 해서 하나님을 알고 그리스도를 알 수 있는 것이 가장 큰 행복이라고 권면하는 것이다. 당신이 인생에서 아무리 큰 업적을 성취하였다 하더라도 주님을 알지 못하면 당신은 무지함과 어둠 속에서 헤매다가 갑자기 두려운 날을 맞게 될 것을 명심하기 바란다.

22절, 너희는 유혹의 욕심을 따라 썩어져 가는 구습을 좇는 옛 사람을 벗어 버리고

22절로 24절은 옛 사람을 벗고 새 사람을 입어야 한다고 말한다. 신자들도 벗어야 할 옛 사람이 있다는 것을 기억해야 한다. 옛 사람은 언제나 구습을 좇으려 한다. 썩어져 가는 구습이다. 사도는 여기서 우리에게 이러한 구습을 벗어버리라고 말한다. 이 낡은 옛 사람의 옷을 어떻게 벗어 버리는가? 이것은 이제까지 말했듯이 생명과 관계가 있다.

우리에게는 보기 흉한 낡은 옷들이 많이 있다. 우리의 생활 방식, 사고방식 또는 좋지 않은 성격, 기질, 감추인 죄들과 불의한 습관 등 이 모든 것이 옛 사람의 옷이다. 썩어져 간다고 말한 것은 이러한 죄들이 영혼의 기능들을 침식하고 상해하기 때문이다. 죄들은 결국 인생을 파멸로 이끄는 것이다. 이런 것들을 벗어버리는 것이 그리스도인의 생활이다. 이런 것들을 벗어버리는 길은 앞에서 말했듯이 주님에게서 잘 배우는 것인데, 주님에게서 배우려면 생명을 주의해야 한다. 감각이 예민해서 생명을 통해 배우는 것이다. 그러므로 여기서 벗는다는 것은 우리 육신의 옷을 자신의 의지를 사용해서 벗듯이 그렇게 온전히 자신의 노력으로만 벗는 것이 아니다. 이는 생명에 속한 유기적인 것이다.

예를 들어, 우리 몸에 상처가 났을 때 딱지가 생기는데 이것을 억지로 떼려고 하면 아프다. 아직 살에 붙어 있기 때문이다. 그러나 시간이 지나서 새 살이 차오르면 저절로 떨어져 나간다. 이와 같이 생명의 흐름은 낡은 것을 조금씩 조금씩 씻어내는 본성을 갖고 있다. 낡은 것을 내보내는 본성을 갖고 있다. 이런 식으로 우리는 옛 사람을 벗고 새 사람을 입게 된다. 그렇다고 해서 완전히 우리 편에서의 노력이 필요없다는 것은 아니다. 하나님의 생명은 우리 속에서 자람이 있고 역사가 있어 죄와 육체에 속한 습관들을 밀어내고 이길 수 있게 한다. 우리 속에서 그런 것을 이길 수 있는 생명의 능력이 전혀 없다면 우리는 벗을 수 없다. 벗고 싶지만 벗을 힘이 없는 것이다. 그러나 우리 속에서 점점 거룩한 생명이 자랄수록 우리는 벗을 수 있는 힘을 얻게 된다. 여기에 옷을 벗는다는 것은 그렇게 어려운 것이 아니라는 암시가 있다. 우리는 하루에도 몇 번씩 옷을 벗지만 큰 노력이라고 느껴지지 않는다. 그렇지만 최종적으로 벗는 것은 우리의 책임이다.

옛 사람을 벗고 새 사람을 입는 이 모든 것은 전적으로 생명에 속한 것이다. 왜 앞 구절들에 먼저 하나님의 생명이 나오고 그리스도에게서 듣고 가르침을 받는 것이 나오고 그런 다음에 옛 사람을 벗고 새 사람을 입는 것이 나오겠는가? 이 모든 것이 생명과 관계있는 것이 아닌가? 끊임없이 생명의 흐름 가운데 있을 때, 성도들과 생명의 교통 가운데 있을 때 점차 속에서부터 생명이 사망을 삼키게 되며 생명이 차오름으로 옛 것을 벗게 되는 것이다. 그런데 믿는이가 생명을 주의하지 않을 때에는 길이 없다. 주님에게서 듣지 않고 주님에게서 배우지 않고 가르침을 받지 않을 때, 하나님의 생명에서 떠나 사람이 딱딱해지고 굳어졌을 때 길이 없다. 그렇게 되면 옛 사람을 벗을 길도 없고 새 사람을 입을 길도 없다. 또 심령이 새롭게 되는 것도 없다. 그저 원래 그대로 있을 뿐이다.

"너희는 유혹의 욕심을 따라". 여기 유혹이 있고 욕심이 있다. 유혹은 밖에 있고 욕심은 우리 안에 있다. 이 유혹과 욕심이 만날 때 죄를 짓는다. 생명의 힘이 약할 때, 공급도 없고 은혜도 없고 따라서 생명 능력도 없을 때 속에 있는 욕심과 밖의 유혹이 만나 방탕에 자신을 방임하게 되는 것이다. 그렇게 해서 떠내려가게 되고 점점 굳어지게 되는 것이다. 또 더욱 하나님의 생명에서 떠나게 되고 옛 사람은 벗을 길이 없어 그대로 입고 지내는 것이다. 이러한 것은 이방인의 생활인데 그리스도인도 이렇게 될 수 있다는 것이다. 이 모든 것이 하나님의 생명에서 떠난 결과이다. 바울은 "너희는 그리스도를 이같이 배우지 아니하였느니라"고 말한다.

우리가 주 예수를 믿을 때 생명을 얻는다. 이 생명은 하나님의 아들 안에 있는 생명(요 1:4)이요 그리스도 자신이다(갈 2:20, 골 3:4). 모든 동물들의 생활의 수준과 종류는 그 생명에 달려 있다. 새는 새의 생명이 있기에 하늘을 날며 바다의 고기들은 각기 그들의 주어진 생명에 따른 삶을 산다. 남극의 눈물이란 펭귄의 삶에 대한 다큐를 보았다. 그들 나름대로의 생각과 느낌이 있고 애환이 그려져 있었다. 인간의 생명은 모든 피조물 중 으뜸되는 생명을 갖고 있다. 그러나 예수를 믿을 때 얻은 생명은 거룩하고 하늘에 속한 아들의 생명이다(요일5:12). 이 생명으로 사는 것이 바로 그리스도인이다. 이 생명을 살아내는 경건의 연습이 없이는 이 생명의 나타남인 경건을 볼 수 없게 된다. 우리의 배움은 단지 외적인 본받음이나 배움이 아니라 내적인 생명을 살아내는 가운데 체험하는 부활한 그리스도이다. 우리는 이 생명을 살면서 그리스도를 배우게 되며 자연히 옛 사람을 벗고 새 사람을 입는 변화를 얻게 된다.

23절, 오직 심령으로 새롭게 되어

이 구절의 '심령'은 '생각의 영'(the spirit of your mind)이라는 뜻이다. 여기의 영은 말할 나위 없이 사람의 영이다. 사람의 영은 하나님과 교통하며 성령의 역사를 받아들이는 부분으로서 인간의 정신의 최고의 위를 차지한다. 이 영은 생각을 지배한다(이상근 주석. p. 109). 우리의 존재의 변화는 실상 생각에서부터 시작이 된다. 생각에 빛이 비춰어 어두움과 죄와 불의를 깨닫게 될 때 우리의 생각의 영이 새롭게 된다. 이것이 변화의 시작이다. 이렇게 생각에서의 새롭게 됨이 있어야 옛 사람을 벗을 길이 있고 새 사람을 입을 길이 있다. 우리의 기도는 '주여 우리에게 늘 신선한 빛을 주사 나 자신의 불의와 악을 보게 하소서'가 되어야 한다. 성경에서 사람의 생각의 중요성은 많은 구절을 통해 볼 수 있다(롬 8:4-6, 12:2, 빌 4:8, 골 3:10 등).

24절, 하나님을 따라 의와 진리의 거룩함으로 지으심을 받은 새 사람을 입으라

이제 여기에 새 사람이 있다. 새 사람은 그리스도 자신이며 그리스도의 성분으로 조성된 사람이다. 옛 사람은 타락한 아담의 성분으로 조성된 사람이지만 이 새 사람은 하나님을 따라 지음받은 존재이다. 이 구절에서 '하나님을 따라'라는 말씀이 매우 중요하다. 이는 결코 객관적으로 하나님을 본받는다는 말이 아니다. 우리 같은 사람이 하나님으로 조성되는 것이다. 또 하나님을 입는다고도 할 수 있다. 그리하여 하나님의 형상을 나타내는 것이다. 이것이 바로 새 사람이다. 새 사람은 다른 것이 아닌 바로 하나님 자신과 관계가 있다. 바울은 우리가 타락한 습관을 벗는 것으로 족한 것이 아니라 은혜로운 습관으로 옷 입어야 한다고 가르친다. 새 사람은 새로운 본성이다. 이는 하나님 자신이다. 우리가 새 사람을 옷 입는다면 우리는 하나님을 나타내게 되는 것이다. 하나님 없이 다만 좋은 습관을 배양하는 것이 아니다. 여기에는 하나님의 성품과 생명을 따라 변화하는 것이 있다.

하나님은 어떠한 속성을 갖고 계시느냐면 첫째로 의(義)이다. 새 사람의 옷은 의가 있다. 또 거룩함이 있다. 먼저 의란 사람들과의 관계성 안에서 합당한 것을 말한다. 즉 사람들에 대한 우리의 태도 문제이다. 성도들은 하나님께만 헌신되고 사람에게는 합당하지 않아서는 안된다. 아이언사이드의 예화는 매우 적절하다. 어떤 형제가 일어나서 '나는 그리스도의 구속으로 인하여 그분 위에 서 있다'고 말하자 다른 한 형제가 '나는 그 형제에게 앉으라고 권하고 싶다. 그 형제는 그리스도의 구속으로 인하여 그분 위에 서 있다고 하지만 나는 그 말을 믿지 않는다. 왜냐하면 그가 서 있는 신발은 몇 달 전 내게서 사간 것인데 아직도 그 값을 치르지 않았다' 고 하였다고 한다. 이는 의라는 것이 무엇인가를 말해주는 것이다. 의란 사람들과의 바른 관계이다. 그리스도인이라 하여 사람들과의 관계 가운데 함부로 행하는 자들은 주님의 이름을 욕되게 하는 자들이다.

또한 거룩이란 하나님께 대한 우리의 자세이다. 거룩은 하나님의 제 일차적인 성품이다. 하나님을 접하는 사람들은 맨 먼저 그분의 거룩을 접하게 된다. 그러므로 하나님의 자녀들이 그분을 닮기 위해 맨 먼저 배워야 할 것은 그분의 거룩함인 것이다. 그분은 성경에서 "내가 거룩하니 너희도 거룩하라"고 계속 말씀하셨다. 거룩이 무엇인지 모르는 그리스도인은 절대 좋은 그리스도인이 아니다. 히브리서는 거룩함이 없이는 하나님을 볼 수 없다고 말한다. 우리가 거룩함을 갖지 않고서는 하나님을 가까이 할 수 없는 것이다. 우리가 거룩할수록 하나님을 가까이 할 수 있으며 그분을 모실 수 있는 것이다.

거룩이란 모든 것들로부터 성별된, 속되지 않은 것이다. 그러므로 거룩을 추구하는 자들은 속되고 세상적인 것에서 자신을 분별하지 않으면 안된다(레위기 11장 참조). 의와 거룩은 하나님의 높으심과 뛰어나심과 분별됨이 있는 옷이다. 그것이 바로 우리가 생명의 흐름을 계속 좇을 때 입게 되는 옷이다. 디모데 전서 4장 5절은 '기도와 말씀으로 거룩하여진다'고 말한다. 우리가 기도할 때 거룩케 될 수 있음은 기도할 때 거룩하신 하나님을 접하게 되기 때문이다. 더욱 기도할수록 우리는 그분의 속성으로 적셔지게 된다. 말씀은 우리를 왜 거룩케 하는가? 말씀 자체도 하나님 자신이므로 그 성분은 거룩한 것이다. 우리가 매일 말씀을 접하고 말씀을 순종하는 삶을 산다면 거룩케 되지 않을 수 없는 것이다.

또한 우리가 옛 사람을 벗고 새 사람을 입는 것은 생명의 흐름에 의해서이다. 하나님은 생명의 흐름을 통해서 그분의 백성들을 양육하시는데, 이것을 생명의 율(律)이라고 할 수 있고 생명의 흐름이라고도 할 수 있다. 생명수는 개인적으로 취할 수 있겠지만 생명의 흐름은 강물이 흘러가야 맛볼 수 있다. 이는 단체적인 교회생활이 아니면 누릴 수 없는 것이다. 우리의 부정함들 중 어떤 것들은 흐르는 물이 아니면 도저히 씻기지 않는 것들이 있으므로 우리의 교회생활은 매우 중요하다(레 15:13). 그러므로 계시록에 있는 새 예루살렘을 묘사하는 그림은 보좌로부터 생수가 흐르는 것이다. 하나님의 행정, 통치는 생명의 강물에 의해서 이루어진다. 그분은 다른 것으로 다스리는 것이 아니다. 다만 권위의 보좌로부터 생명수가 흐르는 것이다. 모든 사람들에게 흘러가서 그들을 공급한다. 이 생명수 속에는 그분의 모든 자양분과 은혜와 축복과 치료의 성분까지 다 포함되어 있다. 그러므로 그 흐름을 접촉하고 그 흐름에 따라 살면 흠과 주름과 딱지, 옛 사람의 낡은 습관 등이 모두 씻겨져 없어지고 새롭게 된다. 그리고 하나님을 따라 의와 진리의 거룩함으로 지으심받은, 하나님의 형상을 닮은 새 사람을 입게 된다.

아마도 여러분은 계시록의 생명나무나 생명수는 장래 천년왕국을 지나 새 하늘 새 땅이 임할 때나 체험할 수 있는 것이라고 말할 것이다. 물론 그것은 맞다. 그러나 우리는 이미 영원과 연결이 되었다. 그것이 바로 영생을 얻은 것이다. 영생을 얻었다는 것은 영원한 세계와 연결이 된 것을 의미한다. 사람에게는 영원을 사모하는 마음이 주어졌다(전 3:11). 그리고 그 영원이 속에 들어왔다. 영원이란 시간의 한계가 없는 것이다. 따라서 영생을 얻은 성도들은 과거의 십자가의 사실도 오늘 나의 것이 될 수 있고(갈 2:20), 내세의 능력도 미리 맛볼 수 있다(히 6:5). 우리 안에 흐르는 영생수는 한없이 흐르며 우리는 이미 얻은 영생을 맛보며 살 수 있다. 따라서 우리는 내세의 능력도 체험할 수 있는 특권이 주어졌으며 새 예루살렘의 높고 영광스러운 체험을 누릴 수 있다. 따라서 이 높고 귀한 체험을 통해 성도들은 이 생명을 알게 되고 배우게 된다. 이것이 그리스도 안에 있는 진리를 배우는 길이다.

우리가 만일 생명을 모른다면, 내적인 성령을 모른다면 모든 것을 교리 삼아 다만 외적으로 '그리스도에게서 배우자. 옛 사람을 벗자. 새 사람을 입자'고 할 것이다. 그러나 이 말씀은 그렇지 않다. 우리 안에서 생명 되신 그리스도가 비결이다. 이것을 모를 때 이 모든 말씀이 다 율법이 되고 말 것이다. 우리가 진정으로 이렇게 벗고 입는 생활을 할 때 하나님의 형상을 따라 의와 진리와 거룩으로 옷 입게 될 것이다. 하나님의 표현이 있다는 것은 거기에 의와 진리와 거룩이 있다는 것이다.

우리가 이렇게 해석하는 것은 근거와 이유가 없는 것이 아니다. 이 구절을 합당하게 이해하기 위해서 이 구절의 병행구인 골로새서 3장 9-12절까지를 주의깊게 읽어볼 필요가 있다. 9절은 너희가 옛 사람과 그의 행위를 벗어 버렸다고 말하고 10절은 새 사람을 입었으니 라고 하며 12절은 적극적으로 옷 입으라고 명한다. 이는 하나님이 이미 그리스도의 역사로 말미암아 옛 사람을 죽게 하셔서 옛 성품을 벗게 하시고 새 성품을 갈아 입히셨으므로 구체적인 생활 가운데서 벗어버리고 입으라고 권하는 것이다. 즉 성도들에게는 이미 결정적인 것이 일어난 것이 있기 때문에 고상한 행실을 하라고 요구하는 것이다. 이는 마태복음 5장과도 같은 맥락이다. 주님은 그분이 주신 새 생명을 담보로 하여 그렇게 높은 표준의 삶을 명하고 있는 것이다. 즉 할 수 있게 해 놓으시고 하라고 명하시는 것이다. 나사로를 죽음 가운데서 살려놓으시고 수족을 풀어주고 걸어 다니라고 하시는 것과 같다. 이것을 율법으로 가르치는 것은 통하지 않는다.

몸의 생활의 중요성

4장 17-24절까지는 몸의 생활 가운데서 매우 실제적인 부분을 다루고 있다. 몸 안에서의 삶은 허망한 것을 좇던 옛 이방인의 삶과 다르다는 것을 말한다. 그리스도의 몸 안에서 우리는 감각없는 이방인과 같이 살 수 없다. 몸은 생명으로 되어 있다. 생명이 없으면 몸이 없다. 우리는 몸의 생활이 과연 무엇인지를 진지하게 물어볼 필요가 있다. 간단히 말해서 새 생명의 생활이 몸의 생활이다. 나는 체험적으로 몸의 생활을 떠난 사람들에게서 십자가를 거친 깊이 있고 진정한 영적 생명을 만져보지 못했다. 다른 지체들과 함께 머리를 붙들고 연락하고 상합하며 한 몸을 이루어가며 자라는 성도들에게서 참 생명을 만질 수 있고 느낄 수 있다. 그리고 새 사람을 옷입으면서 변화되는 것을 보았다.

25절, 그런즉 거짓을 버리고 각각 그 이웃으로 더불어 참된 것을 말하라 이는 우리가 서로 지체가 됨이니라

24절까지는 '행위'에 관한 것이고 25절부터는 '말'에 대한 것이다. 이 말에 대한 말씀은 5장 14절까지 계속된다. 이제 앞에서 말한 썩어져 가는 구습, 옛 사람의 행실 등의 '행위에 대한' 구체적인 말씀이다. 우선 거룩한 생활에 있어서 가장 먼저가 '말'임을 아는 것은 매우 중요한 일이다. 말에서의 변화가 맨 먼저 와야 한다. 사람이 가장 많이 범하는 죄가 바로 입술이요 입술로 하는 거짓말이다. 오늘 여기 앉아 계시는 여러분들은 '나는 거짓말을 하지 않는다'라고 할지 모른다. 그러나 이 문제는 그리 간단하지 않다.

"각각 그 이웃으로 더불어 참된 것을 말하라". 참된 것, 즉 진리를 말하라고 했다. 진리는 하나님의 속성이다. 주 예수는 '아버지의 말씀은 진리니이다'라고 했다. 하나님은 우리에게 참된 것만을 말씀해주셨다. 하나님은 빛이시며 진리이시다. 이 우주 가운데 진리가 있다. 바로 하나님이시다. 그분의 말씀만이 참된 것이다. 또한 참된 것은 새 사람과 관계가 있고 생명과 관계가 있다. 반면 거짓은 옛 사람과 관계가 있고 죄와 관계가 있으며 사탄과 관계가 있다. 사탄이 누군가? 거짓의 아비이다. 그는 처음부터 거짓말한 자이다. 그리스도인이 거짓을 말하면 그것은 사탄을 닮은 것이다. 사탄은 아마 그리스도인이 거짓말을 하면 '그건 내가 전문적으로 하는 일인데…'라고 할 것이다.

거짓이라고 번역된 헬라어는 단순히 가짜에 해당된다. 즉 허위나 속임수 등을 의미한다. 우리 그리스도인은 매우 작은 일에서도 정확하고 정직해야 하며 지키지 못할 약속을 하지 말아야 한다. 상인이라면 상술로 거짓을 말하지 말아야 한다.

또 여기 "이웃으로 더불어"라는 말이 있다. '이웃을 사랑하라'는 계명은 성경에서 큰 계명이다. 이웃을 사랑하는 자는 이웃에게 악을 행치 않는다. 그리고 이웃을 사랑하는 자는 온 율법을 다 이루었다고 했다. 그러면 이웃에게 거짓말을 한다는 것은 무엇인가? 이웃을 진정으로 사랑하지 않는다는 것이다. 그렇기 때문에 바로 이어서 "이는 우리가 서로 지체가 됨이니라"고 한 것이다. 여러분은 다른 사람이 여러분을 속이면 좋겠는가? 그가 말하는 것을 한참 동안 주의 깊게 듣고 있었는데 그 말들이 다 거짓말이라면 어떻겠는가? 좋지 않을 것이다. 거짓말하는 동안 사람은 진정으로 지체를 사랑하고 있지 않은 것이다. 즉 지체를 사랑한다면 거짓말할 수 없는 것이다.

우리가 일단 거짓말을 하지 않으려고 해보면 우리가 얼마나 거짓말을 많이 하고 있는지를 알게 된다. 새 사람의 두드러진 특징은 참된 것이다. 사람이 참되어야 한다. 일구이언도 일종의 거짓말이다. 왜 일구이언을 하는가? 상대편의 비위를 맞추기 위해서이다. 참되게 말하면 얼굴색이 안 좋아질 것 같으니까 이 사람한테는 'A+B+C=D'라고 말했다면 저 사람한테는 'A+B=C'라고 하는 것이다. 그에게 말하기 곤란한 한두 가지 사실을 빼놓고 말하는 것이다. 이것이 무엇인가? 거짓말이다. 그리고서 스스로 이렇게 안위를 한다. '그래도 A와 B는 양편에 동일하게 말했잖아. 답만 다르지.' 그러나 이런 식이 이 세상 법정은 통과할 수 있을지 몰라도 하늘의 법정은 통과할 수 없다. 심판대의 투명한 빛 가운데서 볼 때 다 드러난다.

이렇게 낱낱이 살펴보면 여러분은 어떤가? 자신이 참되다고 말하기 어려울 것이다. 나를 포함해서 모든 사람이 그렇다. 그렇기 때문에 우리는 새 사람을 입어야 한다. 우리가 서로 지체가 되었기 때문에 앞으로는 참된 것을 말해야 한다. 그러면 참된 것은 무엇과 관계 있는가? 진리와 생명과 관계가 있다. 당신이 참 생명 안에서 나온 말을 할 때 그것이 참된 것이다. 심지어 어떤 형제와의 교제 속에서 그에게 해주어야 할 말은 A인데 B를 말하거나 C를 말해준다. A는 속에 두고 말하지 않는다. 그리고서 집에 가서 아내 또는 남편에게, 아니면 잘 통하는 사람에게는 그와 관련하여 A를 말한다. 이렇게 많이 하다 보니 우리는 외교관처럼 되어버리지 그리스도인 같지 않게 된다. 그렇다고 어떤 사람에게 해서는 안 될 말을 함부로 해야 한다는 뜻이 아니다. 어떤 말은 상대방에게 유익이 없는 말이 있다. 어떤 말은 사실이라 하더라도 하지 말아야 할 때가 있다. 모든 것은 우리 안에서 성령의 가르치심을 통해 알 수 있다. 우리가 피해야 할 것은 일구이언이나 거짓말이라는 말이다.

생명에서 나오지 않은 모든 말이 거짓말이다. 그래서 사람은 정말 쓸모가 없다. 죽을 수밖에 없다. 왜 우리에게 십자가가 필요하겠는가? 죽기에만 합당한 존재이기 때문이다. 우리는 지금부터라도 참되기를 배워야 한다. 참된 것을 말함으로 자신의 얼굴이 깎이고 바보가 된다 해도 그것은 문제가 아니다. 낮아지는 것도 문제가 아니다. 이것이 지체와 지체 간의 교통이다. 진정으로 이웃을 사랑하는 사람의 교제법이다. 어떤 학자는 사람을 비방하는 것도 거짓말이고 사람을 잘못 인도하는 것도 거짓말이라고 했다(제임스 보이스). 실상 사람을 비방하는 것은 다 맞지 않는 말이다. 어떤 형제나 자매는 사람들을 함부로 비방하며 평가한다. 그러나 그것은 그 사람들에 대한 정당한 말이 될 수 없다. 그는 이미 변하였고 말한 것보다 훨씬 좋은 상태에 있을 수 있다. 나중에 그들에 대하여 사랑하는 마음이 생겼을 때, 지난 날 그들에 대한 미움 안에서 차갑게 비방하고 판단한 것이 다 잘못된 말이라는 것을 알게 될 것이다. 또한 사람들을 자신의 계획과 유익을 위하여 인도(유도)하는 말을 하는 것은 다 거짓말이다. 시간이 지났을 때 그것이 그 사람에게 가장 올바른 길이 아니었음을 알게 된다. 그러니 이렇게 자신의 목적과 뜻을 이루기 위해 사람들을 유도하고 권면하는 말들은 다 참된 말이 아니다. 그러므로 그리스도인은 예 예 아니오 아니오 해야지 다른 말은 다 악으로 좇아 난다는 것을 알아야 한다.

윌리암 바클레이는 세상에 그토록 거짓말이 많은 이유는 의도적인 거짓말이 아니라 진리에 대하여 무관심하기 때문이라고 하였다. 그리스도인은 진리를 정확하게 말하는 것을 훈련하고 연단해야 한다. 성령과 진리를 따라 단순히 믿음과 순종함 안에서 하지 않는 모든 말들이 다 거짓이라는 것을 안다면 우리가 진리를 말하는 것이 얼마나 간단한 일이 아닌가 하는 것을 알 것이다. 성경에서 말한 진리를 따라 깨끗한 양심 안에서 성령을 따라 하는 말이 아니면 의도 없이도 거짓을 말하게 된다는 것을 명심하라! 당신이 만일 주 안에서 참된 말을 하는 것에 대하여 관심이 없다면 영적 성장에 대하여는 가망성이 없음을 기억해야 한다.

26절, 분을 내어도 죄를 짓지 말며 해가 지도록 분을 품지 말고

이 말씀에서 절대로 분을 내지 말라고 하지는 않은 것으로 보아 사람이 분을 낼 수는 있는가보다. 분을 내지 않기는 어렵다는 뜻일 것이다. 또한 우리는 어떠한 때에 의로운 분노를 발하게 된다. 영적인 사람은 전혀 어떤 분도 없는 사람이 아니다. 하나님은 그런 사람을 원하시는 것이 아니다. 간교한 거짓을 교회 중에 들여올 때, 우상숭배를 들여오려고 획책할 때, 비진리와 매우 거짓되고 마귀적이며 주님과 맞지 않는 어떤 길을 강요받을 때 우리는 때로 분이 있게 된다. 하나님의 교회를 무너뜨리는 어떤 일을 만났을 때, 어린 성도를 넘어뜨리는 어떤 거짓 교사들의 행위를 접했을 때, 우리는 분이 있게 된다. 어린 아이나 불쌍한 자, 병자, 노약자를 학대하는 것을 보면 의분이 일어나는 것이 정상이다.

어떤 사람이 하나님의 이름을 모독하는데도 분이 나지 않는 것은 정상이 아니다. 또한 성경을 가르친다고 하면서 성경의 말씀을 유린하고 멸시하는 태도와 말씨를 가진 사람을 대할 때 분이 일어나는 것이다. 어떤 사람은 전혀 분을 내지 않는 것을 귀한 영성의 표시로 보는데 그렇지 않다. 어떤 때는 마땅히 분을 내야 할 때가 있다. 그럴 때도 분이 없다면 그는 아마 타협했거나 죄에 굴복한 것이다. 주님도 여러 경우에 분을 발하셨다(마 21:12-13, 막 3:5). 그러니 분을 내는 자체가 죄가 되는 것이 아니다. 그렇다고 해서 무제한으로 분을 내서는 안 된다는 말이다. 그 다음 말씀이 있기 때문이다. 분을 내어도 죄를 짓지 말고 해가 지도록 분을 품지 말라고 했다. 분을 내고 또 그것을 오래 품고 있는 것은 결코 자랑이 아니다. 정말로 분을 내지 않기는 어렵지만 분을 내더라도 죄를 짓지는 말아야 한다. 이는 분을 내게 되면 죄를 짓기가 쉽다는 뜻도 된다. 분을 내는 것 자체가 죄는 아닐지라도 분을 내다보면 죄를 짓기가 쉽다. 이 말씀은 시편 4편 4절의 70인역에 대한 인용이다.

우리는 이로써 바울이 성경을 항상 읽는 사람이며 구약 성경에 정통한 사람임을 알 수 있다. 그의 한 마디 한 마디는 대부분 성경을 근거로 한 말씀이다. "너희는 떨며 범죄치 말지어다 자리에 누워 심중에 말하고 잠잠할지어다". 이 구절은 70인역에서 '분을 내어도 범죄치 말라'고 번역했다. 어떤 학자의 말대로 다윗이 아들 압살롬이 반역했을 때 도망하면서 분이 날 때 격분하지 않고 누워 주님 앞에서 심중에 말하고 잠잠함을 유지했던 것을 말한 것일 수 있다.

분을 오래 내다보면, 분을 계속 품고 있으면 마음이 굳어진다. 마음이 굳어지는 것은 매우 위험한 상태가 되는 것이다. 그럴 때 하나님의 생명에서 떠나게 된다. 앞에서 말한 부드러운 마음은 분을 계속 품고 있는 마음과 상반된다. 부드러운 마음을 유지하려는 사람은 분을 오래 낼 수 없다. 분을 내었다 하더라도 얼른 돌이키고 다시 차분해져야 한다. 자제 또는 절제는 여기에 필요한 것이다.

분을 내어도 죄를 짓지 말며 해가 지도록 분을 품지 말라는 것은 적어도 잠을 자기 전에는 분을 풀어야 한다는 것이다. 어떤 지체에게, 혹은 이웃에게, 아내나 남편에게 지나치게 화를 냈으면 서로 교제하고 기도하고 돌이키고서 잠자리에 들어야 한다. 분을 품은 채 잠자리에 들고서 다음날 아침에 일어나서도 여전히 그 일을 생각하는 것은 하나님의 기뻐하시는 바가 아니다. 당신이 아무리 분이 났어도 하루를 넘기지 말아야 한다. 그날 일은 그날 해결하고 마무리 짓는 것이 좋다.

낮과 밤의 구분이 있게 창조하신 하나님은 사람에게 뜻이 있으시다. 매일매일 새로운 시작을 할 수 있도록 매일 아침 새로운 태양이 떠오르게 하신 것이다. 새로운 아침과 새로운 그리스도인 생활의 시작, 그것은 매우 아름답다.

27절, 마귀로 틈을 타지 못하게 하라

분을 많이 내다보면 분을 내는 틈을 타서 마귀가 들어온다. 극단적인 행동을 하게 한다. 분노는 적개심과 미움으로 발전하고 사람들에 대한 긍휼 없음, 비방으로 이어지기 쉬우며 자신에 대한 정당화로 이어지기 쉽다. 따라서 분노의 불에다가 휘발유를 뿌리지 말아야 한다. 분노를 잘 다루지 않으면 대적에게 틈을 주게 된다. 사탄은 분노하는 마음에 틈을 비집고 들어와 '그래, 너 화나지? 집을 뛰쳐나가!', '그래, 주먹으로 한 번 때려!' 하면서 충동질을 한다. 이렇게 상한 감정의 틈을 타서 역사하는 것이다. 그러므로 우리는 어쩌다 분이 났더라도 계속 분을 풀지 않음으로 인해 사탄에게 그것이 이용당하지 않도록 해야 한다. 마귀로 틈타지 못하게 하라는 것이다.

28절, 도적질하는 자는 다시 도적질하지 말고 돌이켜 빈궁한 자에게 구제할 것이 있기 위하여 제 손으로 수고하여 선한 일을 하라

첫째는 거짓말하는 문제이고, 둘째는 분을 내는 문제이며, 셋째는 도적질하는 문제이다. 도적질은 남의 것을 훔치는 것이다. 나는 그리스도인들이 적어도 도적질은 하지 않을 거라고 생각한다. 그런데 본의 아닌, 의도하지 않은 도적질이 있을 수 있다. 어쨌든 남의 것을 그 사람의 허락 없이 자기 것으로 취하는 것은 본질상 도적질이다. 일부러 훔치지는 않았지만 어쩌다 보니 남의 것이 내 수중에 들어와 있을 때 그것도 도적질인 것이다. 이런 일이 많이 있을 수 있다. 의도하지 않았지만 다른 사람의 것이 내 것이 되어 있는 것 말이다. 다시 말해서 자기가 수고하지도 않았고 그 사람에게서 받을 만한 일도 하지 않았는데 그의 소유를 내 것이 되게 하는 것이다. 어느 날 보니까 내 것이 되어 있는 것이다. 그것이 무엇인가? 도적질이다. 어떻게 하든지 내 앞에 가져다 놓게 하는 것이다. 참으로 이런 일이 있어서는 안 된다.

이 구절의 말씀은 "돌이켜 빈궁한 자에게 구제할 것이 있기 위하여 제 손으로 수고하여 선한 일을 하라"고 했다. '도적질하는 것'과 '빈궁한 자에게 구제할 것이 있기 위하여 제 손으로 수고하는 것'을 대비시켰다. 도적질하는 마음은 '불로소득', 즉 제 손으로 수고하지 않고 남의 것을 제 것으로 취하려는 마음이다. 그런데 여기서 사도는 하나님께서 기뻐하시는 바는 남의 것을 탈취하려는 마음이 아니라 내가 수고하여 벌어서 남에게 도움을 주고자 하는 마음이라고 말하면서 그렇게 하기를 권한다. 이것이 새 사람의 마음이다. 이것은 우리 자신을 스스로 돌볼 수 있고 스스로 살 수 있는데 일을 하지 않고 다른 사람으로 하여금 돌보게 하는 것이 죄라는 것이다. 정직하지 못하고 게으른 태도는 결국 도둑질로 이어진다. 이는 탈무드에 있는 말이다. 유대인들은 어려서 한두 가지 기술을 배우게 한다. 그렇게 하지 않으면 아이를 도둑이 되게 키우는 것이라고 한다. 오늘날 주님을 섬긴다고 하는 많은 사람들이 이렇게 도둑질을 할 수 밖에 없게 된다. 이는 그들이 아무 다른 일을 할 수 없기 때문이다. 도둑질이란 다른 사람들의 돈이 자기에게 들어와야만 살 수 있는 형편을 만들어 놓는 데서 시작되는 것이다. 주님의 일꾼들은 바울처럼 빈궁한 자들을 구제하기 위해 자신의 손으로 일하는 것을 배워야 한다.

한 형제가 나에게 말하기를 자신은 전적으로 돈을 벌어서 하나님을 섬기는 사람들을 공급하고 싶었는데 그것이 쉽지 않은 것을 알았노라고 했다. 그리스도인이 바울처럼 자기 손으로 일을 해서 성도들의 쓸 것을 공급하는 이것이야말로 정말 가장 좋은 미덕이다. 이것을 훈련한다면 정말 좋은 것이다. 이것을 바울은 선한 일이라고 했다.

나의 장인어른은 대학교수였다. 생전에 늘 하시는 말씀 중 하나가 '사람은 최대의 노력을 하고 최소의 대가를 바라는 마음으로 살아야 한다'고 하셨다. 즉 오늘 날 사회든 교회든 타락의 문제가 최소의 노력을 기울이고 최대의 대가를 바라는 자들 때문에 생겨난다는 말이다. 하나님의 말씀의 사역자들이 회교권이나 북한 중국 등의 공산권에서처럼 막 잡혀 죽고 가난하고 먹을 것이 없는 가운데서 수고해야하는 길이라면 오늘 이 나라에서 이처럼 수많은 종교적 혼란이 없을 것이다. 목회나 사역이 편안한 직업이고 쉽게 살 수 있는 길이라고 보기 때문에 선택하는 사람도 많이 있는 것이 사실이다.

주님은 아버지의 집에서 양이나 비둘기를 팔고 장사하고 돈 바꾸는 자들을 행해 성전을 강도의 굴혈로 만들지 말라고 하셨다. 사도바울은 세상 사람들보다 더 힘들게 살았다. 세상 사람들은 직업을 가지고 일을 하며 가족만 돌보면 된다. 그러나 바울은 장막 만드는 일을 밤낮으로 하면서 그 번 돈으로 자신과 동역자들의 필요를 채우며 거기에 핍박과 환난을 당하며 그 많은 곳에 교회를 세우는 일을 한 것이다. "돌이켜 빈궁한 자에게 구제할 것이 있기 위하여 제 손으로 수고하여 선한 일을 하라"

29절, 무릇 더러운 말은 너희 입 밖에도 내지 말고 오직 덕을 세우는 데 소용되는 대로 선한 말을 하여 듣는 자들에게 은혜를 끼치게 하라

이것은 다시 말에 관한 문제이다. 25절에서는 거짓말을 다루었고 여기서는 더러운 말을 다루는데, 이것은 그리스도인이 해서는 안 되는 말이다. 참으로 그리스도인이 온전케 되려면 말에서 온전케 되어야 한다. 사도 야고보는 이렇게 말했다. "말에 실수가 없는 자면 곧 온전한 사람이라". '더러운'이라고 번역된 헬라어는 '사프로스-σαπρ'인데 문자적으로는 '썩게 하는'의 뜻을 갖고 있다. 그리스도인은 사람을 세워주는 말을 해야지 사람을 부패하게 하는 말을 하지 말아야 한다.

야고보는 그리스도인 생활의 온전함에 대해서 많이 말했다. 그런데 그는 혀를 아주 문제거리로 본 사도이다. 해물이나 짐승은 길들일 수가 있는데 이 혀는 길들일 수 없다고 했다. 그렇게 길들이기가 어렵다는 말이다. 혀는 작은 지체인데 생의 바퀴를 불사른다고 했다. "보라 어떻게 작은 불이 어떻게 많은 나무를 태우는가". 이 작은 불이 곧 혀라는 것이다. 말을 잘못하면 스스로 올무에 걸리고 말을 잘못하면 스스로 자기 무덤을 파게 된다. 말을 잘못해서 얼마나 많은 문제가 야기되는지 모른다.

그러므로 그리스도인이 된 초기부터 말하는 것을 철저하게 훈련해야 한다. 말(馬)을 순종케 하려면 그 입에 재갈을 먹여 온 몸을 어거한다고 했다. 이처럼 그리스도인은 그 입에 재갈이 물려져야 한다. 우리는 항상 이렇게 기도해야 한다. '하나님, 제 입에 파수꾼을 세우사 제 입을 지켜주옵소서.' 그리스도인이 말하는 것을 잘 훈련할 때 정말 아름답다. 이방인이 말하는 것과 그리스도인이 말하는 것이 똑같으면 안 된다. 여기 옛 사람을 벗고 새 사람을 입는 문제에 있어서 중요한 부분이 '말'이다. 그 사람이 새롭게 되고 변화되었는가를 어떻게 아는가? 그의 입에서 나오는 말을 보면 안다. 말은 속이지 못한다. 적게 말하면 시비가 가벼워진다는 말이 있다. 크고 많은 문제가 일어나는 것을 보면 말을 많이 한데서 생겨나고 문제를 조속히 해결하는 방법도 적게 말하는데 있다. 적게 말하면 빨리 치료(해결)된다는 말도 있다. "Least said, soonest mended"

선한 사람은 그 쌓은 선에서 선한 말을 내고 악한 사람은 그 쌓은 악에서 악한 말을 낸다고 했다. 사람은 그 열매를 통해서 알 수 있는데 그 열매가 곧 '말'이다. 그 사람의 말이 그 사람이 어떤 사람인가를 증명한다. 말이 선하면 그 사람은 선한 사람이다. 말이 악하면, 즉 입을 열기만 하면 다른 사람을 비평하고 정죄하고 욕하면 그 사람은 결코 선한 사람이 아니다. 말이 그의 어떠함을 증명하는 것이다. 이것은 성경이 우리에게 가르쳐주는 바이다. '제가 말은 이렇게 해도 제 속은 이렇지 않습니다'라고 말할 수 없다. 속에 어떤 것이 들어 있기 때문에 말이 그렇게 나오는 것이다. 마음에 가득한 것을 입으로 말하는 것이다. 입을 막기 전에 그 마음을 살펴야 한다. 말을 치료하려면 마음을 치료해야 하는 것이다. 잠언에서 "무릇 지킬 만한 것보다 더욱 네 마음을 지키라 생명의 근원이 이에서 남이니라"(4:23)고 했다. 마음이 이렇게 중요한 것이다.

"오직 덕을 세우는 데 소용되는 대로 선한 말을 하여 듣는 자들에게 은혜를 끼치게 하라". 28절에서는 선한 일을 말하는데 그것은 남을 구제할 것이 있기 위하여 자기 손으로 일을 하는 것이다. 이 구절에서는 '선한 말'을 말하는데 이것은 남에게 은혜를 끼치는 말이다. 여러분이 입을 벌렸을 때 사람들에게 은혜를 끼치는 말을 하라는 것이다. 이것이 새 사람의 말이다. 그리스도인은 마땅히 이런 말을 해야 한다. 입을 벌렸을 때 사람들에게 은혜를 줄 수 있는 말을 하는 것이다. 우리는 일생 이러한 삶을 살아야 한다. 우리가 입을 여는 것은 곧 남에게 은혜와 축복을 끼칠 수 있는 기회를 갖는 것이다. 그리고 덕을 세울 수 있어야 한다. 다른 사람을 세우고 유익을 주는 말을 하는 것이다. 이런 말을 할 수 있도록 우리 입이 거룩케 되어야 한다.

우리는 원래 입술이 부정한 자이다. 이사야 선지자가 말했다. "화로다 나여 망하게 되었도다 나는 입술이 부정한 사람이요 입술이 부정한 백성 중에 거하면서 만군의 여호와이신 왕을 뵈었음이로다"(사 6:5). 그래서 제단의 숯불이 필요하다. 우리의 입술이 제단의 숯불에 태워져야 한다. 우리 입술이 심판을 받아야 한다는 뜻이다. 그럴 때에서야 주님의 선지자로 보내심을 받는 것이다(사 6:8).

또 아가서에는 주님을 사랑하는 그 여인의 입술에 홍색실이 있다는 표현이 있다. 이것은 우리 입술이 구속을 받아야 한다는 뜻이다. 주님을 믿고 사랑하고 따르는 우리에게 이것은 너무나 필수적인 일이라고 여겨진다. 다시 한 번 말하지만 그 입이 처리를 받고 말에서 훈련받은 사람은 온전케 된 사람이다.

30절, 하나님의 성령을 근심하게 하지 말라 그 안에서 너희가 구속의 날까지 인치심을 받았느니라

왜 하나님의 성령이 근심하시게 되는가? 많은 것들이 말과 관계된다. 주님이 기뻐하시지 않는 말, 참된 말이 아닌 거짓된 말, 더러운 말, 무익한 말, 이러한 많은 말들 때문에 성령이 근심하시게 된다. 우리가 완전히 구속되는 날까지, 즉 우리 몸이 영화롭게 되어 주님 앞에 설 때까지 이 성령께서는 계속 우리에게 인을 치고 계신다. 그 성령의 인치시는 역사와 우리가 동역하려면 성령을 근심하게 하지 말아야 한다. 성령은 인격이시다. 그래서 근심하실 수가 있는 것이다. 그분은 우리가 과오를 범하고 잘못 말할 때 속에서 근심하신다. 또 성령은 때로 기뻐하기도 하신다. 우리의 삶이 성령을 근심하게 하는 것이어서는 안 된다.

여기 내주하시는 하나님의 성령이 있다. 앞에서는 하나님의 생명을 말했다. 하나님의 생명, 하나님의 성령이 새 사람 안에서 삶을 주관하는 요인이 되신다. 새 사람의 생활에 있어서 생명과 성령을 주의하지 않는다면 이는 새 사람의 삶이라고 말할 수 없다. 성령의 인치심은 우리의 몸의 구속하는 날까지이다. 우리의 몸은 장래 영광의 몸을 입게 될 것이다.

31절, 너희는 모든 악독과 노함과 분냄과 떠드는 것과 훼방하는 것을 모든 악의와 함께 버리고

누군가에게 악한 마음을 품는 것이 악독한 것이다. 그리고 속에 분을 품고 또 그것을 표출하는 것이 노함과 분냄이다. 사람들에게 대한 미움, 증오, 분함 등이 속에 있는 것은 그리스도인에게 합당치 않다. 또한 떠드는 것이 있다. 소란스럽게 말하고 언성을 높이는 것이다. 훼방한다는 것은 특히 권위자를 비방하고 정죄하고 나쁘게 말하는 것이다. 이러한 모든 것들을 악의, 즉 악한 의도, 악한 뜻과 함께 모두 버리라고 했다. 그리스도인이 이런 것들을 가지고 있으면 안 된다. 그리스도인의 마음속에는 선함이 가득해야 한다. 이 구절에서 말한 것들이 있어서는 안 된다. 우리 그리스도인들은 훼방하는 말들, 남을 나쁘게 말하는 말들, 정죄하는 말들, 떠드는 말들, 더러운 말들을 하지 말아야 한다.

더 나아가 우리는 그런 합당치 않은 말들을 하지 않을 뿐 아니라 되도록 말을 많이 하지 않는 것이 필요하다. 왜냐하면 그날에 무익한 말도 심판을 받게 되기 때문이다. 말을 많이 하다보면 무익한 말을 하게 된다. 주님은 우리에게 "너희는 예, 예, 아니오, 아니오 하라 이에서 지나는 것은 다 악으로 좇아 나느니라"고 하셨다.

32절, 서로 인자하게 하며 불쌍히 여기며 서로 용서하기를 하나님이 그리스도 안에서 너희를 용서하심과 같이 하라

그리스도인은 서로 인자하게 하며 불쌍히 여기며 서로 용서해야 하는데 이것이 바로 그리스도인의 미덕이요 그리스도인의 할 바이다. 오늘 우리가 '다 성령을 따라 살다 보면 모든 미덕이 다 실천된다. 자신을 살지 말고 그리스도를 살아야 한다' 하면서 대국적으로 말하지만 여러 사람들에 대하여 그리 인자하지 않고 서로에 대해 불쌍히 여기지 않는 것을 본다. 용서도 잘 하지 않는다. 그러므로 우리에게는 이러한 세세한 말씀이 다 필요한 것이다. 물론 제대로 성령을 따라 산다면야 다른 말이 필요없다. 그러나 성령을 따라 사는 삶의 특징을 말하지 않을 때 사람들은 육체로 행하면서 자신이 성령 안에 행하고 있다고 착각하게 되는 것이다.

우리는 서로 인자하게 대하는 것을 배워야 한다. 이것은 말하자면 친절하게 대하는 것이다. 그리스도인이 너무 딱딱하게 굳어 있으면 안 된다. 우리는 다 서로를 인자하게 대하기를 배워야 하고 사람을 불쌍히 여기는 것을 배워야 한다. 또 서로 용서하라고 했다. 주님이 가르치신 기도에도 사람의 잘못을 용서하는 문제가 있다. 그리스도인이 용서하기를 배우는 것은 매우 중요하다. 그리스도인의 미덕 중에서, 그리스도인이 연단해야 할 항목 중에서 용서하는 것은 매우 중요한 것이다. 이것이 중요하지 않다면 주님이 베드로에게 일흔 번씩 일곱 번이라도 용서하라고 하지 않으셨을 것이다. 그리고서 긴 비유를 들어 이 용서하는 문제를 말씀하셨다(마 18장). 이 비유를 통해 주님은 다른 사람이 자기에게 조금 빚진 것을 용서하지 못하는 사람은 주님의 용서를 받지 못한다고 말씀하신다. 그러므로 그리스도인들이 다른 사람의 죄를 용서하는 마음을 갖는가는 심판대 앞에서도 매우 엄중한 문제가 될 것이다. 어떤 죄를 범했을지라도 돌이켰을 때 용서하는 마음을 갖는 것은 중요하다.

나도 몇 번 이런 것을 경험한 적이 있다. 내가 정말 잘못했다고 생각한 적이 있었는데 도덕적인 문제라기보다 봉사나 일에 관해서였다. '요즈음 내가 크게 잘못하고 있는 게 아닌가' 하는 생각이 들었는데 영적으로 앞서신 분이 나를 너그럽게 용서해주는 입장에 서실 때 참으로 큰 감동을 받았다. '이것이 바로 용서로구나' 하고 느꼈다. 당시 나는 모든 사람이 다 참여하고, 거기에 꼭 내가 참여해야 할 일임에도 오랫동안 함께 하지 못했었다. 다른 사람들은 다 함께 어렵고 힘들게 시간을 보내고 있는데 나는 핑계를 대고 빠진 터였다. 의(義)로 따지자면 나는 정말 한 번 크게 혼이 나야 했는데 그렇게 하지 않고 그분은 나를 너그러이 용서해주었다.

이 구절에서는 하나님께서 그리스도 안에서 우리를 용서해주셨다고 했다. 우리가 그렇게 많은 죄를 지었지만 하나님께서는 그리스도 안에서 우리를 용서해주셨다. 오늘 우리가 사함받았다고 기뻐하지만 지금은 얼마큼 사함을 받았는지 충분히 모를 것이다. 그것을 충분히 느낄 수 없을 것이다. 아마 그날 주님 앞에 가서야 그것을 온전히 알게 될 것이다. 어떠한 용서를 받았는가를 말이다.

그분은 우리에게 죄를 묻지도 않으시고 기억도 안 하신다. 많은 사람이 자기 죄 때문에 심판을 받고 불못에 떨어지는데 주님은 우리 죄를 묻지 않으시는 것이다. 완전히 용서하신 것이다. 이것을 볼 때 우리는 어떤 은혜를 받았는가를 알 것이다. '우리는 진정 큰 은혜를 받았구나. 놀라운 용서를 받았구나' 하는 것을 알게 될 것이다. 어쨌든 우리는 주님의 크신 용서를 받은 사람들이다. 그러므로 우리도 다른 이들의 잘못에 대해 언제든지 용서할 마음을 갖고 있어야 마땅하다. "서로 인자하게 하며 불쌍히 여기며 서로 용서하기를 하나님이 그리스도 안에서 너희를 용서하심과 같이 하라"

4장-2

부르심에 합당하게 행하여

1, 2, 3장에 걸쳐 바울은 그의 교리의 부분을 완성했다. 4장부터는 3장까지의 진리를 근거로 하여 성도들의 행함을 권면하고 있다. 기독교는 행함이 먼저가 아니고 하나님이 그리스도 안에서 이루신 사실과 진리가 먼저이다. 그리스도 안에서 이루어진 사실들이 우리의 신분을 결정한다. 그러므로 사실이 먼저이고 그런 다음 그 사실에 근거하여 생활이 있다. 4장 1절은 우리가 부르심을 입은 자이므로 그 부름에 합당하게 행하라고 말한다. 부르심을 입었다는 말이 지난 장들에서 보여준 믿는이들의 신분을 말해준다. 사도는 우리가 그 부르심에 합당한 삶을 살아야 한다고 말한다. 부르심에 합당한 생활에서 가장 중요한 것은 몸의 하나를 지키는 문제이다. 바울은 몸의 하나가 결국 성령의 하나임을 말했다. "성령의 하나되게 하신 것을 힘써 지키라" 그리스도인의 생활에서 하나가 깨어지는 것은 첫 번째 단추부터 잘못 꿰어진 것이다. 성도들과 하나를 지키는 문제를 간단히 여기는 사람은 길이 없는 사람이다.

그는 또한 자신이 주 안에서 갇힌 자임을 말했다. 그가 감옥에 갇혀 있는 자로서 우리에게 권면하는 것은 듣는 우리로 더욱 절실한 마음을 갖게 한다. 감옥에 갇혀 있는 신실하고 충성된 사도의 권면을 들을 때 성도들은 더욱 숙연하게 그의 말을 받을 수 있다. 주를 위하여 감옥에 갇히기까지 고난받는 사도가 있는데 우리가 겸손하고 온유하고 오래 참아야 한다는 등의 권면을 엄숙하게 받아야 되지 않겠는가? 바울은 편안히 앉아서 안락한 생활을 누리면서 믿는이들을 권면한 것이 아니다. 그는 주를 위해 감옥에 갇힌 상태에서 믿는이들의 삶에 대해 권면한 것이다. 사도들의 옥에 갇힘과 고난 등은 믿는이들을 향한 그들의 말에 신뢰와 무게를 한층 더해준다.

믿는이는 또한 하나님의 부르심을 입은 자이다. 하나님은 구약에서 갈대아 우르에 있는 아브라함을 부르셨다. 하나님의 부르심은 아브라함을 전혀 다른 사람으로 만들었다. 하나님의 아브라함에 대한 모든 축복과 역사는 그를 부르심으로부터 시작된다. 하나님은 또한 모세를 부르시고, 이스라엘 백성을 애굽에서 불러내셨으며, 사무엘을 부르셨으며, 다윗을 부르셨고, 다메섹 도상에 있는 사울을 부르셨다.

나는 당신이 이와 같이 하나님의 부르심을 입은 자인 것을 과연 알고 있는지 모르겠다. 교회(ekklesia)라는 말 자체가 '부르심을 받은 자들'이라는 뜻이다. 당신은 '어느 날 내가 주님을 영접했다', 혹은 '내가 믿었다' 하겠지만 거기에 반드시 주님의 부르심이 있는 것이다. 주님은 뽕나무 위에 있는 삭개오를 부르셨다. '삭개오야, 속히 내려오라' 삭개오와 같이 주님이 우리를 부르셨기에 우리는 주님을 믿을 수 있었고 회개하고 돌이킬 수 있었다. 우리가 주님의 부르심을 받았다는 것을 아는 것은 얼마나 은혜롭고 감사한 일인지 모른다! 우리의 하나님이 높은 부르심으로 우리를 부르셨다(빌 3:14, 히 3:1).

하나님은 공허하게 우리를 부르신 것이 아니다. 아브라함과 같이 영광스러운 목적을 두고 우리를 부르셨다. 우리로 하늘에 속한 그분의 백성이 되도록 부르신 것이다. 우리는 그분의 부르심을 받고 죄와 세상을 떠나고 아담을 떠나 그리스도 안으로 들어왔다. 그분의 부르심을 듣고 응답하여 그분께 돌아왔을 때 우리는 새로운 신분을 갖게 되었다. 그러므로 우리는 그 부르신 부름에 합당하게 혹은 어울리게 혹은 자격에 맞게 행하여야 한다. 그 부르심에 합당하게 생활함은 결국 그리스도의 몸인 교회의 하나를 지키는 것이다.

우리가 부르심을 입은 것은 구원만을 의미하는 것으로 이해하면 안된다. 그리스도의 몸 안으로 부르심을 입은 것을 빼놓으면 안된다. 따라서 부르심을 입은 부름에 합당하게 행하려면 몸의 생활, 몸을 위한 생활을 해야 한다. 에베소서가 교회 곧 그리스도의 몸을 계시하는 책임을 잊어서는 안된다. 부르심을 입은 부르심에 합당한 생활을 하려면 몸이 무엇인지를 알고 지체로서 받은 은사를 다 발휘해 몸을 건축하는 삶을 살아야 한다. 개인적이고 단독적인 그리스도인의 삶은 주님의 뜻을 이룰 수 없고 표준에 이르지 못한다. 반드시 다른 지체들과 연합하고 동역하는 가운데 섬기고 몸의 건축함 가운데 살아야 한다. 이렇게 살지 않으면 부르심에 합당한 삶을 산다고 할 수 없다.

모든 겸손과 온유로 하고

하나님의 은혜를 얻은 모든 사람들의 특징은 겸손한 것이다. 겸손은 천국에 들어가는 자들의 가장 큰 덕성 중의 하나이다(마 18:3-4). 여기의 겸손(lowliness)은 자기를 낮추는 것이다. 그리스도의 몸의 생활에서 서로가 평강과 하나를 누리기 위해서 가장 필요한 것이 자기를 낮춤이다. 교회의 많은 어려움과 문제가 믿는이들이 자신을 낮추지 않으려는 데서 발생한다. 하나님은 겸손한 자에게 은혜를 주신다. 우리는 믿음생활에서 어찌하든지 겸손에 이르는 길을 찾아야 한다. 교만은 패망의 선봉이다. 사도는 우리에게 모든 겸손을 권면했다. 우리는 이에 대해 반드시 '아멘'해야 한다. 한 가지 일에서의 겸손이나 한 가지 방면의 겸손이 아니라 모든 방면에서의 겸손인 '모든 겸손'(all lowliness)임을 기억해야 한다.

온유는 다른 사람의 공격이나 방해를 당해도 저항하거나 원한을 품거나 복수하려 하지 않는 태도를 말한다. 또 무슨 일에든지 조급하고 경솔하고 쉽게 흥분하지 않는 등의 미덕을 말한다. 즉, 부드럽고 세심하게 남을 배려하며 침착하고 신중하며 온화한 미덕이다. 모세는 그 온유함이 지면의 모든 사람보다 승하다고 했다. 그는 어떠한 대적이나 공격에도 맞서 대항하지 않았다. 사람들의 공격에 쉽게 맞붙어 싸우는 사람은 확실히 온유함이 부족한 사람이다. 이러한 사람들로 말미암아 교회 안에 분쟁과 다툼이 일어난다. 온유함은 겸손과 더불어서 교회의 통일성을 갖기 위하여 너무나 필수적인 미덕이다. 분열과 분쟁은 교만함과 무례함 가운데서 일어나기 때문이다.

오래 참음

하나님은 오래 참으심이 풍성한 분이시다(롬 2:4). 베드로는 그분의 오래 참으심이 우리의 구원이 될 줄로 여기라고 말했다(벧후 3:15). 그분을 믿는 자녀들도 그분과 같이 오래 참음의 미덕을 가져야 한다. 특히 어려움과 핍박과 우리를 거역하는 사람들에 대하여 쉽게 반응하지 않고 변함없이 그들을 사랑하고 기다려 주는 미덕이다. 이것은 우리 사람에게 원래 없는 것들이기 때문에 주님으로부터 잘 배워야 한다. 우리 옛 사람의 반응은 언제든지 '이는 이로 눈은 눈으로'이다. 즉 사람들이 우리를 배반하고 공격하면 우리 또한 곱지 않은 마음으로 대번에 반응한다. 이는 기다려 줌이 아니요 원수를 사랑함이 아니다. 그들에 대하여 사랑을 가지고 끝까지 기다려 주어야 한다. 이것이 서로의 사랑을 보존하는 길이요 분리함과 원수를 맺지 않고 하나를 지키는 비결이다.

그러나 겸손이든 온유든 오래 참음이든 모두 우리가 원래 가지고 있는 것들이 아니고 주님의 속성들이므로 우리는 끊임없이 영적 성장을 추구하여 더욱더 겸손과 온유와 오래 참음을 얻을 수 있기를 소망해야 한다.

사랑 가운데서 서로 용납하고

용납함은 상대방에게 어떠한 약점이 있고 허물이 있더라도 포용하고 짊어지는 미덕이다. 서로 용납하기 위해서는 사랑이 필요하다. 상대방이나 다른 사람의 약점이나 허물이 내게 해를 미쳤다 하더라도 사랑이 있다면 용납할 수 있다. 상처를 받았다 하더라도 참음과 받아들임으로 용납할 수 있다. 이는 우리의 분량을 넓혀줄 것이다. 이와 같이 서로 용납하기 위해서는 사랑이 필요할 뿐 아니라 모든 겸손과 온유와 오래 참음이 필요하다. 즉, 우리가 성도들을 짊어지기 위해서는 겸손함과 온유함이 필요하고 오래 참음이 필요하다는 것이다. 결국 서로서로를 사랑함으로 짊어지는 것이 교회생활이다. 오늘은 형제들을 짊어졌다가 내일은 내팽개치지 말아야 한다. 끝까지 서로를 사랑 안에서 짊어질 때 몸의 건축이 있게 될 것이다. 우리가 얼마나 다른 사람들을 짊어질 수 있는가가 우리의 분량이다.

구약의 제사장들이 입었던 에봇 위의 흉패는 그들의 마음에 이스라엘 열두 지파를 품고 있음을 상징한다. 그것은 그들이 하나님을 섬기기 위해 하나님의 백성들을 항상 그들 마음에 간직하고 있다는 것이다. 아무도 짊어지려 하지 않고 자신만을 책임지려 하는 사람은 아직 어린 사람이다. 우리가 하나님을 섬기기 위해서는 그분의 백성들을 짊어지기를 배워야 한다.

평안의 매는 줄

성도들을 하나 되게 하는 것은 평안의 매는 줄이다. 어떤 두려움이나 강요의 줄로 성도들을 하나 되도록 묶는 것이 아니다. 평안은 우리 마음의 가장 행복하고 만족하고 잔잔한 상태이다. 오직 그러한 상태 안에서만 믿는이들은 하나 될 수 있다. 상기의 겸손과 온유와 오래 참음과 사랑 안에서의 짊어짐은 우리에게 평안의 매는 줄을 가져다 줄 것이다. 어떤 사람이 겸손과 온유함이 없이 믿는이들을 하나로 묶으려 한다면 그 매는 줄은 평안의 줄이 아니라 두려움이나 억지나 강압의 줄이 될 것이다.

평안은 우리의 마음속에 있다. 형제가 형제를 만날 때 반드시 은혜와 평안이 있어야 한다. 평안은 은혜로부터 온다. 형제를 만날 때 마음속에 있는 평강의 느낌이 서로를 하나로 묶는다. 반대로 형제나 자매를 대할 때 두렵고 불안한 느낌을 갖는다면 거기에는 성도들을 하나 되게 하는 평안의 매는 줄이 없는 것이다. 지금도 이태리에서는 그리스도인들 사이의 인사가 '평안'(빠아체)!이다. 확실히 성도들 가운데 있어야 할 상태는 평강이다. 바울은 골로새서에서 우리가 평강을 위하여 한 몸으로 부르심을 받았다고 말한다(3:15).

성령의 하나 되게 하신 것을 힘써 지킴

우리 안에는 이미 성령의 하나가 있다. 하나님은 그분의 성령을 우리에게 부어주심으로 믿는이들을 이미 하나 되게 하셨다(고전 12:13). 이 하나는 우리의 노력으로 만들어낸 것이 아니다. 우리는 다만 하나님이 주신 성령의 하나를 지키면 된다. 바울은 성령의 하나 되게 하신 것을 힘써 지키라고 말했다. 여기에서 성령과 평안은 관계가 있는 말이다. 우리가 성령 안에 있을 때 그 느낌이 평안이기 때문이다. 우리가 형제를 육체 안에서가 아니라 성령 안에서 대할 때 반드시 평안이 있을 것이다.

그리고 이 성령은 우리 안에 내주하신다. 우리가 참으로 성령 안에 생활한다면 우리는 성도들에 대하여 평안을 가질 수 있고 성령의 하나 되게 하신 것을 지킬 수 있다.

여기서 하나를 지키는 일은 힘쓸 필요가 있음을 말해준다. 즉, 우리는 성도들과 하나를 지키기 위해 힘을 다해야 한다는 뜻이다. 만일 어떤 사람이 우리와 다투려 한다면 최선을 다해 그 다툼을 피하기를 힘써야 한다. 만일 어떤 사람이 우리를 공격하려 한다면 맞서 저항하려 하지 않고 오히려 자신을 낮춤으로 다툼과 분쟁을 피해야 한다. 또한 어떤 사람들이 우리를 미워하고 멸시한다면 우리도 역시 그들을 미워하고 판단할 것이 아니라 더욱 겸손하고 온유한 마음을 가짐으로 여전히 사랑할 수 있어야 한다.

다음에서 사도는 성령의 하나를 지켜야 하는 이유를 더욱 말해준다. 적어도 믿는 이들에게는 일곱 가지에서의 하나가 있어야 한다. 이 일곱 가지 하나가 있을 때 온전한 성령의 하나를 지키는 것이다. 이 일곱 가지에서 한두 가지가 부족해서도 안 되고 한두 가지를 추가해서 하나를 지키려 해도 안 된다.

몸이 하나이요 성령이 하나이니

여기의 몸은 바로 교회를 말한다. 교회는 곧 그리스도의 몸인데, 이 그리스도의 몸은 오직 하나이다. 두 몸이 없다. 머리가 한 분 그리스도요 몸은 오직 하나인 교회이다. 이 땅의 많은 족속과 민족들 가운데 믿는이들이 있을지라도 몸은 오직 하나이다. 영국 몸이 따로 있고 로마 교회가 따로 있는 것이 아니다. 인도 몸이 따로 있고 중국 몸이 따로 있는 것이 아니다. 오직 그리스도 안의 한 몸이 있을 뿐이다.

우리 모든 믿는이들은 이 한 몸 안의 지체들이 되었다. 어떤 것으로도 이 한 몸을 나눌 수 없다. 민족의 차이로, 언어의 차이로, 피부색으로, 문화의 차이로 나눌 수 있는가? 없다. 하물며 이 몸을 빈부의 차이로도 나눌 수 없는 일이다. 어느 나라 사람이든 어느 민족이든 그가 갈보리의 피로 사함받고 성령으로 인침받았다면 그는 이 한 몸의 지체이므로 우리는 하나를 지켜야 한다. 그 몸의 내용은 성령이다. 성령이 몸의 모든 지체들을 하나가 되도록 역사하시는 분이다. 많은 믿는이들이 다 성령을 모시고 있는데, 그 성령은 오직 한 성령이시다. 한 성령이 당신 속에도 있고 내 안에도 있을진대 어떻게 나누어질 수 있겠는가? 나누어진다면 그것은 당신과 나의 육체로 말미암은 것이지 결코 성령으로 인한 것이 아니다. 성령은 그리스도의 몸의 보이지 않는 내용이 되시며 몸은 보이는 표현일 뿐이다. 성령과 몸은 하나이다.

부르심의 한 소망

여기에서 우리는 우리의 부르심이 하나인 것을 본다. 먼저는 한 하나님이 우리를 동일하게 그리스도 안에서 부르셨으며 또한 그 부르심의 목표가 하나이다. 우리는 이 땅에서 하늘에 이르도록 부르심을 받았다. 우리의 부르심의 소망은 하늘에 있지 결코 이 땅에 있지 않다. 우리는 하늘의 유업을 물려받도록 부르심을 받은 것이다. 즉, 우리의 발걸음은 하늘을 향하고 영광을 향한다. 우리를 부르신 하나님께로 향하는 것이다.

그러나 어떤 사람들은 부르심의 소망을 갖지 않은 것같이 행하는 것을 본다. 그들은 언제나 땅에 속한 축복을 관심하고 하늘에 속한 부르심의 소망을 목적 삼지 않는다. 그런 경우에는 두 종류의 사람들이 함께하기가 어렵다. 하나는 하늘을 향하고 다른 하나는 땅을 향하는데 어찌 그 발걸음이 하나 될 수 있겠는가? 이것은 부르심의 소망에 대한 분명한 인식이 없는 데에서 발생하는 문제이다. 우리가 그리스도인이 아니라면 몰라도 그리스도인일진대 한 부르심, 하늘에 속한 부르심을 받은 자들이다.

주도 하나이요

예수는 주시다. 우리 모든 믿는이들은 한 주를 모시고 있다. 즉, 모든 믿는이들이 한 주이신 예수 그리스도의 명령을 따르고 있다는 뜻이다. 당신의 주도 예수이시고 나의 주도 예수이며 당신도 예수의 명령을 따르고 있고 나도 예수의 명령을 따르고 있을진대 어찌 분리될 수 있겠는가? 믿는이들은 오직 한 주를 모시고 있다. 우리는 모두 한 주님의 인도를 따른다. 그러므로 우리는 하나 될 수밖에 없다.

믿음도 하나이요

여기의 믿음은 객관적인 신앙에서의 하나를 말하지만 주관적인 믿음의 행동까지 포함한다. 우리가 믿는 믿음은 성도에게 단번에 주신 믿음의 도이며(유 3), 동일하게 구주 예수 그리스도의 의를 힘입어 보배로운 믿음을 함께 받은 것이다(벧후 1:1). 우리 모든 믿는이들은 다르게 믿어서 구원받은 사람이 하나도 없다. 우리의 믿음은 동일한 믿음이다. 같은 방식으로 같은 믿음의 대상을 같은 진리로 믿었는데 어떻게 나누어질 수 있는가? 그러나 만일 어떤 사람이 이러한 일반적인 믿음 외에 어떤 특별한 진리를 강조하여 그러한 진리를 따르지 않으면 하나 될 수 없다고 한다면 그 책임은 그들이 짊어져야 한다.

세례(침례)도 하나이요

믿는이들이 받은 세례(침례)는 그리스도와 함께 죽고 부활한 것을 간증하는 것이다. 믿는이들은 침례를 통하여 아담에서 나와 그리스도 안으로 들어간다. 또한 옛 사람을 장사 지내고 새 사람의 영역 안으로 들어간다. 침례를 통하여 믿는이들은 그리스도의 죽음에 연합하고 부활에 연합한다. 이러한 침례는 모든 믿는이가 동일하게 받은 것이다. 그들은 어떤 침례를 받았는가? 바로 이러한 옛 사람을 끝내고 새 사람을 소생케 하는 침례를 받은 것이다. 이것은 당신이나 나나 어떤 그리스도인이든지 다를 수 없다. 한 침례를 받은 것이다.

어떤 사람은 자신의 죽은 것을 인정하지 않고 옛 사람을 장사 지내지 않고 침례를 받으며, 또 다른 사람은 자신의 옛 사람이 죽은 것을 인정하여 장사 지내고 다시 부활한 것을 의미하는 침례를 받은 것이 아니다. 믿는이들은 똑같이 신약에서 말하는 침례를 받은 것이다. 이것 또한 믿는이들이 한 종류라는 강력한 증거이다. 즉, 여기의 말은 한 침례를 받았는데 어떻게 나누어질 수 있느냐는 것이다.

하나님도 하나이시니

결국 이 모든 일을 시작하신 분인 하나님은 한 분이시다. 그분이 곧 만유의 아버지시고 만유 위에 계시고 만유를 통일하시고 만유 가운데 계신 분이다. 하나님은 창조자이시고 만물을 다스리는 분이시다. 그분이 모든 사람의 아버지이시다. 그것은 특히 믿는이들을 말하는데, 하나님은 모든 믿는이들(만유)의 아버지라는 것이다. 창조자 하나님은 신약에서 믿는이들을 낳으셨기 때문에 그들의 아버지가 되셨다(히 2:11). 즉, 한 아버지를 가졌는데 어떻게 자녀들이 나누어질 수 있느냐는 것이다. 한 성령을 가지고 있고 한 주를 믿으며 한 아버지를 가지고 있는데 어떻게 나누어질 수 있는가? 이 세상 족속들과 민족들은 나누어질 수 있을지라도 교회는 나누어질 수 없는데, 그 이유는 이와 같이 일곱 가지에서 믿는이들이 하나이기 때문이다.

이 아버지가 만유 위에 계신다는 것은 그분이 모든 사람 위에 초월하시며 모든 사람을 다스리시는 아버지라는 뜻이고 만유를 통일하신다는 것은 모든 사람을 그분의 뜻대로 다스리시고 주장하신다는 뜻이다. 그리고 그분은 만유 안에 계신다고 했는데, 그것은 하나님께서 모든 사람 안에 계신다는 뜻이다. 그분은 모든 지체 위에 역사하시고 모든 지체 가운데 역사하시며 그분은 모든 지체 안에 거하시는 분이다. 이러한 하나님 아버지를 동일하게 모시고 있는데 믿는이들이 어떻게 나누어질 수 있는가? 결코 나누어질 길이 없다.

이렇게 일곱 하나를 지키는 무리가 그리스도의 몸인 교회이고 바울은 이러한 성령의 하나 되게 하신 것을 힘써 지키라고 말했다. 오늘날은 교회가 혼란되어 있어 많은 분열의 상태 안에 있다. 어떻게 교회가 하나 될 수 있는가? 반드시 사도가 우리에게 가르쳐준 성령의 하나, 일곱 하나에 이르러야 한다. 그럴 때 우리는 진정한 믿는이들의 하나, 성령의 하나, 몸의 하나를 얻을 수 있을 것이다.

몸의 하나에 대하여

에베소서를 읽을 때 전체가 그리스도의 몸인 교회를 계시하고 있음을 알 수 있다. 사도 바울은 1, 2, 3장을 통하여 몸에 대한 계시를 말한 뒤에 4장부터 몸의 생활에 대하여 권면하고 있다. 몸의 생활의 가장 중요한 것은 첫째가 몸의 하나이다. 사도는 주님과 같이 믿는이들이 하나 되는 것을 매우 주의했다(요 17장).

부르심에 합당한 생활은 첫째가 성도들과 성령의 하나를 지키는 생활이다. 지체들과 문제가 생기는 것은 결국 머리이신 그리스도와도 문제가 생기는 것이다. 그리스도와 교회는 하나이기 때문이다. 오늘날 그리스도인들 가운데 많은 분열이 있는 것은 이러한 사도의 가르침을 제대로 순종하지 못하는 데 원인이 있다. 성령의 하나를 지키기 위해 겸손과 온유와 오래 참음, 서로 용납함 등의 많은 미덕들이 필요하며 성령의 하나 되게 하신 것을 힘써 지킴도 필요하고 과연 믿는이들이 지키는 하나의 성질이 무엇인가를 자세히 알아야 한다. 그것이 바로 일곱 하나인 것이다.

우리 각 사람에게 은혜를 주셨나니

7절은 '그러나'(but)로 시작하는데, 그것은 앞의 문장들과 대조되는 사상을 말하려는 것이다. 몸이 하나이지만 하나님은 우리 각 사람에게 그리스도의 선물의 분량대로 각각 은혜를 주셨다는 것이다. 여기에서 몸은 하나이지만 다양성이 있음을 말해준다. 그것은 그리스도의 은사의 분량에 따라 얻은 은혜가 각각 다르기 때문이다. 이것은 로마서에도 강조되고 있다(우리에게 주신 은혜대로 받은 은사가 각각 다르니, 롬 12:6). 몸이 하나이지만 우리는 각 지체의 은사의 다양성을 모르면 안 된다. 사람이 한 가지를 강조하다 보면 다른 방면을 소홀히 하기 쉽다. 몸의 하나를 강조하다 보면 모든 지체를 획일적으로 만들어버리려는 위험에 빠질 수 있기 때문이다.

하나님이 주신 몸의 각각 다른 은사를 이해하지 못하면 성도들은 자칫 그로 말미암아 하나를 지키지 못하게 된다. 하나님이 그리스도의 몸에 각각 다른 은사를 주신 것은 도리어 성도들을 온전케 하고 그리스도의 몸을 하나로 잘 건축하기 위한 것이다. 다양한 은사를 주신 것은 몸을 나누기 위한 것이 아니라 몸의 건축과 하나에 이르기 위한 하나님의 역사임을 아는 것은 중요한 일이다.

사로잡힌 자를 사로잡고

8절은 각 사람이 얻은 은사가 어디서부터 어떻게 왔는가를 말해준다. 8절의 말씀은 시편 68편에서 인용한 것이다. 시편 68편은 다윗의 시로서 하나님의 거룩한 처소에 관하여 말했다. 이 시편을 읽을 때 하나님은 시내산 성소에 계시기를 원하심을 알 수 있다. 다윗은 "너희 높은 산들아 어찌하여 하나님이 거하시려는 산을 시기하여 보느뇨 진실로 여호와께서 이 산에 영영히 거하시리로다"고 말했다(16절). 그리고 18절은 "주께서 높은 곳으로 오르시며 사로잡은 자를 끌고 선물을 인간에게서, 또는 패역자 중에서 받으시니 여호와 하나님이 저희와 함께 거하려 하심이로다"고 말한다. 이것은 그리스도의 승천을 묘사한 것인데, 그리스도께서 승천하실 때 사로잡은 자를 끌고 오르신 것을 볼 수 있다. 이것은 마치 드보라가 전쟁에서 승리하고 전쟁에서 이긴 바락이 포로를 끌고 가는 장면과 같다(삿 5:12). 옛적에 장군이 전쟁에 승리하면 포로들을 끌고 개선 행진을 하는데, 그 중 유용한 포로들은 승리한 나라에게 선물이 된다.

그리스도가 승천하신 것은 장군이 전쟁에서 승리하고 개선을 하는 것과 같다. 그분은 십자가에서 사탄에 대하여 큰 승리를 거두신 뒤에 영광스럽게 하늘로 개선 행진을 하며 올라가셨다. 시편 24편은 승리하신 왕이 승천할 때 개선하신 것 같음을 묘사하는 광경이 있다. "문들아 너희 머리를 들지어다 영원한 문들아 들릴지어다 영광의 왕이 들어가시리로다 영광 왕이 뉘시뇨 강하고 능한 여호와시요 전쟁에 능한 여호와시로다"(7-8절).

그분은 하늘로 승천하실 때 패역자 가운데 얼마의 사람들을 포로로 사로잡으사 하늘로 데려가셨다. 그들은 원래 대적에게 사로잡혀 있던 자들이었는데, 그리스도의 개선의 기념물이 되었다. 우리는 이를 통해 그리스도의 승천의 광경을 볼 수 있는데, 그분은 홀로 하늘로 오르신 것이 아니라 한 무리의 사람들을 은사로 삼기 위해 포로로 데리고 가셨다. 그 포로로 사로잡혀간 사람들은 결국 사람들에게 은사들로 주어졌다.

나는 그들 가운데 바울과 아볼로와 빌립과 디모데 등이 포함되어 있을 것이라고 생각한다. 그리스도께서는 승천하실 때 데리고 간 포로들을 하나님 아버지 앞에 보이셨을 것이고 하나님은 그리스도를 극도로 높이시며 약속하신 성령을 부어주셨는데, 그때 하나님은 포로들을 보시고 그들의 은사의 분량대로 은혜를 주시어 교회를 위한 은사들로 삼으신 것 같다(행 2:33 참조).

어쨌든 교회의 은사들은 그리스도의 승천을 통하여 얻어진 바 된 자들임이 분명하다. 머리이신 그리스도는 그분의 승천의 과정을 통하여 한 무리의 사람들을 포로로 사로잡으시고(그분은 십자가에서 이미 사람들을 사로잡고 있는 사탄을 패배시키셨다) 그들 가운데서 한 무리를 교회를 위한 은사로 삼으시어 교회에게 선물로 주셨다.

올라가셨다 하였은즉

올라가셨다는 것은 그분이 승천하셨다는 것을 말한다. 바울은 그분이 올라가셨다는 표현이 있는 것은 그분이 땅의 낮은 곳으로 내리셨던 것이 아니냐고 말한다. 또한 내리셨던 그가 모든 하늘 위에 오르신 자라고 말했다. 땅 아랫곳으로 내리셨다는 것은 그의 성육신과 죽음과 장사까지 포함하는 말이다. 그것은 그분이 이 땅에 오셔서 가장 낮아지셨다는 것을 의미한다. 그분은 가장 낮아지셨다가 가장 높은 곳으로 오르신 분이다. 그분이 얻은 은사들은 그분의 이러한 가장 낮아지심과 높여지심의 결과이다. 그분이 낮아지신 것은 모든 죄인들의 죄를 담당하기 위한 것이다. 그분은 가장 낮은 곳으로 내려가셔서 모든 패역한 죄인들의 죄를 감당하고 음부까지 낮아지셨다가 가장 높은 하늘로 승천하신 것이다. 이러한 그리스도의 낮아지심과 높여지심의 과정을 통해 그분은 한 무리의 사람들을 죄로부터 해방하시고 죽음과 부활과 승천의 과정을 함께 통과케 하시어 교회의 은사들로 삼으셨다.

그분이 이와 같이 땅 아랫 곳으로 내리셨다가 모든 하늘들로 오르신 것은 만물을 충만케 하시려는 것이다. 그분은 이 땅에 계실 때 왕이셨으며 죽고 장사되시고 음부에 가셔서 음부를 정복하시고 사망을 이기셨으며 또한 하늘에 오르사 가장 높은 이름을 얻으셨다. 이러한 그분의 우주적인 왕래로 그분은 만물을 충만케 하시려는 뜻을 이룰 준비를 갖추셨다.

오중(五重) 은사

그분이 주신 은사들은 첫째로 얼마의 사도들이다. 사도들은 특별한 은사와 기적을 행하는 능력과 계시를 가진 자들로서 하나님의 권위를 대표한다. 사도들은 하나님이 주신 은사 가운데 첫번째이다. 하나님은 사도들을 통하여 교회를 건축하고 교의를 단정하며 그분의 권위를 대표하게 하신다. 베드로나 바울은 사도들의 가장 대표적인 존재이다.

둘째는 얼마의 선지자들인데, 신약의 선지자들은 장래를 예언하는 구약의 선지자들과 같지 않다. 신약의 선지자들은 장래 일을 예언하는 성격보다도 하나님의 뜻을 알아 성도들을 권면하고 가르치는 성격을 띠고 있다. 그들은 때에 따른 하나님의 백성들에 대한 주님의 뜻을 계시로 알아 적절하게 성도들의 필요를 채우기도 하고 권면하기도 하고 가르치기도 한다. 신약의 교회는 이와 같이 사도들과 선지자들의 계시의 터 위에 세워진다.

셋째는 빌립과 같은 복음 전도자들이다. 그들에게는 사도의 권위는 없지만 가는 곳마다 복음의 열매가 있다. 그들은 죄인에 대한 하나님의 사랑과 긍휼의 마음을 대표한다.

넷째는 목자요 다섯째는 교사인데 목자와 교사는 같은 종류의 직분이다. 곧 목자가 교사이고 교사는 또한 목자이어야 한다. 목자는 양 떼를 잘 목양하는 은사를 가진 자들이고 교사는 잘 가르치는 자들이다. 그러므로 실제로는 사중(四重)인 것이다.

성도를 온전케 함

이러한 은사들은 성도를 온전케 하기 위하여 주어진 것이다. 그럼으로써 성도들로 봉사의 일을 하게 하며 그리스도의 몸을 세우려 하심이다. 성도들이 온전케 되기 위해서는 상기의 은사들이 필요하다. 성도들이 봉사의 일을 하기 위해서도 상기의 은사들이 필요하고 그리스도의 몸이 건축되기 위해서도 상기의 은사들이 필요하다. 이러한 오중 은사들은 각기 자기들의 사역을 수행하기 위하여 존재하는 것이 아니라 그리스도의 몸을 세우기 위해 존재한다.

복음 전하는 자는 많은 곳에 다니며 복음을 전해서 많은 열매를 맺기만 하면 되는 것이 아니라 사도와 선지자들의 도움이 필요하며 목자와 교사들의 온전케 하는 봉사도 필요하다. 성도들을 잘 돌보는 목자들이 한 교회를 만들고 복음 전도자가 복음을 잘 전하여 항상 새로운 열매를 맺는 교회를 만들고 사도는 사도적인 교회를 만들고 선지자는 항상 선지자의 음성을 듣는 교회를 만드는 것이 아니다. 이러한 여러 은사가 있는 것은 그리스도의 한 몸을 세우기 위한 것이다. 몸은 결단코 하나이기 때문이다. 어떤 은사든지 은사는 자신을 위하지 않는다. 다 몸을 위한 것이다.

하나님의 아들을 믿는 것과 아는 것에 하나가 됨

하나님이 여러 은사를 주신 것은 그리스도의 몸을 건축하기 위함인데, 그리스도의 몸이 건축되었다는 것은 어떤 상태에 이른 것인가 하면 모든 사람이 신앙의 하나에 이르는 것이고 하나님의 아들에 대한 지식에서의 하나에 이르는 것이며 그리스도의 충만한 신장의 분량, 즉 성숙한 사람에까지 이르는 것이다. 4장 13절의 '온전한(성숙한) 사람'은 그리스도의 몸인 교회를 가리켜 말한 것이다. 그리스도의 몸이 유기체라고 할 때 이것은 성장함으로 이루어진다. 즉, 그리스도의 몸은 성장함으로 건축된다. 이 은사들은 성도를 온전케 하여 봉사의 일을 하도록 도와주어야 하는데(즉, 성도들이 온전케 됨은 그들로 봉사의 일을 온전하게 할 수 있도록 장비시켜 주는 것이다), 그것이 곧 성도들이 성장하는 것이요 그리스도의 몸이 건축되는 것이다.

그리스도의 몸의 건축의 목표는 하나님의 아들을 믿는 신앙과 아는 지식에서의 하나에 이르기까지이며, 성숙한 사람, 즉 그리스도의 충만인 그 신장의 분량에까지 도달하는 것이다. 이것이 곧 그리스도의 몸의 건축의 목적지인데 과거에 어떤 영적인 형제는 요한 계시록의 많은 예언들이 성취되는 것은 믿을 수 있겠는데 바로 이 그리스도의 몸의 건축에 관한 구절들이 성취되어 교회가 이러한 단계에까지 이를 수 있겠는가 하는 것은 정말 믿기 어렵다고 말한 적이 있다. 그러나 하나님께 감사하리니 우리는 이러한 다양한 사역이 충분히 나타날 때 이러한 영광의 날이 오리라는 것을 확신한다.

나는 여기에서 다시 한 번 사도들과 선지자들과 복음 전하는 자들의 필요성을 강조하고 싶다. 물론 성경을 기록한 사도들과는 분별이 있겠지만 이 시대에도 사도들의 일을 계속하는 무리가 여전히 필요한 것이다. 그들과 같이 주를 위하여 고난 받고 말씀에 대한 깊은 인식이 있으며 성도들을 사랑하고 노예로 섬기며 하나님을 대표할 수 있는 사람들이 필요한 것이다. 이러한 사도적인 수고가 있어야 초대 교회와 같이 성실한 사도의 열매가 교회로 나타날 것이다. 우리가 이 시대에 어떤 사람들을 감히 바울과 같은 사도라고 말할 수 없을지라도 그들의 일행에 포함되어 신실하게 그들을 본받아 그들의 고난을 조금이나마 함께 나누고 그들의 진리를 좇아 함께 선포하며 교회를 위하여 충성을 다하는 무리가 나타나야 한다. 그들은 원칙상 바울이나 디모데나 디도 등의 노선에 서서 그들의 발자취를 따라 전진하는 무리이다. 오늘날 개교회를 다스리는 목사만 있고(이는 초대 교회로 말한다면 장로들의 일이다), 바울의 일행과 같이 사도의 일행의 노선에 서서 개교회를 초월하여 섬기는 사역자들이 없는 것은 큰 부족함이 있는 것이다.

성령의 계시를 받은 선지자들의 필요도 너무나 크다. 안디옥 교회에는 당시에 선지자들과 교사들이 있었다. 교회에는 목사만 있으면 되는 것이 아니다. 반드시 사도와 선지자가 있어야 하고 복음 전하는 자도 필요하다. 선지자가 있어 그때 그때 필요한 하나님의 음성을 성도들로 들을 수 있게 한다면 그러한 사역이야말로 성도들을 온전케 하고 자라게 하는 데 얼마나 도움이 되겠는가! 성경은 그래야 그리스도의 몸이 건축될 수 있다고 말한다.

또한 각각의 은사들은 자신들의 은사를 자랑하지 말고 다른 은사들을 감상하고 사모하며 동역하여 그리스도의 한 몸을 건축해야 한다. 이러한 때가 와야 에베소서 4장 11절부터 13절까지의 말씀은 성취될 것이다.

어린 아이가 되지 아니하여

이러한 사역을 통해서 성도들이 자라날 때 결과적으로 성도들은 스스로 설 수 있게 된다. 성숙했기 때문이다. 하나님은 성도들이 어린 아이같이 자라지 않고 교훈의 풍조에 밀려 요동하는 것을 원치 않으신다. 교회 안에는 사람의 궤술과 미혹하는 책략의 교묘함이 있다. 이러한 것들은 어린 성도들을 어리둥절하게 한다. 어린 성도들은 진리를 알지 못하므로 사람의 궤술을 따르고 때로는 교묘하게 역사하는, 속이는 책략을 하나님을 위한 것으로 여겨 순종한다. 많은 성도들이 진리의 영과 미혹의 영을 분별하지 못한다. 나는 오랜 교회생활을 통해 어이가 없는 상황을 너무나 많이 보아왔다. 20, 30년 성실하게 믿음 생활을 했다 하는 형제나 자매가 하루 아침에 교훈의 풍조에 밀려 떠내려가는 것을 보았다. 왜 이러한 일들이 있는가?

다시 한 번 말하지만 하나님의 뜻이며 영원한 갈망인 그리스도의 몸이 건축되기 위해서는 반드시 다양한 사역의 출현이 있어야 한다. 그리고 그들의 조화로운 동역을 통한 봉사가 이루어져야 한다. 우리는 이것을 위해 많은 기도를 드려야 할 것이다.

오직 사랑 안에서 참된 것을 하여

사도는 어린 아이가 되어 그렇게 떠내려 갈 일이 아니라 사랑 안에서 참된 것을 붙잡으라고 말한다. 여기에서 '참된 것'은 진리이다. 우리는 오직 진리를 붙잡고 진리를 말해야 한다. 이것은 사랑 안에서이다. 어린 아이들이 교훈의 풍조에 밀려 미혹되었을 때의 특징은 사랑이 없는 것이고 진리를 말하지 않는다는 것이다. 그들은 성도들의 일반적인 사랑을 가진 것이 아니라 자신이 빠져 들어간 이단적인 무리의 특별한 사랑을 갖고 있으며 다른 그리스도인에 대해 배타적인 마음을 표현한다. 그리고 그들의 말은 전혀 진리에 맞지 않는다. 그럼에도 그들은 이미 거기에 점유되어 어떤 진리의 말씀도 받아들이지 않는다. 이러한 때의 답답함을 어떻게 표현할 수 있겠는가? 오직 사랑 안에서 참된 것을 말할 때만이 범사에 그리스도에게까지 자랄 수 있다. 참된 것을 말하지 않을 때 자랄 수 없다. 루터가 참을 보았지만 혼자만 알고 아무 말도 하지 않았다고 가정해보자! 종교개혁은 일어날 수 없었을 것이다.

교회는 조금 자란다고 되는 것이 아니라 머리이신 그리스도에게까지 자라야 한다. 그러므로 교회의 성장은 그리스도의 충만에 이르는 것이어야 완전한 것이다. 주님은 이 땅에 있는 교회가 머리이신 그분에게까지 자라기를 원하신다. 즉, 머리가 어떻게 충만하면 몸이 또한 그렇게 충만한 것이다. 지금 성도들은 이러한 말이 참으로 이상적인 말같이 들리겠지만 이루어지지 않는 말씀이 성경에 기록될 리 없다. 우리는 이러한 말씀이 주님 오실 때에나 성취될 것이라고 말하지 말아야 한다. 교회가 이 땅에서 그분의 신부로 예비되고 단장될 때 신랑이 오실 것이다.

그에게서 온 몸이

그리스도의 몸의 건축은 머리이신 그리스도로부터이다(골 2:19). 모든 지체들이 머리이신 그리스도를 붙잡지 않으면 그리스도의 몸은 건축될 수 없다.

각 마디를 통하여 도움을 입음으로

여기의 각 마디는 사역자들을 의미한다. 몸에는 마디가 있는데 이 마디를 통하여 온 몸은 도움(공급, supply)을 얻게 된다. 마디의 공급은 각 지체들이 서로 연락하고 상합하는 데 도움을 준다. 우리가 몸의 마디가 되는 지체인가를 확인하는 좋은 방법은 우리가 은사를 발휘할 때 모든 지체들이 공급을 얻으며 따라서 각 지체들이 서로 연락하고 상합하는 데 이르는가를 보면 된다.

유감스럽게도 어떤 지체는 기능을 발휘할 때 하나 되었던 상태가 나뉘어지고 생생하던 상태가 도리어 죽게 된다. 이것은 분명 잘못된 은사의 발휘이거나 그가 몸의 공급하는 마디가 아닐 것이다. 온 몸은 마디를 통하여 공급을 받는데 여기에서 마디들은 반드시 머리의 풍성을 몸에 전달하는 역할을 하는 자들이다.

분량대로 역사하여

또한 마디들의 공급은 각 지체들이 분량대로 역사하는 상태를 가져온다. 작은 지체들이라 할지라도 몸의 모든 지체들은 나름대로 분량을 갖고 있다. 그들이 마디의 공급을 받을 때 일어나게 된다. 그리고 자신의 분량대로 역사하게 된다. 그때 그 몸이 자라게 된다. 모든 지체가 다 일어나 섬길 때 그리스도의 몸이 자라는 것이다.

스스로 건축됨

교회는 스스로 건축되는 것이다. 우리가 생각할 때는 사도와 선지자가 건축해야 할 것 같지만 사실상 교회는 스스로 건축되어야 한다. 하나님은 이 땅의 교회들이 스스로 자라고 건축되는 상황을 보기 원하신다. 사도들이 있을 때는 자라나다가 사도들이 떠나면 흩어지고 약해지는 것은 스스로 건축되는 것이 아니다. 물론 마디들이 도움을 주지만 그 목적은 모든 지체가 기능을 발휘하여 스스로 몸을 건축하는 것이다. 오늘 각지에 있는 교회들은 스스로 건축되는 기능을 잃어버려서는 안 된다. 우리는 교회의 건축의 책임이 오직 마디들에게만 있다고 책임을 전가해서는 안 된다. 모든 지체들이 나름대로의 분량을 따라 기능을 발휘할 때 스스로 몸이 건축되는 것이다. 사도와 같은 사역자들은 어느 정도 교회가 자랐을 때 그들을 주님의 손에 맡기고 떠나야 하는 것이다.

사랑 안에서

그리스도의 몸이 세워지는 것은 사랑 안에서이다. 사랑이 없는 상황에서는 건축을 기대할 수 없다. 모든 성도들이 서로 사랑할 때 거기에 건축이 있다. 교회 안에 사랑이 없는 것을 결코 작은 일로 여기지 말라. 성도들은 사랑의 분위기 안에서 자라고 건축될 수 있는 것이다.

4장 마지막 절에서는 "서로 인자하게 하며 불쌍히 여기며 서로 용서하기를 하나님이 그리스도 안에서 너희를 용서하심과 같이 하라"고 했다. 이 모든 것이 하나님의 사랑이다. 인자하게 대하는 것, 불쌍히 여기는 것, 용서하는 것, 이 모두가 하나님의 사랑인데 사랑하기 때문에 인자하게 대할 수 있고 불쌍히 여길 수 있고 용서할 수 있다.

옛 사람을 벗어버리고

에베소서의 4장부터 행함에 관하여 하나를 지키는 것을 말한 뒤 사도는 옛 사람을 벗는 문제를 말한다. 옛 사람을 벗어야 새 생명이 안에서부터 자라나온다. 그리스도인은 실제로 변화가 없으면 아무 소용이 없다. 구습을 좇는 옛 사람을 벗어버리고 새사람을 입어야 한다. 그러려면 생각의 영이 새롭게 되어야 한다.

참된 것을 말하라

25절부터는 말에 대한 것이다. 그리스도인은 말을 주의해야 한다. 이는 야고보 사도가 가장 강조한 부분이다. 성도들은 각종 소극적인 말에서 구원을 받아야 한다. 대화를 할 때 형제자매를 주제삼는 것을 피해야 한다. 가장 좋은 것은 우리의 입으로 찬양하고 감사하는 것이다.

에베소서에 나타난 삼위일체 하나님

에베소서에서 바울은 삼위일체 하나님에 대한 분명한 구분을 준다. 제 1장에서 성부는 창세전에 그리스도 안에서 우리를 택하시고 예정하신 분으로, 그 택하심과 예정의 범위가 그리스도 안임을 말해준다. 이는 아리우스주의나 영지주의의 논란을 잠재우는 말씀이다. 그리스도는 창세전부터 하나님과 함께 계신 분이요 어떤 시점부터 존재하신 분이 아니다. 그분은 영원 전부터 말씀이요 하나님의 품속에 계셨던 분이다(요 1:1-2, 18). 아들은 시간 안에 오셔서 십자가의 피로 죄사함과 구속을 이루신 분이요(1:7), 진리의 말씀 곧 구원의 복음을 듣고 믿는 우리에게 인치신 분은 성령이시다(1:13).

2장에서도 역시 우리를 구원하신 근원은 하나님이시요 그분의 긍휼과 사랑이다(2:4-5). 우리를 택하시고 축복하시며 구원하신 범위는 내내 그리스도요(1장에는 그리스도 안이라는 용어가 많다), 그리스도를 통하지 않고 하나님께서는 아무 것도 하지 않으셨다(2:5-7, 13-16). 또한 믿는 우리에게 오셔서 평강을 주셔서 유대인과 이방인이 함께 성부께 나아가도록 도와주시고 결국 하나님의 처소가 되도록 지어져 가도록 도와주시는 분은 성령이시다(2:18-22).

3장에서 만물을 창조하시고 당신 속에 비밀의 경륜을 가지신 분은 성부이시고 그리스도를 떠나서 성부는 어떤 예정과 뜻을 세우시지 않았음을 본다(3:9-12). 우리를 성화시키시고 속 사람을 강건케하시는 분은 성령이시며(3:16), 갈라디아서 2장 20절처럼 믿는 우리 안에 내주하시는 분은 그리스도시다(3:17).

4장에서 만유 위에 계시며, 만유를 통일하시고, 만유 가운데 계신 분은 만유의 아버지 곧 성부이시며, 교회에게 은사를 주시기 위해 죽으셨다가 부활하신 분은 그리스도시다(4:6-11). 몸을 하나되게 하시며 평강의 매는 줄로 성도들을 하나로 묶으신 분은 성령이시며(4:3), 우리 안에 내주하셔서 새롭게 하시며(4:23), 성도들의 구속의 날까지 인치심을 주시는 분은 성령이시다. 그러므로 우리는 성령을 근심케 하지 말아야 한다(4:30). 우리는 에베소서를 읽으면서 사도들의 속에 삼위일체 하나님에 대한 계시가 분명하게 존재하였던 것에 인상을 받는다. 따라서 에베소서를 읽으면서 교회란 삼위일체 하나님의 역사를 떠나서는 존재할 수 없는 기관임을 알게 된다. 사도는 이렇게 삼위일체에 대한 구분을 가지면서도 또한 상호 하나 안에 서로 거하는 존재이며 협력하며 분리되거나 나뉠 수 없는 본질상 한 분임을 우리로 깨닫게 해준다(1:3-7, 2:4-7, 16-18, 22, 3:15-17, 4:3-11). 에베소서에서 우리는 본질상 한분이시면서 삼위간의 독특한 전유적인 구분과 역할이 이 땅에 그리스도의 몸된 교회가 존재하도록 역사하신다는 새롭고 놀라운 깨달음을 얻게 한다(고전 12:4-13, 27-31 참조).

5장-1

1절, 그러므로 사랑을 입은 자녀같이 너희는 하나님을 본받는 자가 되고

'그러므로'라는 말은 이 구절이 앞에서 말한 것(4장 32절의 인자, 불쌍히 여김, 용서 등이 다 사랑의 행위들임을 암시함)에 이어서 하는 말임을 나타낸다. "사랑을 입은 자녀같이 하나님을 본받는 자가 되고". 우리가 서로 인자하게 하고 불쌍히 여기며 용서하는 것은 우리가 하나님으로부터 사랑을 입었기 때문이다. 용서란 진정으로 큰 사랑이고 사람에게 크게 필요한 것이다. 대부분의 정신적인 문제를 갖고 있는 사람들의 원인이 죄책감 때문이라는 것은 주지의 사실이다. 그러므로 용서받지 못한 영혼들의 영혼이 얼마나 피폐되어 있는가는 말할 나위가 없다. 자신이 용서받은 사람이라는 것을 깨달은 사람만이 다른 사람을 용서해 줄 수 있다. 우리가 용서받은 것은 그분의 사랑에 의한 것이다. 그분은 죽으심으로 우리의 죄를 대속하시고 용서하신 것이다. 우리가 사람을 용서한다는 것은 그의 죄를 우리가 감당할 만한 마음이 있어야 가능한 것이다. 하나님은 우리의 죄를 십자가에서 완전히 처리할 만큼 심각하게 다루시고 우리를 용서하신 것이다. 우리는 그러므로 하나님의 사랑을 받은 자들임을 기억해야 한다.

'하나님을 본받는다'고 할 때 여기서 본받는 것은 어떤 외적이고 객관적인 본받음을 의미하지 않다. 또한 그분의 신격을 본받는 것도 아니다. 우리는 그분의 전능하심이나 전지하심, 지극히 높으시고 경배받기에 합당하신 그분의 위격을 본받는 것이 아니라 그분의 속성들을 본받는다. 즉 그분의 사랑과 용서, 자비와 거룩 등을 본받는 것이다. 아들이 아버지의 어떤 위엄이나 능함을 전부 다 본받을 수 없겠지만 그럼에도 여전히 아들은 아버지의 좋은 점들을 본받아야 한다. '사랑을 입은 자녀같이'란 그런 뜻이다.

하나님의 자녀가 하나님 아버지를 닮는 일은 매우 중요한 일이다. 이러한 속성들을 우리는 객관적인 방식으로 본받을 수 없다. 따라서 이 본받음은 내적인 것이요 우리 속에 하나님의 영의 주입에 따른 것이다. 성령의 분배하심이다. 우리가 본받는 것은 하나님께서 어떠한 사랑을 갖고 계시는가를 알아서 '나도 그렇게 한 번 사랑해봐야지' 하는 외적인 본받음의 방식이 아니다. 그렇게 해서는 되지 않는다. 그러면 어떻게 그러한 사랑을 할 수 있는가? 하나님의 영의 분배하심이 필요하다. 그럼으로써 영으로 말미암아 본받게 되는 것이다. 그리스도인은 하나님의 거룩한 생명과 성품이 있기 때문에 그분을 닮지 않을 수 없다. 이는 자녀가 아버지를 본 받는 것이 다만 외적인 것이 아니라 내적인 유전인자 같은 것이 있어서 속으로부터 닮아가는 것이 있는 것과 같다.

우리는 하나님이 사랑이시라는 것을 안다. 그런데 우리가 그 사랑이신 하나님을 항상 영으로 접하지 않으면 그분의 사랑이 우리에게 주입되지 않는다. 그러므로 우리는 항상 하나님을 접하는 삶을 살아야 한다. 그럴 때 우리는 하나님의 사랑을 만지게 되며 그로써 하나님의 사랑을 본받게 된다. 참으로 우리는 하나님 아버지를 접촉하며 살아야 한다. '아바 아버지!' 하고 부르며 아버지의 사랑을 많이 느낄수록 좋다. 아버지는 우리를 얼마나 사랑하시는 분인지! 하나님과 더불어 시간을 보내지 않는다면 우리는 하나님을 닮을 수 없다. 기도하는데 시간을 보내고 성경을 공부하면서, 예배하면서 하나님과 시간을 보내야 한다. 그럴 때 우리는 하나님을 본받게 된다(mimetai).

2절, 그리스도께서 너희를 사랑하신 것같이 너희도 사랑 가운데서 행하라 그는 우리를 위하여 자신을 버리사 향기로운 제물과 생축으로 하나님께 드리셨느니라

1절에서 하나님을 본받는 문제를 말할 때 바울은 4장 마지막 절의 서로 용서하는 문제를 염두에 두고 있음을 알 수 있다. 불쌍히 여기며 용서하기를 하나님이 그리스도 안에서 너희를 용서하신 것같이 하라고 하셨다. 이것이 하나님을 본받으라고 한 동기가 된다. 그러면서 2절은 하나님이 너희를 사랑한 것같이 너희도 사랑 가운데서 행하라고 한다. 성도들은 하나님께서 우리를 사랑하신 것같이 그렇게 사랑해야 한다는 것이다. 오늘 성도들이 서로 사랑하지만 그 사랑은 이 표준에 이르지 못한다. 우리가 가져야 할 사랑은 우리 나름대로 그저 미워하지 않고 사랑하는 그런 게 아니다. 우리는 '-과 같이'라는 표준이 있다. 그 표준이 무엇인가? '그리스도께서 너희를 사랑하신 것같이'이다. 이처럼 그리스도인에게서 나오는 사랑은 아주 깊은 것이어야 한다. 그리고 그리스도인은 매사를 사랑 가운데서 행해야 한다.

"그는 우리를 위하여 자신을 버리사 향기로운 제물과 생축으로 하나님께 드리셨느니라". 결국 그리스도의 사랑은 어떠한 사랑인가? 우리를 위해 자신을 버린 사랑이다. 4장 마지막 절은 용서하는 사랑이고 5장 2절은 버리고 주는 사랑이다. 우리를 위해 하나님께 자신을 제물로 드린 사랑이다. 그분은 자신을 향기로운 제물과 생축으로 하나님께 드리셨다. 우리 그리스도인의 사랑은 어느 정도이어야 하는가? 우리 자신을 성도들을 위해 버리기까지 하는 것이다. 그것이 주님이 우리에게 말씀하시는 사랑이다. "그리스도께서 너희를 사랑하신 것같이". 그리스도께서 우리를 어떻게 사랑하셨는가? 자신을 버리사 향기로운 제물과 생축으로 하나님께 드리기까지 사랑하셨다.

사실 오늘 우리의 교회생활은 이러한 삶을 살 수 있는 기회이다. 수준이 상당히 높은 삶이다. 우리는 사람이 어떻게 이러한 삶을 살 수 있겠느냐고 말하지 말고 이러한 삶을 살 수 있다니 참으로 놀랍다고 하며 받아들여야 한다. 그런 삶이 가능하지 않다면 이런 말씀이 기록되지 않았을 것이다. 주 예수님이 우리를 위해 자신을 버리사 향기로운 제물과 생축으로 하나님께 드리셨으므로 그러한 사랑으로 우리도 서로 사랑하고 사랑 가운데서 행해야 한다.

주님이 자신을 하나님께 드리신 것은 향기로운 제물이 되었다. 만일 오늘 우리도 이와 같은 사랑의 삶을 산다면 우리도 향기롭게 될 것이다. 오늘날 왜 믿는이들에게 바울과 같은 사역의 향기가 없는가? 이러한 사랑의 삶을 살지 않기 때문이다. 하나님께서 우리에게서 가장 기뻐하시는 상태는 우리 자신을 제물로 드린 상태이다. 그러므로 로마서 12장에서는 이렇게 말한다. "내가 하나님의 모든 자비하심으로 너희를 권하노니 너희 몸을 하나님이 기뻐하시는 거룩한 산 제사로 드리라 이는 너희의 드릴 영적 예배니라"(1절). 하나님께서 가장 기뻐하시는 인간의 삶은 성도들을 사랑함으로 제물이 되는 삶을 사는 것이다.

나는 사도 바울이 그런 삶을 살았다고 생각한다. 사도 바울은 고린도 전서를 보든지 고린도 후서를 보든지 빌립보서를 보든지 온전히 성도들을 위한 제물의 삶을 살았다. 또 그는 말년에 그 자신을 제물로 드렸다. 빌립보서 2장에서 그는 "내가 나를 관제로 드릴지라도 나는 기뻐하고 너희 무리와 함께 기뻐하리니"(17절)라고 했다. 여기서 관제(drink offering)가 곧 제물이다. 사도 바울은 이처럼 제물이 되는 삶을 살았다. 그리고 최종적으로 순교의 제물이 되었다. 인생의 마지막에만 제물로 드려졌을 뿐 아니라 그의 삶 전체가 제물의 삶이었던 것이다.

우리 인간이 거듭나서 하나님의 자녀로서 사는데, 어떤 삶이 가장 아름다운 삶인가? 이와 같이 향기로운 제물이 되는 삶이다. 주님이 그렇게 사셨으므로 우리도 마땅히 그렇게 살아야 한다. 그것은 어떠한 삶인가? 성도들을 사랑하는 삶이다. 성도들을 위해서 사는 삶이다. 그런 삶이 온전히 드려진 삶, 제물이 되는 삶이다. 그러나 오늘날 많은 믿는 이들이 이렇게 제물이 되는 삶을 살지 않고 자기 중심적인 삶을 산다. 자기도 모르는 사이에 자아 중심적으로 일도하고 봉사도 한다. 그러니 결코 제물이라고 말할 수 없는 것이다. 제물이라면 자신을 위한 것이 없이 받으시는 분을 위하여 제단에 드려진 상태에 있어야 한다. 이것이 제물의 상태가 아니겠는가?

자신이 제물로 드려진 사람인가 그렇지 않은가는 쉽게 분간할 수 있다. 온 존재를, 온 일생을 드렸는가 드리지 않았는가에 달려 있다. 주님은 우리를 위하여 그렇게 하셨다. 우리를 위해서 자신을 주셨고 또 완전히 버리셨다. 여러분은 주님을 위해서, 교회를 위해서, 성도들을 위해서 자신을 버렸는가 아니면 아직도 자신을 붙잡고 있는가? 주님은 그분 자신을 우리에게 내어주시는 방식으로 사랑하신 것이다. 하나님은 다만 우리에게 모든 것을 주시는 방법으로만 사랑하신 것이 아니라 자신을 내어주신 것이다. 우리는 이를 본받아야 한다.

여기 지금 사역하고자 하시는 여러분은 어떤가? 자신이 사역하는 각 지역, 나라들의 성도들을 위해서 여러분은 정말로 자신을 버리고 제물로 드릴 수 있는 마음을 갖고 있는가? 그렇지 않고 자신은 그대로 보류한 채 그저 있는 것들을 조금씩 나눠주는 것일 뿐인가? 그렇다면 여러분은 아직 제물이 아니다. 다 드려진 것이 제물이다. 주님은 그렇게 우리를 섬기지 않으셨다. 주님은 살과 피와 모든 것을 완전히 우리에게 주셨다. 왜 그렇게 하셨는가? 우리를 사랑하셨기 때문이다. 그런데 우리 사람이 이런 삶을 살 수가 있다는 것이다. 이는 지상에서의 가장 아름다운 삶이다. 그래서 향기로운 제물이라고 했다. 이런 상태에 이른 것이 아니라면 진정한 사랑에 이르지 못한 것이다.

사도 바울은 고린도 후서 2장에서 자신들이 그리스도의 향기라고 했다. 우리는 오늘 이 땅에서 바울 사도의 일행처럼 향기로운 삶을 살 수 있다. 어떠한 때 그렇게 살 수 있는가? 성도들을 사랑하고 위해서 자신을 드리는 삶을 사는 것이다. 나는 우리 가운데서 이러한 삶을 사는 사람들이 많이 나오기 바란다. 우리의 사역도 바로 이러해야 한다.

또 생축이 있는데, 이것은 죽임당한 제물이다. 희생된 제물(sacrifice)이다. 우리는 주님께 예물로 드려진 존재가 되어야 할 뿐 아니라 또한 죽임을 당한, 희생당한 제물처럼 살아야 한다. 주님이 바로 그러한 분이시기에 그렇다. 왜 그렇게 되셨는가? 우리를 사랑하시기 때문이다. "그리스도께서 너희를 사랑하신 것같이 너희도 사랑 가운데서 행하라". 우리는 이렇게 우리에게 높은 인생을 살 수 있는 말씀을 주신 주님께 감사드린다.

3절, 음행과 온갖 더러운 것과 탐욕은 너희 중에서 그 이름이라도 부르지 말라 이는 성도의 마땅한 바니라

여기의 '성도'라는 말은 거룩한 무리라는 뜻이다. 천주교에서는 이 땅에서 진정으로 거룩한 삶을 살았다고 인정되는 사람에게만 '성도'(saint, 聖)라는 호칭을 붙여 주었다. 그러나 사실상 신약의 믿는 이들은 모두가 성도이다. 성도라는 말 자체가 분별된 무리, 거룩한 무리라는 뜻이다. 그러나 이름만 성도이고 생활에 거룩이 없어서는 안된다는 말이다. 이름이 성도이므로 마땅히 거룩한 삶이 있어야 한다.

성도들에게 합당치 않은 것이 있다. 첫째가 음행이다. 결혼 전에나 후에나 합당한 부부간의 행동이 아닌 모든 부도덕한 관계는 음행이다. 또 온갖 더러운 것이 있다. 순수하지 않은 것, 깨끗하지 않은 관계 등이 더러운 것이다. 영어로는 순결하지 못함(impurity)이다. 이 단어는 앞에서 언급한 성적인 범죄도 포함하는 것이다. 현대의 동성애와 같은 것이 더러운 것들 중에 하나이다.

탐욕은 욕심, 탐내는 것인데 자기가 취할 수 있는 합당한 것만 취하는 것이 아니라 자신이 취하기에 합당치 않은 것도 취하려 하는 것, 즉 자기에게 할당된 것이나 주어진 것이 아니고 자기가 취할 수 있는 것도 아닌데 그것을 취하려고 하는 것이 바로 탐욕이다. 음행, 더러운 것, 탐욕은 다 같은 부류의 것들이다. 여기의 탐욕은 특히 색욕과 관계되기 때문이다. 이방인만 음행이나 더러운 것이나 색욕에 노출된 것이 아니라 성도들도 내주하는 성령의 인도를 따라 살지 않고 육체의 욕심에 자신을 방임하여 살게 되면 똑같은 죄를 짓게 된다.

성도들은 이런 것들은 행하지 않아야 할 뿐 아니라 이름도 불러서는 안된다. 그런 것들을 생각 속에 두어서도 안 된다. 이름을 부른다는 것은 그것이 마음속에 있다는 것이다. 마음속에 있기 때문에 부르는 것이다. 마음속에 있기 때문에 입으로 나오는 것이다. 그러므로 이런 항목들은 그 이름이라도 불러서는 안 되는 것이다. 이것이 성도의 마땅한 바이다. 성도들은 거룩한 무리이다. 이런 모든 더러운 것들, 음행, 탐욕에서 분별된 사람들이 바로 성도들이다.

4절, 누추함과 어리석은 말이나 희롱의 말이 마땅치 아니하니 돌

이겨 감사하는 말을 하라

그리스도인은 어리석은 말과 추잡한 농담으로 귀한 하나님의 말씀을 싸구려로 전락시키는 일을 하지 말아야 한다. 이 세 가지(누추함, 어리석은 말, 희롱의 말)는 남에게 유익을 주지 않는 언사를 가리킨다. 누추함도 더러운 것을 말한다. 지저분하고 속된 것을 가리킨다. 저속한 형태의 농담을 일컫는다. 어리석은 말은 바보 같은 말이다. 어리석은 말은 헬라어로 '모롤로기아'인데 이는 고상하거나 칭찬할 수 있는 상황에서 웃음거리로 만드는 일이다. 오늘날 일부 개그맨들이 마땅히 칭찬해야 할 상황에서 어리석은 말과 행동으로써 웃음거리로 전락시키는 경우가 많이 있다. 또한 이러한 분위기가 대중들에게 까지 영향을 끼친다. 이러한 것들이 어리석은 말이다. 또 희롱의 말이 있다. 농담을 하는 것이다. 괜한 농담을 하는 것도 그리스도인에게는 마땅치 않은 행위이다. 희롱의 말은 실제로는 상스러운 말을 뜻한다. 그리스도인들이 세상 사람과 같이 농담 속에서 살지 말아야 한다. 더럽고 어리석고 희롱하는 말들을 하지 말고 돌이켜 감사하는 말을 하라고 했다. 그리스도인은 하나님께서 주시는 것을 생각하며 감사할 줄 알아야 한다. 우리는 사람들을 섬길 수 있음도 감사해야 한다. 우리에게 주신 은혜를 살피며 감사해야 한다.

우리는 다른 나라 언어에 비해서 '주님, 감사합니다' 하고 말하기가 쉽지 않은 언어 체계를 갖고 있는 것 같다. 말이 좀 길다. 그러나 우리는 이렇게 말하기를 배워야 한다. 이것이 성도의 마땅한 바이다. 듣기도 좋다. 앞으로 우리는 언어 문화를 바꾸기로 하자. 그리스도인들로서 그리스도인다운 말을 하기를 배우자. '주님, 감사합니다. 형제님, 감사합니다. 자매님, 감사합니다.' 이렇게 감사의 말을 많이 하는 것이 좋다. 희롱하는 말은 헬라어로 '유트라팔리아'이고 감사하는 말은 '유카리스티아'이다. 그리스도인의 말은 그리스도를 닮아 희롱의 말이 아닌 감사의 말이고 부끄러운 말이 아닌 주님의 영광을 위한 말이며 더러운 말이 아닌 주 예수 그리스도께 영광을 돌리는 말이어야 한다.

전에 무엇에든지 항상 감사하는 한 형제가 있었다. 그 형제는 탄광 광부인데 다른 동료들이 이 형제를 보면 그는 항상 '주님, 감사합니다' 하고 감사를 드리고 있었다. 그들은 점심을 싸가지고 와서 그 갱 속에서 먹고 일하는데 하루는 동료들이 그를 놀리느라고 도시락을 감추고서 그래도 그가 '주님, 감사합니다' 하는지 보려고 했다. 그는 도시락을 찾아도 보이지 않자 '주님, 감사합니다' 하고 집에 가서 점심을 먹고 오려고 밖으로 나갔다. 그리고서 점심을 먹고 돌아와 보니 갱이 무너져 있더라는 것이다.

나는 오늘 우리 모두에게 그리스도인으로서 합당한 언어와 합당한 문화와 합당한 표현이 있기를 바란다. 그것은 바로 감사하는 것이다. 그리스도인에게 농담, 희롱의 말은 합당치 않는다. 어리석은 말도 합당치 않다. 그런 말들은 우리가 할 말이 아니다. 우리는 도리어 감사하는 말을 해야 한다. 우리가 이왕 그리스도인이 되었으면 그리스도인다운 그리스도인이 되어야 한다. 서로 앉아서 늘상 다른 사람에 대해 욕하고 불평하고 비판하는 것은 정말 그리스도인답지 않은 것이다. 그리스도인은 성적인 부도덕과 순결하지 못함과 탐욕과 외설, 어리석은 말, 추잡한 농담 같은 것을 해서는 안되고 모든 착하고 의롭고 진실한 말을 해야 한다. 이것이 감사하는 말이라고 해도 된다.

5절, 너희도 이것을 정녕히 알거니와 음행하는 자나 더러운 자나 탐하는 자 곧 우상 숭배자는 다 그리스도와 하나님 나라에서 기업을 얻지 못하리니

앞에서 말했듯이 더러운 말을 하는 자가 곧 더러운 자이다. 그리고 어리석은 말을 하는 자가 곧 어리석은 자이며 음란한 말을 하는 자가 곧 음행하는 자이다. 또 탐하는 자, 우상숭배자는 바로 그런 것들을 말하는 사람이다. 어떤 것을 말하면 그는 바로 그러한 사람이라는 말이다. 그러므로 말을 주의해야 한다. 말은 더럽지만 속은 깨끗할 수 있는가? 그렇지 않다. 그래서 4절에서는 말하는 것을 언급하고 5절에서는 그러한 사람을 말한다.

여기서 탐하는 자가 곧 우상숭배자라고 했다. 우상숭배를 한다는 것은 하나님 외에 다른 것을 경배하고 다른 것을 추구하는 것이다. 그것이 바로 탐하는 것이다. 하나님만 사랑하고 하나님만 섬기고 하나님만 원해야 할 텐데 다른 것을 섬기고 다른 것에 경배하고 다른 것을 찾고 다른 것을 원하는 것이다. 예를 들어서, 한 남편에 한 아내가 있다. 그것으로 족하다. 그렇게 서로 사랑하며 살면서 하나님을 위하면 되는 것이다. 그런데 어느 날 이들이 각각 자기 배우자 아닌 다른 여자 혹은 다른 남자를 원할 때 그것이 바로 탐욕이다. 그것이 바로 우상숭배이다. 하나님께서 당신에게 주시지 않았는데 원하는 것이 욕심, 탐심이 아닌가? 탐하는 자와 우상 숭배자는 동일하다. 이 구절의 음행하는 자, 탐하는 자, 우상숭배자는 다 같은 계열에 있다. 이런 사람들은 다 그리스도와 하나님 나라에서 기업을 얻지 못한다. 하나님 나라에는 그런 자들에게 줄 분깃이 없다. 이 땅에서 하나님 외에 많은 다른 것들을 얻으려고 하는 자들, 곧 탐하는 자, 우상숭배자들에게는 그리스도와 하나님 나라에서 기업이 없다. 우리는 이 땅에서 다 잃더라도 그 기업을 얻어야 한다.

하나님 외에 더 사랑하는 것, 주님을 으뜸과 중심으로 삼아야 할 것을 다른 것으로 삼는 것은 다 우상숭배이다. 재물을 하나님보다 더 사랑하는 것이 우상숭배요 탐심일 뿐 아니라 자식이나 남편이나 아내를 주님보다 더 사랑하는 것도 일종의 우상숭배이다. 자신의 몸을 아끼는 것도 마찬가지이다. 하나님보다 더 두려워하는 것이 있다면 그것도 우상숭배이다. 어떤 사람이 죽음을 하나님보다 더 두려워한다면 그것 또한 우상숭배이다.

"너희도 이것을 정녕히 알거니와". 사실 우리는 이것을 다 알고 있다. 그런 자들이 되면 그날에 얻을 것이 없다는 것을 안다. 여기서 그리스도와 하나님의 나라란 장차 그리스도의 왕국을 말한다. 장래 천년왕국은 그리스도의 다스림 아래 있는 것이며 종말에 가서는 성부에게 바쳐진다(고전 15:24). 그러므로 이러한 왕국을 하나님의 것이라고도 할 수 있고 그리스도의 것이라고도 할 수 있다(이상근 주석. p. 121). 우리는 이에 대하여 경계를 소홀히 할 수 없다. 여러분은 이 말씀이 불신자들에게 주신 말씀이 아니라는 것에 인상을 크게 받아야 한다. 장래 음행하는 자나 탐하는 자 곧 우상숭배자에게는 천국의 기업이 없다는 것을 알아야 한다. 오! 어떠한 경계인지! 그러므로 사도는 '너희도 정녕히 알거니와'(ye know of a surety)

라는 말을 했다.

6절, 누구든지 헛된 말로 너희를 속이지 못하게 하라 이를 인하여 하나님의 진노가 불순종의 아들들에게 임하나니

헛된 말이란 진리가 아닌 말이다. 참되지 않은 말이다. 그런 말로 속임을 당하지 말라는 것이다. 오늘날 예수만 믿으면 구원을 받고 구원을 받았으면 천국에 가니 더 이상 아무 문제가 없다고 말하는 사람들이 많이 있다. 그러나 이 말씀은 에베소의 성도들에게 바울이 권하는 말이다. 이는 그들이 만일 음란한 행실과 무익한 말들을 주고받는다면 하나님의 진노가 있을 것이라고 했다. 이것이 참된 가르침이다. 어떤 사람은 구약을 보며 아브라함도 후처를 얻었지 않느냐, 야곱도 두 아내에다 두 여종까지 두었지 않느냐 하면서 자신의 음행하려는 마음과 욕심을 합리화시키려고 할 것이다. 그리고 그렇게 하고 싶어하는 사람의 담력을 키워준다. 그렇게 스스로 엉뚱하게 합리화한다고 해서 그게 간음이 아닌가? 그게 탐욕이 아닌가?

성경에서 장로가 되는 조건은 한 남편에 한 아내를 둔 자이다. 왜 장로가 될 수 있는 자격에 그런 조건이 부과되었는가? 그것은 자신을 통제할 수 없는 사람은 다른 사람을 돌볼 수 없기 때문이다. 특히 정욕에 있어서의 통제를 말하는 것이다. 그런 사람은 다른 사람을 다스릴 수 없다. 자신을 다스리지 못하는데 어떻게 성도들을 다스릴 수 있겠는가? 어떤 사람이 많은 헛된 말로 그러한 사람들의 행위를 정당화시킬지라도 그것은 다만 속이는 것이다. 하나님의 원래 정하심은 오직 한 남편에 한 아내이다. 이것이 하나님의 정하신 변개할 수 없는 법도이다. 다만 구약에서는 사람의 완악함을 인하여 어떤 것을 허락하셨을 뿐이다. 그러나 본래는 그렇지 않다. "이제 둘이 한 몸이니 하나님이 짝 지워 주신 것을 사람이 나눌 수 없느니라". 주님의 말씀은 명료하다.

"누구든지 헛된 말로 너희를 속이지 못하게 하라". 사탄이 거짓말, 헛된 말로 속삭이는 것을 듣지 말아야 한다. '한 번 정도 결혼을 더 하는 건 괜찮아' 하는 말을 듣지 말라. 그런 건 타락한 이 세상 풍조일 뿐이다. 유럽에 가보면 결혼과 이혼이 얼마나 많은지 완전히 혼란이다. 참으로 타락한 세대의 양상이다. 그건 절대로 하나님의 원하시는 바가 아니다. 즉 죄를 지어도 대충 괜찮다고 하는 말은 들어서는 안 될 거짓말이다. 물질주의 풍조와 가족과 자식중심의 신앙 등 탐심과 우상숭배를 정당화하는 가르침 또한 거짓말이고 헛된 말이요 속임수의 가르침이다.

"이를 인하여 하나님의 진노가 불순종의 아들들에게 임하나니". 여기에 '진노'라는 표현이 있다. 하나님의 진노가 있다는 것이다. '하나님의 진노가 불순종의 아들들에게 임하나니'. 하나님의 영과 진리를 불순종하는 것이다. 하나님의 뜻을 불순종하는 것이다. 우리는 기독교 속에 믿는이들에게는 하나님의 진노가 있을 수 없다는 가르침이 있다는 것을 안다. 그러나 이 말씀에 의하면 하나님의 진노가 있다. 이 부분의 말씀을 어찌 불신자들에게만 적용을 하겠는가? 이 부분의 말씀은 특별히 에베소 성도들에게 경고하는 말이다. 하나님은 강한 분이요 소멸하는 불이다. 우리는 하나님을 이길 수 없다. 하나님의 진노가 한 번 임하면 우리는 그 앞에서 살 수 없다. 그 징계가 너무 무서운 것이기 때문이다. 많은 그리스도인들이 하나님의 행정을 잘 모른다. 그저 주님을 믿으면 어떻게 행하든지 주님이 돌보아 주시고 축복하신다고만 생각한다. 그러나 이 말씀에 의하면 분명히 거듭난 교회 사람들이 하나님의 진노에 떨어질 수 있음을 알 수 있다.

하나님은 살아 계시고 인격이 있는 분이시다. 그분은 우리 마음을 감찰하신다. 그러므로 우리는 합당한 마음, 하나님을 사랑하고 경외하며 합당한 마음을 계속 지킬 줄 알아야 한다. 그러면서 그분을 따를 때 그분은 우리를 귀여워하시고 사랑하신다. 그리고 은혜를 베푸신다. 하나님과 이렇게 인격적인 관계를 가져야 한다.

7절, 그러므로 저희와 함께 참예하는 자 되지 말라

'저희'는 음행하는 자, 더러운 자, 탐하는 자, 우상숭배하는 자이다. 이런 사람들과 함께하지 말라는 것이다. 다만 그런 일을 하지 말라는 것이 아니라 그런 자들과 함께하지 말라는 것이다. 그렇기 때문에 그리스도인들은 반드시 분별을 할 줄 알아야 한다. 어떤 사람들과 함께하느냐는 너무나 중요한 일이다. 그리스도인들은 아무나 하고 연합하지 말아야 한다는 교훈을 잘 받아야 한다. 잘못하면 그들의 받을 징계를 함께 받게 된다. 내가 죄를 범하지 말아야 할 뿐 아니라 죄에 대한 추천과 상담과 동의와 은폐 등이 다 참여하는 행위이다. 우리가 다른 사람의 죄에 참여하였다면 그들이 장래 받을 징벌에도 참여할 것이다. 우리는 그들과 교제하는 대신에 그들을 꾸짖어야 한다. 우리가 만일 죄를 반대하지 않고 책망하지도 않고 참여하는 상태라면 우리는 큰 위험 가운데 우리를 놓는 것이다.

여러분은 롯의 이야기를 알 것이다. 아브라함과 함께 있을 때는 그래도 아브라함의 영향을 받아서 깨끗하게 살았다. 그런데 아브라함과 헤어져 소돔 근처에 살게 되자 소돔의 죄악의 물결이 그 가정에도 들어와 영향을 주었다. 결국 롯의 딸들이 범한 근친상간의 죄악도 그로 인한 것이다. 우리가 어떤 곳에 있는가, 어떤 사람들과 함께하는가는 매우 중요한 것이다. 우리는 우리 자신을 그렇게 신뢰할 수 없다. '나는 강하기 때문에 어디에 있든지 자신을 지킬 수 있다'라고 말하지 말라. 우리 모두는 약한 사람들이기에 자신을 지킬 수 있도록 분별됨이 필요한 것이다.

그러므로 디모데 후서 2장에서는 "주를 깨끗한 마음으로 부르는 자들과 함께…좇으라"고 했다. 그러한 자들과 함께 있을 때 우리는 보호를 받을 수 있다. '나에게 죄의 유혹을 이길 수 있는 힘은 부족해도 나는 주님을 사랑하는 자들이 누군지는 안다. 깨끗한 자들이 누군지는 안다. 나는 그러한 자들과 함께할 것이다. 그것이 나의 구원이 될 것이다' 하는 태도가 좋다. 주님을 사랑하는 성도들과 항상 함께하는 삶, 좀 어렵고 가난해도 그렇게 사는 게 좋다. 그럴 때 잠시 생각이 다른 데로 빗나갔다가도 다시 돌이키게 되곤 한다. 그러다 보면 시간이 지날 때 견고해진다.

8절, 너희가 전에는 어두움이더니 이제는 주 안에서 빛이라 빛의 자녀들처럼 행하라

우리가 주님을 믿기 전에는 흑암 속에 있었고 흑암의 권세 아래 있었다.

그러나 주님을 믿었을 때 우리는 어둠에서 빛으로 옮겨졌다. 사도행전 26장에서 바울은 이것을 간증했다. "그 눈을 뜨게 하여 어두움에서 빛으로 사단의 권세에서 하나님께로 돌아가게 하고 죄 사함과 나를 믿어 거룩케 된 무리 가운데서 기업을 얻게 하리라"(18절). 우리가 주 예수님을 믿었다는 것은 영역을 바꾼 것이다. 과거 우리가 믿기 전 우리는 어둠의 권세 아래 있었다. 우리가 믿음으로 그 영역을 포기하고 빛의 영역으로 돌아온 것이다. 그러나 이곳에서 바울이 말하는 바는 구원받아 들어온 빛의 영역을 말하는 것이 아니다. 주님을 믿고서도 얼마든지 어둠 속에 있을 수 있다. 여기서 '이제는'이란 사도의 말씀을 받아들인 때를 의미한다고 볼 수 있다. 거듭난 성도들이면서도 여전히 음란하고 탐욕적이며 그 말과 행동이 변화되지 않은 것은 어둠 가운데 있는 것이다. 이제 진리의 말씀을 받아 순종할 때 빛 가운데 있게 된다.

9절, 빛의 열매는 모든 착함과 의로움과 진실함에 있느니라

우리가 빛의 자녀라면 빛의 열매가 무엇인가? 열매란 삶의 표현을 말하는데 그것은 첫째로 모든 착함, 선함이다. 만일 우리가 진정으로 빛 가운데 있는 사람이라면 그 행함이 다 선할 것이다. 사도행전을 보면 바나바는 착한 사람이라고 했다(행 11:24).

예를 들어, 어려운 사람을 보면 동정하는 마음을 갖는 것이다. 이것도 선한 것이다. 또 어떤 사람이 욕할 때 맞받아서 욕하지 않고 도리어 그를 위해 기도하는 것도 선한 것이다. 우리는 그런 사람에게서 선한 것을 만질 수 있다. 어떤 사람이 돈 몇 푼 때문에 싸우고 언성을 높이고 하는 것을 보면 우리는 거기서 선한 것을 느낄 수 없다. 차라리 양보하고 잃는데서 선한 것을 볼 수 있다. 우리는 생활 가운데서 이런 일에 많이 부닥치게 된다. 자신은 손실을 입을지언정 다른 사람을 위해서 뭔가 희생하고 또 할 수 있는 대로 섬기려 하고 유익을 주려 하는 것도 선한 것이다.

신약 성경에는 믿는이들이 선해야 한다는 말씀이 많이 나온다. 그런데 어떤 형제 자매들은 말씀을 지나치게 해석하여 선(善)도 선악과에 속하고 악(惡)도 선악과에 속하니 선을 행하는 것도 악을 행하는 것도 다 무의미하다고 말했다. 물론 그리스도가 없는 선(善), 자신이 만들어낸 선(善)은 가치가 없다. 그러나 우리가 여기서 말하는 것은 그러한 것이 아니다. 그리스도로 말미암은, 주님의 영으로 말미암은 선을 말하는 것이다. 우리는 선한 사람이 되기를 힘써야 한다. 디모데 전서 6장에 '선한 사업에 부하라'는 말씀이 있다(18절). 또 성령의 열매에도 '양선'(良善)이 있다.

다음에 의(義)가 있다. 당신이 빛 가운데 행한다면 당신은 선할 것이고 또 의로울 것이다. 불의가 없을 것이다. 생활 가운데, 행동 가운데 불의가 없을 것이다. 남의 권리를 침해한다든가 금전 상 손실을 끼친다든가 하는 것도 불의한 것이다. 사람과의 관계성 안에서도 의로운 사람은 모든 것이 적합하고 합당하다. 의가 무엇인지 모르는 사람들은 개념이 없이 사람들을 만나고 사귀고 하는 것이다. 의로운 사람은 모든 일에 있어서 절제가 있고 합당하며 정당함을 고려하여 행동하는 사람이다. 이러한 사람이 빛 가운데 있는 사람이다.

그리고 진실함이 있다. 진리에 속하고 참된 것이다. 그리스도인들은 범사에 있어서 참되어야 하는데 특히 말에 있어서 그렇다. 어떤 사람들의 말을 들어 보면 항상 참되다는 것을 느낄 수 있다. 나는 그것을 영이라고 말하고 싶다. 정치적이라는 것은 어떤 것을 말하는가? 참된 것이 아니다. 속에 어떤 말, 어떤 느낌이 있는데 상황을 보니 그것을 그대로 말하면 사람들이 좋아하지 않을 것 같다. 그래서 그 상황에 맞추어서 다른 말을 함으로써 그 상황을 무마한다. 처신은 그런 대로 부드럽게 했고 사람들도 웃으면서 좋아했지만 사실 그것은 자기 속에 있는 것을 그대로 표현한 것이 아니다. 진실된 말이 아니라는 말이다. 이것은 참된 것이 아닌 것이요 빛 가운데 있는 것이 아니다.

빛 가운데 있는 사람들은 진정으로 자기 속에 있는 말을 한다. 참된 것을 말한다. 빛의 사람들은 참되다. 때로 형제들과 교제할 때 그들이 자기 속에 있는 참된 생명의 느낌을 말하면 고개가 숙여진다. 어떤 상황에서 참되게 말하기 어려울 때에도 여전히 참된 말을 하는 형제들이 있다. 그럴 때 또 고개가 숙여진다. '당신, 그리스도인의 삶을 참 잘 배웠다' 하는 느낌이 든다. 그런 사람들은 어디서든지 참된 것을 말한다. 의롭고 선하고 참된 이것이 빛 가운데 사는 사람들의 삶이다.

세상 사람들이 농담하고 더러운 말하는 데에 가서 분위기 따라 한 마디 끼어들고 하는 것은 참된 것이 아니다. 참된 그리스도인이라면 그런 말 하는 분위기에서 괴로울 것이고 그런 말 하는 데에서 한 마디 끼어드는 것은 더더욱 괴로울 것이다. 그런데 그러한 속의 생명의 느낌을 거스르면서 사람들의 기분을 맞추려고 하는 것은 참된 게 아니다. 그럴 때 바람 빠진 타이어처럼 속이 허하게 되고 기도하기조차 어렵게 된다. 이것은 그리스도인으로서 합당치 않다. 우리는 빛의 자녀이다. 따라서 빛의 자녀들로서 행하는 것을 배워야 한다. 도대체 성도들이 빛 가운데 산다는 표시는 무엇인가? 어둠 속에 살지 않는다는 표는 도대체 무엇인가? 그 답이 에베소서 5장에 있다. 성도가 빛 가운데 산다면 그의 말이나 행동이 선하고 의로우며 진실하다는 말이다. 사도 바울은 에베소서에서 그리스도의 몸인 교회를 계시하고 그 교회 사람들의 생활을 말한다. 그들의 생활은 사랑이어야 하고 빛이어야 한다. 즉 그들의 삶 속에 어두움이 없는 것이다. 그들의 말 속에 거짓이 없고 진실하며 참된 성분이 가득해야 한다. 그것이 그리스도의 몸 안에서 빛 가운데 사는 성도들의 삶이다.

앞에서는 사랑을 말하고 여기서는 빛을 말한다. 그리스도인은 사랑을 할 줄 알아야 하고 그리스도인은 빛 가운데 행해야 한다. 사랑과 빛 이것이 그리스도인에게 합당한 것이다. 이러한 삶이 우리를 그리스도의 신부요 배필로 만든다. 에베소서 5장은 그리스도의 신부를 말하고 있다(엡 5:26-27).

10절, 주께 기쁘시게 할 것이 무엇인가 시험하여 보라

또한 성도들이 빛 가운데 살고자 한다면 부주의하게 아무렇게나 행하고 말하고 일하고 살 것이 아니라 무엇이 주님을 기쁘시게 하는지 시험해 보아야 한다. 우리는 부주의하게 아무렇게나 행하고 말하고 일하고 살 것이 아니라 무엇이 주님을 기쁘시게 하는지 시험해 보아야 한다. 9절까지의 사랑과 빛의 삶이 하나님을 기쁘시게 하는 삶이다. 믿는 이들은 하나님 앞에서 자신의 행동과 삶을 하나하나 시험해 보는 기능이 있어야 한다. 이는 믿는이의 삶이 적극적인 면이 있어야 함을 의미한다. 만일 피동적으로 죄를 짓지 않고 살려한다면 이렇게 적극적으로 시험해 볼 필요가 없다. 하나님의 자녀들은 불순종하는 것도 죄이지만 응당 해야 할 일을 하지 않는 것 또한 죄라는 것을 알아야 한다. 그러므로 우리는 우리가 해야 할 것만 같은 일이나 혹 해야 하는데 못한 일을 두고 하나님께 물어야 한다. 하나님 앞에서 하나하나 점검해보는 것이다. '하나님, 나의 현재 상태를 기뻐하십니까? 주님 보시기에 사람들과의 관계는 어떻습니까? 저는 이 일을 해야 할 것 같은데 어떻습니까? 하나님께서도 좋으십니까?' 또 '주님, 제가 그에게 이렇게 말을 한다면 어떻습니까?' 하며 점검해보는 것이다. 왜 그렇게 하는가? 우리의 열망과 웅지와 뜻은 오직 한 가지, 하나님을 기쁘시게 하는 것이다. 어떻게 하든지 하나님을 기쁘시게 하고 싶은데 도대체 어떻게 해야 하는가?

어느 날 내게 주님을 섬길 기회가 왔다. 그런데 주님이 그 일을 해서 섬기는 것보다는 그 일을 하지 않고 제한받는 것이 좋겠다는 느낌을 주셨다. 그래서 나는 그 일을 하지 않았다. 우리는 사람들에게 말 한 마디 할 때에도 하나님을 기쁘시게 해야 한다. 이것이 다름 아닌 하나님께 충신이 되는 것이다. "이제 내가 사람들에게 좋게 하랴 하나님께 좋게 하랴 사람들에게 기쁨을 구하랴 내가 지금까지 사람의 기쁨을 구하는 것이었더면 그리스도의 종이 아니니라"(갈 1:10). 종들은 다른 것이 없다. 어찌하면 주인을 기쁘시게 할까 하는 것이다. 그러므로 우리는 다른 사람들에게 말하는 데 있어서 때로는 변명도 하고 확증도 하고 변론도 하지만 이것은 다 나의 하나님을 기쁘시게 하기 위한 것이 되어야 한다. 어떤 때 내가 무언가를 말하고 나면 하나님께서 기뻐하신다. 그러한 기쁨을 얻는 것이 우리의 가장 큰 소원이다. 우리 마음의 갈망이다. 그보다 더 큰 기쁨, 더 큰 만족이 어디 있는가? '내 하나님께서 기뻐하신다. 내가 이렇게 하는 것을 하나님께서 기뻐하신다. 내가 이렇게 말하는 것을 기뻐하신다.' 여기에 우리의 목표를 두고 행한다면 더 바랄 것이 없다.

11절, 너희는 열매 없는 어두움의 일에 참예하지 말고 도리어 책망하라

빛 가운데 살려면 어두움의 일이 무엇인지를 알고 그 가운데 끼거나 참예하지 말라는 말씀이다. 다만 어두운 일을 하지 말라는 것이 아니라 어두움의 일에 참여하지 말라는 것이다. 어떤 일들은 어두움의 일이다. 어두움의 일에 대하여는 참여할 것이 아니라 도리어 책망하라고 했다. 그러한 일을 드러내라는 것이다. 어떤 일이 어둠의 일인가는 쉽게 분별하기 어렵다. 음란한 일과 탐욕의 일들은 그래도 분별이 쉽다. 그러나 그것이 종교적인 것에 가려져 있으면 구분하기 어렵다. 그런데 여기서 '열매 없는'이라는 말을 참고하면 무엇이 어두움의 일인지를 알기가 쉽다. 어둠의 일은 열매가 없다.

예를 들어 주의 일을 한다, 진리를 위한다, 교회를 위한다 하지만 어떤 일은 전혀 열매가 없다. 영혼이 구원받는 일도 아니고 사람들이 주님께 얻어진 바 되는 것도 아니요 그저 세월만 보내고 힘만 쓰는 것이다. 많은 일이 있고 논의가 있고 회합이 있으며 말들도 있는데 열매가 없다. 겉으로는 주를 위한 것 같고 소위 주님을 위한 활동들이 많다. 그런데 딱 한 가지 오랜 세월 지나도 열매가 없는 것이다. 한 사람이라도 구원받았는가? 아니다. 한 사람이라도 진정으로 주님께 인도되었는가? 아니다. 그저 많은 활동만 있다. 이런 일들이 대부분 열매 없는 어둠의 일이다. 많은 그리스도인이 자신이 열매없는 일에 참여하고 있는 줄 알면서 그것 자체가 어두움이요 죄 속에 있음을 알지 못한다. 그리고 거기서 분별될 마음도 없이 세월만 보내게 되는데 이는 매우 탄식스러운 상황이다.

우리는 이렇게 시간을 낭비할 많은 인생이 없다. 그러기에 살펴보아야 한다. 한 번 뿐인 인생이기에 우리는 분별하여 어둠의 일에 참여하지 말고 도리어 책망하고 그런 영역에서 나와야 한다. 그러나 먼저는 자신을 책망해야 할 것이다. 복음에 열매 없는 자신을 먼저 책망해야 한다. 그리고 그런 열매 없는 일에서 자신을 분별해야 한다. '아이언사이드'는 여기의 '책망'이 우리의 '삶 자체'라고 해석하였는데 나도 그 견해에 동의한다. 그리스도인이 순결하고 거룩하며 그리스도인답고 경건하고 열매있는 삶을 살게 되면 자연히 우리 주위의 사람들에게 존재하는 악을 책망하기에 족한 것이다. 또한 진리를 드러냄으로 비 진리와 어두움을 밝히는 것 또한 책망의 범주에 속한다.

물론 이 절에서 말하는 열매는 복음의 열매만을 말하는 것은 아니다. 물론 주의 일의 열매를 포함한다. 특히 이 구절의 열매는 9절의 빛의 열매들을 말한다. 착함과 의로움과 진실함이다. 음행이나 온갖 더러운 일들, 누추함과 어리석은 말들은 그 반대적인 요소들이다. 즉 열매 없는 어두움의 일들이다. 그러나 우리의 체험에서 구체적인 열매를 생각해보지 않으면 우리의 일이 빛의 열매인지, 열매 없는 어두움의 일인지를 구분하기가 매우 어렵다. 적어도 빛의 열매인 착함과 의로움과 진실함은 구체적인 열매의 형태로 파악할 수 있다. 이를 테면 정말로 우리가 빛 가운데 행한다면 사람들에게 유익과 은혜와 감화를 끼칠 수 있다. 결과로 사람들은 우리의 착한 행실을 보고 하나님께 영광을 돌리게 된다(마 5:16). 그러나 사람들이 종교적인 이론이나 잘못된 교리에 빠지면 얼마든지 어두움의 일에 갇혀 있으면서도 자신들은 빛 가운데 있는 것이며 의롭고 진실하다고 착각할 수 있다는 것이다. 그러므로 여기서의 어두움의 일이란 광범위하게 적용되어야 한다고 생각한다.

12절, 저희의 은밀히 행하는 것들은 말하기도 부끄러움이라

사도 바울은 계속해서 어두움과 빛의 생활을 대조하며 비교하여 성도들의 빛 가운데서의 생활이 얼마나 중요한가를 말해준다. 어둠의 일이란 은밀히 행하는 일이다. 간단히 말해서 모든 사람이 알면 안 되는 일, 많은 사람에게 알려지면 부끄러운 일이다. 그러므로 많은 잘못된 이단들이 자신들의 비밀스런 교리는 공개적으로 나타내지 않는다. 자신들만 알고 쉬쉬하면서 공표하지 못한다. 그런 사람들의 속성이 은밀히 행하는 것이다. 많은 사람들이 그런데 속임을 당한다. 만일 어떤 단체가 참여해서는 안 될 곳인가를 알려면 그들에게 비밀스런 교리가 있는지를 보아야 할 것이다. 그들이 성경적인 근거를 가지고 있다 하더라도 담대하게 제시할 수 없고 은밀하게 사람들을 미혹하기 위하여 사용하는 교리들이 있다면 그것은 대부분 어둠이다. 그런 단체에 자기를 맡기면 결국 많은 세월을 속임당하게 된다. 그런 일들에 종사하는 것이 열매 없는 어두움의 일에 참여하는 것이다. 물론 사도 바울이 이 지점에서 말하고자 하는 것은 음란이라든가 탐욕을 품는 등, 우상숭배를 말하는 것이지만 종교적인 어두움의 일들은 더욱 은밀하게 감춰어 있다. 은밀히 행하는 종교적인 죄악들은 바리새적인 신앙에서 잘 볼 수 있다. 그들은 속의 교리가 따로 있고 겉으로 표방하는 것이 다르다. 따라서 그러한 교리는 간첩식의 신앙자들을 양산하는 것이다. 즉 담대하거나 공적이지 못하고 겉과 속이 다른 교활한 신앙인들이 되는 것이다. 이런 신앙이 다 어두움이라는 것을 알아야 한다.

13절, 그러나 책망을 받는 모든 것이 빛으로 나타나나니 나타나지는 것마다 빛이니라

사도 바울은 빛 가운데 사는 생활을 계속해서 강조하고 있다. 성도들이 빛 가운데 살려면 어두움의 일들은 책망해야 한다. 그럴 때 빛으로 나타나게 된다. 불의나 감추인 죄들을 책망하지 않고 그대로 두면 사람이 그 죄 속에 너무 오래 살게 된다. 종교적인 어두움도 드러내야 한다. 주 예수님은 마태복음 23장에서 7화를 말씀하시면서 종교적인 어두움을 드러내셨고 사도바울도 갈라디아서나 골로새서 등에서 종교적 어두움을 밝히 드러내었다. 책망을 받는 사람이 책망의 말을 받지 않는다 하더라도 그의 일들을 올바르게 책망했을 때 그의 양심에 어느 정도는 찔림을 받아 빛을 얻게 된다. 예를 들어서 어떤 사람이 남모르게 음란에 빠져 있다 할 때, 또는 부정하고 더러운 죄에 탐닉할 때 그것이 감춰어 있을 때는 그 죄가 활력이 있지만 일단 책망이 되면 모든 것이 빛으로 드러난다. 종교적으로도 마찬가지이다. 마귀는 사람을 속이는 천재이다. 따라서 그 거짓의 동굴 속에 많은 사람들을 가두어 어둠 속에 머물게 한다. 진리를 드러내는 것은 매우 중요한 일이다. 그러므로 우리는 빛과 진리를 가지고 사람들을 온유하고 정직한 영으로 책망하는 것도 배워야 한다. 그럴 때 많은 사람을 어둠에서 빛으로 옮기게 할 수 있다.

14절, 그러므로 이르시기를 잠자는 자여 깨어서 죽은 자들 가운데서 일어나라 그리스도께서 네게 비취시리라 하셨느니라

이 구절에서 잠자는 사람은 줄곧 어둠의 일 안에 빠져서 그 속에서 행하는 자이다. 죄 속에 사는 사람이다. 사람은 어두울 때 잠을 잔다. 어둠 속에서 은밀하게 부끄러운 일을 행하는 자들이 다 잠자는 자들이다. 잠자는 자는 곧 죽은 자라고 말한다. 은밀한 중에 죄를 짓고 있는 자들은 사실 죽은 자들이다. 하나님과 분리되어 영적 감각이 없는 것이다. 그러므로 이러한 자들은 주님의 음성을 들어야 한다. '잠자는 자여, 깨어서 죽은 자들 가운데서 일어나라!' 그럴 때 그리스도께서 그들에게 비취실 것이다. 하나님의 나라(왕국)는 빛의 왕국이요 어두움은 그 반대로 사탄의 왕국의 범위이다. 하나님은 우리를 어두움에서 불러내어 빛의 영역으로 옮기셨다. 우리는 마땅히 빛의 자녀로서 행해야 한다.

5장에서 말하는 정상적인 그리스도인들은 사랑 안에서 행하는 삶을 살아야 한다. 주님의 사랑, 우리를 위하여 자신을 버리시고 제물이 되신 사랑, 그 아름답고 깊은 사랑을 행하는 사람이 그리스도인이다. 또한 두 번째로 합당한 그리스도인들의 삶은 온전히 빛 가운데서 사는 사람들이다. 빛은 반드시 열매가 있고 그 열매는 모든 착함과 의로움과 진실함에 있다는 것이다. 그리스도인은 매사가 착하고 의롭고 진실한 사람들이어야 한다는 말이다.

5장 1- 14절까지

4장 17절부터 사도 바울은 그리스도인의 삶이 어떠해야 하는 것을 구체적으로 말한다. 그러나 그 삶의 표준은 어디까지나 예수 안에 있는 진리요 하나님 자신이다(하나님을 따라.. 의와 진리의 거룩함, 4:24). 옛 사람의 구습을 좇는 생활에서 가장 특징짓는 것은 거짓말과 분노, 도적질 등이다. 이러한 생활을 끊는 결론을 바울은 4장 32절에서 서로 인자하게 하며 불쌍히 여기며 서로 용서하기를 하나님이 그리스도 안에서 너희를 용서하심과 같이 하라고 결론 내린다. 그리고 나서 5장에 와서 사랑과 빛을 말한다. 성도의 삶은 하늘의 하나님의 형상의 투영이어야 한다. 이것이 다른 종교와의 큰 차이이다. 다른 종교는 그저 이 세상 수준에서의 높은 도덕적 표준을 말한다. 그러나 기독교는 그 표준이 하나님이다. 사람의 행위에 있어서 진리이신 그리스도에 미치지 못하는 것은 기독교의 표준이 아니다.

근원이신 하나님께 나아가면 사랑이 있고 빛이 있다. 그 사랑이 우리를 위하여 십자가에서 자신을 버리셨다. 우리가 형제를 사랑하고 이웃을 사랑한다고 할 때 그 표준은 그 근원에서 흘러나온 그리스도의 사랑이라는 말이다. 우리는 단순히 음행이나 우상숭배, 노함이나 훼방하는 것 등을 버리는 것이 아니라 그리스도께서 우리를 사랑하신 그 사랑으로 이웃을 사랑해야 한다. 또한 그저 어두움의 일을 버리는 것이 아니라 주 안의 빛 가운데 행하여야 한다. 이것은 우리 그리스도인의 삶의 표준이 하나님 자신이라는 것을 나타내 보여준다. 우리가 우리 안에 사시는 그리스도를 살아내는 것이 아니라면 제 아무리 훌륭한 인간적인 인자함과 용서함과 좋은 말들도 하나님의 자녀의 거룩한 표준에 미치지 못하는 것이다. 그 표준은 예수 안에 있는 진리요 근원이신 하나님 안에 있는 사랑과 빛이다!

그러나 그 사랑과 빛의 생활은 구체적 열매로 증명이 된다. 아무 결과가 없고 역사가 없는 신앙은 조사해보아야 하고 그 속에 어두움이 없는지 알아보아야 한다. 외적으로 어떤 죄나 악이 없는 것 같아도 아무 열매가 없는 생활은 그 속에 죄악과 불의가 들어있는 것이다. 그것을 알 수 있게 해주는 것이 빛이요 진리이다. 방 안에 먼지가 없는 것 같아도 햇빛이 문틈을 통해 들어오면 그 많은 먼지들이 드러나는 것과 같다.

15절, 그런즉 너희가 어떻게 행할 것을 자세히 주의하여 지혜 없는 자같이 말고 오직 지혜 있는 자같이 하여

따라서 그리스도인이 빛 가운데서 살고, 하나님의 자녀로서 하나님을 기쁘시게 행하려면 무엇이든지 함부로 또 대충 행하지 말고 자세히 주의해야 한다. 2장부터 치면 에베소서에서 '행하라'는 말씀은 모두 일곱 번이다. 5장 1절부터 14절까지에서 우리는 그리스도인으로서 하나님을 본받고 그리스도 예수와 같이 모든 것을 사랑 가운데서 행하라는 가르침을 받았다. 또 우리는 빛의 아들이므로 모든 것을 빛 가운데서 행하라는 가르침을 받았다. 많은 사람들이 아직도 어둠 가운데서 어둠의 일을 행하면서 생활하고 있다. 그러나 우리는 열매 없는 어둠의 일에 참여하지 말아야 하고 그러한 은밀한 일들에서 구원을 받아야 하며 잠자지 말고 깨어나야 하라고 말씀한다.

이제 15절부터는 옛 사람과 어두움의 삶을 버리고 새 사람으로서 정당한 그리스도인의 삶을 살도록 가르치고 있다. "그런즉 너희가 어떻게 행할 것을 자세히 주의하여". 우리는 범사를 생각나는 대로 함부로 부주의하게 행할 것이 아니라 한 가지 한 가지를 어떻게 해야 할 것인지 자세히 주의해야 한다. 그리스도인들은 무엇이든지 함부로 행해서는 안 된다. 모든 행함이 다 주의 깊은 방식으로 행해져야 한다. 우리의 행함 가운데 대부분 잘못된 일과 실패와 실수들은 주의 깊게 행하지 않은데서 나온다. 조금 더 깊이 생각하고 자세히 생각했더라면 그렇게 실수하지 않았을 것이다. 대부분 우리의 잘못된 판단은 성급하고 자아를 중심으로 한데서 나오기 때문이다. 더 깊이 생각하고 기도하며 특히 남을 위해서 고려했다면 행동과 말이 다르게 나왔을 것이다. 많은 일들과 자신의 인격을 낮추는 많은 일들이 성급하게 행하므로 일어나는 것이다.

여기서 자세히 주의하라는 말은 어떤 위험한 장소를 걸어가는 것 같이 주위를 둘러보는 것을 의미한다. 이쪽에는 함정이 있으며 저쪽에는 수렁이 있으며 사면에 덫이 있다. 그러므로 어떻게 디딜지를 계속 살펴야 한다. 이것이 자세히 주의하여 걷는 것이다. 이 세상에는 온갖 유혹과 악한 영향력이 가득하다. 당신의 발 주위에는 함정이 가득하다. 발을 내딛는 곳을 유의해야 한다. 사귀는 친구를 조심해야 한다. 어떤 모임에서든지 행동을 신중히 해야 한다. 어리석은 자들처럼 아무렇게나 행동하지 말아야 한다.

"자세히 주의하여 지혜 없는 자같이 말고". 지식과 지혜는 다르다. 지식을 연구하고 연마하면 얻을 수 있는 것이지만 지혜는 그 얻은 지식을 적용하고 사용하는 묘미를 아는 것이다. 사도 바울은 지혜를 말하면서 시간을 사용하는 문제를 말한다. 16절에서 세월을 아끼라는 말이 그것이다. 반드시 지혜 있는 자가 따로 있는 것이 아니다. 한 사람이 지혜있게 행할 수도 있고 지혜없이 어리석은 방식으로 행할 때가 있다. 물론 사람 중에는 지혜가 있는 자도 있고 지혜가 없는 자도 있다. 그렇지만 우리가 신중하고 자세히 주의해서 생활한다면 지혜를 가질 수 있다. 어떤 차이가 있게 되는가? 첫째로는 시간을 사용하는 것에서 차이가 난다. 우리가 일상생활 가운데서나 많은 일들을 할 때 자세히 주의하지 않고 함부로 한다면 첫째로는 많은 시간들이 무익하게 흘러가게 되는 것이다.

16절, 세월을 아끼라 때가 악하니라

성경적인 신앙에서 시간의 중요성은 아무리 강조해도 지나치지 않다. 성경의 신앙은 역사적인 신앙이므로 시간을 따라서 역사하시는 주님을 알아야만 한다. 구약 시대의 종교들은 해나 달이나 바람 비 혹은 계절 등을 최고의 신으로 여겨 숭배했다. 오늘날도 불교라든가 하는 종교는 윤회설을 말한다. 그러한 구약의 종교들은 불교와 같이 시간의 중요성이 없다. 그야말로 그들은 직선이 아니라 원인 것이다. 그들은 새로운 달이나 추수에서 시작하여 그 다음 달이나 추수까지 이어지는 주기적인 순환적 흐름만 있을 뿐이지 역사는 진정한 의미가 없다.

그러나 성경은 역사적인 흐름을 갖고 있는 체계이다. 하나님이 세상을 창조하실 때부터 역사는 시작되었다. 하나님이 아브라함을 부르셨을 때 역사와 시간 속에서 성취되어야 할 약속을 주신 것이다. 하나님은 그로 하여금 큰 민족을 이루겠다고 하시며 네 이름을 창대케 하시겠다고 하셨다. 구약 성서의 많은 말씀들은 이 약속을 성취하는 과정들을 그린 것이다. 예수 그리스도의 성육신은 이렇게 시간적인 의미를 갖고 있다. "때가 차매 하나님이 그 아들을 보내사 여자에게서 나게 하시고"와 같은 말씀은 매우 중요하다. 주님은 이땅에 오셨을 때 사람들에게 "너희가 천기는 분별할 줄 알면서 시대의 표적은 분별할 수 없느냐"고 하셨다. 하나님과 동역하는 사람들은 시대를 알아서 섬기는 것을 배워야 한다. 당신이 바울 시대에 태어났다면 사역하는 방식이 그러해야 하고 루터 시대에 태어났다면 하는 일이 조금 다른 것이다. 이는 그 시대마다 하나님이 하시는 일이 다르기 때문이다. 물론 하나님은 하시는 일의 본질을 같다. 그러나 그 방식과 하시는 일의 양상은 매우 다르게 나타나는 것이다.

우리는 바리새인들이나 율법사들에 대하여 조금 생각해 볼 것이 있다. 그들은 시대를 잘못 본 면이 있다. 나는 그들이 주님 오시기 전에 올바르게 주님을 섬겼다고 말하는 것이 아니다. 시대적으로 본다면 주님이 오셨을 때 경륜이 바뀐 것을 이해하지 못한 것이다. 모세가 인도하던 시대의 이스라엘 백성들이 하나님을 경외하는 방식과 때가 차매 아들이 육신을 입고 오셨을 때의 방식은 전혀 다른 것인데 이는 다 시간적인 것과 관련이 있는 것이다. 요한의 제자들과 주 예수의 제자들을 생각해보자! 불과 육 개월 차이로 하나님의 하시는 일에 변화가 발생했다. 요한을 따르던 제자들은 "보라 내가 말한 것은 다 이 사람에 대한 것이라"는 요한의 선포를 들었을 때 주 예수께 갔어야 한다. 그러나 그들 중 몇은 아직도 요한에게 머물렀으며 주 예수의 사역에 대하여 시기하는 마음을 가졌다(요 3:22-30 참조).

이것은 무엇인가? 시대적인 하나님의 움직임을 예민하게 파악하지 못하고 과거에 매달리는 위험성을 말하고 있다. 그들이 몇 달 전에 요한에게 침례를 받으며 그의 사역을 돕는 것은 옳았지만 지금은 요한이 선포한 바로 그분이 그들 앞에 있었다. 그러므로 요한이나 베드로처럼 그들도 주 예수께 가야 했으나 그들은 가지 않고 세례 요한이 목 베어 죽임을 당할 때까지 그와 함께 했다. 실상 사울의 아들 요나단이 다윗을 사랑하였지만(그의 사랑은 본받을 만하다), 그의 경륜적인 행동은 본받을 만하지 않다. 그는 응당 다윗과 함께 하여 하나님의 기뻐하시는 이스라엘을 건국하는데 힘써야 했다. 그러나 그는 다윗을 사랑하기는 했지만 그와 함께 하지 못하고 그 육신의 아버지와 함께 있다가 함께 죽임을 당했다. 이런 모든 예들은 시대적인 주님의 사역에 동참하지 않는 자들의 어리석음을 말해주며 경고하고 있다.

과거에 하던 정통적인 방식이 반드시 옳지 않게 되는 것이 여기에 그 이유가 있다. 당신이 만일 오십 년 전이나 백 년 전에 하나님이 역사한 놀라운 방식을 주장하여 변화된 주님의 역사를 순종하지 못한다면 큰 손실을 보게 되는 것이다. 하나님은 목적과 뜻을 가지시고 시간 속에서 역사하시는 하나님이시다. 나는 수년 전 이탈리아의 귀한 사역자의 기도 속에서 '주여, 우리로 앞으로 나아가게 하여 주옵소서'라고 하는 기도를 들었을 때 매우 신선하게 들렸던 기억이 있다. 그렇다. 하나님의 역사는 목표를 두고 앞을 향해 나아가는 역사를 하시는 분이다. 그러므로 진부하게 옛날에 하던 것을 또 하고 또 하는 식의 사역이나 봉사는 경륜적이고 시대적인 하나님의 역사에 맞지 않는다. 이는 구약의 우상들이나 사신들처럼 목적없이 반복적이고 되풀이되는 일들이다.

여기서 세월이라는 말을 헬라어로 표현한 단어는 '카이로스'인데 이 단어는 연대기적인 시간의 흐름을 말하는 '크로노스'라는 단어와 다르다. 여기의 카이로스는 특별한 의미가 있거나 호감을 갖게 되는 순간을 언급하는 말이라서 '기회'라고 번역할 수도 있는 단어이다. 즉 여기서 세월을 아끼라는 말은 '기회를 붙잡으라'는 뜻으로 번역할 수도 있다. 이 단어는 사도행전 24장 25절에서 벨릭스가 바울의 가르침을 받고 "내가 틈이 있으면 너를 부르리라"고 할 때 사용된 단어이다. 이는 또한 그리스도의 초림에 대하여 사용했다. "자기 속에 계신 그리스도의 영이 그 받으실 고난과 후에 얻으실 영광을 미리 증거하여 어느 시 어떠한 때를 지시하는지 상고하니라"(벧전 1:11). 이 구절에서 '어느 시'의 '시'라는 단어에 사용된 것이다. 이는 특별한 기회나 시점을 말하는데 사용된 단어이다. 마태복음 26장 18절에서 "내 때가 가까웠으니 내 제자들과 함께 유월절을 네 집에서 지키겠다 하시더라"고 하실 때도 사용하신 단어가 '카이로스'이다. 시간의 매순간을 종말적이거나 가장 의미있는 것으로 사용하는 지혜를 가져야 한다. 하나님이 그분의 역사를 시간 속에서 행하신다는 것을 안다면 당신은 좀 더 정신을 차리게 될 것이다. 어떤 사람은 그저 복음을 전하고 교회를 세우고 하는 것이 이 천 년 내에 반복적으로 시행되는 작업처럼 여긴다. 그런 사람들은 하나님과 동역할 수 있는 사람이 아니다. 하나님은 시간을 두고 시간 속에서 역사하시는 하나님이다. 그러므로 그분의 모든 행하시는 일이 역사가 되는 것이다. 그분은 지금 이 시대도 새로운 역사를 행하고 계시다. 그분의 역사는 목표를 향하여 직선으로 전진하고 있는 것이다. 당신이 만일 역사성이 있게 모든 것을 행하시는 하나님임을 안다면 당신의 섬김이 달라져야 함을 알 것이다.

그분은 한 단계 한 단계 역사하신다. 이것은 창세기 1장에서부터 그러하다. 그분은 첫째 날에 빛이 있으라 하시고 둘째 날에 궁창을 지으사 궁창 위의 물과 아래 물을 나누셨다. 그분은 이렇게 엿새 동안 순차적으로 역사를 진행하신 것이다. 그분은 율법 시대를 두고 역사하시다가 때가 차매 아들을 보내시고 은혜 시대를 여셨다. 이제 어느 시점이 도달할 때 은혜의 문은 닫히고 다시 공의의 시대로 회귀하실 것이다. 이는 다 때를 가지고 역사하시는 하나님의 역사하시는 원칙이다. 그분은 전 역사를 이렇게 행하실 뿐 아니라 인간의 개인의 역사도 이렇게 행하신다. 바울을 보라! 그는 다메섹에서 부르심을 받은 뒤 한 발 한 발 주님을 순종하며 따라갔는데 그 발걸음을 주님이 인도하셨다. 그 발걸음은 온 땅에 교회를 세우기 위한 발걸음이요 그에게 주신 사역을 마치기 위함이었고 하나님이 그에게 주신 말씀을 완성하게 하기 위함이었다. 그가 달릴 길을 다 마쳤을 때 그는 주님께로 갈 준비를 한 것이다(딤후 4장).

세월을 아낀다는 말은 '세월을 구속한다'는 뜻이 있다(redeeming the time, 스코필드 관주성경). 지혜 있는 자는 첫째로 세월을 아끼는 사람이다. 세월은 그냥 두면 마냥 지나간다. 그러므로 지혜자는 시간을 구속해 내야 한다. 마치 흘러가는 시간을 돈 주고 사는 것과 같다. 시간에 대하여 어떤 관념이 없는 사람은 흘러가는 시간을 구속하려는 마음이 없을 것이다. 시간을 귀하게 여겨 아끼는 사람이 지혜로운 사람이다. 우리의 일평생은 제한되어 있다. 그런데 부주의하게 아무렇게나 행하는 사람은 시간을 낭비하는 사람이다. 또한 여기서 세월(time)이란 말은 원문을 볼 때 '기회'로 번역할 수 있다. 주님을 잘 섬기는 사람은 기회를 붙잡고 구속할 줄 아는 사람이다. 주님을 섬길 기회, 복음을 전할 기회, 교회를 세울 기회, 선을 행할 수 있는 기회, 옥합을 깨뜨릴 기회는 늘 있는 것이 아니다. 따라서 주님을 잘 섬기는 지혜로운 자들은 기회를 잘 붙잡아 섬기는 자들인 것이다.

세월을 아껴야 하는 이유는 때가 악하기 때문이다. 이 시대에는 악한 흐름이 흐르고 있다. 패역하고 거역하고 부패한 흐름이다. 많은 사람이 하나님을 거스르고 불순종하고 있다. 그리고 권위에 순종하지 않는다. 비뚤어졌다. 그것이 부패한 사람, 타락한 사람의 특징이다. 거역하고 비뚤어지고 교만하고 또 더럽고 악한 흐름이 이 세대에 흐르고 있다. 그러한 흐름이 강물같이, 혹은 홍수처럼 흐르는 세대이기 때문에 사도는 때가 악하다고 했다. 자칫하면 그러한 흐름에 흘러 떠내려가 속임을 당하여 시간을 낭비하고 헛된 세월을 보내게 되기 때문에 사도 바울은 세월을 아끼라고 한 것이다.

우리가 비 진리를 좇고 육체로 당을 지어 행하며 사람들과 원수를 맺고 자신을 옳다 하며 많은 일을 하고 있다면 이는 악한 흐름을 좇는 것이며 인생의 귀한 시간을 낭비하는 것이다. 참된 믿음과 회개, 성령과 진리를 따라 행하지 않는 삶은 다 낭비하는 세월이다. 오늘 날 많은 그리스도인들조차 이 세대가 이렇게 악한 것인 줄 모르는 사람들이 많이 있다. 성경만이 이 세대가 악한 것이고 때가 악한 것이라고 정의한다. 이것은 매우 놀라운 말씀이 아닐 수 없다. 어떻게 성경은 그렇게 단적으로 정의할 수 있나? 그것은 이 세상의 임금이 마귀이고 이 세상은 이미 악한 자에게 처하였기 때문이다(요일 5:19). 사도는 이 세상을 사랑하지 말라고 말한다.

지혜가 있는 사람은 세월을 아끼는 사람이다. 마태복음 25장에는 지혜로운 처녀와 어리석은 처녀가 나온다. 지혜로운 처녀들은 등에 기름을 예비하였고 어리석은 처녀들은 때에 기름을 준비하지 못했다. 지혜로운 처녀와 어리석은 처녀의 차이가 무엇인가? 기름을 준비했는가 준비하지 못했는가가 아니다. 그들은 결국 기름을 다 준비했다. 그러나 지혜로운 자들은 세월을 아껴서 준비했고 어리석은 자들은 나중 주님이 오셨을 때 사러 갔다. 그러므로 '때'의 문제가 있다. 기회는 항상 있는 것이 아니라는 말이다. 기름을 준비하기 위해서는 중요한 한 가지가 있는데 그것은 바로 세월을 아끼는 것이다.

17절, 그러므로 어리석은 자가 되지 말고 오직 주의 뜻이 무엇인가 이해하라

하나님은 우리 인생들이 어리석은 자가 되어 후회할 인생을 사는 것을 기뻐하지 않으신다. 우리는 어떻게 살 것인지 어떻게 살아야 하는지를 자세히 주의하며 생각하며 살아나가야 한다. 우리가 어리석은 길을 벗어나는 방법은 시간을 아끼는 것이 그 하나이고 주의 뜻이 무엇인지를 이해하는 것이 또 하나이다. 이 두 가지는 서로 맞물려 있어야 한다. 주의 뜻이 아니라고 할 때는 하던 일도 멈출 수 있기 때문이다. 우리는 성경에 계시하신 하나님의 말씀을 깨닫는데 시간을 보내야 한다. 우리는 성경을 읽을 뿐 아니라 깊이 고려하고 묵상하는 태도를 가져야 한다. 또한 많은 역사와 시행착오 등을 보아야 하며 교회의 역사도 볼 수 있어야 한다. 여기서 바울은 지혜를 말하며 우리에게 주신 시간을 최상의 것으로 만드는 것을 말하고 있다. 그러려면 우리가 주의 뜻을 따라 무엇을 해야 하는가를 잘 깨달아야 하는 것이다. 오늘 바로 이 순간 우리는 무엇을 해야 하는가? 이것이 주의 뜻을 좇아 주님과 동역하는 길이다.

나는 많은 그리스도인 친구들이 있다. 유감스럽게도 많은 친구들이 내가 보기에는 시간을 엄청 낭비하고 있다. 그들은 여전히 일을 하고 있고 스스로 주를 위해 하는 것이라고 하지만 내가 보기에는 그것은 영원한 하나님의 뜻과 그분의 경륜과는 아무 관계가 없는 일이다. 그런 것은 해도 안해도 별 차이가 없는 일이다. 어떤 사람은 오히려 하나님의 역사와 반대의 일을 하느라고 시간을 보내는 것도 보았다. 그런 사람도 자신은 하나님을 위해 노력한다고 생각한다. 그러나 내가 보기에 시간과 체력을 낭비하여 주의 일을 막고 심지어 주의 신령한 역사를 방해하고 있는 것이다. 이는 다 주의 뜻이 무엇인지 모르기 때문에 일어나는 현상이다.

정상적인 판단력과 이해력이 부족한 사람을 어리석은 사람이라고 한다. 어떤 상황이 닥쳤을 때 그 상황을 이해하는 것은 사람마다 다르다. 어리석은 사람은 그 상황에 대한 이해력이 없는 사람이다. 사람이 주관적이고 자아 중심적이게 되면 이해력이 떨어지게 된다. 객관적이 될수록 좋다. 열려져 있는 마음이 매우 필요하다. 다른 사람의 견해와 관점에도 귀를 귀울일 줄 알아야 한다. 그러면서도 자신의 판단과 이해력을 키워나가야 한다. 거기에 자세히 주의하는 태도는 이해력을 더욱 갖게 해준다. 사람이 하나님의 뜻을 이해할 수 있다는 것이 크나큰 특권이다. 사람이 하나님의 뜻을 행하려 한다면 그 뜻을 알 수 있다(요 7:17). 하나님의 뜻을 이해하기 위해 사람들은 신비로운 체험이나 꿈이나 즉흥적인 느낌을 의뢰하는데 이는 매우 위험한 일이다. 가장 건전한 방법은 성경을 연구하는 길이요 기도하는 길이다. 이는 하나님의 성품과 교훈이 다른 곳이 아니라 오직 성경에 계시하고 있기 때문이다. 어리석은 사람은 자세히 주의하여 행하지 않고 세월을 낭비하는 사람이다. 그러므로 주님의 뜻을 하나 하나 이행하려면 그는 시간을 절약해야 하고 주님의 뜻을 이해해야 한다. 또 한 가지 한 가지 일을 자세히 주의해서 행해야 한다.

18절, 술 취하지 말라 이는 방탕한 것이니 오직 성령의 충만을 받으라

사람들은 다 기쁨을 갖고 싶어하고 활력 있게 살고 싶어하며 모든 괴로움을 잊어버리려고 한다. 그래서 술을 마신다. 그런데 이 구절에서 술 취하는 것과 성령의 충만함을 받는 것을 대비시킨 것으로 보아 성령으로 충만된 상태는 술 취한 것과 많이 비슷하다는 것을 알 수 있다. 오순절 날에도 성령의 충만함을 받은 사람들은 유대인들에게서 '새 술에 취하였다'는 말을 들었다. 그러므로 육신적으로 자신을 기쁘게 하려고 술을 마시는 것과 영적으로 성령으로 충만되어 기뻐하는 것은 대비될 수 있다.

그리스도인이 왜 메마르고 괴롭고 맛이 없는 생활을 하는가? 술이 없어서 그렇다. 요한복음 2장의 가나 혼인잔치에는 포도주가 있었는데 중도에 바닥이 났다. 왜 혼인잔치에서 사람들은 포도주를 마시는가? 마시고 즐거워하기 위해서이다. 그래서 혼인잔치에는 반드시 포도주, 즉 술이 필요한 것이다. 그리스도인 생활에서도 우리가 즐거움을 누리려면 반드시 성령으로 충만되어야 한다. 성령으로 충만될 때 주님의 뜻이 무엇인지 이해할 수 있다.

성령 충만은 성령 침례와 다르다. 성령 침례는 우리가 거듭날 때 얻는 것이다. 우리는 믿음으로 성령 침례를 받은 것이다. 이는 그리스도와 연합하고 모든 그리스도인과 연합하여 하나가 되게 하는 일이다. 그러므로 성령의 침례는 촉구해야 할 일이 아니다. 이미 믿은 자에게는 일어난 일이다. 그러나 그 성령 침례가 무엇인가를 가르칠 필요가 없다는 뜻은 아니다. 그것은 잘 가르쳐져야 한다. 성령 충만은 성령을 받은 후에도 계속 충만되어야 할 필요를 말하는 것이다. 이는 방언을 한다든지 하는 특별한 은사를 받는 것을 의미하는 것은 아니다. 이는 우리가 늘 성령의 통제와 인도를 받기 위해 필요한 것이다. 성령께서는 우리를 인도하시고 우리의 생각과 태도와 말과 모든 행동에서 그분의 인도와 통제를 받기 원하신다. 세상 술을 마시면 그 술의 기운에 의해서 모든 말과 행동이 지배되듯이 성령의 충만한 결과도 마찬가지로 그분에 의해 인도와 통제를 받으며 사는 것이다.

우리는 아가서에서 주님을 사랑하는 자가 처음에는 준마였는데(바로의 준마는 힘이 좋다. 또 달리는 속도가 빠르다) 과정을 거친 뒤에는 그녀가 비둘기에 비유된다. 비둘기는 힘은 약하지만 총명하다. 쉽게 뭔가를 알 수 있다. 사람들의 발자국 소리도 쉽게 알아들을 수 있다. 어떤 상황을 빨리 알아채고 어떻게 처신할 줄을 안다. 말은 달릴 줄만 알지 어떤 상황에서 어떻게 해야 할 줄은 잘 모른다. 말을 탄 사람들이 말을 재갈먹이고 어거해야만이 말은 움직일 수 있다. 그러나 비둘기는 그렇게 하지 않아도 날아갈 때 날아가고 앉을 때 앉고 한다. 이 비둘기는 성경에서 성령에 비유된다. 예수님이 침례를 받으실 때 성령이 임하셨는데 비둘기같이 임하셨다고 했다. 그래서 준마 같은 믿는이는 열심도 있고 힘도 있고 일도 많이 하는데 이해력이 부족하다. 이에 반해 비둘기같은 믿는 이들은 힘은 별로 없어도 이해력이 좋다. 물론 이것은 믿는 이들의 하나의 과정이기도 하다. 어쨌든 성령으로 충만한 사람들의 특징은 주님의 뜻을 이해할 수 있다는 것이다. 하나님께서 꼭 천둥과 번개로 가르쳐주시지 않아도, 큰 환경이나 고난을 주어서 깨닫게 하시지 않아도, 또 많은 사람들이 곁에서 책망하고 바로 잡는 말을 하지 않아도 속에서 하나님의 뜻을 알 수 있는 것이다. 이것이 바로 성령 충만의 결과이다.

나는 많은 나라들을 다니면서 많은 믿는이들을 만나는데 성령으로 충만한 삶을 사는 그리스도인들도 보게 된다. 기묘하게도 그들에게는 지혜가 있다. 무엇을 해서는 안 되고 무엇은 해야 하고 어떤 말은 어리석은 것이고 어떤 말은 누추한 것이고 어떤 일은 그리스도인 신분에 맞지 않은 것이고 하는 것들을 잘 안다. 조금 지나쳤다는 것도 알고 그렇게 하지 말았어야 했다는 것도 안다. 이 모든 것들이 성령 충만의 결과이다.

이 구절에서는 성령의 충만을 받으라고 말했다. 성령은 이미 부어지셨기 때문에 우리가 성령의 충만을 받으면 된다. 어떤 사람들은 그게 무슨 소리냐고 할 것이다. 성령을 보내달라, 성령을 부어달라고 기도해야 하지 않느냐고 말한다. 또 많은 사람들이 그렇게 기도한다. 그런데 사도 바울의 말은 '성령 충만을 받으라'는 것이다. 그러므로 성령은 이미 부어지신 것이다. 다만 문제는 우리가 받아들이지 않는데 있다. 그러므로 사도는 '성령은 이미 부어졌으니 너희는 이제 너희를 비우고 성령의 충만을 받으라'고 말하는 것이다(be filled with the spirit). 영어로 수동명령형이다. 명령형이기 때문에 능동적인 성질이 들어 있다. 즉 우리 편에서 받아야 할 책임이 있다. 주어졌기에 우리 편에서는 받기만 하면 된다. 받기 위해서는 비워야 한다. 왜냐하면 우리가 다른 많은 것들로 채워져 있기 때문이다. 자신의 의견, 관념, 지식, 옳다는 것 등으로 채워져 있다. 또는 원망, 고집, 속상함, 원통함, 복수심, 증오심 같은 것들로 채워져 있다. 그리고서 마개로 막아놓은 것이다. 우리 마음이 그와 같다. 심슨(A.B. Simpson)이 쓴 찬송 중에 '자아 생명 뽑어내야 성령으로 충만 돼…내어 쉬고 들이마셔…' 하는 구절이 있다.

자신의 많은 무익한 느낌들, 좋지 않은 느낌들을 간직하지 않고 비우는 것을 배워야 한다. 그런데 사람은 다 자기를 사랑하고 자기 소유를 사랑하고 자기 것들을 사랑한다. 그것이 건강한 것이 아니고 진리가 아니고 주 예수님 자신이 아님에도 불구하고 자기가 가지고 있는 것을 나쁘게 생각하지 않고 오히려 귀하게 여겨 붙잡고 있다. 사람들이 이단적인 단체에 있다 나왔는데도 그곳에서 받은 피해를 유익한 것으로 치부하고 싶어하는 것도 같은 심리라고 본다. 이 때문에 근본적으로 비울 수가 없는 것이다. 그러나 주님께 가까이 나아가 지속적으로 간구하고 깊이 주님과 교제한다면 주님은 우리의 모든 소극적인 것들을 비우게 해주실 것이다.

예를 들어, 어떤 자매가 5년 동안, 혹은 10년 동안 누군가에게 지속적으로 괴로움을 당했다 하자. 괴로움을 당할 때 참고 고통당한 그 심정이 있다. 그런데 그런 심정을 소중히 여겨 간직하고 있다가 그 부분만 만지면 나온다. 때로 우리 마음을 그러한 주님 자신 외의 것들이 차지하고 있다. 이 모든 것들이 주님이 아닐진대, 자신이 귀하게 생각했고 유익하게 생각했고 소중하게 여겼던 것들을 기꺼이 내려놓고 버리고서 주님의 성결하심과 참되심과 의로우심과 빛 되심을 받아들여야 하지 않겠는가? 주님의 사랑, 주님의 은혜를 받아야 하지 않겠는가? 그것이 진정으로 주님을 사랑하는 것이다. 자신보다 주님을 더 사랑하는 것이다.

또 어떤 사람들은 교회생활 안에서 지체들에게 받은 상처를 갖고 있다. 또 친구들에게, 직장 동료들에게, 그 외의 많은 사람들에게 받은 상처를 갖고 있다. 그로 인한 원망, 원통함, 외로움 등을 마치 그런 것이 그리스도인 양 붙잡고 있다. 그런 것도 그리스도가 아니다. 하나님은 더 높은 곳에 계신다. 그분은 거룩하시고 영화로우신 분이다. 우리가 만일 하나님의 영광을 보았다면 이런 땅에 속한 우리의 낮은 감정이나 느낌들을 다 제하고 싶어할 것이다. 여러분은 대충 '나는 내 마음을 다 비웠다' 하고 고백할지 모르겠다. 그러나 이렇게 한 가지 한 가지 점검하다 보면 여러분에게 아직도 비워야 할 게 많다는 것을 알게 된다. 거기에다 나름대로 쌓은 지식과 관념, 편견, 자신이 좋다고 여기는 것, 이 모든 것들을 내려놓지 않는다. 그리고서 성령으로 충만케 되기를 원한다. 그렇지만 비우지 않는다면 충만케 될 수 없다.

5장 앞 부분에 음행과 더러운 것과 탐욕과 어리석은 말, 희롱의 말, 누추한 말에 대한 언급이 있다. 이런 죄악들이 비워져야 성령으로 충만된다. 나는 여러분 진정으로 성령으로 충만되기를 바란다. 실상은 주님으로 충만된 것이 성령으로 충만된 것이다. 또한 말씀으로 충만된 것이 성령으로 충만된 것이다. 당신은 주님과 말씀과 성령을 분리하지 못한다는 것을 알 것이다. 그렇다면 당신의 마음 속에 주님에 대한 사랑과 관심으로 가득하다면 그것이 곧 성령으로 가득한 것이 아니겠는가? 당신의 마음이 주의 말씀으로 충만하고 적셔져 있으며 감상으로 충만하다면 성령으로 충만한 것이 아니겠는가?

어쩌면 오늘 성령 충만에 관하여 많은 그리스도인들의 문제는 성령의 귀하심을 모르는 데 있는 것 같다. 성령은 주님 자신이신데 성령의 귀함을 모르는 것이다. 그래서 채우려고 하지 않고 여전히 자기 것을 가지고 있는 것이다. 이 성령의 충만은 성령의 인치심과 구분이 되어야 한다(1:13). 인치심은 복음의 말씀을 듣고 믿을 때 단번에 얻는 것이라면, 충만은 믿고 인치심을 받은 후에도 계속적으로 충만함을 받아야 하는 것을 말한다.

또한 성령 충만은 기쁨의 충만이다. 성령이 우리 안에 충만하는 것이 반드시 외적인 증거나 놀라울 만한 표적을 갖는 것은 아니다. 당신이 하나님 말씀에 순종하게 될 때 성령은 충만하게 될 것이며 기쁨이 충만하게 될 것이다. 여러분이 성령을 모시면 성령이 여러분을 위해 역사하심을 믿기 바란다. 그분은 당신을 기쁨이 넘치게 할 것이며 범사를 아버지의 뜻대로 인도하실 것이다.

성령의 충만은 골로새서 3장에 볼 때 말씀의 충만이다. 그리스도의 말씀을 풍성히 갖는 것이 성령 충만의 비결인 것이다. 우리가 만일 하나님의 말씀에 반하는 행동을 한다면 당신은 하나님께 죄를 자백해야 한다. 그리고 그 말씀에 순종한다면 성령이 충만될 것이다. 성령 충만한 것은 이상스럽고 괴기스러운 것이 아니고 다만 성경의 말씀을 순종하는 정상적인 그리스도인의 삶인 것이다.

19절, 시와 찬미와 신령한 노래들로 서로 화답하며 너희의 마음으로 주께 노래하며 찬송하며

그리스도인에게 있어서 가장 좋은 것은 부정적이고 소극적인 말이 없어지고 그 대신 입술에 찬양이 넘치는 것이다. 술을 많이 마신 사람 입에서는 노래가 많이 나온다. 취했기 때문이다. 마찬가지로 성령으로 충만된 사람의 특징은 시(詩)가 많다는 것이다. 시와 찬미와 신령한 노래가 있게 된다. 나의 체험을 보더라도 시와 노래가 많을 때가 성령으로 충만되었을 때이다. 그런데 과거를 추적해보면 '주여, 제게 성령을 부어주시옵소서' 하고 기도했을 때보다 내가 하나님 손에서 파쇄되었을 때 더욱 시와 찬미가 많이 나온다. 그러므로 '주여, 제게 부어주시옵소서' 하고 기도하는 것보다 환경에서 부서지고 깨어지며 주님 손에 순종하는 것이 충만 되는데 더 효과적이었다. 이럴 때 자동적으로 비워지게 되기 때문이다. 우리가 비워지기만 한다면 주님이 채워주시는 것에는 문제가 없다. 문제는 자신이 비워지지 않은 것이다. 또한 19절의 시와 찬미와 신령한 노래를 부름이 18절의 성령 충만의 비결이라고 해석할 수도 있다. 늘 시와 찬미와 신령한 노래를 부르게 되면 성령을 충만하게 된다.

내가 미국에 다녀오면서 지은 '주님을 따름'(Following the Lord)이라는 찬송을 요즈음 젊은 형제들이 좋아하고 잘 부른다. '나는 거칠고 심히 둔한데 나의 주 예수 부르셨네 영광의 주님 섬기라시며 나 같은 죄인 부르셨네 …' 나는 이 찬송을 돌아오는 비행기 안에서 썼는데 그 전날 밤 나와 내 아내는 거의 잠을 이루지 못했다. 내 인생에서 가장 영적으로 큰 문제가 그때 전환적으로 결정되는 날이었다. 너무 마음이 아프고 슬프고 괴로웠다. 그런데 바로 그때 이런 찬송이 나온 것이다.

내가 예전에 내 아들 때문에 지은 '예수 내 친구'라는 찬송도 며칠 간 밤잠을 설치면서 가장 속을 끓일 때 지은 것이다. 그때 내 심정이 얼마나 답답했는지 이루 말로 다 할 수 없었다. 나는 그때 완전히 깨지고 부서졌다. 그 이튿날 아침 사무실에 나와 기도하고 책상에 앉았는데 그 찬송시가 나왔다. 그러므로 문제는 사람이 얼마나 부서지고 비워졌는가에 있다. 그럴 때 주님으로 채워지게 된다.

여기서 말한 시(psalms)는 시편의 시(詩)들과 같다. 구약의 시편은 다윗이 쓴 것이 많다. 다윗은 노래하는 사람이다(삼하 23:1). 그런데 다윗의 일생을 보면 파쇄되는 일생이다. 십자가 아래서 비워지는 일생이다. 다윗이

시를 쓴 것을 보면 왕이 되어서 상을 잘 차려놓고 먹고 마시고 누리면서 쓴 것을 보기 어렵다. 그는 유난히 고난이 많은 사람이었다. 그는 그 많은 고난 중에 주님을 가까이 했다. 아비멜렉 앞에서 미친 체하다가 쫓겨나서 지은 시라든가 사울을 피하여 굴 속에 숨어서 지은 시라든가 압살롬을 피하여 도망가면서 지은 시 등 어려운 상황에서 쓴 시가 많다. 심지어 죄를 짓고 회개하면서 시를 썼다. 그는 선지자의 책망을 받고 회개하며 애통한 심령으로 시를 지은 것이다. 그의 이런 환경들은 그가 철저히 비워지고 낮아지고 부서지도록 만들었던 것이다.

이 구절에서 성령 충만을 받으라고 했는데, 어떻게 하면 성령 충만을 받는가? 비워질 때 받는 것이다. 하나님의 손에 있고 하나님의 길을 걸어가면 주님은 우리에게 십자가를 주실 것이고 곤경을 주실 것이다. 그러한 환경을 달게 받을 때 우리는 비워질 것이다. 그럴 때 우리는 성령의 충만을 받게 될 것이다. 그러므로 성령 충만을 받는 것까지도 우리의 노력이나 우리가 뭔가를 하는 것에 달린 것 같지 않다. 다만 주님의 길을 성실하게 가며 순종하는 자들에게 주어지는 복인 것이다(행5:32).

다윗은 많은 시를 악기에 맞추어 썼다. 오늘날에 우리가 기타에 맞추어, 혹은 피아노에 맞추어 노래하듯이 당시에도 수금 등에 맞추어 시를 노래했다. 우리는 어떤 상황에서 알맞은 때에 우리 속에서 우러나는 시를 악기와 더불어서 주님께 노래할 수 있다.

그리고 찬미(hymns)가 있다. 신약 성경에 사가랴나 엘리사벳이나 마리아가 어떤 하나님의 역사를 보고 찬미하는 것이 있다(눅 1:46-55,67-79). 또 구약에도 홍해를 건넌 이스라엘이 어린 양의 찬미를 불렀던 것이 있다(출 15:1-18). 가나안 왕 야빈을 이긴 드보라와 바락의 노래가 있다(삿 5:1-31). 이렇게 하나님의 역사가 있을 때, 기이한 그분의 역사를 감상할 때 찬미가 있게 된다. 또 성령의 기묘한 역사가 있을 때 찬미가 있게 된다. 엘리사벳이나 사가랴가 찬미한 것을 보면 구구절절이 문자이다. 말씀이 너무나 풍성한 사람들이기 때문에 영감이 떠올라서 입만 열면 문자들이 쏟아지는 것이다. 그런데 이방인인 우리는 평소에 저장된 것이 많이 없으니까 느낌은 있는데 말로 표현하기가 어렵다. 구변이 풍부하지 않다. 그렇다 하더라도 부족하나마 우리도 여전히 찬미를 드려야 한다.

또 영적인 노래(spiritual songs)가 있다. 노래를 말할 때 우리는 구약의 '아가서'를 생각할 수 있다. 원제는 '노래 중의 노래'(song of songs)이다. '내 맘에 한 노래 있어…'라는 찬송도 있다. 성령이 충만한 사람은 노래가 있는 사람이다. 우리가 영적으로 돕는 한 가정이 있었다. 원래부터 음악을 하는 가정이다. 그러나 교회생활이 문제가 생긴 후부터 그들의 입에 찬양이 사라졌다는 것이다. 하지만 다시 주님의 긍휼로 그들의 입에 찬양이 회복되었다. 원래 노래를 잘하는데다 찬양이 회복되고 나니 우리 모두에게도 은혜가 되고 있다. 오늘날 많은 그리스도인들이 '나는 너무 메말라 있습니다. 답답합니다' 하는 것을 종종 듣는데 그것은 다른 말로 바꾸어 말하면 그 속에 노래가 없다는 것이다. 답답하고 메마른 그리스도인은 노래를 잃어버린 그리스도인이다. 그러나 하나님이 원하시는, 그리고 정상적으로 길을 가고 성령으로 충만한 믿는이의 특징은 노래가 있는 것이다. 성령이 충만한 그리스도인들은 정상적으로 이러한 노래들로 서로 화답하는 것이다.

오늘 우리는 초기 교회의 그리스도인들과 너무 다른 생활을 하고 있는 듯하다. 그들은 속에 이러한 노래가 있고 찬미가 있어서 서로 화답했다. 그런데 오늘 어떤 그리스도인들은 서로 좋지 않은 상면으로 인해 상처 받을까봐 조심스러워한다. 받는 은혜는 너무 조금이고 마음 상함이 크다. 그러니 마음 놓고 사람을 만나기가 어렵다. '이 사람이 오늘 또 무슨 화약 소리와 냄새를 풍길까? 기분 나쁜 소리나 한 마디 듣지는 않을까? 그에게 상처받고 싶지 않은데…' 하는 심정이 있기 때문이다. 가슴에 풍선을 하나 들고 있는데 사방에 날카로운 가시를 가진 사람들이 둘러 서 있는 것처럼 느껴진다. 사람을 대하는 것이 편안하지가 않고 너무 조심스럽기만 하다. 이것은 결국 성령 충만이 없기 때문이다.

그러나 정상적인 그리스도인 생활은 서로 찬미로 화답해야 한다. 시(詩)로 화답해야 한다. 신령한 노래로 화답해야 한다. 오늘 우리 그리스도인들이 정상적인 수준에서 너무 내려온 것 같다. 우리 마음에는 노래가 있어야 한다. 나는 우리 동역자 형제자매들에게도 이 말을 하고 싶다. 어떤 것이 우리 노래를 빼앗아 갈 수 있는가? 너무 일을 많이 하는 것도 우리 노래를 빼앗아 가는 요소이다.

나는 지금도 어렸을 때 아버지가 내 손을 붙잡고 들녁을 거닐면서 휘파람을 부시던 것이 생각난다. 그것은 그때 아버지께서 어느 정도 한가하셨다는 것이다. 그래서 노래도 나오고 휘파람도 나오는 것이다. 그렇지만 나는 아버지나 어머니께서 괭이질을 하고 땀을 흘리면서 휘파람을 부는 것은 들은 적이 없다. 그럴 때는 노래나 휘파람이 나오지 않는다. 이렇듯 너무 일하는 데 빠져도 노래가 없어진다. 조용히 주님과 함께 거하는 것이야 말로 얼마나 기쁜 일인지! 그렇다고 해서 가만히 움직이지 않고 있는 것이 최상이라는 말이 아니다. 일을 하든 무엇을 하든 다 주님과 함께 하는 것이다.

또 노래는 마음으로 주님께 하는 것이다. 우리는 주님께 노래하는 것을 많이 배워야 한다. 많은 찬송들이 서로를 향한다. 서로의 누림만을 위하는 것이다. 찬양 중에 사람을 향한 것이 있을 수는 있지만 더욱 귀한 것은 주님 자신을 향한 것이다.

> 나는 거칠고 심히 둔한데 나의 주 예수 부르셨네
> 영광의 주님 섬기라시며 나 같은 죄인 부르셨네…
> 사랑의 주님 긍휼의 주님 자격 없는 자 예 있으니
> 버리지 마시고 긍휼히 여겨 끝까지 따르게 하옵소서.

나의 이러한 찬송은 주님을 향한 것이다. 또 '예수'라는 찬송이 있다. '예수 향기로운 이름 아름다우며 사랑스런 이름…내 마음에 하나밖에 없는 이름.' 이 찬송 또한 주님을 향한 것이다. 찬송은 마음으로 해야 하며 주님께 해야 한다.

20절, 범사에 우리 주 예수 그리스도의 이름으로 항상 아버지 하나님께 감사하며

다시 말하지만 찬송하는 생활과 감사하는 생활은 언제나 함께 있어야 한다. 우리 입에는 찬송이 많아야 하고 감사가 많아야 한다. 범사에 감사하라고 했다. 감사를 하기 위해서도 역시 성령이 충만해야 한다. 성령이 충만해야 많은 일에서 합당한 이해력도 있게 되고 따라서 감사도 있게 된다.

사실 우리는 범사에 감사하는 습관이 되어 있지 않다. 범사란 모든 일을 다 포함한다. 사람은 일반적으로 기쁠 때, 좋은 일이 있을 때는 감사하는 마음이 드는데 때로 황망하고 당혹스러운 일이 벌어질 때는 감사가 나오지 않는다. 그러나 하나님 아버지께서는 우리 믿는이들이 어떤 일에서나 마음에서부터 감사하는 삶을 사는 것을 기뻐하신다. 찬송과 감사가 있는 삶을 사는 것이다. 이런 삶을 산다면 우리 그리스도인의 생활이 바뀔 것이다. 성령이 충만하다면 감사하게 되어 있다. 감사하는 그리스도인은 성령 충만한 그리스도인이다. 감사는 사람에게만이 아니라 그 대상이 아버지 하나님인 것이다.

당신에게는 감사할 수 없는 많은 일이 있다고 말할 것이다. 그러나 많은 힘든 과정을 통해서 당신은 유익을 얻었을 것이다. 그러므로 어떤 상황도 감사하지 못할 상황이 없다. 아버지는 어쩌면 불필요한 가지를 잘라버리기 위해서 어떤 슬프고 어려운 일들을 통과하게 하신 것이다. 그날이 되면 우리는 왜 우리에게 그런 일들이 있었는지를 알게 될 것이고 '아 그것은 감사할 일이었구나'할 것이다. 오늘 여러분이 여러 형편에 도달했을 때 감사하는 것은 오직 믿음이 있으므로이다. 또한 이렇게 감사하는 말을 하는 것이 성령이 충만한 상태인 것이다.

21절, 그리스도를 경외함으로 피차 복종하라

성령으로 충만하면 찬송이 있고 감사가 있고 또 복종이 있게 된다. '성령 충만, 찬송, 감사, 복종'은 연결된 단어들이다. 복종하는 것은 그리스도를 경외함으로 피차 복종하는 것이다. 교회에서 연약한 지체일지라도 주님의 귀한 지체인고로 존중해야 하고 그들의 말도 존중받아야 마땅하다. 성도들의 해야 할 바는 언제나 다른 사람을 나보다 낫게 여기고 존경하기를 먼저 해야 한다. 이러한 삶을 가능하게 하는 길은 성령이 충만한 것이다. 성령 충만하면 겸손하게 되고 서로 복종하게 된다. 피차 복종하는 생활이 없으면 몸의 생활은 없다. 지체들의 특징은 머리이신 그리스도께 복종하는 것이요 서로 서로 복종하는 것이 특징이다. 몸의 지체 중에 머리에 복종이 되지 않거나 피차간에 복종이 되지 않는 것은 불구나 병에 걸린 경우이다. 오늘 날 피차 복종하는 그리스도인들을 보기가 어렵다. 교회에서 어떤 지위를 갖고 있으면 낮은 자들에게 복종하지 않는다. 우린 피차 형제 자매요 성도요 지체이니 서로 간에 복종이 있어야 하는 것이다. 이것이 이루어지지 않는 것은 몸의 생활에서 합당치 않은 것이요 신약의 성도로서 표준에 미치지 못하는 생활이다.

에베소서를 읽고 몸을 보지 못하면 말씀을 헛되이 읽은 것이다. 우리는 거듭나 하나님의 자녀가 되었을 뿐 아니라 그리스도의 몸의 지체가 된 것을 깨달아야 한다. 거듭난 그리스도인이 자녀의 생명이 있어서 아버지를 알 듯이 그리스도의 몸을 본 성도들은 몸의 감각을 지닌다. 그리고 지체로서 다른 지체들과 존중하고 서로 복종하며 동역하며 연락하고 상합한다. 아직도 개인주의적 신앙을 갖고 교회의 집회만 왔다 갔다 하는 사람은 그리스도인의 생활에서 큰 결함이 있는 사람이다. 그리스도인은 하나님 앞에 개인적인 생활만이 아니라 몸의 지체로서 단체적인 생활이 있어야 한다. 각각 받은 직분대로 몸을 위해 섬기는 생활이 없다면 그는 신약의 성도로서 큰 결함이 있다. 그 지체로서의 삶의 가장 기본적인 배움과 실행은 "피차 복종하는 것"이다.

22절, 아내들이여 자기 남편에게 복종하기를 주께 하듯 하라

그리스도인으로서 복종하는 생활은 기본적으로 가정에서부터 이루어진다. 그리스도인 생활은 가정에서 아내가 자기 남편에게 복종하는 것이다. 성경에서 가정생활을 훈계함에 있어서 언제나 아내에게 먼저 한다는 것은 의미가 있다. 먼저 교훈을 들어야 할 대상이 아내라는 말이다. 이는 가정에서 권위가 어디까지나 남편이기 때문이다. 남편이 머리이고 아내가 몸과 같다. 그러니 아내가 먼저 바로잡히는 것이 필요하다.

어떻게 말하면 가장 실제적인 교회생활이 이루어지는 곳이 가정이다. 또 어떻게 말하면 가장 복종하기 어려운 관계가 아내와 남편이다. 다시 말하면, 아내의 복종이 잘 이루어지는가를 보려면 남편에게 복종하는 것을 보면 된다. 남편 이외의 모든 사람에게 복종을 잘 해도 남편에게 잘 복종하지 못한다면 그런 자매는 점수를 많이 받을 수 없다. 자매는 먼저 자기 남편에게 복종하는 것부터 배워야 한다. 그래서 '당신 자신의 남편에게'(to your own husband)라고 한 것이다. 다른 사람이 아니라 바로 자기 자신의 남편인 것이다. 이것이 첫 번째 관문이다. 남편에게 거스르는 자매는 결국 복종치 않는 사람이다. 아내가 남편보다 못하여서 순종하는 것이 아니다. 주님은 여인을 존중하셔서 순종하는 위치에 두신 것이다. 그리스도는 하나님같이 크시지만 아버지께 기꺼이 복종하셨다(빌 2:6-8, 히 5:8). 둘째로 이 구절에서 유의해야 할 말은 '주께 하듯' 복종하라는 말씀이다. 사라는 아브라함을 주라 칭하면서 복종했다(벧전 3:6). 이것은 오늘날의 거역적이고 불신하는 세대와는 완전히 다른 것이다. 우리는 교회 안에서 무너진 하나님의 진리를 세우는 길을 걸어가야 한다. 자매들은 이 세대를 본받을 것이 아니라 마땅히 자기 남편을 '주께 하듯' 순종해야 한다.

23절, 이는 남편이 아내의 머리됨이 그리스도께서 교회의 머리됨과 같음이니 그가 친히 몸의 구주시니라

이는 아내가 남편을 '주께 하듯' 순종해야 하는 이유를 말한다. 이는 남편의 머리됨이 그리스도께서 교회의 머리됨과 같다는 것이다. 그리스도께서 교회의 머리인 것은 가정에서 남편이 아내의 머리인 것과 같음이니 아내는 남편을 주께 하듯 순종해야 옳다는 말이다. 몸의 구주이신 주님이 교회의 머리가 되셨다. 그래서 교회는 그리스도께 복종한다. 남편과 아내의 관계는 그리스도와 교회의 관계와 같다. 그렇다고 해서 남편이 아내를 위하여 죽은 구주는 아니다. 그 부분은 그리스도와 교회에만 해당된다. 다만 그 관계가 그리스도와 교회와 같다는 것이다.

디모데 전서 2장은 왜 여자들이 남자를 주관해서는 안되는가를 말한다. 이는 아담이 먼저 지음을 받고 이와가 후며 아담이 꾀임을 보지 아니하고 여자가 꾀임을 보아 죄에 빠졌기 때문이라고 한다. 성경이 아니면 정확하게 남자와 여자의 관계성을 정의할 만한 권위 있는 책이 없다. 여자는 일절 순종함으로 종용히 배우라고 하였다. 고린도 전서 11장은 각 남자의 머리는 그리스도요 여자의 머리는 남자요 그리스도의 머리는 하나님이라고 하여 하나님의 행정의 질서를 분명하게 세운다. 본질에 있어서 하나님과 그리스도는 하나이요 동등이지만 그분의 역사와 행정에 있어서 아들은 아버지를 머리 삼은 것이다. 그러므로 아들은 아버지께 순종하여 성육신하셨으며 십자가로 가셨다. 물론 여자와 남자는 인격적인 면에서 동일하고 동등하다. 그러나 질서와 행정에 있어서 하나님의 세우심은 남자가 여자의 머리인 것이다. 이를 부정하는 것은 하나님이 세우신 행정의 질서를 받아들이지 않는 것이다. 이 구절에서는 남자와 여자의 문제를 다루는 것이 아니라 남편과 아내의 관계를 다룬다. 고린도 전서 11장과 디모데 전서 2장의 문제는 교회에서의 남자와 여자의 문제를 다룬 반면 에베소서 5장은 가정에서 남편과 아내의 문제를 다루었다.

24절, 그러나 교회가 그리스도에게 하듯 아내들도 범사에 그 남편에게 복종할지니라

여기서 '그러나'라는 말을 쓴 것은 참 이상하다. 이것은 아마 남편이 구주는 아니지만 그렇다 하더라도 교회가 그리스도께 하듯 자기 남편에게 복종하라는 말씀일 것이다. 다시 말해서, 예수 그리스도께서 교회의 구주가 되신 부분에서는 남편이 아내의 구주가 아니지만 그 외에는 남편과 아내의 관계가 그리스도와 교회의 관계와 같다는 말이다.

25절, 남편들아 아내 사랑하기를 그리스도께서 교회를 사랑하시고 위하여 자신을 주심같이 하라

이제 남편들에 관한 문제로 돌아왔다. 아내들은 자기 남편에게 복종해야 한다. 복종하는 문제가 그 첫 번째이다. 그 다음에는 남편들이 아내 사랑하기를 그리스도께서 교회를 사랑하시고 위하여 자신을 주심같이 하는 것이다. 남편들이 아내를 그리스도께서 교회를 사랑하신 것처럼 사랑하라는 것이다. 그러면 그리스도께서는 교회를 어떻게 사랑하셨다는 것인가? 자신을 주심으로 사랑하셨다. 십자가에서 교회를 위해 자신을 주신 것이다. 그러한 사랑으로 남편들은 아내를 사랑하라는 것이다. 즉 남편의 아내에 대한 사랑은 자기희생적이어야 한다는 뜻이다.

오늘날 많은 가정의 문제가 남편의 아내에 대한 무관심에서 시작된다. 남편은 아내로부터 받으려고만 한다. 당연히 빨래하고 밥하고 자기를 도와야 한다는 것이다. 돕는 배필로 지어진 것이니 내조만 잘하면 된다는 것이다. 에덴동산에서 하나님이 아담을 바라보시고 돕는 배필을 생각하실 때 빨래의 필요나 밥 해주는 필요가 없었다. 아내의 돕는 면은 그런 것이 근원적인 것이 아니다. 영적인 면에서의 돕는 면이 중요한 것이다. 많은 남편들이 아내의 마음을 헤아리지 않고 고통 받는 일들을 간과한다. 예를 들어서 자기의 시어머니에게 말할 수 없는 시련을 당해도 눈 하나 까딱하지 않는다. 이는 아내의 상황을 돌아보지 않는 것이다. 남편들의 아내에 대한 사랑은 그리스도께서 교회를 위하여 자신을 주신 희생적인 사랑이 아니면 그 수준에 이르지 못한 것이다.

여하튼 남편들은 그리스도께서 교회를 위하여 자신을 주신 것처럼 그렇게 사랑해야 한다. 그것이 참으로 성령께서 가르쳐주시는 사랑이다. 26절에는 그리스도께서 교회를 위하여 자신을 주셔서 사랑하시는데 어떻게 사랑하시는가가 나온다. 이를 보고 남편들은 아내를 사랑하는 것을 배워야 한다. 이 말씀을 읽을 때 남편들의 아내에 대한 사랑에 있어서 아내를 영적으로 공급하는 역할이 필요함을 알 수 있다.

26절, 이는 곧 물로 씻어 말씀으로 깨끗하게 하사 거룩하게 하시고

그리스도는 머리로서 교회를 깨끗하게 하고 거룩하게 하는 일을 하신다. 그 목적은 교회를 자기 앞에 영광스러운 교회로 세우기 위해서이다. 이런 말이 있다. '40세가 된 여자의 얼굴은 남편이 책임져야 한다.' 매일 남편이 구박하고 괴롭히면 그 아내의 얼굴이 제대로 피지 못한다는 말이다. 그 얼굴을 남편이 책임져야 한다는 것이다. 남편의 어떠함은 그 아내에게서 그대로 나타나게 된다. 그래서 여자들은 화장을 페인트칠하듯 짙게 해서 그것을 감추려고 애쓰지만 어떤 때 웃으면 그늘이 나타난다. 웃음 속에 우수, 근심, 괴로움이 서려 있는 것이다. 사랑을 많이 받는 여인들의 얼굴은 복 되어 보이고 구김살이 없고 구름 낀 것이 없고 비애가 없다. 그 표현이 나오는 것이다.

이는 특별히 영적인 면에서도 적용되어야 한다. 남편은 자신의 아내의 영적인 성숙과 번영을 위해 도움을 주어야 한다. 기능이 살아나지 못하게 막아서는 안된다. 그의 섬김의 면에 있어서 발전하도록 도와주고 용기를 주어야 한다. 어떤 남편들은 자기만 돌아보고 다른 일은 일체 관심도 갖지 못하게 하는 것을 보는데 이는 주님이 교회를 양육하시는 것과 너무 다른 것이다. 주님은 교회를 위해 십자가에서 자신을 주신 것만이 아니라 평소에도 지속적으로 사랑을 주신다. 그렇게 해서 씻어주시고 거룩하게 하고 영광스럽게 하신다. 여기서 우리는 그리스도께서 교회를 어떻게 사랑하시는가의 비밀을 볼 수 있다. 남편들은 이 말씀에서 가르침을 받아야 한다. 여기에 최고의 남편에 대한 교훈이 들어 있다. 아내를 괴롭게 하지 않는 것이 만점이 아니다. 양육하여 보양해야 한다.

이 구절에서의 '물'은 생명의 물이다. 생명을 나타낸다. 또 말씀은 기록된 하나님의 말씀이다. 이 두 가지 요소로 그리스도께서는 교회를 깨끗케 하신다. 그리고 깨끗케 하신 결과 거룩케 된다. 거룩케 되었다는 것은 분별되었다는 것이다. 일반적이고 속된 것에서 분별된 것이다. 그리하여 하나님께 속하게 된 것이다. 그것이 바로 거룩한 것이다. 그런데 일반적이고 속된 것들에서 깨끗케 되기 위해서는 물이 필요하다. 이 물은 바로 '말씀 안에' 있다(the word in the water, 원문). 말씀과 물이 역사할 때 우리는 깨끗케 된다. 모든 속된 것이 씻어진다. 그러므로 우리에게는 말씀이 필요하다. 이 말씀은 '레마'의 말씀이다.

오늘 여러분은 이 말씀을 들음으로써 씻기지만 이 말씀은 또한 여러분의 일상생활 가운데 속에서 살아나야 한다. 이 말씀이 살아날 때 체험 가운데서 여러분은 씻겨질 수 있다. 때로는 먼저 말씀이 떠오르지 않고 속에서 생명으로 역사한다. 넓히시고 깊어지게 하시고 파내시고 회개케 하시고 돌이키게 하신다. 그런 후에 말씀이 따라온다. 그럴 때'아, 이것이 그 말씀이구나' 하게 된다.

또 어떤 때는 말씀이 먼저 역사한다. 말씀의 빛 비춤이 있게 된다. 그러면서 생명을 주신다. 그 말씀을 순종하여 이를 수 있도록, 실제화 할 수 있도록 생명을 주시는 것이다. 이처럼 말씀과 생명의 물은 같이 역사한다. 말씀 안에 생명이 있는 것이다. 이것이 바로 물이다. 이 두 가지가 역사해서 우리를 씻는다. 씻을 때 깨끗케 된다. 속된 것이 하나씩하나씩 제해지고 천연적인 옛 성분이 점점 제해진다. 그렇게 해서 우리는 깨끗케 된다. 그럴 때 우리는 거룩하게 되고 그리스도 앞에 영광스러운 교회로 세워지게 된다.

이런 식으로 주님은 그분의 신부인 교회를 깨끗케 하는 역사를 하고 계신다. 신부로 예비되게 하고 계신다. 신부의 영광스러움은 신랑의 자랑이 된다. 그래서 남편들은 항상 아내에게 잘해주어야 한다. 아내가 어디에 나타나든지 남편의 영광이 되기 때문이다. 주님은 어느 날 왕으로서 왕후인 교회를 그분의 우편에 세우실 것이다. 그날 온 천지만물은 왕이신 그리스도를 찬송하는 것이다. 또한 왕후를 칭송할 것이다.

이것이 시편 45편에 나와 있다. 시편 45편은 이미 왕후가 준비되어 있는 것처럼 말한다. 그래서 필객이 붓을 들어 왕에 대하여 좋은 칭송의 말을 발할 뿐 아니라 왕후 또한 오빌의 금으로 꾸미고 왕의 우편에 서 있다고 말한다. 그리고 상아궁에서 나오는 음악이 왕을 기쁘게 한다고 말한다. 지금 이 왕후인 교회가 준비되고 있는 중이다.

계시록 19장은 어린양의 신부가 나온다. 세마포 옷을 입은 교회를 말한다. 그러기 전에 17장은 모조품인 음녀가 나온다. 이 음녀는 매춘부를 말한다. 그것의 이름은 비밀이요 큰 성 바벨론이다. 바벨론의 특징은 비밀스러운 것이요 겉의 모양과 속의 내용이 다른 것이다. 겉은 금과 진주와 보석으로 치장하였지만 그 속에는 가증한 것이 가득하다. 21, 22장의 새 예루살렘의 특징은 무엇인가? 투명한 것이다(21:11, crystal-clear). 하나님의 영광 빛도 보좌로부터 흐르는 생명수의 강물도 수정같이 맑고 투명한 것이다(22:1). 우리는 성경의 계시를 통해 어린 양의 신부가 어떻게 생겼는지를 볼 수 있다. 불투명하고 속에 무엇이 들어있는지 알 수 없는 비밀스럽고 음흉한 자들은 어린 양의 신부와 거리가 멀다. 바벨론의 특징을 가지지 말라! 이는 음녀인 것이다. 그리스도의 신부의 특징은 맑고 투명한 것임을 명심하기 바란다.

27절, 자기 앞에 영광스러운 교회로 세우사 티나 주름 잡힌 것이나 이런 것들이 없이 거룩하고 흠이 없게 하려 하심이니라

사도 바울은 이 부분에 와서 영광스러운 교회를 말한다. 그리스도의 몸은 결국 그 날에 그분의 신부가 된다. '존 스토트'는 이것을 종말론적 국면이라고 생각한다. 그러기 위해서 성도들은 말씀으로 깨끗케 되어야 하고 거룩하게 되어야 한다. 근원이신 하나님께 나아가 사랑과 빛을 얻은 성도들의 삶, 말씀으로 깨끗케 된 성도들의 삶은 결국 그들을 그리스도의 신부로 조성한다. 하나님의 교회에 대한 궁극적인 목표는 그리스도의 신부로서 영광스럽게 세워지는 것이다.

그리스도께서 그렇게 하시듯이 남편들은 아내의 잠재력이 완전히 개발되어 하나님께 완전히 쓰여지도록 아내를 위해 돕고 힘써야 한다. 남편들은 자신의 아내가 찬란한 피조물로 완성되도록 영적 변화에 대하여 책임을 갖고 있다. 행복한 가정생활을 위해서는 하나님의 말씀을 경청하는 것이 가장 뛰어난 지름길이다. 하나님의 교훈을 으뜸으로 삼는 길이 가장 행복한 가정을 이루는 길임을 잊어서는 안된다. 서로 늘 축복하고 세워주며 나누어야 한다.

원래 믿는이들의 상태는 티가 있고 주름 잡힌 것도 있다. '티'라는 것은 원래의 성분, 기질 속에 있어서는 안 될 것이 있는 것이다. 티가 있으면 보기에 좋지 않다. 점, 주근깨 같은 것들이다. 사람에게 있는 티는 타락으로 말미암아 생긴 것들이다. 그리고 주름 잡힌 것은 늙음의 표시이다. 늙은 신부를 보았는가? 신부가 주름이 많고 쭈글쭈글하면 보기에 좋지 않다. '애늙은이'라는 말이 있는데 이 말은 실제로는 나이도 먹지 않았는데 주름 잡힌 것이 많이 있는 사람을 말한다. 교회생활 가운데 생명이 부족하기 때문에 이런 것이 생기는 것이다. 쭈글쭈글한데 자신은 그것을 모른다. 그러면 언제 자신에게 주름이 많다는 것을 아는가? 생명의 물의 공급이 있을 때이다. 그때 이런 주름 잡힌 것들이 펴진다. 건강해져서 주름 잡힌 것이 스르르 펴지는 것이다.

그러면 과거에 왜 주름이 생겼는가? 영적인 생활을 하기는 해야겠는데 되지는 않고 전진하기는 해야겠는데 어려웠다. 이를 악물고 노력도 해보고 이렇게 해야 하나 저렇게 해야 하나 나름대로 고통의 멍에를 메고 눈물을 흘리기도 하고 싸우면서 하다 보니까 주름이 많이 생긴 것이다. 그나마 주름도 일종의 훈장이다. 애써서 길을 걸어오다 보니 생긴 것이다. 나무로 말하면 나이테 같은 것이다. 그런데 말씀의 물의 공급이 올 때 펴지게 된다. 옳다는 것, 사명감 같은 것, 소위 반드시 해야 한다는 것, 이런 것들이 나무에 있는 옹이와 같은 것들이다. 나름대로 신앙을 지켜나가려다 보니까 이런 것들이 생겨난 것이다. 이런 것들이 주름이다. 티는 주로 죄나 못생긴 것들, 천연적인 것, 악한 것으로 말미암아 오는 것이라면 이 주름 잡힌 것은 영적 생활에서 옳다고 고집하는 데에서 오는 것이 많다. 이렇게 해야 한다, 저렇게 해야 한다 하면서 주장하고 애쓰는 것이다. 이런 모든 것들이 말씀이 있고 생명의 흐름이 있다 보면 말씀의 물로 씻겨진다. 생명의 물이 지속적으로 공급될 때 이런 것들이 씻겨지는 것이다. 이것이 말씀의 사역이다. 여러분들이 이와 같이 한 번 씻겨질 때 한 번 자란다고 할 수 있다. 건강한 말씀의 사역은 씻겨짐을 포함한 사역이다.

여기서 티나 주름 잡힌 것이 없이 거룩하게 한다는 말씀은 에베소서 1장에 있는 말씀과 같은 말씀이다. 하나님께서 우리를 예정하고 택하신 것은 거룩하고 흠이 없게 하시려는 것이다. 또 하나님의 아들들이 되게 하시려는 것이다. 하나님께서 영원 전에 하신 선택하심과 예정하심은 하나님의 목적, 하나님의 뜻인데, 에베소서 5장에 이르러서 볼 때 결국 거룩하고 흠이 없는 무리인 바로 교회를 얻는 것이다. 그러므로 우리는 이렇게 말할 수 있다. '영원 전에 정하신 하나님의 뜻은 바로 흠 없고 거룩하고 영광스러운 그리스도의 신부를 얻는 것이다.' 이 부분의 말씀을 교회에만 적용하고 남편과 아내에게는 적용을 하지 않는 해석들을 종종 본다. 사도 바울은 그리스도와 교회의 관계를 말하고는 바로 남편과 아내의 문제로 돌아온다. 이는 남편이 그리스도께서 교회를 보양한 것처럼 자기의 아내를 대해야 함을 말한다. 남편들은 자신의 아내의 영적인 성장과 성숙, 거룩함에 이르는 문제도 책임을 져야 한다. 남편이 아내를 헌신적으로 사랑하면 아내는 주님께 자신을 드리게 된다.

28절, 이와 같이 남편들도 자기 아내 사랑하기를 제 몸같이 할지니 자기 아내를 사랑하는 자는 자기를 사랑하는 것이라

사도 바울은 남편들을 풀어놓지 않고 이야기하고 또 이야기한다. 그럼으로써 어떻게 해서라도 남편들이 자기 아내를 사랑하게 하려는 것이다. 만일 나라면 25절에서 남편들에게 아내를 사랑하라고 했으니까 28절은 생략했을 것이다. 그러나 사도 바울은 이렇게 이야기하고 저렇게 이야기한 뒤에 33절에서 또 한 번 이야기한다. "너희도 각각 자기의 아내 사랑하기를 자기같이 하고". 그렇지 않으면 남편들은 아내에게만 복종을 요구할 뿐 자신이 어떻게 행할지에 대하여는 쉽게 간과할 것이다.

사도 바울은 여기에 와서 남편과 아내를 하나로 일치시킨다. 아내를 사랑하되 제 몸같이 하라는 것이다. 자기 아내를 사랑하는 자는 사실 자기를 사랑하는 것이라는 말이다. 왜 그런가? 남편과 아내는 하나이기 때문이다. 결혼이라는 것은 둘이 하나가 된 것이다. 더 이상 둘이 아니다. 한 몸인 것이므로 둘로 나눌 수가 없다. 어떤 사람들은 이혼이라는 것을 어렵지 않은 것으로 여긴다. 이는 무지한 처사이다. 영적으로 말해서 이혼이란 한 몸을 두 개로 쪼개는 것이다. 어떤 사람이 이것을 모르고 이혼을 함부로 했다가는 말할 수 없는 고통을 체험하게 될 것이며 결국 하나님의 말씀의 엄중함을 알게 될 것이다. 한 몸을 나누는 것이 불가능하듯이 하나님이 하나 되게 하신 것을 사람이 나눌 수 없다. 자신의 몸을 아끼고 사랑한다면 자기의 아내를 그렇게 사랑해야 정당한 것이다. 이러한 말씀을 신중하게 받는다면 많은 그리스도인 남편들이 가정생활에서 큰 구원을 받게 될 것이다.

남편들의 의무

남편은 가정에서 아내가 순복하고 복종한다 해서 폭군이 되어서는 안된다. 그리스도께서 교회를 사랑하시고 자신을 주신 것처럼 남자도 아내를 사랑해야 한다. 자기를 위해 기꺼이 죽겠다는 남자를 거역하려고 투쟁을 다짐하고 나설 여자는 없다. 아내를 사랑하는 것은 그리스도인 남편들에게 소홀하게 취급되어서는 안된다.

윌터 트로비쉬는 여기서 사랑한다는 말을 이렇게 정의했다. '당신만이 내 마음을 지배할 것입니다. 당신은 내가 오랫동안 그리던 분입니다. 당신이 없다면 나는 완전하지 못합니다. 나는 내가 가지고 있는 모든 것 뿐 아니라 나 자신까지 모두 당신에게 드리겠습니다. 나는 당신만을 사랑하겠습니다. 당신만을 위해 일하겠습니다. 나는 당신만을 기다릴 것입니다. 나는 결코 강요하지 않겠습니다. 그리고 강요하는 말도 하지 않겠습니다. 나는 당신을 지켜주고 보호하고 모든 악에서 막아드리고 싶습니다. 나는 내 생각과 내 마음과 내 몸- 내가 소유하고 있는 모든 것-을 당신과 함께 나누고 싶습니다. 나는 당신이 하고자 하는 말에 귀기울이고 싶습니다. 당신의 축복이 없이는 내가 하고 싶은 일은 아무것도 없습니다. 나는 항상 당신 곁에 남아 있고 싶습니다.' 베드로는 자기 아내를 합당하게 다룰 줄 모르는 남자들에 대하여는 하나님이 기도도 들어주시지 않는다고 말한다(벧전 3:7).

고대 페르시아 고레스 왕 때의 이야기다. 그의 장군 한 사람의 아내가 반역죄로 고발되었고 사형이 선고된 적이 있다. 그 남편은 무슨 일인지 알지 못했다. 그러나 그 소식을 들은 남편은 왕궁으로 달려가 어전에 나아가 왕 앞에 부복하고 외쳤다. '나의 왕 고레스시여, 소신의 아내 대신, 제 생명을 취하소서. 소신의 아내 대신 제가 죽을 수 있게 윤허하소서.'

역사의 기록에 따르면 고레스 왕은 고상하고 감성적인 사람이다. 그는 이 청원에 감동을 받아 '저런 사랑을 죽음이 파멸케 해서는 안된다'하고 아내를 풀어주고 남편에게 돌려주었다. 행복하게 걸어가면서 남편이 아내에게 말했다. '왕이 당신을 용서할 때 얼마나 자상한 눈으로 우리를 보셨는지 아시오?' 아내는 대답했다. '나는 내 눈으로 왕을 바라볼 수 없었답니다. 나는 다만 나를 대신해 기꺼이 죽으려했던 한 남자만 보았습니다.' 에베소에 보내는 바울의 편지에서 우리는 감동적인 스토리를 본다. 그리스도가 자신을 주심으로 교회를 사랑하신 것처럼 남편도 역시 아내를 사랑해야 한다.

29절, 누구든지 언제든지 제 육체를 미워하지 않고 오직 양육하여 보호하기를 그리스도께서 교회를 보양함과 같이 하나니

이제 여기서는 아내를 사랑하라고 말하지 않고 누구든지 제 육체를 미워하지 않고 양육하여 보호한다고 말한다. 그리스도께서 교회를 이와 같이 양육하고 보호하신다는 것이다. 그리스도인 남편들은 아내에 대하여 양육하고 보호하는 책임까지 져야 한다는 뜻이다. 우리는 여기서 남편 노릇하기가 쉽지 않다는 것을 배운다. 좋은 회사의 회사원이 되려면 배워야 하듯이 합당한 남편이 되는 것도 잘 배워야 한다. 원래는 남편과 아내로 시작했는데 이제는 둘이 하나가 되어 한 몸을 이야기한다. 우리는 여기서 커다란 비밀을 깨달을 수 있다.

30절, 우리는 그 몸의 지체임이니라

둘로 시작했는데 이제 하나가 되었다. 그리스도와 교회가 하나이고 남편과 아내도 하나라는 것이다. 이것은 놀라운 일이다. 우리는 그 몸, 그리스도의 몸의 지체이다. 누구도 자기 몸을 미워하지 않는다. 언제나 양육하고 보호한다. 이와 같이 그리스도께서도 그 몸을 그렇게 양육하고 보호하신다는 것이다. 교회는 그리스도의 몸이며 이 둘은 나눌 길이 없다.

나는 여기서 이런 말을 하고 싶다. 그러니 우리가 합당한 교회이기만 하면 문제는 해결된다. 그럴 때 머리이신 주님은 자동적으로 온 몸 각 부분을 보양하고 양육하며 공급하신다. 우리가 우리의 육신적인 신체를 보더라도 머리의 피와 그 공급은 순식간에라도 발끝까지 이루어진다. 이것이 머리로부터 각 지체가 도움을 입는 원리이다. 그런데 문제는 우리가 과연 교회인가라는 것이다. 실제적인 의미에서 여러분이 주님의 교회의 위치에 서 있느냐 하는 것이다.

사랑받는 위치, 보호받는 위치는 곧 교회의 위치이다. 이 위치에 서기만 하면 모든 문제가 해결된다. 여러분들이 교회로 부르심을 받은 것은 옳은데 실제로 교회의 위치에 서 있는가? 가령 어떤 여자가 한 남자와 결혼을 한 뒤 그 아내의 위치에 서 있지 않고 엉뚱한 위치에 서 있다고 할 때 그 여자가 그 남편의 부인인 것은 맞지만 그녀의 정 위치에 서 있지 않은 것이다. 그럴 때 자기 남편의 온전한 양육과 보호를 받지 못하게 된다.

우리는 실제적으로 영적인 세계에 이런 문제가 있다는 것을 체험을 통해 알 수 있다. 우리는 무엇을 하는 것보다 먼저 그리스도의 몸의 위치에 돌아와서 그 자리에 서야 한다. 이것은 너무 중요한 일이다. 그럴 때 머리이신 그리스도께서 책임지신다.

31절, 이러므로 사람이 부모를 떠나 그 아내와 합하여 그 둘이 한 육체가 될지니

이 말씀은 결혼에 대하여 말한다. 사람이 그 아내와 합하여 둘이 한 육체가 된다. 여기 둘이 있고 또 하나가 있다. 한 몸이 있다. 이것은 하나의 비밀이다. 이 말씀은 창세기 2장 24절에 있는 말씀이다. 하나님이 하와를 아담에게 이끄시어 하나가 되게 하신 후에 하신 말씀이다. 바울은 이 말씀을 그리스도와 교회의 예표로 사용하고 있다. 우리는 아담과 하와의 연합의 이야기를 통해 그리스도와 교회의 비밀을 깨달을 수가 있다.

32절, 이 비밀이 크도다 내가 그리스도와 교회에 대하여 말하노라

그리스도와 교회는 둘이지만 하나라는 것이다. 앞에서 "우리는 그 몸의 지체임이니라"고 했는데 그 몸은 누구인가? 교회이지만 또한 그리스도이다(고전 12:12). 그러면 머리는 누구인가? 머리도 그리스도이다. 우리는 바로 이러한 몸의 지체이다. 이것은 비밀이어서 우리의 머리로는 이해하기 어렵다. 성경에 따르면 남편과 아내는 둘이 아니고 한 단위이다. 전에 사람들이 그의 아내를 일컬어 '반쪽'이라고 하는 것을 들었는데 그때에는 그게 무슨 말인지 잘 알지 못했다. 그런데 이제 보니 그것이 정말 옳은 말이다.

그리스도와 교회는 정말로 비밀이다. 그리스도와 교회는 하나이기 때문이다. 오늘 누가 성도들을 씻어서 깨끗하게 하고 자라게 하는가? 그리스도께서 그렇게 하신다. 정상적인 지체라면 그리스도의 이런 역사를 받게 된다. 내 몸을 보라. 몸에 붙어 있는 한 모든 지체에게, 발가락에까지 내 몸의 피가 흐르고 있다. 지금도 피는 계속 돌면서 한 면으로는 영양을 공급하고 또 한 면으로는 불순물을 씻어낸다. 이렇게 하면서 자라고 성숙된다. 이것이 비밀이다. 그리스도와 교회도 이렇다.

33절, 그러나 너희도 각각 자기의 아내 사랑하기를 자기같이 하고 아내도 그 남편을 경외하라

지금까지 비밀스런 높은 교리에서 실제적인 가르침으로 다시 돌아온 것이다. 그것은 남편은 아내를 자기 몸같이 사랑하는 것이며 아내는 남편을 경외하는 것이다. 이것이 성령으로 충만한 생활이다. 이렇게 성령 충만한 생활은 먼저 가정에서 이루어진다.

새로 결혼하는 부부를 위하여

결혼은 성경에 그 근거와 유래가 있다. 이는 하나님이 사람의 창조주이기 때문이다. 성경적으로 결혼이란 남자가 부모를 떠나 여자와 합하여 한 몸을 이루는 것이다. 남남이 만나서 서로 한 몸이 이루어지는 것이므로 이것이 하나의 비밀인 것이다. 남편과 아내가 결혼하여 한 몸이 된다는 것은 다만 가까운 사이가 된다는 비유나 좋게 말하는 말이 아니라 실제가 있는 것이기에 비밀이라고 하는 것이다. 남편은 한 몸의 머리가 되고 아내는 그 몸이 되는 것이다. 성경이 없다면 결혼이 과연 무엇인지에 대한 진정한 해답과 정의를 찾을 수 없다. 무엇이든지 보이는 것은 보이지 않는 참된 실제가 있는 것이다(히 11:3). 성경에서 결혼의 참된 실제는 그리스도와 교회인 것이다. 남편은 그리스도가 교회의 머리인 것과 같고 아내가 되는 것은 머리이신 그리스도에 대하여 교회가 되는 것과 같다.

그러므로 결혼에 있어서 먼저 부부가 알아야 할 것은 오늘 특별한 일이 일어난 것인데 두 사람이 하나가 되었다는 것이다. 남편은 이제 옆에 서 있는 신부가 자기의 몸이 되는 날이고 아내는 이제 옆에 서 있는 신랑이 자신의 머리가 되는 날인 것이다. 여러분은 창세기 2장에 아담과 하와가 창조된 직후 결혼이 이루어진 것을 볼 것이다. 이는 바울 사도에 의해 에베소서 5장에서 그리스도와 교회의 이야기로 해석되었다. 남편과 아내가 하나가 된 것은 그리스도와 교회가 그러한 것과 같다는 것이다. 오늘날 많은 부부가 이 비밀을 알지 못하고 하나가 아닌 두 개체로 살기 때문에 문제가 많다. 오늘 주 안에서 결혼하는 새로운 가정은 이 비밀을 깨닫고 둘이 비유가 아니라 참 하나가 이루어졌다는 것을 깨닫고 한 몸을 이루어 살아야 한다.

창세기 2장이나 에베소서 5장에는 한 몸을 이루기 위해 즉, 남편이 아내를 얻기 위해 큰 일이 있었음을 말하고 있는데 이는 남편이 죽음을 당하는 것이다. 하와를 얻기 위해 아담을 깊이 잠들어야 했고 큰 수술을 받아야만 했다. 에베소서 5장은 그리스도께서 그 아내를 위해 자신을 주셔야만 했다고 한다. 이는 그분의 십자가에 죽으심이 신부를 얻기 위함임을 말한다. 내가 말하거니와 오늘 결혼하는 신랑은 죽음으로 아내를 맞이하기 바란다. 홀로 자신만을 의지하여 살던 사람은 죽었다고 믿어야 한다. 자신을 그대로 유지하는 한 형제의 옆에 서 있는 아내를 결코 자신의 몸으로 여기지 못한다. 아내 또한 마찬가지다. 오늘부로 아내의 머리는 사라지고 남편이 아내의 머리로 존재함을 알아야 한다. 성경은 이렇게 결혼을 정의하고 있다. 주 예수님도 이렇게 말씀하셨다. “이제 둘이 아니요 한 몸이니”

(마 19:6).

바울 사도는 그 하나를 유지하는 것은 사랑과 순종이라고 가르쳤다. 남편은 자신의 몸인 아내를 사랑하는 것이고 아내는 남편을 머리로 순종하는 것이다. 여기에 피차에 사랑과 순종만이 아니라 존경(respect)이 있다(33절). 그리스도는 죽음을 거친 사랑으로 교회를 사랑하신다. 교회는 그리스도께 절대적인 존경과 복종을 드린다. 이러한 결혼은 얼마나 비밀스러운지! 그러므로 사도 바울은 "누구든지 언제든지 제 육체를 미워하지 않고 오직 양육하여 보호하기를 그리스도께서 교회를 보양함과 같이 하나니 우리는 그 몸의 지체임이니라"(엡 5:29-30)고 하였다. 바울은 이 비밀이 크다고 하였다. 결혼생활이란 결국 이 큰 비밀을 남편은 아내를 사랑함으로 아내는 남편을 복종하는 가운데 나타내는 것이다. (2007.11.3 결혼 예배 말씀에서)

5장-2

세월을 아끼라

지혜로운 자는 세월을 아끼는 자이다. 우리의 인생은 한 번뿐이고 주님을 위해서 살 수 있는 기회도 많지 않다. 마태복음 25장에서 슬기로운 처녀는 다른 사람이 아니라 시간을 아껴서 기름을 준비한 사람이다. 우리는 곧 주님을 만나게 될 것이다. 가장 어리석은 사람은 세월을 낭비하는 사람이다.

세월을 아끼는 사람의 특징은 무엇인가? 첫째는 주의 뜻을 이해하는 것이다. 주의 뜻을 이해하기 위해서는 모든 것을 당연하게 여기지 말고 순간순간 주님의 뜻을 물어야 한다. 자신이 알고 있는 지식이 전부라고 생각하는 사람은 실수하는 사람이다. 자신이 가는 길이 옳다고 자부하는 사람도 실수하는 사람이다. 만일 당신이 아는 것이 전부가 아니라면 또는 잘못된 것이라면 어찌하겠는가? 당신이 가는 길이 잘못된 길이라면 어찌하겠는가? 주님은 마태복음 7장에서 그날 많은 사람이 주의 이름으로 선지자 노릇하고 귀신을 쫓아내며 많은 권능을 행하고도 그분께 전혀 알지 못하는 사람들로 간주되며 불법을 행했으니 그분에게서 떠나라고 하실 것임을 경고하셨다(22-23절).

당신은 당신이 가는 길이 과연 주님이 인정하시는 길이라는 확신이 있는가? 당신은 당신이 알고 있는 주님의 뜻이 과연 주님이 기뻐하시는 그 뜻임을 확신할 수 있는가? 우리는 이 일에 있어서 참으로 두려워하며 겸손하지 않으면 안 된다. 나의 영적 생활을 통하여 한 가지 배운 것은 무엇이든지 쉽게 속단하지 않아야 한다는 것이다. 옳다고 확신했지만 세월이 지날 때 반드시 옳은 것이 아니었다. 좋다고 생각한 많은 일들이 있었지만 그렇게 좋은 것이 아니었다.

그러므로 이러한 일에 있어서 우리는 엎드려 하나님의 긍휼을 구해야 한다. '하나님, 우리에게 당신의 뜻을 계시하여 주소서. 우리로 엉뚱한 데 인생을 다 소비하지 않게 해주시고 참으로 하나님의 뜻 가운데 거하게 하소서.' 말씀을 깨닫는 것도 마찬가지이다. 빛이 없을 때에는 호롱불도 빛으로 여기지만 전등이 나타날 때 호롱불의 빛은 더 이상 빛이 아닌 것을 알 수 있다. 또 전등불도 빛이지만 햇빛이 올 때 전등의 빛은 효력이 없어진다. 오늘 우리가 밝은 빛 아래 있지만 장래 왕국이 올 때 이 빛은 일곱 배 이상 강화될 것이다. 그러므로 빛도 종류가 많고 끝없이 강한 빛이 있음을 알아야 한다.

가장 안타까운 것은 오늘날 하나님의 자녀들이 그저 전등불 하나 가지고 만족한다는 것이다. 빛이 부족한 고로 주의 말씀을 온전히 이해하지 못하고 대충 보고 지나간다. 주님의 긍휼이 있어서 어느 날 햇빛이 비칠 때에서야 사람은 자신이 충분하지 못한 빛 가운데서 시간을 많이 낭비한 것을 알게 될 것이다. 그러므로 우리는 겸손하지 않을 수 없다. 지금 우리가 보고 있는 빛이 과연 충분한가? 우리는 충분히 하나님의 말씀하심 가운데 거하고 있는가? 원만한 광명에 이르렀는가? 더 큰 광명 안에 우리가 있을 수 없단 말인가? 지금 우리가 가지고 있는 빛이 주님이 하나님의 자녀들에게 누리도록 주신 온전한 빛이란 말인가?

지금 당신이 누리고 있는 은혜와 진리가 있겠지만 과연 그것이 충분한 것인지를 검토해보아야 한다. 그렇지 않으면 어느 날 당신은 크게 후회하게 될 것이다. 그러므로 우리가 세월을 아끼려면 주의 뜻을 이해하는 데 크게 주의해야 한다. 주님께 항상 물어야 한다. '주여, 이것이 과연 당신의 뜻입니까? 당신이 이것을 기뻐하십니까? 나에게 틀린 것이 있습니까? 비춰주옵소서. 나는 내 마음과 중심에 주님과 맞지 않은 어떤 것도 남겨두기를 원치 않습니다. 주여, 어떤 대가를 지불하더라도 우리는 주를 철저하게 따르기 원합니다. 우리는 온전히 주님의 기뻐하심에 이르기 원합니다.' 만일 당신이 항상 이러한 태도를 견지한다면 주님은 틀림없이 당신을 새로운 빛 안으로 인도하실 것이다. 주의 뜻을 찾는 자에게 주님은 반드시 그분의 뜻을 계시하신다. 찾아도 부지런히 찾아야 한다. 잠언에 "나를 사랑하는 자들이 나의 사랑을 입으며 나를 간절히 찾는 자가 나를 만날 것이니라"고 말했다(잠 8:17). 또한 시편에서는 "여호와의 친밀함이 경외하는 자에게 있음이여 그 언약을 저희에게 보이시리로다"(시 25:14)고 말한다. 우리가 하나님의 뜻을 알기 위해서는 진실로 그분을 경외하고 사랑하며 간절히 찾아야 한다.

어느 날 하나님의 큰 빛이 비칠 때 당신은 그 빛 앞에 엎드러지게 될 것이다. 그리고 과거에 자신이 얼마나 어두움 속에 있었는가를 보게 될 것이다. 그때 당신은 자신이 과거에 얼마나 교만했으며 함부로 행했으며 시간을 낭비했는지를 볼 수 있을 것이다. 우리에게는 다른 것이 필요한 것이 아니라 빛이 필요한 것이다. 당신은 당신을 반대하는 말들과 염려하는 말들에 대하여 어떠한 태도를 갖고 있는가? 어쩌면 당신은 '나는 진리를 바르게 알고 있고 가장 정통적인 진리를 가지고 있다'고 위안하면서 다른 사람들이 무지하여 잘못 알기 때문에 오해하는 말을 한다고 단정할 것이다. 그러나 어느 날 빛이 비칠 때 과거에 무시해버린 당신을 향한 많은 말들 속에 당신이 참으로 들었어야 할 말들이 있었음을 알게 될 것이다. 당신이 참으로 하나님의 다루심을 받은 사람이라면 당신을 반대하는 어떤 말도 겸손하게 기도하는 마음으로 생각하며 들으려 할 것이다.

성경에 대해서도 당신이 아무리 뛰어난 교사로부터 배웠다 하더라도 자랑하지 말고 다시 한 번 말씀 앞에 나아가 겸손하게 무릎을 꿇을 필요가 있다. 이것이 곧 베뢰아인들의 태도이다. 베뢰아인들은 바울 같은 사도들에게서 직접 말씀을 들었다. 바울 사도의 가르침이 누구보다 못하다고 생각지 말라. 가장 뛰어난 계시를 가지고 있는 사람이 있다면 그가 곧 바울일 것이다. 그러나 베뢰아인들은 바울의 말을 듣고 간절한 마음으로 받아들이며 그것이 과연 그러한가 하며 날마다 성경을 상고하였다.

만일 당신이 뛰어난 선생들의 말을 듣고 그것이 가장 뛰어난 것이기 때문에 성경도 필요 없다고 말하는 데까지 나아간다면 그것은 지나친 것이다. 베뢰아인들은 하나님의 말씀에 대하여 참으로 좋은 태도를 가지고 있었다. 그들은 바울에게서 배웠지만 바울의 말씀을 다시 성경으로 가져갔다. 그리고 그들은 그것이 과연 들은 대로 그러한가 하면서 확인해보았다.

나는 물론 그들이 성경을 다시 한 번 상고하는 과정에서 큰 유익을 얻었을 것이라고 생각한다. 이것이 곧 레위기 11장의 정결한 짐승들이 음식을 먹을 때 되새김질하는 것이리라. 부정한 짐승은 말씀을 되새기지 않고 그대로 꿀꺽꿀꺽 삼킴으로 자신의 참 양식이 되지 못했고 그러한 먹음은 자신을 결코 정결케 하지 못했다.

참으로 시간은 우리를 기다려주지 않는다. 눈 깜짝할 사이에 백발이 생겨나고 기력이 쇠하며 육신이 우리의 말을 잘 들어주지 않는 때가 온다. 너무 늦게 하나님의 빛을 보고 정신을 차리니 후회가 막심하다. 그나마 느즈막하게라도 빛을 보면 다행이지만 그렇지 않으면 그대로 주님을 만나게 된다. 그때 주님 앞에 계산해보니 아무것도 남은 것이 없다. 그때의 후회를 말해 무엇하겠는가?

성경에서는 그러한 사람들이 슬피 울며 이를 간다고 말했다. 젊을 때는 교만으로 눈이 어두워 모든 것을 다 아는 사람처럼 확신 있게 행했다. 그러나 나이가 들어 정신을 차리고 보니 온 젊은 시절이 시간을 낭비한 것뿐이다. 이제 주님을 섬기려 하니 육신이 노쇠하여 말을 들어주지 않는다. 그때 후회하며 통곡하지만 때는 이미 늦었다. 주님께 너무 죄송스럽고 좋은 시절을 다 낭비한 것이 한스럽게 된다. 성경 말씀도 한 구절 한 구절 그저 다 안다고 생각했지만 그 말씀과 나와는 아무 상관이 없는 채 세월을 지나왔다. 정신이 들고 보니 일반적으로 보이던 말씀들이 그렇게 가볍게 지나칠 말씀들이 아니었다. 이제 그 말씀을 마음속에 깊이 새기고 순종하려 하니 시간이 얼마 남지 않았다. 남은 세월이라도 정리하여 주님께 모두 드리려 하지만 남은 세월이 너무 짧다.

나는 이것이 오늘 빛을 늦게 얻은 많은 사람들의 느낌이라고 믿는다. 많은 사람이 후회 할 수 있다. 그러므로 사도는 지혜 없는 자같이 말고 지혜 있는 자같이 하여 세월을 아끼라고 했다. 세월을 아껴 주의 뜻을 이해하고 주님을 기쁘시게 하는 길을 걸어가야 한다.

특히 젊은 사람들은 이 말을 명심해야 한다. 젊었을 때 성경을 열심히 읽어야 한다. 나이 먹어서 성경 말씀이 귀한 것을 알고 그제서야 부지런히 읽으려 하지만 성경의 내용이 너무 방대해 보이고 어디서부터 읽어야 할지

어디서부터 연구해야 할지 막막하기만 하다. 그리고 눈이 어두워져서 잘 읽어지지도 않고 성경만 쳐다보면 눈이 감긴다. 이 모든 것이 어리석은 그리스도인의 길이다. 젊을 때부터 세월을 아껴 주님을 추구하는 것이 지혜로운 자의 길이다. "여호와를 경외하는 것이 지혜의 근본이요 거룩하신 자를 아는 것이 명철이니라 나 지혜로 말미암아 네 날이 많아질 것이요 네 생명의 해가 더하리라"(잠 9:10-11).

같은 인생을 사는데 어떤 사람은 자기의 삶의 해를 연장하는 방식으로 사는 사람이 있다. 그가 바로 지혜자이다. 지혜자가 누구인가? 바로 세월을 아끼는 사람이다.

성령의 충만을 받으라

하나님이 사람에게 주신 가장 귀한 것이 바로 성령이다(눅 11:13). 사도는 우리에게 술 취하지 말고 오직 성령으로 충만되라고 말했다. 오늘날 성령 충만에 관한 많은 가르침을 본다. 그러나 합당하고 균형 잡힌 성령 충만에 대한 가르침은 찾아보기 어렵다.

어떤 그리스도인들은 아예 성령 충만에 대하여는 관심도 없는 것 같다. 그들은 마치 성경에 대한 약간의 지식만 있으면 성령이 없어도 모든 것을 다 할 수 있는 것 같다. 이것은 너무나 큰 손실이다. 우리는 성경의 작은 한 구절도 결코 소홀히 할 수 없다. 당신은 성령의 충만을 받으라는 말씀을 소홀히 할 수 있는 말씀이라고 생각하는가? 그렇지 않다. 이 말씀은 너무나 중요한 말씀이다. 주님의 명령을 지키지 않는 것은 무엇이든지 다 미치지 못하는 것이요 사실은 죄인 것이다. 하나님은 우리에게 성령으로 충만하라고 하셨는데 만일 당신이 충만하지 않아도 된다고 말한다면 그것이 곧 말씀을 거절하는 것이요 사실은 불순종인 것이다. 의도적으로 충만하지 않으려 하지는 않겠지만 적극적으로 말씀을 순종하여 성령 충만을 사모하고 간구하고 추구하지 않으면 마찬가지의 결과를 가져온다. 하나님은 그분의 자녀들에게 성령을 한량없이 부어주기 원하시는데 자녀들은 그 귀한 성령을 소홀히 하고 받을 마음이 없다면 그것이 어찌 잘못하는 것이 아니겠는가?

만세 반석 이미 열려져 있고 성령의 은사도 기다리고 있다
생수 나게 반석 명하라 성령은 이미 부어졌으니
모든 풍성을 받아들이라 순복만 하면 부요 얻으리 (A. B. Simpson)

나는 전에 이탈리아에 가서 참으로 성령 충만을 사모하는 무리를 만나 보았다. 내가 많은 나라를 여행하면서 경험하는 것은 하나님께서는 진정 무언가 구하는 자들에게 주신다는 것이다. 하나님은 방언을 구하는 자들에게 방언을 주시고 능력을 구하는 자들에게 능력을 주시는 것도 보았다. 성령 충만을 원하는 자들에게는 성령 충만을 주시는 것도 보았다. 아무것도 구하지 않고 자족하는 자들은 아무것도 얻지 못하는 것도 보았다.

이탈리아의 성령 충만을 추구하는 한 무리의 성도들은 성령에 대한 좋은 인식을 갖고 있었다. 그들은 성령의 느낌과 임재를 예민하게 인식하며 성령을 방해하지 않기를 원했고 성령의 인도를 매우 주의했다. 그들은 집회에서도 성령의 흐름을 거스르지 않기 위해 매우 힘썼다. 기도와 찬양, 교제, 모든 것들이 성령의 흐름을 따르고 있었다. 그러한 곳에서 어떤 영을 모르는 형제들의 무질서한 육체적인 행동은 현저하게 드러났다. 모든 사람이 성령 안에 잠기어 있는 분위기였다.

성령에 대한 인식과 체험이 없는 사람들은 성령의 중요성을 이해하지 못한다. 그들은 자연히 성령을 소홀히 하게 된다. 이것은 너무나 큰 손실이다. 사실상 교회는 성령인 것이다. 성령이 없으면 몸이 없다. 몸이 하나이요 성령이 하나이다(엡 4:4). 성령은 몸의 내용이요 몸은 밖의 표현이다. 오늘 많은 사람들이 몸을 말하지만 성령이 없다면 그 몸은 무슨 소용이 있는가?

성령 충만을 위하여

1. 회개

성령 충만을 얻기 위해서는 첫째 죄를 버리고 세상을 버리고 생각을 그리스도께 돌이키는 것이 필요하다. 우리는 성령과 죄악을 동시에 가지고

있을 수 없다. 우리는 성령과 세상을 동시에 가질 수 없다. 우리는 성령과 육체의 정욕을 동시에 가지고 있을 수 없다. 우리는 성령과 악한 생각을 동시에 가지고 있을 수 없다.

그러므로 성령을 얻기 위해서는 우리의 세상과 죄악과 육체의 정욕과 악한 생각을 다 버려야 한다. 우리의 약함과 실망과 낙심스러운 생각조차도 성령 충만을 방해한다. 그러므로 성령 충만을 얻기 위하여 우리 자신을 비우는 끊임없는 회개가 필요하다.

2. 순종

"우리는 이 일에 증인이요 하나님이 자기를 순종하는 사람들에게 주신 성령도 그러하니라"(행 5:32).

누구나 회개하고 기도한다 해서 성령 충만을 얻을 수 있는 것은 아니다. 하나님은 순종하는 자에게 성령을 주신다. 한두 가지 일에서 하나님을 순종하는 것이 아니라 모든 일에서 순종하는 자에게 성령을 주신다. 우리는 하나님께 기도해야 한다. '하나님, 말씀하시면 순종하기 원합니다. 어떤 대가를 지불해서라도 주의 말씀을 따르기 원합니다. 주님이 기뻐하시는 것이라면 무엇이든지 할 수 있기 원합니다.' 어떤 길이든지 주님이 인도하시는 길을 순종하며 따라가는 자에게 하나님은 성령을 부어주신다.

나는 어떤 사람이 어느 때 성령의 능력을 가지고 있었는데 어느 때 그 능력을 잃어버린 것을 볼 수 있었다. 삼손은 머리를 깎인 후에 능력을 잃어버렸다. 그는 능력을 잃어버리고도 과거처럼 힘을 써보려 하였지만 이루어지지 않았다. 어떤 형제가 참으로 주를 위해 자신을 버리고 희생하는 상태에 있을 때 나는 그에게서 성령의 능력을 발견할 수 있었다. 이것은 절대로 속일 수 없는 것이다. 하나님은 순종하는 자에게 성령을 주신다.

3. 갈급함

"누구든지 목마르거든 내게로 와서 마시라 나를 믿는 자는 성경에 이름과 같이 그 배에서 생수의 강이 흘러나리라"(요 7:37).

우리는 성령 충만을 얻기 위해 갈급한 영을 가져야 한다. 성령이 없어도 살아갈 수 있다고 생각하는 사람은 갈급한 사람이 아니다. 사막에서 물이 없어 찾아 헤매는 사람과 같이 우리는 성령으로 충만하기 위해 헐떡거리는 목마른 사슴과 같아야 한다. 갈망하고 원하는 자가 무엇이든지 하나님으로부터 얻을 수 있다.

4. 기도

우리가 성령 충만을 진정으로 원한다면 하나님께 간구할 것이다. 주님은 누가복음에서 "하물며 너희 천부께서 구하는 자에게 성령을 주시지 않겠느냐"고 말씀하셨다.

사도행전 4장에서 우리는 기도함으로 성령 충만을 얻은 광경을 볼 수 있다. "빌기를 다 하매 모인 곳이 진동하더니 무리가 다 성령이 충만하여 담대히 하나님의 말씀을 전하니라"(31절). 또 사도행전 8장에서는 베드로와 요한이 사마리아에 내려가서 성령 받기를 기도했다. 이러한 구절들을 통해 볼 때 우리는 성령 충만도 기도를 통하여 얻을 수 있음을 볼 수 있다.

5. 믿음

우리가 성령 충만을 위하여 죄악을 버리고 합당하게 기도했다면 주님의 말씀대로 무엇이든지 기도하고 구하는 것은 받은 줄로 믿어야 한다. 많은 때 당신이 성령 충만을 느끼려 하지만 느낄 수 없을 것이다. 당신이 회개했고 절대적으로 순종하며 성령 충만을 간절히 사모하고 기도했다면 당신은 이미 성령 충만을 얻은 것을 믿을 수 있다. 사도 야고보는 믿음으로 구할 때 조금도 의심하지 말라고 말했다. 그는 두 마음을 품으면 정함이 없는 자라고 했다. 만일 당신이 진정으로 이상의 모든 과정을 소유하고 있다면 당신은 성령으로 충만한 사람이다.

성령과 십자가

내가 유럽에서 사역할 때 성령 충만을 갈망하는 자들을 많이 만났지만 유감스럽게도 나는 그들에게서 십자가를 깊이 만질 수 없었다. 성령과 십자가는 나눌 수 없다.

피가 있는 곳에 기름이 있으며 골고다 후에 오순절이 있네
반석이 깨질 때 생수가 넘쳐 흐르고 제단에 제물이 드려질 때
하늘의 불이 임하리 먼저 빈 병이 있어야 안에 기름이 부어지며
깊이 계곡이 파질 때 생수가 깊이 흐르네
한 알의 밀이 죽어야 많은 열매 맺으며
요단 강의 침례가 성령의 비둘기를 가져오리

이상의 찬송시의 내용은 십자가와 성령을 나눌 수 없다는 것이다. 십자가가 있는 곳에 성령이 있다. 사도 바울이 추구한 성령은 십자가의 영이다. 그는 죽음을 통과하여 생명을 얻으려 하였다.

그러므로 그가 얻은 생명은 십자가의 생명임을 알 수 있다. 그는 사망은 우리 안에서 역사하고 생명은 너희 안에서 한다고 하면서 우리가 항상 예수 죽인 것을 몸에 짊어진다고 말했다. 우리가 사모하는 성령은 그리스도의 죽음을 거친 십자가의 영이다. 우리 자신이 십자가로 헐어지고 파쇄된 후에 우리 깊은 속에 조성된 성령이 우리가 사모하는 영이다.

나는 어떤 오순절의 성령을 사모하는 사람들이 은사와 능력을 발휘하고 나서 집에 돌아와 아내와 심하게 다투었다는 것을 들었다. 그리고 그들의 혈기가 매우 강하다는 것도 들었다. 그들이 비록 외적인 능력의 성령을 가지고 있을지라도 내적인 십자가의 영이 부족한 것이다. 하나님이 그분의 자녀들에게 진정 원하시는 것은 내적으로 성령의 조성을 갖게 하시는 것이다. 그것은 반드시 십자가의 역사를 전제로 한다. 이러한 성령으로 충만한 사람들이 오늘날 이 땅에 얼마나 필요한지 모른다.

시와 찬미와 신령한 노래들로 서로 화답함

성령이 충만한 사람들은 시와 찬미와 신령한 노래들로 서로 화답함이 있다. 시(詩)는 반드시 찬송으로 불러야 하는 것만이 아니라 말할 수도 있다. 말로 화답하는 것이 있다. 그것은 한 사람이 어떻게 주님에 대한 시를 말하면 다른 사람이 반향하는 것이다. 오늘날 그리스도인들 가운데서 시와 찬미와 신령한 노래들로 서로 화답하는 광경을 보기가 어렵다. 나는 이

러한 상황이 반드시 회복되기 원한다.

성도들이 모일 때마다 교회의 상태를 말하고 염려하고 걱정하고 의논하는 등의 일은 많은 경우 시간을 낭비한다. 자연히 성령 충만은 없고 찬미와 신령한 노래도 없으며 걱정과 근심만 가득하다. 이것은 사도들의 가르침과 너무 멀리 있는 상태이다. 나도 한때 많은 걱정거리가 있는 교회생활 안에 있었는데 그때는 성도들과 함께 그러한 걱정거리를 나누는 것이 일과와 같았다. 그때 나는 반드시 그러한 일을 해야 할 것만 같았고 찬송과 신령한 노래는 필요 없는 것 같았다. 그때 나는 외국을 방문한 적이 있는데 그곳에 있는 성도들은 교회에 대하여 어떤 걱정도 없이 만나면 찬미하고 노래하며 성경 읽고 기도하고 있었다. 아침에도 점심에도 저녁에도 온종일 찬미하고 말씀 읽고 기도했다. 나는 성도들이 그렇게도 교회생활을 할 수 있다는 것에 대해 깊은 인상을 받았다. 사실은 그것이 성경의 가르침이요 정상적인 교회생활인데도 말이다.

영광스런 교회

1장에서 바울은 하나님이 창세 전에 그리스도 안에서 우리를 택하사 우리로 사랑 안에서 그 앞에 거룩하고 흠이 없게 하시려고 그 기쁘신 뜻대로 예정하시어 자기 아들들이 되게 하셨다고 말한다. 5장 후반부에 올 때 바울은 그 선택받고 예정된 자들이 영광스러운 교회임을 말한다. 하나님이 선택하신 사람들은 타락하여 구속이 필요하게 되었다. 그래서 하나님은 그들을 그리스도의 피로 구속하시어 그분의 자녀들이 되게 하셨다.

하나님은 교회가 그리스도의 신부임을 말씀하신다. 교회의 최종 운명은 그리스도 앞에 영광스럽게 세워지는 것이다. 지금 교회는 그날을 위해 티나 주름 잡힌 것이 없이 거룩하고 흠이 없게 되도록 예비되고 있는 중이다. 당신이 현재 교회생활 가운데서 하루하루 흠이나 티가 제해지는 것이 없다면 당신은 당신의 교회생활을 점검해볼 필요가 있다. 교회는 그리스도의 신부로서 거룩하고 흠이 없게 그분 앞에 세워지도록 매일매일 씻어지고 깨끗케 될 필요가 있다. 매일매일 씻어짐과 거룩케 됨이 없다면 당신은 세월을 낭비하고 있는 것이다.

우리는 그리스도인으로서 우리의 목표가 분명해야 한다. 우리의 목표는 신랑이신 그리스도를 만나는 것이다. 그분의 신부가 되기 위해 준비되는 것만이 우리의 목표이다. 그리스도의 신부가 되기 위하여 가장 중요한 것은 깨끗하고 거룩하게 되는 것이다. 나는 오랜 동안 하나님을 섬겨오면서도 내 자신 속에 이렇게 많은 티나 흠이 존재하고 있다는 것을 미처 알지 못했다. 그러나 하나님께 감사드리는 것은 그분의 구원의 역사로 말미암아 계속해서 그분은 내 속에 있는 흠과 티를 제하는 역사를 하신다는 것이다. 주님의 사랑스럽고 은혜로운 다루심의 과정을 통과하면서 내가 느끼는 것은 날로 하나님은 그분께 자격 있는 신부가 되도록 우리를 예비해 가신다는 것이다.

큰 비밀—그리스도와 교회

그리스도와 교회는 남편과 아내 둘이 한 육체가 되는 것과 같이 매우 비밀스럽다. 바울은 이 비밀이 크다고 하였다. 이것이 바로 그리스도와 교회에 대한 비밀이다. 그리스도는 남편과 같고 교회는 아내와 같은데, 그 둘이 연합하여 하나가 된다. 바울은 이것을 생각할 때 이 비밀이 크다고 한 것이다. 새 예루살렘은 그리스도와 교회가 완전히 하나 된 실체이다. 새 예루살렘은 하나님이 사람 안에 계시고 사람이 하나님 안에 있다. 그것은 계시록 21장에서 말한바 새 예루살렘이 하나님의 장막으로서 하나님께서 사람들과 함께 거하신다는 것이고(3절) 그 성 안에서 성전을 보지 못하는데 이는 주 하나님 곧 전능하신 이와 및 어린 양이 그 성전이시라는 것이다(22절). 그러면 새 예루살렘은 하나님이 사람들 안에 거하시고 사람들은 하나님과 어린 양을 그 성전으로 삼는다는 말이니 이는 곧 하나님은 사람 안에 계시고 사람은 하나님 안에 있음으로 하나님과 사람이 완전히 연합되었다는 말이다.

당신은 교회가 하나님과 연합되기 위한 존재라는 것을 생각해보았는가? 하나님은 당신과 연합하기 위해 역사하신다는 것을 생각해보았는가? 우리 각 부분이 하나님으로 완전히 침투되어 충만되어지는 것이 하나님의 뜻이다. 그러므로 하나님은 우리 안으로 연합되시고 우리는 하나님 안으로 연합되는 것이다. 바울은 이 사실을 큰 비밀이라고 말했다. 지금 사람들은 주님은 하늘에 계시고 교회는 이 땅에 존재하는 각각 다른 두 실체라고 말할 것이다. 그러나 어느 날 남편과 아내가 둘이었다가 한 몸으로 연합되듯이 신부인 교회가 그리스도와 연합하여 한 몸이 된다. 우리는 성경에서 말하는 교회를 보고 흥분하지 않을 수 없다. 우리가 평소 생각하는 교회는 교회가 아니다. 신약 성경에 존재하는 교회는 하나님의 모든 것이 다 있는 곳이다. 그분의 모든 뜻과 갈망은 교회에 있다.

당신이 지금 생활 가운데서 많은 과정을 거치고 있는데 거기에는 괴로움도 있고 슬픔도 있고 기쁨도 있을 것이다. 그것이 모두 무엇을 의미하는지 아는가? 그것은 하나님이 당신과 완전히 하나로 연합하기 위한 역사 외에 아무 것도 아니다. 즉, 하나님은 당신을 원하신다!

계시록 마지막 부분에는 성령과 신부가 함께 말씀하시는 것이 있다. "성령과 신부가 말씀하시기를 오라 하시는도다"(22:17). 성경의 시작에는 하늘에 창조하시는 하나님이 계시고 땅에는 그분의 피조물인 사람이 있다. 분명히 성경은 둘로 시작했는데 마지막에 이 둘이 하나가 되었다. 성령과 신부는 곧 하나님과 사람을 말한다. 또한 그리스도와 교회를 말한다. 성경 마지막에서 그리스도와 교회는 완전히 하나로 연합하여 함께 외친다. "듣는 자도 오라 할 것이요 목마른 자도 올 것이요 또 원하는 자는 값없이 생명수를 받으라". 이것이 어찌 비밀이 아니리요! 성경의 가장 큰 비밀은 그리스도와 교회인 것이다.

에베소서의 중요한 단어들

에베소서 1장과 2장에는 은혜와 진리라는 단어가 중요하게 나타난다(1:7, 13, 2:5-8). 요한복음 1장 17절에 의하면 율법은 모세로 말미암아 주신 것이요 은혜와 진리는 예수 그리스도로 말미암아 왔다. 3장과 4장은 성령과 생명이라는 단어가 중요한 단어로 나타난다(3:16, 4:3-4, 18). 하나님은 우리에게 은혜와 진리를 보내셔서 생명과 성령을 얻게 하시고 새 생명과 성령의 생활은 결국 그리스도의 몸에 도달하게 된다(4:12-16).

에베소서의 몸의 생활이란 복음 진리를 얻은 자들이 거듭난 새 생명으로 살아내는 것을 의미한다. 몸의 생활을 살아낸 결과는 사랑과 빛에 도달한다. 은혜와 진리는 우리에게 도달하신 그리스도라면 이 빛과 사랑은 근원이신 하나님께 나아간 것이다. 진리는 빛의 설명이요 은혜는 보이지 않는 하나님의 우리에 대한 사랑의 나타남이요 구체적인 누림이다. 빛과 사랑을 살아낸 결과 교회는 그리스도의 신부로 단장될 것이며 대적을 깨뜨릴 대적이 될 것이다(5장과 6장 참조). 우리는 에베소서 5장을 통해서 무엇이 빛 가운데 사는 삶인지 깊은 묵상을 하게 된다. 사랑과 선함과 의로움과 진실함이 없으면 빛이 없는 삶이다. 성도들은 빛의 자녀가 되었으므로 어두움의 일을 버리고 빛 가운데 살아야 한다(5:8).

에베소서를 읽으면서 우리는 신약 성경에서 사도들이 많이 사용한 단어들을 대하게 된다. 빛과 진리, 사랑과 은혜 등이다. 이는 다 연결된 말들이다. 성도들이 더 밝은 빛 가운데 살려면 진리를 알아야 한다. "주의 빛과 주의 진리를 보내어 나를 인도하사 주의 성산과 장막에 이르게 하소서"(시 43:3) 진리는 하나님의 말씀 안에 들어 있다. 주 예수께서 "아버지의 말씀은 진리니이다"(요 17:17)라고 하셨다. 이 진리는 객관적인 말씀만을 가리키는 것이 아니라 우리 안에 살아서 체험되는 진리를 포함한 말씀이다(요삼 3). 우리 안에 진리가 많을수록 우리의 삶에 빛이 더욱 많아진다. 하나님은 우리에게 먼저 진리이신 그리스도를 보내셔서 말씀을 깨닫게 하시고 빛으로 인도하신다. 말씀없이 어떻게 빛 가운데 인도될 수 있겠는가? 성경이 닫혀진 시대는 흑암의 시대였다. 개인이나 국가나 성경이 열려질 때 빛으로 인도될 수 있다. "야곱 족속아 오라 우리가 여호와의 빛에 행하자"(사 2:5)

또한 진리는 곧 그리스도이다(요 14:6). 우리가 육체 안에 살고 자아를 중심삼아 산다면 그 삶은 그 자체가 어두움이다. 그러나 자아와 육체를 버리고 하나님의 뜻과 진리를 위하여 사는 삶은 빛으로 충만하다. 따라서 우리의 삶은 범사를 진리로 대조해야 한다. 그러기에 요한은 빛과 진리를 바꾸어 쓸 수 있는 단어처럼 사용했다. "우리가 하나님과 사귐이 있다하고 어두운 가운데 행하면 거짓말을 하고 진리를 행치 아니함이거니와 저가 빛 가운데 계신 것 같이 우리도 빛 가운데 행하면"(요일 1:6-7) 성도들은 마땅히 빛과 진리를 사랑하고 진리를 순종해야 한다(고전 13:6).

주 예수께서는 사람들이 자기 행위가 악하므로 빛보다 어두움을 더 사랑한다고 하셨다. "악을 행하는 자마다 빛을 미워하여 빛으로 오지 아니하나니 이는 그 행위가 드러날까 함이요 진리를 좇는 자는 빛으로 오나니 이는 그 행위가 하나님 안에서 행한 것임을 나타내려 함이라"고 하였다(요 3:19-21). 우리는 어두움을 사랑하고 빛을 미워하는 이들이 있다는 말씀에 충격을 받게 되지만 그것이 사실임을 알고 더욱 충격을 받게 된다. 독일이 나은 세계적 문호 괴테가 임종 때 한 말은 그의 구도자적인 일생을 알게 한다. "조금 더 빛을(Mehr Licht)" 진정 주님을 사랑하는 성도라면 빛 가운데의 삶을 사모해야 하며 그러기 위해 진리에 대한 추구가 부지런해야 한다. 그럴 때 더욱 더 영혼이 깨끗해지며 빛 가운데 생활할 수 있게 되고 자연히 형제를 사랑하는 것에 이끌리게 된다(벧전 1:22).

6장-1

1절, 자녀들아 너희 부모를 주 안에서 순종하라 이것이 옳으니라

5장 후반부에서 우리는 성령으로 충만한 생활에 대해서 보았다. 우리는 또한 5장 21절의 "그리스도를 경외함으로 피차 복종하라"는 말씀을 주의해야 한다. 성령 충만의 생활은 성도들로 하여금 복종의 태도를 갖게 한다. 자아로 충만한 그리스도인들치고 순종하는 사람을 찾아볼 수 없다. 따라서 그리스도인들은 마땅히 술 취해서는 안 되고 오직 성령으로 충만 되어야 한다. 그리고 시와 찬미와 신령한 노래들로 서로 화답하며 주님께 감사하며 피차 복종하는 생활을 해야 한다.

이제 6장에 와서는 자녀들에게 부모를 주 안에서 순종하라고 말한다. 자녀가 부모에게 순종하는 것은 옳은 것이다. 왜냐하면 자녀들은 부모에게서 나왔기 때문이다. 진리는 상식과 자연스러운 원칙을 포함한다. 자녀가 부모에게서 나왔기 때문에 부모에게 순종하는 것은 마땅한 도리인 것이다. 그러므로 바울은 이 말씀이 계명임을 말하기 전에 옳은 것임을 말해주고 있다. 자녀들은 마땅히 주 안에서 부모에게 순종해야 한다. 성경의 말씀은 인간의 상식을 지나치지 않는다. 이는 사람의 기본적인 양심과도 관계된다. 우리는 이러한 말씀이 이 천 년 전에 기록되었다는 것을 알아야 한다. 이는 성경이 하나님의 말씀이라는 또 하나의 증명이 된다. 성경은 부모와 자녀의 관계를 가장 바르게 확증하고 있는 책이라는 것을 알아야 한다. 더 이상의 다른 해답이 없다. 로마시대에 신생아 자녀 거부제도가 있었다 한다. 아기가 출생하면 아버지에게 거부 혹은 받아들여짐의 권리가 있었던 것이다. 아버지가 만일 허리를 굽혀 그 아기를 들어 올리면 자신의 자식으로 받아들여지고 양육을 했다. 그렇지 않고 등을 돌리면 그 아기는 거절을 당하고 갖다 버렸다. 이렇게 거절된 아기는 유아를 매매하는 밀매꾼들이 집어갔다. 이런 자들은 아이를 키워서 노예로 삼거나 매춘굴에 팔아 넘겼다 한다. 이러한 것들은 이교적인 잔인한 제도이고 구약 성경에도 아이들을 제물로 드리는 제도가 있었다. 그러나 그리스도의 복음은 자녀와 부모에 대한 새롭고 정당한 관계를 설정하고 있다.

우리는 남편과 아내에 대한 말씀이나 부모와 자녀에 대한 말씀이나 주인과 종의 말씀에서 중심적인 것이 복종임을 알아야 한다. 그리스도인으로서 성령 충만한 생활을 할 때 아내는 마땅히 자기 남편에게 복종할 것이고 남편은 아내를 사랑할 것이다. 뿐만 아니라 자녀는 부모에게 순종할 것이다. 종은 주인에게 순종하게 된다. 이것이 성령으로 충만한 생활, 그리스도인으로서 마땅한 생활이다. 어떤 사람이 성령으로 충만하다고 말하면서 부모에게 순종하지 않는다면 그것은 틀린 것이다. 성령은 반드시 진리를 따라간다. 자녀가 부모에게 순종하는 것은 진리요, 도리요, 원칙이요, 따라서 이것은 옳은 것이다. (하지만 여기서의 순종이 절대적은 아니라는 것도 알아야 한다. 어떤 부모는 자녀에게 악한 일을 명하는 경우도 있기 때문이다. '주 안에서' 순종하라는 말은 매우 중요한 말이다.)

주 예수께서도 이 땅에 계실 때 육신의 부모를 순종하셨고 받드셨다고 말한다. 로마서 1장에 의하면 부모를 거역하는 것이 죄임을 분명히 밝히고 있다. 디모데 후서 3장에도 말세에 부모를 거역하는 일이 있다고 하였다. 로마서 1장은 기독교의 시작에 부모를 거역하는 상황이 있다고 한 것이며 디모데 후서 3장은 주 예수 그리스도의 재림 직전의 세상이 그러하다고 말하는 것이다. 성경에서 악한 죄를 말할 때마다 부모를 거역하는 것이 나오니 주님의 심판 때에 부모를 거역하는 것이 심각한 심판을 불러 올 것임에 분명하다.

2-3절, 네 아버지와 어머니를 공경하라 이것이 약속 있는 첫 계명이니 이는 네가 잘 되고 땅에서 장수하리라

우리 중에는 부모가 살아 계시는 분도 있고 한 분만 생존하시는 분도 있을 것이다. 혹은 두 분 다 계시지 않는 분도 있을 것이다. 어쨌든 말씀은 우리에게 자기 아버지, 자기 어머니를 공경하라고 말한다. 공경한다는 것은 다만 순종하는 것만이 아니다. 영어로는 'honor'인데 영예를 돌리는 것, 높이는 것, 존경하는 것이 다 포함된다. 따라서 자녀가 부모에게 다만 순종하는 것만이 아니다. 자녀는 부모를 공경해야 한다. 부모를 자랑스러워하는 것, 부모를 존경하는 것 등이 포함되어 있다. 당신이 만일 당신의 부모가 존경할 부분이 별로 없다고 말한다면 나는 존경할 수 있는 부분을 찾아보라고 권하겠다. 어떤 사람이든지 약점이 있지만 또한 장점이 없는 사람도 없다. 왜 부모를 존경해야 하는가? 존경할 점이 있어서인가? 부모이기 때문이다. 부모라는 자체가 여러분의 존경의 대상인 것이다. 부모의 마음은 역시 부모의 마음이다. 그 부모라는 자체가 사람에게는 존경 그 자체라는 것을 알기 바란다.

이것이 약속 있는 첫 계명이라고 했다. 먼저는 옳은 것이라고 말하고 다음은 계명을 말한다. 우리는 때로 진리를 말하기 전에 인간으로서의 기본을 먼저 말할 때가 있다. 그리고 나서 성경의 가르침을 말한다. 이런 것은 심지어 하나님을 모르는 불신자들도 맞다고 하고 옳다고 하는 것들이다. 십계명 중 이것은 다섯 번째 계명인데 사람에 대한 계명 중에서는 첫 번째 계명이다. 이 땅에서 생활을 할 때 지켜야 할 계명들이 있다. 예를 들어, 거짓 증거하지 말라, 살인하지 말라, 탐내지 말라 하는 계명들이 있는데 인간 생활에서 첫째 되는 계명은 자녀가 부모를 공경해야 한다는 것이다. 인간의 미덕에서 가장 중요한 항목은 자녀 된 사람이 부모를 공경하는 것이다. 이것은 약속 있는 첫 계명으로서 이것을 지킬 때 잘 되고 땅에서 장수하게 된다. 부모를 공경하는 사람이 땅에서 잘 된다고 했다. 이 땅에서 잘 되고 싶은 사람은 부모를 공경해야 한다. 이 약속이 부모를 공경하지 않는 사람보다 공경하는 사람이 반드시 오래 산다는 뜻은 아니다. 그러나 이는 하나님의 일반적인 약속이므로 반드시 지켜주시는 하나님의 언약 중의 하나인 것이다. 이러한 부모 개념은 영적인 것에도 통한다. 바울은 디모데를 믿음의 아들이라고 말했다. 영적인 세계에서 부모같은 존재들이 있다. 그러한 자들을 순종하는 것도 축복된 것이다.

부모를 공경하지 않는 사람, 부모에게 불효하는 사람은 이 두 가지 축복을 받지 못한다. 잘 될 수가 없고 장수할 수 없다. 이러한 축복은 부모를 공경하는 사람에게 주어지는 것이다. 부모는 식물로 말하면 뿌리와 같다. 뿌리를 자르고서는 나무가 잘 자랄 수 없다. 뿌리와 잘 연결되어 있을 때 나무는 위로 잘 자랄 수 있다. 사람의 근본은 부모이다. 부모와 잘 연결되어 있을 때, 부모를 공경하고 순종할 때 그 사람은 잘 되게 되어 있다. 부모에게 나쁘게 하고 부모 가슴에 못을 박고 부모를 괴롭게 하는 사람은 자신의 뿌리를 끊어버리는 사람과 같다. 그런 사람은 잘 될 수도 없고 장수할 수도 없을 것이다. 그러므로 우리는 주님이 가르쳐주신 이러한 말씀을 잘 듣고 순종하기 바란다.

4절, 또 아비들아 너희 자녀를 노엽게 하지 말고 오직 주의 교양과 훈계로 양육하라

이제 아비들에게 말한다. "너희 자녀를 노엽게 하지 말고 오직 주의 교양과 훈계로 양육하라." 부모는 자녀의 권위이기 때문에 때로는 책망을 해서 그들을 바로잡아야 합한다. 그러나 너무 심하게 해서 자녀를 노엽게 하지는 말아야 한다. 책망하여 바로잡기는 해도 자녀로 노여운 마음이 들게 할 정도로 하지는 말아야 한다는 것이다. 여기서 먼저 바울은 아비들을 말하고 있다. 아비는 한 편으로 절제를 가져야 한다. 이는 자녀를 노엽게 하지 않기 위해서이다. 이는 아비들이 절제하지 못하고 자녀들을 심하게 책망할 때 아이들이 낙심할 수 있기 때문이다.

부모도 때로는 감정이 앞설 때가 있다. 자녀가 잘못했다 해서 심하게 때리거나 심하게 책망할 때 자녀들은 노여워하게 된다. 부모들은 이러한 실수를 저지르지 말아야 한다. 나도 부모로서 때로 자녀들이 부모의 뜻에 따라 주지 않고 거스를 때 정말 화가 났다. 아무리 경건한 성도이고 주님을 사랑하는 사람이라 할지라도 자식에 대해서만큼은 참지 못하게 되는 것을 본다. 이러한 일에서도 사탄 마귀의 올무에 걸리지 않도록 깨어 기도해야 한다. 자식을 너무 가혹하게 상대하고 때리고 분내고 할 때 자칫하면 자녀를 노엽게 하고 자녀에게 깊은 상처를 남겨주게 된다. 깊이 사랑하는 자녀일수록 더 노여워하는 마음으로 화를 낼 수 있으니 부모들은 매우 이 점에 있어서 조심해야 하고 많은 기도가 필요하다.

여기서는 다만 주의 교양과 훈계로 양육하라고 했다. '양육'이란 말은 원문에서 크도록 이끌어준다는 뜻이다. 영어로는 'bring up'이다. 자녀를 주님께 이끌려면 부모가 먼저 주님을 늘 가까이 하면서 자녀를 가까이 하도록 이끌어준다는 뜻이다. '교양'이라는 말은 징계를 뜻한다. 훈계란 훈련을 뜻한다. 때로 잘못할 때 징계를 하되 주님 안에서 주님과 함께 징계를 해야 한다는 것이다. 전에 내 아들이 정말 잘못했을 때 나는 내 아내에게 대야에 물을 담아 오고 수건을 가져오라고 했다. 그리고 매를 가져오라고 했다. 나는 아들에게 몇 대를 맞을 것인지 물었다. 가족이 다 함께 있었다. 같이 기도하고 한 대 한 대 때렸다. 물론 그렇게 때린 후에 나는 그날 밤 괴로워서 잠을 자지 못했다.

부모가 자녀를 때릴 수 있지만 그것도 주 안에서 해야 한다. 주님과 함께 기도하면서 해야 한다. 그런데 대개 부모들은 일단 화가 나면 눈이 돌아간다. 그리고서 완전히 육체로 분에 못 이겨 때리고 자식하고 싸운다. 자식들도 크면 말을 잘 듣지 않는다. 부모를 이기려고 한다. 이렇게 되기 때문에 자녀 교육하기가 쉽지 않다. 그러므로 함부로 혈기를 내지 말고 정말 자녀들을 위해서 기도해야 한다. 혹시 징계를 할지라도 기도하면서 분명하게 주님의 말씀으로 타일러야 한다. 그럴 때 자녀들도 일생 깊은 인상을 받게 될 것이다. 잊어버리지 않을 것이다. 이것이 참다운 자녀 교육이라고 여겨진다.

또 자녀들이 잘못했을 때 아무 말도 하지 않고 '잘 하겠지' 하고 방치하는 것도 잘 하는 것이 아니다. 반드시 훈계할 때는 훈계하고 징계할 때는 징계도 해야 한다. 구약에서 다윗에게는 여러 아들들이 있었는데 그 중 아도니야가 나중에 반역을 했다. 성경에서는 다윗이 그 아들에게만큼은 한 번도 '왜 이렇게 하였느냐?' 하고 묻지 않았다고 했다. 말하자면 한 번도 꾸짖거나 징계를 하지 않았다는 것이다. 그래서 그는 나중에 그에게 기회가 주어지자 반역을 했다(왕상 1:5-6). 루터는 매를 아끼면 아이를 망친다고 하였다(Spare the rod and spoil the child).

그러므로 우리는 자녀들을 징계하지 않는 것이 잘하는 것이 아니라는 것을 알아야 한다. 때로는 주의 교양과 훈계로 양육을 해야 한다. 잘못할 때에는 타일러야 한다. 이것이 자녀들을 위해서 유익한 것이다. 잠언에도 이러한 말씀이 많이 있다. 자녀를 초달하지 않는 것은 자녀를 사랑하지 않는 것이라고 했다. 자녀를 사랑한다면 때로 징계도 하고 훈계도 해야 한다. 이것은 필요한 것이다. 그러나 그럴 때 너무 심하게 혈기로, 격한 심정으로 하지 말고 주의 교양과 훈계로 기도하면서 해야 한다.

중요한 것은 적절한 칭찬이 필요하다는 점이다. 사랑과 인내심을 가지고 부모가 긍정적인 격려와 칭찬을 해주는 것은 자녀의 재능을 발전시키는데 매우 도움이 된다. 부모가 자기 자녀를 주의 교양과 훈계로 양육하는 것은 쉽지 않다. 좋은 부모가 되려면 영적으로 잘 배우고 훈련하는 수밖에 없다. 아버지가 주 안에서 주님과 잘 동행하면서 성장해나가지 않는다면 좋은 부모가 될 수 없다. 부모는 자녀에게 가장 고상한 영향을 끼칠 수 있는 사람이다.

5절, 종들아 두려워하고 떨며 성실한 마음으로 육체의 상전에게 순종하기를 그리스도께 하듯 하여

다음은 종들에 대해 말하는데 이것은 원래 '노예'이다. 초대 교회 당시에는 노예 제도가 있었다. 그래서 상전이 있고 노예가 있었다. 지금도 인도에는 종들이 있다. 아프리카에도 있다. 그러나 지금과 그 당시는 다소 차이가 있는데 당시에는 노예의 생사권까지 주인에게 달려 있었다. 그런데 그러한 노예 중에도 그리스도인이 있었다. 또 상전 중에도 그리스도인이 있었다.

이 말씀은 노예들에게 하는 것이다. 이는 또한 그리스도인 피고용자들에게도 해당되는 말씀인 것이다. "종들아 두려워하고 떨며 성실한 마음으로 육체의 상전에게 순종하기를 그리스도께 하듯 하여". 종들은 두려워하고 떨며 성실한 마음으로 상전을 섬기라는 것이다. 여기서 성실이라는 단어는 '시네세라'인데 그 뜻이 재미있다. 이는 시네(없다)와 세라(왁스)를 합성한 말이다. 고대에 도기제조는 중요한 산업이었는데 정직하지 않은 도공은 자기가 만든 도기에 금이 가거나 흠이 있는 부분을 왁스로 발라 사람의 눈을 속인데서 나온 말이다. 그래서 '왁스 없음'이라는 말이 성실이라는 말로 바뀐 것이다. 좋은 도자기는 왁스 없음이라는 도장을 찍었다고 한다. 또한 햇빛에 검사했음이라는 의미도 있다. 바울이 본문에서 사용했던 단어는 '아플로테티'인데 이는 신실함 뿐 아니라 마음이 너그럽고 최선을 다하며 물러나지 않고 고용주를 정직하게 섬기는 것을 뜻한다. 또한 단순하다는 뜻도 있다. 사람이 관대하고 단순한 것이 영적인 것이다.

6절, 눈가림만 하여 사람을 기쁘게 하는 자처럼 하지 말고 그리스도의 종들처럼 마음으로 하나님의 뜻을 행하여

상전이 볼 때만 잘 보이려고 일하는 척하는 것이 눈가림하는 것이다. 그렇게 해서 사람을 기쁘게 하는 자처럼 하지 말라는 것이다. 오늘도 이러한 사람들이 있다. 나도 직장 생활을 할 때 오랜 시간 직원들을 다루어 보니까 그리스도인조차도 눈 앞에서, 보이는 데서만 잘하려 하고 보이지 않는 데서는 제멋대로 하는 경우가 있다. 그러나 그리스도인들은 마땅히 진실하게 육신의 상전에게도 그리스도의 종들이 그리스도께 하듯 해야 한다. 그리스도의 종들은 마음으로 하나님의 뜻을 행한다. 우리는 하나님의 뜻을 행할 때 누가 하라고 해서, 혹은 억지로 강요당해서 하는 것이 아니다. 그리스도인들은 그리스도의 종들이 마음으로 하나님의 뜻을 행하듯이 그렇게 상전을 섬겨야 한다. 이것이 그리스도인들의 직장생활이다. 그리스도인들이 상전을 섬기는 법이다. 보이지 않는 주님을 마음으로 섬기듯이 그렇게 육신의 상전을 섬겨야 하는 것이다.

앞에서 우리는 성령으로 충만한 사람의 가정 생활을 보았다. 아내는 남편에게 복종하고 남편은 아내를 자기 몸같이 사랑하는 것이다. 그리고 자녀들은 부모를 주 안에서 순종하고 공경하며 부모는 자녀를 주 안에서 잘 양육하는 것이다. 또 직장에서는 혹시 자신이 부하 직원이라면 진실된 마음으로 그리스도의 종들이 그리스도를 섬기듯이 육신의 상전을 섬겨야 한다.

7절, 단 마음으로 섬기기를 주께 하듯 하고 사람들에게 하듯 하지 말라

여기서 단 마음으로 섬긴다는 것은 하는 수 없이 억지로 섬기는 것이 아니라 기꺼이 섬긴다는 말이다. NIV 성경은 '좋은 마음'으로 번역을 했다. 흠정역은 '기쁜 마음'으로 번역을 했다. 어쨌든 그리스도인 노예들은 상전을 좋은 마음과 기쁜 마음으로 섬겨야 한다는 것이다. 이렇게 세상에서 직장생활을 하던 사람이 전 시간을 드려 주님을 섬기기 위해 나오면 그렇게 주님을 섬길 것이다. 나는 오늘날 이러한 사람들을 보고 싶다. 주님을 단 마음으로 섬기는 사람들을 보고 싶다. 그리고 이 세상에서 육신의 상전을 섬긴다 하더라도 그렇게 섬기기를 바란다. 이것이 그리스도인들이다. 단 마음으로 섬기기를 주께 하듯 하고 사람들에게 하듯 하지 말아야 한다.

8절, 이는 각 사람이 무슨 선을 행하든지 종이나 자유하는 자나 주에게 그대로 받을 줄을 앎이니라

종들이 상전을 단 마음으로 주께 하듯 섬긴다면 그것이 종들의 선행이다. 뒤에 나오지만 상전들이 공갈을 하지 않고 부하 직원들을 잘 다스릴 때 이것은 상전들의 선행이다. 이렇게 종들이나 상전들이나 심지어 부모나 자녀들이나 남편이나 아내나 각 사람이 무슨 선을 행하든지 주님께 그대로 받을 줄을 알아야 한다. 오늘 많은 그리스도인들은 교회생활에서 봉사하는 것에 대해서만 하나님께 보상받을 줄로 생각하는 것 같다. 그러나 이 말씀을 보면 종이든지 자유자든지 상전이든지 그들이 정말 주님 앞에서 잘 행하면 그대로 보상을 받게 된다.

그러므로 오늘 우리가 반드시 기억해야 할 것은 주님의 심판대 앞에서 우리가 주님으로부터 보상을 받는 것은 오늘 우리의 일상생활 가운데서 일어난 일들과 관계가 많다는 것이다. 오늘 그리스도인들이 일상생활 가운데서 한 가지 한 가지 일을 어떻게 했느냐가 주님 앞에서 보상을 받는 것과 관련된다. 한 사람을 어떻게 대하고 어떻게 섬겼는가 하는 것들이 모두 주님 앞에서 계산된다는 것이다. 우리의 일거수일투족이 매우 중요하다. 매일 매일의 생활이 매우 중요하다.

9절, 상전들아 너희도 저희에게 이와 같이 하고 공갈을 그치라 이는 저희와 너희의 상전이 하늘에 계시고 그에게는 사람을 외모로 취하는 일이 없는 줄 너희가 앎이니라

'저희에게'는 '종들에게'를 의미한다. '이와 같이' 하라는 것은 상전들도 종들을 대할 때 사람에게 하듯 하지 말라는 것이다. 상전들도 함부로 행해서는 안 되고 주님 앞에서 종들을 다루어야 한다. 그들은 공갈하는 것을 그쳐야 한다. 여기서 공갈은 위협하는 것(threatening)을 의미한다. 상전들은 종들을 다룰 때 좋은 말로 하면 잘 듣지 않으니까 공갈하고 위협을 해서 종들을 다루려고 한다. 어떤 상전들은 습관적으로 그렇게 한다. 우리 사역자들도 때로 성도들에게 말을 듣게 하려고 위협하는 말을 하게 되는데 이는 잘못된 것임을 알고 그쳐야 한다. 그리스도인 상전은 그렇게 해서는 안 된다. 왜냐하면 "저희와 너희의 상전이 하늘에 계시기" 때문이다. 유일한 상전이 하늘에 계신다. 당신이 이 땅에서 상전일지 모르지만 최고의 상전은 아니다. 사실상 종들에게도 실제적인 상전은 하늘에 계시고 상전들에게도 그들의 상전이 하늘에 계시는 것이다.

"그에게는 사람을 외모로 취하는 일이 없는 줄 너희가 앎이니라". 하나님 앞에서는 상전이든 종이든 차이가 없다. 하나님 앞에서는 그런 사람의 외모가 가치가 없다. 그러면 어떤 것이 하나님 앞에서 가치가 있는가? 오늘 이 땅에서 우리의 신분은 배우가 맡은 역할과 같다. 상전의 역할, 노예의 역할 등이 있는 것이다. 하나님께서 보시는 것은 상전이냐 종이냐가 아니라 그 역할을 주님 앞에서 합당하게 하는가이다. 상전으로서 부하들에게 공갈하지 않고 참으로 주님의 인자함과 자비로움과 의로움과 합당한 예절로 대한다면 그것이 상전들의 선(善)이다. 그리고 부하들, 노예들이 정말 그리스도께 하듯 진실함으로 기꺼이 상전들을 섬길 때 그것이 노예들의 선(善)이다.

주님은 이것을 중요시하신다. 그분은 실제로 그리스도를 체험하고 그리스도를 살아내는 사람, 그리스도인으로서 본이 되는 사람을 관심하신다. 하나님은 사람의 외모를 보시지 않는다. 상전이면 얼마나 상전이며 이 땅에서 높으면 얼마나 높겠는가? 이것은 주님과 아무 상관이 없다. 그러므로 상전들은 우주 가운데 자기보다 높은 사람이 없는 것처럼 그렇게 노예들을 다루지 말아야 한다. '너희와 저희의 상전이 하늘에 계시기' 때문이다.

10절, 종말로 너희가 주 안에서와 그 힘의 능력으로 강건하여지고

이제 이 서신을 마무리하는 단계에 이르렀다. "종말로 너희가 주 안에서와 그 힘의 능력으로 강건하여지고". 지금까지 교회생활과 가정생활과 직장생활을 모두 이야기했다. 그리스도인에게는 마지막으로 한 가지 남아 있는 것이 있다. 그것이 무엇인가? 바로 하나님의 대적인 사탄을 대항하는 문제이다. 곧 '영적 전쟁'이다. 이 우주 가운데 악한 자가 있다. 그러므로 교회는 이 악한 자에게 대항하여 어떻게 영적 전쟁을 수행하고 승리를 거둘 것인가 하는 것을 보아야 한다. 교회는 하나님의 대적을 향하여 영적 전쟁에서 승리해야 하는 문제가 남아 있다. 하나님이 우리를 이 땅에 두신 의도는 거룩한 생활을 하게 하기 위함만이 아니다. 우리에게는 대적을 향하여 승리를 쟁취해야 하는 문제가 있는 것이다.

먼저 영적 전쟁을 하기 위해서는 주 안에서와 그 힘의 능력으로 강건해져야 한다. 스스로 강건해지는 것이 아니다. 주 안에서 그 힘의 능력으로 강건해지는 것이다. 그러나 그것은 완전히 피동적인 것이 아니라 우리가 강건해지려고 하는 것이 필요하다. 그렇지 않으면 주님은 우리에게 강건해지라고 명령하지 않았을 것이다. 우리는 주님의 힘의 능력을 가지고 그 힘의 능력을 의지해서 강건케 되어야 한다. 당신이 건강한 음식이 무엇인지를 모른다면 영적으로 건강한 것이 무엇인지를 모른다. 뒤에 말하겠지만 말씀의 건강한 음식을 섭취하지 않으면 강건해질 수 없고 영적 전쟁에서 승리할 수 없다. 교회가 건강하게 되어 모든 면으로 강하게 되어야 성도들은 영적 전쟁에 참여할 수 있다. 나는 성도들이 건강하게 되어 영적 전쟁에 참여하는 자들이 많이 나오기를 바란다. 이는 성도들이 건강한 가르침을 받아 영적으로 건강하게 자라는 것과도 관계가 있다. 우리 몸이 강건하게 되는 비결도 피동적이어서만은 안된다. 우리 자신이 강건해지려는 노력이 필요하다. 강건해지고자 하면 강건해질 수 있다.

에베소서에 있는 영적인 전쟁

왜 다른 서신에는 영적인 전쟁에 대하여 쓴 것이 없고 에베소서에 있는가? 이는 에베소서가 가장 교회에 대하여 높은 계시를 담은 성경이기 때문이라고 믿는다. 바울은 에베소서에서 교회가 그리스도의 몸임을 밝히 말했다. 어느 성경도 에베소서처럼 그리스도의 몸인 교회를 밝히 말한 적이 없다. 에베소서에서 교회는 그리스도의 영광스런 신부로 장래 그분께 드려짐을 말하고 있다. 교회는 그리스도의 신부일 뿐 아니라 그분의 전사라는 것을 보여준다. 교회가 전사가 아니라면 그것은 하나님의 표준에 이른 교회가 아니다. 따라서 영적 전쟁은 에베소서 후반부에 위치하는 것이 가장 합당한 것이다. 성도들은 에베소서에서 교회가 과연 무엇인지를 볼 수 있을 것이고 최종적으로 그리스도의 전사인 교회를 볼 수 있는 것이다. 이는 계시록 19장의 교회가 먼저 신부가 되고 다음에 전사가 되는 사상과도 일치한다.

하나님의 이름 안에 있는 능력

또한 성도들이 알아야 할 것은 영적 전쟁을 하기 위한 능력은 그분의 이름에 있다는 것이다. 우리는 그 힘의 능력이 어디에 있는가를 보아야 한다. 그 힘의 능력은 그분의 이름에 있다. 하나님이 우리에게 능력을 주시기 원하지만 그 능력이 어디에 있는지 알지 못하면 우리는 그분으로부터 능력을 부여받지 못한다. 하나님은 영광 안에 있는 하나님의 아들을 중시하시고 땅에 있는 우리를 중시하시는 것이 아니다. 그분은 그분의 아들의 이름을 중시하여 이 땅에서 능력을 행사하신다. 우리에게는 능력이 없고 예수 그리스도의 이름에 큰 능력이 있다(마 18:18-20, 요 16:23-26, 빌 2:6-10). 우리는 그리스도의 승천을 통해서 이루어진 그분의 이름에 대한 큰 변화를 볼 수 있어야 한다. 하나님은 부활 승천하신 그분에게 큰 능력과 통치권을 주셨다. 이 능력과 통치권은 하늘에 있는 자들과 땅에 있는 자들과 땅 아래 있는 자들의 모든 무릎을 꿇게 한 이름이다. 심지어 유대의 지도자들도 이 이름 안에는 중대한 의미가 있다는 것을 알았다. "너희가 무슨 권세와 뉘 이름으로 이 일을 행하였느뇨"(행 4:7). 그러므로 주 예수님은 자주 '내 이름으로 구하라'고 말씀하셨다. 이 능력은 우리가 말씀을 전할 때 사람을 구원시키는 능력을 주신다. 그 이름으로 사람의 죄를 사하는 권세를 주신다. 또한 그 이름으로 영적 전쟁에서 큰 능력으로 사탄의 권세를 대적하고 묶고 굴복할 수 있게 하셨다(막 16:17, 눅 10:17-19, 행 16:18). 주님은 우리에게 심지어 '무엇을 구하면' 또 '너희가 만일 무엇을 구하면' 이라고 하시어 마음껏 그 이름을 사용하게 하셨다. 그분은 이와 같이 그분의 이름을 그 종들에게 대담하게 의탁하신 것을 볼 수 있다.

하나님은 그분의 이름을 종들에게 의탁하시고 그들이 이 이름으로 구하고 행동할 때 하나님도 그들을 통해 행동하신다고 약속하셨다. 개인이 그럴 뿐 아니라 주님은 교회에게 그분의 이름을 맡기시고 교회가 땅에서 매면 하늘에서도 매고 교회가 땅에서 풀면 하늘에서도 푼다고 하셨다. 이는 우리가 반드시 알아야 할 한 가지 일이다. 그러나 과연 우리 개인이나 교회가 주님이 그분의 이름을 맡길 만한 대상들인가는 또 다른 문제라는 것을 알지 않으면 안된다(행 19:13). 그것은 이름이 그 인격이기 때문이다. 그러니 성경에 주 예수를 믿으라고 하며 그 이름을 믿으라고도 한다. 이름은 그 사람의 인격이기 때문이다. 주 예수를 믿는 것이나 그분의 이름을 믿는 것은 결국 같은 것이다. 우리가 주님의 인격과 깊이 연결되고 하나되지 않는다면 우리가 그저 입술로 사용하는 이름은 공허한 백지수표와 같이 되는 것이다. 그야말로 우리의 마음과 중심과 뜻이 그분의 것과 하나되었을 때 그분의 이름은 실로 우리의 것이 된다.

이를 위해 수많은 말씀의 축적과 기도와 십자가의 처리와 성령의 충만은 필수적이다. 그분을 위한 봉사와 섬김, 헌신도 물론이다. 수많은 과정을 거쳐 우리는 그분의 이름을 의탁 받을만한 그릇이 되어 간다. 스게와라는 제사장의 일곱 아들들도 예수의 이름으로 악귀들을 내어쫓으려 하였으나 도리어 악귀들이 그들을 제압하여 그 아들들은 상하여 벗은 몸으로 도망하였다(행 19:11-16). 마술하는 어떤 유대인들도 시험적으로 악귀들린 자들에게 예수 그리스도의 이름을 사용해보았다(행 19:13). 겉의 이름만 가지고는 아무 소용이 없다. 그러나 베드로와 요한은 "은과 금은 내게 없거니와.. 내게 있는 것으로 네게 주노니 곧 나사렛 예수 그리스도의 이름으로"라고 말한다. 앉은뱅이가 일어났다(행 3:1-10). 사도바울은 그의 전도 여행 가운데 그리스도의 이름으로 많은 능력을 행하였다. 그들은 부활하신 주 예수와 인격적으로 하나 되었던 사람들이었다.

11절, 마귀의 궤계를 능히 대적하기 위하여 하나님의 전신갑주를 입으라

에베소서 6장 10절부터의 내용은 에베소서의 결론에 해당한다. 교회가 어떻게 사탄을 처리하는가와 관계된다. 하나님은 우리가 영적으로 강하게 되기를 바라실 뿐 아니라 무장한 그리스도인이 되기를 원하신다. 마귀의 대적을 대항하기 위해서는 강건하게 될 뿐 아니라 무장한 전사가 되어야 한다. 이 땅에는 마귀의 궤계, 마귀의 전술이 있다. 마귀는 항상 간교한 방법으로 하나님의 자녀들을 공격한다. 그리하여 하나님의 목적을 이루지 못하게 하려고 역사한다. 그것이 바로 궤계라는 뜻이다. 성도들은 무조건 안심하고 있어서는 안 된다. 귀한 저서 "영적 전쟁"을 쓴 펜 루이스 여사는 자기가 누구에게든지 속임을 당하지 않는다고 자신하는 사람은 이미 속임을 당한 사람이라고 말했다. 마귀는 동산에서 하나님의 말씀을 섞어서 그의 거짓을 받아들이게 했다. 처음부터 사탄이 하나님의 말씀을 정면에서 반대했다면 하와는 그 사실을 받지 않았을 것이다. 그러나 마귀는 참과 거짓을 적절히 섞어서 마치 전체가 진실처럼 속게 만든 것이다.

오늘날 이단들이나 사교들도 다 성경을 사용한다. 어떤 이단들은 성경을 더 잘 아는 것 같기도 하다. 그러나 그들은 전체가 다 건강한 것이 아니라 어떤 부분에 가서 특이하고 거짓된 이론(누룩)을 만들어 그 말씀 속에 집어 넣어버린다. 따라서 순진하고 굳세지 못한 영혼들은 그들이 앞에서 말한 많은 교리들이 너무 참되고 건전하며 좋고 유익을 얻었다고 느껴지기 때문에 좋지 않은 뒤의 말들도 별로 의심하지 않고 받게 되는 것이다(창 3:4-5). 즉 말씀에서 한두 가지 큰 깨달음을 얻었다든지 빛을 받았다고 느끼기 때문에 뒤따르는 좋지 않은 실행이나 이단적인 가르침에 속수무책으로 넘어가는 것이다.

그러므로 많은 사람들이 인생을 허비하고 망쳐버리는 수가 허다하다. 또한 마귀는 성경의 어떤 부분을 본 뜻에 맞지 않게 해석하여 어떤 주장을 하기도 한다(마 4:6). 이런 것들이 다 마귀가 하는 일들이다. 그리고 그들은 그리스도의 종들로 위장한다(고후 11:13). 앞에서 말했지만 어떤 비평하는 말 한 마디, 소위 충고하는 말 속에도 마귀의 궤계가 있을 수 있다. 그러므로 우리는 작은 말 한 마디 속에도 마귀의 전술 전략이 있을 수 있음을 유념하고 생활해야 한다. 요즈음에 어떤 악한 사역자들은 성도들에게 두려움을 심어서 자기의 말을 듣고 따르게 한다. 소위 보이스 피싱과 비슷한 전략을 사용하기도 한다. 건강이나 정신력이 약한 사람의 어떤 부분을 공략하여 알아맞히고 그것을 상담, 기도 등으로 치유해주겠다고 유혹한다. 그리고 수년 종삼아 인생을 낭비하게 하고 재물을 탈취하기도 한다.

그렇기 때문에 사도는 하나님의 전신갑주를 입으라고 했다. 이런 마귀의 책략에 대하여 우리 인간으로는 이길 도리가 없다. 그러므로 하나님의 전신갑주가 필요한 것이다. 우리의 각 부분에 하나님이 주시는 것들로 진지하게 입어야 싸울 수 있다. 전쟁에 나가려면 갑옷을 입어야 한다. 머리도 가리고 가슴도 가려야 한다. 위험한 부위는 다 가리고 나가야 한다. 이러한 가리는 것들에는 진리 곧 하나님의 말씀도 있고 믿음도 있다. 이런 것들을 가지고 있어야 마귀의 궤계를 대적할 수 있다. 여기서 전신갑주를 입는 것은 "너희"이지 '네'가 입으라고 한 것이 아니다. 교회가 단체적으로 하나가 되어 영적전쟁을 하는 것이고 그를 위해 전신갑주를 입어야 하는 것이다. 여기에 개인주의적이고 자기를 신뢰하는 자들에게는 길이 없다. 모든 것을 교회와 함께하며 성도들과의 교통과 연결 안에 있는 자들에게는 피할 길이 있고 구원의 길이 있게 된다.

진정한 영적 전쟁

구약에서 이스라엘 백성들이 요단을 건너 가나안에 들어가는 것은 일반적으로 성도들이 죽은 후에 천당에 가는 것으로 알려졌지만 사실은 그렇지 않다. 왜냐하면 이스라엘 백성들의 대적과의 전쟁은 비로소 가나안에 들어가서 시작되었기 때문이다. 우리 그리스도인들은 죽은 후에 싸우러 하늘로 올라가는 것이 아니다. 우리 그리스도인들은 이 땅에서 하나님의 유업을 얻고 누리기 위해 싸울 필요가 있는 것이다. 요단을 건너는 것은 죽음과 부활을 체험하는 것이다. 그들이 광야에 있을 때 그들은 아직 육체가 완전히 십자가에 못박히지 않았다. 그런 상태는 아직 영적인 전쟁에 참여할 수 없다. 그들이 그리스도의 죽음과 부활에 연합한 예표인 요단을 건너 길갈에 도착했을 때 그들은 비로소 싸울 준비가 되었고 여리고부터 진격한 것이다. 가나안에 도착했을 때 이스라엘 백성들을 이끌고 싸움에 임한 것은 성령을 예표하는 여호와의 군대장관이었다(수 5:14). 죽음과 부활을 체험하여 성령의 인도에 이끌려 사는 지경에 이르지 못한 성도는 아직 육체 안에서 살기 때문에 영적인 전쟁에 참여하지 못한다. 로마서 6장에서 8장에 이르러 오직 전체적으로 영 안에 사는 것이 무엇인지 아는 성도만이(롬 8:8-14), 영적인 전쟁에 참여할 수 있다.

우리는 말씀에 의거하여 믿음으로 앉는 것과 성령 안에 행하는 것만이 아니라, 가장 합당한 가정생활을 하고 사회생활을 할 때 안정된 신앙생활을 가질 수 있으며 그런 연후에라야 영적인 전쟁에 참여할 수 있음도 보아야 한다. 그리고 우리가 반드시 깨달아야 할 것은 우리가 싸울 수 있는 능력이 주님 안에 있으므로 그 힘의 능력으로 강건케 되어야 한다는 점이다. 그러려면 언제나 주님을 가까이 하고 주님으로부터 힘을 얻을 수 있어야 한다. 힘은 우리에게 있는 것이 아니라 하나님께 있기 때문이다.

12절, 우리의 씨름은 혈과 육에 대한 것이 아니요 정사와 권세와 이

어두움의 세상 주관자들과 하늘에 있는 악의 영들에게 대함이라

우리의 싸움은 혈과 육에 대한 것이 아니다. 혈과 육이란 사람을 말한다. 즉 보이는 인간 존재가 아니라는 말이다. 믿는이들은 마귀의 궤계에 대항할 때, 그것이 사람을 통해 오기 때문에 대적이 공중에 있는 영들이라고 생각지 않고 보이는 사람을 대적으로 여긴다. 그래서 사람과 맞붙어 싸우려고 한다. 그리고 마음이 상해서 그 사람을 원망하고 미워한다. 그런데 사도는 우리에게 우리의 대적이 사람, 곧 혈육이 아니라는 것을 가르쳐 준다. 그 배후에 있는 공중의 악의 영들을 보아야 한다는 것이다.

그러므로 이 구절에서는 우리가 싸우는 대상이 누구인지를 분명히 알려 준다. 누구인가? 혈과 육이 아니다. 어둠의 세상 주관자와 하늘에 있는 악의 영들이다. 이 마귀에 대한 여러 별명들을 볼 때 우리의 대적이 만만치 않음을 알 수 있다. 정사와 권세와 어두움의 세상 주관자들과 하늘에 있는 악의 영들이란 다양한 사탄의 영역과 특별한 기능들을 가진 것들을 표현하기 위한 용어들일 것이다. 어떤 이들은 마귀들이라고 하는 말을 틀린 말이라고 한다. 마귀란 단수라는 것이다. 그러나 성경에 천사장으로서 마귀는 하나이지만 그의 수많은 졸개들이 있다는 것을 알아야 한다. 그들의 세력은 물론 엄청나지만 사탄의 세력이 무한하고 전능한 것은 아니다. 여전히 그들도 하나님의 허가하는 범위 내에서만 활동할 수 있는 것이므로 그들이 전지전능한 것은 아니다. 우리는 성경에서 우리 하나님은 전지전능하시고 무소부재하심을 안다. 그분은 어디에나 계신다. 그러나 마귀는 그리스도의 복음이 전파되며 성령의 능력이 행사되는 범위에서는 활동하지 못한다.

정사(rulers)란 특별한 영역을 다스리는 마귀를 말하는 것이리라. 마귀 가운데는 특정 지역을 다스리는 놈이 있으리라는 생각이다. 권세(authorities)는 어떤 분야에서 권세를 행사하는 마귀의 기능일 것이다. 이를테면 철학 분야에서, 예술 분야에서, 영화 분야에서, 정치 분야에서, 외교 분야에서 권세를 행사하는 마귀를 말한다. '주관자'(power)란 사람의 생각과 행동들을 주관하는 것을 말한다. 특히 매스미디어(mass media)는 사람의 생각과 감정들을 주관하고 있다. 악한 영(spiritual forces of evil)이란 공중에서 사람들을 조종하는 것을 말한다. 우리는 이러한 단어들을 통해서 사탄적인 역사가 여러 권역에 걸쳐 만만치 않게 벌어지고 있다는 것을 알고 대비하고 영적인 전쟁을 치를 준비를 해야 한다.

대적들의 공격이 혈과 육이라면 우리의 혈과 육으로 상대하겠는데 이는 혈과 육의 문제가 아니다. 이는 공중 권세 잡은 자의 영역이므로 하나님의 능력을 의지하지 않으면 안 된다. 사탄은 어떻게 하든 빛의 역사, 하나님의 적극적인 역사를 공격하고 무너뜨리려고 한다. 그러한 방해 공작을 우리는 너무나 많이 보았다. 아프리카에 가면 그곳에 악한 자의 역사가 있고 유럽에 가면 또 그곳에 악한 자의 역사가 있다. 하나님의 종들은 하나님의 역사를 수행하고 교회가 건축되게 하지만 사탄은 기묘하게도 형제자매들을 사용하여 교회를 분열시키고 이간시킨다. 형제자매들 속에 편견과 관념을 넣어주어서 서로 미워하게 하고 분리되게 한다. 이것이 다 마귀의 역사이다.

13절, 그러므로 하나님의 전신갑주를 취하라 이는 악한 날에 너희가 능히 대적하고 모든 일을 행한 후에 서기 위함이라

악의 영들이 있기 때문에 하나님의 전신갑주를 취하지 않으면 전쟁을 할 수가 없다. 사람과 사람 사이의 일이라면 사람이 머리를 쓰거나 전략을 세워서 이길 수가 있을 것이다. 그러나 이 전쟁은 보이지 않는 악한 자와의 일이기 때문에 하나님의 전신갑주를 취해야 한다.

"이는 악한 날에 너희가 능히 대적하고 모든 일을 행한 후에 서기 위함이라." 사도는 지금이 악한 날이라고 했다. 악한 날은 시편 41편 1절의 괴로움의 날(a day of trouble)을 말한다. 주님은 마태복음 6장에서 한 날 괴로움은 그 날에 족하다고 하셨다(34절). 매일 괴로움이 있다는 뜻이다. 우리 그리스도인의 하루하루는 마귀의 공격이 없는 날이 없고 싸우지 않아도 될 날이 없다는 것이 된다. 그러므로 이제 그리스도인들은 매일 매일 대적하는 것을 배워야 한다. 그리스도인들은 무엇이든지 다 받아들이고 '아멘' 하는 것이 아니다. 하나님께는 '아멘'이지만 사탄에게는 '노우'(No)이다. 사탄의 궤계가 무엇인지 모르면 그에게도 '예' 하게 된다. 사탄은 환경으로 우리를 속이고 혼란되게 하여 하나님과의 연합을 끊어지게 한다. 자기 자신에 빠지게 만든다. 그런 다음 더 깊은 수렁으로 계속해서 끌어내리는 것이다.

이 구절에서 성령께서 우리에게 강조해주는 한 가지는 하나님의 은혜를 힙 입어서 악한 자에게 절대 굴복하지 않겠다는 우리의 강한 결심이다. 실상 하나님께서 우리를 부르신 것은 우리로 주 예수 그리스도를 믿을 뿐 아니라 대적과 싸워 이기는 것을 보시기 원함이다(빌 1:28-30). 성도가 마귀와 싸우지 않는다면 몰라도 싸우려고만 마음먹고 승리를 원한다면 반드시 승리한다. 실패하는 이유는 싸우지 않기 때문이다. 우리가 만일 하나님만을 의지하고 그분의 전신갑주를 입고 싸움에 나선다면 우리는 승리한다.

"모든 일을 행한 후에 서기 위함이라" 성도들은 사탄과의 전쟁에서 승리한 후에도 여전히 성도의 신분과 태도를 견지해야 한다. 11절에서도 마귀의 궤계를 대적하라고 말했고 13절에서도 '너희가 능히 대적하고'라고 했다. 성도는 마귀를 대적하기 위해 부름을 받았다. 부르심을 받은 성도가 사탄에 대하여 싸울 의도가 없고 이에 대하여 어떤 관념이 없다면 하나님 앞에 그렇게 유용성이 없다. 사람은 창조될 때부터 땅에 기는 것을 정복하고 다스릴 운명을 가졌다. 하나님은 피조물로서 피조물을 정복하기 원하셨다. 그러므로 사람은 반드시 사탄을 대적하여 맞서야 한다. 또 대적할 뿐 아니라 모든 일을 성취한 후에 설 수 있어야 한다. 선다는 것은 그의 역사를 저지하는 것이다. 대적하는 것이 한 가지 일이요 서 있는 것이 또 한 가지 일이다. 어떤 학자는 선다는 것이 자기의 입지를 견고히 지키는 것이라고 하였다. 하나님은 교회가 사탄을 대적하는 것을 보기 원하시고 대적을 향하여 서 있는 것을 보기 원하신다.

대적에 대한 합당한 인식

사도 바울은 성도들이 마땅히 대적하여 싸워야 할 대적들이 만만치 않음을 알려주려고 다양한 대적들의 이름을 썼으리라고 본다. 마귀가 크고 강력한 힘을 가진 존재라고 하지만 성도들은 마귀를 너무 무서운 존재로 알지 않아야 한다. 잘못 하면 성도들이 마귀가 하나님보다 더 강력하거나 두려운 존재라는 생각을 갖게 되니 조심해야 한다. 하나님은 전능하지만 마귀는 그렇지 않다. 하나님은 원하시는 모든 것을 다 할 수 있지만 마귀는 하나님이 허락하지 않는 것을 할 수가 없다. 우주는 하나님이 창조하신 하나님의 소유이지 마귀의 소유가 아니다. 마귀가 불법적으로 하나님의 소유들을 찬탈한 것이지 원래는 모두가 하나님의 것이다.

우리가 성경을 읽을 때 사탄은 모든 곳에 다 거할 수 없다. 누가복음 11장 20절은 "그러나 내가 만일 하나님의 손을 힘입어 귀신을 쫓아내는 것이면 하나님의 나라가 이미 너희에게 임하였느니라"고 한다. 여기서 쫓아낸다고 하는 말을 잘 생각해보기 바란다. 쫓아낸다고 하는 것은 어떤 영역이나 특정한 장소에서 존재하지 못하게 한다는 뜻이 들어있다. 우리는 체험적으로도 어떤 지방이나 나라에 갈 때 사탄의 영향력이 더욱 강하게 깃들어 있음을 볼 때가 있다. 이는 사탄의 역사가 결국 지역적임을 암시한다. 우리는 이 땅에서 그의 역사와 입지를 약화시키도록 최선을 다해야 한다.

또한 사탄은 모든 것을 다 알 수 있는 존재는 아니다. 상당히 많이 아는 것은 사실이지만 모든 것을 다 알지는 못한다. 성경에서 사탄이 주님과 나눈 대화를 볼 때 사탄은 성경도 많이 알고 사람을 속이는 일도 많이 하지만 계시에 있어서 깊은 것을 보지 못한다. 그러므로 진리의 허리 띠를 띨 필요가 있는 것이다.

모든 일을 다 한 후에 서기 위함이라

선다는 것은 승리가 그분의 것이기 때문에 믿음으로 그 쟁취한 승리를 지키는 것이다. 우리는 그리스도 안에서 이미 승리자이다. 우리는 마귀에게 실패할까봐 염려할 필요가 없는데 이는 주님과 연합한 우리는 이미 승리했기 때문이다. 따라서 우리는 그 이미 얻은 승리의 위치를 견고하게 지키면 된다. 그러므로 이 선다는 말은 중요한 것이다. 이는 그분의 승리의 기지를 믿음으로 지키는 것이다.

사탄은 우리 인간의 힘으로만은 상대할 수 없다. 더욱이 우리 개인의 힘으로는 가능하지 않다. 그리스도의 몸으로서 교회와 함께 싸워야 한다. 그러기에 우리는 머리이신 그리스도를 의지해야 한다. 자신을 의지하는 사람치고 사탄에게 패하지 않을 수 없다. 하나님은 그러기에 우리에게 무장하라고 말씀하신 것이다. 우리가 전신갑주로 무장한다면 승리는 어려운 것이 아니다. 전신갑주는 성도들과 함께 취하는 것이다. 야고보서 4장 7절은 "그런즉 너희는 하나님께 순복할지어다 마귀를 대적하라 그리하면 너희를 피하리라"고 한다. 여기도 단수가 아니라 복수인 '너희'이다. 성도들이 합당한 영으로 하나님을 의지하며 깨어 있어 마귀를 대적하기만 해도 마귀는 도망간다.

14절, 그런즉 서서 진리로 너희 허리띠를 띠고 의의 흉배를 붙이고

14절은 성도가 서는 문제가 중요함을 다시 한 번 일깨워준다. "그런즉 서서". 교회가 사탄을 대적하여 서 있기만 해도 대적은 큰 수치를 당한다. 우리는 이탈리아의 교회를 방문할 때마다 그들이 사탄을 향하여 서 있다는 강한 인상을 받는다. 그들은 서 있다. 그러나 어떤 무리는 자신들은 좋고 더 바랄 것이 없다 하나 대적을 향하여 서 있지 않고 드러누워 있는 느낌을 받는다. 그들은 대적에 대하여 싸워야 한다는 인식조차 없다. 이런 현상들은 매우 유감스럽지만 사실이다. 우리는 서 있을 뿐 아니라 전신갑주를 입어야 한다. 이 구절부터는 전신갑주에 대한 설명들이다. 주님은 이미 승리하셨고 우리를 이미 승리한 위치에 두셨기 때문에(2:6), 우리는 다만 갑주를 입고 서서 대항하기만 하면 이긴다. 전신갑주는 대부분이 공격을 위한 것이 아니라 방어용이다. 2장에서 우리는 이미 승리의 위치에 앉아 있다고 하셨기 때문에, 우리는 실상 이미 권세잡은 자를 이긴 것이다. 우리가 서서 마귀를 대적하기만 하면 물리칠 수 있는 것을 안다면 어떤 시험도 우리를 무너뜨리지 못한다. 하나님은 우리를 능히 마귀를 대적할 수 있는 위치에 두시고 대적하고 이기라고 하신다!(6:10-11).

진리의 허리띠

전신갑주를 입으려면 첫째로 진리가 있어야 한다. 진리가 없으면 전쟁을 할 수 있는 자격이 주어지지 않는다. 이는 다만 교리적으로 약간 들어본 정도의 진리가 아니라 단단히 허리를 동인 진리여야 한다. 무기로 장비된 진리여야 효력이 있다. 필요할 때 꺼내서 사용할 수 있는 진리를 말한다. 한번은 한 형제가 결혼을 하기 위해 한 자매의 아버님에게 구원을 점검 받았다. 그 아버지는 독실한 그리스도인이었으며 다른 것을 묻지 않고 그가 진실한 그리스도인인지를 알기를 원했다. 그는 그 아버님이 구원에 대한 성경 말씀을 물어볼 때 자기가 가진 진리로 허리 띠를 단단히 조른 것이 아니기 때문에 '…라고 성경에 되어 있답니다…다만 믿으면 구원을 받는다고 하던대요.'라고 대답했다. 결과로 그는 큰 퇴짜를 당할 위험에 처했었다. 이는 우스운 이야기지만 진리로 허리 띠를 띤 것이 무엇인지를 보여주는 좋은 사례이다. 어떤 진리라도 다만 들은 풍월로 하는 것은 다 진리로 허리 띠를 띤 것이 아니다.

또한 진리는 우리의 생각이나 의견이나 관념이 아니다. 사람의 교훈도 아니다. 탁월한 성경 해석도 아니다. 자칫하면 진리라는 것이 사람의 학설을 가리키는 것이 되어버린다. '마이어' 박사나 '알포드'는 여기서의 진리가 '인간 내부에 있는 가장 깊은 특성들로서 진실함 같은 것'이라고 하였다. 진리(알레쎄이아)는 인간의 내면에 있는 가장 참된 것을 말한다. 어떤 사람들은 진리를 위한다 하지만 자기의 부모나 남편이나 아내를 멀리하고 심지어 미워하는 것을 본다. 그리고 성경에 있는 미워해야 한다는 구절을 근거로 위안을 삼는다(눅 14:26). 매우 자아 중심적인 사고로 성경을 적용하여 자기 이로울 대로 갖다 붙이는 것이다. 주님의 말씀에 근거하여 부모나 처자나 자기 목숨까지 미워하는 것은 그렇게 쉽게 적용 할 수 있는 것이 아니다. 많은 사람들이 잘못된 교리에 빠져서 그렇게 되는 것이 현실이다. 이런 것을 우리는 진리라고 말할 수 없다. 우리는 그런 사람들을 대할 때 거짓에 속고 있다는 것을 알 뿐이다.

오늘 많은 사람들이 진리가 아닌 것을 진리라고 붙들고 있는 것을 본다. 참으로 진리라고 한다면 먼저 인간의 내면의 가장 깊은 곳에서 참되다는 인정이 있어야 한다. '매튜 헨리'는 신실함이 없는 신앙은 있을 수 없으며 하나님은 우리에게서 내면의 성실함을 요구하신다고 하였다(commentary,

p. 281). 진리로 인정이 되려면 객관적으로도 그런 입증이 필요한 것이다. 그러므로 나는 때로 진리는 보편 속에 존재한다는 말을 한다. 특수한 한 무리의 사람들이 옳다 하는 것이나 역사나 시간이나 보편 속에서 검증이나 인정이 되지 않는 참은 참으로 받아들이기 어렵다. '빈센트'는 '모든 덕이란 진리의 범위 내에서 실천될 수 있는 것이다'고 하였다. 또 어떤 사람은 '진리란 그리스도인의 말과 행동이 참되고 성실한 것을 말한다'고 하였다. 즉 많은 사람들이 여기서 말하는 진리를 인간의 내면과, 또 실천적인 것과 연결시켰다. 다 참고할 만한 말들이다.

여하튼 영적 전쟁을 위하여 그리스도인에게는 이러한 진리의 허리띠가 필요하다. 우리가 만일 진리의 허리띠가 없다면 전쟁 시에 힘을 쓸 수 없다. 구약의 이사야는 '거짓으로 끈을 삼아 죄악을 끄는 자는 화가 있다'고 하였다(사 5:18). '공의로 허리띠를 삼으며 성실로 몸의 띠를 삼으리라'고도 하였다(사 11:5). 특히 허리 띠는 위급할 때 표시가 난다. 평소 때는 허리띠가 없이도 활동할 수 있지만 힘을 쓰려하면 뭔가 부족한 것, 있어야 할 것이 없는 약함이 드러나는 것이다. 평소에 거짓된 것으로 띠를 띠고 다녔기 때문이다. 그러므로 우리가 띠고 있는 허리 띠는 진리여야 한다. 그러므로 우리는 참 진리인 하나님의 말씀을 잘 읽어야 한다. 하나님의 말씀이 진리이기 때문이다(요 17:17). 또한 주님을 모시고 살아야 한다. 주님 자신이 진리이기 때문이다(요 14:6). 성령의 내주하심과 교통 안에 늘 머물러야 한다. 성령이 또한 진리이기 때문이다(요일 5:7). 삼위일체 하나님(triune God)으로부터 가르침을 잘 받아서 진리를 늘 가지고 있어야 한다.

의의 흉배

우리의 영적 생명에서 가장 중요한 부분이 흉배이다. 흉배는 믿음과 사랑이다(살전 5:8). 우리의 영적 생활에서 가장 상처를 입어서는 안되는 부분이 믿음과 사랑이다. 이 부분이 공격을 받으면 배가 파선되듯이 가장 큰 상처를 입는다. 그러므로 이를 위해 의의 흉배를 붙여야 한다. 이 가슴을 가리는 것은 의(義)이다. 반드시 우리 생활 가운데 의가 있어야 한다. 이 의(義)는 우리 스스로 만들어 낸 의가 아니라 하나님의 은혜의 역사를 통해 우리 안에 이루신 역사이다.

우리가 보혈의 씻음을 통해 의를 얻었지만 생활 가운데 의를 갖지 않으면 믿음과 사랑에서 상처를 입게 된다. 어떤 사람은 의란 믿음 생활에서 나온 곧은 성격으로서 이것이 신자의 영적 생명을 보호해 준다고 하였다. 이것은 체험 가운데도 사실이다. 어떤 사람이 바르고 곧은 성품을 갖고 생활한다면 그의 믿음이 지켜지고 따라서 사랑도 보호를 받는다. 그러므로 여기의 의는 그렇게 사람의 성품이나 생활 가운데 살아내는 미덕의 의를 말한다. 당신이 만일 이 전투에 이기고 싶다면 삶 가운데서 하나님의 의를 실천해야 한다. 당신의 삶은 매우 청결해야 하고 숨겨진 죄가 없어야 하며 감추어진 불의가 없어야 한다. 이것이 의의 흉패가 말하는 바이다. 물론 생활 가운데 혹 실패하였다면 즉시 보혈로 말미암은 하나님의 의를 힘입어야 한다. 이러한 객관적인 의도 중요하다.

15절, 평안의 복음의 예비한 것으로 신을 신고

영적인 전쟁을 하는 사람들은 복음의 신을 신어야 한다는 것이다. 진리와 의가 있어야 하지만 복음이 없어서는 안된다. 복음이 없는 진리의 사람, 의의 사람은 온전한 갑주가 없는 것이다. 진리의 허리 띠가 좋다 하더라도 의의 흉배가 튼튼하다 하더라도 복음이 필요하다. 이 복음은 하나님과 사람을, 사람과 사람을 화평케하는 복음이다. 따라서 이 복음을 평안의 복음이라고 한다. 우리가 영적으로 아무리 진보하고 많은 면으로 좋다 해도 복음이 없으면 신발을 신지 않은 것이다. 매튜 헨리는 이에 대하여 '복음에 집착하고 복음을 준수하겠다는 결단을 내린 마음의 자세를 이르는 말'이라고 하였다.

나는 이 말이 매우 합당하고 알맞은 해석이라고 생각한다. 이것은 다만 복음을 전하는 것을 의미하는 것만이 아니라 복음의 삶을 살아야 한다는 것이다. 복음을 전하고 복음을 위해 살겠다는 마음의 중한 결단이 있는 사람, 그가 곧 복음으로 신을 신은 사람이다. 우리는 주님을 위해서 살 뿐 아니라 복음을 위해서 사는 사람들이어야 한다(막 8:35, 10:29). 그러므로 평안의 복음의 예비한 것으로 신을 신은 것이라고 하였다.

복음은 하나님께서 죄인들을 구원하시기 위해 그분의 독생자를 보내셔서 십자가에 피 흘려 죽게 하시고 그런 다음 부활하고 승천하게 하시어 성령을 부어주시고 믿는 자에게 죄 사함과 성령을 주시는 것이다. 이 복음은 언제나 우리에게 신발이 되어야 한다. 우리는 언제나 복음을 전할 수 있는 자세로 예비되어 있어야 한다. 소망에 관한 이유를 묻는 자에게 언제나 대답할 것을 예비하라고 한 것과 같다. 이는 복음을 전할 예비가 언제나 되어 있는 사람, 복음의 영으로 충만된 사람이라는 뜻이다. 이것이 전신갑주의 한 부분이라는 것에 우리는 인상을 받아야 한다.

어떤 사람이 경건하고 진리를 많이 알며 많은 면에서 매우 좋다 하더라도 복음이 없고 복음의 영이 없다면 그는 영적 전쟁을 위해 갖추어진 사람이 아니다. 우리는 어디를 가든지 복음의 사람이 되어야 한다. 어디를 가든지 복음을 전달해주는 사람이 되어야 한다. 어디를 가든지 복음의 빛을 비추는 사람이 되어야 한다. 이것이 복음의 신을 신는 것이다. 복음의 신이 없다면 영적 전투를 할 수 없다는 것을 기억해야 한다.

복음의 영과 복음의 길

'평안의 복음의 예비한 것으로 신을 신으라' 한 것은 전신갑주 중의 일부로서 이 역시 전쟁에 나서기 위한 방어용 갑옷이지 공격용 무기가 아니다. 여기서 '예비'라는 단어나 '신'이라고 하는 말이 다 복음으로 자신을 장비하고 복음을 전하는 길을 걸어갈 준비를 갖추라는 의미로 읽어야 한다. 따라서 나는 이 구절을 '복음의 영'과 연계시켜서 읽고자 한다. 복음의 영이란 성도들이 복음을 전하기 위해 응당 가져야 할 태도이다. 이는 성육신의 영이요 목수의 아들로 태어난 예수 그리스도의 영이다.

왜 어떤 사람들은 복음을 전하고자 갈망하고 애를 쓰는데 열매가 없고 복음이 전파되지 않는가? 어쩌면 그들이 충분히 복음을 전하기 위해 예수님처럼 낮아지지 않았기 때문이다. 주 예수는 복음을 전하기 위해 육신을 입고 하늘로부터 세상에 내려오셨으며 나사렛에서 요단강으로, 골고다로 한 발씩 나아가셨다. 그분의 발걸음이 낮아짐과 겸손의 표상이었다. 그분은 죄인의 구주가 되기 이전에 죄인의 친구가 되셨다. 거룩하신 주 예수께서 세리와 죄인들의 친구가 되기 위해서는 겸손과 낮아지심이 필요했다. 왜 당시 바리새인들은 복음을 전하지 못했는가? 그들은 성경을 매우 잘 알았지만 죄인과 병자들에 대하여 긍휼과 자비의 마음이 부족했다. 다만 자신들이 알고 있는 세계를 대단한 것으로 여기고, 무식하고 알지 못하는 사람들을 멸시했다. 그럼에도 그들은 그러한 자신들의 놀라운 학식과 교리와 지식으로 사람들을 설득하고 교화시키기를 바라며 열심을 내었다. 그중에 가장 열심이었던 사람이 사울이지 않았겠는가?

그러나 후에 바울은 높고 고귀하게 여겼던 바리새인의 길을 버렸다. 그는 대신에 초라한 복음의 신을 신었다. 그의 영은 복음을 전하기 위해 비하된 영이었다. 그는 복음을 위해 평생 빚진 자가 되어 이방인에게로 나아갔고 자기를 오해하고 핍박하고 괴롭히는 동족에게로 나아갔다. 그는 율법에서 벗어났지만 동족을 위해 기꺼히 율법 아래 있는 자같이 되었고 자신이 더 이상 유대인이 아닌, 옛 사람에서 벗어난 새 사람인 것을 알았지만 다시금 유대인과 같이 되어 그들에게 복음을 전하고자 했다. 그는 성령의 능력 안에서 엄청난 강함을 사용할 수 있는 역량을 가졌으나 기꺼이 약한 자들과 같이 되어 약한 자들에게 복음을 전하기 원했다(고전 9:20-21). 과연 그의 영은 어떤 영이었나? 바울은 자신에게 높은 진리가 있고 뛰어난 계시가 있다고 해서 그들 위에 고급 선생으로 군림하는 영이 아니었다. 그는 그들 아래 기꺼이 가까이 가서, 기름과 포도주를 부어주고, 그들과 같이 되고, 그들 수준으로 내려가서 함께 하고, 그들을 깊이 사랑하면서, 자신에게 주어진 귀한 예수의 복음으로 그들을 섬기기를 원했다.

신을 신는 목적은 걸어가기 위한 것이다. 복음은 복음의 영만 가져서는 안되고 복음의 길을 걸어가야 한다. 이것이 예비라는 말과 신이라고 하는 말을 설명하는 것이 될 것이다. 복음의 영으로 예비하고 복음의 신으로 길을 걸어가야 한다는 말이다. 길을 나서려 하지 않는다면 왜 신을 신는가? 바울은 복음을 전하는 마음만 가진 사람이 아니다. 그는 일생 복음의 길을 걸어갔다. 실행이 없는 복음은 열매를 맺지 못한다. 낮아지는 길도 실제로 걸어가야 낮아질 수 있다. 여러 사람에게 여러 모양이 되는 것도 실제로 그렇게 길을 가야 몇몇 사람을 얻을 수 있다. 나는 이 시대에도 많은 하나님의 자녀들이 복음의 영으로 불타기 바라며 복음의 신을 신고 온 땅에 나아갈 수 있기를 기도한다.

16절, 모든 것 위에 믿음의 방패를 가지고 이로써 능히 악한 자의 모든 화전을 소멸하고

이제 방패를 말한다. 앞에서 말한 모든 항목들이 있지만 여전히 방패가 있어야 한다. 이것이 '모든 것 위에' 라고 말한 이유이다. 방패가 있을 때 다른 면에서 약간 부족해도 지켜질 수가 있다. 방패는 온 몸을 방어할 수 있는 무기이다. 믿음이 있으려면 하나님의 말씀이 있어야 한다. 가령 마귀가 너는 죄를 지었기 때문에 하나님께 나아갈 수 없다고 하면 '나는 그리스도의 피 안에서 이미 열납되었고 당당히 나아갈 수 있다(히 10:19, 엡 1:6, 열납되었으니, 원문 참조)'고 선포하면 된다. 사탄이 '너는 실패하였다'고 한다면 '그리스도는 승리하셨다(골 2:15)'고 말하면 된다. 사탄이 '너는 죽을 것이다'라고 한다면 '나는 그리스도 안에서 삶을 얻으리라'(고전 15:22)고 해야 한다. 사탄이 '너는 하나님 앞에 버려진 사람이요 더 이상 소망이 없는 사람이다'라고 한다면 '나는 주님의 가장 큰 기대(엡 1:11)요 소망(벧전 1:3)이요 걸작품(엡 2:10)이다'라고 해야 한다.

'이로써 능히 악한 자의 모든 화전을 소멸하고'. 화전이란 바로 불화살들이다. 사탄은 많은 불화살들을 쏘아댄다. 불화살들을 소멸하려면 믿음의 방패를 가져야 한다. 한 마디 한 마디 주님의 살아있는 말씀으로 대처해야 한다. 이렇게 믿음의 방패를 가져야 불화살을 막을 수 있다. 그 불화살은 언제 어느 방향에서 올지 모른다. 그러나 믿음의 방패가 있는 사람들은 그 불화살을 막을 수 있다. 많은 악한 말들이 들려오는데 그러한 말 속에는 화살이 들어있는 경우가 있다. 여러분의 믿음을 약화시키고 무너뜨리고 넘어지게 하려고 화살이 있는 것이다. 이런 말을 들을 때 여러분은 주님의 믿음의 말씀을 방패로 사용해야 한다. 우리가 방패로 이러한 화전들을 받아내면 그 화살들은 효력을 잃고 우리를 상하게 하지 못할 것이다.

또한 우리는 어려운 일들을 만날 때 전능하신 하나님을 의지해야 한다. 그 구체적인 방법은 어려운 일들을 하나님께 기도로 아뢰며 하나님께서 능히 도와주심을 믿는 것이다. 그리고 하나님의 뜻에 서며 바르지 않은 행동과 마음들을 회개하고 주님의 도와주심과 긍휼히 여기심을 기다리는 것이다. 이는 다 믿음의 방패로 사용할 수 있는 것들이다. 믿음이란 이와 같이 두 가지로서 하나는 단순히 하나님의 말씀을 믿는 것이며 다른 하나는 하나님을 의지하는 것이다. 이러한 두 종류의 믿음은 언제나 우리를 많은 불화살들과 무너뜨리고 약화시키려는 사탄의 공작으로부터 지켜준다.

17절, 구원의 투구와 성령의 검 곧 하나님의 말씀을 가지라

이제 머리에 투구를 써야 한다. 머리도 중요하다. 이 투구는 구원이며 이 구원은 우리의 소망이다. 과거에 우리가 구원을 받은 것만이 아니라 우리 혼과 몸까지 온전히 구원받는 이것이 우리의 투구와 같아야 한다. 우리의 머리는 구원의 소망으로 씌워져야 하는데 어떤 사람은 머리속이 공허하여 쓸데없는 생각으로 가득하다. 의견으로 가득하다. 이런 사람은 헬멧(투구)을 쓰지 않은 사람이다. 헬멧을 쓰지 않은 채 오토바이를 타고 가다 넘어지면 죽을 수도 있다. 그러니까 이 머리는 구원의 소망으로 가득해야 한다. 하나님의 소망의 말씀으로 가득해야 하다. 소망에 대한 말씀의 기초가 잘 닦여진 성도는 영혼이 성결케 될 것이며 하나님 안에서 언제나 즐거워하게 될 것이다. 이것이 머리를 보호하는 투구이다. 누구든지 예수 그리스도께서 성취하신 십자가의 사역을 통하여 우리를 구원하신 구원에 대하여 확신하지 못하면 아무도 사탄과 그의 군대를 대적하기 위해 담대히 나가지 못할 것이다.

그리고 나서는 성령의 검을 가져야 하는 것이다. 에베소서 6장의 전신갑주에서 유일하게 공격용 무기가 하나 있는데 곧 성령의 검이다. 우리는 이 구절에서 검이 말씀이라는 것을 의심하지 않는다. 이는 히브리서 4장 12절의 말씀에도 있다. 그런데 이 검은 성령의 검이니 성령과 함께 한 말씀으로 본다. 악한 자를 대적하려면 하나님의 날이 예리한 말씀이 있어야 한다. 말씀이 있을 때 악한 자의 궤계와 이론들과 사상들을 드러내고 파할 수 있다.

어린 그리스도인들에게는 말씀의 검이 없다. 여러분이 말씀을 배우고 또 배울 때 여러분은 방어를 할 뿐 아니라 공격도 할 수 있게 된다. 여기서 말씀은 로고스의 말씀이 아니라 레마의 말씀이다. 마귀가 다가 올 때 성경을 찾으려 해서는 통하지 않는다. 우리에게는 깨달은 말씀, 레마의 말씀이 필요하다. 사탄이 잘못된 말씀을 가지고 올 때 주님처럼 바른 말씀으로 답하여 물리칠 수 있어야 한다. 이것이 바로 레마인 것이다. 사탄의 진지를 공격하는 것은 이와 같이 레마의 말씀이다. 사탄의 진들은 하나님의 날선 검으로 파괴되는 것이다. 오늘날 파괴되어야 할 진지들이 얼마나 많은지 말로 다 할 수 없다. 만일 하나님의 자녀들이 더욱 말씀으로 무장이 되어 일어난다면 주님은 이 영전에서 우리를 통하여 큰 승리를 얻으실 것이다. 우리가 이렇게 검으로까지 무장되어야 주님의 손에 유용하게 된다.

몸이 입는 전신갑주

우리는 개개인이 싸우러 나가는 것이 아니라 몸이 싸우는 것임을 인식해야 한다. 따라서 전신갑주를 입는 것도 몸의 문제이다. 어떤 지체가 믿음의 방패를 지녔다면 몸은 그의 믿음을 의지할 수 있다. 모든 지체가 다 말씀의 검을 갖지 못할 수도 있다. 그러나 한 지체에게 특별히 성령의 검을 주셨을 수가 있다. 고린도 전서 12장에는 몸에 각양 다른 은사들이 주어진 것을 말한다. 로마서 12장도 마찬가지이다. "우리가 한 몸에 많은 지체를 가졌으나 모든 지체가 같은 직분을 가진 것이 아니니"(4절)라고 말한다. 봉사도 마찬가지이고 전쟁도 마찬가지이다. 구약의 민수기를 보면 제사장의 봉사가 결국 전투로 이어진다. 우리는 몸의 모든 지체들이 가지고 있는 직분과 특별히 얻은 은혜가 결국 마귀를 대적할 때 방어용이거나 공격용이거나 무기로 변한다는 사실을 잊지 말아야 한다.

18절, 모든 기도와 간구로 하되 무시로 성령 안에서 기도하고 이를 위하여 깨어 구하기를 항상 힘쓰며 여러 성도를 위하여 구하고

이제 하나님의 말씀을 가질 때 모든 기도와 간구로 하라고 말한다. 사실 전신갑주의 이 모든 항목들은 기도와 말씀을 통해서 취할 수 있다. 말씀과 기도를 통하지 않고는 취할 수 있는 항목이 없다. 그런데 이 말씀을 통해서 전신갑주를 취하고 성령의 검을 가지려면 모든 기도와 간구가 필요하다. 모든 방면의 기도와 간구이다. 우리는 각 방면에서 기도와 간구로써 하나님의 말씀을 통하여 하나님의 전신갑주를 취해야 한다. 우리가 싸워야 하는 대상이 혈과 육이 아니고 하늘의 권세와 공중 권세 잡은 자이기 때문에 우리의 원래의 것으로는 대항할 수 없다. 그러므로 전신갑주는 한 가지도 우리에게 속한 것이 없고 다 하나님으로부터 얻어 와야 한다. 그러니 모든 방면에 기도와 간구는 필수적이다. 조금이라도 방심하는 방면이 있다면 여지없이 무너지니 모든 방면에 물샐 틈 없는 기도가 필요한 것이다.

이는 영적 전쟁의 구체적인 방법들이다. 이 기도의 문제를 어떤 사람들은 영적 전쟁에서 부분적으로 보기도 하나 전체적인 전쟁의 방법으로 보는 것이 합당하다. 이는 주 예수님이 십자가를 앞두고 전적으로 기도에 매달리신 것이나(마 26:36-44), 바울이 사탄의 사자의 괴롭힘으로부터 기도에 힘쓴 것으로도 알 수 있다(고전 12장). "무시로 성령 안에서 기도하고 이를 위하여 깨어 구하기를 항상 힘쓰며". 영적인 전쟁의 날에 가장 중요한 것은 결국 말씀과 기도이다. 쉬지 않고 기도하는 사람, 그러한 사람이 전쟁에서 이기는 사람이 된다. 여러분은 하루에 몇 번 기도하는가? 기도를 하루에 한 번도 하지 않고 지내는 사람은 없는가? 어떤 큰 일이 벌어지면 그때서야 기도하는 사람은 없는가? 혹은 그저 아침에 일어나서 마지못해 한 번 기도하고 마는 사람은 없는가?

오늘 저녁에 나는 여러분에게 기도를 생활화하기를 권하고 싶다. 더욱 많이 기도하라는 것이다. 무슨 일이든지 기도하자! 시간을 정해놓고 기도할 뿐 아니라 무시로 기도하자. 어떤 사람은 시간을 정해놓고 기도하지 않으면 기도하는 것이 아니라고까지 했다. 기도하는 시간을 하루 중 가장 중요한 시간이 되게 해야 한다. 기도가 우리의 습관이 되게 하자. 기도의 사람이 되도록 하자. 지금까지 기도하지 않은 죄를 다 회개하고 이제부터는 정말로 기도를 많이 할 수 있는 성도가 되시기 바란다. 또한 기도는 자신만을 위한 것이 아니라 모든 성도를 위해 해야 한다. 우리가 성도들과 좋은 교제의 관계를 가지려면 서로를 위해서 많은 중보기도를 가져야 한다. 많은 사람들이 대화와 심방만을 통해서 영적 교제를 추구하지만 가장 좋은 교제와 심방은 중보기도를 기초로 할 때 이루어진다.

전신갑주를 취하는 길

모든 기도와 간구로 강건케 됨부터 실행해야 할 줄로 믿는다. 그러나 성도들이 알아야 할 것은 전신갑주를 입는 것이 한 순간에 옷 입듯이 뚝딱 입을 수 있는 것이 아니다. 진리의 허리띠를 예로 들어보자! 오늘날 성도들이 참 진리를 분별하여 자신의 것으로 만드는 데는 시간이 소요된다. 그야말로 말씀을 위해 시간을 많이 보내야 하는 것이다. 또한 의의 흉배를 생각해 보라! 여기서 말하는 의가 생활 가운데서 나타나는 의일 진대 이 의의 흉배를 하루 아침에 얻을 수 있는 것이 아니라는 말이다. 끊임없이 의의 생활을 해야 한다. 평안의 복음의 신발은 어떠한가? 이 또한 복음을 위한 성실한 생활을 해야 신을 수 있는 것이다. 믿음의 방패도 마찬가지이고 성령의 검인 하나님의 말씀을 갖는 것도 마찬가지이다. 이 모든 일에 시간이 필요하고 준비가 필요하다. 평안의 복음의 예비한 것으로 신을 신으라는 말씀도 동일하다. 이는 복음의 영으로 예비되어야 하는 것이니 자연 시간을 요하는 것이다. 이 모든 것은 시간을 통해서 그렇게 준비되고 장비됨이 필요한 것이다. 이렇게 생활하는 한 사람 한 사람이 모여질 때 온 교회가 그리스도의 전사로 준비될 것이다.

나는 과거에 전신갑주가 모든 기도와 간구로 입을 수 있다고 한 말을 들었다. 또한 이것은 온 교회의 문제라는 것을 들었다. 그것도 맞지만 이는 우리에게 그렇게 실제적이지 못했다. 그러나 오랜 세월이 지난 후 영적인 전쟁은 결국 믿음생활과 교회생활의 연속임을 알게 되었다. 주님과 오랫동안 함께 하는 가운데 성실하게 전진한다면 진리로 의로 믿음으로 복음으로 갖추어지게 된다는 말이다. 우리는 한 면으로 섬기는 것이지만 다른 한 면으로는 싸우는 것이다. 다만 복음을 전하는 것이 아니라 흑암의 세력과 싸우는 것이며 진리를 가르치는 것이지만 싸우는 것이다.

고린도 후서 10장에서 바울은 자신이 사람들에게 진리를 말하고 가르치는 것이 싸우는 것이라고 말했다. 이는 그가 전사로서 주님을 위해 싸우고 있었다는 것을 가리킨다. 바울은 "우리의 싸우는 병기는 육체에 속한 것이 아니요 오직 하나님의 견고한 진을 파하는 강력이라"라고 하였다. 당신이 만일 하나님의 전신갑주를 취하려 한다면 참 진리의 사람이 되어야 하고 의로운 삶을 매일 매일 살아야 한다. 진리에 대한 추구와 의로운 삶이 따로 있고 전신갑주를 취하는 일이 따로 있는 것이 아니다. 또한 당신은 복음의 영과 말씀으로 예비되어야 한다. 그래야 신을 신게 된다. 그리고 믿음을 갖기를 배워야 하며 성령의 검인 하나님의 말씀을 갖도록 힘써야 한다. 그럴 때 어느날 당신은 하나님의 말씀의 전사로 예비된 것을 볼 것이다.

"무시로 성령 안에서 기도하고 이를 위하여 깨어 구하기를 항상 힘쓰며". 오늘날 성도들의 문제는 상황이 닥쳤을 때만 기도한다는 것이다. 우리는 모든 일이 순조롭게 되어가고 있는 상황에서도 마치 큰 어려움이나 당한 것처럼 기도하는 것을 훈련하기 바란다.

말씀을 취하는 구체적인 길

17절에 "하나님의 말씀을 가지라"는 구절을 유의해보아야 할 구절이다. 마태복음 4장 4절에서 주 예수님은 사람이 떡으로만 살 것이 아니요 하나님의 입으로 나오는 모든 말씀으로 살 것이라고 하셨다. 요한복음 6장에서는 그분의 살을 먹고 그분의 피를 마셔야 한다고 하셨으며 결국 그분의 살을 먹는 것은 그분의 말씀을 먹는 것이라고 설명해주셨다(요 6:63).

우리는 어떻게 하나님의 말씀을 가질 수 있는가? 17절은 하나님의 말씀을 가지라고 했으며 18절은 기도와 간구로 하라고 말씀하신다(with all prayers and petition). 말씀을 읽으면서 기도하고 간구하지 않으면 우리를 합당하게 그분의 말씀을 우리의 것으로 취하지 못한다. 오늘 날 성도들이 말씀을 먹는 것을 잘 알지 못한다. 성경은 처음부터 먹는 것을 중요시하였다. 에덴동산에서부터이다. 잘못 먹어서 타락했고 잘 먹을 때 회복되고 구원된다. 구원을 예표하는 유월절도 결국 유월절 양을 먹는 것을 중심으로 하고 있다. 이스라엘 백성들이 홍해를 건넌 것도 결국 하늘에서 내려오는 만나를 먹게 하고 반석의 생수를 마시게 하기 위함이었다.

주 예수는 오셔서 '내 살을 먹고 내 피를 마셔야 한다'고 하셨다. 사람은 육적 건강도 먹는 것에 의해 결정된다. 영적 건강도 영적 양식을 먹는데 달려 있다(요 6:57). 말씀을 먹는 가장 좋은 길은 기도하면서 말씀을 읽는 길이다. 한 두 구절 말씀을 읽고 혹은 한 장의 성경을 읽고 깊은 감동이 있는 구절들을 놓고 기도해보라! 또한 기도하는 시간에 말씀을 중심으로 기도해보라! 그 말씀들이 영적 양식이 됨을 체험하게 될 것이다.

먹는 것이 그것이 된다는 말도 있다. 흙을 먹으면 흙이 되고 예수를 먹으면 예수가 된다는 찬송이 있다. 생선을 많이 먹으면 몸에서 생선 냄새가 나고 김치와 마늘을 많이 먹으면 그 냄새가 나며 육 고기를 많이 먹으면 몸에서 고기냄새가 나듯이 그리스도를 많이 먹으면 그리스도의 향기가 난다. 그리스도인이 건강한 그리스도인의 삶을 살고 세상에 빛들로 나타나기 원한다면 주님의 말씀을 잘 먹어야 하고 성령을 늘 마시는 삶을 살아야 한다. 먹지 않고 힘을 쓸 수 있는 장사는 없다. 그러나 오늘 날 그리스도인들 사이에 주의 말씀을 먹는 것에 대한 중요성을 아는 사람도 드물고 그 먹는 것을 합당하게 실행하는 사람들도 드물다. 이것은 매우 아쉽고 안타까운 일이다.

성경에는 그리스도를 먹는 것을 말할 뿐 아니라 마시는 것도 말한다. 요한복음 6장은 살은 먹어야 하고 피를 마셔야 한다고 말한다. 고린도 전서 12장은 성령을 마시는 것을 말하며 요한복음 20장은 부활하신 주 예수께서 숨을 내쉬면서 "성령을 받으라"고 하셨다. 즉 제자들은 성령을 호흡해 들일 수 있었다. 확실히 주 예수의 살인 말씀은 먹을 수 있는 것이고 성령은 마시고 호흡해 들일 수 있다고 가르친다.

먹는 것에 비해 마시는 것(고전 12:13)은 보다 쉽고 간단한 방식으로 그리스도를 받아들이는 것이다. 어쨌든 성경은 주님을 우리 속에 받아들여서 우리의 조성이 되고 성분이 되게 할 수 있다고 말한다. 마시는 길은 우리의 죄를 자백하는 길이요, 기도하는 것이요 시와 찬미로 서로 화답하며 노래하는 것이다. 기도는 영적 호흡이라고 한다. 우리는 성령을 마실 수 있고 우리 존재 안에 받아들일 수 있다는 것을 반드시 알고 마시는 법을 배워야 한다. 골로새서 3장의 그리스도의 말씀을 풍성히 거하게 하라고 가르친 구절에서 피차 가르치며 권면해야 한다고 바울이 가르친다. 즉 그리스도의 말씀을 풍성하게 얻는 길은 피차 가르치며 권면하는 길이라고 해석해도 좋다. 피차 소통하는 집회는 대 예배는 불가하고 소그룹을 통해 이루어진다. 소그룹을 통해 피차 가르치며 권면하는 것은 말씀을 먹고 받아들이는데 매우 좋은 길이다(골 3:16).

성도들이 대 예배에서 설교를 통해 먹는 것만으로는 말씀을 충분히 잘 먹을 수 없다. 대 예배의 기능이 중요하지 않다는 것이 아니다. 그 용도와 중요성은 충분히 있다. 그러나 말씀이 성도들의 속에 가장 효과적으로 새겨지는 길은 피차 가르칠 수 있고 권면할 수 있어야 한다. 훌륭한 사역자가 설교할 때는 그렇게 와 닿지 않던 말씀이 서로 영적 상태가 비슷한 성도들이 둘러앉아 서로 서로 한 마디씩 깨달은 진리를 말하고 권면하다보면 깊이 와 닿는 것이 있을 수 있다. 이렇게 소그룹의 중요성은 말로 다할 수 없다. 초대교회가 가정 교회였다는 것은 주지의 사실이다. 소위 오늘 날 QT의 장점도 여기에 있다. 몇몇 성도들이 함께 모여 말씀을 나누는 것이 매우 유익한 것이다. 또한 함께 서로서로 기도하는 것을 병행하는 것이 좋다. 나는 오늘 날 성도들이 말씀과 함께 많이 기도하는 경우 자라지 않는 것을 본 적이 없다. 영적으로 강건케 되는 비결은 매일 매일 충분히 말씀과 더불어 기도에 힘써야 한다. 에베소서 6장의 영적 전쟁은 강건케 되지 않고는 불가능하다(6:10). 그러면 어떻게 강건케 될 수 있나? 이미 말한 바와 같이 먹고 마심이 좋아야 한다.

또한 영적으로 강건케 되기 위해서는 여호수아와 갈렙의 경우처럼 대적을 먹을 수 있어야 한다. 그들은 가나안의 정탐을 한 후 "저들은 우리의 밥이라"고 했다(민 14:9). 우리가 많은 환경의 어려움들을 봉착할 때 거기에 눌려 일어나지 못하면 그 많은 어려움이 유익이 없이 지나간다. 그러나 많은 기도를 통해 우리는 그 모든 환경의 배후의 대적을 이길 수 있어야 하고 오히려 대적을 우리의 밥으로 먹을 수 있어야 한다. 여러분이 많은 환경의 대적들을 한 번도 먹어본 적이 없다면 이제부터라도 먹을 수 있도록 기도에 힘쓰기 바란다. 그럴 때 더욱 강건케 됨을 의심하지 않아도 된다.

여러분이 일단 하나님의 자녀로 태어났다면 말씀의 젖을 먹고 부지런히 자라야 한다(벧전 2:2). 먹고 마시는 것을 알지 못하는 성도들은 잘 자랄 수 없다. 자라지 않으면 하나님께 그다지 유용하지 않다. 객관적인 성경지식을 연구만 하는 것은 결코 우리의 영양분이 되어 자라게 할 수 없다. 반드시 우리의 존재 안으로, 또 영으로 말씀의 양식을 먹고 성령을 마시는 것을 훈련해야 한다. 특히 에베소서 6장의 영적 전쟁은 잘 자라서 강건케 된 성도가 아니면 참여할 수 없다. 하나님의 말씀을 먹어서 우리의 존재를 바꾸고 성분과 조성이 하나님으로 바뀌는 역사가 없이는 결코 강건케 된 용사들이 나올 수 없다. 하나님께는 대적이 있다. 하나님은 그 대적을 그분의 피조되고 구속된 사람들을 통해 처리하기 원하신다. 그리고 이 땅에 그리스도의 왕국을 세우기 원하신다. 이것이 하나님의 영원한 뜻이다. 이 목적을 위해 부르심 받은 것이 바로 오늘 날 우리이다. 대적을 패배케 하고 깨뜨리는 일을 하지 못한다면 성도의 유용성이 없고 교회의 존재의 의미가 없게 된다(마 16:16-18, 롬 16:20).

따라서 성도들은 그리스도를 먹고 마시는 일이 얼마나 중요한지를 인식해야 하며 그 방법 또한 매우 유의해야 한다. 다시 한 번 강조하거니와 기도와 간구는 주의 말씀을 우리에게 깊이 새겨지게 하는데 매우 중요한 수단이다. 말씀을 우리 속에 받아들여 우리의 영의 양식이 되게 하는 길을 아는 것은 매우 중요하다. 주의 말씀은 우리 속에 들어와 소화되고 동화되어 우리의 부분이 되고 조성 성분이 되어 마치 육신의 피와 살이 되듯이 우리를 강건케 하는 힘이 들어 있다.

여러 성도를 위해 구하고

우리의 기도가 부족하다는 것은 주로 우리의 기도가 우리 자신이나 우리의 일을 위한다는 것에서 느낄 수 있다. 이 구절에서 바울은 우리가 마땅히 여러 성도를 위해 구하라고 한다. 우리의 생각은 항상 우리의 울타리로 좁아지는 경향이 있다. 그러나 우리는 우리 자신이나 식구나 항상 보는 우리 교회의 성도들만을 위해서 기도해서는 부족하다는 것을 알아야 한다. 우리는 더 많은 성도들을 위해 기도할 수 있는 은혜를 얻기 원한다.

19절, 또 나를 위하여 구할 것은 내게 말씀을 주사 나로 입을 벌려 복음의 비밀을 담대히 알리게 하옵소서 할 것이니

이제 사도 바울은 여러 성도를 위하여 구할 뿐 아니라 자신을 위해서도 구하라고 말한다. 사도를 위해서 구할 것은 무엇인가? 그것은 그에게 말씀을 주셔서 입을 벌려 복음의 비밀을 담대히 알리게 해달라는 것이다. 우리는 아마 사도 바울에게는 이런 기도가 필요없을 거라고 생각할지 모른다. 그렇게 계시가 많고 은사가 있고 경험도 많은 사람은 입만 열면 말씀이 나올 거라고 생각할 것이다. 그런데 사도 바울은 그렇게 생각하지 않고 내게 말씀을 주사 나로 입을 벌려 복음의 비밀을 담대히 알리게 해달라고 기도해주기를 요청했다. 사도행전 14장 1절은 "허다한 무리가 믿더라"고 했다. 우리는 그의 전파를 위해 안디옥 교회가 기도했으리라고 본다.

오늘날도 전파자들은 기도의 후원이 필요하다. 우리는 성도들의 기도에 의해 지탱된다는 사실을 알아야 한다. '아이언사이드'는 장래 그리스도의 심판대에서 사도 바울에게 상급을 주시려 하실 때 우리가 알지 못하던 수많은 사람들의 이름을 부르실 것이라고 했다. 왜냐하면 그들이 바울의 사역에 기도의 조력자들이었기 때문이다. 기도하지 않으면 허탄한 말, 잔소리가 나오게 된다. 기도와 간구로 주님께 아뢰고 맡기면 사람에게 많은 말을 하지 않아도 된다. 주님께 맡겼기 때문이다. 충분히 기도하지 않은 주의 일꾼들이나 성도들이 불필요한 말들을 만들어서 교회를 어지럽게 한다. 에베소서의 마지막 부분에 사도는 기도의 중요성을 매우 강조한다. 기도하지 않고 좋은 사역이 있을 수 없고 기도하지 않고 좋은 복음 전도자가 있을 수 없으며 기도하지 않는 좋은 교회가 있을 수 없다. 주님이 이 말씀의 독자된 모든 이에게 기도의 중요성을 새롭게 일깨워주시기를 간절히 바란다.

20절, 이 일을 위하여 내가 쇠사슬에 매인 사신이 된 것은 나로 이 일에 당연히 할 말을 담대히 하게 하려 하심이니라

이 서신을 쓸 때 바울은 감옥에 있었다. 여기서 사신이라는 말은 오늘날의 대사(ambassador)를 말한다. 바울은 복음을 위하여 하나님의 전권대사가 되었는데 쇠사슬에 매인 사신이 되었다는 것이다. 쇠사슬에 매였지만 그는 그리스도의 대사로 임무를 수행하고 있다. 매우 모순적이게 보이고 비밀스럽다. 이 초라한 죄수 바울을 통하여 하나님은 그분의 복음을 천하에 전하게 하셨다. 바울은 그 복음 전파가 자신이 당연히 할 말이라고 했으며 그것을 담대히 전할 수 있도록 기도해 달라고 부탁하고 있다.

21절, 나의 사정 곧 내가 무엇을 하는지 너희에게도 알게 하려 하노니 사랑을 받은 형제요 주 안에서 진실한 일꾼인 두기고가 모든 일을 너희에게 알게 하리라

사도 바울은 두기고를 에베소 교회에게 보내서 그의 모든 사정을 알려주기를 원했다. 두기고는 아시아 사람이고 주 안에서 진실한 일꾼이었다. 바울은 그가 에베소에 갈 때 그의 모든 일을 알게 할 것이고 그들의 마음을 위로할 것이라고 확신했다.

22절, 우리 사정을 알게 하고 또 너희 마음을 위로하게 하기 위하여 내가 특히 저를 너희에게 보내었노라

결국 사도가 두기고를 에베소 교회에게 보낸 것은 바울의 사정을 알게 하고 그들의 마음을 위로하려는 것이었다. 사실 교회들은 사도들의 사정을 알 필요가 있다.

그리고 사도들을 위해서 기도할 필요가 있다. 또 사도들이 마땅히 동역자들을 보내서 교회들을 위로하는 광경도 있어야 한다. 사역이라는 것은 다만 진리를 가르치는 것만이 아니라 또 사람들을 위로하고 공급하는 것이 있어야 한다.

23절 아버지 하나님과 주 예수 그리스도에게로부터 평안과 믿음

을 겸한 사랑이 형제들에게 있을지어다

에베소 성도들에 대한 마지막 인사말이요 축복이다. 사랑을 강조한 것이 특징이다. 바울이 구한 성도들 간의 평강은 서로의 인간적인 관계나 타협으로 인한 평강이 아니다. 그는 하나님과 주 예수 그리스도로부터 온 평안이 있기를 바랐으며 물론 믿음 또한 마찬가지이다. 그들에게 있어야 할 사랑은 신앙에 입각한 사랑이다. 믿음은 원인, 사랑은 결과인 것이다. 이 두 가지가 조화된 것이 이 에베소 교회의 아름다운 특색이었고 또한 모든 교회가 본 받을 바이다. 이런 축복의 출처는 성부와 성자이시다(이상근 주석. p.152 참조).

24절 우리 주 예수 그리스도를 변함없이 사랑하는 모든 자에게 은혜가 있을지어다

23절은 에베소 지방의 형제들에게 한하였으나 24절은 제한이 없다. 전절에서는 교회의 위치에 있는 자들에게 사랑이 있기를 축복하고 본 절에서는 주님을 사랑하는 모든 자들에게 은혜가 있기를 축복한다. 은혜를 얻기 원한다면 변함없이 주 예수를 사랑해야 한다. '변함없이'라는 말은 문자적으로 '썩지 않게'(incorruptible)의 뜻이다. 무엇이든지 썩는 것은 변하는 것이다. 원래의 싱싱하던 것이 시간이 지날 때 썩고 마는 것이다. 이것이 변하는 것이다. 언제나 썩지 않는 것은 변하지 않는 것이다. 우리가 주님께 드리는 사랑은 썩는 형태의 것이 되어서는 안된다. 일시적으로 주님을 사랑하는 사람은 매우 많지만, 한 때 불타는 사람도 많지만 변함없이 주 예수 그리스도를 사랑하는 사람은 많지 않다.

소위 '에베소 후서'가 계시록 2장에 있다. 거기에 에베소 교회가 처음 사랑을 잃었다고 기록되어 있다. 바울은 뭔가를 알았는지 에베소 성도들에게 변함없이 주 예수님을 사랑하라고 권하고 있다. 오늘 우리도 그리스도인 노정을 마칠 때까지, 영적 전쟁을 다 싸우고 마칠 때까지 우리 주 예수 그리스도를 변함없이 사랑하게 되기를 원한다. 아멘.

6장-2

영적 전쟁

5장 후반부에서 사도는 교회의 운명을 말한 뒤에 (교회의 운명은 그리스도의 영광스런 신부로 그분 앞에 드려지는 것이다.) 6장에서는 여전히 이 땅 위에 존재하는 교회를 향하여 마지막 권면을 하고 있다. 그것은 바로 영적 전쟁에 관한 것이다. 4장에서 우리는 교회의 건축을 보았으며 5장에서는 교회의 목적지를 보았는데 6장에 올 때 교회가 사탄을 대항하여 서 있어야 한다는 것을 볼 수 있다. 교회는 그리스도의 몸이며 한 새 사람이며 그리스도의 신부이지만 사탄에 대해서는 용맹스런 전사(戰士)이어야 한다.

주 안에서 강건하여지고

영적 전쟁을 하려면 첫째로 하나님의 능력으로 강건해져야 한다. 약한 성도는 결코 사탄을 대항하여 싸울 수 없다. 교회는 그리스도에게는 사랑스런 신부이지만 대적 사탄에게는 용감한 전사이어야 한다. 교회는 언제나 무너뜨리며 공격하려 하는 사탄이 있음을 잊어서는 안 된다. 그러므로 사도는 교회에게 주 안에서와 그 힘의 능력으로 강건하여지라고 말한다. 그 힘의 능력으로 강건해지라고 말씀하셨으니 우리가 원하면 강건해질 수 있다는 말이 된다. 교회는 강건해지도록 하나님께 구하고 간절히 기도할 필요가 있다. 3장의 속 사람의 강건케 됨과 5장의 성령으로 충만한 삶은 교회가 그 힘의 능력으로 강건케 되도록 도와줄 것이다.

천연적인 강건함은 영적 전쟁에서 아무 쓸모가 없다. 영적인 강건함은 오히려 천연적인 육신의 강함이 헐어질 때 얻을 수 있다. 강한 교황권과 맞서서 영적 전쟁을 싸워야 했던 마틴 루터는 '내 주는 강한 성이요 방패와 병

기되시니'라고 말하면서 '자신의 힘을 의지할 때는 패할 수밖에 없도다'고 노래했다. 그는 또한 '우리의 장수는 누구인가? 곧 주 예수 그리스도가 만군의 주시니 당할 자 누구랴?'고 했다(찬송가 384장). 그리스도의 강하심을 의지하기 위해서는 우리 자신의 능력이 소멸되어야 한다. 또한 우리 자신을 의지하는 데서 벗어날 수 있어야 한다.

당시에 감옥에 갇혀 있던 바울 사도도 흑암의 세력을 마주 대하고 서 있었다. 당시 유대교의 세력은 사탄의 사주를 받고 있었다. 그는 그들의 공격을 받아 결국 감옥에 갇히게 되었다. 겉으로 볼 때 그는 심각하게 패배를 당하고 있었다. 그러나 그의 에베소서, 빌립보서, 골로새서 등의 서신을 볼 때 그는 결코 패배의 영을 갖고 있지 않았다. 그는 "복음을 인하여 내가 죄인과 같이 매이는 데까지 고난을 받았으나 하나님의 말씀은 매이지 아니하니라…미쁘다 이 말이여, 우리가 주와 함께 죽었으면 또한 함께 살 것이요 참으면 또한 함께 왕 노릇 할 것이요"라고 말했다(딤후 2:9,11,12).

바울이 육신적으로 결코 두려워하거나 약한 적이 없었다고 믿는가? 나는 결코 그렇게 생각하지 않는다. 그도 육신을 가진 인간이기에 때로 두려워하며 근심하며 약함 가운데 있었을 것이다. 그러나 그의 말과 같이 바울은 자신을 의지하지 않고 그리스도를 의지했을 것이고 그럼으로써 '내가 약한 그때에 곧 강함'을 체험했을 것이다.

에베소서 6장을 읽을 때 우리는 어떻게 주 안에서와 그의 힘의 능력으로 강건하여질 수 있는가를 생각해보지만 이 말씀은 참으로 깊은 말씀이라고 생각된다. 대적과 맞서 보지 않으면 결코 자신의 약함을 알 길이 없고 자신의 힘을 의지하지 않는 것이 무엇인지도 알지 못할 것이다. 자신을 의지한 결과로 심각한 패배와 실패를 거칠 때만이 두려워하며 다시는 자신을 의지하려 하지 않을 것이고 그리스도의 능력을 의지하는 것을 한 발 한 발 배우게 될 것이다.

마귀의 궤계를 능히 대적함

마귀는 궤계로 우리를 공격하기 때문에 우리는 쉽게 속는다. 믿는이들 가운데 벌어지는 많은 일들이 마귀의 궤계이다.

성도들은 이러한 고통을 당하면서도 그것이 사탄에게서 온 것임을 잘 알지 못한다. 그러나 어느 날 하나님께서 우리의 눈을 열어주시어 그것이 사탄의 궤계인 것을 알게 될 때 사탄에 대해 대항하는 마음과 분한 생각을 갖게 된다. 오늘날 하나님의 자녀들은 무엇이 악한 자의 궤계인지 알지 못함으로 계속 당하는 경우가 많다.

하나님의 전신갑주

하나님의 전신갑주를 한 마디로 무엇이라고 말할 수는 없지만 우리는 전쟁 마당에 서 있는 군사와 같이 대적의 유혹과 책략을 물리치기 위하여 모든 종류의 방어책과 적절한 무기를 가져야 한다. 오늘날 많은 그리스도인들은 자신들이 사탄과의 전쟁터 위에 서 있다는 것을 인식하지도 못한다. 그러므로 전신갑주를 입어야 한다는 생각이 약하다. 그러므로 많은 부분을 사탄에게 노출시키고 공격을 당한다. 사도 바울은 우리가 전신갑주를 입기 위해 갖추어야 할 것들이 무엇인지를 하나하나 설명하고 있으니 이것들을 주의 깊게 살펴보아야 한다.

대적의 정체

우리가 싸우는 것은 혈과 육이 아니다. 오늘날 그리스도인들 사이에는 편견과 오해로 말미암은 많은 다툼이 있다. 그 모든 다툼의 배후에는 악의 영들의 정체가 있다. 사람들은 누구누구 형제가 또는 어떠어떠한 단체가 문제를 일으키고 있다고 생각하지만 사실은 그 형제나 단체의 배후에서 사탄이 조종하는 것이다. 우리가 만일 전쟁할 때 대적을 알지 못한다면 싸울 것도 없이 패배할 것이다. 어쩌면 우리는 어떤 형제를 미워할 것이며 어떤 단체를 비평하며 그들이 매우 잘못하고 있다고 판단할 것이다. 그러나 많은 사람들의 일이 사탄으로 말미암은 것이다.

그것이 혈과 육이 아니라 정사와 권세와 어둠의 세상 주관자들과 하늘에 있는 악의 영들의 장난인 것을 알 때 우리는 합당하게 대처하게 된다. 혈과 육이라면 우리의 혈과 육으로 대항할 수 있겠지만 그것이 하늘에 있는 악의 영들일진대 우리의 육체와 혈기로 어떻게 그들에게 맞서겠는가?

하나님의 전신갑주를 입어야 함

그것이 하늘의 악한 영들의 공격이기 때문에 우리는 하나님의 전신갑주를 취하지 않을 수 없다. 우리 자신의 혈기로는 하늘의 악한 영들을 이길 수 없다. 그러므로 우리에게는 하나님의 전신갑주가 필요한 것이다. 전신갑주를 입는 것이 매우 중요한 문제이기 때문에 사도는 두 번이나 강조하여 말하고 있다. 본문에서 이 전신갑주에 대하여 자세한 항목을 다루었다. 전신갑주는 크게 나누어 공격용과 방어용이 있다. 이 구절들에서 공격용은 성령의 검 하나뿐이고 다른 것들은 방어에 사용된다. 그러나 결국 방어용 갑주든 공격용 갑주든 영적 전쟁에서 승리하기 위한 것이다.

모든 일을 행한 후에 서기 위함

하나님은 교회가 이 악한 날에 사탄을 대적하고 모든 일을 행한 후에 서기를 원하신다. "에베소서는 먼저 '앉고'(2:6) 다음에 '행하고'(4:1) 마지막으로 '서라'고 말한다(6:13). 앉는다는 것은 하나님께서 모든 것을 이미 이루셨기 때문에 앉아야 한다는 것이고 그런 다음 앉은 것을 근거로 하여 행하는 것이며 그리고 사탄에 대해서는 서는 것이 중요하다"(워치만 니). 여기서 서 있는 것은 영적으로 서 있는 것을 말한다. 즉, 사탄을 대항하여 하나님의 권익(權益)을 위해 적극적으로 그분을 섬길 수 있도록 굳게 서 있는 상태이다. '우리는 하나님의 은혜를 힘입어 사탄에게 굴복하지 않겠다는 결심을 해야 한다. 우리의 현재의 사명은 악한 자의 공격에 대적하고 그것을 저지하는 일이다.'(매튜 헨리).

또한 이 구절은 우리에게 모든 일을 행한 후에 굳게 서기 위함이라고 말한다. 우리가 하나님의 전신갑주를 취하지 않으면 많은 일을 한 후에 정작 자신은 넘어지는 수가 있다. 많은 일을 하는 것도 중요하지만 일을 한 다음 사탄을 대항하여 계속 서 있을 수 있는 것도 중요한 일이다.

악한 날

이 시대는 악한 시대이다. 하나님의 자녀들은 충성을 다하여 하나님의 뜻을 성취하려 하지만 악한 자는 어찌하든 그분의 뜻을 무너뜨리려 한다.

사탄은 결코 졸지 않는 것 같다. 하나님의 백성들 가운데의 상황을 보라. 왜 그렇게 많은 오해와 편견과 다툼과 분쟁과 나뉨이 있는가? 그 모든 배후에 부지런하게 움직이는 사탄이 있기 때문이다. 우리는 이러한 어두운 상황에서 과연 몇이나 순수하고 참되고 충성되게 이 길을 갈 수 있는지 의아할 정도이다.

우리는 이 시대가 악한 시대임을 몰라서는 안 된다. 이러한 혼란과 분열의 상황을 이상한 눈으로 바라보면서 실망해서도 안 된다. 왜냐하면 사도는 이 시대를 악한 날(evil days)이라고 말했기 때문이다. 악한 자가 권력을 잡고 힘을 다해 하나님을 대적하며 설치고 있는데 어찌 많은 문제가 발생하지 않겠는가? 주님의 충성된 증인들은 이 시대가 악한 시대임을 반드시 알아야 하며 따라서 사탄을 대적하도록 만반의 준비를 갖추지 않으면 안 된다.

진리의 허리띠

허리띠는 옷을 단단하게 붙잡아매어 우리 몸에 힘을 주는 역할을 한다. 그러므로 진리는 우리 허리의 힘이 된다는 뜻이다. 그리고 우리 존재의 느슨해짐을 막아준다. 허리띠를 잘 매어줌으로 온 존재가 단정하고 뚜렷한 입장을 갖게 된다. 그러므로 우리가 성경 진리를 분명하게 갖고 있는 것은 영적 전쟁을 위하여 매우 중요하다. 영적 전쟁에서 싸우려 하지 않는다면 몰라도 싸우려 한다면 진리를 가져야 한다. 진리의 입장에 서 있지 않는 사람은 결코 내적인 능력을 갖지 못한다.

여기에서의 진리는 허리에 단단히 매어진 진리이다. 즉, 우리 몸과 하나로 가까이 부착된 진리이다. 그러한 진리만이 우리에게 힘을 준다. 어떤 사람은 입술로 진리를 말하지만 그의 가는 길은 다르다. 혹 용기가 없으므로, 혹 대세를 이기지 못하여, 혹 일의 편리를 위하여, 혹 생계를 위하여 입술로는 한 가지 진리를 말하고 실행으로는 다른 길을 걸어간다. 당신은 그러한 사람이 그가 말하는 진리로 인하여 힘을 얻을 수 있다고 생각하는가? 그것은 불가능하다. 그는 입술로 진리를 말하지만 그 진리는 그에게 아무런 힘을 주지 못한다. 그러므로 우리가 허리띠로 가진 진리는 우리가 순종하는 진리요 사는 진리요 붙잡고 있는 진리이다.

의의 흉배

흉배는 우리의 가슴을 보호하는 병기이다. 가슴은 우리 신체 중에서 가장 중요한 부분이며 대적이 가장 노리는 부분이다. 아가서에서 왕은 사랑하는 여인이 아직도 유방이 없다고 말했다(아 8:8). 이 여인은 물론 믿는이를 말하는데, 믿는이의 가슴은 믿음과 사랑이 있는 곳이다. 즉, 주님은 믿는이들에게 풍성한 믿음과 사랑이 있기를 기대하시는 것이다. 그러므로 데살로니가 전서에서 바울은 믿음과 사랑의 흉배를 붙이라고 말했다(살전 5:8). 믿음과 사랑은 믿는이들에게 있어서 사람의 심장과 같이 가장 중요한 요소이다. 사탄은 사람의 믿음을 무너뜨리기 위해 최선을 다해 공격하는 것이다. 믿음이 무너지면 결국 사랑도 무너진다.

그런데 이 가슴을 보호하는 흉배는 바로 의(義)이다. 의에 대하여 우리는 두 방면을 보아야 한다. 하나는 객관적인 의로서 하나님이 그리스도 안에서 그리스도의 피로 말미암아 우리를 위하여 확보해주신 의이다. 우리는 이 하나님의 의로 말미암아 모든 종류의 사탄의 참소로부터 우리의 양심을 보호할 수 있다. 우리는 그리스도 자신이 우리의 의이시며 우리가 그분을 믿을 때 그리스도를 옷으로 입혀주셨음을 안다. 이것은 누가복음 15장의 탕자의 비유에서도 볼 수 있다. 그는 다만 아버지 집에 돌아왔는데, 아버지는 그에게 가장 좋은 옷을 내어다 입혔다. 그 옷이 의의 옷인 것이다. 우리는 이 옷을 입고 아버지 앞에 나아갈 수 있다.

또 하나의 의는 주관적인 의인데 이것은 우리가 그리스도를 살아나타냄으로 말미암은 의이다. 우리는 객관적인 의를 가지고 사탄의 참소를 방어해야 할 뿐 아니라 우리의 주관적인 의 또한 사탄의 공격을 막아낼 수 있는 것임을 알아야 한다. 의는 양심과 관계 있는데, 사람이 불의를 범할 때 양심에 참소가 있게 되며 우리가 가진 의가 손상을 입게 된다. 사탄은 참소하는 자이므로 우리에게 불의가 나타나면 즉시 참소하여 우리의 믿음을 무너뜨린다.

때로는 불의가 없는데도 사탄은 우리를 참소한다. 그는 거짓말쟁이이므로 때로는 이유 없이 우리를 참소하기도 하는 것이다. 그러므로 우리에게는 어린 양의 피가 필요하며 뿐만 아니라 생활 가운데 의로운 행실이 필요하다. 그럴지라도 혹 실패한다면 즉시 그리스도의 보혈을 의지해야 한다. 어찌하든 우리는 사탄이 우리를 참소하지 못하게 해야 한다. 사탄이 지속적으로 우리를 참소한다면 우리의 믿음은 반드시 약화될 것이다. 우리의 믿음과 사랑을 보호하기 위해 의의 흉배를 갖는 것은 매우 중요하다.

평안의 복음의 신

어떤 사람들은 여기의 복음의 신이 나가서 복음을 전하는 것을 의미한다고 말한다. 나는 이 말씀에 완전히 복음을 전하는 사상이 없다고 말하고 싶지는 않다. 그러나 나는 여기의 복음의 신이 전신갑주의 일부임을 잊어서는 안 된다고 말하고 싶다. 복음을 전하는 자의 신은 가벼울수록 좋겠지만 전신갑주의 신은 무언가 발을 보호할 수 있는 중금속이어야 할 것이다. 그리고 여기의 복음의 신은 전신갑주의 일부로서 공격용이기보다는 방어용이다. 즉, 자신의 신체의 일부를 보호하기 위한 복음인 것이다.

이 복음은 평안의 복음인데, 에베소서 2장에서도 가까운 데 있는 자나 먼 데 있는 자나 평안의 복음을 통하여 한 몸이 되었음을 말한다. 그러므로 이 복음은 우리가 듣고 영접한 그 복음을 의미한다. 그 복음을 받을 때 우리는 평안을 얻는다. 이 복음은 하나님과 사람의 원수 된 것을 화해케 한 복음이며 유대인과 이방인의 중간에 막힌 담과 원수 된 것을 허물어버린 복음이며 모든 종류의 불화와 미움을 제한 복음이다. 그러므로 이 복음을 평안의 복음이라고 말한다.

영적 전쟁을 위해서는 이러한 평안의 복음의 예비한 것으로 신을 신어야 한다. 우리가 아무리 영적으로 진보했다 해도 평안의 복음을 멀리할 수 없다. 대부분의 그리스도인들이 다투는 경우는 성경의 심오한 진리를 다루는 데서 나타난다. 만일 그들이 평안의 복음으로 돌아온다면 거기에 보혈이 있고 십자가가 있으며 죄 사함이 있고 화목이 있으므로 다툼이 쉽게 사라질 것이다. 휘트비(Whitby) 박사는 '여러분이 싸움을 예비하고자 하면 평화의 복음으로 신을 신고 복음이 요청하는 평화롭고 조용한 마음을 갖도록 노력하라. 쉽게 노하지 말며 논쟁하고자 하지 말라. 이것은 마치 병사의 군화가 자신을 덫으로부터 보호해주는 것같이 여러분을 많은 유혹과 박해로부터 보호하여 줄 것이다'라고 말했다.

여기서 평안의 복음의 예비한 것으로 신을 신는다는 것은 그리스도인이 어떠한 경우든지 복음을 지키고 복음을 부착하고 움직이며 행한다는 것을 의미한다. 복음은 죄인을 사랑하는 영이고 용서하는 영이며 회개와 자복을 포함하는 영이다. 그리스도인들이 영적 전쟁에서 승리하기 위해서는 평안의 복음의 신을 신어야 한다. 제 아무리 높은 성경 지식을 가졌다 해도 복음의 신을 신지 않았다면 사탄에게 여지없이 패할 것이다. 나는 참으로 영적으로 성장한 사람일지라도 복음이 없는 경우를 보았다. 그에게는 높은 진리의 가르침과 깊은 영성의 추구가 있었지만 기묘하게도 그에게서 복음의 영을 만지기가 어려웠다.

사도가 우리에게 영적 전쟁을 위하여 평안의 복음의 예비한 것으로 신을 신으라고 했으니 복음 진리는 복음 전파를 위해서만이 아니라 영적 전쟁을 위해서도 매우 중요한 것임에 틀림없다.

믿음의 방패

믿음의 방패를 말할 때 바울은 모든 것에 더하여(in addition to all)라는 말을 했다. 그러므로 많은 성경 학자들이 앞의 세 항목(진리의 띠, 의의 흉배, 복음의 신)과 뒤의 세 항목을 구분하여 말한다. 즉, 앞의 세 항목은 몸에 바짝 부착하는 것이고 뒤의 세 항목은 전사가 취하여 사용하는 것이다. 그래서 앞의 세 항목은 '가지다'(have)라는 동사를 사용하고 뒤의 세 항목은 '취하다'(take)의 동사를 사용한다.

흉배는 가슴에 부착되어 심장 부분만을 보호하지만 방패는 필요할 때 취하여 어느 부분이든지 보호할 수 있다. 베드로 전서 5장은 "근신하라 깨어라 너희 대적 마귀가 우는 사자같이 두루 다니며 삼킬 자를 찾나니 너희는 믿음을 굳게 하여 저를 대적하라"고 말한다(8-9절). 우리가 사탄을 대적하기 위해서는 믿음이 필요함을 알 수 있다. 우리는 무엇을 믿어야 사탄을 대적할 수 있는가? 결국 하나님의 말씀을 믿어야 한다.

영적 전쟁을 위하여 우리가 믿어야 할 몇 가지가 있다. 첫째는 하나님이 우리에게 사탄을 이길 권세 있는 이름을 주셨다는 것이다. 사탄이 비록 능력이 있지만 주님의 이름의 권세를 대항하지 못한다. 제자들이 밖에 나갔다 돌아올 때 그들은 주님께 "주의 이름으로 귀신들도 우리에게 항복하더이다"라고 말했다. 주님은 교회에게 사탄을 이길 권세를 주셨고 사탄을 이기는 권세의 이름을 주셨음을 알아야 한다.

또한 우리는 주님이 죽으심으로 이미 사망의 권세를 잡은 자 마귀를 폐하셨음을 믿어야 한다. 주님은 십자가에서 사탄을 폐하시고 그의 수하에 있는 모든 사람을 이미 해방하셨다. 그러므로 사탄은 우리 몸에서 아무 권세가 없고 우리는 그를 초월한 사람이요 이미 죽은 자임을 믿어야 한다. 뱀은 더 이상 우리를 물 수 없는데, 왜냐하면 우리가 이미 죽었기 때문이다. 당신이 만일 사탄의 거짓을 받아들여 여전히 살아있다고 생각한다면 사탄은 당신을 죽음으로 위협할 것이다. 당신의 살아있음은 사탄의 밥이 될 것이다. 그러나 만일 당신이 이미 그리스도와 함께 죽었음을 믿는다면 사탄은 당신을 공격할 수 없다. 사탄의 능력은 오직 우리의 무덤까지만 올 수 있을 뿐이다. 부활한 자에게는 사탄의 능력이 미칠 수 없다. 이러한 믿음만이 사탄을 이길 수 있다.

또한 우리는 그리스도와 함께 부활했을 뿐 아니라 승천하여 사탄보다 높은 하늘 보좌에 앉아 있음을 믿어야 한다. 그러므로 그리스도의 승리는 이미 성취된 것이고 우리는 그리스도와 함께 하늘에 앉아 있음을 알아야 한다. 우리가 사탄과 싸우는 것은 우리가 가진 승리의 위치를 지키기 위한 것이지 승리를 쟁취하기 위한 것이 아니다. 우리는 이미 사탄을 이겼다. 그리스도께서 십자가에서 이미 승리하셨기 때문이다.

그러나 사탄은 우리를 속여 그리스도의 승리를 보지 못하게 한다. 그때 사탄은 우리를 시험하여 실패하게 만든다. 여기에 우리의 믿음이 필요하다. 사탄은 이미 패배했고 우리는 그리스도 안에서 이미 승리하였다. 사탄은 우리가 과연 믿음에 서 있는가를 보려고 몰래 시험하는 것이다. 우리가 이미 얻은 승리를 모른다면 우리는 실패할 것이다. 오늘 우리는 주님이 이루신 승리의 역사 위에 서 있다. 사탄이 우리를 공격할 때 승리하려는 생각을 갖지 말고 이미 승리한 것을 알고 믿음으로 대적하면 된다. 우리는 어떤 상황에 있든지 믿음으로 사탄에게 물러가라고 외쳐야 하고 그를 대적하기를 배워야 한다.

모든 화전

여기의 화전이라는 말은 불화살인데 악한 자는 믿는이들에게 불화살을 쏘아댄다. 이 불화살의 불은 틀림없이 음부의 불이다. 사탄은 이 화살에다가 음부의 불을 묻혀서 믿는이들에게 쏘아댄다. 이 불은 음부의 불이기 때문에 독이 가득하다. 누구든지 이 화살을 한 번 맞으면 큰 상처를 입게 된다. 그러므로 믿음의 방패가 더욱 필요한 것이다. 방패를 사용할 줄 모르면 대책 없이 화살을 맞게 된다. 한 대 맞으면 힘없이 쓰러지게 된다. 이 불화살은 의심의 화살도 있고 낙심케 하는 화살도 있으며 두려워하게 하는 화살도 있고 무언지 모르지만 지옥불로 태우는 듯한 화살도 있다. 오늘날 믿는이들은 많은 종류의 불화살을 맞고도 그것이 사탄에게서 온 것임을 모르는 경우가 많다. 그래서 우리의 싸움이 혈과 육의 문제가 아니요 공중의 권세 잡은 자에 대한 것임을 아는 것은 중요하다.

여기에서 '소멸하고'(extinguish)라는 말은 참으로 귀한 말이다. 우리에게 믿음의 방패가 있으면 어떤 종류의 불화살이든지 그 불을 끌 수 있다는 말이다. 사탄이 불을 지를 수 있지만 여기에 강력한 소방수가 있다. 그 소방수의 이름은 바로 '믿음'이다. 우리가 언제나 믿음을 사용할 때 어떤 불도 다 끌 수 있다. 당신이 만일 어쩌다 화전을 맞았다면 신속하게 믿음을 사용하여 그 불을 끌 수 있기 바란다.

구원의 투구

투구는 머리를 보호하는데 이 투구도 항상 부착하는 것이라기보다는 방패와 같이 그때그때 필요할 때마다 취하여 쓰는 것이라고 보아야 한다. 머리는 주로 우리의 생각과 관계되고 우리가 생각하는 것이 우리의 길이 되고 소망이 된다. 그러므로 사도는 이 투구를 구원의 소망의 투구라고 말했다(살전 5:8). 소망이 올바른 것은 영적 전쟁에서 매우 중요하다. 많은 그리스도인들이 입으로는 하늘을 소망한다고 하지만 실제로는 아직도 이 땅에 미련이 많다. 그러므로 그들의 생각이 땅의 것들에 많이 사로잡혀 있다. 우리의 구원의 소망은 어떤 상황에서도 우리 영혼을 격려할 것이며 악한 자에게 괴로움과 시련을 당할지라도 절망하지 않고 머리를 떨구지 않을 것이며 여전히 힘을 가지고 있을 것이다. 왜냐하면 우리 머릿속이 여전히 하늘에 속한 소망으로 가득하기 때문이다.

당신은 과연 당신의 머릿속이 구원의 소망으로 가득한가? 당신은 이 땅에서 아직도 쾌락과 행복과 장래의 누림을 추구하고 있는가 아니면 이 땅에서 하늘의 존재로 합당하게 구성되기 위하여 당신 자신을 준비하는 삶을 사는가? 우리는 이 땅에서 하늘의 시민이 되기 위해 준비하는 삶을 산다. 우리는 그날 그분의 부르심에 합당한 자로 여기심을 받기 위해 오늘 준비하는 삶을 살고 있다. 우리의 영적 성장도 그것을 위한 것이요 변화도 그것을 위한 것이며 주님을 위해 받는 고난과 모든 수고도 장래 주님과의 만남을 위한 것이다. 이 모든 것이 하늘에 쌓여져 가고 있는 소망인 것이다(골 1:5).

성령의 검 곧 하나님의 말씀

여기에 유일한 공격용 무기가 있다. 그러나 사실은 이 공격용 무기도 싸워 이기기 위한 것이 아니라 이긴 싸움을 지키기 위하여 사용하는 무기이다. 당신은 사탄이 이미 패했음을 영원히 잊어서는 안 된다. 주님이 광야에서 사탄에게 시험당하실 때 그분은 말씀의 검을 사용하셨다. 사탄이 주님을 시험하기 위해 왔을 때 주님은 기록된 말씀을 가지고 사탄의 공격을 물리치셨다. 그러므로 우리는 사탄의 공격을 막아내기 위해 하나님의 말씀을 많이 가지고 있어야 한다. 성경의 내용을 잘 모르는 사람은 간교한 자 사탄의 궤계를 이길 수 없다. 그러므로 우리는 성경 말씀에 대한 올바르고 좋은 이해를 갖고 있어야 한다.

우리는 에베소서 6장에 있는 전신갑주가 사실상 검을 포함하여 모두 다 방어용임을 주의할 필요가 있다. 성령의 검은 공격용이지만 방어적인 공격용이라고 해야 맞을 것이다. 왜냐하면 우리의 싸움은 이미 승리한 싸움이기 때문이다. 사탄은 거짓으로 우리에게 패한 것 같은 느낌을 주고 싸워 이기도록 우리를 부추긴다. 우리가 만일 그리스도 안에서 이미 승리한 사실을 잊어버리고 싸워 이기려고 사탄을 대항한다면 여지없이 패하고 말 것이다.

또 한 가지는 많은 경우 형제들이 전신갑주를 취하지도 않은 채 영적 전쟁에 나간다는 것이다. 결과는 처참한 패배이다. 우리는 사도의 가르침을 잘 받아들여야 한다. 오늘은 악한 날이므로 너나 할 것 없이 모든 하나님의 자녀들이 주 안에서 강건해짐으로 전신갑주를 취해야 한다.

여기에서 하나님의 말씀이 곧 성령의 검이라고 했다. 성령과 말씀은 하나이다. 어떤 사람들은 말씀을 소홀히 하고 성령의 인도를 귀히 여긴다. 그것도 패하는 원인 중 하나이다. 진리의 말씀을 소홀히 하고 내적인 성령의 음성만을 주의하다 보면 결국 치우치게 된다.

또 어떤 사람들은 내적인 성령을 주의하지 않고 밖의 말씀만을 주의한다. 그러한 사람들도 결국은 언제 어떤 말씀을 사용해야 할지에 대해서 분간하지 못한다. 성령의 음성만을 주의하는 사람들은 말씀을 소홀히 하기 때문에 어디에 어느 말씀이 있는지 잘 사용하지 못하고 그저 내적인 느낌이 좋은가 나쁜가, 성령의 기름부음이 있는가 없는가만을 주의한다. 또 어떤 사람들은 말씀의 내용을 구약에서부터 신약까지 자세히 알고 있지만 성령의 인식이 부족하기 때문에 주님과 같이 매우 적절하게 말씀을 인용하지 못하고 유치한 방법으로 또는 엉뚱한 방법으로 말씀을 인용한다. 보나마나 그러한 사람의 전쟁은 실패이다.

그러므로 여기에서 바울은 하나님의 말씀이 곧 성령의 검이라고 말했다. 그것은 성령과 말씀을 구분할 수 없다는 말이다. 성령이 곧 하나님의 말씀이요 하나님의 말씀이 곧 성령이다.

모든 기도와 간구로 하되

여기의 모든 기도와 간구는 성령의 검 곧 하나님의 말씀을 갖는 데 필요할 뿐 아니라 전신갑주의 모든 항목을 취하는 데도 필요하다. 이 말씀의 전치사와 구절의 내용(with all prayer and petition in the Spirit)이 이러한 해석을 뒷받침해준다. 우리가 말씀을 검으로 소유할 수 있는 가장 좋은 길은 기도와 간구를 통해서이다. 그러므로 우리는 말씀을 읽을 때 읽으면서 주님께 기도해야 한다.

또한 진리의 허리띠나 의의 흉배나 복음의 신이나 믿음의 방패나 구원의 투구를 갖기 위해서도 기도와 간구가 필요하다. 우리는 어떻게 진리와 의와 복음을 가질 수 있는가? 우리는 어떻게 믿음과 구원의 소망을 가질 수 있는가? 모든 것이 주님께 간절히 기도하고 간구함으로써 얻을 수 있는 것이다.

무시로 성령 안에서 기도하고

영적 전쟁을 위하여 우리는 무시로 기도해야 한다. 한시도 방심할 사이가 없어야 한다. 우리는 과거 하나님의 전사로서의 위치를 망각하고 사탄과의 어떤 싸움도 그렇게 주의하지 못했다. 그러나 오늘 우리가 깨어나 하나님의 유익을 위해 싸우려 하니 우리 자신에게 영적 무장이 너무 부족함을 느끼지 않을 수 없다.

또한 가장 부족한 것이 기도임을 통감한다. 사도는 우리에게 모든 기도와 간구로 하라고 말했는데, 여기서 '모든'이라는 말은 우리가 기도와 간구를 드려야 할 것들이 각 방면 모든 항목을 포함함을 의미한다. 그러니 우리가 무시로 기도하지 않으면 어떻게 영적 전쟁을 싸울 수 있겠는가?

과거 우리 온 존재가 완전히 헌신되지 못했을 때 우리 마음속에는 하나님의 경륜과 역사와 그분의 권익에 대한 느낌이 있었지만 많이 부족했다. 그러므로 자연 기도하려 해도 기도가 잘 이루어지지 않았다. 우리가 무시로 기도하는 사람이 되기 위해서는 기도에 대한 훈련도 중요하지만 그 이전에 우리 자신을 전적으로 하나님의 일에 투입해야 한다. 우리 온 존재가 하나님 안에 있고 하나님의 역사와 그분의 유익을 위한 싸움에 투입되어져 있다면, 내가 확신하건대 우리는 무시로 기도하는 상황 안에 있게 될 것이다.

여러 성도를 위하여 구하고

우리의 싸움은 단독적이지 않다. 개인적으로 이 싸움을 싸워 이길 수 있는 사람은 아무도 없다. 우리는 성도들과 함께 싸워야 한다. 우리가 전신갑주를 입는 것도 단체적으로 함께 입어야 한다. 에베소서는 그리스도의 몸에 관한 책임을 잊어서는 안 된다. 교회는 그리스도의 몸이요 새 사람이요 그리스도의 신부일 뿐 아니라 6장에서는 교회가 그리스도의 전사임을 말해준다. 오늘날 하나님은 이 땅에서 그분을 위하여 싸우는 전사인 교회를 보기 원하신다.

그러므로 오늘 교회는 그리스도에게는 사랑스런 신부이지만 그분의 대적 사탄에 대하여는 용맹스러운 전사가 되어야 한다. 그러려면 우리는 혼자만 전신갑주를 입어서는 안 되고 모든 성도와 함께 입어야 한다. 성도들과 함께 싸워야 한다. 그러므로 우리의 기도는 자신을 위할 뿐 아니라 모든 성도를 위한 것이어야 한다.

한 형제의 약함은 곧 나의 약함인 것이다. 한 형제의 실패는 곧 나의 실패인 것이다. 오늘날 우리의 기도가 너무나 부족한 것을 하나님께 자백하지 않을 수 없다. 우리의 성도들에 대한 기도의 부족으로 한 성도 한 성도가 실패하고 넘어지는 것을 보아왔다. 이보다 더 애석한 일이 어디에 있는가! 하나님께서 우리에게 더욱더 기도의 영을 부어주시기 원한다. 모든 성도를 위하여 깨어 기도하게 하소서.

오늘은 전쟁의 날이다. 교회는 일어나서 유일한 대적 사탄을 대항해야 한다. 십자가의 군사들은 다 함께 일어나 대장 예수와 함께 그분의 전쟁 나팔을 들으며 그분의 깃발 아래서 그분을 힘입어 온 성도와 함께 사탄과의 전쟁을 벌여야 한다. 승리의 고지(高地)는 멀지 않다. 한 발 한 발 싸워 나갈 때 주님은 기쁜 얼굴로 승리한 교회를 맞으러 오실 것이다.

개인적으로 이기는 자가 될 수 있나?

하나님은 부패한 경륜을 다시 회복하여 사용하지 않는다. 이런 말을 19세기에 다비(J.N. Darby)가 말한 적이 있다. 오늘 날 어떤 사람들은 교회는 부패하였어도 그 가운데 개개인적으로 이기는 자만되면 된다고 한다. 다비는 제도권인 교회가 부패한 경륜이라고 했지 혼자만 이기는 자가 되면 된다고 말하지 않았다. 다비가 말한 부패한 교회는 제도권 안에 있는 현실 교회를 말했다. 그러므로 그는 몇몇의 소수의 사람들이 부패한 제도화된 교회를 떠나서 작은 모임을 형성해야 한다고 말했다.

계시록 2, 3장에 이기는 자를 부르심은 복수가 아니라 개인이므로(단수인 것은 맞다). 이 시대에는 부패한 교회를 하나님께서 포기하셨으므로 교회 안에서 개개인적이고 독립적으로 이기는 자가 되는 것을 원하신다고 하는 말은 진리가 아니다.

복음을 통하여 우리는 새로운 피조물이 되었으며 몸의 지체가 되었다. 따라서 머리이신 그리스도에게는 몸이 있는 것이다. 몸을 위한 사람이 진정 주를 위한 사람이다. 한 지체가 무엇을 할 수 있단 말인가? 코가 아무리 훌륭해도 코 일 뿐이다. 눈도 마찬가지이다. 몸 안에서 무언가 하려면 다른 지체들의 도움과 협력이 필요한 것이다.

개인을 위한 사람은 결코 이기는 자가 될 수 없다. 주위의 모든 사람이 부패하여서 도리 없이 혼자라도 길을 걸어가야 한다면 그는 개인이라도 이기는 자가 될 수 있을 것이다. 그러나 그가 진정한 이기는 성도라면 어찌 주위에 함께 할 수 있는 사람을 하나도 없을 수 있을까? 아가서 1장을 음미해보면 한 사람이 진정 주님을 사랑하여 따르다보면 적어도 몇몇이 함께 따르게 되는 것이다(아1:3, 너는 나를 인도하라, 우리가 너를 따라 달려가리라).

구약의 여호수아서를 보라! 기드온은 혼자 전투하지 않았다. 그렇다고 이스라엘 전체가 전투한 것도 아니다. 이기는 소수의 무리가 있었다. 그들은 자신들을 위해 싸운 것이 아니라 이스라엘을 위해 싸운 것이다. 어떤 지체든지 자신을 위한 지체가 없고 몸을 위한 지체가 있을 뿐이다. 구약의 선지자들을 보라! 그들이 비록 혼자 예언하고 혼자 고난을 당했을지라도 그들은 전 유다나 이스라엘을 위해 그렇게 했다.

그리스도는 그분 자신의 부활의 능력과 정복의 능력을 교회에 주셨지 개인에게 주신 것이 아니다. 개인은 약하지만 교회는 강하다. 주님은 교회를 세우사 음부의 문을 대적하게 하셨다(마 16:18). 에베소서 6장의 영적전쟁도 교회가 하는 것이다. 개인이 나가서 싸우려 하다가는 여지없이 무너질 것이다. 개인이 가진 물은 한 컵의 물로서 한 사람의 목마름을 해갈하기에 충분하겠지만 논과 밭의 메마름이나 전력을 공급하여 발전소를 돌리는 등의 힘을 쓰기에는 충분하지 못하다. 교회는 그리스도의 저수지이다. 저수지의 물은 발전을 일으켜 큰 일을 할 수 있다. 주 예수는 교회를 일으키사 묶고 푸는 권세를 주셨다(마 16, 18장 참조). 단언하건대 그리스도의 몸을 위하지 않는 이기는 자가 될 수 없다. 오늘 날은 온 세계가 개인주의로 충만한 시대이다. 개인에게는 길이 없다. 제 아무리 훌륭한 그리스도인이라고 하더라도 몸의 길을 걸어가야 한다. 할 수 있는대로 형제들과 함께하는 자여야 한다. 그리스도는 그분의 충만을 몸에 맡기셨다(엡 1:23). 몸의 최소 단위는 두 사람이다(마 18:19-20).

우리는 제도적인 교회와 그리스도의 몸의 실제를 구분하여 말할 수 있다. 하나님은 제도적인 교회를 실패하게 두실 수 있지만 여전히 이 땅에 그리스도의 몸의 실제를 살아내는 자들을 두실 것이다. 바울은 언제나 몸의 길을 걸어간 사람이다. 디모데나 누가 등은 끝까지 바울과 함께 하였고 바울은 교회들에게 서신을 쓸 때도 늘 형제들과 함께 문안하고 형제들의 직분과 기능을 존중하는 방식으로 사역하였다. 그는 혼자 모든 것을 다할 수 있는 것으로 여기지 않았다. 실로 바울은 몸을 본 사람이요 몸의 이상을 따라 생활한 사도였다. 우리는 이 시대에도 그 발걸음을 따를 수 있어야 한다.

사도를 위한 기도

또한 교회는 마땅히 사도를 위하여 기도해야 한다. 사도에게 말씀을 주셔서 입을 벌려 복음의 비밀을 담대히 알리게 해달라는 것이다. 사탄이 하는 일은 성도들 하나 하나를 넘어뜨리고 하나님의 말씀을 선포하는 사도의 입을 막는 것이다. 그러므로 교회는 이러한 사탄의 궤계를 알아 사도들의 입이 막히지 않도록 합심하여 강하게 기도해야 한다. 사도들의 입에 말씀을 주시도록 기도해야 한다. 그리고 복음의 비밀을 담대히 알릴 수 있도록 기도해야 한다. 사도들이 담대하게 되는 것도 교회의 기도에 달려 있다. 아멘.

에베소서를 마치면서

1) 각장의 요점

에베소서 1장은 하늘에 속한 교회, 하나님의 영원한 뜻과 계획 안에 있는 교회를 말해주며 사도의 기도를 기록하고 있다. 사도는 그 높은 하나님의 뜻에 따른 선택과 예정, 구속, 성령의 인치심 등을 말하며 찬미를 발하고 있다. 높은 계시의 책인 에베소서에 나타난 하나님을 알려면 지혜와 계시의 영이 필요하다. 1장은 교회에게 주어진 그리스도의 큰 능력이 어떠한 것을 알려주며 하나님의 기업인 교회가 얼마나 영광스럽고 풍성한 것인지를 말해준다.

2장은 허물과 죄로 죽은 가운데서 구속된 교회가 어떻게 하나님의 성전으로 지어지는가를 말해준다. 3장은 그 교회의 비밀의 계시가 자신에게 주어진 것을 말하고 교회 안에 하나님의 충만이 거하기를 원하고 있다. 성도들 안에 그리스도께서 거하시며 성도들과 함께 그리스도의 사랑의 무한함을 체험하고 알기를 원한다. 4장은 승천하신 그리스도께서 교회의 머리가 되셔서 교회에게 각종 은사를 주셔서 그리스도의 몸을 건축하는 것에 대하여 말해준다. 이 모든 것이 하나님의 부르심에 합당한 생활이다. 5장은 성도들이 사랑과 빛 가운데서 행해야 하며 성령으로 충만하고 시와 찬미와 신령한 노래를 부르며 피차 복종해야 함을 가르친다. 또한 그리스도와 교회의 비밀을 말하고 가정에서부터 실제의 삶을 살도록 가르친다. 6장은 영적 전쟁을 말하면서 교회는 마땅히 대적을 처리하는 기능을 다해야 함을 가르치고 있다.

2) 진리의 회복 역사

나는 기독교의 교리가 추상적 생산품(deductive production)이 아니라 체험을 통한 구체적이며 귀납적 결실(inductive production)이라는 학자들의 말에 동감한다. 즉 진리는 성도들의 삶의 터(Sitz im Leben)에서 우러나오며 확증되어진 것이다. 기독교 역사가 이것을 증명한다. 사도 시대에 '정립된 성경'(canon)의 비밀은 기독교 역사를 통해 많은 흙더미 속에 내던져진 것처럼 되어 많은 이단자들의 손에 짓밟히게 되었지만 충성된 자들에 의해 되찾아내어 가면서 하나하나 정립되고 밝혀져 왔다. 이러한 발걸음은 그치지 않고 주님이 다시 오실 때까지 이어져 갈 것이다.

초기 기독교는 삼위일체론에 대하여 수많은 교리적 진통을 겪었다. 그것도 성령을 제외한 이위(二位)에 대한 연구였다. 그래서 당시 이위일체론(Binitarianism)이란 말까지 생겨났다. 이는 아리우스주의자들과 세라피온(Serapion)에 의해 강조되었다. 그들은 성령을 최고의 천사 정도로 생각했다. 그리스도의 신격에 대한 올바른 정의는 325년 니케아 회의와 381년 콘스탄티노플 회의와 451년 칼케돈 회의에서 정리되고 확정되었다. 그러나 성령에 대한 연구는 동서교회가 분열되는 요인이 될 정도로 마찰하면서 논의하였지만 아직도 정확한 결정을 내리지 못하였다. 삼사백 년 동안 삼위일체론을 가지고(그것도 성자의 본질에 대하여) 논의를 거듭하고, 거의 천 년의 세월 동안 성령의 위격과 발출설로 어려움을 겪은 것이 기독교의 역사이다.

교회는 잃은 것을 하나씩 되찾아내는 일을 계속해왔다. 성부와 성자와 성령을 체험적으로만이 아닌 진리적으로 정의를 바르게 내리는 일을 지속해왔다. 이것은 주로 교부시대를 거쳐 동서 교회와 공의회를 통하여 이루어져 왔다. 그러나 하나님은 중세종교개혁과 개혁교회들을 통하여 칭의와 성화의 문제며 복음의 진수인 부활과 내적인 생명과 믿음의 비밀들을 하나씩 하나씩 회복해 나가셨다. 과연 그리스도의 부활의 실제는 무엇이며 왕국은 무엇인가? 나는 그 최종적인 비밀이 에베소서 전체의 서신에서 말하는 그리스도의 몸의 비밀이라고 믿는다. 바울이 에베소서 5장 32절에서 말했다. “이 비밀이 크도다 내가 그리스도와 교회에 대하여 말하노라”.

교회의 진리는 조금도 소홀히 되어서는 안된다. 적어도 로마서 12장, 고린도 전서 12장은 전체적으로 교회가 어떤 것인지를 말했고 에베소서는 전체의 서신이 그리스도의 몸인 교회가 무엇인가를 말했다. 에베소서 4장 4-6절은 “몸이 하나이요 성령이 하나이니.. 주도 하나요.. 하나님도 하나이시니”라고 말하며 삼위일체 하나님의 위격 앞에 몸의 하나의 문제를 두었다. 에베소서 2장 10절은 교회가 하나님의 걸작품이라고 말한다. 삼위일체 하나님의 최종작품이 한 몸, 한 새사람이라는 말이다. 우리는 초기 교회의 삼위일체 교리의 연구에서 성령의 논의가 소홀히 된 것처럼 교회의 문제가 오늘 날까지 소홀히 여겨지고 있다고 본다. 그리스도는 교회를 위해 자신을 주셨다고 말한다(엡 5:25). 그분이 자신의 생명을 부어 역사하시며 얻고자 하는 교회를 어떻게 소홀히 할 수 있는가? 여기에 깊은 연구가 필요하고 추구가 필요한 것이다.

하나님의 계획과 그리스도의 사역의 결실은 성령을 통하지 않고는 주어질 수 없다. 따라서 성령을 통하지 않고는 그리스도를 알 수 없고 아버지께 나아갈 수도 없다. 그런데 막상 사탄은 성도들이 성부와 성자의 모든 것을 얻을 수 있는 통로가 되는 성령의 위격과 그 역할의 중요성을 가려두고자 했던 것이다. 마찬가지로 교회는 삼위일체 하나님의 결정적 작품이다. 에베소서에서 사도바울은 교회가 무엇인가를 밝히고자 했고 이를 위해 먼저 지혜와 계시의 영을 구하는 기도를 드렸다(1:17). 오늘 날 몸의 생활을 실제로 누리고 체험하지 않고는 구체적으로 삼위일체 하나님의 충만을 어떻게 누리고 체험할 수 있단 말인가?(엡 3:18-21, 4:12-15, 6:10-18) 성도들은 마귀가 삼위일체 하나님의 역사의 마지막 단계만 소홀히 하게하여 결론만 얻지 못하게 하면 하나님이 목적하시는 바를 실패케 하는 그의 작전에 성공한다는 사실을 망각해서는 안된다.

우리가 공경하는 마음으로 생각해보건대 초기의 아타나시우스와 아우구스티누스 등 성실한 교부들과 그 공의회의 수많은 충성된 학자들에게 거룩한 삼위일체 하나님에 대한 교의를 확정한 공은 돌아가야 할 것이라고 본다. 16세기부터 시작된 중세의 개혁운동가들에게 믿음과 헌신으로 인한 진리와 복음의 밝은 빛이 드러난 공은 돌아가야 한다고 본다(독일과 프랑스, 스위스, 영국 등에서 일어난). 17세기에 발생하여 18세기에 꽃을 피운 스펜너, 프랑케, 진젠도르프 등을 비롯한 독일에서 일어난 경건주의 운동도 결코 무시되어질 수 없는 생명의 회복 운동이다. 본격적인 선교는 이들로부터 시작되었다. 19세기에 일어난 영국의 형제회의 훌륭한 교사(J.N Darby, William Kelly 등)들과 20세기 초 웨일즈 부흥의 주역들(이반 로버츠, 제시 펜 루이스 등)과 20세기 중반 중국의 작은 무리 운동 등을 통해 부활과 생명, 이기는 자와 왕국과 교회(그리스도의 몸)의 진리가 밝히 드러났으며 웨일즈 부흥과 같은 시기 미국 아주사의 성령운동도 하나님이 나라 회복과 확장 역사에 지대한 영향을 주었다. 이렇게 하나님은 온 세대와 온 땅을 사용하시며 역대 교회를 통하여 한 단계씩 그분의 진리와 생명을 회복해 나아가셨고 그 누구도 홀로 자랑할 수 없게 하셨다. 바울의 고백처럼 만삭되어 나지 못한 자 같은 우리는 오늘 시대의 끝자락에 서 있다고 느낀다. 주님이 이 마지막 시대를 축복하시고 그분의 모든 진리를 회복하시기 바라며 무엇보다도 그분의 영원한 갈망인 그리스도의 몸을 일으키시기 원한다.

3)한 몸, 한 성령

마지막으로 나는 몸의 하나의 문제를 강조하고 마치고자 한다. 성도들은 마땅히 그리스도의 몸을 말하는 에베소서를 읽고 한 몸과 한 성령(one body, one Spirit)에 깊은 인상을 받아야 한다. 이 하나의 문제 역시 계시에 속한 것이요 빛이 필요하다. 에덴동산에서의 인간의 타락은 죄를 가져온 것만이 아니라 분열을 가져왔다. 타락하자마자 서로 부끄러움을 모르고 둘이 연합하여 '하나'이었던 아담과 하와는 서로 남남이 되어 부끄러움을 알고, 잘못을 타인에게 전가하는 말을 하기 시작했다. 창세기 10장에서 노아의 후손들은 각각 사방으로 흩어져 나라와 민족들을 이루었다. 11장의 바벨탑 사건에서 우리는 타락한 인류의 수치스런 분열의 모습을 대한다. 거기서 인류의 언어는 혼잡케 되어 서로 하나될 수 없게 되었다. 따라서 각 족속, 백성, 방언이 사람들을 나누게 하는 요인이 된 것이다. 오늘 성경 이외의 어떤 책에서 국가나 민족이나 방언이 다르게 된 것이 인간의 타락의 결과라는 것을 알려주는 책이 있는가? 타락한 인류인 노아의 후손들이 각기 방언과 종족과 나라대로 흩어진 것이다(창 10:5, 20,31-32). 창세기 10장의 그러한 각 족속과 나라와 방언의 나뉘어짐이 창세기 11장에서 극대화된 것이다.

과연 그리스도의 몸은 무엇인가? 그리스도는 그분의 십자가와 부활을 통하여 무엇을 얻으셨나? 그리스도의 십자가와 부활과 성령의 역사는 죄인의 죄를 사하고 생명을 주어 구원하는 일만이 아니라 서로 나뉘어졌던 인류를 하나(한 몸)되게 하는 역사를 하신 것이다. 이것이 에베소서 2장이 말하고 있는 바이다. 교회는 이렇게 그리스도께서 흩어지고 분열된 인류를 하나되게 하신 것에서 그 의의를 찾아야 한다. 사도행전의 오순절 성령강림의 역사는 사람들로 환상을 보고 방언을 말하였는데 이는 다만 기적적인 능력과 놀라운 역사가 나타난 것에만 있지 않고, 그 각 나라의 방언이 창세기 11장의 인류를 나뉘어지게 한 방언과 반대로 역사하여 나뉘어졌던 인류를 하나되게 한 방언이었다. 한 성령을 받아 한 몸이 이루어진 인류는 새 사람인 새 인류를 형성하였다. 그 안에는 민족이나 족속이나 방언으로 인한 분열이 더 이상 없다(골 3:10-11). 다 그리스도 예수 안에서 하나가 된 것이다(갈 3:26-28). 오늘 교회를 이렇게 하나라고 하는 존재 안에서 찾으려 하는 사람은 얼마나 될 것인가? 국가나 민족이 나뉘어진 것이 정상인 것으로 생각하는 것처럼 교회들이 나뉘어진 것도 정상으로 생각하는 사람들이 얼마나 많겠는가? 그러나 메시아의 구속 사역이야 말로 인류의 타락으로 말미암아 들어온 분열의 문제까지 완전히 해소하였다. 교회는 그 결과적인 작품이다.

따라서 간단히 말해 그리스도의 몸의 특징은 하나에 있다. 이 하나는 예수 그리스도께서 이루신 것이다. 사도 바울은 "평강의 매는 줄로 성령의 하나되게 하신 것을 힘써 지키라"고 하였다(엡 4:3). 이미 하나되게 하신 것이다. 사도는 이미 성령 안에 하나되게 하신 것을 지키라고 한 것이지 '하나되라!'고 명령한 것이 아니다. 갈라디아서에서 믿음은 우리로 그리스도 예수 안에서 하나되게 한 것이라고 하였다(갈 3:28). 그 하나 안에는 유대인이나 헬라인, 종이나 자주자의 차별이 없다고 하였다. 골로새서 3장 11절도 같은 말씀이 있다. 새 사람 안에는 민족이나 국가의 차별이 없고 신분이나 할례 무할례의 차별도 없다. 이것이 곧 그리스도의 몸의 특징이다. 그리스도의 십자가는 우리를 '하나' 안으로 이끄신 것이다.

일곱 하나를 말하는 에베소서 4장 4-6절 말씀에서 교회(그리스도의 몸)

도 하나이다. 우리가 교회를 말할 때 하나를 말해야 한다. 우리 많은 사람을 '하나' 만들었다고 해서 몸이라고 한 것이다. 이것이 고린도 전서 12장에서 말해주는 바이다. 지체는 많으나 몸은 하나라고 하였다(고전 12:20). 초대교회는 오순절 이후 존재하면서 천년이 될 때까지 감히 분열을 꿈도 꾸지 못하였다. 그러나 동서로 교회가 갈라지고 그 후 오백년 후 개신교가 나뉘어진 후 수많은 분열을 거듭하였다. 계시록 2장에 보면 처음에 에베소 교회에는 니골라 당의 '행위'가 있었지만 버가모 교회에는 니골라 당의 '교훈'이 된 것을 볼 수 있다. 뭐든지 처음에는 큰 잘못으로 비춰지는 것이 세월이 지나고 많아지면 당연시되는 특징이 있다는 말이다. 교회의 분열도 처음에는 그것이 큰 과오로 비춰졌지만 점점 심화될 때 분열이 대단한 일이 아닌 것처럼 되어버렸다.

에베소서는 교회의 하나를 말한다. 어떻게 교회가 하나될 수 있는가? 사도는 평강의 매는 줄로 성령의 하나되게 하신 것을 힘써 지키라고 말한다. 첫째로 나는 분열이 육체의 일이요 큰 죄인 것을 알 필요가 있다고 생각한다. 주님의 말씀을 지키지 못하는 것이 죄가 아닌가? 그럼 몸의 하나를 어떻게 지킬 수 있는가? 한 성령이 필요하다. "몸이 하나이요 성령이 하나이니" 성령은 하나되게 하는 영이다. 하나의 성령(one Spirit)이라는 말은 성령이 한 분이라는 말이 아니라 하나의 영이라는 뜻이다. 우리가 받은 성령은 모든 사람을 하나되게 한 영이라는 말이다. 당신이 받은 성령과 내가 받은 성령이 하나라는 말이다. 그러니 어떻게 나뉘어질 수 있는가? 오직 육체 안에서만 분열이 있을 수 있다(갈5장 19절 이하).

우리가 성찬에서 떡을 뗄 때 이 떡은 몸이 하나임을 증거한다(떡이 하나이요 많은 우리가 한 몸이니, 고전 10:16). 그리고 우리는 이 한 떡을 뗌으로 한 몸의 교제에 참여하는 것이다. 나도 한 조각 당신도 한 조각, 한 몸을 상징하는 한 떡을 나눠 먹으며 이 한 몸의 부분으로서 한 몸의 교통에 참여하는 것이 성찬의 의미인 것이다. 우리는 떡을 떼면서 그리스도께서 많은 우리를 하나 만드신 것에 대한 감사와 찬미를 올리게 되는 것이다. 고린도 성도들이 당시 몸을 분변치 못하는 죄를 범하였고, 많은 사람이 약해지고 병들게 되고 죽게 된 것을 우리는 안다(고전 11:29-30). 그들의 몸을 분변치 못한 것은 과연 그리스도의 한 몸이란 것이 무엇인지 깊은 인식을 갖지 않고 소홀히 한 채 떡을 뗀 것이다. 고린도 교회의 부유한 자들은 빈궁한 자들을 부끄럽게 하고 주님이 하나되게 하고 존귀케 한 지체들을 멸시하였다. 그러므로 몸 가운데 분쟁과 편당이 있게 된 것이다. 그러면서 그들은 한 몸을 상징하는 한 떡을 떼면서 성찬을 대하였다. 결과로 그들은 심판(죄)을 먹고 마신 것이 되었다.

오늘 우리는 참으로 엄숙하게 교회의 위치에 서있음을 인식해야 한다. 누가 과연 하나를 위해 자신을 드리기 원하는가? 누가 과연 죄를 두려워하듯이 분열의 육체를 두려워하는가? 도리어 오늘 날 여러 이단들이 자신들의 단체를 위해 교회의 하나를 외치고 있음을 본다. 하나가 회복되는 곳에 교회가 있게 됨을 기억하자! 초기에 교회가 나뉘어진 원인은 교권분쟁과 교리분쟁이었다. 하나될 때 교회는 많은 축복을 받을 것이고 많은 좋은 것들이 회복될 것이다. 사도행전 8장의 성령이 주어짐은 베드로와 요한이 예루살렘에서 와서 안수할 때였다(행 8:17). 베드로와 요한은 그들이 사도이기 때문에 성령받는 일을 할 수 있었는가? 그들은 당시 교회의 하나의 대표였다고 말할 수 있다. 하나가 이루어지는 곳에 축복이 있다. 주님은 사마리아에 빌립에 의해 복음이 전파되는 것을 허락하셨지만 성령이 부어지는 것은 그들이 몸의 하나에 이끌릴 때 부어주셨다. 즉 베드로와 요한은 당시 예루살렘과 사마리아의 몸의 하나를 위해 주님이 보내신 종들이다. 성도들이 서로 하나될 때 기대한 것보다 훨씬 큰 축복을 받을 수 있다(시 133편 참조).

우리는 자신의 단체를 위한 하나를 외칠 것이 아니라 온 우주 가운데, 모든 민족, 족속, 방언 가운데 그리스도께서 이루신 몸의 하나를 외쳐야 한다. 우리의 마음은 마땅히 넓어야 하고 그리스도의 한 몸을 위해 자신을 드릴 수 있어야 한다. 우리가 받은 영은 각각 다른 분열의 영이 아니라 한 성령임을 잊어서는 안된다. 나는 우리 모두가 하나의 영을 갖고 사는 지체들이 될 수 있기를 바란다. 신앙의 본질에 있어서만 일치한다면 서로의 믿는 교리나 성경해석이 좀 다르더라도, 기질이 다르고 마음이 좀 상하고 괴롭더라도 주님이 만들어주신 하나를 깨지 말도록 하자! 여기에 십자가가 필요한 것이 아닌가!

4) **어떻게 한 몸을 이룰 수 있을까?**

나의 일생을 돌아보며 주님이 나에게 주신 이상과 사역과 갈망을 생각할 때마다 이보다 큰 갈망이 없음을 고백하고자 한다. 먼저는 이 하나의 몸을 위하여 그리스도의 몸의 이상과 하나의 이상을 보는 것이 중요하다고 본다. 구원받은 사람은 받지 않은 사람과 다른 것이 있다. 그 속에 생명의 느낌이 있고 형제들을 대할 때 사랑을 알게 된다(요일 2:14, 4:7, 12, 5:1, 10). 즉 구원받은 사람으로서의 감각이 생긴다. 억지로 형제를 사랑하라고 해서 되는 것이 아니다.

마찬가지로 그리스도의 몸을 보고 하나를 본 성도는 그 속에 몸에 대한 감각이 생겨난다. 어느 누가 속에 없는 어떤 것을 지켜낼 수 있으며 속에 없는 생명을 살아낼 수 있는가? 신약의 모든 축복은 믿음과 순종으로 이루어지지 밖의 노력으로 이루어지지 않는다. 어떤 열심으로나 운동으로도 이루어지지 않는다. 그리스도의 몸이 무엇인지를 보았다면 자연히 그 속에 몸의 생활과 하나를 지킬 수 있는 생명과 감각이 주어진다. 구원받은 성도가 구원받기 전 죄가 무엇인지 감각이 없다가 구원받은 후 죄에 대한 예민한 감각이 생기는 것은 그가 죄사함을 받았고 의롭다 함을 받았기 때문이며 거룩한 생명을 얻었기 때문이다.

몸이 무엇인지를 보았다면 또 하나를 보았다면 분열에 대한 감각이 생겨난다. 어떤 사람에게 분열과 분쟁이 무엇인지를 모르고 못 느낀다면 아직 몸에 대한 이상이 없다고 말할 수 있다. 피차 한 혈육의 가족이라도 그것을 모를 때하고 DNA 검사를 해서라도 친 가족임이 밝혀져 알게 된 후하고는 그 감각이 다르게 된다. 그러므로 한 몸을 이루기 위해 몸의 이상을 보는 것은 필수적이다(엡 1:16-23, 4:3-16). 많은 사람들이 성령의 은사얻기를 사모하는데 모든 은사들은 신약 성경을 읽어볼 때 몸을 위해 주어진다(롬 12장, 고전 12장 참조). '지체는 많으나 몸은 하나라'(고전 12:20). 우리의 몸을 보라! 몸의 어떤 지체든지 몸을 섬기기 위해 존재하지 않는가? 지체 자신을 위해 존재하는 지체는 하나도 없다. 발이 발 자체를 위해 존재하는가? 눈이 눈 자체를 위해 존재하는가? 모든 지체는 몸을 위해 존재한다. 한 지체가 몸을 위해 섬기는 것이 무엇인지 모른다면 어떻게 건강한 은사자라고 말할 수 있는가? 모든 다양한 사역자든, 몸의 지체의 직분이든 몸을 위해 주어진다는 것이 성경의 가르침이다(롬 12, 고전 12, 엡 4장 참조).

다음은 십자가이다. 로마서는 십자가 다음에 성령과 몸이 나온다. 그리스도의 몸은 십자가를 통해 이루어진다(롬 3-8, 12장 참조). 십자가가 모든 타락을 제하고 모든 육체와 옛 사람을 못박고 나뉘어진 모든 것을 제하였을 때 비로소 하나가 있게 된다. 십자가는 하나님의 뜻을 이루는 수단이다. 십자가가 온전히 역사하지 않는 가운데 아직도 성도들 가운데 육체가 남아있다면 분열은 거기에 있다(고전 3:3). 그리스도의 몸의 하나는 육체의 영향력 아래서 벗어나서 성령의 인도 아래 돌아간 성도들에게서 발견된다. 분열은 다른 곳에 있는 것이 아니라 자아와 육체 속에 깃들어 있다. 모든 것을 끝내는 십자가가 역사하지 않고는 하나는 얻을 수 없다. 당신과 내가 존재한다면 거기에 분열이 있다. 십자가는 당신과 나를 끝내고 그리스도만 있게 한다. 나도 없고 당신도 없고 그리스도만 계신 곳에 교회가 있게 된다(골 3:11).

다음은 성령이다. 우리는 교회가 오순절 날 탄생한 것을 안다(고전 12:13). 예루살렘 교회가 교회의 시작이다. 복음은 예루살렘에서부터 시작되었다. 그 시작이 오순절 성령이다. 성령이 없으면 교회가 있을 수 없다. 그러기에 한 몸, 한 성령이라고 한 것이다. 실상 십자가와 성령은 나눌 수 없다. 십자가가 있는 곳에 성령이 있다. 피가 있는 곳에 기름이 있고 제물이 태워지는 제단이 있는 곳에 하늘의 불이 있다. 십자가를 받아들인 성도에게 성령이 역사한다. 한 성령이 있을 때 한 몸이 있게 된다(엡 4:3-4). 성령은 이미 우리를 하나가 되게 하셨다(엡 2:17-19, 4:3). 당신 안의 성령과 내 안의 성령은 하나를 증거하게 된다. 즉 우리가 하나인 사실을 증거하는 것이다. "우리 둘이 한 성령 안에서 아버지께 나아감을 얻게 하려 하심이라"(엡 2:18b) "몸이 하나이요 성령이 하나이니"(엡 4:4a)

우리는 고린도 교회에 사역자들에 대한 선호로 인하여 분열이 일어났을 때 그 해법이 십자가와 성령에 있음을 본다(고전 1:11-25, 2:1-5, 10-13). 또한 갈라디아에 율법과 교리로 인한 분쟁이 일어났을 때도 동일하게 십자가와 성령이 그 치료책이었다(갈 2:19-3:5, 14, 4:6, 5:5, 11, 22-24, 6:14). 우리는 신약성경에서 분열에 대한 해법과 가르침으로 어떤 외적인 운동이나 정책이나 심지어 신약교회의 모형적 교리로도 하나 안으로 이끌려고 시도한 것을 발견하지 못한다. 따라서 하나가 없다면 그곳에 십자가가 없고 성령이 없음을 보아야 하며 육체가 현저하게 살아 있음을 증명하고 있는 것이다(고전 3장 참조, 갈 5:19-21). 나는 오직 십자가와 성령을 중심으로 한 복음만이 한 몸을 이룰 수 있음을 믿는다.

또한 고린도 전서에서 분쟁은 어린 아이의 일임을 말해준다. 따라서 하나를 얻기 위해서는 성도들의 영적 성장이 필요하다. 거기에 시기와 분쟁이 있다면 육체를 따라 행하는 자들이 있기 때문이요 아직 충분한 성숙이 없는 것이다. 따라서 온전한 하나와 그리스도의 장성한 분량이 충만한데 이르려면 사역자들의 성도들을 자라게 하고 온전케 하는 사역이 필요한 것이다(고전 3:6-10, 엡4:11-16). 온전한 사랑과 성숙한 사랑이 성도들을 하나되게 하는 것이다(고전 13장 참조). 그리고 사역자들의 수고를 통해 성도들이 다 하나님의 아들을 믿는 것과 아는 것에 하나가 되어 온전한 사람을 이루고 그리스도의 장성한 분량이 충만한데까지 이르게 된다(엡 4:13-15). 과거 교부시대부터 교회의 분쟁과 다툼의 역사는 삼위일체 등 교리에 대한 논쟁이었다. 온갖 교의에 대한 논쟁은 교회를 심한 분쟁 가운데 있게 하였다. 수백 년에 걸쳐서 교회는 교리문제에 대한 일치를 보고 어느 정도 하나 안에 전진할 수 있는 토대를 마련하였다.

우리가 십자가와 성령과 은사받은 사역자들의 공급과 가르침의 수고를 통하여 온 몸이 자람을 얻고 하나 안에 성장하게 됨을 배운다. 성령의 가르침은 우리에게 겸손과 온유와 사랑 가운데 서로 용납하게 하며 고린도전서 13장의 사랑을 실천하게 한다. 이것은 우리로 하여금 실천적인 하나를 이루게 한다. 이것이 에베소서 4장 전반부의 하나에 대한 가르침이다. "모든 겸손과 온유로 하고 오래 참음으로 사랑 가운데 서로 용납하고" 성도들 간에 하나를 이루기 위해 피차 오래참고 용납함이 없다면 실제적인 하나를 누리기가 어렵다. 신약성경에 사도들은 교회 안에서 성도들이 한 마음과 한 뜻으로 온전히 합하라는 말씀을 얼마나 강조하였는가? 이 하나에 대한 가르침은 오늘 날 성도들이 결코 소홀히 할 수 없는 가르침이다. 사도들은 성도들 간에 분쟁이 있을 때마다 겸손을 가르치고 한 마음, 한 뜻을 가질 것을 강조하며 가르쳤다(고전 1:10-11, 엡 4:1-4, 빌 2:2-8, 4:2). 이 하나는 하나를 위해 자신을 제물로 드린 자들이 없으면 결코 얻어질 수 없다. 복음을 위하고 선교를 위하며 진리의 파수를 위해 자신을 드리는 자들을 보지만, 그리스도의 몸의 하나를 위해 자신을 드리는 자들을 오늘 어디서 볼 수 있는가? 주님께서 이 마지막 시대를 축복해주사 참 하나를 위해 자신을 드리며 십자가를 지는 사람들을 곳곳에서 얻으시기를 기도하며 모든 강해를 마친다.

에베소서 강해

초판 발행 | 2001년 7월 5일
2판 1쇄 | 2007년 11월 15일
3판 1쇄 | 2013년 3월 16일

저자 | **유동근**

발행처 | 벧엘서원.IMC
발행인 | 유병헌
신고번호 | 제 387-2012-000037 호

420-867 | 경기도 부천시 원미구 부일로 123 그린프라자 III 2F
TEL 032) 322-3095
FAX 0303-3440-3452
홈페이지 : www.bethelbook.co.kr
E-mail : btbook.imc@gmail.com

값 22,000원

ISBN 987-89-92014-59-5 94230
ISBN 987-89-92014-01-4 94230 (세트)